Hobbit Presse
Klett-Cotta

Anthony Ryan

Der Paria

Der stählerne Bund 1

Aus dem Englischen
von Sara Riffel

Klett-Cotta

Hobbit Presse
www.hobbitpresse.de
Die Originalausgabe erschien unter dem Titel »The Pariah: Book One of the Covenant of Steel« im Verlag Orbit, London

Cover: Brigit Gitschier, Augsburg
unter Verwendung einer Illustration des Originalverlags von © Jamie Jones
Karte: © Anthony Ryan
Gesetzt von Dörlemann Satz, Lemförde
Gedruckt und gebunden von GGP Media GmbH, Pößneck
ISBN 978-3-608-98091-2
E-Book ISBN 978-3-608-12156-8

Fünfte Auflage, 2024

Gewidmet der Erinnerung an George MacDonald Fraser,
Autor der Flashman*-Bücher, die mir zeigten, wie viel Spaß es machen kann,*
die Welt durch die Augen eines Schurken zu betrachten.

INHALT

DIE
WESTLICHEN HERZOGTÜMER
VON ALBERMAINE
1. Couravel
2. Burg Ambris
3. Olversahl
4. Erzminen
5. Callintor
6. Farinsahl
NACH ASCARLIA
FIORDLAND
CRONSHELDTER MEER
CORDWAIN
ALTHIENE
SHAVINE-MARSCHEN
ALBERIS
ALUNDIA
DULSIAN
SHALVIS-BUCHT
CAERITHISCHE ÖDE
N

Erster Teil

◆ ◆ ◆

»Du sagst, mein Anspruch auf den Thron sei falsch. Ich hätte einen sinnlosen Krieg angezettelt und das Blut von Tausenden vergossen. Ich frage dich, Schreiber, welche Bedeutung haben Wahrheit oder Lügen in dieser Welt? Und was das Blut betrifft: Ich habe von dir gehört. Ich kenne deine Geschichte. Mich mögen die Historiker als Ungeheuer bezeichnen, aber du hast weitaus mehr Blut vergossen als ich.«

Aus *Die Beichte des Prätendenten Magnis Lochlain*,
aufgezeichnet von Sir Alwyn Scribe

Erstes Kapitel

Bevor ich jemanden umbrachte, fand ich es immer beruhigend, die Bäume anzuschauen. Wie ich so auf dem Rücken im hohen Gras am Rand der Königsstraße lag und zum Geflecht der grünbraunen Äste hochblickte, die, begleitet vom Flüstern der Blätter, im spätmorgendlichen Wind knarrten, verspürte ich eine willkommene Gelassenheit. So war es damals schon gewesen, vor zehn Jahren, als ich als kleiner Junge meine ersten zögerlichen Schritte in diesen Wald tat. Wenn das Herz zu hämmern anfing und mir der Schweiß auf die Stirn trat, musste ich nur zu den Bäumen hochschauen, um ruhiger zu werden. Was ich umso mehr genoss, da ich wusste, dass diese Momente stets nur von kurzer Dauer waren.

Als das Stampfen eisenbeschlagener Hufe auf der Erde zu hören war und dazu das schleifende Quietschen einer schlecht geschmierten Achse, schloss ich die Augen und rollte mich auf den Bauch. Ohne die beruhigende Ablenkung beschleunigte sich mein Herzschlag wieder, aber ich war geübt darin, es nicht zu zeigen. Der Schweiß, der sich in meinen Achselhöhlen sammelte und mir den Rücken hinabrann, würde zu meinem Gestank beitragen und die Verkleidung, die ich an diesem Tag angenommen hatte, umso glaubwürdiger machen. Hinkende Ausgestoßene rochen selten angenehm.

Ich hob den Kopf gerade so weit, dass ich die näher kommende Reisegesellschaft durch das Gras sehen konnte. Beim Anblick der beiden bewaffneten Reiter an der Spitze sog ich scharf die Luft ein. Noch beunruhigender waren die zwei Soldaten auf dem Karren dahinter. Beide trugen Armbrüste, und die Art, wie sie den Wald links und rechts der Straße im Blick behielten, sprach leider von einer Wachsamkeit, die sich vielen schlechten Erfahrungen verdankte. Dieser Teil der Königsstraße verlief zwar nicht direkt durch den Shavine, beschrieb jedoch einen weiten Bogen am Nordrand des Waldes. Der Bewuchs war hier weniger dicht, dennoch boten sich zahlreiche Verstecke, was unachtsamen Reisenden in unruhigen Zeiten wie diesen zum Verhängnis werden konnte.

Als die Reisegesellschaft näher kam, bemerkte ich die hohe Lanze, die über dem schmalen Trupp auf und nieder wippte. Der daran befestigte Wimpel flatterte so stark im Wind, dass das Wappen darauf nicht auszumachen war. Seine rot-goldene Färbung war jedoch unverkennbar: die Farben des Königs. Deckins Informationen hatten sich – wie immer – als richtig erwiesen: Der Trupp stellte die Eskorte eines königlichen Boten dar.

Ich wartete, bis der Zug ganz in Sicht war, und zählte weitere vier bewaffnete Reiter in der Nachhut. Der Anblick der erdigen Braun- und Grüntöne ihrer Uniformen stimmte mich etwas zuversichtlicher. Dies waren keine Soldaten des Königs, sondern Männer des Herzogs von Cordwain, die es durch den Krieg weit weg von der Heimat verschlagen hatte. Sie waren meist schlechter ausgebildet und weniger tapfer als die Soldaten der Krone. Ihre Vorsicht und soldatische Disziplin hingegen wirkten weniger ermutigend. Im Ernstfall würden sie wohl nicht gleich die Flucht ergreifen, was für alle Beteiligten bedauerlich war.

Als die Reiter an der Spitze nur noch ein Dutzend Schritt entfernt waren, griff ich nach dem knorrigen, mit Lumpen umwickelten Ast, der mir als Krücke diente, und richtete mich auf. Ich gab mir Mühe, zu blinzeln und die Stirn zu runzeln wie jemand, der gerade aus einem tiefen Schlaf erwacht war. Ich humpelte zum Straßenrand, ohne mit dem geschwärzten Ballen meines bandagierten Fußes den Boden zu berühren, und mimte mit offen stehendem Mund und trübem Blick den Schwachsinnigen. Als ich die Straße erreicht hatte, tauchte ich den Fuß kurz in den aufgewühlten Schlamm am Wegrand. Unter schmerzerfülltem Stöhnen stolperte ich vorwärts und warf mich auf der zerfurchten Straße der Länge nach hin.

Ich konnte keineswegs sicher sein, dass die Pferde der Soldaten zurückscheuen würden. Viele Schlachtrösser sind darauf abgerichtet, am Boden liegende Menschen zu zertrampeln. Zum Glück waren diese hier offenbar nicht für den Kriegsdienst gezüchtet und kamen unter den verärgerten Flüchen ihrer Reiter – doch zu meiner Erleichterung – stolpernd zum Stehen.

»Mach verdammt noch mal den Weg frei, du Nichtsnutz!«, knurrte der Soldat zur Rechten und zügelte sein Pferd, das sich unruhig im Kreis drehte. Hinter ihm waren der Karren und – noch wichtiger – die wippende Lanze des königlichen Boten ebenfalls zum Stillstand gekommen. Die Armbrustschützen im Karren rutschten tiefer und griffen nach den Bolzen in ihren Köchern. Armbrustschützen ließen ihre Waffen nie längere Zeit schussbereit gespannt, weil sich dadurch Stock und Sehne zu sehr abnutzten. Dass sie es an diesem Tag nicht getan hatten, würde sich alsbald als folgenschwerer Fehler erweisen.

Ich ließ meinen Blick jedoch nicht zu lange auf dem Karren verweilen, sondern starrte mit furchtsam geweiteten Augen verständnislos zu dem Berittenen hoch. Diesen Gesichtsausdruck hatte ich lange geübt – die eigene Klugheit zu verbergen, fällt nicht leicht.

»Beweg deinen Arsch!«, befahl der Kumpan des Soldaten. Seine Stimme klang weniger wütend, eher so, als spräche er mit einem dummen Hund. Als ich ihn nur weiter mit offenem Mund angaffte, griff er fluchend nach der Peitsche an seinem Sattel.

»Bitte!«, wimmerte ich und hob die Krücke schützend über den Kopf. »V-verzeiht mir, ihr guten Herren!«

Dass Unterwürfigkeit die gewalttätigen Neigungen brutaler Menschen eher noch anstachelt, anstatt sie zu besänftigen, hatte ich schon öfter bemerkt, und genauso war es auch jetzt. Das Gesicht des Soldaten verfinsterte sich, er nahm die Peitsche vom Haken und entrollte sie, sodass das mit Stacheln bewehrte Ende nur wenige Zoll vor mir auf die Straße hing. Als ich hochschaute, packte er den mit Rauten verzierten Griff fester. Das Leder war ziemlich abgewetzt – dieser Mann schien von seiner Waffe gern und häufig Gebrauch zu machen.

Er hob die Peitsche, hielt jedoch inne und verzog angewidert das Gesicht. »Bei den Darmwinden der Märtyrer, du stinkst!«

»Es tut mir leid, Herr!«, entgegnete ich zitternd. »Ich kann nichts dafür. Mein Fuß, seht Ihr? Mein Herr ist mit seinem Karren drübergefahren, und seither verrottet er immer mehr. Ich bin auf dem Pfad der Schreine, um Märtyrer Stevanos um Heilung zu bitten. Einem frommen Mann wie mir werdet Ihr doch nichts tun, nicht wahr?«

In Wahrheit fehlte meinem Fuß nichts, er war ebenso gesund wie mein Bein. Der Gestank, der dem Soldaten so unangenehm in die Nase stieg, stammte von einer beißenden Mischung aus wildem Knoblauch, Vogelkot und vermoderten Blättern. Eine Verkleidung ist nur dann überzeugend, wenn sie von dem passenden Geruch begleitet wird. Die Soldaten sollten mich nicht als Bedrohung ansehen. Ein junger Krüppel, dem man auf einer für Hinterhalte berüchtigten Straße begegnet, mag seine Verletzung nur vortäuschen. Aber ein Schwachsinniger, dessen Fuß den Gestank einer schwärenden Wunde verströmt, das ist etwas ganz anderes.

Bei näherer Betrachtung wäre meine Maskerade zweifellos aufgeflogen. Hätten die beiden Soldaten aufmerksamer hingeschaut, dann wäre ihnen die unversehrte Haut unter der Schmutzschicht aufgefallen, der langgliedrige, kräftige Körper unter den Lumpen. Ein schärferer Blick hätte gewiss auch die Wölbung des Messers unter meinem fadenscheinigen Wams erspäht. So scharfe Augen hatten die unglückseligen Gesellen vor mir jedoch nicht, und ihre Zeit war abgelaufen. Ich war ihnen eben erst in den Weg gestolpert, aber die Ablenkung hatte schon den gesamten Zug zum Stehen gebracht. Im Laufe eines gefahrvollen, ereignisreichen Lebens habe ich häufig die Erfahrung gemacht, dass es gerade diese kleinen, verwirrenden Zwischenfälle sind, die den Tod bringen.

Den Soldaten zu meiner Rechten ereilte er in Form eines mit Krähenfedern befiederten Pfeils. Das Geschoss jagte von den Bäumen herab, und die Stahlspitze bohrte sich hinter dem Ohr in seinen Hals, um in einer Wolke aus Blut und Zungenfetzen aus dem Mund wieder auszutreten. Der Mann fiel aus dem Sattel, sein Kamerad hingegen erwies sich als erfahrener Veteran: Er ließ sofort die Peitsche fallen und griff nach seinem Langschwert. Er war flink, aber das war ich auch. Ich riss mein Messer aus der Scheide, setzte den bandagierten Fuß auf dem Boden auf und schnellte hoch, um mit der freien Hand nach dem Zaumzeug des Pferdes zu greifen. Das Tier bäumte sich unwillkürlich auf und beförderte mich weit genug nach oben, dass ich dem Soldaten mein Messer in die Kehle stoßen konnte, noch bevor er sein Schwert ganz gezogen hatte. Ich war stolz auf diesen Stich, den ich genauso geübt hatte wie den dümmlichen Gesichtsausdruck. Die Klinge schlitzte schon beim ersten Hieb sämtliche wichtige Adern auf.

Als ich wieder auf dem Boden aufkam, hielt ich das Zaumzeug des Pferdes weiter gepackt. Das Tier drehte sich wild im Kreis und drohte mich umzuwerfen. Der Soldat fiel auf die Straße und tat gurgelnd seine letzten Atemzüge. Ich verspürte einen Anflug des Bedauerns, weil er so schnell gestorben war. Dieser Kerl mit seiner abgewetzten Peitsche hätte sicherlich einen qualvolleren Tod verdient gehabt. Mir kam jedoch eine der vielen Lektionen in den Sinn, die mir als Gesetzlosem über die Jahre eingetrichtert worden waren: *Wenn du jemanden töten sollst, dann geh schnell und gründlich vor. Folter ist Luxus. Heb sie dir für diejenigen auf, die es wirklich verdient haben.*

Als ich das Pferd beruhigt hatte, war es schon fast vorbei. Der ersten Pfeilsalve waren sämtliche Wachen bis auf zwei zum Opfer gefallen. Die beiden Armbrustschützen lagen tot im Karren und ebenso der Kutscher. Ein Soldat war so klug gewesen, sein Pferd herumzuziehen und davonzugaloppieren – wenn es ihn auch nicht vor der Axt rettete, die zwischen den Bäumen hervorgewirbelt kam und ihn in den Rücken traf. Der letzte Soldat war aus bewundernswerterem, aber tollkühnem Holz geschnitzt. In seinem Oberschenkel steckte ein Pfeil, und ein weiterer hatte sein Reittier getötet, dennoch war es ihm gelungen, sich von dem strampelnden Pferd wegzurollen und auf die Beine zu kommen, um sich mit gezogenem Schwert den zwei Dutzend Gesetzlosen entgegenzustellen, die aus dem Wald gelaufen kamen.

Von dieser Geschichte sind unzählige Varianten im Umlauf. Deckin Scarl selbst hätte beim Anblick des mutigen Mannes seiner Bande verboten, ihn zu töten, heißt es in manchen. Stattdessen hätten er und der Tapfere sich einen Zweikampf geliefert. Nachdem der berühmte Gesetzlose den Soldaten tödlich verwundet hatte, blieb er noch bis zum Abend bei ihm. Gemeinsam erzählten sie sich Kriegsgeschichten und grübelten über die Launen des Schicksals nach, das unser aller Leben bestimmt.

Vieles, was man sich heute über Deckin Scarl erzählt, den berühmten König der Gesetzlosen der Shavine-Marschen und Beschützer von Bauern und Bettlern, wie er genannt wird, ist erstunken und erlogen. *Mit einer Hand stahl er, mit der anderen gab er,* so beschreibt es eine besonders grässliche Ballade. *Der tapfere Deckin im Wald sich verbarg, freundlich war er und stark.*

Solltet ihr, liebe Leserinnen und Leser, geneigt sein, auch nur ein Wort davon zu glauben, so hätte ich da einen sechsbeinigen Esel, den ich euch gern verkaufen würde. Der Deckin Scarl, den ich kannte, war zweifellos stark. Er war über sechs Fuß groß und muskulös, wenn auch in seinen letzten Lebensjahren sein Bauch etwas an Umfang gewonnen hatte. Freundlich konnte er ebenfalls sein, es kam jedoch selten vor. Im Shavine schaffte man es nicht allein durch Freundlichkeit, an die Spitze der Gesetzlosen aufzusteigen.

In Wahrheit hörte ich Deckin beim Anblick des tapferen Soldaten lediglich knurren: »Tötet den törichten Mistkerl und macht weiter.« Ansonsten schenkte er dem Mann keine Beachtung, den gleich darauf ein Dutzend Pfeile in die Arme der Märtyrer schickten. Mit einer Axt in der Hand kam der König der Gesetzlosen aus dem dunklen Wald gestapft – die hässliche Waffe mit der unförmigen schwarzen Doppelklinge hielt er stets griffbereit. Er blieb kurz stehen, um mein Werk zu begutachten. Seine klugen Augen leuchteten hell unter den dicken Brauen, während er die Leiche des Soldaten musterte und das Pferd, das ich eingefangen hatte. Pferde waren begehrte Beute. Sie erzielten gute Preise, besonders zu Kriegszeiten. Und wenn sie sich nicht verkaufen ließen, war ihr Fleisch im Lager stets willkommen.

Deckin knurrte zufrieden und wandte sich dem einzigen Überlebenden des Angriffs zu – der nicht zufällig verschont geblieben war. »Wenn ein Pfeil auch nur in die Nähe des Boten kommt«, hatte Deckin uns am Morgen gewarnt, »ziehe ich der Hand, die ihn abgeschossen hat, die Haut ab, von den Fingern bis zum Handgelenk.« Es war keine leere Drohung, wir alle hatten ihn schon solche Versprechen einlösen sehen.

Der Bote war ein Mann mit schmalem Gesicht, der ein maßgeschneidertes Wams und Hosen trug und dazu einen langen Umhang in den Farben des Königs. Er saß auf einem grauen Hengst und behielt selbst dann noch den Ausdruck beleidigter Herablassung bei, als Deckin das Zaumzeug seines Pferdes packte. Trotz seiner steifen Arroganz war er klug genug, die Lanze in seiner Hand nicht zu senken. Der königliche Wimpel blieb hochgereckt und flatterte über dem frisch angerichteten Gemetzel im Wind.

»Jede Gefährdung oder Behinderung eines Boten im Dienst der Krone gilt als Hochverrat«, stellte der Bursche mit bemerkenswert ruhiger Stimme fest. Er blinzelte und ließ sich schließlich dazu herab, Deckin mit herrischem Blick zu mustern. »Das solltest du wissen, wer immer du bist.«

»Das weiß ich in der Tat, guter Herr«, erwiderte Deckin und neigte den Kopf. »Und ich glaube, Ihr wisst sehr gut, wer ich bin, oder?«

Der Bote blinzelte erneut und wandte den Blick ab, ohne zu antworten. Ich hatte Deckin schon für geringere Beleidigungen töten sehen, jetzt aber lachte er nur. Er hob die freie Hand und schnippte auffordernd mit den Fingern.

Das Gesicht des Boten versteinerte noch mehr und lief vor Wut und Demütigung rot an. Seine Nasenlöcher blähten sich, und die Lippen zuckten, zweifellos verkniff er sich ein paar unkluge Worte. Dass er sich nicht zweimal bitten ließ, bevor er nach der Lederröhre an seinem Gürtel griff, bewies, dass er den Namen des Mannes vor ihm sehr wohl kannte.

»Lorine!«, bellte Deckin, nahm die Schriftrolle, die der Bote ihm widerstrebend reichte, und hielt sie der schlanken Frau mit den kupferroten Haaren hin, die zu ihm eilte.

In den Worten der Balladendichter ist Lorine D'Ambrille eine berühmte Schönheit – die Tochter eines niederen Adligen, die aus der Burg ihres Vaters floh, um einer arrangierten Ehe mit einem Edelmann von schlechtem Ruf und üblem Gebaren zu entgehen. Über zahllose Umwege und Abenteuer gelangte sie schließlich in den dunklen Wald der Shavine-Marschen, wo der gütige Schurke Deckin Scarl höchstpersönlich sie vor einem Pack hungriger Wölfe rettete. Bald schon erblühte zwischen den beiden eine Liebe, die – zu meinem Verdruss – durch die Jahre widerhallte und immer abstrusere Legenden hervorbrachte.

Soweit ich feststellen konnte, floss in Lorines Adern genauso wenig adliges Blut wie in meinen, obwohl mir immer noch unklar ist, woher sie ihre gewählte Ausdrucksweise und offensichtliche Bildung nahm. Sie blieb mir ein Rätsel, ganz gleich, wie lange ich über sie nachgrübelte. Wie alle Legenden enthielt aber auch ihre ein Körnchen Wahrheit: Schön war sie wirklich. Das jahrelange Leben im Wald hatte ihren glatten und ansehnlichen Zügen nichts anhaben können, und irgendwie gelang es ihr stets, ihr glänzend kupferrotes Haar sauber und frei von Kletten zu halten. Von jugendlicher Lust geplagt, konnte ich nicht anders, als sie bei jeder sich bietenden Gelegenheit anzuhimmeln.

Lorine zog den Deckel von der Röhre und nahm die Schriftrolle heraus. Mit leicht gerunzelter sommersprossiger Stirn las sie den Inhalt. Wie immer fasziniert von ihrem Gesicht, entging mir der Ausdruck des Erschreckens nicht, der kurz darüber hinwegglitt. Natürlich verbarg sie es gut. Schließlich war sie es, die mich in der Kunst der Maskerade unterwies, und sie war weitaus geübter darin, gefährliche Gefühlsregungen zu unterdrücken.

»Hast du dir alles gemerkt?«, fragte Deckin.

»Wort für Wort, Liebster«, versicherte Lorine ihm. Ihr Lächeln entblößte weiße Zähne, als sie die Schriftrolle wieder in die Röhre steckte und sie mit dem Deckel verschloss. Wenn ihre Herkunft auch im Dunkeln blieb, so hatte sie gelegentlich Bühnen und Reisen mit einer Theatergruppe in ihrer Kindheit erwähnt, woraus ich schloss, dass sie früher Schauspielerin war. Vielleicht rührte daher auch ihre unheimliche Fähigkeit, sich große Textmengen nach nur kurzem Lesen einzuprägen.

»Wenn ich an Euren guten Willen appellieren darf, Herr«, sagte Deckin zu dem Boten und nahm Lorine die Röhre ab. »Ihr würdet mir einen großen Gefallen tun, wenn Ihr König Tomas noch eine weitere Nachricht überbringt. Von einem König zum anderen. Übermittelt ihm bitte mein tiefstes Bedauern über die unvorhergesehene, wenn auch kurze Verzögerung Eurer Reise.«

Der Bote starrte die Röhre an, die Deckin ihm hinhielt, als wollte ihm jemand einen Scheißhaufen überreichen, nahm sie aber doch entgegen. »Solche Tricks werden dich nicht retten«, sagte er mit zusammengebissenen Zähnen. »Und du bist auch kein König, Deckin Scarl.«

»Ach nein?« Deckin schürzte die Lippen und hob scheinbar überrascht eine Augenbraue. »Ich bin ein Mann, der Armeen kommandiert, seine Grenzen bewacht, Verbrechen bestraft und Steuern eintreibt, die andere ihm schulden. Wenn mich das nicht zu einem König macht, was bin ich dann?«

Der Bote wusste ganz offensichtlich eine Menge Antworten auf diese Frage, war jedoch klug und pflichtbewusst genug, seine Meinung für sich zu behalten.

»Dann wünsche ich Euch noch einen schönen Tag und eine sichere Reise«, sagte Deckin, trat zurück und versetzte dem Pferd des Boten einen kräftigen Klaps aufs Hinterteil. »Bleibt auf der Straße und haltet nicht vor Nachteinbruch an. Nach Sonnenuntergang kann ich für Eure Sicherheit nicht mehr garantieren.«

Das Pferd des Boten trabte los, und sein Reiter trieb es zum Galopp an. Bald war er auf der zerfurchten Straße nicht mehr zu sehen, sein flatternder rot-goldener Umhang blitzte noch einmal zwischen den Bäumen auf, ehe er um eine Wegbiegung ritt und außer Sicht verschwand.

»Haltet keine Maulaffen feil!«, bellte Deckin und funkelte seine Bande finster an. »Wir haben Beute einzusammeln und vor der Dämmerung noch ein paar Meilen zurückzulegen.«

Seine Leute gingen mit gewohntem Eifer ans Werk; die Bogenschützen beanspruchten die Soldaten für sich, die sie erschossen hatten, während die anderen sich auf den Karren stürzten. Erpicht darauf, mich ihnen anzuschließen, blickte ich mich nach einem Baum um, an dem ich das gestohlene Pferd festbinden konnte, blieb jedoch stehen, als Deckin eine Hand hob.

»Nur ein einziger Stich«, sagte er und nickte zu dem toten Soldaten mit der Peitsche. »Nicht schlecht.«

»Wie du es mir beigebracht hast, Deckin«, sagte ich lächelnd. Das Lächeln verging mir jedoch, als er mir bedeutete, ihm die Zügel des Pferdes zu reichen.

»Für den Suppentopf ist der zu schade«, sagte er und strich mit seiner Pranke über das graue Fell des Tiers. »Er ist noch recht jung. Der kann uns von Nutzen sein. Genau wie du, was, Alwyn?«

Ich stimmte rasch in sein barsches Lachen mit ein. Mir fiel auf, dass Lorine noch in der Nähe stand. Statt mit den anderen die Beute einzusammeln, beobachtete sie mit verschränkten Armen und schief gelegtem Kopf unser Gespräch. Ihr Gesichtsausdruck gab mir zu denken: Der verkniffene Mund wirkte belustigt, ihre schmalen Augen und die gerunzelten Brauen kündeten dagegen von unterdrückter Besorgnis.

Mit mir redete Deckin öfter als mit den anderen jungen Männern der Bande, was viele neidisch machte, aber eigentlich nicht Lorine. Heute jedoch schien meine Bevorzugung durch Deckin sie zu beunruhigen, und ich fragte mich, ob es etwas mit dem Inhalt der Schriftrolle zu tun hatte.

»Dann spielen wir mal unser übliches Spiel, wie?«, sagte Deckin und lenkte meine Aufmerksamkeit wieder auf sich. Er nickte zu den Leichen der beiden Soldaten. »Was siehst du?«

Ich trat näher an die Toten heran und musterte sie eingehend, ehe ich antwortete, wobei ich mir Mühe gab, langsam zu sprechen. Ich hatte die schmerzhafte Erfahrung gemacht, dass es Deckin nicht gefiel, wenn ich einfach drauflosredete.

»Getrocknetes Blut an Hosen und Ärmelaufschlägen«, meinte ich. »Ein bis zwei Tage alt, würde ich sagen. Der hier …«, ich deutete auf den Soldaten, dem die Pfeilspitze aus dem Mund ragte, »… hat eine frisch genähte Wunde an der Braue. Und der da …« Mein Finger wanderte zu dem, den ich erstochen hatte. »Sein Schwert weist Kerben und Kratzer auf, die noch nicht weggeschliffen wurden.«

»Was sagt dir das?«, erkundigte sich Deckin.

»Sie waren erst vor Kurzem in einem Kampf.«

»Einem Kampf?« Er hob eine buschige Augenbraue und fragte ruhig: »Bist du sicher, dass es nur das war?«

Sofort überschlugen sich meine Gedanken. Wenn Deckins Stimme sanft klang, bot das stets Anlass zur Sorge. »Eher eine Schlacht«, sagte ich. Ich wusste, dass ich zu schnell sprach, aber es gelang mir nicht, mich zu bremsen. »Etwas, das groß und wichtig genug war, um den König vom Ausgang zu unterrichten. Und da sie bis heute Morgen noch am Leben waren, würde ich schätzen, dass sie gewonnen haben.«

»Was noch?« Deckins Augen verengten sich enttäuscht. Anscheinend hatte ich etwas Offensichtliches übersehen.

»Es waren Cordwainer«, sagte ich, darum bemüht, mich nicht zu verhaspeln. »Die einen Boten des Königs begleiteten. Also waren sie im Auftrag der Krone in den Shavine-Marschen unterwegs.«

»Ja«, sagte er und seufzte leise und verärgert. »Und womit ist die Krone in diesen unruhigen Zeiten am meisten beschäftigt?«

»Der Prätendenten-Krieg.« Ich schluckte und lächelte erleichtert, als der Groschen bei mir fiel. »Das Heer des Königs hat gegen die Horde des Prätendenten gekämpft und gewonnen.«

Deckins Augenbraue sank herab, und er musterte mich schweigend. Sein starrer Blick blieb so lange an mir haften, dass mir zum zweiten Mal an diesem Morgen der Schweiß ausbrach. Dann blinzelte er und ging mit dem Pferd davon. Als Lorine sich ihm anschloss, murmelte er ihr etwas zu. Er sprach leise, aber ich hörte ihn trotzdem, was sicher auch seine Absicht war.

»Die Nachricht?«

Lorines Antwort klang gelassen, und ihr Gesicht verriet keinerlei Regung. »Du hattest wie immer recht, mein Liebster. Der törichte alte Mistkerl hat die Seiten gewechselt.«

Deckin befahl, die Leichen von der Straße zu schaffen und tiefer in den Wald zu bringen, wo Wölfe, Bären oder Füchse schon bald dafür sorgen würden, dass nur noch namenlose Knochen übrig blieben. Der Shavine ist ein hungriger Ort, und Frischfleisch bleibt dort nicht lange unentdeckt, wenn der Wind den Geruch zwischen die Bäume trägt. Natürlich musste ausgerechnet Erchel einen Gegner finden, der noch am Leben war. Erchel war so hungrig wie jedes Raubtier des Waldes, aber sein Hunger war von anderer Natur.

»Der Mistkerl atmet noch!«, rief er freudig überrascht, als der Armbrustschütze, den wir durch die Farne zogen, ein verwirrtes, fragendes Stöhnen ausstieß. Erschrocken ließ ich die Arme des Mannes los, sodass er zu Boden fiel. Er stöhnte noch einmal und hob den Kopf. Trotz der Löcher, die nicht weniger als fünf Pfeile in seinen Körper gerissen hatten, blickte er mit einem Ausdruck zu uns hoch, als wäre er soeben aus einem seltsamen Traum erwacht.

»Was ist passiert, mein Freund?«, erkundigte sich Erchel und ging in die Hocke. Die besorgte Miene, die er dabei aufsetzte, wirkte erstaunlich echt. »Gesetzlose, wie? Meine Kumpels und ich, wir haben dich an der Straße gefunden.« Er schaute grimmig drein, und seine Stimme nahm den rauhen Ton der Verzweiflung an. »Diese Unholde! Die Plage möge sie holen! Keine Sorge …« Er legte dem Armbrustschützen beruhigend eine Hand auf den herabhängenden Kopf. »Wir kümmern uns um dich.«

»Erchel«, warnte ich. Sein Blick fuhr zu mir hoch, seine Augen blitzten verärgert, und sein scharf geschnittenes Gesicht verfinsterte sich. Wir waren etwa im selben Alter, ich war jedoch größer als die meisten Siebzehnjährigen – wenn das denn mein wahres Alter war. Selbst heute noch kann ich nur raten, wie alt ich wirklich bin. So ist das mit Kindern, die in Hurenhäusern zur Welt kommen: Geburtstage sind ein Rätsel und Namen ein Geschenk, das man sich selber macht.

»Wir haben keine Zeit für Spielchen«, sagte ich. Nach dem Töten war ich stets von rastloser Wut erfüllt, und das Gespräch mit Deckin hatte die Sache nicht besser gemacht. Meine Geduld hing am seidenen Faden. In der Bande gab es keine offizielle Hierarchie. Deckin war unser unangefochtener Anführer und Lorine seine rechte Hand, aber darunter änderte sich die Hackordnung ständig. Erchel stand aufgrund seines Verhaltens und seiner selbst für einen Banditen unappetitlichen Gewohnheiten einige Stufen unter mir. Als bissiger Hund, aber auch pragmatischer Feigling machte er für gewöhnlich einen Rückzieher, wenn er mit jemand Ranghöherem aneinandergeriet. Heute jedoch siegte die Aussicht, seinen Neigungen zu frönen, über seinen Pragmatismus.

»Halt die Klappe, Alwyn«, murmelte er und wandte sich wieder dem Armbrustschützen zu, der unglaublicherweise die Kraft gefunden hatte, sich aufzurichten. »Überanstrenge dich nicht, mein Freund«, riet Erchel ihm und griff nach dem Messer an seinem Gürtel. »Leg dich hin. Ruh dich ein wenig aus.«

Ich wusste, wie es weitergehen würde: Erchel flüsterte dem bedauernswerten Mann tröstende Worte zu, um ihm dann flink wie eine Schlange ein Auge auszustechen. Danach folgten weitere sanfte Versprechungen, bevor er ihm das zweite nahm. Das Ganze entwickelte sich immer mehr zu einem Spiel, mit dem Ziel, herauszufinden, wie lange es dauerte, bis der arme Unwissende starb, wobei Erchels Messer immer tiefer stach. Was unter normalen Umständen schwer zu ertragen wäre, war es heute ganz besonders. Außerdem hatte Erchel mich missachtet, was allein schon den Tritt gegen sein Kinn rechtfertigte, den ich ihm jetzt versetzte.

Erchels Zähne knallten aufeinander, und sein Kopf wurde von dem Aufprall nach hinten geschleudert. Der Tritt war so platziert, dass er möglichst schmerzhaft war, ohne ihm den Kiefer auszurenken – wenn er auch meine Zurückhaltung nicht zu schätzen wusste. Er blinzelte erschrocken, dann rötete sich sein schmales Gesicht vor Wut, und er sprang auf. Er fletschte die blutigen Zähne und holte mit dem Messer aus. Mein eigenes Messer glitt blitzschnell aus der Scheide, und ich ging in die Hocke, um seinen Hieb abzuwehren.

Ehrlich gesagt war durchaus nicht klar, wer von uns beiden gewonnen hätte, denn im Messerkampf waren wir ungefähr gleich gut. Wenn ich mir auch einrede, dass meine größere Körpermasse sich zu meinen Gunsten ausgewirkt hätte. Die Frage erübrigte sich jedoch, als Raith die Leiche fallen ließ, die er getragen hatte, und zwischen uns trat, um dem Armbrustschützen sein Messer in den Nacken zu stoßen.

»Zeit verschwenden heißt Leben verschwenden«, sagte er mit seinem seltsam melodischen Akzent. Er richtete sich auf und taxierte uns mit ruhigem, starrem Blick. Mir fiel es nicht leicht, ihm in die Augen zu schauen. Seine leuchtend blauen Pupillen erinnerten mich an die eines Falken. Außerdem war er sehr groß – größer und breitschultriger noch als Deckin und ohne den Bauchansatz. Besonders abschreckend waren die grellroten Flecken, die in zwei diagonalen Streifen über seine hellbraune Gesichtshaut verliefen. Er war der erste Caerither, den ich in meinem Leben gesehen hatte, als ich damals in Deckins Lager ankam. Das Gefühl von Fremdheit und Bedrohlichkeit, das mich bei seinem Anblick überkam, war nie ganz verflogen.

Früher erzählte man sich Geschichten über die Caerither und ihre rätselhaften, geheimen Praktiken. In Albermaine sah man sie nur selten, und denen, die hier lebten, begegneten die Leute mit Furcht und Spott. Sie galten als fremdartig und sonderbar. Mit wachsender Erfahrung erkannten wir, wie dumm es war, sie zu verteufeln, aber das kam erst später. Ich hatte viele haarsträubende Geschichten über die Caerither gehört, ihre merkwürdigen Hexenrituale und das schlimme Schicksal, das Missionare ereilte, die sich über die Berge wagten, um die Heiden zum Bund der Märtyrer zu bekehren. Deshalb wandte ich rasch den Blick ab – im Gegensatz zu Erchel, der zwar durchtrieben, aber nicht sonderlich schlau war und prompt Raiths Aufmerksamkeit erregte.

»Findest du nicht auch, Wiesel?«, murmelte Raith und beugte sich vor. Seine braune Stirn berührte kurz Erchels helle Braue. Der Talisman des Caerithers baumelte zwischen ihnen herab. Zwar handelte es sich bloß um ein einfaches Stück Schnur mit ein paar Bronzeanhängern daran – winzige, fein gearbeitete Figürchen –, dennoch bereitete der Anblick mir Unbehagen. Ich wagte es nie, die Anhänger länger anzuschauen, aber ich hatte gesehen, dass es sich um Darstellungen des Mondes und verschiedener Bäume und Tiere handelte. Einer davon war besonders interessant: der Bronzeschädel eines Vogels, wahrscheinlich einer Krähe. Aus irgendeinem Grund flößten mir die leeren Augenhöhlen des Tiers noch mehr Angst ein als der unnatürlich helle Blick seines Besitzers.

Raith wartete, bis Erchel den Blick senkte und nickte. »Wirf ihn dort drüben hin«, sagte der Caerither und deutete auf ein paar Ulmen ein Dutzend Schritt entfernt. Dann wischte er in aller Seelenruhe sein blutiges Messer an Erchels Wams ab. »Du wirst auf dem Rückweg mein Bündel tragen. Und wehe, es kommt etwas weg.«

»Scheiß Caerither«, murmelte Erchel, während wir die Leiche des Armbrustschützen zwischen die Ulmen schleppten. Wie so oft schien er unsere Auseinandersetzung davor schon wieder vergessen zu haben. Wenn ich jetzt, viele Jahre später, über das Schicksal nachdenke, das ihn am Ende ereilte, muss ich eines zugeben: Erchel war zwar ein schrecklicher Mensch, aber er besaß eine Gabe, die ich mir nie zu eigen machen konnte – die Fähigkeit, seinen Groll zu begraben.

»Es heißt, dass sie Bäume und Steine anbeten«, fuhr er fort und gab sich Mühe, leise zu sprechen. »Sie vollziehen alle möglichen heidnischen Rituale im Mondlicht, um sie zum Leben zu erwecken. Von meiner Familie würde sich keiner mit so einem abgeben. Keine Ahnung, was Deckin sich dabei denkt.«

»Vielleicht solltest du ihn mal fragen«, schlug ich vor. »Oder ich kann es für dich tun, wenn du willst.«

Dieses höfliche Angebot hatte den gewünschten Effekt: Erchel schwieg für den Rest des Wegs. Als wir tiefer ins Dickicht vordrangen und uns dem Lager näherten, fand seine nimmermüde Zunge jedoch unweigerlich ein neues Gesprächsthema.

»Was stand da drauf?«, fragte er leise, weil Raith und die anderen nicht weit entfernt waren. »Auf der Schriftrolle?«

»Woher soll ich das wissen?«, erwiderte ich und verlagerte unbehaglich das Gewicht des Beutesacks auf meiner Schulter. Als ich mich der Plünderung angeschlossen hatte, waren die Leichen längst gefleddert, auf dem Karren fanden sich jedoch noch ein halber Mehlsack, ein paar Karotten und – zu meiner großen Freude – ein Paar exzellenter Stiefel, die mir nach ein paar leichten Änderungen perfekt passen würden.

»Deckin redet mit dir. Und Lorine auch.« Erchel stieß mich auffordernd mit dem Ellbogen an. »Was kann da draufgestanden haben, dass er ein solches Risiko eingegangen ist, um das zu lesen?«

Ich dachte an Lorines Erschrecken beim Überfliegen der Schriftrolle und ihre gemischten Gefühle, als sie mein Gespräch mit Deckin beobachtet hatte. *Der törichte alte Mistkerl hat die Seiten gewechselt,* hatte sie gesagt. Meine Jahre bei der Bande hatten mir ein gutes Gespür dafür verliehen, wann der Wind sich drehte. Und Deckin war stets derjenige, der die Fäden zog. Er ließ sich nur ungern in die Karten schauen. Oft erteilte er Befehle, die uns seltsam oder unsinnig vorkamen, deren wahre Gründe jedoch später offensichtlich wurden. Bislang hatte seine verschwiegene Art der Bande stets zum Vorteil gereicht und uns vor den Soldaten und Sheriffs des Herzogs bewahrt. *Der Herzog …*

Ich wurde langsamer, und mein Blick schweifte in die Ferne, während mein emsiger Geist einen Gedanken formte, der mir schon früher, auf der Straße, hätte kommen müssen. Die Wachen des Boten waren keine Soldaten des Herzogs der Shavine-Marschen gewesen, sondern Cordwainer, frisch aus einer Schlacht des Prätendenten-Kriegs. Soldaten im Dienst des Königs. Womit sich die Frage stellte: Wenn die Soldaten des Herzogs nicht damit betraut werden konnten, einen Diener der Krone zu eskortieren, auf wessen Seite hatte der Herzog der Shavine-Marschen gekämpft?

»Alwyn?«

Erchels Stimme schärfte meinen Blick, der unweigerlich zu Deckins massiger Gestalt an der Spitze der Marschreihe ging. Inzwischen hatten wir das Lager erreicht, und Deckin winkte die Gesetzlosen fort, die zu unserer Begrüßung erschienen, und stapfte direkt zu der Unterkunft, die er mit Lorine teilte. Mein Instinkt sagte mir, dass keiner der beiden beim gemeinsamen Festmahl am Abend auftauchen würde, mit dem ein erfolgreicher Überfall für gewöhnlich gefeiert wurde. Ich wusste, dass sie viel zu besprechen hatten. Und auch, dass ich lauschen musste.

»Eines wollte ich dir schon lange mal sagen, Erchel«, meinte ich und ging auf meinen eigenen Unterschlupf zu. »Du redest verdammt noch mal zu viel.«

Zweites Kapitel

Wenn Blut vergossen wurde, war die Feier danach stets umso ausgelassener. Von ständiger Trunkenheit hielt Deckin nicht viel; nach einem erfolgreichen Überfall durften Ale und Brandy jedoch reichlich fließen. Nachdem also die Nacht angebrochen war und von dem gerösteten Schwein am Spieß das Fett nur so herabtropfte, setzten sich die anderen Bandenmitglieder zusammen, um ihrer Freude oder ihrem Ärger Luft zu machen. Im Laufe der Jahre wurde mir klar, dass jeder Gesetzlose solche Gelegenheiten in seinem Leben braucht – einmal freiheraus lachen, streiten und singen zu können, die Zungen gelöst von zu viel Alkohol und anderen Rauschmitteln, die wir uns beschaffen konnten.

Oft frage ich mich, wie dieser Haufen verkommener Gestalten eine derart liebevolle Wehmut in mir wecken kann. Denn genau das verspüre ich, wenn ich mir ein Gesicht nach dem anderen ins Gedächtnis zurückhole. Da war Gerthe – als Objekt meiner Begierde nur von Lorine übertroffen –, deren Apfelbäckchen sich rundeten, wenn sie lächelte und mit fliegenden Röcken tanzte. Neben ihr tanzten Justan und Yelk, der Fälscher und der Schlossknacker, das innigste Liebespaar, das ich je gekannt habe. Die alte, runzlige Hulbeth, die den Wert von Gold und Silber allein dadurch bestimmen konnte, dass sie mit ihren gelben Zähnen daraufbiss oder mit der Zunge dagegen tippte, teilte sich kichernd eine Pfeife mit Raith. Der Caerither neigte nicht zum Überschwang, bei Gelegenheiten wie dieser gab er sich aber immerhin leutselig und gelassen. Er paffte seine mit Schnitzereien verzierte Pfeife und reichte sie großzügig an die Banditen in seinem Umkreis weiter. Je fortgeschrittener die Stunde, desto tiefer versanken alle in dem benebelten Zustand des Vergessens, den das Kraut erzeugte.

Am Rand des Feuerscheins tauschten Baker und Twine, unsere besten Bogenschützen, finstere Blicke und begannen, sich herumzuschubsen. Offenbar drohte eine Prügelei. Wenn der Alkohol die Zungen lockerte, kam es zwangsläufig zu Gewalt. Allerdings hatte Deckin angeordnet, dass Messer und andere Waffen bei den Schlafplätzen zurückgelassen werden mussten, sodass nur selten jemand ernsthaft verletzt oder gar getötet wurde. Die Bogenschützen zeigten mit Fingern aufeinander, und ihre Stimmen wurden immer lauter. Der Faustkampf zwischen ihnen würde kurz, aber heftig sein. Eine Zeitlang würden sie sich am Boden wälzen, bis der Aufruhr Raith oder ein anderes ranghohes Bandenmitglied auf den Plan rief, das die Streithähne trennte. Am nächsten Morgen wären Baker und Twine dann wieder beste Freunde und würden sich lachend ihre Blutergüsse zeigen.

Der hitzige Streit hatte bereits die Aufmerksamkeit eines stämmigen Mannes mit kurz rasierten Haaren erregt, der zu einer Glatze neigte, was er dadurch wettmachte, dass er sich einen umso üppigeren Bart stehen ließ. Todman stand in der Hierarchie der Bande einige Stufen über mir. Deckin schätzte ihn seiner Brutalität wegen, die ihn zu einem guten Kämpfer machte und noch besser als Vollstrecker von Strafen. Er war recht großgewachsen, wie es für Ordnungshüter typisch war, an Raiths oder Deckins Statur reichte er aber nicht ganz heran. Als zwischen Baker und Twine die ersten Faustschläge fielen, leuchtete Vorfreude in seinen Augen. Vermutlich hoffte er, dass bei der Prügelei jemand zu Tode käme, was eine grausame Hinrichtung verhieß. Warum man jemanden hasst, ist nicht immer leicht zu erklären, in Todmans Fall war es aber offensichtlich. Wie Erchel genoss auch er die Grausamkeit zu sehr. Allerdings verbarg sich hinter seinen sadistischen Augen noch dazu ein scharfer Verstand.

Sein Instinkt musste ihn wohl gewarnt haben, dass ich ihn ansah, denn plötzlich schaute er zu mir herüber, und seine Augen verengten sich. Es gehört zum Wesen des Hasses, dass ihn der Gehasste meist auch erwidert. Jetzt sah ich in Todmans Augen ein interessiertes Funkeln. Ich hätte den Blick senken sollen wie bei Raith, aber ich tat es nicht. Vielleicht hatte der halbe Becher Brandy, den ich getrunken hatte, mich leichtsinnig gemacht. Vermutlich hing meine Waghalsigkeit aber eher damit zusammen, dass ich schon seit geraumer Zeit überzeugt war, Todman notfalls umbringen zu können, wenn er mich angriff. Zwar hatte er mir an Kraft und Körpergröße einiges voraus, ich war jedoch schneller, und am Ende reichte ein gezielter Messerstich.

In Todmans Gesicht zuckte es, als er meine Furchtlosigkeit bemerkte. Er machte einen Schritt auf mich zu, und ich stand auf. Deckins Gesetz folgend hatte ich kein Messer bei mir, aber in dem halb verzehrten Schwein am Spieß steckte eines. Ich wusste, dass ich dorthin gelangen konnte, bevor Todman bei mir wäre. Allerdings wäre es ein Wagnis. Ich hatte keine Ahnung, ob Deckin mir verzeihen würde, wenn ich ein derart nützliches Bandenmitglied tötete. Der Gedanke brachte mich wieder zu Verstand. Ich biss die Zähne zusammen und senkte den Blick. Todmans Zorn würde ich damit wohl nicht besänftigen können, und mein vom Brandy angeheizter Stolz mochte mir an diesem Abend noch eine Tracht Prügel einbringen. Bevor Todman aber einen weiteren Schritt auf mich zu machen konnte, versuchte zum Glück Twine, Baker ein Auge auszustechen. Beide wälzten sich in der Feuergrube, dass die Funken nur so stoben.

Raith fluchte verärgert auf Caerithisch, stand auf und zerrte die Streithähne auseinander. Als Hüter der Bandengesetze war es Todmans Pflicht, ihm zu helfen. Er zerrte Baker weg, während Raith seinen fleischigen Arm um Twines Hals schlang. Aller Augen waren auf das Schauspiel gerichtet, was mir die günstige Gelegenheit bot, mich davonzuschleichen. Ich wollte Todman nicht noch mehr auf mich aufmerksam machen, außerdem verfolgte ich eigene Ziele.

♦ ♦ ♦

Bei Winteranbruch hatte Deckins Bande in den überwucherten Ruinen im dunklen Herzen des Shavine ihr Lager aufgeschlagen. Die verwitterten Trümmer waren so stark mit Moos bewachsen, dass sie von einfachen Felsbrocken kaum zu unterscheiden waren. Nur hier und da ragten noch erkennbare Formen aus dem Gestrüpp der Büsche, Wurzeln und Äste. Die halb eingestürzten, aber robusten Mauern boten anderen Lagerplätzen gegenüber einen entscheidenden Vorteil: Wenn der Regen kälter wurde und im Morgenlicht der erste Raureif funkelte, ließen sie sich leicht in Unterschlupfe und Verstecke für Beute und Vorräte umwandeln.

Manche in der Bande waren der Ansicht, dass es sich bei den Ruinen einst um eine mächtige Stadt gehandelt hatte, die zu bedeutender Größe aufgestiegen war, nur um dem Wüten der ersten großen Plage zum Opfer zu fallen. Wenn dem so war, dann fand ich kaum Hinweise auf einen solchen Aufstieg, geschweige denn überhaupt auf eine Zivilisation. In einer mächtigen Stadt hätte es doch die ein oder andere Statue geben müssen, vielleicht sogar ein Schimmern uralter Schätze inmitten des graugrünen Gerölls. Aber davon war nichts zu entdecken. Lediglich ein paar verwaschene Einkerbungen mochten einst Schriftzeichen gewesen sein, waren jedoch zu stark verwittert, als dass man sie hätte entziffern können. Außerdem gab es in der Bande ohnehin niemanden, der sie hätte übersetzen können, schon gar nicht ich, ungebildet, wie ich damals war.

Natürlich hatten Deckin und Lorine den größten Unterschlupf bezogen, eine nahezu vollständig erhaltene Behausung, die aus vier verfallenen, aber dicken Mauern bestand und ein Dach aus geflochtenen Zweigen und darüber gehäuften Farnen besaß. Nicht weit davon entfernt lagen die moosbedeckten Überreste einer umgestürzten Säule, die vermutlich einmal ein einhundert Fuß hohes Monument gebildet hatte. Für wen oder was sie errichtet worden war, würde auf ewig ein Geheimnis bleiben. Beim Aufprall waren die Segmente teilweise zerbrochen, und unter einem der Granitblöcke hatte ich vor einigen Wochen einen schmalen Hohlraum entdeckt. Den nutzte ich seither als Versteck für wertvolle Beute. In der Bande war es strengstens verboten zu stehlen, dennoch neigte alles, was ich an Münzen oder sonstigen Wertgegenständen ergatterte, ärgerlicherweise zum Verschwinden. Was vor allem daran lag, dass ich meinen Lohn ebenso schnell wieder ausgab, wie er seinen Weg in meine Geldbörse fand. Dennoch war ich mir sicher, dass ein kleiner Teil auch in die Taschen meiner wenig vertrauenswürdigen Bandengefährten wanderte. Überdies hatte ich von meinem Versteck eine gute Aussicht auf den Eingang zu Deckins und Lorines Unterschlupf und konnte zugleich jedes Wort verstehen, das sie sprachen.

»›… bestehend aus insgesamt zwölf Kompanien‹«, vernahm ich soeben Lorines weiche Stimme. Sie hatte die Augen geschlossen und gab – wie immer wortgetreu – die Nachricht an den König wieder. Sie und Deckin saßen zu beiden Seiten eines lodernden Feuers. Er stocherte mit einem verkohlten Stock in den Flammen, während sie weitersprach. »›Neun zu Fuß und drei beritten. Fürderhin betrug unsere Zahl etwas über dreitausend, allesamt gute und pflichtbewusste Männer. Aszendent Durehl Vearist, erlauchte Eminenz des Bundes in den Shavine-Marschen, hat sie persönlich in den Dienst Eurer Majestät gestellt. Zusätzlich erhielten wir Verstärkung von nicht weniger als sechzig Soldaten, die einst dem Verräter Rouphon Ambris dienten. Euer Majestät wird über die Ergebenheit dieser aufrechten Gesellen sicher erfreut sein, die lieber ihrem König gegenüber loyal blieben, als einem verräterischen Herzog die Treue zu halten …‹«

Lorine verstummte, als Deckin sie in barschem Ton unterbrach.

»Wohl eher untreue Mistkerle, die klug genug waren, ihr Fähnchen nach dem Wind zu hängen.« Sein Bart verzog sich zu einer entschuldigenden Grimasse, als Lorine die Augen öffnete und ihn vorwurfsvoll ansah. »Verzeih, meine Liebe. Bitte sprich weiter.«

Seufzend schloss Lorine wieder die Augen und fuhr fort. »›Was die Armee des Prätendenten betrifft, so schätze ich ihre Zahl auf etwas über viertausend Mann, mit einem ebenso großen Gefolge. Euer Hoheit wird wissen, dass dies weit weniger ist, als der Rebellenhorde bislang an Stärke zugeschrieben wurde, was an der Ehrlichkeit unserer Hinweisgeber zweifeln lässt, deren Beschreibungen sich als fehlerhaft oder rundweg falsch erwiesen haben. Dieser Nachricht ist eine Liste derjenigen beigefügt, die, wie ich in aller Bescheidenheit vorschlagen möchte, für die schändliche Verletzung des Vertrauens Eurer Majestät verhaftet und enteignet werden sollten.

Wie dem auch sei, wäre es dem Prätendenten gelungen, seine Horde rechtzeitig mit den Kompanien Herzog Rouphons zusammenzuschließen, die weit über tausend Mann zählten, so hätte dieser Tag anders ausgehen können. Der Vorsehung und der Gunst der Märtyrer sei es gedankt, dass uns ein Späher des Herzogs in die Hände fiel, der uns seine Marschroute verriet. Der Herzog hatte nur zwölf Meilen vom Heer des Prätendenten entfernt sein Lager aufgeschlagen, und bei Morgengrauen griffen wir mit voller Truppenstärke an, worauf seine Männer getötet, gefangen genommen oder zerstreut wurden.‹«

Lorine hielt inne, und ich sah, wie sie nervös schluckte. Als sie weitersprach, klang sie jedoch gewohnt beherrscht. »›Zudem ist es mir eine außerordentliche Ehre, Euch mitteilen zu dürfen, dass der Herzog selbst sich im Gewahrsam Eures geschätzten Kämpen Sir Ehlbert Bauldry befindet, der den Verräter im Zweikampf besiegt und entwaffnet hat.

Nachdem unter meinen Truppen die Ordnung wiederhergestellt war, marschierte ich so schnell wie möglich zum Lager des Prätendenten und brachte ihm trotz des heftigen Widerstands seiner Anhänger eine schwere Niederlage bei. Ich möchte besonders darauf hinweisen, dass sich in den Reihen der Aufständischen auch einige ascarlianische Söldner befanden, die mit den Ketzern des Fjordlands verbündet sind. Die Wilden aus dem Norden lieferten uns einen erbitterten Kampf, was es, zu meinem ewigen Bedauern, dem Prätendenten ermöglichte, mit einem Gefolge von vielleicht zwanzig Überläufern zu fliehen. Ich kann Eurer Hoheit versichern, dass wir bereits zur Verfolgung des Rebellenführers angesetzt haben und die Nachricht von seiner Gefangennahme oder verdienten Hinrichtung gewiss nicht lange auf sich warten lassen wird.

Meine Streitmacht befindet sich derzeit auf Burg Ambris, wo der Bote Eurer Majestät mich antreffen wird. Die andere Partei, über die wir vor meiner Abreise vom Hof sprachen, wurde bereits benachrichtigt und wird in Kürze eintreffen. Unsere Patrouillen und bezahlten Spione konnten keine Hinweise darauf finden, dass die Gefangennahme des Herzogs bei den Knechten, Handwerkern oder niederen Adligen für Unruhe sorgt. Auch scheint es im Herzogtum keine weitverbreiteten Sympathien für die Sache des Prätendenten zu geben. Es ist meine Absicht, den Anweisungen Eurer Majestät Folge zu leisten und Herzog Rouphon ohne Umschweife vor Gericht zu stellen. Eine Liste der Gefangenen von edler Abstammung ist dieser Nachricht beigefügt. Ich erwarte Euren Befehl hinsichtlich ihrer Hinrichtung, Begnadigung oder Freilassung gegen Lösegeld. Gefangene Soldaten, Zwangsverpflichtete und Gefolge wurden kraft meiner Vollmacht als Agent der Krone mit außerordentlichen Befugnissen dem Tod überantwortet.

Ich verbleibe, Euer Hoheit, Euer treuester und ergebenster Diener, Sir Althus Levalle, Großoffizier der Kompanie der Krone.«

Deckins Miene veränderte sich beim Zuhören kaum. Die einzige Regung zeigte er, als Lorine das Schicksal des unglückseligen Herzogs Rouphon erwähnte. An dieser Stelle zerbrach knirschend der Stock in seinen fleischigen Pranken, und er warf die Überreste ins Feuer. Als Lorine fertig war, sagte er nichts, und das Schweigen zog sich in die Länge.

»Althus«, murmelte Deckin schließlich und verschränkte die Finger. »Das überrascht mich nicht. Er war sich noch nie zu schade, die Drecksarbeit zu erledigen. Im Gegenteil, er räumt gerne auf.«

»Du kennst den Großoffizier der Kompanie der Krone?«, fragte Lorine. Ich hörte echte Überraschung in ihrer Stimme. Anscheinend hatte Deckin auch vor ihr seine Geheimnisse.

Sein Bart zuckte leicht verärgert, und er schüttelte den Kopf. »Früher, ja. Aber davon erzähl ich dir ein andermal, meine Liebe.«

Lorine verbarg es gut, aber ich nahm dennoch die Besorgnis in ihren nächsten Worten wahr. »Mit der ›anderen Partei‹ meint er wohl den neu eingesetzten Herzog der Shavine-Marschen. Ich frage mich, wer es ist.«

»Die Liste der Kandidaten ist kurz.« Deckin lachte unfroh. »Rouphons Rivalen neigten dazu, Unfällen und unerwarteten Krankheiten zum Opfer zu fallen.« Wieder ein Lachen, das diesmal säuerlich klang. »Mit den Angehörigen seines Blutes ist er nie sonderlich freundlich umgesprungen.«

»Vielleicht wird sein Nachfolger entgegenkommender sein. Mit einem Geschenk von angemessenem Wert ließe sich zumindest ein Gespräch anbahnen. Natürlich müssten wir uns genau überlegen, wie wir an ihn herantreten …« Lorine verstummte, als Deckin verächtlich abwinkte.

»Es spielt keine Rolle, wer er ist.« Er kam stöhnend hoch und rieb sich den Rücken. »Es ist Zeit, Lorine. Wir haben lange gewartet, aber jetzt ist es Zeit. Rouphon wird einen Kopf kürzer gemacht, der Prätendenten-Krieg tobt weiter, und im Norden braut sich Unheil zusammen – eine bessere Gelegenheit wird es nicht geben.«

»Der Prätendent wurde gerade besiegt. Der Krieg ist so gut wie vorbei.«

»So scheint es. Zumindest will Althus das dem König weismachen. Ist dir aufgefallen, dass er es versäumt hat, ihm die Zahl seiner eigenen Verluste mitzuteilen? Althus ist ein pflichtbewusster Mann, aber er ist auch ein verdammter Lügner, wenn es ihm in den Kram passt.

Ich würde schätzen, dass er die Streitmacht des Herzogs nur deshalb zerschlagen und ihn gefangen nehmen konnte, weil er Sir Ehlbert an seiner Seite hatte. Vermutlich konnte er dem Prätendenten tatsächlich eine Niederlage beibringen, aber es war nicht der große Sieg, den er beschreibt. Und selbst wenn es stimmt – solange der Prätendent am Leben ist, besteht die Möglichkeit, dass er es schafft, ein weiteres Heer aufzustellen. Mit seiner angeblich königlichen Abstammung lockt er viele Leute an, die enteignet wurden oder sonst einen Groll gegen die Krone hegen. Sein Aufstand ist noch längst nicht vorbei. Wenn er das nächste Mal seine Standarte hebt, wird es vermutlich weit weg von den Shavine-Marschen sein, was bedeutet, dass Sir Althus und, noch wichtiger, der gefürchtete Kämpe des Königs die Marschen ebenfalls bald verlassen werden.«

Lorine schloss wieder die Augen und senkte den Kopf. Sie holte tief Luft, und was sie dann sagte, zeugte von einigem Mut: »Der Bote hatte recht, Deckin. Egal, wie die Knechte und Gesetzlosen dich nennen – du bist kein König.«

»Dieser Illusion habe ich mich auch nie hingegeben, meine Liebe.« Deckins Tonfall und Haltung ließen keinen Ärger erkennen. Er trat auf Lorine zu und hob mit seiner Pranke ihr Kinn an, worauf sie die Augen öffnete. Seine nächsten Worte waren von freundlichem Drängen, aber auch von unerschütterlicher Gewissheit erfüllt. »Allerdings bin ich entschlossen, Herzog zu werden.«

◆ ◆ ◆

Am nächsten Morgen ließ Deckin uns das Lager abbrechen und auf den verborgenen Pfaden, die allein Wilderer und Gesetzlose kennen, einen Weg nach Norden einschlagen. Wie üblich erhielten wir keine Erklärung, und falls sich jemand wegen eines schweren Kopfes oder anderer Gebrechen beklagte, reichte ein finsterer Blick des Königs der Gesetzlosen, um die Nörgler zum Schweigen zu bringen. Wir hatten alle Erfahrung darin, seine Stimmungsumschwünge zu deuten, und momentan wussten wir, dass ein falsches Wort oder ein Blick eine harte Strafe nach sich ziehen konnte.

Ich erklärte mich freiwillig bereit, als Späher vorauszugehen, während die Bande durch das grüne Labyrinth des Waldes zog. Würde ich mit den anderen marschieren, dann müsste ich unweigerlich neben Erchel laufen, dessen Gesellschaft ich an diesem Tag nicht ertrug. Außerdem blieb ich so auf Abstand zu Todman, was im Augenblick klüger war. Deckins Gunst brachte mir zwar das ein oder andere zusätzliche Gespräch oder Lob ein, Schutz bot mir das jedoch wenig.

Wir waren zu viert. Baker und Twine, die ihren Streit trotz der Blutergüsse längst vergessen hatten, patrouillierten mit ihren Bögen an den Flanken. In der Mitte ging Stallknecht, unser bester Fährtenleser und Jäger, und ich ein Dutzend Schritt hinter ihm. Die Idee hinter dieser Formation war einfach: Sollte ein Pfeil oder ein anderes Geschoss den Jäger treffen, wäre ich übrig, um Alarm zu schlagen.

Zwar kam es nicht häufig vor, dass sich die Männer der Sheriffs oder die Soldaten des Herzogs so tief in den Wald vorwagten, gänzlich unwahrscheinlich war es aber nicht. Ich erinnerte mich noch düster daran, wie die Bande vor ein paar Jahren mal einer ganzen Kompanie von Wachen des Herzogs begegnete. Zum Glück war es spät am Abend, und den meisten von uns gelang die Flucht. Damals war ich noch ein kleiner Junge und einer Schlacht bis dahin noch nie so nahe gekommen, und der Anblick der umherfliegenden Pfeile und aufeinanderprallenden Klingen hat sich mir tief ins Gedächtnis eingeprägt.

Jetzt glitt mein Blick unablässig über die Bäume links und rechts von Stallknecht, der sich mit einer Geschmeidigkeit fortbewegte, die man seinem schlaksigen Körper gar nicht zutrauen würde. In Gedanken kehrte ich immer wieder zu Deckins und Lorines Unterhaltung am Vorabend zurück. *Ich bin entschlossen, Herzog zu werden.* Ein Fluch der Klugen ist ihre Vorstellungskraft – ein schlauer Kopf malt sich mögliches Unheil stets in zu vielen Einzelheiten aus.

Wohin führt er uns?, war die erste Frage, die sich mir stellte, bald gefolgt von einer ganzen Schar weiterer. *Was hat er vor? Wohin gehen wir? Wie kommt er auf den Gedanken, dass ein Gesetzloser, selbst ein König der Gesetzlosen, Herzog werden könnte?*

Ich war nicht so dumm, irgendjemandem von dem zu erzählen, was ich gehört hatte. Vertrauen ist ein Luxus, auf den man als junger Gesetzloser schnell zu verzichten lernt. Unter anderen Umständen hätte ich Lorine darauf angesprochen. Schon seit unserer ersten Begegnung wusste ich, dass sie außer mir der einzig wirklich kluge Mensch in diesem Haufen Abschaum war.

Hm, der Junge hat einen scharfen Blick. Das waren Deckins erste Worte gewesen, als er mich vor zehn Jahren schmutzig und mit Blutergüssen übersät im Wald fand.

Der Zuhälter hatte mich mit bemerkenswertem Elan aus dem Hurenhaus vertrieben, das ohnehin nur ein schlechter Unterschlupf gewesen war. »Verschwinde, du nutzloses Balg!«, waren seine letzten Worte an mich, und das waren noch die freundlichsten. Seine Gerte hinterließ Striemen auf meinem Hinterteil, während ich auf das dichte Farngestrüpp am Rand der Hütten zulief, die ich bis dahin mein Zuhause genannt hatte. Wenn der Zuhälter schlechte Laune hatte, konnte ich mich meist bis zum Nachteinbruch dort verstecken und warten, bis er sich besinnungslos getrunken hatte, um dann zurückzuschleichen. Ein paar der Huren waren freundlich und gaben mir etwas von ihrem Abendessen ab, wonach ich zum Schlafen auf die Dachbalken hochkletterte. Aber an diesem Tag war es anders.

Er jagte mich knurrend durch das Gestrüpp, und seine Gerte traf mich an Hals und Kopf, bis ich schließlich in die dunkle Umarmung des Waldes floh. Der Anblick der Wand aus Schatten reichte, um mich zum Stehen zu bringen. Lieber ertrug ich weitere Schläge, als dort hineinzugehen. In meiner Kindheit hatte ich zahllose Geschichten darüber gehört, welches Schicksal diejenigen erwartete, die töricht genug waren, sich in den Wald vorzuwagen. Der Zuhälter verfluchte meinen Starrsinn. Er bückte sich, um Steine aufzuheben und sie nach mir zu werfen. Einer davon knallte gegen meine Stirn und ließ mich Sterne sehen. Ich erinnere mich, dass ich zu Boden stürzte. Dann wurde es schwarz um mich. Als ich wieder zu mir kam, schaute ich zum Geflecht der schwankenden Äste hoch.

Vielleicht hatte der Schlag gegen den Schädel mich wirr gemacht, doch glaubte ich in diesem Moment, den Wald sprechen zu hören. Das Rascheln der Blätter und Knarren der Äste klang wie eine Stimme, die Worte sprach, die ich nicht verstand. In meiner Benommenheit hörte es sich fast wie eine Begrüßung an. Gleich darauf ertönte Deckins Stimme.

Ich setzte mich auf und sah einen großgewachsenen Mann mit üppigem schwarzem Bart vor mir, und dazu eine schlanke Frau mit kupferfarbenem Haar, das fein säuberlich zu langen Zöpfen geflochten war. Der Mann lächelte, und ich sah inmitten seines Barts weiße Zähne aufblitzen. In seinem Blick lagen Belustigung und Interesse. Die Frau lächelte nicht, aber ihr Gesicht wirkte auch nicht unfreundlich. Nach meiner Schätzung war Lorine bei unserem ersten Treffen höchstens zwanzig Jahre alt, doch selbst damals schon hatte sie etwas Altersloses, Majestätisches an sich.

»Wie ist dein Name, Junge?«, fragte der Bärtige und trat näher. Er ergriff meine Schultern, zog mich hoch und stellte mich auf die Beine. Vielleicht war ich immer noch zu verwirrt, oder irgendein innerer Instinkt warnte mich, jedenfalls zuckte ich vor seiner Berührung nicht zurück und versuchte auch nicht wegzulaufen.

»A-Alwyn«, stammelte ich und blinzelte, als beim Sprechen die Platzwunde an meiner Stirn wieder aufriss und mir Blut in die Augen tröpfelte.

»Alwyn, hm?« Der Bärtige verzog das Gesicht und wischte mir das Blut von der Stirn. »Hat deine Mutter oder dein Vater dir diesen Namen gegeben?«

»Die kenne ich nicht. Hab mich selbst so genannt«, erwiderte ich. Langsam ließ die Benommenheit nach, und Furcht erwachte in mir. Mir wurde bewusst, dass ich allein war im Wald, mit zwei Fremden. »Mutter ist bei meiner Geburt gestorben, sagt der Zuhälter. Mein Vater war bloß irgendein Scheißkerl, der sie gevögelt und sich danach verpisst hat, meinte er.«

Da mischte sich die Frau mit dem kupferfarbenen Haar ins Gespräch. Sie trat zu dem Hünen und ging neben ihm in die Hocke. »Ein vulgärer Kerl, dieser Zuhälter«, sagte sie. Ihr Gesichtsausdruck faszinierte mich damals, denn es war das erste Mal, dass ich ihn bei jemandem sah: eine Mischung aus Mitleid und Zorn, halb verborgen unter einem freundlichen Lächeln. »Und ziemlich aufbrausend«, fügte sie hinzu. Sie zog ein Tuch aus dem Ärmel ihrer Wollbluse und tupfte meine Stirn ab. »Ich würde sagen, jemand sollte ihm mal eine Lektion erteilen, damit er sich besser beherrschen lernt.« Sie hob eine Augenbraue und schaute den Bärtigen an. »Findest du nicht auch, Liebster?«

»Allerdings.« Der Mann schnaufte leutselig und richtete sich dann zu seiner vollen Größe auf, sodass ich den Kopf in den Nacken legen musste, um ihm in die Augen schauen zu können. »Am besten bleibst du heute Abend bei uns im Lager, junger Alwyn. Wir haben einen ganzen Topf voll geschmorter Tauben, und ohne Hilfe schaffen wir die nie.«

Er beugte sich vor und ergriff meine kleine Hand, worauf die Frau die andere nahm. Ich ging mit ihnen und verspürte nicht den geringsten Drang wegzulaufen. Wohin hätte ich auch gehen sollen? Aus einer Nacht im Lager wurde freilich bald eine ganze Woche, die in Monate überging, in deren Verlauf ich viele neue Dinge lernte. Zum ersten Mal in meinem kurzen Leben musste ich keinen Hunger leiden und mich nicht ständig vor Gertenhieben fürchten. Aus Monaten wurden Jahre, und mein Groll gegen den Zuhälter wuchs. Bis ich eines Tages Lorine von meinen Rachegedanken erzählte und sie mir in beiläufigem Ton berichtete, dass der Kerl kurz nach meiner Flucht erwürgt auf der Schwelle des Hurenhauses vorgefunden wurde. Die verschlungenen Wege meines Lebens führten mich nie wieder zu der Ansammlung von Hütten zurück, in denen ich aufgewachsen bin, und selbst jetzt verspüre ich nicht den geringsten Wunsch, sie zu besuchen. Dort gibt es für mich nichts mehr zu sehen und niemanden, den es zu töten gilt.

»Psst!«

Scharfer Schmerz durchzuckte mich, als ein geworfener Zweig von meiner Nase abprallte, und riss mich aus meinen Grübeleien. Ich warf Stallknecht einen finsteren Blick zu, der mich mit gerunzelter Stirn musterte. »Aufwachen, Heide«, befahl er gewohnt barsch. »Wenn du mir den Rücken decken willst, dann mach es richtig, oder die Plage möge dich holen.«

Ich setzte ein fröhliches Lächeln auf. Ich wusste, dass ihn das weit mehr ärgern würde als eine patzige Erwiderung. Stallknecht war der wohl ungewöhnlichste Gesetzlose, der je den Shavine unsicher machte, und der frommste Anhänger des Bundes, dem ich in meinem Leben begegnet bin. Seine Abneigung gegen die anderen Halunken brannte hell, besonders in meiner Gegenwart, vielleicht weil ich nie müde wurde, die Flammen zu schüren.

Er holte tief Luft, um sich zu beruhigen, und murmelte eine Passage der heiligen Schriften, wie so oft, wenn ich seine Geduld auf die Probe stellte. »›Es ist das Schicksal der wahren Gläubigen, die Gegenwart von Sündern und Heiden zu erdulden. Zu erdulden heißt, durch die Gunst der Seraphilen geläutert zu werden.‹« Damit drehte er sich um und schlich weiter durch den Wald.

Nach ein paar Meilen legten wir eine Pause ein und ließen uns auf dem Stamm einer umgestürzten Esche nieder, um unsere Wegzehrung aus gesalzenem Schweinefleisch zu essen. Der Winter hatte den Wald noch nicht fest im Griff, doch in der Luft lag bereits eine schneidende Kälte, die bald schon durch Mark und Bein gehen würde. Für einen Jungen wie mich hatte das Leben im Wald viele Vorzüge, die Witterung gehörte jedoch nicht dazu. Die Winter brachten Kälte, die einen umbringen konnte, und die Sommer Wolken von Mücken und anderen Insekten, die einen in den Wahnsinn trieben. Die milden, aber stets zu kurzen Atempausen von Frühling und Herbst waren mir immer am liebsten.

»Hast du schon mal von einem Ritter namens Sir Ehlbert Bauldry gehört?«, fragte ich Stallknecht, während wir aßen. Ich gab mir Mühe, leise zu sprechen, wie immer, wenn wir unterwegs waren.

»Verschon mich mit deinem Geschwätz, Heide«, murmelte Stallknecht. Aus Gründen, die für mich nicht nachvollziehbar waren, nannte er nur mich einen »Heiden«. Alle anderen waren für ihn lediglich Sünder.

»Der Kämpe des Königs, wie ich hörte«, fuhr ich unbeirrt fort. »Ich dachte, du wärst ihm in deiner Zeit als Soldat vielleicht mal begegnet.«

Es war eine gezielte Stichelei. Ich wusste, dass Stallknechts Zeit unter dem Banner ein heikles Thema war. Erfahren hatte ich davon auch nur aus den Predigten, die er mangels Publikum vor sich selber hielt. Abends schritt er oft mit geschlossenen Augen um ein Feuer herum und zitierte in einem fort aus den Schriften der Märtyrer. Manchmal beichtete er reumütig eine der vielen Sünden, die er in seinem Leben begangen hatte – wenn ihn seine Reue auch nicht davon abhielt, Mitglied in der berüchtigtsten Räuberbande im Shavine zu sein.

Im vergangenen Sommer hatte ich erlebt, wie er einem Wachmann mit einem Beil den Schädel gespalten hatte, und zwar ohne zu zögern oder aus den heiligen Schriften zu zitieren. Er war ebenso nichtsnutzig und bösartig wie die anderen Mitglieder der Bande, was seinem Glauben an die eigene Erlösung jedoch keinen Abbruch tat. Ich hatte in ihm schon vor Längerem einen religiösen Eiferer erkannt und verschwendete an die Widersprüchlichkeit des Ganzen keinen Gedanken mehr, es sei denn, ich geriet selbst in den Brennpunkt seines heuchlerischen Wahns.

Ich hatte mit einer weiteren Zurückweisung gerechnet, deshalb überraschte mich der Ausdruck ernster Rückbesinnung in Stallknechts Gesicht. Man hätte seine Züge als attraktiv bezeichnen können, wäre da nicht das irre Leuchten in seinen Augen gewesen. Jetzt wirkte er fast normal, und als er das Wort ergriff, klang seine Stimme nicht so monoton und anklagend wie sonst.

»Als ich ihm begegnete, war er noch nicht der Kämpe des Königs«, sagte er. »Nur ein junger Ritter im Dienst von König Mathis. Aber selbst damals schon gab es in den Herzogtümern niemanden, der es im Kampf mit ihm hätte aufnehmen können. Für einen so großen

Mann bewegt er sich beinahe … unnatürlich schnell. Und das Blutbad, das er unter den Aufständischen anrichtete, lässt sich nur als große Sünde beschreiben. Ihm selbst bereitete es jedoch kein Vergnügen, im Gegensatz zu den anderen Rittern. Und er beteiligte sich auch nicht an den Grausamkeiten, die sie den Gefangenen antaten. Als wir die Leichen zu großen Haufen aufstapelten, kniete er mit ernster Miene vor dem Aszendenten, der ihm die Weihe gab. Ein wahrer Ritter von Bund und Krone.«

Schön, dass du ihn magst, witzelte ich im Geiste und musste an Deckins und Lorines Gespräch denken. *Vielleicht werden wir ihm schon bald über den Weg laufen.*

»Und Sir Althus Levalle?«, fragte ich. »Hast du von dem mal gehört?«

Stallknechts Augen verengten sich abrupt. Ich merkte, dass ich den Bogen überspannt hatte. Dieser Mann mochte verrückt sein wie ein Affe mit Hirnfäule, aber dumm war er nicht.

»Warum so neugierig, Heide?«, fragte er und drehte sich zu mir um.

»Hab gehört, wie die Cordwainer sich auf der Straße unterhalten haben«, erwiderte ich mit einem beiläufigen Schulterzucken. »Es klang so, als wären sie aus einer Schlacht gekommen.«

Stallknechts Blick bohrte sich förmlich in mich hinein. Offenbar hatte sein Instinkt angeschlagen, der ihn nach den Verfehlungen anderer Menschen suchen ließ. Seine nächsten Fragen hätten mich ins Schwimmen bringen können. Obwohl ich geschickt darin war, andere zu täuschen, gelang mir das bei ihm nur selten. Zum Glück rettete mich ein leichter Brandgeruch, der vom Wind herangetragen wurde. Stallknecht und ich blinzelten und gingen gleichzeitig in die Hocke.

Auf der anderen Seite der kleinen Lichtung zogen Baker und Twine jeder einen Pfeil aus dem Köcher und legten ihn auf die Sehne. Nur ein Narr würde in diesem Teil des Waldes ein Feuer anzünden. Wir befanden uns tief im Territorium des Königs der Gesetzlosen, und die Soldaten und Sheriffs des Herzogs wussten es besser, als ihre Anwesenheit auf diese Art zu verraten.

Stallknecht hob eine Hand, um uns zurückzuhalten, schloss einen Moment die Augen und blähte die Nasenflügel. Schließlich öffnete er die Augen wieder und nickte nach Nordwesten, wo die Bäume etwas lichter standen. Wir nahmen die übliche Spähformation ein, ich hinter Stallknecht und die Bogenschützen an den Flanken. Der Brandgeruch wurde immer stärker, bis ich dünne Schwaden durch das Geäst treiben sah. Dann drangen Stimmen herüber. Sie waren leise und besaßen einen merkwürdigen Klang. Worte waren nicht zu verstehen, aber ein Leuchtfeuer hätte uns den Weg nicht besser weisen können.

Nach weiteren fünfzig Schritt waren die Stimmen so laut, dass ich hören konnte, dass sie in einer mir fremden Sprache redeten. Ich warf Stallknecht einen verwunderten Blick zu, der mit säuerlicher Miene flüsterte: »Ascarlianer.«

Er blieb stehen und nickte zum breiten Stamm einer alten, ein paar Schritt entfernten Eibe hin. Ich folgte ihm, als er den Baum hinaufkletterte. Mit einer Leichtigkeit, die von jahrelanger Übung herrührte, zog er sich an den knorrigen Ästen nach oben. Nachdem wir etwa zwanzig Fuß hoch geklettert waren, konnten wir das Lager gut überschauen. Die Quelle des Rauchs war unschwer zu erkennen: Von einem Holzstapel stiegen hellgraue Wolken auf. Die Leute, die um das Feuer saßen, waren durch Blätterdach und Äste verdeckt, aber meiner Schätzung nach waren es etwa ein Dutzend. Zwei von ihnen gingen im Rauch auf und ab und schienen in ein hitziges Wortgefecht vertieft. Sie gaben ein unverständliches Kauderwelsch aus weichen Vokalen und barschen Ausrufen von sich.

»Irgendeine Ahnung, was sie sagen?«, flüsterte ich Stallknecht zu.

»Mit der Sprache von Ketzern gebe ich mich nicht ab«, murmelte er zurück und betrachtete das Lager. »Aber es sind Wilde aus dem Norden, das steht fest.« Er richtete den Blick auf mich. »Such Deckin. Sag ihm, wir haben Eindringlinge.«

Drittes Kapitel

Bevor Deckin das Lager der Fremden betrat, ließ er es zuerst umstellen. Mit leiser, geübter Schnelligkeit bildete die Bande einen engen Kreis, der sämtliche Fluchtwege abschnitt. Es gab weder Wachposten noch Späher, die unser Heranrücken hätten verraten können, und ich staunte über die Arglosigkeit dieser Leute. Wussten sie denn nicht, wo sie sich befanden?

Der Streit, der immer lauter geworden war, während wir unsere Falle aufbauten, verstummte abrupt, als Deckins massige Gestalt zwischen den Bäumen hervortrat. Lorine befand sich zu seiner Rechten und Raith zu seiner Linken, während Todman, der sich stets in Deckins Nähe hielt, hinter ihnen folgte. Ich blieb mit den anderen am Rand der kleinen Lichtung stehen, auf der die seltsamen Leute ihr Lager aufgeschlagen hatten. Ich zählte zwölf – acht Männer und vier Frauen. Bei unseren Ausflügen in die Hafenstädte an der Küste waren mir schon Fjordländer begegnet. Das Fjordland war das nördlichste Herzogtum Albermaines, das einer der Vorfahren von König Tomas den Ascarlianern abgenommen hatte. Die Fremden sahen ganz ähnlich aus. Sie waren ein oder zwei Zoll größer als die Bewohner der südlichen Herzogtümer, mit blasser Haut und blondem oder hellbraunem Haar. Außerdem waren sie alle bewaffnet und gerüstet, wenn auch mehr schlecht als recht. An ihren Gürteln hingen Äxte und Beile, und viele trugen mit Eisenschuppen besetzte Ledertuniken. Ihre Kleidung wies jedoch zahllose Risse und Flecken auf, und ihre Gesichter waren mit Schweiß, Schmutz und Blut beschmiert, wie bei Leuten, die erst vor Kurzem einem heftigen Kampf entronnen waren.

Nur einer von ihnen trug ein Schwert. Er war der Größte von allen, und sein langes weizenblondes Haar war zu Zöpfen geflochten, aus denen sich einzelne Strähnen gelöst hatten, sodass sein Haarschopf an einen vom Wind zerfledderten Strohhaufen erinnerte. Sein Gesichtsausdruck war kaum weniger wild – mit weit aufgerissenen Augen und offenem Mund starrte er Deckin an. In seiner Miene zeigte sich keine Furcht, sondern eher eine Art irre Erleichterung. Als Bandit lernt man einzuschätzen, ob ein Treffen friedlich bleibt oder in Gewalt umschlagen wird. Die Miene des Nordmannes schien mir in dieser Hinsicht eindeutig.

Zur Linken des zerzausten Schwertkämpfers stand ein Mädchen, dessen Haar einen goldenen Farbton besaß. Ich schätzte, dass sie etwa in meinem Alter war. Das Fehlen von Narben in ihrem schmutzigen Gesicht deutete auf eine behütete Kindheit hin. Sie war von allen am schlechtesten bewaffnet und trug lediglich einen Dolch mit langer Klinge bei sich. Ihre Kleidung war zwar robust, aber ungepanzert. So furchtsam, wie sie Deckin und den Rest der Bande ansah, schien sie weit vernünftiger zu sein als ihr Gefährte.

Deckin sagte nichts, sondern blieb zehn Schritt vor dem Mann mit dem Schwert stehen und verschränkte die Arme. Die Waldluft verdichtete sich, während der Nordländer den Neuankömmling mit großen, hungrigen Augen musterte. Deckin hob erwartungsvoll eine Augenbraue, worauf der Blonde einige barsche Worte in seiner Sprache ausstieß. Dabei nahm er Kampfhaltung an und packte den Griff seines Schwertes fester. Das Mädchen sagte ebenfalls etwas. Ihre

Worte waren mir genauso fremd wie die des Hünen, aber das leise Zittern in ihrer Stimme ließ vermuten, dass es sich um eine ängstliche Warnung handelte. Die restlichen Eindringlinge tauschten unsichere Blicke aus, und Schweiß glänzte auf den Axtgriffen, die sie nervös umfassten.

Bei den Worten des Hünen runzelte Deckin die Stirn. »Gerthe!«, rief er und blickte sich über die Schulter nach der Sprachkundigen der Bande um. Gerthe war eine junge Frau mit vielerlei Talenten, die meisten davon sinnlicher Natur und recht kostspielig. Ihre erstaunlichen Sprachfähigkeiten schätzte Deckin jedoch am meisten. Sie hatte ihr Handwerk in den Hafenstädten an der Küste des Shavine gelernt und beherrschte nicht weniger als sieben Sprachen fließend und konnte sich in einem halben Dutzend weiteren verständlich machen.

»Ascarlianer, schätze ich mal?«, fragte Deckin, als sie zu ihm kam.

Gerthe nickte bestätigend. »Aus den Südgebieten, denke ich.«

»Und was sagt er?«

Gerthes sonst so fröhliches Gesicht nahm einen unwilligen Ausdruck an. Ihr Blick ging ängstlich zwischen Deckin und dem Schwertkämpfer hin und her. »Es … war nichts Nettes, Deckin«, meinte sie.

»Sag's mir einfach.«

Sie hustete, um das Zittern in ihrer Stimme zu unterdrücken. Dann übersetzte sie in möglichst neutralem Tonfall: »›Was für Abschaum nähert sich uns da? Seid ihr hier, um zu betteln oder zu stehlen? So oder so bekommt ihr von mir nur den Tod.‹«

Deckin lachte prustend, wodurch sich der Rest der Bande ermutigt sah, mit einzustimmen. Angesichts unserer Heiterkeit rückten die Nordländer enger zusammen, bis auf den Mann mit dem Schwert, der dies offenkundig als Beleidigung seiner männlichen Würde auffasste. Er knurrte noch ein paar Worte und zog dann sein Schwert aus der Scheide. Er richtete die Klinge auf Deckin und schwenkte sie in seine Richtung. Seine Stimme klang rauh und sein schneidender Ton beinahe komisch.

»›Lacht nur, ihr wertloses Gesindel‹«, übersetzte Gerthe pflichtbewusst. »›Lacht, während ich, Skeinweld, Schwert der Altvar, euch ins Grab schicke!‹«

Dies sorgte für noch mehr Gelächter und Spott, was den Nordländer so wütend machte, dass sein Gesicht puterrot anlief. Die Belustigung der Bande legte sich jedoch sofort, als Deckin eine Hand hob. Er wirkte ernst und konzentriert – ein Ausdruck, den wir alle genau kannten. Was immer gleich geschehen würde, es würde alles andere als lustig sein.

Mit einem Blick zu Gerthe sagte er: »Mach diesem albernen Kerl klar, dass er sich ohne Erlaubnis in meinem Wald aufhält. Sag ihm, dass ich als Wegzoll dieses hübsche Schwert akzeptieren werde, mit dem er ganz offensichtlich nicht umzugehen weiß. Danach gewähre ich ihm freies Geleit bis zur Küste, wo er und seine Freunde sich ein Schiff suchen und nach Hause verschwinden können.«

Es war ein ungewöhnlich großzügiges Angebot – Eindringlingen gegenüber zeigte Deckin sich nur selten so nachsichtig. Der Ascarlianer schien die Worte, die Gerthe für ihn übersetzte, jedoch kaum zu hören. Als sie fertig war, trat ein absurder Eifer auf seine Züge, und er winkte Deckin zu sich. Der trat tatsächlich näher und blieb nur wenige Schritt von ihm entfernt stehen. Der Nordmann begann wieder zu sprechen. Seine Stimme klang jetzt weicher, und seine Lippen bewegten sich sehr schnell.

»Noch mehr Beleidigungen?«, fragte Deckin Gerthe.

»Nein, Gebete«, sagte sie mit angespannter Miene, während sie, Lorine und die anderen zurücktraten. »Sein Todesgesang an die Altvar.«

Ein Schatten huschte über Deckins Gesicht, zu schnell, als dass ich seine Bedeutung hätte erraten können. Damals hielt ich es für Verachtung, inzwischen aber glaube ich, dass es eine Mischung aus Bedauern und Mitleid war. Die Regung verschwand jedoch sofort wieder und wich derselben ernsten Konzentration. Er wandte sich dem Ascarlianer zu und hob die leeren Hände – seine Axt hing noch am Gürtel.

»Nun?«, fragte er.

Der Hüne murmelte einige weitere Gebete, dann packte er sein

Schwert mit beiden Händen und griff laut brüllend an. Innerhalb eines Herzschlags war es vorbei, genau wie ich erwartet hatte. Deckin hatte recht; selbst ich konnte sehen, dass der Ascarlianer kein echter Schwertkämpfer war. Sein Griff war zu fest und die Balance zu schlecht. Er griff viel zu schnell an und beraubte sich damit jeder Möglichkeit auszuweichen, als Deckin behände vor der Klinge wegsprang, dem Nordmann beide Arme um den Hals schlang und ihn zu Boden riss. Keuchend warf Deckin sich herum, und das Genick des Ascarlianers gab mit lautem Knacken nach.

Deckin erhob sich von der zuckenden Leiche und wandte sich den übrigen Nordländern zu. Einige weinten offen über den Tod ihres Landsmannes, die meisten aber starrten Deckin nur erschrocken an. Das Mädchen mit den goldenen Haaren bildete die einzige Ausnahme – sie musterte die Todeszuckungen des Schwertkämpfers mit einer Miene, in der müde Enttäuschung stand. Als er schließlich still lag, zog sie den langen Dolch aus ihrem Gürtel und warf ihn auf den Boden. Dann murmelte sie ihren Gefährten etwas auf Ascarlianisch zu, worauf diese schnell ihrem Beispiel folgten und ihre Äxte und Beile vor Deckin auf einen Haufen warfen.

»Ich glaube, wir sind heute weit genug marschiert«, sagte Deckin, beugte sich vor und nahm dem toten Nordländer das Schwert aus der erschlafften Hand. Es unterschied sich von denen der Herzogtümer Albermaines: Die Klinge war breiter und der Griff kürzer, sodass man es auch einhändig führen konnte.

»Gerthe«, fuhr Deckin fort, »frag unsere Besucher, ob sie mit uns zu Abend essen wollen. Morgen früh können sie ihre Waffen nehmen und aufbrechen. Ihr Wegzoll wurde in Blut bezahlt.« Er hielt inne, musterte die in der Sonne funkelnde Klinge und knurrte zufrieden. Grinsend fügte er hinzu: »Und mit Stahl.«

◆ ◆ ◆

Am Abend lud Deckin mich zum gemeinsamen Essen ein. Raith, Lorine und Gerthe waren ebenfalls anwesend und außerdem das Mädchen aus dem Norden. Ich sah Todman in den Schatten jenseits des Feuers umherschleichen. Im Flammenschein war der feindselige Ausdruck, mit dem er mich musterte, deutlich zu erkennen. Als Erwiderung prostete ich ihm mit einem Becher Ale zu und lächelte freundlich. Wie zu erwarten wurde ich mit einem Knurren belohnt, bevor er in die Dunkelheit davonstapfte. Ich bemerkte auch noch eine andere, schmalere Gestalt, die zwischen den Bäumen umherging. Der Feuerschein spiegelte sich in hungrigen Augen. War Todmans finsterer Blick auf mich gerichtet gewesen, so konzentrierte sich Erchels einzig auf unseren Gast mit den goldenen Haaren.

Beim Essen stellte Deckin dem Mädchen eine Reihe von Fragen. Er verhielt sich wie ein jovialer Gastgeber gegenüber einer willkommenen Besucherin, aber das Mädchen war eindeutig klug genug, um die wahre Situation zu begreifen. Sie hielt den Blick die meiste Zeit gesenkt, und wenn sie ihn doch einmal hob, dann nur, um ihren Gastgeber ängstlich zu mustern. Die anderen Nordländer saßen am Nachbarfeuer. Ihre Position in der Mitte des Lagers machte jeden Fluchtversuch sinnlos und gefährlich.

»Berrine«, sagte das Mädchen, als Gerthe Deckins Frage nach ihrem Namen übersetzte. Sie antwortete knapp und ausdruckslos. Entweder fürchtete sie, ihr Gegenüber zu verärgern, oder sie wollte nicht allzu viel von sich preisgeben.

»Berrine«, wiederholte Deckin. »Ein schöner Name. Was bedeutet er?«

»Tochter des Meeres«, erklärte Gerthe. »Bei den Ascarlianern dreht sich alles ums Meer. Sämtliche ihrer Lieder und Geschichten handeln davon …«

»Bitte nur ihre eigenen Worte, Gerthe, danke«, unterbrach Lorine sie. Sie lächelte freundlich, als Gerthe verstummte. »Ich denke, wir wollen alle gern die interessante Geschichte hören, wie es sie und ihre Freunde hierher verschlagen hat.«

Die Ascarlianerin presste die Lippen zusammen – eine winzige Regung nur, die sonst niemand bemerkte, die mir aber eine ganze Menge mitteilte. Ich musterte eingehend das Gesicht des Mädchens, während Gerthe Lorines Bitte übersetzte. Seine Antwort war ebenso kurz wie zuvor. Allerdings entdeckte ich einen säuerlichen Unterton darin, den ich später als jugendlichen Idealismus erkannte, der mit der Realität konfrontiert wurde.

»Sie stammt aus der Region Aldvir, der südlichsten Provinz der Länder, die von den Schwesterköniginnen Ascarlias regiert werden«, übersetzte Gerthe Berrines Worte. »Sie und ihre Freunde gehören den sogenannten *Skardryken* an.« Gerthe runzelte verwirrt die Stirn. »Ich bin nicht sicher, was das ist, aber *skard* bedeutet Axt, und *ryke* ist so etwas wie ein Betbruder oder Priester.«

Das Mädchen verbarg es gut, aber ihr Mund verzog sich bei dieser Übersetzung leicht verächtlich. Erneut beschloss ich, meine Ahnung für mich zu behalten.

»Fanatiker«, schlussfolgerte Deckin. »Krieger im Dienst der Altvar, der ascarlianischen Götter.«

»Ich glaube, ja«, sagte Gerthe, und ihre Verwirrung legte sich, als Berrine weitersprach. »Vor ein paar Monaten kam jemand übers Meer. Der Bote eines Mannes, der sich als der Wahre König der Südlande bezeichnete.«

»Der Prätendent«, warf Lorine ein. »Er will sich also mit den Schwesterköniginnen verbünden.«

»Sie sagt, die Königinnen hätten ihn nicht empfangen«, erwiderte Gerthe. »Er durfte jedoch mit jedem sprechen, der ihn anhören wollte. Er machte großartige Versprechungen an alle tapferen Krieger, die mit ihm kommen und die verhassten Südländer bekämpfen wollten. Nicht nur Gold stellte er in Aussicht, sondern auch Gebiete im Fjordland, die er den Schwesterköniginnen zurückgeben wollte, wenn er auf den Thron gelangen sollte.«

Deckin schnaubte spöttisch. »Sie und die ganzen anderen Welpen haben diesen Mist geglaubt?«

»Sie sagt, das Fjordland zurückzuerobern, sei die heilige Aufgabe der *Skardryken*. Dafür haben sie gekämpft. An Gold hatten sie kein Interesse.«

»Schade«, sagte Deckin und schenkte Berrine ein mitleidiges Lächeln. »Sie werden welches brauchen, wenn sie sich eine Passage in die Heimat kaufen wollen. Ich möchte mehr über die Schlacht wissen. Wie hoch hat der Prätendent verloren?«

Das Gesicht der Ascarlianerin verfinsterte sich bei der Frage. Ihre gefauchte Antwort klang eindeutig wütend. »Sie sagt, er hat vielleicht zwei Dutzend Männer verloren – von seinem eigenen Heer, heißt das«, erklärte Gerthe. »Anscheinend wurde der Prätendent vor dem Heranrücken der Kompanie der Krone gewarnt und brach rechtzeitig sein Lager ab, bevor sie angreifen konnte. Die Ascarlianer hielten die Soldaten des Königs auf, während von der Horde des Prätendenten ein Großteil entkommen ist. Sie und die anderen sind als Einzige noch übrig und befinden sich schon seit Tagen auf der Flucht vor dem Heer des Königs.«

Deckin tauschte kurz einen zufriedenen Blick mit Lorine, bevor er sich wieder der Nordländerin zuwandte. »Ich kann nicht sagen, dass mich das überrascht. Wenn dieser Narr mit dem Schwert ein Hinweis ist, dann sind die Kampffähigkeiten dieser *Skardryken* einen Fliegenschiss wert. Sag ihr das nicht«, warnte er müde, als Gerthe zu einer Übersetzung anhob.

Als Nächstes drehte sich Deckin mit hochgezogenen Brauen mir zu. »Also, Alwyn, spricht diese fanatische Anhängerin falscher Götter die Wahrheit oder nicht?«

Ich war beeindruckt, wie es Berrine gelang, meinen Blick zu ertragen und dabei weiter verwirrt auszusehen. Die anderen konnte sie sicher überzeugen, dass sie tatsächlich keine Ahnung hatte, dass meine nächsten Worte ihren Tod bedeuten könnten. In den vergangenen Monaten hatte Deckin von meiner Fähigkeit, Unwahrheiten zu erkennen, häufiger Gebrauch gemacht – eine Gabe, die ich meinem scharfen Blick und übereifrigen Verstand verdankte, wie er sagte.

Daran war nichts Mysteriöses; ich vermochte lediglich rein intuitiv an der Tonlage und dem Gesichtsausdruck eines Menschen zu erkennen, ob er log. Manchmal irrte ich mich auch, was für die Betroffenen unangenehme Folgen haben konnte. Aber ich lag öfter richtig als falsch, zumindest hoffte ich das.

Vermutlich wäre es für mich von Vorteil gewesen, hätte ich den anderen erzählt, was ich in Berrines Miene wahrgenommen hatte, aber ich tat es nicht. Stattdessen wandte ich mich Deckin zu und schüttelte den Kopf. »Wenn sie lügt, dann jedenfalls sehr überzeugend.«

Deckins Blick ging zu Raith. Der Caerither schaute das Mädchen nicht an und gab auch sonst nicht zu erkennen, ob ihn ihre Worte interessierten. Stattdessen starrte er nur ins Feuer und spielte mit einem der Anhänger an seiner Halskette herum: Es war der Krähenschädel, in den winzige Schriftzeichen eingekerbt waren. Er schaute kurz hoch und nickte Deckin kaum merklich zu, bevor er weiter ins Feuer starrte. Ich sah Lorine angesichts dieses wortlosen Austauschs unbehaglich das Gewicht verlagern. Mir war früher schon aufgefallen, dass ihr Deckins offensichtliches Vertrauen in Raiths Fähigkeiten ein Dorn im Auge war. Ein Bandit zu sein, war eine Sache, aber als Ketzer legte man sich neben dem Gesetz auch noch mit dem Bund an. Und so viel offizielle Missbilligung konnte selbst für den König der Gesetzlosen gefährlich werden.

»Dank ihr für ihre Offenheit«, sagte Deckin zu Gerthe und neigte den Kopf als Zeichen, dass die Sache damit erledigt war. »Morgen früh dürfen sie und die anderen, wie schon gesagt, gern ihrer Wege gehen. Nenn ihr die Namen von ein paar Schmugglerkapitänen, die sie vielleicht nach Hause bringen werden, aber warne sie, dass es nicht billig wird.«

Gerthe schob Berrine schon vom Feuer weg, da befahl Deckin ihr zu warten. »Hier. Das sollte einen guten Preis erzielen«, sagte er und hob das Schwert des getöteten Ascarlianers hoch. »Als Belohnung für ihre Ehrlichkeit. Für Schwerter hatte ich außerdem noch nie viel Verwendung.« Er warf der überraschten Berrine die Waffe mitsamt

Scheide zu, und sie hätte sie beinahe fallen gelassen. Schnell presste sie sie sich an die Brust.

Nachdem Gerthe und die Ascarlianerin gegangen waren, schwieg Deckin lange. Lorines Blick, der schwer auf ihm ruhte, schien er gar nicht zu bemerken. Als ich unauffällig Lorines Gesicht musterte, sah ich Sorge darin, vermischt mit Erwartung – Gefühle, die sie offen zeigte. Für mich stand fest, dass an diesem Abend etwas Wichtiges geschehen war. Berrines Geschichte hatte Deckins Vermutung bestätigt, dass der Prätendenten-Krieg alles andere als vorbei war. Der Kurs, den er eingeschlagen hatte, würde sich also nicht ändern. Und ich hatte das Gefühl, dass Lorine darüber gar nicht erfreut war.

»Wenn der Prätendent noch auf freiem Fuß ist«, ergriff sie das Wort, als Deckins Schweigen sich in die Länge zog, »wird es in der Gegend um Ambriside von Patrouillen nur so wimmeln.«

»Es werden Soldaten vor Ort sein«, stimmte Deckin nachdenklich zu. »Aber ich könnte mir vorstellen, dass ein Großteil von Althus' Kavallerie schon unterwegs ist, um den Prätendenten zu verfolgen, wohin auch immer er geflüchtet ist. Und die Fußsoldaten wird er in Marsch setzen, sobald der Herzog verurteilt ist. Keine Sorge, meine Liebe.« Seine Stimme klang scharf, und sein Blick wirkte herrisch. »Sag allen, dass sie sich ausruhen sollen.« Er stand auf und ließ den Blick in die Runde schweifen. »Morgen früh marschieren wir zügig weiter, zur Burg Ambris, falls ihr das nicht schon erraten habt.«

Damit drehte er sich um und ging in die Dunkelheit davon. Ich fand es bemerkenswert, dass Lorine ihm nicht folgte. Stattdessen warf sie Raith einen vorwurfsvollen Blick zu. »Wenn deine Talismane so mächtig sind«, sagte sie, »warum haben sie ihn dann nicht vor diesem Pfad gewarnt?«

Der Caerither schaute unbeirrt weiter in die tanzenden Flammen und spielte mit dem Krähenschädel. »Manche Pfade müssen beschritten werden«, erwiderte er. Seine melodische Stimme besaß einen träumerischen Ton, und ich fragte mich, ob er zuvor wohl seine Pfeife geraucht hatte. »Allen Warnungen zum Trotz.«

Lorine schürzte die Lippen und schnaubte verächtlich. »Solchen wie dir bin ich öfter schon begegnet. Leute, die Anhänger und Talismane verkaufen und ehrlichen Bürgern das Geld aus den Taschen ziehen, um ihnen die Lügen aufzutischen, die sie hören wollen. Alles Humbug.«

»Ich nehme kein Geld an, außer dem gerechten Anteil, der mir als Mitglied dieser Bande zusteht«, erwiderte Raith und musterte sie gelassen. »Und wo, bitte schön, gibt's hier ehrliche Bürger?«

Lorine raffte ihren Umhang und stand vom Feuer auf. Die Abneigung stand ihr deutlich ins Gesicht geschrieben. »Ach, treib's doch mit einem Baum, du verfluchter Ketzer«, fauchte sie, um als Nächstes mich böse anzufunkeln. »Du hast gehört, was Deckin gesagt hat. Geh schlafen.«

Ich sah zu, wie sie davonstürmte, und zwar demonstrativ in die andere Richtung als Deckin. Streit zwischen den beiden bereitete mir Sorge, weil er so selten vorkam.

»Auf welchem Pfad man auch wandelt, dem Schicksal entgeht man nicht.«

Ich wandte mich Raith zu, der wieder ins Feuer starrte. Statt des Krähenschädels hielt er jetzt die ganze Kette fest umklammert. Sein Gesicht wirkte so ruhig wie zuvor, allerdings sah ich zwischen den Fingern seiner zitternden Faust Blut hervorquellen.

Der Anblick faszinierte mich, war aber auch so verstörend, dass ich ihn nicht länger ertrug. Ich verschwand lieber in der Dunkelheit, ohne mich zu verabschieden.

♦ ♦ ♦

Berrine musterte mich mit offenem Argwohn, als ich mich nur wenige Schritt von ihr und den anderen Ascarlianern entfernt in der Höhlung eines alten Eichenstammes niederließ.

»Eine schöne, trockene Nacht«, sagte ich und breitete die mit Pelz gefütterte Flickendecke aus, die ich als Schlaflager benutzte. »Wenigstens etwas, wofür man dankbar sein kann.«

Sie antwortete nicht, sondern beobachtete nur weiter, wie ich es mir bequem machte. Ihre Gefährten waren alle längst eingeschlafen, vermutlich vor Erschöpfung. Manche schnarchten – in unserer Bande ein ungewohntes Geräusch. Schnarchende Banditen überleben im Wald meist nicht lange, weshalb man sich das schnell abgewöhnt.

Mit dem Rücken gegen die Eiche gelehnt, vertrieb ich mir die Zeit damit, einen Stein in die Luft zu werfen und wieder aufzufangen. Ich hatte ihn auf dem Weg hierher aufgelesen – ein kleiner, flacher Feldstein mit scharfen Kanten. Berrines Augen verengten sich beim Anblick des Steins, sie blieb jedoch sitzen. Das Schwert ruhte auf ihrer Schulter, und sie hatte die Arme um die Scheide geschlungen. Obwohl sie bestimmt müde war, hielt sie die Augen offen und den Kopf aufrecht. Sie würde gewiss nicht schnarchen beim Schlafen, dessen war ich mir sicher.

Als die Feuer im Umkreis bis auf die rauchende Glut heruntergebrannt waren, ließ ich den Stein ruhen. Der Wald stimmte schon bald sein nächtliches Lied aus knarrenden Ästen, raschelnden Blättern und dem gelegentlichen Kratzen unsichtbarer Geschöpfe an. Nur ein erfahrenes Ohr hätte die Geräusche wahrgenommen, die nicht dazu passten: ein leises Schaben auf der Erde, ein gedämpftes Knacken der Farnstängel. Zum Glück besaß ich ein erfahrenes Ohr.

Ich wartete, bis ein paar Schritt rechts von mir ein junger Baum entgegen der Windrichtung schwankte. Dann schnellte mein Arm vor, und ich warf den Stein. Mit dumpfem Knall traf er auf Fleisch, gefolgt von einem heiseren Aufschrei und unterdrücktem Fluchen.

»Verpiss dich, Erchel«, sagte ich ausdruckslos. Ich zog mein Messer, denn ich wusste, dass das Funkeln der Klinge selbst im schwachen Mondlicht gut zu sehen war.

Dies war der gefährlichste Moment, solange Erchels Gelüste mit seinem Selbsterhaltungstrieb rangen. Er könnte ebenfalls sein Messer ziehen und sich auf mich stürzen, aber der folgende Aufruhr würde mit Sicherheit das Lager wecken und Deckins Zorn erregen. Und beim Messerkampf war, wie gesagt, nicht klar, wer von uns gewinnen würde.

Das verärgerte Knurren in der Dunkelheit ließ darauf schließen, dass zumindest heute Abend Erchels Vernunft die Oberhand gewonnen hatte. Gleich darauf sah ich seinen schmalen Schatten zwischen den Bäumen davonhuschen. Ob diesmal wohl auch am nächsten Morgen alles vergeben und vergessen wäre? Immerhin hatte ich ihn – aus seiner Sicht – um ein Vergnügen gebracht. Eine Jungfrau wie Berrine zu schänden, wäre für Erchel ein großer Spaß. Obwohl ich bezweifle, dass sie ein so leichtes Opfer abgegeben hätte.

»Er kommt nicht zurück«, sagte ich.

Berrines vom Mondlicht angeleuchtetes Gesicht wirkte jetzt verängstigt. Als sie nicht antwortete, zuckte ich die Achseln, streckte mich auf meinem Schlaflager aus und zog die Decke über mich. Ich wusste, dass ich trotz der Aufregung an diesem Tag schnell einschlafen würde – als Gesetzloser lernt man, jede Gelegenheit zum Ausruhen zu nutzen. Die ersten Ranken des Schlafs krochen bereits in meinen Geist, als Berrine in präzisem, leicht akzentbehaftetem Albermainisch flüsterte: »Was wollte er?«

Seufzend richtete ich mich auf. Sie war ein Stück näher gerückt und hielt dabei weiter das Schwert umklammert.

»Was denkst du, was er wollte?«, fragte ich.

Sie warf einen Blick in die Finsternis und unterdrückte ein Schaudern. Heute Nacht würde sie sicher kein Auge mehr zumachen. »Danke«, hauchte sie. »Aber wenn du eine Bezahlung erwartest …« Auf mein leises Lachen hin verstummte sie. Ihre furchtsame Miene ließ mich jedoch wieder ernst werden.

»Du kannst mich mit Wissen bezahlen«, sagte ich. »Wenn du willst. Du sprichst Albermainisch besser als Ascarlianisch, und dein Akzent stammt aus dem Fjordland. Du bist keine von ihnen, oder?«

»In meinen Adern fließt ascarlianisches Blut«, zischte sie mit Nachdruck, »so wie bei allen echten Fjordländern, wenn wir uns auch vor südländischen Königen verneigen müssen.« Einen Moment lang versagte ihr die Stimme. Als sie weitersprach, tat sie es in einem rhythmischen Ton, so als zitierte sie eine heilige Schrift. »Nicht wenige von uns bewahren die alten Sitten, aus der Zeit, bevor unser Land gestohlen wurde, bevor unsere Schwäche uns in den Augen der Altvar entehrte und südländische Bräuche und falscher Glaube unser Blut verdarben.«

Mir fiel auf, wie sie beim Sprechen das Schwert umklammerte, als suche sie in dem Stahl Bestätigung. Da wusste ich, dass sie genauso fanatisch war wie Stallknecht, wenn die jüngsten Ereignisse auch ihren Glauben erschüttert hatten.

»Dein Freund«, sagte ich und nickte zu dem Schwert, »dem diese Klinge gehörte. Er wollte sterben, oder?«

Sie senkte den Kopf, und ich hörte sie schlucken. »Skeinweld«, murmelte sie. »Er hatte das Herz eines ascarlianischen Kriegers, aber die Fähigkeiten eines Wollhändlers. Das war das Handwerk seines Vaters, weißt du, an der Küste von Aldvir. Dort ist die Lage ruhiger als im restlichen Ascarlia, trotzdem gründeten sich dort die *Skardryken*, unter den wahren Söhnen und Töchtern Ascarlias. Ich bin nach Aldvir geflohen, als ich es nicht länger aushielt, wie meine Familie sich der Totenverehrung eures Glaubens unterwarf. Dort traf ich Skeinweld und fand meine wahre Bestimmung bei den *Skardryken*. Und dort sprach auch der Gesandte des Wahren Königs zu uns.«

Sie stieß ein verbittertes Seufzen aus. »Wir glaubten, unsere Zeit sei gekommen. Wir würden seinen Krieg für ihn kämpfen und dem Fjordland die Freiheit schenken, aber der Krieg ist nicht so, wie er in den Legenden beschrieben wird. Krieg heißt, ein entbehrungsreiches Leben unter den übelsten Halunken zu führen. Krieg ist Täuschung und Mord.«

Ich ermunterte sie nicht, weiterzusprechen. Ich erkannte, wenn jemand noch mehr zu erzählen hatte. Mitunter vertraut man Fremden Dinge an, die man Freunden oder der Familie gegenüber niemals zugeben würde. Das Urteil eines Fremden zählt schließlich nicht viel.

»Das hier«, sagte sie und strich über die Schwertscheide, »war die Waffe von Skeinwelds Großvater, mit der er einst gegen die Armee der Südländer kämpfte. Mit diesem Schwert in der Hand starb er und sicherte sich einen Platz unter den Mächtigen in den Ewigen Hallen. Skeinweld wollte werden wie er, der Krieger, über den er so viele Geschichten gehört hatte. Aber als es zur Schlacht kam …«

Schatten huschten über ihr Gesicht, als sie erneut den Kopf senkte. Diesmal wusste ich, dass ich nachhaken musste. »Er ist weggelaufen«, sagte ich.

»Wir alle.« Sie hob das Gesicht und lachte dünn. Ihre Augen glänzten feucht. »Wir Nachfahren der Altvar, wir *Skardryken*. Wir sind weggelaufen.«

»Er hat es also aus Scham getan.«

Ich hörte eine Mischung aus Ehrfurcht und Angst in ihrer Stimme, wie bei jemandem, der sich an einen Albtraum erinnert. »Ich glaube, es war der Anblick des Ungeheuers, das sie gegen uns ins Feld schickten – ein Hüne aus Stahl, der durch die Kämpfer des Wahren Königs hindurchfegte wie ein Wirbelwind durch Stroh. Auf seinem Helm leuchtete eine rote Flamme, die beim Kampf förmlich zu lodern schien. Ich sah tapferere Leute als uns vor dem Zorn dieses Ungeheuers fliehen. Warum hätten wir es nicht auch tun sollen? Tief im Wald, als die Furcht sich gelegt hatte, kam die Scham. Skeinweld beschimpfte mich und die anderen und beschuldigte uns, ihn mit unserer Feigheit angesteckt zu haben. In Wahrheit war er derjenige, der als Erster die Flucht ergriff, und das wusste er auch. Wärt ihr nicht vorbeigekommen, du und deine Freunde, dann hätte er eine andere Möglichkeit gefunden, seinem Leben ein Ende zu setzen. Wenn nicht mit der Klinge, dann mit einem Seil.«

»Die wahre Natur eines Menschen offenbart sich erst, wenn sich die Klingen kreuzen«, murmelte ich. Es war eine der Weisheiten, die mir Deckin während meiner Anfangszeit bei der Bande anvertraut hatte. Damals waren zwei Banditen in Streit geraten und mit Messern aufeinander losgegangen. Der eine hatte einen Schnitt am Arm davongetragen und war prompt in den Wald geflohen. Am Abend kehrte er zurück und verbarg seine Scham hinter aufgesetzter Fröhlichkeit. Der Streit war beigelegt, und er schien es zufrieden. Deckin umarmte ihn herzlich und zerschmetterte ihm dann mit einem einzigen Hieb seiner unförmigen Axt den Schädel.

Alle Menschen sind im Grunde ihres Herzens feige, sagte er, während ich zusah, wie die Leiche des Mannes weggeschleppt wurde. *Aber einen Mann, der schon bei der ersten Verletzung die Flucht ergreift, kann ich nicht brauchen. Bei der zweiten heißt es, er ist klug, bei der dritten, dass er hartnäckig ist.* Er ging in die Hocke und tippte mir mit seinem blutigen Finger gegen die Nase. *Merk dir das, junger Alwyn.*

»Ich bin keine Kriegerin«, sagte Berrine, und die Erinnerung verflog. Sie sah mir in die Augen und wischte sich mit einer ärgerlichen Geste die Tränen ab. »Das weiß ich jetzt. Die Sitten der Südländer haben mich verweichlicht. Ich muss einen anderen Weg finden, den Altvar zu dienen. Die Schwesterköniginnen werden die Götter ins Fjordland zurückkehren lassen und euren Bund vertreiben. So wurde es vorhergesagt.«

In ihren Augen glänzte ein religiöser Eifer, der mich aufstöhnen ließ. Ihre Ehrlichkeit hatte sie mir sympathisch gemacht, aber die beharrliche Anhänglichkeit an ihre Götter war mir auf traurige Weise vertraut. Sie war wie Stallknecht, nur dass sie eine andere heilige Schrift zitierte.

»Eine wahre Gläubige, wie?«, seufzte ich und legte mich wieder hin. »Und wer, bitte schön, hat das vorhergesagt? Irgendein verdreckter Einsiedler, der jahrelang in einer Höhle gelebt hat und vor lauter Hunger Visionen bekam? So ist es doch meistens.«

»›Und die Schiffe der Altvar sollen über das Meer fahren, um den Verderbten Feuer zu bringen. Das Gestohlene wird zurückgewonnen. Die Getöteten werden gerächt.‹« Sie hob triumphierend den Kopf. »So steht es im *Altvar-Rendi*, dem heiligsten aller Texte.«

»Alte Worte auf altem Papier.« Ich schloss gähnend die Augen. »Die haben nicht verhindert, dass ihr vor einer Schlacht davongelaufen seid. Und bei der nächsten wird es nicht anders sein.«

Während ich schon in den Schlaf hinüberglitt, sagte sie etwas auf Ascarlianisch, das mir aus irgendeinem Grund im Gedächtnis blieb.

Im Laufe der Jahre lernte ich zahlreiche Sprachen, darunter auch Ascarlianisch, daher weiß ich, dass es ein weiteres Zitat aus dem *Altvar-Rendi* war, jener Sammlung aus Mythen und Legenden, auf welcher der ascarlianische Glaube fußt.

»›So sprach Ulthnir, Vater der Altvar: Jede Schlacht ist eine Schmiede, und jede Seele, welche die Flammen überlebt, wird darin gestählt werden.‹«

Den Ereignissen eines langen, faszinierenden Lebens verdanke ich die Erkenntnis, dass Ulthnir, wie so viele Götter, gelogen hat.

Viertes Kapitel

Als ich aufwachte, waren Berrine und ihre Freunde fort. Deckin stand zu seinem Wort und ließ sie im Morgengrauen zur Küste aufbrechen. Er gab ihnen sogar noch ein paar Säcke Weizen mit auf die Reise. Stallknecht hielt natürlich nichts davon, ketzerischen Nordländern in irgendeiner Weise behilflich zu sein, und ich musste mir auf unserem Marsch nach Norden eine lange Tirade von ihm anhören.

»Wer sein Herz vor dem Beispiel der Märtyrer und der Gunst der Seraphilen verschließt, wird in dieser Welt und der nächsten für seine Niedertracht büßen«, sagte er zu mir während einer unserer Marschpausen. »Mit seiner Sündhaftigkeit bringt er uns dem Anbruch der zweiten großen Plage näher.«

Inzwischen befanden wir uns im höher gelegenen Teil des Shavine, wo die Bäume weniger dicht standen und breite Lichtungen bildeten, die man besser mied. Wir hatten am Rand einer Waldwiese angehalten, wo aus dem blumengesprenkelten Gras ein einzelner Apfelbaum emporwuchs. Selbst im Spätherbst war es ein schöner Anblick, wenn Stallknecht das auch nicht zu bemerken schien.

»Diese Lektion solltest du dir besser zu Herzen nehmen, junger Undankbarer.« In den letzten Tagen war »Undankbarer« an die Stelle von »Heide« getreten, wenn er mit mir sprach. Vermutlich weil ich seine Lektionen als mein selbst ernannter spiritueller Lehrer für seinen Geschmack nicht hinreichend zu würdigen wusste. Ich hätte nicht sagen können, was von beidem mich mehr ärgerte, schließlich hatte ich nicht um seinen Unterricht gebeten.

»Lass diese Lehren in dein Herz«, fuhr er fort. »Folge dem Beispiel der Märtyrer, und du wirst ein friedliches und erfülltes Leben führen.«

»Bei denen hat es aber auch nicht geklappt«, murmelte ich. Eigentlich wusste ich, dass es besser war, den Mund zu halten, wenn er zu predigen begann. Alles andere zog nur stundenlangen ermüdenden Streit nach sich. Aber manchmal konnte ich nicht anders, als ihm seine eigene Blindheit gegenüber seinen Absurditäten unter die Nase zu reiben.

»Wie bitte?«, fragte er, und seine Hände, mit denen er sich eben einen Haferkeks in den Mund hatte stecken wollen, verharrten.

»Den Märtyrern«, erwiderte ich. »Ich meine, ihr Name sagt ja schon alles. Sie sind allesamt gestorben. Hunderte, vielleicht Tausende dieser armen Wichte wurden umgebracht, und das alles nur wegen irgendeinem uralten Gekritzel. Und soweit ich weiß, hat keiner von ihnen einen leichten Tod gehabt. Wenn du das als Beispiel meinst, dem ich folgen soll, dann nein danke, da bleibe ich lieber ein Heide.«

»Das Blut der Märtyrer«, presste Stallknecht hervor, »wäscht die Sünden der Menschheit fort und hält die Himmlische Pforte zum Ewigen Reich offen, damit die Gunst der Seraphilen hindurchströmen kann. Sollten wir je ihre Gunst verlieren, dann werden die Maleciten sich erheben …«

»… und die Seraphilen müssen ein weiteres Mal die Erde säubern, um sie von ihrer Verderbtheit zu befreien«, beendete ich den Satz mit einem Augenrollen. »Ein bisschen seltsam, findest du nicht? All diese geflügelten magischen Wesen, die in einem Paradies im Himmel leben, das keiner von uns sehen kann, und die bereit sind, die Welt zu zerstören, um uns ihre Liebe zu beweisen. Das erinnert mich an einen Mann, den ich mal kannte, der Gefallen an einer bestimmten Hure gefunden hatte. Er liebte sie so sehr, dass er den Zuhälter dafür bezahlte, dass er sie einmal die Woche grün und blau schlug, damit kein anderer Mann sie anschaute.«

»Du wagst es, die grenzenlose Liebe der Seraphilen mit einem heidnischen Halunken zu vergleichen, der den Rockzipfeln der Huren nachjagt?« Stallknecht stürzte sich auf mich und packte mich am Arm. Der Haferkeks fiel ihm aus der Hand, und seine Stimme steigerte sich zu einer unklugen Lautstärke.

»Beruhige dich lieber«, sagte ich und starrte ihm in die vor Wut geweiteten Augen. Zugleich drückte ich das Messer, das ich gezogen hatte, gegen seine Hand. Ich hatte keine Skrupel, ein paar Adern zu durchtrennen. Und Stallknecht hätte das auch begriffen, hätte ich seinen rechtschaffenen Zorn nicht derart angestachelt. Er packte meinen Arm fester und ich mein Messer. Jeden Moment wäre es zum Gewaltausbruch gekommen, hätte Deckin nicht Stallknecht eine Hand auf die Schulter gelegt.

Deckin sagte kein Wort, und sein Griff war nicht einmal besonders fest, aber Stallknecht zog sofort seine Hand zurück. Der Fanatiker trat einen Schritt von mir weg; sein Gesicht war bleich vor Zorn, und er blähte die Nasenflügel, um die kalte Luft einzusaugen und seine Wut abzukühlen. »Mit diesem undankbaren Kerl bin ich fertig«, sagte er zu Deckin. Er sprach betont leise und abfällig, aber dennoch mit Nachdruck. »Seine üblen Manieren und ketzerischen Worte beschmutzen meine Seele.«

Deckins Blick richtete sich auf mich, und ich trat unwillkürlich einen Schritt zurück, bevor ich mich zwang, stehen zu bleiben. Er war unzufrieden, und das war nie gut. In diesem Moment die Flucht zu ergreifen, könnte jedoch eine noch schlimmere Strafe nach sich ziehen. Also blieb ich stehen und machte mich auf die kommende Abreibung gefasst. Mit etwas Glück würde Deckin sich mit einer Backpfeife begnügen. Andernfalls erwachte ich vielleicht ein oder zwei Stunden später mit einem riesigen Bluterguss am Kinn und einem gelockerten Zahn.

Deshalb überraschte es mich, als er lediglich den Kopf schüttelte. »Hol Erchel und geht beide zu Lorine. Es wird Zeit für eine neue Verkleidung. Ihr solltet euch schon mal damit vertraut machen, bevor wir Burg Ambris erreichen.«

♦ ♦ ♦

»Immer noch zu adrett«, entschied Lorine, während sie uns mit geschürzten Lippen betrachtete. Sie nahm ihre Schere, trennte an meinem wollenen Wams und der weichen Lederhose ein paar Nähte auf und riss Löcher hinein. Zuvor hatte ich mich auf ihr Geheiß im Farnkraut gewälzt, um die Kleidung schmutzig zu machen. Dann hatte sie mich mit reichlich Wein und Ale überschüttet, um ein glaubwürdiges Fleckenmuster zu erzeugen. An Erchels Kleidung hatte sie dagegen kaum etwas verändert. Aus ihm einen armen, begriffsstutzigen Knecht zu machen, war auch nicht weiter schwierig.

»Warum wurdest du aus deinem Dorf vertrieben?«, fragte sie mich und steckte die Schere weg.

»Hab mich besoffen und die Tochter des Pflügers gevögelt. Die war mit dem Sohn des Hufschmieds verlobt. Deshalb musste ich fliehen, um nicht neben ihr am Pranger zu landen.«

»Und der wahre Grund?«

Eine von Lorines wertvollsten Lektionen lautete, dass eine Lüge stets mehrere Schichten haben und man sich ein peinliches oder kriminelles Geheimnis zurechtlegen sollte, das man anderen verraten konnte, um ihr Vertrauen zu gewinnen. »Ich hab dem Betbruder eins übergezogen, weil er mir an die Eier wollte?«, schlug ich nach kurzer Überlegung vor.

»Das sollte genügen.« Sie nickte zufrieden. »Aber mach eine ordentliche Tracht Prügel draus. Soldaten lieben blutige Geschichten.« Mit hochgezogener Augenbraue musterte sie Erchel und hob eine Hand, um ihn zum Schweigen zu bringen, als er ihr seine Lügengeschichte auftischen wollte. Trotz seiner Gerissenheit war Erchel ein schlechter Lügner, und seine Geschichten waren entweder absurd kompliziert oder einfach nur ekelhaft.

»Du bist ein Einfaltspinsel, der ein Schwein gestohlen hat«, sagte sie. »Reiß immer schön die Augen auf und lass den Mund offen stehen und überlass das Reden Alwyn. Ihr zwei seid euch auf der Straße begegnet. Ihr habt gehört, dass es in Ambriside Arbeit geben könnte oder zumindest kostenloses Ale wegen der Verurteilung des Herzogs. Wo findet ihr die redseligsten Soldaten?«

»In der billigsten Schenke oder Taverne«, sagte ich.

»Genau.« Lorine neigte zufrieden den Kopf. Diese Lektion hatten wir inzwischen gelernt. »Denkt dran, meidet um jeden Preis die Soldaten der Krone. Die sind zu schlau und brauchen keine Rekruten. Nehmt euch lieber die Männer des Herzogs vor, je betrunkener und habgieriger, desto besser.«

Ihr Blick wurde steinhart, als sie Erchel ansah. »Deckin will Informationen, kein Blut, keine Beute«, formulierte sie äußerst präzise. »Ihr findet heraus, was ihr könnt, und dann verschwindet ihr. Hoffentlich, ohne dass sich überhaupt irgendjemand an euch erinnern kann. Verstanden?«

Ich hatte Lorine Erchel noch nie so streng mustern sehen. Seit sein Onkel ihn vor fünf Jahren in Deckins Lager gebracht hatte, war Lorine ihm stets mit offener Geringschätzung begegnet. Sie hatte ihn genauso ausgebildet wie die anderen Jungspunde, aber es war klar, dass sie ihm keine Träne nachgeweint hätte, wenn er eines Nachts einfach verschwunden wäre. Erchel dagegen ließ es ihr gegenüber als Deckins rechter Hand nie an Respekt fehlen. Selbst wenn er sich unbeobachtet fühlte, betrachtete er Lorine stets mit unterdrückter Furcht. Den hässlichen Hunger, den ich erwartet hätte, sah ich nicht in seinem Blick. Es liegt in der Natur eines Raubtiers, sich vor noch gefährlicheren Bestien zu fürchten.

»Klar«, murmelte er jetzt und nickte, ohne ihr in die Augen zu schauen.

Lorine knurrte leise und trat zurück. »Namen?«

»Ash«, sagte ich. »Kurz und leicht zu merken. Mein Pa war Köhler, weißt du?« Ich nickte zu Erchel. »Den da nenn ich Schwätzer, weil er nie was sagt.«

»Das sollte reichen.« Sie tippte sich gegen das Kinn, während sie uns ein letztes Mal von Kopf bis Fuß begutachtete. »Beide ein bisschen zu wohlgenährt für meinen Geschmack. Ihr bekommt deshalb nur noch halbe Rationen, bis wir Burg Ambris erreichen. Meckert nicht, es sind bloß zwei Tage.«

◆ ◆ ◆

»Er hat nicht mal um sein Leben gebettelt, wisst ihr.«

Die runzlige Stirn des alten Karrenlenkers verzog sich bewundernd, als er meinem Blick zu den Zinnen der Südmauer folgte. Dort waren die äußeren Wehre am niedrigsten und der Burggraben am schmalsten – ein mit Bedacht gewählter Ort, der die beste Sicht auf den grausigen Anblick oben auf der Mauer gewährte. Es dämmerte schon, aber der Himmel war klar, und ich konnte die Gesichtszüge der Toten deutlich erkennen. Herzog Rouphon hatte ich vor zwei Jahren einmal kurz aus der Ferne gesehen, als ich Deckin zu einer Lichtung im westlichen Wald gefolgt war. Wir hatten uns ins dichte Gebüsch gekauert und zugesehen, wie der Herzog auf seinem hohen Ross vorbeigeritten kam. Auf seinem Handgelenk saß ein Falke, und hinter ihm folgten ein Rudel Hunde und einige Jäger. Ich erinnerte mich, wie unglaublich ähnlich Deckins starre Züge denen des Adligen auf dem prachtvollen Pferd gewesen waren. Und auch an den Hass, der in Deckins Augen geglänzt hatte. Wie sehr hatte er sich wohl gewünscht, der Hinrichtung dieses Mannes beizuwohnen?

Obwohl die schlaffen Züge des Toten Spuren von Folter aufwiesen, konnte ich dennoch zweifelsfrei feststellen, dass der Kopf auf dem

Pfahl Herzog Rouphon Ambris gehört hatte – vor Kurzem noch Ritter von Albermaine und Fürst der Shavine-Marschen. Die anderen Köpfe waren so aufgebläht und durch Wunden entstellt, dass sie nicht zu erkennen waren. Vermutlich handelte es sich um Gefolgsleute des Herzogs, die mit ihm gefangen genommen wurden – Vasallen oder Leibeigene, die sein Schicksal gezwungenermaßen hatten teilen müssen.

»Hast du die Verurteilung gesehen?«, fragte ich den Karrenlenker, der geringschätzig mit der Zunge schnalzte.

»Ja, hab ich. Heute früh, wenn es da auch nicht viel zu sehen gab. Sie haben den Herzog neben die anderen Verräter aufs Schafott gestellt. Der Burgvogt hat die Anklage verlesen und gefragt, ob irgendjemand zu ihrer Verteidigung vortreten will, so wie sie's immer machen. Das wollte natürlich keiner. Immerhin stand da oben der Kämpe des Königs mit der ganzen Kompanie der Krone. Aszendent Durehl trat vor, um dem Herzog sein Geständnis abzunehmen, und als er fertig war, schlug Sir Ehlbert ihm mit einem Streich seines großen Schwertes den Kopf ab. Natürlich nur dem Herzog. Als das geschafft war, ging der riesige Kerl weg und überließ die anderen dem Henker.«

»Hast du das Geständnis des Herzogs gehört?«, fragte ich. Deckin würde sicher wissen wollen, was er gesagt hatte.

»Nein, ich war zu weit weg. Und ich bezweifle, dass er nach der ganzen Folter noch viel reden konnte. Aber, wie gesagt, um sein Leben gebettelt hat er eindeutig nicht.« Der Karrenlenker schaute zu dem Kopf auf der Mauer hoch und schnalzte erneut mit der Zunge. »Für einen Adligen war er gar nicht mal so übel. Meistens gerecht. Und auch großzügig mit den Almosen, wenn die Ernte mal schlecht war. Aber nach allem, was man so hörte, musste man die Töchter von ihm fernhalten, wenn man welche hatte. Und verärgern sollte man ihn auch nicht, wenn einem die eigene Haut lieb war.«

Der Karrenlenker schnalzte ein letztes Mal mit der Zunge und ließ die Zügel des Ochsen knallen, worauf das Tier gehorsam den Karren weiter den Weg am Burggraben entlangzog. »Ich an eurer Stelle würde heute Nacht nicht in die Stadt gehen, Jungs«, rief er uns über die Schulter hinweg zu. »Es sei denn, ihr seid erpicht darauf, unter dem Banner zu marschieren. Hier wimmelt es grad nur so von Soldaten.«

Ich hob dankend die Hand und richtete den Blick auf die Häuser, die sich östlich des Haupttors der Burg am Ufer des Leevin hinzogen, der den Burggraben speiste. Einige relativ friedliche Jahre hatten Ambriside zu einer chaotischen Ansammlung von Häusern, Schenken, Werkstätten und Ställen anwachsen lassen. Obwohl ich meine Kindheit in einer ganz ähnlichen, wenn auch kleineren Siedlung verbracht hatte, rief der Geruch von Holzrauch und Dung eher Abscheu als Wehmut in mir wach. In den Wäldern gefiel es mir besser. Trotz der dort lauernden Gefahren war das Leben unter den Bäumen um vieles einfacher.

»Ich weiß, was er gesagt hat«, meinte Erchel.

»Wer?«

»Der Herzog, bei seiner Verurteilung.« Er nickte zur Mauer und legte neugierig den Kopf schief. Wieder war ihm keine Feindseligkeit mehr anzumerken, obwohl der Stein, den ich nach ihm geworfen hatte, mit Sicherheit einen hässlichen Bluterguss hinterlassen hatte.

»Ich, Herzog Rouphon Ambris, bitte die Seraphilen um Vergebung für meine vielen Sünden«, sagte Erchel und ahmte dabei die Sprechweise der Adligen nach. »Jahrelang hab ich meinen fetten Arsch auf Pferde geschwungen, die ich nicht aufgezogen hatte, Gemüse gegessen, das ich nicht angebaut, und Fleisch verzehrt, das ich nicht selbst geschlachtet hatte. Obendrein vögelte ich jede Bauernmagd, die mir über den Weg lief, und bereicherte mich als Steuereintreiber der Krone an Geld und Waren, die mir nicht gehörten. Hin und wieder zog ich irgendwohin aus, um ein paar arme Säue abzumurksen, weil der König es so wollte. Dann fiel ich ihm wie ein undankbarer Hund in den Rücken, weil er mich nicht noch reicher machte, als ich sowieso schon war, und hier steh ich nun. Jetzt wasch meine Seele rein, du frommer Dreckskerl, damit ich für immer im Paradies leben kann.«

Er wandte sich mir grinsend zu. »Richte Deckin aus, dass er genau das gesagt hat. Es wird ihm gefallen.«

»Nein.« Ich erinnerte mich an Deckins Gesichtsausdruck an dem Tag, als wir den Herzog heimlich bei der Jagd beobachtet hatten, und schaute noch ein letztes Mal zu der grausigen Parade auf der Mauer hoch, bevor ich mich umdrehte und auf die Stadt zuging. »Würde es nicht. Komm, Schwätzer, lass uns weitergehen.«

Wie Lorine es uns eingeschärft hatte, suchten wir uns die heruntergekommenste Taverne der Stadt aus. Nur die durstigsten Soldaten würden sich in dem Etablissement mit dem billigsten Ale versammeln. Um einen Tisch im hinteren Bereich der schmuddeligen Schenke zu ergattern, mussten wir die beiden Knechte einschüchtern, die sich dort niedergelassen hatten. Beide waren ältere Männer mit zottligen Bärten und den hageren, müden Gesichtszügen von Leuten, die zum Pflügen und Hacken geboren worden waren. Die beiden schauten misstrauisch zu uns hoch, standen aber nicht auf. Einer von ihnen wollte wohl gerade eine Warnung brummen, verstummte jedoch, als Erchel sich vorbeugte und ihm den Tonkrug aus der Hand riss.

»Verschwindet, hm?«, sagte Erchel mit höflichem Lächeln und Augenzwinkern. Um seine Worte zu unterstreichen, ließ er es in seinem Gesicht zucken und blähte die Nasenflügel, als wollte er jeden Moment eine Schlägerei anfangen. Das überzeugte die beiden Knechte, den Tisch aufzugeben und die Taverne eilig zu verlassen.

»Bist du sicher, das hier ist der beste Ort?«, fragte Erchel, ließ sich auf einen Schemel sinken und stellte mit einem verächtlichen Stirnrunzeln den Krug ab. »Nicht mal ein Säufer würde seine Zunge mit solchem Pisswasser beschmutzen.«

»Ein echter Säufer trinkt Schnaps, kein Ale.« Ich deutete auf die Brandyfässer, die hinter der massigen Gestalt des Tavernenwirts zu sehen waren. »Je billiger, desto besser. Keine Sorge, die kommen schon noch. Und halt den Mund. Du bist ein Einfaltspinsel, erinnerst du dich?«

Wie ich prophezeit hatte, traten kurze Zeit später ein halbes Dutzend Soldaten des Herzogs ein. Sie stolzierten nicht prahlerisch umher, wie es frische Rekruten taten, und ihre faltigen, wettergegerbten

Gesichter wirkten alle gleichermaßen mürrisch. Die unangenehme Arbeit am Morgen hatte offenbar für düstere Stimmung gesorgt und den Wunsch, sich zu betrinken. Der Krieg, wie ich später erfahren sollte, beraubt die Jungen schnell ihrer Jugend. Ihre Rüstungen hatten die Männer abgelegt, sie trugen jedoch Dolche und Schwerter am Gürtel, die meisten sogar mehr als eine Waffe. Sie waren alle sauber gewaschen und ihre Haare kurz geschnitten, ihre Kleidung hingegen – Lederjacken und -hosen, dazu Wollhemden – war mehrfach geflickt und abgewetzt.

»Brandy«, rief einer von ihnen dem Tavernenwirt zu, nachdem er sich im dunklen Inneren der Schenke kurz umgeschaut hatte. »Und schenk uns besser den guten ein, Freundchen.«

Er warf ein paar Sheks auf die Theke, und die Soldaten ließen sich an einigen Tischen in der Nähe des Kamins nieder. Die wenigen Stadtbewohner, die dort gesessen hatten, ergriffen weitaus schneller die Flucht als die beiden Knechte, die Erchel und ich verscheucht hatten. Wir beobachteten, wie die Soldaten schweigend dasaßen, während der Tavernenwirt jedem einen Schluck Brandy in einen Tonbecher goss. Als er fertig war, hob der Soldat, der bezahlt hatte – ein kräftiger Kerl, dessen Gesicht noch runzliger war als das seiner Gefährten –, ernst seinen Becher, und die anderen taten es ihm gleich.

»Wir danken den Märtyrern für einen kurzen Feldzug und bitten sie, die Seele von Herzog Rouphon in Empfang zu nehmen«, sagte er. »Ein tapferer Mann, der sich zum Schlechten gewandelt hatte und dennoch ein besseres Ende verdient gehabt hätte.«

Die anderen Soldaten murmelten zustimmend und leerten ihre Becher, worauf sich ihre mürrische Stimmung sofort zu verflüchtigen schien. »Mehr!«, rief der Runzlige dem Tavernenwirt zu und hielt seinen Becher hoch. »Und hör erst auf nachzuschenken, wenn wir es sagen.«

Während sie tranken, schlüpften Erchel und ich in unsere Rollen. Dicht nebeneinander saßen wir an unserem Tisch und nippten nur hin und wieder an unserem Ale, damit es so aussah, als könnten wir uns keinen zweiten Krug leisten. Ich warf den Soldaten vorsichtige Blicke zu und beugte mich ein Stück vor, als wollte ich den Geschichten lauschen, die sie zu erzählen begannen, nachdem der Brandy ihre Laune verbessert und ihre Zungen gelockert hatte.

»Ich hab ihn bei der Velkin-Furt gesehen, jawohl«, sagte einer. Er war breitschultriger als die anderen, und eines seiner Ohren war verstümmelt und erinnerte an einen kleinen rosa Kohlkopf. Außerdem schien er schneller betrunken zu werden als die übrigen. Lautstark erzählte er seine Anekdote. »Den Herzog … ehemaligen Herzog. Er hat den Angriff angeführt, zusammen mit Sir Ehlbert. Das Wasser färbte sich weiß, als sie vorpreschten, und rot, als sie nur eine Viertelstunde später wieder zurückkamen. Die Märtyrer allein wissen, wie viele Knechte sie an diesem Tag erschlugen, da war kaum ein Adliger drunter. Die magerste Beute, die ich je gesehen hab.«

»Findest du hier was interessant, Junge?«

Meine Augen huschten zu dem Runzligen, und ich bemühte mich, überrascht zu blinzeln, bevor ich schnell den Blick abwandte. Aus Erfahrung wusste ich, dass als Nächstes eines von zwei Dingen passieren würde. Der Runzlige würde entweder schimpfen, dass ich mich um meinen eigenen Kram kümmern sollte, oder er würde von seinem Tisch aufstehen und zwei mögliche Rekruten in ein Gespräch verwickeln. Das hing davon ab, wie dringend dieser Haufen Geld brauchte. Für gewöhnlich erhielten Soldaten für jeden Grünschnabel, den sie zu einem Leben unter dem Banner verlocken konnten, von ihren Feldwebeln eine Kopfprämie. Der Runzlige hatte offenbar eine leere Geldbörse, denn er schob seinen Stuhl zurück und kam mit freundlichem Grinsen herübergeschlendert.

»Kann's dir nicht verdenken, dass du lauschst. Mein Freund kann gut Geschichten erzählen, wenn das auch noch längst nicht seine beste war. Oder, Pots?«

»Nicht mal annähernd«, stimmte Pots mit fröhlichem Kichern zu, in seinen Augen leuchtete plötzlich Gier. Offensichtlich war er nicht so betrunken, dass er sich die Gelegenheit entgehen ließe, einen Teil der Kopfprämie abzusahnen. »Ich war beim Sturm auf die Zitadelle in Couravel dabei, jawohl. Der letzte Tag der Herzog-Kriege, und was für ein Tag das war! Falkner«, er zwinkerte dem Runzligen zu, »lass uns den Jungs ein Ale ausgeben, und ich erzähle ihnen die ganze Geschichte.«

Und so ging es weiter. Erchel und ich saßen die meiste Zeit mit geweiteten Augen scheinbar halb betrunken da und lauschten Pots' Geschichten, und Falkner orderte ein Ale nach dem anderen. Die Stunden vergingen, und in die Kriegsgeschichten mischten sich Märchen über Beute und Frauen. »Kann sein, dass die Mädels nette Männer mögen, die hübsche Lieder singen, aber der mit den Narben und der prall gefüllten Geldbörse ist es, der ihr Blut so richtig in Wallung bringt.«

Ich lachte pflichtschuldig, obwohl der Mann mit seiner gebrochenen Nase und der von Äderchen geröteten Haut unangenehme Erinnerungen an die Säufer in mir weckte, die sich im Hurenhaus gedrängt hatten, wenn eine Armee durchzog. Männer wie er hatten jede Menge Narben, aber nur selten eine prall gefüllte Börse, und sie traten gern nach kleinen Jungen, die ihnen in den Weg liefen.

»War der Herzog da auch dabei?«, meldete Erchel sich zu Wort, als Pots eine andere Geschichte begann. Mir gelang es, einen vorwurfsvollen Blick zu unterdrücken, wenn mich das boshafte Funkeln in seinen Augen auch dazu verlockte, ihm über den Tisch hinweg einen Fausthieb zu verpassen. Erchel hatte offenbar beschlossen, dass ihm die Rolle des stummen Einfaltspinsels nicht gefiel, was diesen Abend unweigerlich komplizierter machen würde als notwendig.

»Ehemaliger Herzog«, berichtigte Falkner und klang dabei so streng, dass Erchel zerknirscht den Blick senkte.

»Nicht an dem Tag, nein«, sagte Pots. Seine Geschichte war eine, die ich schon einmal gehört hatte. Die Schlacht der Brüder war weithin bekannt: ein großer Schlagabtausch zwischen den Heeren zweier Sprösslinge derselben Adelsfamilie, die sich in den Herzog-Kriegen auf unterschiedliche Seiten gestellt hatten. Am Ende lag der eine Bruder im Sterben und der andere hielt ihn bitterlich weinend im Arm und bat die Märtyrer um Vergebung. Deckin, der selbst in den Herzog-Kriegen gekämpft hatte, vertraute mir hingegen einmal an, das tragische Epos sei in Wahrheit kaum mehr als ein großes Scharmützel gewesen, das unentschieden ausging. Und am Ende pisste der überlebende Bruder auf die Leiche des toten, weil sie einander ihr Leben lang gehasst hatten.

»Eigentlich hab ich ihn nur bei der Velkin-Furt im Kampf erlebt«, fuhr Pots fort. »Aber das hat mich davon überzeugt, dass er der beste Ritter war, den ich je zu Gesicht bekommen werde.« Seine Miene verfinsterte sich. Er trank noch einen Schluck Brandy und fügte leise hinzu: »Nicht so wie der Scheißkerl da oben im Norden. Der wird einen verflucht miesen Herzog abgeben.«

»Scheißkerl?«, fragte ich und achtete darauf, zu lallen und die Stirn zu runzeln, so als interessierte mich das Gesagte nur mäßig und als könnte ich mich auch mit einiger Sicherheit später nicht mehr daran erinnern.

»Herzog Rouphons Großcousin zweiten Grades oder so ähnlich«, erwiderte Pots. »Der einzige beschissene Adlige mit Anspruch auf dieses Herzogtum, den sie finden konnten, mögen die Märtyrer ihnen beistehen.«

»Pots«, mahnte Falkner.

Pots hatte jedoch schon zu viele Becher geleert, um der Warnung Beachtung zu schenken. »Herzog Elbyn Blousset, so sollten wir ihn nennen. Das ist so, als würde man einem toten Schwein eine goldene Schleife umbinden. Hab ein paar Worte zwischen ihm und Sir Ehlbert aufgeschnappt, als wir auf seiner Scheißburg einquartiert waren.« Pots rülpste und lachte unfroh, bevor er mit hoher, jammriger Stimme fortfuhr. »›Aber ich bin kein Kämpfer, guter Herr. Solche Dinge überlasse ich lieber Euch …‹«

Gerade wollte ich mich nach dem genauen Standort der »Scheißburg« erkundigen, da schlug Falkner mit der flachen Hand auf den Tisch und befahl Pots in strengem Ton zu schweigen. Dieser verzog trotzig den Mund, war jedoch nicht so betrunken, dass er eine Prügelei riskiert hätte. Er verstummte und überließ es von nun an seinem Kameraden, ihre beiden jungen Freunde mit Geschichten über die Freuden des Soldatenlebens zu unterhalten.

»Ich schätze mal, ihr Jungs seid harte Arbeit gewohnt, so wie ich damals«, sagte Falkner. »Jahrelang ging ich bei einem grausamen Meister in die Lehre. Hatte ständig Schmerzen im Rücken von seinem Rohrstock und der endlosen Plackerei. Wenn man dagegen unter dem Banner anheuert, hat all das ein Ende.«

»Ich dachte, Soldaten werden ständig ausgepeitscht«, lallte Erchel mit überzeugend trübem Blick. Er genoss die Rolle, freute sich über den Erfolg seiner Täuschung. Mich beunruhigte das, denn bei Erchel stellte die Täuschung stets den Auftakt zu weit übleren Taten dar.

»In unserer Kompanie bekommen nur Feiglinge die Peitsche zu spüren«, versicherte Falkner ihm und klopfte uns auf die Schultern. »Und ich sehe auf den ersten Blick, dass so tapfere Kerle wie ihr niemals vor einer Schlacht davonlaufen würden …«

Der Tag ging in die Nacht über. Pots und Falkner waren so freundlich, uns zu ihrer Kompanie einzuladen, wo uns jede Menge zu trinken und noch mehr Geschichten erwarteten. Ich wusste, wie das für die Unglückseligen endete, die dumm genug waren, den Soldaten in die Falle zu gehen. Sie erwachen am nächsten Morgen mit Kopfschmerzen, an ein Karrenrad gefesselt, im Mund eine Silbermünze. Dann kommt ein Feldwebel und nimmt ihnen die Münze weg, wobei er ihnen zusichert, dass sie sie zurückerhalten, sobald ihre fünf Jahre unter dem Banner vorbei seien, und noch eine zweite dazu. Wegen des Prätendenten-Kriegs und all den Lagerfiebern, Pocken und anderen Gefahren des Soldatenlebens waren die Chancen, jemals beide Münzen zu erhalten, jedoch äußerst gering. Die Zeiten, als die jungen Leute noch mit Visionen von Ruhm zum Banner strömten, waren längst vorbei, weshalb man heute auf solch schändliche Praktiken zurückgreifen musste, um die Stärke der Kompanien zu erhalten.

Es gibt zwei Arten von Soldaten, die sich freiwillig anheuern lassen, hatte Deckin mir einmal gesagt, *die verrückten und die verzweifelten. Alle anderen sind genauso freiwillig dabei wie die armen Schweinehunde, die in den Erzminen schuften.*

»Erst muss ich pissen gehen.« Ich stand schwankend auf. Der Plan lautete, dass Erchel und ich zum Plumpsklo im Hinterraum der Taverne stolpern und dann einfach verschwinden sollten. Die Soldaten würden ihr Pech verfluchen, weil wir ihnen entwischt waren, und uns wahrscheinlich bald wieder vergessen haben. Bei Morgengrauen wären wir zurück im Lager und könnten Deckin alles erzählen, was wir in Erfahrung gebracht hatten.

»Wir pissen unterwegs«, erklärte Erchel laut, stand auf und schüttete den Rest seines Ales hinunter. »Ihr habt Brandy, sagt ihr?«

»Ein ganzes Fass voll«, versicherte ihm Falkner und klopfte ihm auf die Schulter, während er ihn zur Tür führte. »Den verdanken wir dem Prätendenten höchstpersönlich. Der Mistkerl ist geflohen und hat uns all seinen Schnaps dagelassen.«

Als wir aus der Taverne traten, begrüßten uns kalte Luft und ein mit Rauhreif überzogener Boden. Beides vertrieb die Nachwirkungen des Saufgelages. Mein Magen krampfte sich zusammen, während wir neben Falkner und Pots herschlenderten. Ich wusste, nun ließe sich nicht mehr verhindern, dass der Abend ein hässliches Ende nahm. Die anderen Soldaten waren in der Schenke geblieben – zum Glück für uns, aber nicht für diese beiden hier. Während die Kompanie der Krone in Burg Ambris untergebracht war, hatten die Kompanien des Herzogs ihr Lager auf der anderen Flussseite aufgeschlagen, vermutlich um unnötigen Ärger mit der Stadtbevölkerung zu vermeiden. Erchel wartete, bis wir die schmale Holzbrücke zum anderen Ufer überquert hatten, bevor er stehen blieb. Er schwankte hin und her und zog ein Gesicht, als wäre er sturzbetrunken.

»Ich muss …«, murmelte er und stolperte zum dichten Schilfrohr am Flussufer. Gleich darauf waren Würgegeräusche zu hören.

»Der braucht noch ein bisschen Abhärtung«, stellte Pots fröhlich fest, während Erchel weiterkotzte, so laut, dass die Soldaten es deutlich hören konnten. »Ein paar Jahre unter dem Banner, und ihr habt einen

Magen aus Stahl.« Zum Glück hatte ihr Hauptmann es versäumt, an der Brücke Wachposten aufzustellen, und die Patrouillen, die das Lager umrundeten, waren zu weit entfernt, um zu bemerken, was als Nächstes geschah.

Mein Knüppel war auf meinem Rücken versteckt – ein sechs Zoll langer Stab aus fest gewickeltem Leder, in dem sich an einem Ende eine Kugel aus eingeschmolzenen Sheks verbarg. Bei einer Schlägerei nützte er nicht viel, da waren ein Messer oder eine Keule besser, aber in erfahrenen Händen war er in Situationen wie dieser gut zu gebrauchen, und meine Hände waren sehr erfahren. Das schwere Ende traf Falkner hinter dem Ohr. Der Schlag schickte ihn sofort zu Boden, als wären ihm sämtliche Sehnen in den Beinen durchgeschnitten worden. Bei seinem Aufprall keuchte Pots verwirrt auf und drehte sich zu mir um. Wegen des Brandys weiteten sich seine Augen nicht, als er mich anstarrte. Das taten sie erst, als Erchel ihm einen kleinen Dolch in den Nacken stieß.

»Was, verflucht noch mal, sollte das?!«, zischte ich wütend und packte Erchel an seinem grob gewebten Hemd. Als ich ihn zu mir heranzog, setzte er die halb zerknirschte, halb feixende Miene auf, die ich von ihm kannte und die mich in Versuchung brachte, ihm mit dem Knüppel eins zwischen die Augen zu geben.

»Die haben unsere Gesichter gesehen«, sagte er und zuckte die mageren Schultern. »Tote reden nicht.«

»Wir hätten uns eigentlich längst verdrücken sollen, du bekloppptes Arschloch.« Beim Anblick seiner selbstgefälligen Miene – wie ein Junge, der dabei erwischt worden war, wie er vom frisch gebackenen Kuchen naschte – hätte ich am liebsten nach meinem Messer gegriffen. Ich könnte ihn einfach abstechen und ins Lager zurückkehren. Vermutlich würde Deckin nicht einmal besonders wütend sein. Aber dennoch: Ich wusste, dass ich mitschuldig war an dem, was sich eben abgespielt hatte. Ein paar Nächte zuvor hatte ich Erchel um einen Mord betrogen, und seither hatte das Verlangen in ihm geschwelt. Nachtragend war er zwar nicht, aber gegen Rachegelüste schien auch er nicht gänzlich gefeit. Ich wäre derjenige, der Deckin alles erklären müsste. Doch es war nicht nur das, was mich innehalten ließ. Ich kannte Erchel seit meiner Kindheit. Er gehörte zur Bande, wenn er auch ein Scheusal war. Außerdem besaß er ebenfalls ein Messer.

»Ihre komplette Kompanie wird morgen früh nach uns suchen«, presste ich zähneknirschend hervor und stieß ihn von mir.

»Von Strauchdieben überfallen.« Erchel schüttelte Blut von seiner Klinge und zuckte die Achseln. »In den Wäldern wimmelt es nur so von Gesetzlosen.«

»Wir wurden gesehen, wie wir mit ihnen die Taverne verlassen haben, du Armleuchter! Soldaten, die von jungen Männern, denen sie die Silbermünze unterjubeln wollten, überfallen und ausgeraubt werden – so was passiert ständig. Aber Mord ist was anderes. Das kannst du Deckin verflucht noch mal selber erzählen, und erwarte nicht, dass ich für dich lüge.«

Sein Feixen wurde zu einem zittrigen Lächeln, als er meinen unnachgiebigen Blick sah. Jetzt erst, da der Rausch des Mordens nachließ, dachte er über die Konsequenzen nach. Der Moment dehnte sich in die Länge, bis Falkner plötzlich ein schwaches Röcheln ausstieß, das uns daran erinnerte, dass uns die Zeit davonlief.

»Ich kümmer mich um ihn«, sagte Erchel.

»Nein.« Seinen Wahnsinn so schnell schon mit einem zweiten Mord anzuheizen, wäre unklug. »Ich mach das. Durchsuch du den anderen und schlepp ihn zum Fluss. Mit ein bisschen Glück trägt die Strömung ihn weg.«

Ich tötete Falkner mit einem seiner eigenen Dolche, den ich ihm tief in den Hals stach und ihn herumdrehte, bis der Soldat erzitterte und still lag. Im Stiefel hatte er noch ein weiteres Messer, das ich herausnahm und in meinem eigenen Stiefel verschwinden ließ, bevor ich die Leiche abklopfte. Ich fand eine leichte Geldbörse und ein Bund-Medaillon: eine grob gehämmerte Bronzesonne, das Symbol von Märtyrerin Hersephone, der ersten Wiederauferstandenen, das Glück bringen sollte. Ich lachte verbittert, während ich den Anhänger betrachtete. Es war ein primitives Ding ohne jeden Wert. Ich behielt ihn trotzdem und hängte mir die Kette um den Hals. Dann packte ich Falkners Beine, um ihn zum Fluss zu ziehen.

Wir mussten ein Stück in den Fluss hineinwaten – der so kalt war, dass es einem die Eier schrumpeln ließ –, damit die Strömung die Leichen erfasste. Uns blieb keine Zeit, Steine zu sammeln, um sie zu beschweren; bald schon würden ihre Kameraden die Taverne verlassen und zu ihrem Lager zurückkehren. Wasser strömte in die Taschen und Stiefel der Toten und zog sie unter die Oberfläche, wonach der Fluss sie wegtrug, aber ich wusste, dass die Verwesungsgase, die sich in ihren Leibern bildeten, sie bald schon wieder nach oben treiben würden.

Wir stapften zurück zum Ufer und rannten auf die Bäume zu, um uns in die dunkle, willkommene Umarmung des Waldes zu flüchten. Beim Laufen grübelte ich über verschiedene Möglichkeiten nach, wie ich Erchel umbringen könnte, verwarf sie jedoch allesamt wieder. Mir blieb nicht genügend Zeit, und der Erfolg war ungewiss. Im weiteren Verlauf der Geschichte werdet ihr, liebe Leserinnen und Leser, noch voll und ganz verstehen, warum seither kein Tag vergangen ist, an dem ich mir nicht gewünscht hätte, ich hätte ihm in jener Nacht die Kehle durchgeschnitten.

Fünftes Kapitel

Ihr habt also einen Mann umgebracht?«, fragte Deckin ausdruckslos. »Zwei sogar.« Er musterte mich mit starrem Blick.

»Nachdem einer tot war, mussten wir den anderen auch töten«, erwiderte ich und bemühte mich dabei um einen ebenso neutralen Ton. Bis jetzt hatte ich nicht viel gesprochen, sondern hatte Erchel seinen Bericht stammeln lassen, in der schwachen Hoffnung, dass er am Ende als der einzige Schuldige dastehen würde.

»Klar«, sagte Deckin, jetzt leiser. »Nur kann ich mich nicht entsinnen, euch befohlen zu haben, einen Mann umzubringen, geschweige denn zwei. Lorine ...«, er hob die Stimme und schaute zu Lorine, die mit verschränkten Armen an einem nahen Baum lehnte, »... trügt mich vielleicht meine Erinnerung? Habe ich einen Mord befohlen?«

»Nein.« Lorines Stimme klang ebenfalls ausdruckslos, und ihre Miene wirkte finster, entweder vor Missbilligung oder Enttäuschung. »Ich glaube nicht, Liebster.«

»Aber das muss ich wohl.« Deckin zog gespielt verwirrt die buschigen Augenbrauen hoch. »Immerhin hat ein Mitglied dieser Bande jemanden umgebracht. Also …«, er schaute die anderen an, die gesamte Bande stand schweigend unter den Bäumen, »muss ich es wohl so befohlen haben, oder?«

Flink wie eine Schlange schoss seine riesige Pranke vor und legte sich um Erchels Hals. Erchels Augen quollen hervor, als er zudrückte. Mit steifem Arm hob Deckin ihn ein Stück hoch, sodass nur noch seine Zehen den Boden berührten.

»Wer mir treu ergeben ist, weiß es besser«, fuhr Deckin nahezu übergangslos fort, begleitet von Erchels lauten Würgegeräuschen. »Oder nicht?«

War das Ungeheuer von Deckins Zorn einmal geweckt, sollte man ihn eine Frage lieber nicht wiederholen lassen, deshalb folgte rasch ein Chor der Zustimmung, wobei meine eigene Stimme darin vermutlich die lauteste war.

»War es nicht freundlich von mir, dich in diese Bande aufzunehmen?«, knurrte Deckin und zog Erchel zu sich heran. »Einen wertlosen Drecksack mit Rattengesicht, der von seiner eigenen Familie in mein Lager geschleppt wurde, weil sie seine Angewohnheiten nicht mehr ertrugen? Ich hab wohl ein zu weiches Herz, was, Lorine?«

Anfangs war Erchel so klug, seine Hände einfach herabbaumeln zu lassen, aber seine nach Luft gierenden Lungen ließen ihn schon bald nach Deckins Handgelenk greifen, ohne dass es irgendeine Wirkung gehabt hätte. Sie erinnerten mich an nasse Blätter, die an einem Ast klebten, während der Wind Regen durch die Bäume blies. In Erchels Kehle gab etwas unter dem Druck nach, und es klang wie das Brechen eines Zweiges.

»Du bist für deine Großzügigkeit bekannt, mein Lieber.« Lorine runzelte die Stirn, als Deckins Griff noch fester wurde. Ihr Blick wanderte von dem schwach zappelnden Erchel zu mir und dann zu Deckins Gesicht mit den gefletschten Zähnen – eine klare Aufforderung an mich, das Wort zu ergreifen. Für Erchel hatte sie bestimmt nicht viel übrig – keiner von uns hatte das –, ihr ging es wohl eher darum, die Zahl der Bandenmitglieder zu erhalten. Ihr Drängen war jedoch nur *ein* Grund, warum ich die Stimme erhob. Wenn Deckin mit einem ungehorsamen Mörder fertig war, was hielte ihn davon ab, gleich zum nächsten überzugehen?

»Es heißt, er sei in Würde gestorben«, sagte ich und schluckte fest, um das verräterische Zittern in meiner Stimme zu unterdrücken. »Der Herzog, meine ich.«

Deckin lockerte seinen Griff, und seine Schweinsäuglein richteten sich auf mich, während Erchel ein Röcheln ausstieß. »Ach ja?«, erkundigte sich Deckin. »Und welche hehren Worte hat er am Ende gesprochen?«

»Der Mann, mit dem wir geredet haben, war nicht nah genug dran, um sein Geständnis zu hören.« Ich musste erneut schlucken, konnte jedoch ein Räuspern verhindern, bevor ich fortfuhr. »Aber der Herzog war tapfer. Er hat nicht um sein Leben gebettelt.«

Deckins Augen verengten sich noch mehr, und er atmete tief ein. Just diesen Moment wählte Erchel, um ihm einen Klumpen roten Speichel auf die Hand zu husten. Es passierte wohl eher unabsichtlich und nicht aus Trotz – selbst im Angesicht des Todes wusste Erchel sicher, dass er damit schlecht beraten wäre.

Deckin knurrte angewidert und schleuderte Erchel von sich, dessen magerer Körper gegen den Stamm einer Birke prallte und zu Boden rutschte. »Spießrutenlauf«, sagte Deckin an die Bande gewandt.

Todman und Baker traten gehorsam vor und zogen Erchel hoch. Sie rissen ihm die Kleider vom Leib und zerrten ihn zu der Doppelreihe, die der Rest der Bande gebildet hatte. Die Banditen hielten Keulen und Stöcke in den Händen, manche wirkten eifrig, andere gleichgültig, aber alle waren sie bereit, Deckins Befehl auszuführen.

Todman trat Erchel kräftig in den nackten Hintern, um ihn vorwärts in die Gasse zwischen den beiden Reihen zu treiben. Der erste Hieb traf Erchel, noch bevor er einen Schritt getan hatte. Baker ließ einen Lederriemen, den er für solche Gelegenheiten aufbewahrte, kräftig auf seine Beine klatschen. Man muss Erchel zugutehalten, dass er aufrecht blieb, während er durch die Gasse stolperte und die Hiebe auf ihn einprasselten. Seine kläglichen Schreie waren dagegen weniger rühmlich – trotz der Heiserkeit, die jetzt in seiner Stimme lag, schrie er recht laut. Mich beunruhigte jedoch eher der starre Blick, mit dem Deckin mich musterte. In meiner Zeit bei der Bande hatte ich so einige Bestrafungen über mich ergehen lassen müssen: die ein oder andere Tracht Prügel und unzählige Hiebe mit dem Rohrstock, wenn ich Deckin durch kleine Diebstähle oder freche Bemerkungen aufgefallen war. Ein Spießrutenlauf war mir bislang erspart geblieben – allerdings hatte ich durchaus schon Leute dabei sterben sehen.

Blinzelnd wandte Deckin sich Lorine zu. »Pass auf, dass sie ihn nicht umbringen.« Er nickte zu dem Spektakel, das noch nicht ganz vorbei war. »Der kleine Mistkerl ist ganz nützlich, und wir schulden seinem Onkel noch einen Gefallen.«

Sie nickte und lächelte mir kurz zu, bevor sie mit schneidender Stimme rief: »Gut, das reicht!« Trotz meiner Furcht konnte ich nicht anders, als ihren Hüftschwung zu bewundern.

»Lass uns einen Spaziergang machen, junger Alwyn«, murmelte Deckin, und ich wandte mich ihm wieder zu. »Ich möchte noch mehr über das Ende des tapferen Herzogs erfahren.«

◆ ◆ ◆

Ich folgte Deckin zu dem umgestürzten, mit Moos bewachsenen Stamm einer großen Birke ein gutes Stück vom Lager entfernt. Während ich hinter ihm herging, zuckte mein Blick immer wieder zu den Bäumen im Umkreis hin, und ein paarmal erwog ich sogar, einfach in den Wald zu fliehen. Vielleicht wollte Deckin mich heimlich umbringen, ohne dass die anderen es mitbekamen, von denen manche mich ganz gut leiden konnten. Oder mich verstümmeln, mir ein Ohr abschneiden oder ein Auge ausstechen, was die anderen sogar noch als milde Strafe empfinden würden – hatte Deckin nicht erst vor Kurzem einem Mann das Gemächt abgeschnitten?

Aber ich floh nicht. Zum einen deshalb, weil es keinen Ort gab, an den ich hätte fliehen können. Im Wald erwartete mich höchstens die Aussicht, allein in der Kälte zu verhungern. Zum anderen aus Loyalität – so ist das mit Jungen, die bei Schurken aufwachsen; die Großzügigkeit des Stärkeren erzeugt eine besondere Anhänglichkeit, die sich nicht so leicht abschütteln lässt. Allerdings rede ich mir ein, dass ich ihm nicht nur deswegen folgte wie ein treuer Hund, sondern auch, weil ich erkannt hatte, dass seine Mordlust verraucht war. Mit hängenden Schultern und geneigtem Kopf ging er vor mir her und wirkte traurig und enttäuscht. In einer solchen Stimmung neigte er eher zur Nachdenklichkeit als zur Gewalt.

Er seufzte, und sein Atem bildete eine Wolke vor seinem Gesicht. Dann ließ er sich auf dem Stamm der umgestürzten Birke nieder und gab mir mit einem Nicken zu verstehen, dass ich mich zu ihm setzen sollte. Auffordernd streckte er die Hand aus. »Die Beute.«

Ich reichte ihm rasch die Geldbörse, die ich dem toten Falkner abgenommen hatte. Für gewöhnlich nahm er sich die Hälfte und gab den Rest zurück, aber heute nicht. »Ist das alles?«, fragte er und steckte die Geldbörse in seinen Gürtel.

»Die hier hab ich auch noch gefunden«, sagte ich und holte Falkners Messer heraus, die Deckin mir ebenfalls abnahm. »Und das da.« Ich griff nach der Kette an meinem Hals, aber Deckin schnaubte nur verächtlich, als er die grob gehämmerte Bronzescheibe sah.

»Hersephone? Das Miststück kannst du behalten. Ein Mann ist seines eigenen Glückes Schmied.«

Ich ließ die Kette sinken, und er richtete den Blick auf den Wald. »Warum hast du Erchel nicht umgebracht?«, fragte er beiläufig.

»Ich wusste nicht, ob dir das recht wäre. Aber es hat mich schon in den Fingern gejuckt.«

»Unsinn. Du hast es nicht getan, weil du es nicht wolltest. Weil du nicht so bist wie er. Das Töten ist für dich kein Vergnügen, sondern nur eine Last. Alle geborenen Mörder sind Gesetzlose, aber nicht jeder Gesetzlose ist ein geborener Mörder.« Sein Bart zuckte, als er über seine eigene geistreiche Bemerkung schmunzelte. »Erchel dagegen liebt das Töten genauso wie das Vögeln. Das weißt du; du hast es selbst gesehen. Mit denen hier.« Er legte mir eine Hand auf den Kopf und strich mit den rauhen Fingern der anderen Hand über meine Stirn, um mir die Augenlider zu schließen.

»Mit denen, Alwyn.« Seine Finger übten leichten Druck auf meine Augen aus, gerade so, dass es wehtat und mich daran erinnerte, dass er mehr als genug Kraft besaß, um mir seine Finger bis ins Hirn zu stoßen, wenn er wollte. »Die sind dein Hauptnutzen für diese Bande und für mich. Das habe ich damals schon erkannt, als wir dich vor all den Jahren im Wald fanden. Du warst in Lumpen gehüllt und bloß noch Haut und Knochen, hättest höchstens noch ein paar Stunden überlebt, aber deine Augen leuchteten unglaublich hell. Augen, die vieles sahen, und in deinem Kopf ein großes Hirn, das sich alles merkt. Lorine ist meine Ratgeberin, Raith mein Berater fürs Unsichtbare, Todman mein Vollstrecker, aber du, du bist mein Spion. Deinem Blick entgeht nichts. Und ich bin sicher, du weißt, dass Erchel eines Tages um die Ecke gebracht werden muss und dass es durch deine Hand geschehen wird.«

Wieder drückten seine Finger auf meine Augen, diesmal fester, bevor er mich seufzend losließ. »Das ist deine Strafe, Alwyn. Dafür, dass du nicht getan hast, was deine Augen dir rieten. Wenn du Einwände hast, dann sprich jetzt.«

Ich blinzelte mit tränenden Augen und antwortete prompt: »Keine Einwände, Deckin.«

»Sehr gut. Es wird noch ein paar Wochen dauern, also denk nicht zu viel drüber nach. Erchels Herkunft macht es nötig, dass ich erst noch ein paar Gespräche führe.« Er verstummte und richtete den Blick wieder versonnen auf die Bäume.

»Also«, knurrte er schließlich. »Hast du das Ende des Herzogs mitangesehen?«

»Nein, die Hinrichtung war schon am Morgen. Aber wir haben erfahren, dass er eine Weile mit dem Aszendenten gesprochen hat.

Aszendent Durehl. Der war über die ganze Sache anscheinend nicht so glücklich. Und auch nicht …« Ich räusperte mich. »Auch nicht der Kämpe des Königs, wie es heißt.«

»Aber er hat trotzdem seine Pflicht getan, wie? Hat dem verräterischen Bastard im Namen des Königs den Kopf abgeschlagen.«

Ich sagte nichts. Wollte Deckin wirklich eine genaue Beschreibung der von Folter gezeichneten Überreste des Herzogs, die jetzt auf der Mauer von Burg Ambris auf einem Pfahl steckten? Zum Glück sprach er weiter, bevor ich eine Antwort stammeln konnte.

»Nur dass er kein Bastard war«, murmelte Deckin. »Ich bin einer. Einer von vielen. Weißt du, dass ich nicht die geringste Ahnung habe, wie viele Brüder und Schwestern von mir in diesem Herzogtum rumlaufen? Bei vieren weiß ich es sicher, und über die Jahre hab ich noch ein paar andere getroffen, die eine unheimliche Ähnlichkeit mit mir besaßen. Alles illegitime Nachkommen aus den Lenden des Herzogs und genauso bettelarm wie ich.«

Er ließ die Worte wirken – ein Geheimnis, das eigentlich keins mehr war. Über Deckins Herkunft gab es seit Langem schon Gerüchte, manchmal wurde sogar offen darüber gesprochen. Jeder, der Augen im Kopf hatte, erkannte die Ähnlichkeit, und er hatte sie nie geleugnet. Allerdings hatte er auch nie darüber reden wollen. Wir alle wussten, dass es unvorhersehbare Folgen haben konnte, in Deckins Gegenwart über Herzog Rouphon zu sprechen.

»Wenn ich mich recht entsinne, hast du deinen Vater nie gekannt, oder?«, erkundigte er sich, als ich mich schon fragte, ob ich etwas sagen sollte.

»Nein, Deckin.« Ich lachte gezwungen, wie meist, wenn das Thema meiner Kindheit zur Sprache kam. »Es könnte jeder der tausend Schwänze gewesen sein, die in dem Monat zufällig durchs Hurenhaus kamen.«

»Dann kannst du dich glücklich schätzen. Väter sind für ihre Söhne meist eine große Enttäuschung, wie ich festgestellt habe. Wer war sonst noch bei der Hinrichtung anwesend?«

»Neben dem Kämpen und dem Aszendenten wurde als einziger Würdenträger der Burgvogt erwähnt. Bloß die drei, die Kompanie der Krone und ein Haufen Soldaten aus anderen Herzogtümern. Ich glaube, sie haben damit gerechnet, dass die Stadtbevölkerung Ärger macht.«

»Aber es gab keinen, wie?« Seine Lippen verzogen sich unter seinem Bart zu einem Grinsen. »Die Leute haben den Herzog toleriert, ihn vielleicht sogar gemocht, aber geliebt haben sie ihn nie. Das taten nur wenige.«

Er legte den Kopf schief und betrachtete mich. Stimme und Blick wurden jetzt schärfer. »Was habt ihr herausgefunden? Wenn ihr überhaupt etwas aus den armen Kerlen herausholen konntet, bevor ihr sie umgebracht habt.«

Ich antwortete prompt; erleichtert über den Themenwechsel. »Der neue Herzog heißt Elbyn Blousset, haben sie gesagt. Ein Großcousin zweiten Grades des alten Herzogs …«

»Cousin ersten Grades«, berichtigte Deckin. »Der Sohn der Schwester meines Großvaters. Sonst noch was?«

»Die Soldaten sagten, sie seien eine Zeitlang in Bloussets Burg untergebracht gewesen. Sir Ehlbert war dort. Sie haben ein Gespräch der beiden belauscht. Anscheinend war Blousset zu feige, um gegen seinen Cousin zu kämpfen.«

»Feigheit und gesunder Menschenverstand sind oft ein und dasselbe. Was noch?«

»Das war's, mehr oder weniger. Ein Haufen Lügenmärchen über die Schlachten, in denen sie gekämpft haben. Klatsch und Tratsch über unbeliebte Feldwebel oder beliebte Hauptmänner, das Übliche. Den Namen der Burg konnte ich nicht in Erfahrung bringen.«

»Ich kenne ihren Namen. Burg Shelfine, seit drei Generationen im Besitz der Familie Blousset. Ein ziemliches Drecksloch, aber die Mauern sind dick und schwer zu erklimmen. Allerdings wird er wohl zum Glück nicht mehr lange dort sein.« Er verstummte wieder und nickte in Richtung des Lagers. »Geh was essen. Sag Lorine, dass ich bald nachkomme. Und Alwyn«, fügte er hinzu, als ich aufstand, »erzähl ihr nichts von alldem.« Er lächelte dünn, doch sein Blick war befehlend. »Egal, wie nett sie fragt.«

»Natürlich, Deckin.«

Mit nachdenklicher Miene wandte er sich wieder dem Wald zu. Von einer Mischung aus Furcht und Erleichterung getrieben, eilte ich davon, um mir eine Ablenkung zu suchen.

◆ ◆ ◆

»Das reicht nicht mal dafür, dass ich dir einen runterhole, geschweige denn die Beine für dich breitmache«, sagte Gerthe verächtlich und musterte belustigt das Medaillon, das ich ihr hinhielt.

»Es ist ein Geschenk.« Ich bedachte sie mit meinem strahlendsten Lächeln, das ich – ebenso wie den Tonfall, den ich für schurkenhaft charmant hielt – schon lange geübt hatte. »Als Zeichen meiner Wertschätzung.«

»Von deiner Wertschätzung werde ich nicht satt.« Gerthe lachte professionell herablassend. »Und ich werde auch ganz sicher nichts anderes von dir schlucken. Da musst du schon mit was Besserem kommen als mit so einem armseligen Märtyreramulett. Hältst du mich etwa für ein frommes Mädchen, Alwyn?«

»Ich hab dich immer für äußerst scharfsinnig gehalten, von deiner exzellenten Schönheit ganz zu schweigen.«

»Ach, jetzt hör schon auf.« Sie lachte erneut, diesmal ehrlich belustigt, was mich zuversichtlich stimmte. »Exzellente Schönheit. Hast wohl wieder Wörter gesammelt, wie? Hast du das in Ambriside aufgeschnappt, hm?«

Sie hob eine Augenbraue. Der Anblick ihrer Apfelbäckchen, die vor Gesundheit nur so strotzten, ließ mich lustvoll erschauern. Deckin hatte Gerthe vor etwa einem Jahr im südlichen Wald aufgegriffen. Sie war aus ihrem Hurenhaus hinausgeworfen worden, nachdem der Zuhälter entdeckt hatte, dass sie sich öfter an den Münzen der Kunden bediente. Fähigkeiten wie ihre – die sprachlichen wie die sinnlichen – waren für die Bande von großem Wert. Aber Deckin war ein gerechter Lohnherr und bestand darauf, dass sie für ihre Dienste angemessen bezahlt wurde, im Allgemeinen zu Preisen, die für mich unerschwinglich waren.

»Der Kaufmann, den wir letztes Frühjahr als Geisel genommen hatten, der hat eine Menge geredet«, gab ich schulterzuckend zu.

»Ach ja? Schade, dass du deinen Teil des Lösegelds nicht behalten hast. Dann würdest du meine Zeit jetzt nicht mit nutzlosem Gefeilsche verschwenden. Und nun verschwinde, du Grünschnabel. Ich koche grade.« Sie kehrte zu der Tätigkeit zurück, bei der ich sie unterbrochen hatte, nämlich in einem Topf mit dampfendem Hasenragout zu rühren.

»Ich würd eine Schüssel davon nehmen, wenn das alles ist, was du anzubieten hast«, sagte ich und fischte zwei Sheks aus der Tasche, der letzte Rest meines Vermögens. Die Sheks, die ich bei der Bande verdiente, rannen mir einfach zu schnell durch die Finger. Wenn ich im Laufe meines Lebens auch einige nützliche Fähigkeiten erwarb – mit Geld lernte ich nie umzugehen.

Eigentlich wollte sie drei Sheks, aber zumindest darin ließ sie sich herunterhandeln. Ich nahm die Schüssel, die sie für mich füllte, und ging davon. Ein Löffel Ragout reichte, um erneut meinen Hunger anzufachen, und schon bald schlang ich das Essen gierig hinunter. Auf dem Weg durchs Lager tauschte ich hier und da ein Nicken und einen leisen Gruß aus. Im Wald sprach man nur selten laut. Verräterische Geräusche hallten hier weiter als anderswo und konnten unwillkommene Aufmerksamkeit erregen.

Leck, der so genannt wurde, weil er keine Zunge mehr besaß, grüßte mich mit seinem zahnlosen Grinsen, die runzlige, pockennarbige Hulbeth zwinkerte mir anzüglich zu. Justan und Yelk, die beiden Unzertrennlichen, winkten aus dem dunklen Inneren ihres Unterschlupfes, wo sie gerade einen Moment trauter Zweisamkeit genossen, die Glücklichen. Todman, Baker und Twine schauten kurz von ihrem Siebener-Spiel auf. Baker und Twine nickten mir zu, während Todmans Blick etwas zu lange auf mir ruhte.

»Ragout, aber kein Schäferstündchen, was?« Er grinste selbstzufrieden. »Selbst Gerthe gibt sich nicht für alles her.«

Ich hätte einfach nur lächeln und weitergehen sollen, stattdessen blieb ich stehen und starrte ihn an, während ich in aller Seelenruhe mein Ragout verspeiste. Sonst rief dieser Mann stets Hass und Furcht in mir wach, aber heute nicht. Mittlerweile hatte ich wahrscheinlich ebenso viele Menschen auf dem Gewissen wie er, und obwohl er natürlich mehr Kraft besaß, war ich mir sicher, dass ich schneller war als er.

»Kann ich dir irgendwie helfen, Junge?« Er trat mit verschränkten Armen näher, was wohl seine Verachtung und mangelnde Besorgnis zeigen sollte. Seine Hände befanden sich nicht einmal in der Nähe des Messers an seinem Gürtel. In diesem Moment wusste ich, dass ich ihn töten könnte. Er war zu unvorsichtig, zu sehr darauf bedacht, Überlegenheit zu demonstrieren. Ein gefährlicher Mann, aber im Herzen doch nur ein Raufbold. Das Ragout ins Gesicht geschleudert, ein kurzer Stich mit dem Messer, während er noch wütend aufschrie. Und schon gäbe es keinen Todman mehr.

Ich rang die Versuchung nieder. Nach dem jüngsten Debakel ein derart nützliches Bandenmitglied umzubringen – das würde Deckins Nachsicht überstrapazieren. Aber ich wandte auch nicht den Blick ab. Wenn Todman als Erster angriff, trug ich für das, was als Nächstes kam, keine Verantwortung.

Zu meiner beträchtlichen Überraschung tat er es jedoch nicht.

Stattdessen blähten sich nur seine Nasenflügel, und seine Haut rötete sich in hilfloser Wut. Er schien mich ebenso abschätzend zu mustern wie ich ihn. In diesem Moment bereute er wahrscheinlich zutiefst, dass er mir nicht schon vor Jahren den Garaus gemacht hatte.

»Die Dinge ändern sich, Junge«, zischte er zwischen zusammengebissenen Zähnen. »Jedes Mal, wenn du Mist baust, sinkst du ein Stück in seiner Gunst. Und *sie* wird auch nicht ewig hier sein.«

Nachdem die Worte heraus waren, presste er die Lippen aufeinander, und seine Miene wurde kreidebleich vor Furcht. Ein falsches Wort konnte in der Bande den Tod bedeuten, und er hatte sich gerade ziemlich verplappert. Schlecht über Lorine zu reden, war genauso gefährlich, wie Kritik an Deckin als Anführer zu üben. Vielleicht sogar noch gefährlicher, wenn man ihre unheimliche Fähigkeit bedachte, Unmut in der Bande aufzuspüren.

Ich hob eine Augenbraue – eine stumme Einladung an Todman, weiterzumachen, aber er tat es natürlich nicht. »Geh und glotz woanders die Leute an«, brummte er und kehrte mir den Rücken zu. »Das ist ein Spiel für Männer.« Er ging in die Hocke und warf einen Shek in den Kreis, den er durch ungeschicktes, übereiltes Würfeln prompt verlor.

Ich lachte absichtlich so laut, dass er es hörte, bevor ich weiterging.

Als ich das Ragout aufgegessen hatte, fand ich mich in der Nähe von Stallknechts Feuer wieder. Wie üblich hatte er sich ein Stück vom Rest der Bande entfernt sein Lager eingerichtet. Es herrschte die unausgesprochene Übereinkunft, dass er uns mit seinem endlosen Gerede nicht auf die Nerven fiel, während wir ihm dafür den Anblick unseres sündigen Verhaltens ersparten. Deswegen blieb er meist für sich, es sei denn, Deckin ließ ihn holen, weil er ihn für irgendetwas brauchte. Dass ihn niemand hören konnte, hielt Stallknecht aber nicht davon ab, weiter laut vor sich hin zu schimpfen.

»Wie das Opfer so das Mitgefühl«, sagte er gerade, als ich um eine breite Ulme kam. Mit geschlossenen Augen und in den Nacken gelegtem Kopf schritt er im Kreis um ein Feuer herum und holte aus den bodenlosen Abgründen seiner Erinnerung Worte hervor. »Wie das Mitgefühl, so der Mut. Mit diesen Worten empfing Märtyrer Lemtuel die Pfeile seiner Peiniger – Heiden allesamt, mit schwarzen Herzen. Doch war unter ihnen einer, dessen Herz war nicht so schwarz …«

»Starb Lemtuel nicht durch Peitschenhiebe?«, erkundigte ich mich, was den Vortrag abrupt abbrechen ließ.

Stallknecht runzelte finster die Stirn, öffnete die Augen und sah mich anklagend an. »Mit hundert Peitschenhieben gezüchtigt«, sagte er. »Danach von hundert Pfeilen durchbohrt, die ihn alle nicht töteten. Zum Schluss fiel es dem Heiden zu, den er mit seinen Worten erreicht hatte, seinem Leiden ein Ende zu machen. Wie das Opfer, so das Mitgefühl.«

»Ach ja, richtig.« Ich grinste, doch Stallknechts Blick blieb vorwurfsvoll.

»Ich hab doch gesagt, ich bin mit dir fertig, Undankbarer. Weißt du das nicht mehr?«

»Doch. Und ich erinnere mich auch, dass mir das scheißegal war.« Ihn herauszufordern, war unklug. Stallknecht war vermutlich noch gefährlicher als Todman. Dennoch war ich in seiner Gegenwart stets dazu verleitet, spöttische Bemerkungen zu machen.

Doch anstatt, wie erwartet, Drohungen auszustoßen oder die Fäuste zu ballen, lachte Stallknecht diesmal bloß. Es war ein abgehacktes, barsches Lachen, das allein durch seine Seltenheit merkwürdig wirkte. »Glaubst du, ich kann nicht in deine Seele blicken, Undankbarer?«, fragte er im Brustton rechtschaffener Befriedigung. »Ich erkenne dich, wie du wirklich bist. Du hältst dich für schlau, dabei bist du noch dümmer als der Rest von diesen Halunken. Sie sind ihrem Schicksal gegenüber blind, du aber bist klug genug, um deines zu erkennen. Du willst es bloß nicht sehen, aus Trägheit und Furcht. Was glaubst du, wie dein Leben verlaufen wird? Denkst du, du wirst eines Tages zum Anführer dieser Bande, zum König der Gesetzlosen? Nein, lange vorher schon wirst du der Plage zum Opfer fallen.«

Ich stöhnte müde und ging weiter. Stallknechts Predigten über die Märtyrer waren stinklangweilig, aber wenn er erst mit der großen Plage anfing, wurde es völlig unerträglich. »Sie rückt näher, Undankbarer«, rief er mir nach. Seine Leidenschaft für das Thema ließ ihn das Gebot des leisen Sprechens vergessen. »Heraufbeschworen durch die Sünden und Laster dieser heuchlerischen Welt! Du wirst nicht verschont bleiben! Alles wird Feuer sein! Alles wird Schmerz sein! Wie es einst war, so wird es wieder kommen, wenn uns die Gunst der Seraphilen verloren geht …«

An dieser Stelle, liebe Leserinnen und Leser, erwartet ihr vielleicht einen Bericht über die Offenbarung, die mir, wie es allgemein heißt, zuteilwurde. War dies der Moment meiner Erleuchtung? Öffneten die Predigten dieses konfusen Fanatikers mir die Augen über die Wahrheit des Bundes und schickten mich auf den Pfad meiner späteren Erlösung?

Kurz gesagt: nein. Ich glaubte kein Wort von dem, was er sagte – jedenfalls damals nicht, als ich ihm nur spöttisch zuwinkte und davonging, während seine Stimme mich durch die Bäume verfolgte. Für mich kam der Glaube erst später, und er war ein Geschenk, das ich niemals wollte und für das ich nicht im Mindesten dankbar bin. Sollte es eine Lektion geben, die sich aus dem eigenwilligen, oft verschlungenen Pfad meines Lebens ableiten lässt, dann, dass der wahre Glaube – nicht die Heuchelei verzweifelter, ängstlicher Bauern wie Stallknecht – eher ein Fluch als ein Segen ist. Wenn er das auch nicht mehr erkennen sollte, der arme Narr. Seltsamerweise habe ich ihn nie gehasst, und wenn ich jetzt an ihn denke, dann mit einer Mischung aus Mitgefühl und Verachtung. Man kann schwerlich einen Mann hassen, der einem das Leben gerettet hat.

Sechstes Kapitel

Damals war der Shavine noch um einiges größer. Die Scharen von Köhlern und Holzfällern, die in den Wald einfielen, um die Nachfrage von Schmieden und Schiffswerften zu decken, und die ihn auf seine gegenwärtige Größe schrumpfen ließen, kamen erst später. Zu der Zeit, als Deckins Bande den Wald unsicher machte, hatte der Raubbau zwar schon begonnen, dennoch bleibt der Shavine in meiner Erinnerung riesig. Oft erscheint er mir wie ein eigenständiges Lebewesen – ein gewaltiges Ungeheuer aus uralten Bäumen, Lichtungen und mit Wurzeln durchzogenen Senken, wo sich findige und erfahrene Banditen Monate, wenn nicht gar Jahre vor den Sheriffs des Herzogs verstecken konnten.

Als es deshalb Zeit wurde, das Lager abzubrechen und zur Leffold-Lichtung zu wandern, taten wir das langsam und vorsichtig. Jeder wusste, was zu tun war, ohne dass darüber gesprochen werden musste. So vollzog sich der Wechsel von einem Versteck zum nächsten. Der alte Herzog hatte von Zeit zu Zeit Soldaten und Jäger in die dunkleren Regionen des Waldes geschickt, wo die Jagdhunde mit etwas Glück ein paar Schurken aufschreckten, die sie dann hängen konnten. Ob sein neu eingesetzter Cousin ebenso tüchtig war, musste sich erst noch zeigen, und Deckin wollte lieber nichts riskieren.

Seine Entscheidung, das Lager abzubrechen, stieß in der Bande auf wenig Begeisterung, wenn auch niemand so dumm war, das laut auszusprechen. Bei Winteranbruch auf Wanderschaft zu gehen, bedeutete, tagelang über gefrorene Erde zu schlurfen, während im Dickicht kaum Wild zu finden war und man abends Schwierigkeiten hatte, ein Feuer anzuzünden. Die Nächte waren am schlimmsten – stundenlanges Zittern in der Dunkelheit, das nur erträglicher wurde, wenn Gerthe sich gelegentlich an mich kuschelte, damit wir uns gegenseitig wärmen konnten. Leider war Kuscheln alles, was sie zuließ, und ich war mir ihres kleinen, scharfen Dolches zu sehr bewusst, um meine Hand auf Wanderschaft zu schicken.

Die Leffold-Lichtung befand sich zwanzig Meilen weit im Norden, im dichten Wald zwischen dem Kernland des Herzogtums und den Sümpfen an seiner Nordostgrenze. Um sie zu erreichen, musste man mehrere Meilen offenes Gelände durchqueren, was wir stets nur im Schutz der Nacht und in genau festgelegter Marschordnung taten. Bogenschützen wurden an beiden Flanken postiert, gut dreißig Schritt vom Rest der Bande entfernt, der sich mit Dolchen und anderen Waffen um Deckin und Lorine scharte. Da ich mit einem Bogen nicht gut umgehen konnte und noch nicht als kräftig genug galt, um als Leibwächter zu dienen, wurde ich als Späher vorausgeschickt. Beim Anblick von patrouillierenden Soldaten sollte ich einen gellenden Pfiff ausstoßen.

Die Bande überquerte im Laufschritt eine Straße. Wenn die Männer des alten Herzogs auch nur selten nachts patrouilliert hatten, kam es doch vor, dass die Sheriffs an stark frequentierten Übergängen auf der Lauer lagen. In dieser Nacht war uns das Glück hold, und ich erreichte die Sicherheit der Bäume, ohne auf Schwierigkeiten zu stoßen. Der Wald war vom Knarren der Äste erfüllt, die mit dem ersten Schnee des Winters beladen waren. In der Wildnis allein im Dunkeln unterwegs zu sein, war nie sonderlich angenehm, selbst wenn man das Leben im Wald gewohnt war. Es weckte Urängste in einem; man wusste, dies war weder der Ort noch die Zeit, um draußen herumzulaufen.

Deshalb hätte ich dankbar sein müssen, als ich Lorine auf mich zukommen sah. Ihr Atem wölkte sich weiß in der Finsternis, aber etwas an ihrer Miene machte mich argwöhnisch. Sie hatte ein vorsichtiges Lächeln aufgesetzt und musterte mich fragend, als wollte sie meine Reaktion ausloten. Das Gekünstelte des Ausdrucks störte mich, ebenso wie die Tatsache, dass ich sie so leicht durchschaute; sonst war sie eine viel bessere Schauspielerin.

»Ich dachte, du könntest vielleicht noch ein Paar Augen gebrauchen«, sagte sie. »Da Erchel nicht hier ist.«

Für gewöhnlich begleitete Erchel mich als Späher, aber seiner Bestrafung wegen war er im Moment nicht in der Verfassung dazu. Er stolperte nur elend durch den Wald und wimmerte ständig vor Schmerzen. Ich nickte Lorine zu, blies mir auf die Hände und rieb sie aneinander. Sie schaute sich demonstrativ um und seufzte dann zufrieden. Wäre da nicht ihr falsches Lächeln gewesen, so hätte ich – ewig lüstern – vielleicht vermuten können, sie hätte ein kleines Stelldichein eingefädelt als Belohnung für meine gute Arbeit in der letzten Zeit. Eine gefährliche, aber durchaus verlockende Vorstellung, die sich ebenso schnell in Luft auflöste, wie sie gekommen war. Ich verspürte den starken Wunsch, auf Abstand zu ihr zu gehen. Meine geschärften Instinkte warnten mich, dass mir ein riskantes Gespräch bevorstand.

Anfangs sagte sie nichts, sondern drehte sich nur um und legte die Hände an den Mund, um die drei Eulenrufe auszustoßen, die der Bande mitteilten, dass die Luft rein war. Erst als die schattenhaften Gestalten der anderen zwischen den Bäumen auftauchten, murmelte sie: »Du weißt, was er vorhat, oder?«

»Natürlich nicht.« Ich blies erneut auf meine Hände und schaute mich um, damit ich sie nicht ansehen musste.

»Du bist alles andere als dumm, Alwyn. Ich weiß, dass du uns ausspionierst. Und dass du mehr hörst und siehst, als du eigentlich solltest.« Ich spürte ihren Blick auf mir ruhen, und mir wurde trotz der Kälte heiß. Wie oft hatte ich mir ausgemalt, wie es wäre, mit dieser Frau allein zu sein. Doch damit hatte diese Hitze nichts zu tun. Wie immer im Leben war die Realität weit von jedem Traum entfernt.

»Sag mir …«, Schnee knirschte, als sie einen Schritt näher trat, »… was denkst du, was er vorhat?«

»Irgendwas mit dem neuen Herzog.« Ich wagte einen Blick in ihr Gesicht und stellte fest, dass ihr Lächeln verschwunden war. Stattdessen musterte sie mich prüfend. »Er könnte ein saftiges Lösegeld einbringen. So was haben wir ja schon öfter gemacht. Wir schnappen ihn uns und leiern dem König einen Karren voll Gold aus den Rippen, wenn er ihn wiederhaben will.«

»Kaufleute und den ein oder anderen Adligen – solche Leute haben wir bisher als Geisel genommen. Das hier ist was anderes. Und was macht dich so sicher, dass Deckin nur hinter Lösegeld her ist?«

Ich bin entschlossen, Herzog zu werden. Ich wiederholte nicht, was Deckin in jener Nacht gesagt hatte, obwohl sie mit ziemlicher Sicherheit wusste, dass ich sie belauscht hatte. Dieses ganze Gespräch vermittelte mir das Gefühl, in eine Schlangengrube geraten zu sein. »Was könnte es sonst sein?« Ich bedauerte die Frage, sobald ich sie ausgesprochen hatte, denn sie gab Lorine einen Grund, noch näher zu treten.

»Er spricht mit dir«, sagte sie ruhig, »erzählt dir Dinge, die er mir nicht erzählt. Von einem Bastard zum anderen. Sag du mir, was er vorhat.«

Als ich ihren bohrenden Blick sah, begriff ich, dass die Frage nicht bloß rhetorisch gemeint war. Sie glaubte wirklich, dass ich mehr wüsste als sie. »Wir unterhalten uns manchmal«, sagte ich. »Er redet viel, aber er sagt nur wenig.«

»Er wird dir mehr erzählen, wenn er in rührseliger Stimmung ist. Wenn er die ganze Trauer, den Hass und die Liebe loswerden will, die er für seinen Erzeuger empfindet. Früher hat er sich mir anvertraut. Jetzt bist du sein Vertrauter.«

Sie machte eine rasche Handbewegung, und ich wich zurück, in Erwartung einer zustechenden Klinge. Stattdessen flog etwas zwischen uns durch die Luft, etwas, das im trüben Mondlicht funkelte, bevor es auf meiner Handfläche landete. Eines hatte ich im Leben frühzeitig gelernt: niemals eine herabfallende Münze auf dem Boden aufkommen zu lassen. Es gab stets zu viele andere Hände, die danach greifen würden. Die Silbermünze wog nicht mehr als ein paar Sheks, doch in meiner Hand fühlte sie sich schwer an, schwerer noch, als Lorine eine zweite dazulegte.

»Er wird dir Dinge erzählen«, sagte sie. »Dinge, die ich wissen muss. Unser aller Wohlergehen hängt davon ab …«

Sie verstummte abrupt, als ich die Hand umdrehte. Die beiden Münzen hinterließen kleine Löcher im Schnee, als sie zu Boden fielen.

»Ich habe dich immer gemocht, Lorine«, sagte ich. Ihre Miene war plötzlich ausdruckslos, aber ich bildete mir ein, dass sie auch ein klein wenig blasser aussah. Ich blickte über ihre Schulter zu den schattenhaften Umrissen der anderen, die durch die Bäume auf uns zugerannt kamen, Deckins massige Gestalt die größte unter ihnen.

»Deshalb werde ich das hier vergessen«, fuhr ich fort und wandte mich von ihrem maskenhaften Gesicht ab. »Und du tust am besten dasselbe.«

♦ ♦ ♦

Die Leffold-Lichtung war vielleicht das bestgehütete Geheimnis unter den Banden, die im Shavine ihr Unwesen trieben – ein günstig gelegener Treffpunkt, wo verschiedene Gruppen sich zusammenfanden, um Bündnisse zu schließen und Streitigkeiten beizulegen. Aus unbekannten Gründen war sie von den Herzögen oder Sheriffs nie entdeckt worden, was sie für Leute wie uns zu einer Art Pilgerstätte machte; man war erst ein waschechter Gesetzloser, wenn man die Lichtung besucht hatte.

Zum damaligen Zeitpunkt hatte das Wort »Amphitheater« noch keinen Eingang in meinen Wortschatz gefunden, aber genau darum hatte es sich wohl früher einmal gehandelt. Stufenförmig angelegte Sitzreihen ragten wie eine Schüssel um eine kreisrunde Fläche von etwa vierzig Schritt Durchmesser auf. Das Ganze war mit Wurzeln und Unkraut überwuchert, aber Granit und Marmor, die unter dem Bewuchs und dem Schnee hervorschauten, belegten zweifelsfrei, dass es sich nicht um ein natürliches Gebilde handelte. Obwohl die Steine rissig und moosbedeckt waren, spürte man die Erhabenheit dieses Ortes noch sehr deutlich, und mein jugendlicher Geist gaukelte mir, wann immer wir hierherkamen, die unterschiedlichsten, zweifellos unrealistischen Vorstellungen vor.

Ich malte mir aus, wie sich eine gewaltige Menschenmenge auf den Rängen drängte und über das Spektakel in der Arena jubelte oder spottete. Bis heute weiß ich nicht sicher, ob es sich tatsächlich um eine Arena handelte. Schriften aus der Zeit vor der großen Plage sind seltener als Gold, und während in manchen von ihnen Kämpfe als eine Form der Unterhaltung beschrieben werden, zeichnen andere das Bild eines Volkes, das Theaterstücke und Dichtkunst ebenso sehr liebte wie blutige Spektakel. Damals war ich zu solchen Überlegungen freilich noch nicht fähig, und so stellte ich mir die Sklavenkrieger uralter Zeiten vor, die entsetzliche Kämpfe ausfochten, während den Siegern die bewundernden Blicke der Damen galten, die das blutige Schauspiel zu unersättlicher Wollust anstachelte …

»Alwyn.«

Ich drehte mich gerade rechtzeitig um, dass mich der Körper eines Hasen mit weißem Fell im Gesicht traf – sehr zu Justans Belustigung. »Zeit zum Kochen!« Lachend hielt er einige weitere Tiere hoch, die ihm in die Fallen gegangen waren.

Er war nicht sonderlich groß, und ich hätte ihn ohne Weiteres verprügeln können, aber bis auf seine Vorliebe für derbe Späße war er das liebenswürdigste Mitglied der Bande. Es fiel schwer, ihn nicht zu mögen. Außerdem konnte er hervorragend mit dem Messer umgehen, was Rachegelüste einigermaßen unratsam machte.

»Lass dir von einem der Welpen helfen«, sagte ich, womit ich das knappe Dutzend Kinder in unserer Bande meinte. Nach meinem jüngsten Erfolg hielt ich solche Arbeiten für unter meiner Würde.

»Deckins Befehl.« Er trat zurück und nickte auffordernd zu den Kindern, die am Rand der Arena eine Feuerstelle errichteten. »Er will unsere Gäste mit einem schmackhaften Festmahl bewirten, und da mein lieber Yelk unterwegs ist, bist du momentan unser bester Koch.«

Wir waren schon seit fast drei Wochen auf der Lichtung. Gleich nach der Ankunft hatte Deckin die Boten ausgewählt; zu meiner Überraschung war auch Erchel darunter. »Du musst deinem Onkel unbedingt erzählen, woher du das Hinken und die vielen Schrammen hast«, sagte Deckin und reichte ihm etwas, das Uneingeweihten nur wie ein Bündel ausgefranster Schnüre erschienen wäre. In Wahrheit bestand es aus vier unterschiedlich langen Seilstücken, die zu einem bestimmten Knoten gebunden waren, wie ihn nur äußerst geschickte Hände zustande brachten. Die wenigsten Banditen können lesen, aber in den Shavine-Marschen kannte jeder, der etwas auf sich hielt, die Bedeutung dieser Knoten: eine Einladung vom König der Gesetzlosen.

Erchel, den ich nie wieder dermaßen eingeschüchtert und gefügig erleben sollte, nickte bloß und hinkte gehorsam in Richtung Osten davon. Die übrigen Knoten wurden Twine, Baker und Yelk anvertraut, die daraufhin in die drei anderen Himmelsrichtungen aufbrachen. Während wir darauf warteten, dass die Gesetzlosen Deckins Ruf folgten, errichteten wir uns Unterkünfte, um uns vor der zunehmenden Kälte und den immer heftigeren Schneefällen zu schützen, und erlegten im umliegenden Wald so viel Wild, wie wir finden konnten. Am Vorabend waren die Späher mit der Neuigkeit zurückgekehrt, dass sich von Osten und Westen her andere Banden näherten. Die Lichtung würde also bald der Schauplatz eines der größten Banditentreffen der letzten Jahre werden, und vom Gastgeber wurde ein gewisses Maß an Bewirtung erwartet.

Seufzend schluckte ich jeden weiteren Protest hinunter und ging zur Feuerstelle. »Wir brauchen noch mehr Holz und deutlich mehr Wasser.«

Zu unseren beeindruckendsten Jagderfolgen zählten zwei ausgewachsene Eber, die sogleich ausgeweidet, aufgespießt und über das Feuer gehängt wurden, denn es würde viele Stunden dauern, bis sie durchgegart waren. Ich befehligte meine Kompanie Untergebener mit der Effizienz eines Feldwebels und ließ sie die unzähligen Aufgaben verrichten, die nötig waren, um eine große Menge Leute zu verköstigen. Von den zahllosen Töpfen und Kesseln mit Suppe, die mit Wildkräutern und Knochenmark gewürzt war, stieg Dampf auf. Die Bande verfügte über einige Salzvorräte, und Deckin gab mir die Erlaubnis, sie aufzubrauchen. Echte Gewürze waren rar, wenn wir auch reichlich Knoblauch und Thymian besaßen. Ein finsterer Blick von Deckin reichte, damit die anderen ihre persönlichen Vorräte an Pfeffer oder Zucker herausrückten. Gerthe gab uns sogar ein kleines Tuch mit Safran.

»Den wollte ich eigentlich im Frühling verkaufen«, schmollte sie, und ich hätte ihr das Tüchlein am liebsten zurückgegeben – im Tausch gegen einen besonderen Gefallen. Aber da Deckin zusah, lächelte ich nur entschuldigend und gab die wertvollen blutroten Fäden in eine Schüssel mit Erdnussöl.

Meine jungen Arbeiter kümmerten sich mit großem Fleiß um ihre verschiedenen Aufgaben, ohne sich zu beschweren oder zu streiten. Es war einer der Widersprüche im Leben von Gesetzlosen: Kinder, die schon in jungen Jahren dazu gemacht wurden, legten häufig ein besseres Benehmen an den Tag als andere. Furcht ist ein guter Zuchtmeister. Allerdings waren sie nicht immer nur gehorsam, und um die ein oder andere Bestrafung kam man nicht umhin.

»Hee!« Ich versetzte Uffel einen Klaps gegen den Hinterkopf; seine Hände waren zum Rock des Mädchens neben ihm gewandert, statt Knochen für die Brühe zu hacken. Elga war nach Lorine die Hübscheste in der Bande, und obwohl sie schon dreizehn war, konnte man sie für jünger halten, was sie für Diebeszüge in den größeren Städten recht nützlich machte. Uffel war ein Jahr jünger als sie, doch die männlichen Gelüste waren bei ihm schon früh erwacht. Auch war sein Gesicht von der Stirn bis zum Hals mit eitrigen Pickeln bedeckt.

»Weiterarbeiten«, knurrte ich mit unheilvollem Blick. Er riskierte es, finster in meine Richtung zu schauen, folgte dann aber meinem Befehl. Die stets fröhliche Elga warf ihm kichernd einen Luftkuss zu, worauf sich das Stirnrunzeln in seinem pickligen Gesicht noch mehr vertiefte. Sie zog einen Schmollmund und machte mit geübter Anmut einen Knicks vor mir.

»Meinen Dank dafür, dass Ihr meine Ehre verteidigt habt, Herr.«

»Ich bin genauso wenig ein Herr, wie du eine Dame bist.« Mit einem Messer schabte ich blitzschnell eine Meerrettichwurzel klein. Ich griff mir die nächste und bemerkte dabei Todman, der mit Lorine redete. Sie wechselten lediglich im Vorbeigehen ein paar Worte, aber es fiel mir auf, weil die beiden sonst kaum miteinander sprachen. Lorine schien für Todman ebenso wenig übrigzuhaben wie ich, und ich hätte erwartet, dass ein Gespräch zwischen den beiden kurz und scharf ausfallen müsste. Aber das hier war anders. Zwar konnte ich nicht hören, was sie sagten, doch unterhielten sie sich ohne Feindseligkeit, stattdessen vorsichtig und schnell.

»Ich wette, *sie* würdest du gerne deine Dame nennen«, sagte Elga. »Und noch einiges mehr.« Sie grinste schelmisch. Ich deutete auf den halb zerriebenen Knoblauch in ihrem Mörser.

»Wenn du das nicht bald fertigkriegst, dann darfst du mich jedes Mal ›Herr‹ nennen, wenn ich dir mit einer Bitternussrute eins überziehe.«

Sie schmollte erneut, machte sich aber gehorsam wieder an die Arbeit, während ich Lorine und Todman in unterschiedliche Richtungen auseinandergehen sah. Ich musste an das Gewicht der beiden Silbermünzen denken, die Lorine mir gegeben hatte. Die Fragen, die das aufwarf, waren beunruhigend, denn sie brachten mich in eine Zwickmühle. *Wie viele hat sie Todman gegeben? Was erwartet sie dafür?* Und die schwierigste von allen: *Erzähle ich es Deckin?*

♦ ♦ ♦

In anderen Teilen der Welt ist es dem Vernehmen nach üblich, dass Banden sich Namen geben, im Shavine dagegen hielten wir uns mit solchen Förmlichkeiten nicht auf. Banden fanden sich zusammen und trennten sich so häufig wieder, dass es zwecklos gewesen wäre, den Überblick behalten zu wollen. Deckins Bande bildete da eine Ausnahme. Sie blieb unter demselben Anführer über ein Jahrzehnt im Großen und Ganzen unverändert. Gruppen mit losem Zusammenhalt, meist aus verwandten Mitgliedern, waren schon eher die Regel. Diese kriminellen Bruderschaften sorgten für einen Flickenteppich aus ständig wechselnden Gebietsansprüchen.

Obwohl Deckin uneingeschränkt über den ganzen Wald herrschte, befand sich sein eigentliches Gebiet in der Mitte und im Süden des Shavine. Die Gruppen der Sahken-Familie dagegen hielten sich größtenteils im Westen auf, wo sie Wagenzügen auflauerten, die Waren aus den Küstenstädten beförderten. Den weniger lukrativen Norden teilten sich einige kleinere Banden unter der Herrschaft der Thessil-Brüder – beide angeblich ehemalige Feldwebel aus der Leibwache des alten Herzogs, die in Ungnade gefallen waren, nachdem sie ein Dorf zu viel ohne seine Erlaubnis geplündert hatten.

Die Banditen im Osten waren am schlechtesten organisiert. Hier lebten einige alte Familien, die sich in Fehden unbekannten Ursprungs gegenseitig bekriegten und ewig und erfolglos um die Oberherrschaft rangen. Aus einer dieser Sippen, den Cutters, war Erchel als Welpe verbannt worden, nachdem seine Vorlieben selbst für seine schurkischen Verwandten untragbar wurden. Deckin hatte ihn bei sich aufgenommen, um seiner Familie einen Gefallen zu erweisen, gegen angemessene Bezahlung versteht sich. Man hoffte wohl, Deckins Disziplin würde ihn mit der Zeit zu etwas Nützlichem zurechtbiegen. Sein Hauptnutzen schien nun zu sein, als Verbindungsmann zu seiner Familie zu dienen.

Erchels Leute trafen als Erste ein – eine etwa dreißigköpfige Bande, deren Mitglieder alle eine merkwürdige Ähnlichkeit mit Ratten besaßen. Die anderen Familien aus dem Osten folgten nicht lange danach:

sechs Banden von unterschiedlicher Stärke, die sich gegenseitig mit einer Feindseligkeit beäugten, die nicht selten in Gewalt umschlug. Die alten Bräuche schrieben jedoch vor, dass auf der Lichtung kein Blut vergossen werden durfte, und, ihren sonstigen Verfehlungen zum Trotz, hielten sich diese Schurken an die Tradition.

Erchel stand neben Drenk Cutter, seinem Onkel, als dieser Deckin mit Lachen und Schulterklopfen begrüßte. Erchels Blick war gesenkt und sein Rücken gebeugt, zweifellos fürchtete er, zu viel Aufmerksamkeit auf sich zu ziehen. Ob er wohl wusste, dass es in den kommenden Gesprächen auch um seine bevorstehende Ermordung gehen würde? Ich bezweifelte es. Erchel war zwar gerissen und hatte einen Riecher für Schwierigkeiten, aber er war kein Intrigant. Seine Instinkte waren stets nur auf das unmittelbare Überleben ausgerichtet; über den nächsten Tag hinausdenken, das konnte er nicht.

Als Nächstes trafen die Thessil-Brüder ein, beides kräftige Kerle Ende dreißig, die ein Gefolge aus sechzig Leuten anführten. Bei ihnen fiel Deckins Begrüßung etwas förmlicher aus: eine respektvolle Verneigung, gefolgt von einem Handschlag. Die Brüder waren keine Zwillinge, sahen einander aber von Statur und Kleidung her sehr ähnlich. Beide schüttelten die ihnen dargebotene Hand mit derselben steifen Vorsicht. Mit ihrer soldatischen Haltung und ihrem gepflegten Äußeren unterschieden sie sich von den meisten Gesetzlosen, die bereits auf der Lichtung eingetroffen waren. In ihren kantigen Gesichtern stand Verachtung, als sie die Versammelten musterten, wenn sie auch – weitgehend erfolglos – versuchten, sich nichts anmerken zu lassen. Offenbar hätten die beiden es vorgezogen, unter dem Banner zu bleiben.

Die Sahkens kamen als Letzte und brachten, neben Deckins Bande, die meisten Leute mit – über hundert Männer und Frauen traten in der Abenddämmerung zwischen den Bäumen hervor. Im Laufe der Jahre hatte sich der Clan viele Male gespalten und wiedervereinigt. Kleidung und Gesichtsschmuck der Mitglieder waren jedoch sehr ähnlich geblieben. Angeblich stammten sie von Kriegern ab, die vor Generationen aus der frostigen Einöde des nördlichen Fjordlands verbannt worden waren – eine Legende, die mir umso glaubwürdiger erschien, als ich jetzt die Vielzahl von tätowierten Gesichtern mit den Ringen in Nase und Ohren sah. Außerdem waren sie von allen am besten bewaffnet. Ihre Mitglieder trugen Schwerter und Äxte bei sich, manche mit Runenintarsien verziert, die auf eine alte Herkunft hindeuteten.

Ihre Anführerin war eine hochgewachsene Frau mit blondem Haar, das in der Dämmerung beinahe golden schimmerte. In einem langen, geflochtenen Zopf schlängelte es sich von der Mitte ihres ansonsten kahlen Schädels herab. Ihre rasierte Kopfhaut war dicht an dicht mit Runen verziert. Sie und Deckin waren etwa gleich groß, und mir fiel auf, dass sie sich beide zur selben Zeit verneigten.

»Du bist schnell gealtert«, stellte die Frau grinsend fest. »Ich sehe Grau in deinem Bart.«

»Ein bisschen.« Deckin grinste ebenfalls. »Du dagegen, Shilva, scheinst sogar jünger geworden zu sein.«

»Ach, hör auf.« Sie lachte, und beide umarmten sich herzlich. »Ich hab dich vermisst, du alter Gauner!« Die Frau trat einen Schritt zurück, legte eine Hand in Deckins Nacken und zog ihn zu sich heran, sodass ihre Stirnen sich berührten. »Vater hat sich offenbar geirrt. Du hast doch länger als einen Sommer allein überlebt.«

»Fast hätte er recht behalten. Damals hätte ich beinahe schon in der ersten Woche meinen Kopf verloren, über den Sommer reden wir besser nicht. Komm.« Er legte ihr einen Arm um die Schultern und führte sie zur Lichtung. »Da brutzeln ein paar Schweine über dem Feuer, und das Bier muss getrunken werden.«

Wie nicht anders zu erwarten, wenn sich der schlimmste Abschaum eines ganzen Herzogtums versammelt und es reichlich zu essen und zu trinken gibt, wurde es eine laute Nacht. Mein sorgfältig vorbereitetes Festmahl wurde im Nu verschlungen, ohne dass es jemand gelobt oder sich gar dafür bedankt hätte. Die mühevoll komponierten Aromen gingen in einer Flut aus Ale und Brandy unter, und bald schon erhob sich vielstimmiger Gesang. Die Handvoll Musiker unter den Banditen holten Flöten und Mandolinen heraus, um das schiefe Gegröle zu begleiten, und nicht lange danach begannen die Ersten, in der Arena zu tanzen. Hier und da kam es zu Rempeleien, aber nicht zu Faustkämpfen – dem Gesetz der Lichtung folgend, wurden alte Fehden zumindest für diese Nacht beigelegt. Außerdem wollte wohl niemand Deckin verärgern.

Ich hatte eine Portion meines besten Schweineragouts zurückbehalten und holte mir jetzt eine Schüssel davon. Dann machte ich mich auf die Suche nach Gerthe. Vielleicht hatte das allgemeine Saufgelage ihren strikten Geschäftssinn ja etwas gelockert. Derlei Hoffnungen zerschlugen sich jedoch, als ich sie mit zwei tätowierten Raufbolden aus dem Sahken-Clan in der Dunkelheit verschwinden sah. Ihrem lauten Kichern entnahm ich, dass sie das Geschäftliche an diesem Abend tatsächlich beiseitegelassen hatte, nur leider nicht zu meinen Gunsten.

Ich tröstete mich mit dem Ragout und einem Becher Brandy und ließ den Blick über die weiblichen Gäste gleiten, auf der Suche nach möglichen Interessentinnen. Die Einzige, die meinen Blick erwiderte, war ein Mädchen mit schmalem Gesicht aus Erchels Familie. Ich überlegte schon, wie ich sie am besten von ihren argwöhnischen Verwandten weglotsen könnte, als laut und kräftig Deckins Stimme ertönte.

»Gefällt euch dieses Fest, meine Freunde?!«

Musik und Gesang verstummten, und die versammelten Schurken jubelten anerkennend.

»Sind eure Bäuche gefüllt?« Deckin fletschte die Zähne zu einem breiten Grinsen, worauf noch lauteres Jubeln erklang. »Hat mein Bier eure Stimmung gehoben? Sind eure Herzen voll Freude?«

Noch mehr Jubel. Kelche und Krüge wurden gehoben, die dankbaren Rufe verstummten jedoch abrupt, als Deckin knurrte: »Ihr ahnungslosen Schwachköpfe!«

Sein Blick glitt über die verwirrten Mienen, und er verzog spöttisch den Mund. Mir fiel auf, dass Shilva Sahken von dem plötzlichen Stimmungsumschwung als Einzige nicht überrascht schien. Sie verbarg sogar ein Lächeln, als sie sich über ihren Krug beugte. Ich hatte Deckin gelegentlich in respektvollem Ton von ihr sprechen hören, und jetzt wurde mir klar, dass die beiden sich wohl schon länger kannten, als ich gedacht hatte. Genau wie ich wusste sie, dass die wütende Tirade, die wir gleich hören würden, nur Theater war – eine sorgfältig geplante Inszenierung, die auf ein bestimmtes Ergebnis abzielte.

»Wie leicht wäre es heute Abend gewesen, euch zu töten«, rief Deckin. »Ich hätte jedem Einzelnen die Kehle durchschneiden können. Oder in das Gebräu, mit dem ihr euch betrunken habt, Schierling mischen können, und ihr hättet es nicht herausgeschmeckt, ihr verfluchten Narren. Ihr haltet euch an diesem Ort für sicher?« Mit einer ausladenden Geste deutete er auf die stufenförmigen Sitzreihen der Ruine. »Das ist nur ein Haufen alter Steine. Ihr glaubt, dieser Wald bietet uns Schutz? Da irrt ihr euch. Er ist unser Gefängnis. Der alte Herzog hat Verrat begangen und dafür sein Leben gelassen. Der neue Herzog ist ein Geschöpf des Königs, und der wird ihm als Erstes befehlen, dass er mit uns aufräumen soll, ein für alle Mal. Darauf könnt ihr eure Seelen verwetten.«

Er hielt inne und winkte Stallknecht aus der Menge herbei. »Viele von euch kennen diesen Mann«, sagte er und legte Stallknecht eine Hand auf die Schulter. »Und ihr kennt ihn als einen, der, obwohl er sich mit Leuten wie uns umgibt, dennoch niemals lügt. Stallknecht der Aufrichtige wird er genannt. Sag es ihnen, Aufrichtiger, erzähl ihnen von dem Mann, den wir auf der Königsstraße gefangen genommen haben, und was er uns vor seinem Tod berichtet hat.«

Stallknecht, den meines Wissens noch nie jemand Aufrichtiger genannt hatte, räusperte sich und richtete den Blick auf die Menge. Erhielt er sonst einmal die seltene Gelegenheit, zu mehr als einem Menschen zu sprechen, dann war seine Stimme kräftig – die Stimme eines Predigers –, und er deklamierte so lange die heiligen Schriften, wie ihm jemand zuhörte. Jetzt klang sie dünner, aber immer noch laut genug, dass ihn alle Anwesenden hören konnten. Wer ihn besser kannte, wusste jedoch, dass es die Stimme eines Lügners war.

»Der Soldat, den wir gefangen nahmen, war schwer verwundet und hatte nicht mehr lange zu leben«, sagte er. »In seiner Verzweiflung wollte er noch vor einem Betbruder sein Geständnis ablegen. Er schüttete mir sein Herz aus, weil er in mir einen wahren Anhänger des Bundes sah.« Er hielt kurz inne und schluckte trocken. »Dieser Mann war der Anführer einer Kompanie aus Cordwain, und er wusste von den Anweisungen, die der König dem neuen Herzog gegeben hat. Tausend Soldaten und einhundert Ritter sollen vom Prätendenten-Krieg abgezogen werden. ›Zusammen mit den Männern des Herzogs werden sie diesen verfluchten Wald gründlich durchkämmen‹, sagte er. ›Sämtliches Gesindel, auf das sie stoßen, wird sofort aufgeknüpft. Notfalls brennen sie den Wald bis auf die blanke Erde nieder, um auch die Letzten aufzustöbern. Im Frühling wird kein Gesetzloser mehr übrig sein, um in den Shavine-Marschen sein Unwesen zu treiben. So hat es der König befohlen, und so wird es gemacht.‹« Er schluckte erneut, aber sein Gesicht war die entschlossene Maske eines aufrichtigen Mannes. »Das hörte ich von den Lippen eines Sterbenden, der keinen Grund hatte zu lügen.«

»Und das ist noch nicht alles!«, fügte Deckin hinzu. Mein Magen sank mir plötzlich bis in die Kniekehlen, als seine Hand zu mir herumschwang und er mich heranwinkte. »Ein paar von euch kennen sicherlich diesen jungen Gauner.« Lachen begrüßte mich, als ich zu ihm ging und mir dabei ein verlegenes Lächeln abrang. »Der Fuchs des Shavine, so wird er genannt. Er besitzt die schärfsten Augen und Ohren im ganzen Herzogtum, und obwohl er ein notorischer Lügner ist …«, seine Hand landete auf meiner Schulter und verharrte dort, leicht und doch genauso schwer wie Lorines Silbermünzen, »… lügt er *mich* niemals an. Nicht, wenn er seine scharfen Augen behalten will.« Noch mehr Gelächter. Die Hand auf meiner Schulter drückte etwas fester zu. »Erzähl es ihnen, Alwyn.«

Ich räusperte mich nicht und musste auch nicht schlucken. Stattdessen runzelte ich grimmig die Stirn und blickte in die Gesichter, die mich in stummer Erwartung anschauten. »Es ist alles wahr«, sagte ich. »Vor Kurzem wurde ich nach Ambriside geschickt, um dort die Lage auszuspionieren. Die Soldaten prahlten mit der Belohnung, die ihnen versprochen wurde – eine Silbermünze für den Kopf jedes Banditen, den sie zurückbringen. Ein paar malten sich schon lachend aus, wie sie sich mit den Frauen vergnügen würden, die sie gefangen nahmen, bevor sie ihnen die Köpfe abhackten, auch mit den kleinen Mädchen.«

Ein leichter Druck von Deckins Fingern teilte mir mit, dass ich genug gesagt, die Lüge vielleicht sogar ein bisschen zu sehr ausgeschmückt hatte. Das wütende Knurren der Menge wurde lauter. Offenbar hatte ich einen Nerv getroffen.

»Ihr seht es also, meine Freunde.« Deckins Hand glitt von meiner Schulter. Er trat von mir weg und hob die Arme auf eine Weise, die sowohl gebieterisch als auch flehend wirkte. »Ihr seht, dass ich euch nicht nur hergerufen habe, um zusammen einen großen Raubüberfall zu planen, mit dem wir uns die Taschen füllen können. Ich habe euch gerufen, um gemeinsam Vorkehrungen für unser aller Überleben zu treffen.«

Eine Zeitlang ließ er die Leute wütend murmeln, bevor er mit lauter, fordernder Stimme weitersprach. »Dieser Wald gehört uns, nach allem, was recht ist. Wir haben ihn mit unserem Blut erobert. Und jetzt will so ein Emporkömmling, ein Arschkriecher des Königs, der noch nie seine Klinge benutzt hat, um Heimat oder Familie zu verteidigen, ihn uns wegnehmen. Ich werde ihn aufhalten. Die Zeiten, als wir uns noch verstecken und vor solchen Wichten fliehen mussten, sind vorbei. Ich werde diesem König die Stirn bieten – Tomas der Gute, zu Recht besser bekannt als Tomas der Geizkragen, ein Lügner und Dieb, der dieses Land mit Blut tränkt und in Armut hält und von denen, die er zu Bettlern gemacht hat, auch noch Treue verlangt. Er will Köpfe? Dann werden wir sie ihm geben. Wie wär's mit hundert? Oder tausend, wenn's sein muss. So viele, bis er erkennt, dass ihm dieser Wald nicht gehört und nie gehören wird. Und wir fangen mit dem Arschkriecher an, den er auf uns gehetzt hat. Wer ist dabei?«

Das Knurren steigerte sich zu einem Brüllen – sämtliche Langfinger, Halsabschneider, Viehdiebe, Falschspieler und Huren waren aufgesprungen und schrien ihre Bereitschaft heraus, sich an Deckin

Scarls neuer Fehde zu beteiligen. Mir jedoch fiel auf, dass ihre Anführer weit weniger enthusiastisch jubelten.

Die Thessil-Brüder klatschten und grinsten ihren Leuten begeistert zu, aber ich sah, dass der Jubel nur aufgesetzt war. Erchels Onkel Drenk wirkte noch am überschwänglichsten – sein Ale schwappte über, als er in die wilden Rufe seiner Familie mit einstimmte, aber selbst in seinen glasigen Augen schimmerte Sorge. Aus Gründen, die ich nicht ganz verstand, fand ich Shilva Sahkens Reaktion am beunruhigendsten. Sie lachte bloß, während ihr Clan johlte und schrie. Und es war kein freudiges Lachen, sondern klang eher so, als amüsierte sie sich über einen lustigen Scherz.

Deckin legte mir einen Arm um die Schultern, während das Jubeln anhielt, und zog mich an sich. »Gut gemacht, Junge«, murmelte er und grinste dabei weiter in die Menge. »Aus dem Stegreif lügst du immer noch am besten. Nur die kleinen Mädchen waren vielleicht etwas zu viel des Guten.«

»Tut mir leid, Deckin.«

»Ach was«, er klopfte mir gegen die Brust. »Nicht der Rede wert. Dieser Sauhaufen nimmt mir jeden Mist ab, den ich ihm auftische, und will immer noch mehr.« Ich schaute hoch und bemerkte, wie sich sein Blick verfinsterte, als er Shilva lachen sah. »Morgen früh«, seufzte er, »folgt der schwierigere Teil.«

Siebtes Kapitel

»Das hier ist keine Armee.« Danick Thessil, der ältere der beiden Brüder, redete am meisten. Wie ich schon geargwöhnt hatte, war von ihrer scheinbaren Begeisterung für Deckins Plan am nächsten Morgen nicht mehr viel übrig. Sein Bruder Rubin schwieg die meiste Zeit mit ernster Miene. »Und die da sind keine Soldaten.« Danick deutete auf die Lichtung, wo in dichten Wolken Rauch aufstieg. Die versammelten Schurken waren inzwischen erwacht, und viele litten noch unter den Nachwirkungen der letzten Nacht.

Deckin hatte die Anführer der Banden auf einer kleinen freien Fläche etwas abseits der Lichtung zusammengerufen. Dass auch ich an dieser illustren Versammlung teilnehmen sollte, kam überraschend. Weniger dagegen Deckins Anweisung, mich am Rand zu halten und nichts zu sagen, es sei denn, er forderte mich dazu auf. Danick Thessil war der Erste, der seinen Shek Weisheit zu dem vorgeschlagenen Unterfangen kundtat, und die Mienen einiger anderer Anwesender zeugten von einer ähnlichen Bodenhaftung. Drenk Cutter litt eindeutig unter den Folgen von zu viel Ale, in seinen geröteten Augen funkelte aber auch Gerissenheit. Wie sein Neffe besaß er einen gesunden Überlebensinstinkt, ganz gleich, wie sehr Deckin ihn am Abend zuvor mitgerissen haben mochte. Shilva Sahken stellte die ganze Zeit ein schiefes Grinsen zur Schau, manchmal lachte sie sogar unterdrückt. Ihre Belustigung über Deckins Rede schien sich noch immer nicht gelegt zu haben.

»Noch nicht, nein«, stimmte Deckin zu. Seine Fähigkeit, die Stimmungen zu wechseln, hatte ich immer schon bewundert. Das wütende Anstacheln der Menge war einer ruhigen Überredungskunst gewichen. »Aber es wird eine sein. Jede Revolte beginnt mit einem Funken, der eine Flamme anfacht. Wir rauben Adlige und Kaufleute aus, nicht die Bauern. Die wissen, wer ihre wahren Feinde sind. Wie viele von ihnen sind im letzten Winter gestorben, weil ihre Speicher geplündert wurden, um die Steuern des Königs zu bezahlen? Wie viele sehen diesem Winter mit leeren Bäuchen und kranken Kindern entgegen?«

»Wir rauben Adlige und Kaufleute aus, weil die Geld haben«, sagte Shilva unverwandt lächelnd. »Bauern haben keins. Und sie haben auch keine Waffen, Rüstungen oder Pferde. Genau wie wir.«

»Sensen und Äxte können genauso tödlich sein wie Schwerter«, hielt Deckin entgegen. »Und eine Rüstung nützt nur etwas, wenn man sie trägt. Ich habe nicht vor anzugreifen, wenn unser Gegner zum Kampf gerüstet ist.«

»Wir töten also diesen neuen Herzog, die Bauern erheben sich, um uns zu helfen, und das Herzogtum gehört uns. Ist das der Plan?« Shilva sah aus, als wollte sie erneut loslachen.

»Was bleibt uns anderes übrig?« Deckin nickte zu der Stelle, wo ich an einem Baum lehnte und mich bemühte, lässige Zuversicht auszustrahlen. In Wahrheit schmerzte mir der Kopf, weil ich zu viel Ale und Brandy durcheinandergetrunken hatte, und mir war speiübel, vermutlich ebenso vor Furcht wie von den Exzessen der letzten Nacht. »Du hast gehört, was der Junge gesagt hat. Sie kommen uns holen, Shilva. Daran besteht kein Zweifel.«

Der Blick der blonden Frau glitt zu mir, und ihre Belustigung verschwand. Prüfend musterte sie mich aus schmalen Augen. Ich bemühte mich, ihrem Blick standzuhalten und arglos zu wirken, aber diese Frau besaß eine derart selbstsichere Ausstrahlung, dass ich gegen meinen Willen ein paarmal blinzeln musste.

»Würdest du mich belügen, um mich in einen Krieg hineinzuziehen, alter Freund?«, fragte sie Deckin, behielt mich aber weiter fest im Blick. Just in diesem Moment grummelte leise mein Magen, und verräterischer Schweiß lief mir über die Stirn.

»Du kennst mich besser«, sagte Deckin. »Außerdem weiß ich, dass du sowieso nur kämpfen wirst, wenn es sich für dich lohnt. Und das wird es. Auf der Reise durch das Herzogtum führt Elbyn eine Truhe mit Goldmünzen bei sich, die er auf Befehl des Königs den Adligen geben soll. Die könnt ihr, wenn wir ihn zu fassen kriegen, unter euch aufteilen.« Er machte eine Geste in Richtung der Thessil-Brüder und Drenk, um zu zeigen, dass seine Großzügigkeit auch ihnen galt. »Ich will davon nicht eine Münze. Wenn wir es geschafft haben, könnt ihr mir entweder helfen, unsere Zukunft in diesem Herzogtum zu sichern, oder in eure Verstecke zurückkehren, ganz wie ihr wollt.« Er machte eine kurze Pause, um seine Worte wirken zu lassen. Für das Drittel einer Truhe voll Gold würden Gesetzlose eine ganze Menge riskieren. Damit ließe sich der Traum erfüllen, den wir alle hegten, wenn er auch nur selten wahr wurde: sich bequem zur Ruhe zu setzen.

»Hat der Junge auch die Truhe gesehen?«, erkundigte sich Shilva, und ihr Blick ging zwischen mir und Deckin hin und her. Einen Moment lang erschrak ich und fürchtete, noch einmal lügen zu müssen – diese Frau mit ihrem scharfen Blick hätte mich gewiss sofort durchschaut. Zum Glück hatte Deckin noch eine weitere Geschichte auf Lager.

»Denkst du etwa, ich hätte nur einen Spion?« Er musterte Shilva mit hochgezogener Augenbraue. »Auf diesen Moment habe ich jahrelang hingearbeitet. In diesem Herzogtum gibt es eine Menge Leute, die mir Treue schulden, mehr jedenfalls als einem fernen König, dem sie nie begegnet sind, oder einem feigen Geck, der nur zufällig aufgrund seiner Abstammung zum Herzog ernannt wurde.« Sein Blick glitt über jeden Einzelnen hinweg, während er mit unbestreitbarer Autorität weitersprach. »Ihr habt mein Wort: Das Gold existiert. Und ihr alle wisst, dass ich mein Wort nie leichtfertig gebe und es niemals breche.«

Das zumindest stimmte. Was den Rest anging, wer weiß? Bei meinen Nachforschungen und endlosen Grübeleien über das, was danach kam, fand ich keinerlei Hinweise darauf, dass der frischgebackene Herzog tatsächlich besagte Goldmünzen bei sich hatte. Mit einiger Gewissheit kann ich lediglich sagen, dass in diesem Moment alle Anwesenden, selbst die misstrauische Shilva Sahken, Deckin Scarls unverbrüchlichem Wort Glauben schenkten.

»Wo?«, fragte Shilva nach kurzem Nachdenken. »Und wann?«

»Burg Duhbos«, sagte Deckin. »Der Sitz des Edlen Duhbos, berühmtester und angesehenster Ritter der Shavine-Marschen, der außerdem zufällig mit der Schwester unseres neuen Herzogs verheiratet ist. Elbyn wird sich frühzeitig seine Unterstützung sichern wollen, wenn er dieses Herzogtum regieren soll. Ich bezweifle, dass Duhbos über Herzog Rouphons Ableben allzu erfreut gewesen ist; sie haben zusammen in den Herzog-Kriegen gekämpft.

Das Gefolge des Herzogs ist mit großer Wahrscheinlichkeit bereits in seinem künftigen Herrschaftssitz angekommen, aber er selber wird bis zum Fest des Hohen Mondes auf Burg Duhbos bleiben müssen. Wenn er vorher aufbricht, würde er damit seinen Schwager beleidigen, der gewiss auch einen Haufen teurer Geschenke erwartet.«

»Jemanden während des Hohen Mondes zu töten, bringt Unglück«, wandte Drenk Cutter mit seiner rauhen Fistelstimme ein. »Es heißt, dadurch erwachen die Maleciten und richten Unheil auf der Erde an.« Er starrte Deckin kurz an und stieß dann ein bellendes Lachen aus. »Und ich geb den Schwanz eines Wiesels darauf! Für eine solche Menge Gold würde ich die Maleciten selbst meine Großmutter vögeln lassen. Meine Leute stehen hinter dir, Deckin. Darauf kannst du dich verlassen, aber«, sein schmales Gesicht wurde ernst, »dafür müsstest du den Gefallen vergessen, um den du mich gebeten hast.«

Deckin zuckte mit den Achseln und winkte ab. »In Ordnung. Aber ich will deinen Neffen keinen Tag länger in meiner Bande haben. Wenn der kleine Drecksack am Leben bleiben soll, dann nimm ihn mit, und viel Glück mit ihm.«

Die Thessil-Brüder tauschten einen vielsagenden Blick aus. Obwohl sie einen Deut schlauer waren als die meisten anderen Gesetzlosen, wurden auch sie von Gier beherrscht und dem Wunsch, sich im Alter gemütlich zur Ruhe setzen zu können. Außerdem fürchteten sie wahrscheinlich die Reaktion ihrer Bandenmitglieder, sollten sie Deckins Ruf zu den Waffen ablehnen.

»Ein Drittel des Goldes«, sagte Danick. »Und wir wollen uns in der Waffenkammer der Burg als Erste bedienen.«

»Von mir aus«, sagte Deckin und wandte sich erwartungsvoll an Shilva. »Dein Vater träumte immer davon, in Farinsahl sein eigenes Handelshaus zu errichten«, ermunterte er sie. »Mit deinem Anteil könntest du dir eine eigene Flotte zulegen.«

»Mein Vater hatte den Kopf voller Träume«, erwiderte sie. Ihre heitere Stimmung war inzwischen verflogen, und wenn sie das Ganze immer noch für einen Witz hielt, dann offenbar für einen ziemlich schlechten. »Träume waren es, die ihm am Ende den Tod brachten. Weil sie oft stärker sind als die Vernunft.« Sie lehnte sich zurück und seufzte resigniert. »Aber viele meiner Leute sind von deinen hehren Worten begeistert und würden dir folgen, ob mit oder ohne meine Zustimmung. Ich werde mitmachen, Deckin. Eins sag ich dir jedoch: Sobald ich meinen Anteil habe, kehre ich nach Hause zurück.«

»Natürlich, meine Dame.« Deckin senkte den Kopf und verneigte sich höflich. »Etwas anderes habe ich auch nicht erwartet.«

»Burg Duhbos ist eine starke Festung«, gab Danick zu bedenken. »Und ihr Besitzer ein berühmter Soldat. Sie zu belagern, kommt nicht infrage.«

»Das werden wir auch nicht«, versicherte Deckin ihm. »Ich kenne Burg Duhbos. In meiner Jugend habe ich dort als Stallknecht gearbeitet und mich mit den Geheimnissen des alten Gemäuers vertraut gemacht. Es gibt einen geheimen Weg in die Burg. Er ist nicht ganz ungefährlich, aber das Fest des Hohen Mondes wird uns als Ablenkung dienen. Wir werden drin sein und unser Ziel erreicht haben, bevor irgendjemand Alarm schlagen kann.«

»Wir brauchen eine Liste«, sagte Shilva, »wen wir töten und wen wir am Leben lassen sollen.«

»Nein, keine Liste.« Deckins Züge spiegelten grimmige Entschlossenheit, seine Stimme klang leise und unerbittlich. »Wir lassen niemanden am Leben. Sie sterben alle, ob Adlige, Soldaten oder Diener. Sonst ist dieses Unterfangen gescheitert, bevor es überhaupt richtig begonnen hat.«

»Duhbos ist im Herzogtum recht beliebt«, sagte Danick, »sowohl beim Volk als auch bei den Adligen. Und seine Braut ist nicht mal achtzehn Sommer alt.«

»Aber in ihrem Schoß wächst womöglich schon der Same des alten Mannes heran.« Deckins Stimme wurde noch leiser, wenn auch nicht weniger bestimmt. »Die Blutlinie der Ambris muss enden. Sie müssen alle sterben. Keiner darf am Leben bleiben.«

♦ ♦ ♦

»Hast du mir etwas zu sagen, junger Alwyn?«

Trotz seiner hünenhaften Gestalt besaß Deckin die beunruhigende Fähigkeit, ohne Vorwarnung hinter einem aufzutauchen. Sicherlich machte er sich einen Spaß daraus, und ebenso genoss er es, unerwartete und unwillkommene Fragen zu stellen.

Ein Blick in seine gelassene, aber fordernde Miene genügte, und ich wusste, dass es sinnlos, wenn nicht gar gefährlich wäre, um den heißen Brei herumzureden oder zu lügen. Einen Tag nach seiner Unterredung mit den anderen Anführern waren wir zu den Seemarschen aufgebrochen. Die vier Gruppen hielten einzeln auf den Sammelpunkt in Moosmühle zu, um nicht zu viel Aufmerksamkeit zu erregen. Eine derart große Zahl durchreisender Schurken blieb dennoch nicht unbemerkt, weshalb Späher ausgeschickt wurden, um Waldhüter und andere Diener des Herzogs, denen sie begegnen mochten, zum Schweigen zu bringen. Auch allzu neugierige Knechte, die womöglich mit ihrer Geschichte zum nächsten Sheriff laufen könnten, sollten ausgeschaltet werden. Im Grunde erteilte Deckin den Gesetzlosen des Shavine den Freibrief, raubend und mordend nach Norden zu ziehen. Dem angeblichen Beschützer von Bauern und Bettlern schien es bemerkenswert wenig auszumachen, was er dem Volk damit antat. Und wie immer gelang es ihm mühelos, meine Stimmung zu erraten.

»Im Kampf bist du mutig«, sagte er, während er neben mir herging, »aber in Friedenszeiten beschwört dein Geist alle möglichen Ängste herauf. Also los, raus damit.«

Tatsächlich plagten mich zwei Sorgen, und ich beschloss, die zur Sprache zu bringen, die ich für weniger gefährlich hielt. »Die Truhe voll Gold«, sagte ich leichthin.

»Was ist damit?«

»Wenn wir jetzt nicht mehr Gesetzlose, sondern Soldaten sind, könnte es ziemlich teuer werden, das Herzogtum zu erobern. Und wenn wir das ganze Gold den anderen Banden überlassen, was bleibt dann noch für uns übrig? Gesetzlose können jederzeit stehlen, wenn es sein muss, aber Soldaten brauchen Sold, um weiterzumarschieren.«

Deckins Augen funkelten, als er mich von der Seite ansah, und sein Bart zuckte belustigt. »Seit meiner großen Ansprache ist erst ein Tag vergangen, und schon jetzt denkst du nicht mehr wie ein Dieb.« Er lachte und boxte mir gutmütig gegen die Schulter. »Das ist tatsächlich etwas, worüber wir uns Gedanken machen müssen. Ich habe dieses Vorhaben unter anderem deswegen so lange aufgeschoben, weil ich nicht sicher war, wie ich es bezahlen kann. Du hast recht, junger Alwyn, Soldaten wollen Sold. Aber ich kann dir versichern, diese Frage ist geklärt.« Er hielt inne, und seine Heiterkeit legte sich, als er leiser hinzufügte: »Oder wird es jedenfalls bald sein. Jetzt, da ich weiß, wo der Hund begraben liegt.«

»Der Hund?«, fragte ich. Die mysteriöse Anspielung ließ mich meine übliche Vorsicht vergessen. Deckin Fragen zu stellen, war nie ratsam, vor allem nicht ohne seine Erlaubnis.

»Es ist besser, wenn du deinen eifrigen Verstand damit nicht weiter belastest«, sagte er. Das Funkeln in seinen Augen wurde zu einem warnenden Gleißen.

Ich senkte rasch den Kopf und gab mich angemessen zerknirscht. »Tut mir leid, Deckin.«

Er knurrte leise, aber ich spürte seinen Blick weiter auf mir ruhen. »Was noch, Alwyn? Ich habe das Gefühl, dass dich mehr beschäftigt als nur unser gerechter Anteil an der Beute.«

Ich hätte wissen müssen, dass ihm auffallen würde, dass mir noch mehr auf der Seele brannte. Allerdings war es riskant weiterzusprechen. Wenn er einen jedoch so auffordernd musterte wie jetzt, dann war es unmöglich zu schweigen. Ich holte tief Luft und vergewisserte mich, dass niemand in Hörweite war. »Lorine ...«, begann ich, doch er schnitt mir mit einem lauten Lachen das Wort ab.

»Dich hat sie also auch angesprochen, ja?«, erkundigte er sich, als er sich wieder beruhigt hatte. »Wahrscheinlich wollte sie wissen, worüber wir so miteinander reden, wie? Was hat sie dir angeboten? Eine Silbermünze?«

»Zwei«, sagte ich, worauf er erneut lachte.

»Todman hat sie bloß eine angeboten. Als ob ich dem irgendwas erzähle, was einen Rattenschiss wert wäre.«

»Er hat es dir gesagt?«

»Natürlich. Wenn er sich mit etwas bei mir einschmeicheln kann, zögert er nicht lange, der gute Todman. Im Gegensatz zu dir, wie?«

Mein Herz machte einen Sprung, und ich brabbelte reumütig eine Erklärung, doch er brachte mich kopfschüttelnd zum Schweigen. »Beruhig dich, Junge. Ist nicht das erste Mal, dass Lorine ihre Nase in Dinge steckt, die sie nichts angehen. Und es wird auch nicht das letzte Mal sein. Intrigen zu spinnen, ist ihre wichtigste Fähigkeit, außer mir mit ihren lästigen Grübeleien auf die Nerven zu gehen.« Er runzelte ernst die Stirn. »Ich muss zugeben, ich weiß noch nicht, was ich mit ihr anfange, wenn das alles hier vorbei ist. Sie zur Herzogin zu machen, könnte eine Menge Probleme mit sich bringen.«

»Herzogin?« Überraschung und Begreifen ließen mich das Wort aussprechen, bevor ich es verhindern konnte. Ich hatte Deckin auch früher schon über seine Absichten reden hören, aber dass er so offen darüber sprach, verwunderte mich doch. *Er will das also wirklich durchziehen*, dachte ich, und mich durchzuckte die Sorge, dass ich ihn beleidigt haben könnte. Er aber lachte nur.

»Was dachtest du, worauf dieser große Plan hinausläuft, Alwyn? Ein Herzogtum braucht schließlich auch einen Herzog, nicht wahr?«

Dieses Mal gelang es mir, die verwirrten Fragen, die in mir aufstiegen, für mich zu behalten und Deckin nur mit offenem Mund anzustarren, wie der lahme Bettler, den ich so oft verkörperte.

»Du willst wissen, wie ein einfacher Bastard es wagen kann, den Thron eines Herzogs für sich zu beanspruchen?«, erkundigte sich Deckin. »Du denkst, der König würde eine solche Ungeheuerlichkeit niemals zulassen. Ich will ein paar der Lektionen meines Vaters an dich weitergeben. Wahrscheinlich glaubst du, ich hätte ihn gehasst, und du hast recht. Wie sollte ich einen Mann, der mich nie offiziell anerkannt hat, nicht hassen? Einen Mann, der seinen Sohn – seinen ältesten Sohn, wohlgemerkt – zu einem Leben als ewig hungriger Schurke verurteilt hat. Aber Hass entsteht nicht aus Gleichgültigkeit, sondern aus Erfahrung. Ich hasste ihn, weil ich ihn kannte.

Meine Mutter war nicht gerade die Favoritin unter den zahlreichen Frauen, die er sich in verschiedenen Häusern und Burgen hielt. Die Frauen waren als Haushälterinnen angestellt und verdienten ein ordentliches Gehalt. Als Schürzenjäger ließ er sich nicht lumpen. Meine Mutter hatte allerdings eine scharfe Zunge, die sie mit ihrer berühmten Schönheit nicht immer wettmachen konnte. Immerhin konnte sie ihn überreden, eine Anstellung für mich zu finden, nachdem ich vom Kleinkind zum lärmenden jungen Störenfried herangewachsen war.

Anfangs drehte ich in den Küchen die Fleischspieße. Stundenlang stand ich schwitzend in der Hitze des Feuers und fragte mich, ob ich womöglich gleich selbst geröstet werde. Später schaufelte ich Dung aus den Ställen, jätete Unkraut in den Gärten und erledigte alle möglichen Arbeiten, zu denen seine prügelnden Aufseher mich zwangen. Natürlich kannten alle meine Herkunft – es war kein besonderes Geheimnis. Darüber offen sprechen durfte man aber auch nicht, vor allem ich nicht. Mir blieben weder Rute noch Fausthiebe erspart, ich bekam lediglich Reste zu essen und musste bei den Jagdhunden schlafen. Mein Vater mochte seine Jagdhunde. Sie behandelte er stets freundlich und kannte alle ihre Namen. Kläffend und schwanzwedelnd versammelten sie sich um ihn, wenn er sie mit Leckerbissen fütterte und mit freundlichen Worten bedachte, die ich nie zu hören bekam. Jahrelang lebte ich unter seinem Dach und zog mit seinem Gefolge von einer Burg zur nächsten, und während all der Zeit richtete er nicht einmal das Wort an mich. Aber das ist nicht der Grund, warum ich ihn hasste, obwohl es wahrscheinlich schon gereicht hätte.

Einen Monat nach meinem dreizehnten Geburtstag starb meine Mutter. Eine Krankheit hatte eine Schwellung in ihrem Bauch verursacht, wie man mir sagte. Oder vielmehr hörte ich, wie es dem Herzog berichtet wurde, während ich von einem Fuß auf den anderen trat und gegen die Tränen ankämpfte. Ich glaube, mein Schniefen war es, das seinen Blick auf mich lenkte – das einzige Mal, dass er mich wirklich ansah, soweit ich mich erinnere. Er musterte mich kurz von Kopf bis Fuß. ›Er ist jetzt kräftig genug‹, sagte er zum Aufseher. ›Bring ihn zum Feldwebel.‹«

Deckin verstummte, und sein Blick schweifte in die Ferne, während wir weitergingen. Sein Zögern ließ vermuten, dass er diese Geschichte bisher nur selten, vielleicht noch nie jemandem erzählt hatte.

Als er weitersprach, schwang in seiner Stimme die vorgetäuschte Heiterkeit des lebenslangen Zynikers mit. »Sechs Jahre unter dem Banner. Ich hatte das Glück, gerade zu dem Zeitpunkt Soldat zu werden, als die Herzog-Kriege wieder ausbrachen. Wenn dir irgendein Trottel erzählen will, eine Schlacht sei eine glorreiche Sache, hast du meine Erlaubnis, ihm die verlogene Zunge rauszuschneiden. Trotzdem lernte ich dort eine ganze Menge nützlicher Dinge. Zum Beispiel, wie man einem Verwundeten die Kehle durchschneidet: Man legt ihm eine Hand auf den Mund und beugt sich über ihn, damit andere denken, man erleichtere ihm mit freundlichen Worten seine letzten Augenblicke. Oder dass Soldaten ihr wertvollstes Hab und Gut in den Stiefeln aufbewahren. Merk dir das, falls du mal die Gelegenheit hast, auf einem Schlachtfeld nach Beute zu suchen. Vor allem aber lernte ich, dass Adligen das Leben ihrer Untertanen herzlich egal ist. Ihnen geht es stets nur um zweierlei: das Streben nach Reichtum und nach Macht. Nachdem ich die Burg meines Vaters verließ, erfuhr ich viel mehr über meine Familie als in ihren Mauern. Wie sich herausstellte, waren die Vorfahren meines Vaters vor kaum zwölfhundert Jahren selbst bloß gewöhnliche Bauern gewesen.

Erst nachdem der frühere Herzog bei irgendeinem König wegen eines Streits um Wasserrechte oder dergleichen in Ungnade gefallen war, erhob die Familie Ambris zum ersten Mal Anspruch auf dieses Herzogtum. Wie dem auch sei, jedenfalls entstand daraus ein blutiges Massaker, an dessen Ende die verarmte Familie Ambris einen vagen Anspruch auf den Herzogthron besaß, den der König unterstützte, weil sich arme Leute leichter für seine Zwecke einspannen ließen als reiche. Wenn man jemandem, der sein Leben lang gehungert hat, plötzlich Aussicht auf einen vollen Magen bietet, erkauft man sich damit eine ganze Menge Loyalität. Hinzu kommt, dass der erste Herzog der Ambris-Linie, Sir Miltram, selbst ein Bastard war, so wie du und ich. Es steht alles in den Geschichtsbüchern, wenn man es nachschlagen will. Dort steht auch – allerdings zwischen den Zeilen –, dass Sir Miltram nach seinem Aufstieg zum Herzog ein ganzes Jahr lang sämtliche Unglücklichen jagte und tötete, die auch nur einen Tropfen Blut des alten Herzogs in den Adern hatten. Ohne jeden Skrupel das Nötige zu tun, ist seit Langem eine herausragende Eigenschaft meiner Familie.

Der erste Herzog mochte sich schändlicher Methoden bedient haben und von niederer Abstammung gewesen sein, aber er hatte eine äußerst wichtige Einsicht gewonnen: Man kann Macht durch seine Herkunft gewinnen, aber behalten kann man sie nur durch Blutvergießen. Der Prätendent hat – wenn er auch anderes behauptet – keinen Tropfen königliches Blut in seinen Adern. Mit einer Armee im Rücken stehen seine Chancen, die Algathinets vom Thron zu stoßen, dennoch nicht schlecht. In diesem Königreich haben Bastarde es auch früher schon zu was gebracht, und das wird wieder geschehen.«

»Sie müssen alle sterben«, sagte ich leise. »Ohne Ausnahme.«

»Ja.« Er lächelte grimmig und blieb stehen, wodurch ich gezwungen war, ebenfalls anzuhalten. »Hier.« Er tastete suchend in seinem Bärenfellmantel herum. »Als Belohnung für deine schauspielerische Leistung auf der Lichtung. Ich wollte nur nicht, dass du sie gleich wieder verschwendest.«

Er packte mein Handgelenk und ließ eine Silbermünze in meine Handfläche fallen. »Ich habe Gerthe gesagt, dass sie keine anderen Kunden annehmen soll, wenn wir nach Moosmühle kommen«, sagte er und legte mir einen Arm um die Schultern, während wir weiter durch den Schnee stapften. »Im Wirtshaus ist ein Zimmer für dich reserviert. Wenn du in kommenden Jahren über mich sprichst, junger Alwyn, dann sag etwas Gutes, egal, was andere behaupten.«

Den Rest des Tages gingen wir die meiste Zeit nebeneinanderher, und er erzählte mir von den Schlachten, in denen er als Soldat gekämpft hatte, von dem Feldwebel, den er ermordete, bevor er Fahnenflucht beging, und von den zahllosen Abenteuern, die er seither erlebt hatte. An jenem Tag erfuhr ich vermutlich mehr über Deckin Scarl als während der langen Jahre unserer Bekanntschaft zuvor. Die wichtigste Lektion, die er mir nicht lange danach erteilen sollte, ist jedoch diese: Aller Ehrgeiz ist umsonst, wenn er nicht von Vernunft begleitet wird.

Achtes Kapitel

Moosmühle war die einzige Siedlung von nennenswerter Größe, die im nördlichen Shavine entstanden war. Am Rand des großen Waldgebiets gab es vereinzelt Weiler und Ansammlungen einfacher Hütten, aber Moosmühle hatte als Einzige die Bezeichnung Dorf wirklich verdient.

Der gesetzliche Status der Siedlung blieb allerdings dauerhaft in der Schwebe. Eigentlich erhielten alle Dörfer vom Herzog eine Gründungsurkunde, die das Eintreiben von Steuern erleichtern sollte. Da es jedoch ausdrücklich verboten war, im Waldgebiet zu siedeln, existierte das Dorf streng genommen nicht, jedenfalls nicht in den Büchern des Herzogs. Dennoch gaben die Bewohner von Moosmühle einen beträchtlichen Teil ihres jährlichen Einkommens an die Waldhüter ab, die zu den besten Kunden der Schenken und Hurenhäuser des Dorfes gehörten. Diese wiederum sorgten dafür, dass der Herzog seinen Anteil erhielt, und so durfte Moosmühle seine abgelegene Existenz als Anlaufpunkt für Gesetzlose und Waldhüter weiterführen. Zwar galten im Dorf, was Streitigkeiten betraf, nicht dieselben Regeln wie auf der Leffold-Lichtung, die Sheriffs des Herzogs und die kriminellen Bruderschaften betrachteten es trotzdem im Allgemeinen als neutrales Gebiet, solange sie nicht gerade zur selben Zeit und in größerer Zahl dort auftauchten.

Als wir im Dorf ankamen, waren bereits einige von Shilva Sahkens Leuten dort eingetroffen, zusammen mit etwa einem Dutzend Halsabschneidern der Thessils. Sie hatten außerhalb des Dorfes ihr Lager aufgeschlagen oder am Bachufer in der Nähe der Mühle, der die Siedlung ihren Namen verdankte. Das große Mühlrad drehte sich momentan nicht, weil der Bach, der von Nord nach Süd um die Siedlung herum verlief, eingefroren war.

»Wo kommen diese ganzen Halunken so plötzlich her, Deckin?«, verlangte Izzie die Kralle von der Schwelle ihres Wirtshauses aus zu wissen. »Gestern eine ganze Horde Wilder aus dem Westen, und jetzt taucht ihr auch noch hier auf.«

Izzie war eine Frau von üppigen Proportionen, die beinah so groß war wie Deckin und ihm auch an Statur in nichts nachstand. Ihren Namen verdankte sie einem schweren, angeblich mit Münzen gefüllten Beutel, den sie an einer dicken Lederschnur am Hals trug und stets mit einer Hand festkrallte. Das größte Wirtshaus des Ortes, der Handelsposten und die Mühle gehörten ihr und ihren zahlreichen Kindern. Sie waren ein eingeschworener Clan, und man legte sich besser nicht mit ihnen an – wer in Moosmühle Ärger machte, neigte dazu, still und leise zu verschwinden. Für gewöhnlich hätte ich erwartet, dass Deckin sie mit ein paar gut gelaunten Worten beschwichtigte, aber heute erwiderte er Izzies finsteren Blick nur ebenso düster.

»Im Norden bahnt sich was an«, sagte er fest. »Und darüber wird nicht gesprochen, Iz.« Er nahm eine schwere Geldbörse vom Gürtel und warf sie ihr zu. »Hier, für die Unannehmlichkeiten. In zwei Tagen sind wir wieder weg. Bis dahin sind wir so ruhig, wie du es willst. Essen und Ale bezahlen wir, aber deine Leute sollen zu Hause bleiben und nicht rumlaufen.«

Izzies breites, faltiges Gesicht ballte sich verärgert und enttäuscht zusammen, und sie ließ sich Zeit damit, den Inhalt der Geldbörse zu begutachten. Sie besaß einigen Einfluss im Wald, aber sie war auch klug genug, um zu erkennen, wenn jemand noch einflussreicher war, vor allem wenn er mit Münzen kam.

»Ich will damit nichts zu tun haben.« Sie zog schnaufend die Schnur der Geldbörse zu und steckte sie in den Beutel an ihrem Hals. »Was immer es ist. Wenn die Sheriffs hier auftauchen, kann ich nicht dafür garantieren, dass meine Leute nichts ausplaudern.«

»Das werden sie nicht«, versicherte Deckin ihr. »Ich könnte mir sogar vorstellen, dass hier in der nächsten Zeit erst mal gar keine Sheriffs mehr vorbeikommen.«

Izzie schnaufte erneut, und ihre Augen verengten sich, anscheinend war ihre Neugier geweckt. Ihre Vorsicht war jedoch stets stärker als ihre Gier, deshalb stellte sie keine weiteren Fragen. »Du willst bestimmt das große Zimmer«, sagte sie.

»Ja.« Deckins Hand landete auf meinem Rücken, und die anderen um uns herum kicherten. »Aber nicht für mich.«

♦ ♦ ♦

»Weißt du, Alwyn«, seufzte Gerthe, und die Matratze wackelte, als sie den Kopf von meinem Schoß hob und ihn stattdessen auf meine Schulter legte, »ich muss sagen, ich hätte etwas mehr Enthusiasmus erwartet.«

Ich wischte mir mit dem Finger die schweißnassen Haare aus den Augen und antwortete etwas atemlos: »Drei Runden finde ich ziemlich enthusiastisch.«

»Na gut, es ist nicht schlecht.« Sie knabberte an meinem Ohr, was zwar anregend war, aber nicht reichte, um mich zu neuer Leidenschaft anzuspornen. »Aber für einen jungen Kerl wie dich?« Sie schnalzte mit der Zunge. »In Farinsahl wurde ich mal angeheuert, um einem jungen Adligen Unterricht zu geben. In der ersten Nacht schaffte er es fünfmal. Ich konnte am nächsten Tag kaum noch laufen.« Sie kicherte halb wehmütig, halb aufreizend. Ihre Finger strichen über meinen feuchten Bauch, und sie schob ein Bein über meine Oberschenkel. »Ich hab meine Prinzipien, weißt du. Für eine Silbermünze bekommt man bei mir ziemlich viel. Sonst läufst du nachher noch zu Deckin und beklagst dich, dass du von mir enttäuscht bist, wie?«

»Ich bin nicht enttäuscht.« Ich drückte ihr besänftigend und dankbar einen Kuss auf die Stirn. »Nur ... müde.«

Sie seufzte erneut und ließ das Necken sein, um sich behaglich an mich zu schmiegen. Ich spürte in der Dunkelheit ihren Blick auf mir ruhen. Ihre Augen nahmen fast so viel wahr wie meine, wenn sie sich Mühe gab. »Das ist es nicht«, murmelte sie. »Du grübelst wieder. Armer Alwyn.« Sie tippte mir mit dem Finger gegen die Schläfe. »Hier oben tut sich immer zu viel. Also, was ist los? Hast du Deckin was vergessen zu sagen? Oder heckst du einen Plan aus, wie du endlich Todman besiegen kannst?« Sie kicherte erneut, als ich erstarrte. »Schon gut. Ich mag ihn auch nicht besonders. Also ...«, sie ließ ein weiteres Mal auffordernd die Matratze wippen, »... was ist es?«

»Du weißt, was Deckin vorhat?«

»Ich war ein bisschen abgelenkt, als er seine große Rede gehalten hat, aber das Wesentliche habe ich von den anderen erfahren. Er will das Herzogtum erobern.«

»Und hast du auch gehört, wie er das tun will?«

»Genauso, wie wir uns alles unter den Nagel reißen, schätze ich mal.«

»Er will, dass wir die Leute auf der Burg töten. Die Adligen, die Diener. Sogar ...« Ich verstummte. Im Geist sah ich Duhbos' schwangere junge Braut vor mir, wie leider schon des Öfteren auf dem Marsch. Ich hatte diese Frau noch nie gesehen und konnte auch nicht wissen, ob der alte Bock sie tatsächlich geschwängert hatte, dennoch gaukelte mein übereifriger Verstand mir ständig Bilder einer Schönheit mit rundem Bauch und Porzellangesicht vor, die tot inmitten ihrer ermordeten Verwandten lag. *Sie müssen alle sterben.*

»Du tötest nicht zum ersten Mal«, sagte Gerthe. »Und ich übrigens auch nicht. Das ist das Schicksal aller, die in der Gosse, in die wir hineingeboren wurden, überleben wollen. Trauere nicht um Adlige, Alwyn. Die würden um dich keine Träne weinen.«

Sie schmiegte sich noch enger an mich und setzte hartnäckig ihr aufreizendes Streicheln fort, bis sie schließlich nach unten griff und zufrieden seufzte. »So ist's besser. Na, dann wollen wir mal.«

Gerade war sie rittlings auf mich gestiegen, als ich hinter den geschlossenen Fensterläden plötzlich einen rauhen Schrei vernahm. Von der stetig größer werdenden Versammlung der Gesetzlosen waren die ganze Nacht leise Gespräche, Singen und heiseres Lachen herübergedrungen. Aber das hier klang anders – kein Geplänkel, sondern ein überraschter Schmerzensschrei. Ohne darauf zu achten, senkte Gerthe sich stöhnend herab, hielt jedoch inne, als sie bemerkte, dass ich nicht reagierte. »Verflucht nochmal, Alwyn …«

»Still!«, sagte ich und lauschte angestrengt. Draußen erklang ein weiterer Schrei. Zunächst dachte ich, unter Shilvas Leuten sei eine Rauferei ausgebrochen, wie es unter Verbrechern vorkommt, wenn die Nacht zu lang oder langweilig wird. Der Schrei klang jedoch laut und schrill und ließ auf eine echte, vielleicht sogar tödliche Verletzung schließen. Noch beunruhigender war das leise Klirren von Stahl, der auf Stahl traf. Beim nächsten Geräusch erstarrte auch Gerthe – ein hartes, trockenes Knallen, das wir beide kannten. *Armbrust.*

»Verdammt!« Im Handumdrehen war sie von mir heruntergeklettert und sammelte ihre Kleider ein, während ich eilig dasselbe tat. Ich zog Hose und Hemd an und zerrte meine Stiefel hoch, wobei ich mir vor lauter Eile mit den Fingernägeln die Haut zerkratzte. Unterdessen steigerte sich der Tumult draußen zum unverkennbaren wilden Gelärme zahlloser Kämpfender.

»Warte!«, zischte ich Gerthe zu, die viel geübter im schnellen Anziehen war und bereits zur Tür lief. Ich schnürte meine Stiefel zu und zog mein Wams über, dann legte ich den Gürtel mit den Messern an und zog das längste heraus. Gerthe hatte sich mit der kleinen, aber höllisch scharfen sichelförmigen Klinge bewaffnet, die sie für den Fall der Fälle bei sich trug.

»Ein Streit oder der Sheriff, was meinst du?« Angesichts der anhaltenden Kakofonie, die von häufigem Knallen durchsetzt war, zog sie eine Grimasse.

»Für einen Streit sind es zu viele Armbrüste«, sagte ich, griff nach ihrer Hand und führte sie hinaus auf den Treppenabsatz. »Versuch gar nicht erst zu kämpfen, lauf zu den Bäumen. Falls wir getrennt werden, schlag dich zur Lichtung durch.«

Wir rannten die Treppe hinunter und blieben beim Anblick der beiden Leichen im Eingang des Wirtshauses abrupt stehen. Sie lagen übereinander – eine Frau mit tätowierten Armen, die wohl zu Shilvas Leuten gehörte, und darüber die noch zuckende Gestalt eines Mannes. Sein Gesicht war gespalten, und es dauerte einen Moment, bis ich unter dem vielen Blut Bakers Züge erkannte. Seine zerschnittenen Lippen bewegten sich, als versuchte er zu sprechen, aber in seinen Augen stand die Leere des nahenden Todes.

Erneute Schreie und das Donnern von Hufen ließen mich zur Finsternis jenseits der Eingangstür blicken. Die Umrisse rennender Leute wurden von der Silhouette eines galoppierenden Pferdes verfolgt. Kurz sah ich im Feuerschein eine Rüstung glänzen, was eher auf Ritter hindeutete als auf die Männer des Sheriffs, die meist gehärtetes Leder trugen. Was das hieß, war klar. Eine vorbeikommende Patrouille des Sheriffs könnte vielleicht zufällig auf Deckins provisorische Armee gestoßen sein, aber kein Ritter kam je ohne besonderen Auftrag nach Moosmühle.

»Zum Hinterausgang.« Ich machte kehrt und zog Gerthe durch das leere Wirtshaus, wobei ich umgestürzte Tische beiseiteschob und hier und da auf verschüttetem Ale ausrutschte. Zum Glück lagen bei der Hintertür keine weiteren Leichen, auf der Straße sah es allerdings anders aus. Überall waren Tote verstreut, und in den gefrorenen Rillen der unbefestigten Straße stand dunkel das Blut. Nur etwa die Hälfte der Toten waren Gesetzlose, der Rest Dorfbewohner, die wahllos niedergemetzelt worden waren. Mein Blick glitt über Leichen, bis er bei einer mir bekannten massigen Gestalt hängen blieb. Selbst im Tod umklammerte Izzie noch ihren Beutel, dessen Inhalt herausgefallen war und in einer Pfütze ihres Blutes lag. Noch beunruhigender waren die beiden kleineren Leichen neben ihr. Gerthe schluchzte leise, als wir näher herantraten.

Der Tod beraubt Gesichter eigentlich ihrer Schönheit, aber Elgas bleiche Züge waren immer noch hübsch, obwohl sie blicklos zum Himmel hochstarrte. Uffels Leiche lag über Elgas. Seine zerfetzte Kleidung und die unnatürlich verrenkten Gliedmaßen ließen darauf schließen, dass er sich vergeblich auf sie geworfen hatte, um sie vor den trampelnden Hufen eines angreifenden Pferdes zu schützen.

Ich riss mich von dem Anblick los und schaute mich rasch um, bevor ich Gerthe bei der Hand nahm und mit ihr über die Straße rannte. Wir umrundeten eine Hütte, und als wir das Schnauben und Klirren galoppierender Pferde hörten, kletterten wir schnell über eine Mauer in einen Schweinestall. Wir kauerten uns hin und lauschten den vorbeipreschenden Pferden und dem anhaltenden Getöse des Kämpfens und Mordens. Das protestierende Quieken der Schweine zwang uns jedoch schon bald weiterzulaufen. Wir flüchteten uns von einem Versteck zum nächsten, bis wir schließlich in dem schmalen Spalt zwischen einem Schuppen und einer Hütte innehielten. Die einladende Zuflucht des Waldes befand sich nur zwanzig Meter entfernt.

Die Bäume wurden vom flackernden Schein mehrerer brennender Häuser erleuchtet. Der Chor der Schreie ließ vermuten, dass der Kampf gerade in ein Massaker umschlug – eines, das ich mir um keinen Preis genauer anschauen wollte.

»Komm.« Ich packte Gerthes Hand fester und rannte auf die Bäume zu. Ich hatte gerade erst einige Schritte gemacht, als ihre Hand plötzlich erschlaffte und sie ein scharfes Keuchen ausstieß. Für gewöhnlich hätte mein Instinkt mir befohlen, ihre Hand loszulassen und weiterzurennen, aber eine Frau, die man gerade mehrere Stunden lang gevögelt hat, lässt man nicht einfach so im Stich.

Stolpernd blieb ich stehen und drehte mich um. Zu meiner Erleichterung stand Gerthe noch aufrecht. Ihre herabgesackten Schultern und der nach vorn hängende Kopf erzählten jedoch eine andere Geschichte. Das befiederte Geschoss, das aus ihrer Brust ragte, bemerkte ich erst einen Moment später. Der Armbrustbolzen hatte sie an die Holzwand des Schuppens genagelt. Warum ich das Knallen der Armbrust nicht gehört hatte, wird für immer ein Rätsel bleiben, aber in späteren Jahren machte ich die Erfahrung, dass den Sinnesorganen in einem Gemetzel so manches entgeht.

Das Rasseln einer Winde ließ mich von Gerthes schlaffem Körper zu dem Mann hinschauen, der ein Dutzend Meter von mir entfernt stand. Er trug ein rostiges altes Kettenhemd, dessen braune Farbe einen starken Kontrast zu dem frisch polierten Brustharnisch bildete. Sein bartloses und trotz der Kälte verschwitztes Gesicht leuchtete bleich unter dem schlecht sitzenden Helm. Unsere Blicke trafen sich, während er weiter die Kurbel seiner Armbrust drehte, und ich sah Furcht in seinen Augen glänzen. Er war jung, kaum älter als ich – ein junger Mann, der trotz seiner Furcht in dieser Nacht schon mindestens einen Menschen getötet hatte. Die Sehne seiner Armbrust war jetzt schon zur Hälfte gespannt.

Ich ließ Gerthes Hand los und ging zum Angriff über. Meine Füße wirbelten eine Schneewolke auf, und ein tiefes, wütendes Knurren drang aus meiner Kehle. Ein erfahrenerer Kämpfer hätte die Armbrust fallen gelassen und stattdessen lieber einen Dolch gezogen. Aber dieser Soldat war, wie ich im Näherkommen sah, bloß ein verängstigter Junge, sogar noch jünger, als ich ursprünglich angenommen hatte. Man muss ihm zugutehalten, dass es ihm fast noch gelang, die Armbrustsehne einrasten zu lassen, bevor ich ihn erreichte. Er zog einen Bolzen aus dem Köcher, doch der wirbelte davon, als ich hochschnellte, um ihm mein Messer von unten ins Kinn zu stoßen. Ich schlang einen Arm um seinen Oberkörper und riss ihn zu Boden. Dabei hielt ich das Messer fest gepackt und trieb es noch tiefer hinein. Der Aufprall reichte, um ihm die Klinge bis ins Hirn zu stechen.

Er zuckte und spie mir Blut ins Gesicht, dann blieb er still liegen. Ich rappelte mich auf und schaute mich rasch nach weiteren Soldaten um. Als ich keine entdeckte, packte ich den toten Jungen an den Beinen und zerrte ihn zum Schuppen. Mit den Riemen und Schnallen an einem Brustharnisch hatte ich keine Erfahrung, deshalb dauerte es eine Weile, bis ich das schwere Ding mit zittrigen Fingern gelöst und mir um die Brust geschnallt hatte. Mit dem Helm ging es leichter, und ich hatte auch den Eindruck, dass er mir besser passte als seinem ursprünglichen Besitzer. Ich wusste nicht, wie viel Zeit mir blieb, deshalb ließ ich die restlichen Habseligkeiten des toten Jungen liegen, bis auf eine Geldbörse, in der sich mickrige acht Sheks befanden, und Köcher und Armbrust, die ich aus dem Schnee aufhob, als ich aus meiner Zuflucht trat.

Nicht rennen, sagte ich mir und nahm eine, wie ich hoffte, soldatische Haltung an. Durch den Schnee marschierte ich absichtlich schräg auf die dunkle Wand des Waldes zu. Inzwischen waren noch mehr Männer aufgetaucht, Hellebardisten in rotgoldenen Waffenröcken, wie ich sie zuletzt bei der Hinrichtung des alten Herzogs gesehen hatte: Männer des Königs. Sie gingen am Dorfrand entlang und blieben hier und da stehen, um irgendeinen Unglücklichen, der noch zuckend am Boden lag, mit dem Speer zu durchbohren.

An diesem Ende von Moosmühle stieg das Gelände zum Wald hin leicht an, sodass man von hier die Dorfmitte gut überblicken konnte. Sie war größtenteils in Rauch gehüllt. Bis auf einige abseitsstehende Gebäude brannten inzwischen sämtliche Häuser lichterloh, und im flackernden Schein spielten sich grausige Szenen ab.

Ein Mann aus Shilvas Bande taumelte umher und hieb mit seiner Axt nach einigen gepanzerten Soldaten, die ihn eingekreist hatten. Er war ein großer Kerl von beeindruckender Statur mit zottigem Haar, der bei jedem nutzlosen Hieb Herausforderungen im Dialekt der Fjordländer rief. Aus seinen Rufen wurden Schreie, als einer der Soldaten vorsprang und ihm die Spitze seiner Hellebarde ins Bein stach. Gelächter mischte sich mit den Schreien. Die anderen Soldaten stürzten sich nun ebenfalls auf den Mann und hieben mit Hellebarden und Messern auf ihn ein.

»Steh nicht hier rum und gaffe, du Schwachkopf!«

Mein Blick ging zu einem stämmigen Hellebardisten, der in der Nähe durch den Schnee lief. Erleichterung durchfuhr mich wegen des Blutes, das der tote Armbrustschütze mir vor seinem Ableben ins Gesicht gespuckt hatte. Offenbar hatte es meine Züge derart unkenntlich gemacht, dass sein Kamerad mich im Dunkeln mit ihm verwechselte.

»Schieß den Mistkerl nieder!«, schrie er und deutete auf die Bäume.

Als ich in die Richtung schaute, konnte ich vor den schwankenden Schatten des Waldes eine Gestalt mit langen Beinen ausmachen, die beeindruckend schnell davonrannte. In unserer Bande gab es nur wenige, die eine solche Körpergröße besaßen, und ich hatte Stallknecht oft genug rennen sehen, um ihn sofort zu erkennen.

Ich will nicht behaupten, dass ich bei dem, was als Nächstes kam, gezögert hätte. Ich möchte eure Klugheit, liebe Leser und Leserinnen, nicht beleidigen, indem ich vorgebe, ängstlich oder widerwillig gewesen zu sein. Inzwischen habt ihr sicher längst erkannt, was ich damals für ein Mensch war. Allerdings möchte ich betonen, dass es mir kein Vergnügen bereitete, den Bolzen aus dem Köcher zu nehmen und ihn in die Armbrust einzulegen. Und auch nicht, die Waffe zu heben und zu zielen. Die mit Widerhaken bewehrte glänzende Spitze des Bolzens flog über den Schnee auf Stallknechts fliehenden Schatten zu. Trotz seiner Fehler, seiner lästigen Überzeugungen und der endlosen Predigten war er einer von uns, und es schmerzte mich, ihn zu erschießen – wobei Stallknechts Schmerz freilich ungleich größer war.

Ich war kein sehr geübter Schütze; Erchel und ich hatten lediglich ein paarmal mit einer gestohlenen Armbrust herumgespielt, sodass mir die Grundlagen vertraut waren. Allerdings verbessert der drohende Tod, wie ich festgestellt habe, die Zielgenauigkeit, jedenfalls wenn man seine Furcht unterdrücken kann und die Hände nicht zu sehr zittern.

Der Bolzen beschrieb einen flachen Bogen durch die Luft, erwischte Stallknecht an der Schulter und warf ihn zu Boden – sehr zur Befriedigung meines neuen Kameraden. »Endlich mal ein guter

Schuss. Komm mit.« Er klopfte mir auf die Schulter und lief an mir vorbei. »Ich geb dir die Hälfte von dem ab, was er bei sich trägt.«

Ich folgte ihm etwas langsamer durch den Schnee und schaute mich immer wieder um, ob sich noch mehr Soldaten in der Nähe befanden. Zum Glück waren die nächsten über hundert Schritt entfernt, als ich bei Stallknecht ankam.

»Du hast wohl noch nicht aufgegeben, was?«, sagte der Hellebardist fröhlich, als Stallknecht mit seinen langen Beinen nach ihm trat. Mit vor Wut und Schmerz verzerrtem Gesicht starrte Stallknecht zu uns hoch. Die rot verschmierte Spitze des Bolzens ragte aus seiner Schulter, und ein Arm hing schlaff und nutzlos herab. In der anderen Hand hielt er ein Messer und versuchte vergeblich, sich hochzustemmen und den Soldaten anzugreifen – der Schmerz ließ ihn immer gleich wieder zu Boden fallen.

»Ihr Märtyrer, ich flehe euch an«, keuchte er. »Gebt mir die Kraft, die Ungläubigen zu vernichten.«

»Ein frommer Bandit!«, rief der Soldat freudig überrascht. »Tut mir leid, mein Freund.« Er wich einem weiteren Angriff aus und hämmerte Stallknecht den Griff seiner Hellebarde gegen die Schläfe. »Märtyrer gibt's hier nicht. Heute Nacht sind wir es, die für Gerechtigkeit sorgen.«

Seine Heiterkeit legte sich, und er ließ einen Hieb auf Stallknechts gebeugten Rücken niedersausen, so fest, dass krachend eine Rippe brach. »Du willst doch sicher nicht behaupten, dass du's nicht verdient hast, oder?« Er grinste bösartig und schlug erneut mit dem Griff der Hellebarde zu. Wieder brachen mit dumpfem Knirschen ein paar Knochen.

»Hier.« Er reichte mir die Hellebarde und zog das Falchion aus der Gürtelscheide. »Dann müssen wir ihn nicht zurückschleppen.« Er setzte einen Stiefel auf Stallknechts Rücken, drückte ihn zu Boden und hob mit beiden Händen das Falchion. »Wenn du noch ein letztes Mal beten willst, mein Freund – jetzt ist der richtige Zeitpunkt dafür.«

Der Soldat zwinkerte mir verschwörerisch zu. Offenbar wollte er

Stallknecht den Kopf abschlagen, sobald dieser zu sprechen begann. In diesem Moment beleuchtete eine im Dorf auflodernde Stichflamme mein Gesicht, und der Soldat runzelte verwirrt die Stirn.

»Wurde Deckin Scarl gefangen genommen?«, fragte ich. Der Soldat blinzelte, und ich sah, wie ihn Begreifen durchströmte. Er schaffte es noch, sich halb zu mir umzudrehen, aber er war nicht schnell genug, um der spitzen Klinge der Hellebarde auszuweichen, die ich ihm ins Gesicht stieß. Ich war stolz auf diesen Stoß – schon beim ersten Versuch drang die Stahlspitze so tief in Knochen und Knorpel ein, dass sie dem Mann die Wirbelsäule durchtrennte. Der Soldat erschlaffte, und sein Gewicht riss mir die Waffe aus der Hand. Ich schaute eilig nach links und rechts, um mich zu vergewissern, dass keiner seiner Kameraden sein Ableben beobachtet hatte.

»Undankbarer«, ertönte eine schwache, schmerzerfüllte Stimme.

Stallknecht lag auf dem Rücken, und bei jedem Atemzug sprühte Blut aus seinem Mund. Der Schnee unter ihm verfärbte sich dunkel. Trotz seiner Schmerzen musterte er mich mit erstaunlich ruhigem Blick. Ich sah ihm in die Augen. Sollte ich ihm alles erklären oder mich gar bei ihm entschuldigen? Aber ich wusste, damit hätte ich den Sterbenden nur beleidigt. Stattdessen beugte ich mich vor, ergriff das Falchion des Soldaten und ging neben Stallknecht in die Hocke.

»Haben sie ihn gefangen genommen?«, fragte ich. »Deckin?«

Er seufzte stöhnend und nickte. Dann knurrte er gequält: »Sie haben die Wachen überwältigt … anfangs leise … Wir haben nichts bemerkt … bis die Armbrustbolzen flogen … Dann waren sie … überall. Zu viele, um gegen sie zu kämpfen …«

Er sackte in sich zusammen, und sein Blick wurde trübe. Ich schüttelte ihn. »Deckin«, hakte ich nach.

»Er hat gekämpft … ein paar getötet … Dann kam der große Ritter … der Kämpe …«

Ich ließ den Blick erneut über das Dorf gleiten, suchte in den Rauchschwaden und dem leuchtenden Feuerschein nach einer großen gepanzerten Gestalt. »Bauldry«, hauchte ich. »Er ist hier?«

»Mit seinen Rittern … und noch ein paar mehr. Er hat Deckin niedergeschlagen … mit einem Stock. Hat sich nicht mal die Mühe gemacht … sein Schwert zu ziehen. Dann ließ er Deckin … von seinen Männern fesseln. Alle anderen …« Stallknecht sackte wieder in sich zusammen, und sein Blick trübte sich noch mehr.

»Justan?« Ich schüttelte ihn. »Lorine?«

»Hab ich nicht gesehen. Ich bin gerannt …« In seinem matten Blick leuchtete Schuldgefühl. Ich spürte, wie ihn die Kraft verließ, sein Kopf rollte herum in den Schnee. »Ich habe den Märtyrern Schande gemacht … mit meiner Furcht …« Seine Hände flatterten schwach, wie verletzte Vögel, die sich in die Luft erheben wollten. »Ich flehe euch an … ihr heiligen Märtyrer … gesegnete Seraphilen in eurer Gnade … seht meine Reue und empfangt meine Seele … Verschließt nicht das Tor vor mir …«

Er brabbelte weiter seine Gebete, seine Hände flatterten immer hektischer, und seine Stimme wurde lauter. Ähnliches hatte ich früher schon erlebt. Manchen Menschen gelang es, noch etwas Kraft zu sammeln, bevor der Tod sie übermannte. Stallknecht würde womöglich noch eine ganze Weile lang herumzetern und damit unweigerlich Aufmerksamkeit auf sich ziehen. Wenn ich ihn am Leben ließ, bestand außerdem die Gefahr, dass er den Soldaten verriet, dass Deckin Scarls Bande in dieser Nacht nicht vollständig ausgelöscht worden war.

»Psst.« Ich legte Stallknecht eine Hand auf die Stirn und hielt ihn fest. »Die Märtyrer, die Seraphilen, sie wissen, wie es in deinem Herzen aussieht.«

Es war wohl mein Lächeln, das meine Absichten verriet. Wann hatte ich ihn schon jemals angelächelt, außer im Spott? Stallknechts Züge verhärteten sich und nahmen den Ausdruck an, den ich von ihm am besten kannte – kalte, vorwurfsvolle Enttäuschung. »Undankbarer«, sagte er leise, aber sorgfältig artikuliert.

Ich legte die Klinge des Falchions an seinen Hals, und mein Lächeln verschwand. »Ja«, sagte ich.

Neuntes Kapitel

Als ich den Wald erreicht hatte, warf ich die Armbrust weg und ebenso Harnisch und Helm. Bis zum Morgengrauen musste ich mehrere Meilen zurücklegen, und mit einem derartigen Gewicht war das nicht zu schaffen. Das Falchion dagegen behielt ich. Die Waffe lag gut in der Hand, und so leicht, wie sie Stallknechts Hals durchtrennt hatte, besaß sie auch eine scharfe Klinge, über die ich vielleicht noch froh sein würde. Ich schnallte mir den Gürtel des Soldaten quer über die Brust, damit das Falchion auf meinem Rücken hing und meine Beine nicht behinderte, und rannte los. Bald begann es heftig zu schneien – so stark, dass der Schnee sogar durch die Bäume drang und den Boden bedeckte. Zwar kam ich dadurch langsamer voran, aber das Wissen, dass meine Spuren bald bedeckt und Verfolger ausgebremst wären, beruhigte mich etwas. Dennoch rannte ich weiter und lauschte dabei ständig auf das ferne Kläffen von Jagdhunden. Meine Fußstapfen mochten zwar verschwunden sein, nicht aber der Geruch des schwitzenden, blutverschmierten jungen Mannes.

Bereits in jungen Jahren hatte ich gelernt, auf der Flucht meinen

Ängsten freien Lauf zu lassen. In Todesgefahr springen im Körper alle möglichen Instinkte an, die einem übermenschliche Kraft und Schnelligkeit verleihen. Deshalb gab ich mir gar nicht erst Mühe, ruhig zu laufen, sondern sprintete gleich voller Panik los, während sich vor meinem inneren Auge erneut die Szenen des jüngsten Gemetzels abspielten. Das Gefühl, wie Gerthes Hand erschlaffte, die Qualen des Hünen mit der Axt, Stallknechts letztes, gurgelndes Keuchen, als die Klinge des Falchions tief in seinen Hals eindrang. Hinzu kam das Grauen, das ich nicht selbst mitangesehen hatte, von dem ich aber wusste, dass es sich in der brennenden Dorfruine ereignet hatte. In den kommenden Jahren würde ich aus den Aufzeichnungen der Historiker noch einiges mehr darüber erfahren, was sich während des Massakers von Moosmühle zugetragen hatte, und es würde sich als weitaus schlimmer erweisen als die fieberhaften Vorstellungen meines verängstigten Gehirns.

Zum Beispiel fand ich heraus, dass die Thessil-Brüder in einer Scheune in die Enge gedrängt wurden und eine Zeitlang tapfer kämpften. Als die Scheune in Brand gesteckt wurde, stürmten sie mit brennenden Kleidern und Haaren hinaus. Rubin starb schnell, aber Danick wurde gefangen genommen und musste zusehen, was die Soldaten mit der Leiche seines Bruders anstellten. Es gibt unterschiedliche Berichte, die meisten stimmen jedoch darin überein, dass Danick am Ende mit Rubins Gedärmen an den Flügeln der Mühle aufgeknüpft wurde.

Shilva Sahken befand sich nicht unter den vielen Opfern jener Nacht. Die Mitglieder ihrer wilden Bande hatten dagegen weniger Glück, genau wie die Bewohner von Moosmühle. Diejenigen, die nicht gleich am Anfang starben, wurden entweder auf der Flucht getötet oder auf einer eingezäunten Weide zusammengetrieben. Am nächsten Morgen verlas der Sheriff das Urteil des Herzogs, der die Dorfbewohner zu illegalen Siedlern erklärte, die ihm fortan als Schuldknechte zu dienen hatten.

Interessanterweise gehörten auch die zerstrittenen Banden aus dem Osten zu den Überlebenden dieser Nacht. Erchels Sippe war nach dem Aufbruch von der Leffold-Lichtung offenbar etwas zurückgefallen und verspätet bei der Mühle eingetroffen. Dank ihrer Trödelei entgingen sie knapp dem Tod und verschwanden schnell wieder im Wald, um zu ihren angestammten Jagdgründen zurückzukehren. So hieß es jedenfalls.

Was Deckin betrifft, nun, liebe Leser und Leserinnen, über sein Schicksal werdet ihr schon bald mehr erfahren, da es mit meinem eng verknüpft ist.

All diese unangenehmen Dinge brachte ich jedoch erst später in Erfahrung. Stattdessen war es meine lebendige Vorstellungskraft, die mich in jener Nacht weiterrennen ließ. Meine Lungen brannten wie Feuer, meine Beine schmerzten, Füße und Hände wurden blau und taub vor Kälte, und doch lief ich weiter. Irgendwann brach ich erschöpft zusammen, als das Schneegestöber endlich nachließ und der graue Himmel, den ich durch die Bäume sehen konnte, sich etwas aufhellte. Meine Beine gaben unter mir nach, und ich fiel kopfüber in eine Schneewehe. Meine Haut war so kalt, dass ich das Kratzen des Schnees in meinem Gesicht gar nicht spürte. Einen Moment lang war ich nicht mehr in der Lage, mich zu rühren, und ich fürchtete schon, ersticken zu müssen, bis ich die Kraft fand, mich auf den Rücken zu rollen. Ich schaute zum Geflecht der schneebeladenen Äste hoch und sah meinen Atem aufsteigen, wie Dampf von einem Teekessel.

Mit dem Ausruhen stellte sich unweigerlich der Schmerz ein, als das Gefühl in meine tauben Gliedmaßen zurückkehrte und die Anstrengung des schnellen Laufs sich bemerkbar machte. Er traf mich mit solcher Wucht, dass ich aufschrie, aber ich war dennoch dankbar dafür – Schmerz verleiht einem Kraft. Ich wusste, dass ich aufstehen musste. Dass es den sicheren Tod bedeutete, wenn ich liegen blieb. Dennoch war die Versuchung stark. Der Schmerz ließ schnell wieder nach, mein Blick trübte sich und die Furcht schwand. Niemand kann dauerhaft Angst empfinden. Der eisige Schneehaufen, in dem ich lag, würde mir bald wie eine warme Matratze vorkommen, ganz wie die, auf der ich vor wenigen Stunden noch mit Gerthe gelegen hatte …

Die Erinnerung an Gerthes Leichnam, der einer Lumpenpuppe gleich von der Schuppenwand herabhing, gab mir schließlich neue Kraft. Zu dem nachlassenden Schmerz gesellte sich Wut. Ich rollte mich herum und stemmte mich hoch, wobei meine Hände im Schnee versanken. *Das hatte sie nicht verdient*, dachte ich. Darüber ließe sich sicherlich streiten. Gerthe war eine erfahrene Diebin und Hure gewesen und hatte nicht davor zurückgeschreckt, ihr Messer zu gebrauchen, wenn es sein musste. Aber sie war auf ihre Art auch freundlich gewesen. Und vor allem hatte sie zu meiner Familie gehört, jedenfalls soweit jemand wie ich eine Familie haben konnte. Und ebenso Baker, Twine und Lorine, sogar Todman, den ich eines Tages hatte umbringen wollen. Jetzt waren sie höchstwahrscheinlich alle tot – wenn sie Glück hatten.

Mit einem Aufschrei kam ich hoch und stolperte weiter. Rennen konnte ich zwar nicht mehr, aber immerhin schnell schlurfen. Es folgten Tage des Hungers und Nächte des ängstlichen Zitterns, weil ich es nicht wagte, ein Feuer anzuzünden. Selbst im Winter ließen sich Fallen aufstellen und Kaninchen oder Hasen fangen, aber wenn man einen Wald durchquerte, war es schwierig, sich gleichzeitig von ihm zu ernähren. Ich aß größtenteils Wurzeln, die ich aus der harten Erde ausgrub. Manchmal stieß ich auch auf den Nussvorrat eines armen Eichhörnchens. Es war magere Kost, die kaum den Magen füllte, aber immerhin war ich nicht verhungert, bis ich endlich die Leffold-Lichtung erreichte.

Unter den Gesetzlosen war es seit Langem üblich, ein Vorratslager auf der Lichtung anzulegen, um gegen Situationen wie die meine gewappnet zu sein. Die Vorräte befanden sich unter einem großen beweglichen Stein, inmitten der Trümmer auf der Westseite des Amphitheaters. Für gewöhnlich wäre es eine Sache von Minuten gewesen, den Stein beiseitezuschieben; in meinem geschwächten Zustand kam es mir jedoch wie eine Stunde vor. Quälend langsam rutschte der Stein Zentimeter um Zentimeter über den gefrorenen Boden, begleitet von meinem elenden Keuchen, bis sich schließlich eine Lücke auftat, die groß genug war, dass ich nach dem Schatz im Inneren greifen konnte. Die Vorräte waren nicht gerade üppig: etwas Dörrfleisch, Tontöpfe mit eingelegten Zwiebeln und Beeren und ein Fässchen Ale. Die Bande hätte sich höchstens einen Tag davon ernähren können. Für mich jedoch war es ein regelrechtes Festmahl, auf das ich mich gierig stürzte.

Das Hungern hat eine seltsame Auswirkung auf den Körper – wird der Magen danach wieder reichlich gefüllt, dann rebelliert er. So erging es auch mir. Schon kurze Zeit später erbrach ich einen großen Teil dessen, was ich zu mir genommen hatte. Danach hockte ich lange Zeit in der Nähe des Verstecks, stöhnte vor Leibschmerzen und lachte hin und wieder schrill auf. Allzu unerwartet schien mir mein Überleben. Gern würde ich berichten, dass dies das erste und einzige Mal war, dass ich überraschend mit dem Leben davonkam, aber, wie sich zeigen wird, wäre das weit von der Wahrheit entfernt.

In jener Nacht senkte sich die Kälte mit solch atemberaubender Heftigkeit herab, dass ich das Risiko einging, ein Feuer anzuzünden. Ich schlug in der ovalen Mitte der alten Steinschüssel mein Lager auf und setzte mit meinem Feuerstein ein Häufchen Kienspäne und Zweige in Brand, wobei ich hoffte, dass die Ränge des Theaters das Leuchten abschirmen würden. Die Leffold-Lichtung war ein gut gehütetes Geheimnis, aber wer konnte sagen, was die Gefangenen in Moosmühle unter Zwang alles ausgeplaudert hatten? Ich war versucht zu bleiben, mich darauf zu verlassen, dass dieser uralte Ort irgendeinen übernatürlichen Schutz bot. Aber Deckin hatte recht: Es war nur ein Haufen alter Steine, dessen Lage die Männer des Sheriffs oder der gefürchtete Sir Ehlbert Bauldry inzwischen womöglich schon in Erfahrung gebracht hatten.

In meiner ängstlichen Fantasie wurde der hünenhafte Kämpe immer größer – eine geradezu monströse Gestalt, die mich während meines kurzen Schlafes in Albträumen heimsuchte. *Wer will diesen Verräter mit Waffen verteidigen?*, fragte er hinter seinem Visier und hielt einen noch zuckenden bluttriefenden Kopf hoch. Doch es war nicht der von

Herzog Rouphon, sondern der von dessen verleugnetem unehelichem Sohn. An dem Tag, als der Herzog starb, hatte sich alles natürlich ganz anders abgespielt. Damals hatte ich Sir Ehlbert noch nie gesehen und kannte auch seine Stimme nicht. Deshalb konnte ich nicht wissen, ob das rauhe, kaum menschliche Krächzen, das unter dem Helm hervordrang, ihm irgendwie ähnlich klang. Aber meine Fantasie war stets ein erfinderischer Quälgeist. Als ich in jener Nacht auf der Leffold-Lichtung dicht am niederbrennenden Feuer einschlief, war es Deckins Kopf, der zu mir sprach.

Du bist weggelaufen, sagte er. Mit toten Augen schaute er mich an, graue Pupillen in milchig weißen Augäpfeln, die dennoch denselben stechenden Blick besaßen wie zu Lebzeiten. Sein Tonfall klang eher verletzt und bedauernd als anklagend. *Warum bist du weggelaufen, Alwyn? Habe ich dich je ungerecht behandelt? Du verdankst mir dein Leben, und doch hast du Stallknecht getötet und bist einfach weggerannt …*

Als ich erwachte, ging mir die Kälte durch und durch, was nur zum Teil daher kam, dass mein Lagerfeuer über Nacht zu einem verkohlten Kreis niedergebrannt war. Ich setzte mich auf, lehnte mich mit dem Rücken gegen die Arenamauer und schaute mich in der leeren Schüssel um, die noch vor Kurzem mit feiernden Schurken gefüllt gewesen war. Jetzt kam sie mir größer vor – und um einiges kälter. Dennoch spürte ich erneut die Versuchung hierzubleiben. Wenn ich entkommen war, dann mochte es anderen ebenfalls gelungen sein. Vielleicht waren sie bereits auf dem Weg hierher, und wir könnten uns zusammenfinden – traurig, aber erleichtert. Wenn genügend Leute auftauchten, könnte daraus eine neue Bande entstehen, Alwyns Bande, Deckins Erben …

Ich lachte bitter und schüttelte den Kopf. Die absurden Vorstellungen fielen von mir ab. »Es wird niemand kommen«, sagte ich laut, »und warum auch? Wenn sonst noch jemand fliehen konnte, dann sind sie woandershin gegangen.«

Ich erinnerte mich, dass Erchels Leute bei dem Massaker fehlten. Womöglich könnte ich im östlichen Wald bei ihnen Zuflucht finden. Die Aussicht, in die Bande von Erchels Familie einzutreten, war nicht gerade verlockend, aber in den Tiefen des Waldes vor Hunger oder Kälte zu sterben, war es ebenso wenig. Während ich noch trübselig und resigniert dasaß, kam mir ein anderer Gedanke, der sicher von meinem Albtraum herrührte. *Deckin wurde lebend gefangen genommen.* Burg Duhbos ließe sich durchaus erreichen, wenn ich mir meinen Proviant einteilte und mich von Straßen und Siedlungen fernhielt. Burg Duhbos, wohin der Kämpe des Königs seine Trophäe mit Sicherheit gebracht hatte, damit der Herzog sein Urteil vollstrecken konnte.

»Und was«, fragte ich in selbstironischem Ton, »willst du tun, wenn du dort ankommst?«

Es gibt einen Weg hinein, antwortete der verräterische Schwachkopf tief in mir. *Den, von dem Deckin erzählt hat.*

»Nein!« Mit zusammengebissenen Zähnen kam ich hoch und schüttelte so heftig den Kopf, dass mir schwindelig wurde. »Nie im Leben!«

Warum bist du weggelaufen?, fragte der Verräter, und Deckins zuckender, triefender Kopf kam mir wieder in den Sinn. *Habe ich dich je ungerecht behandelt?*

Ich kniff die Augen zusammen und verschränkte die Arme fest vor der Brust, während der Drang in mir stärker wurde. Die Neigung zur Sucht ist ein Fluch der menschlichen Existenz, wie mir schon häufiger klar wurde. Manche verbringen ihr Leben als Sklaven des Alkohols, der berauschenden Kräuter, der Verlockungen des Fleisches oder der falschen Versprechungen von Würfeln und Karten. Meine größte Sucht war stets der Hang zu unklugem Handeln, die Lust am Dramatischen, ein unstillbares Verlangen danach, das Unerwartete zu tun. Etwa eine Stunde lang kämpfte ich gegen die verräterische Stimme an, die mir jedes freundliche oder aufmunternde Wort in Erinnerung rief, das Deckin je an mich gerichtet hatte, und dabei über die Ohrfeigen, Drohungen und gelegentlichen Prügel hinwegsah, doch es war zwecklos.

Selbst als ich mein Bündel für die Reise packte, redete ich mir noch ein, dass es mir lediglich darum ging, meine Neugier zu befriedigen. Ich wollte nur wissen, was mit Deckin geschehen war – mehr nicht. Hatte er es nicht zumindest verdient, dass jemand Zeuge seines Ablebens wurde? Eine Rettung war reine Fantasie, und eine tödliche noch dazu. Aber Tage des anstrengenden Wanderns und einsame Nächte führten zwangsläufig zu Spekulationen, die wiederum im Pläneschmieden mündeten. *Er wird in einem Kerker eingesperrt sein, selbst wenn ich also in die Burg hineingelange, wie soll ich ihn befreien? Kerker haben Schlösser, du wirst einen Schlüssel brauchen. Wer besitzt diesen Schlüssel? Der Wärter, der vielleicht ein Säufer ist oder, noch besser, jemand, der sich gerne mal bestechen lässt. Aber wie soll ich ihn bestechen, wenn ich keine Münzen habe? Dann stiehl welche, du Dummkopf …*

Und so ging es immer weiter. Während des langen Marsches zur Burg Duhbos entwickelte und verwarf mein krimineller Verstand unzählige Pläne für die Befreiung von Deckin Scarl. Bei all meinen Hirngespinsten war mir durchaus bewusst, dass es sich um den schlimmsten Irrsinn handelte, der schon bald dazu führen mochte, dass ein vielversprechender, fähiger junger Mann neben seinem Mentor aufgeknüpft wurde. Dem verräterischen Flüstern und den immer komplexeren Plänen, zu denen es mich verleitete, zum Trotz, wusste ich sicher, dass ich in mein Verderben ging und in Wahrheit Deckin Scarl nie wiedersehen würde.

In beidem sollte ich mich irren.

Zehntes Kapitel

»Will jemand vortreten und diesen Verräter mit Waffen verteidigen?«

Die Stimme des Burgvogts hallte klar durch die kühle Morgenluft, wurde jedoch nur von leisem Gemurmel unter den versammelten Knechten und Stadtbewohnern beantwortet. In dem Geraune klang Wut mit, sogar ein paar Gebete an die Märtyrer waren zu hören, aber niemand schrie seinen Widerspruch heraus oder zeigte sich gar kühn genug, die Herausforderung des Burgvogts anzunehmen. Unter den mehreren hundert Schaulustigen, die sich vor dem Schafott versammelt hatten, trat nicht einer vor, um die Waffe zu heben und Deckin Scarl zu verteidigen. Deckin selbst kniete, schmutzig und blutüberströmt und mit kurzen, schweren Ketten gefesselt, am Rand der Plattform. Bart und Haare hatte man ihm abrasiert, sodass die Narben, blutverkrusteten Wunden und Blutergüsse in seinem Gesicht umso deutlicher hervortraten. Hinter ihm stand ein Ritter von beeindruckender Statur, der eine hell glänzende Rüstung trug mit einem ebenso funkelnden messingfarbenen Adler auf dem Brustharnisch.

Ein Adler, keine Flamme. Ich musterte den Ritter von Kopf bis Fuß. Es handelte sich demnach nicht um den berühmten Sir Ehlbert Bauldry. Als ich mich auf der Plattform umsah, entdeckte ich noch vier Männer des Königs in den Uniformen der Kompanie der Krone, aber keinen weiteren Ritter. Aus mir unbekanntem Grund war der Kämpe des Königs an diesem Tag nicht anwesend.

Ich war am Morgen in Burg Duhbos eingetroffen und die gefrorene, von Wagenrinnen durchzogene Straße entlangmarschiert, um auf eine große Menschenmenge zu stoßen, die sich bereits für das bevorstehende Spektakel versammelt hatte. Ich musste nicht erst jemandem Informationen entlocken oder tratschende Fremde belauschen. Der Grund für den Menschenauflauf war in aller Munde: Der König der Gesetzlosen höchstpersönlich sollte heute hingerichtet werden.

Wie bei Burg Ambris hatte sich auch hier vor den Mauern eine Ansammlung von Hütten gebildet. Das Schafott war auf einer Wiese zwischen Burg und Siedlung errichtet worden. Das Gras war recht kurz, für gewöhnlich wurden hier wohl Turniere oder Jahrmärkte abgehalten. Die Menge der Schaulustigen war so groß, dass sie unmöglich alle aus den Hütten oder der Burg stammen konnten. Umhänge und Bündel ließen darauf schließen, dass viele Leute wohl einige Meilen weit gelaufen waren, um die Verurteilung Deckin Scarls mitanzusehen, und das mitten im Winter.

»Jetzt sieht er nicht mehr wie ein König aus, was?«, raunte ein Mann in der Menge seinem Nachbarn zu. Auf meinem Weg durch das Gedränge hatte ich zahllose solcher Kommentare gehört. Die Leute rissen Witze oder machten spöttische Bemerkungen. Andere berichteten leise, wie sie Deckin Scarl einmal begegnet waren, und in ihren Stimmen lag Genugtuung. Ich vernahm nicht ein einziges Wort des Mitleids oder gar ein Schluchzen. Trotz seines Ruhms und seiner gelegentlichen großzügigen Gesten, die meist reinem Pragmatismus geschuldet waren, blieb Deckin ein Gesetzloser. Einer wie er hatte ein solches Ende verdient. So war es immer gewesen, und so würde es immer sein.

Ich schob mich weiter nach vorn durch, bis die Menge so dicht wurde, dass ich nicht mehr vorankam. Inzwischen war ich jedoch nah genug an der Plattform, um die Gesichter der Leute oben erkennen und alles hören zu können, was gesprochen wurde.

»Schau es dir an, Verräter!«, rief der Burgvogt und deutete auf den Gefangenen, der den Kopf hängen ließ. Der Burgvogt, ein spindeldürrer Kerl mit einer erstaunlich lauten Stimme, hätte in anderem, weniger düsterem Zusammenhang sicherlich komisch gewirkt. Mit seinem langen flatternden Umhang und den hüpfenden Troddeln an seiner Kappe erinnerte er an einen Spaßmacher auf dem Jahrmarkt. »Sieh, wie klar das Volk dieses Herzogtums deinen Verrat erkennt«, rief er. »Nicht einer will seine Hand erheben, um dein elendes Leben zu retten!«

Sein schriller Tonfall und der fast irre Gesichtsausdruck zeugten von einem Mann, der seine Aufgabe und den Ruf, den sie ihm verlieh, eindeutig genoss. Jetzt nahm er eine melodramatische Pose ein, hob den Kopf und streckte die Arme in Richtung der Menge aus. Wäre Lorine hier gewesen, hätte sie bestimmt verächtlich gelacht.

Ich suchte nach ihr auf der Plattform, aber außer Deckin waren sonst keine Gefangenen zu sehen. Auf den Zinnen über dem Burgtor befand sich allerdings eine lange Reihe auf Pfählen aufgespießter Köpfe. Bislang hatte ich noch keine Gelegenheit gehabt, mehr als nur einen flüchtigen Blick darauf zu werfen. Und sie waren ohnehin alle zu stark verwest, um ihre Gesichtszüge ausmachen zu können. Ich sah einen Kopf mit langem im Wind flatternden Haar, aber er war zu weit entfernt, um feststellen zu können, ob die wehenden Locken kupferfarben schimmerten.

»Lange Zeit hat dieser Mann den braven Leuten des Herzogtums Angst und Schrecken eingejagt«, fuhr der Burgvogt fort. »Er wurde so vieler übler Taten überführt, dass es einen Tag und eine Nacht dauern würde, sie alle aufzuzählen. Mit seiner heutigen Bestrafung werden aber nicht allein seine Verbrechen geahndet, sondern auch sein Verrat. Dieser wertlose Dreckskerl …«, der Burgvogt verzog den Mund und deutete anklagend auf Deckin, »… begnügte sich nämlich nicht mit einfachem Diebstahl und blutigem Mord. Stattdessen hat er sich des schlimmsten Verrats gegen die Krone schuldig gemacht. Er belästigte vorsätzlich einen Diener der Krone und raubte ihn aus, noch dazu einen königlichen Boten. Außerdem liegen uns stichhaltige Beweise vor, dass er mit dem verräterischen Rebellen Magnis Lochlain, gemeinhin als Prätendent bekannt, unter einer Decke steckte, um einen gewaltsamen Aufstand anzuzetteln. Dies tat er, um die gerechte Hinrichtung seines Vaters, des Verräters und falschen Herzogs Rouphon Ambris, zu rächen. Ich frage euch, ihr braven Leute der Shavine-Marschen, hat je ein Mann die Hinrichtung mehr verdient als er?«

Der Burgvogt breitete die Arme aus, zweifellos in Erwartung einiger blutrünstiger Ausrufe. Stattdessen war nur zustimmendes Gemurmel und erwartungsvolles Knurren zu hören, durchsetzt mit Räuspern und ungeduldigem Raunen.

Das Gesicht des Burgvogts zuckte vor Wut, und seine Wangen färbten sich rosa. Gleich darauf lief sein Kopf jedoch tiefrot an, als von der Plattform ein Geräusch erklang.

Deckins Kopf zuckte hoch, und aus seinen Wunden spritzte Blut auf die Leute, die ganz vorn in der Menge standen. Anfangs glaubte ich, er hätte einen Hustenanfall oder, als die Grunzlaute aus seiner Kehle lauter wurden, er sei in Hysterie verfallen. Als er jedoch das von Schnitten und verkohlten Brandwunden entstellte Gesicht hob, sah ich, dass Deckin Scarl lachte.

»Bringt dieses Schwein zum Schweigen!«, fauchte der Burgvogt und machte eine herrische Geste zu dem Ritter, der hinter Deckin stand. Statt dem Gefangenen, wie zu erwarten, eine Backpfeife zu versetzen, drehte der Ritter jedoch bloß den Kopf und schaute den Burgvogt durch sein Visier schweigend an. Dieser erbleichte etwas, seine schmalen Züge blieben aber von Wut verzerrt. Offenbar kämpfte er mit seinem Stolz. Als ranghöchster Vertreter der Krone führte er die Verhandlung an, und doch hatte sich ihm jemand soeben offen widersetzt. Sein Rang erforderte es, dass er den Schuldigen zurechtwies, aber offensichtlich behagte es ihm wenig, den Ritter zu tadeln. Zu seinem Glück blieb ihm die Entscheidung erspart, als Deckin mit einem Mal das Wort ergriff.

»Wenn es sein muss, töte mich um der Wahrheit willen«, krächzte er mit geschwollenen und aufgesprungenen Lippen, aber dennoch klar verständlich. »Ich kann nicht sagen, dass ich es nicht verdient hätte. Aber töte mich nicht aufgrund einer Lüge, du wertloses Stück Scheiße.«

Der Blick des Burgvogts ging zwischen Deckin und dem aufsässigen Ritter hin und her. Schließlich erinnerten ihn das lauter werdende Räuspern und das ärgerliche Raunen der Menge daran, dass er eine Hinrichtung zu vollstrecken hatte.

Der Burgvogt holte tief Luft und drehte sich dann mit flatternden Troddeln schwungvoll zur Menge um. »Unser Herrscher, der große König Tomas, Erster seines Namens, genießt zu Recht den Segen der Seraphilen, weil er auch den schlimmsten Verbrechern noch Barmherzigkeit und Mitgefühl entgegenbringt. Keiner seiner Untertanen, adlig oder nicht, soll sterben, ohne Gelegenheit zu haben, sich all seine Vergehen von der Seele zu reden.« Er deutete auf den hinteren Teil des Schafotts. »Kommunikant Ancred, amtlicher Kaplan von Burg Duhbos, möge nun vortreten, um dem Verräter sein Geständnis abzunehmen.«

Kommunikant Ancred war ein großgewachsener Greis mit langem grauem Bart, der zögerlich auf Deckin zuschlurfte. Er ging mit gebeugtem Rücken und schien sich nur mithilfe des Stabs in seinen altersfleckigen Händen aufrecht zu halten. In seinem schlaffen, faltigen Gesicht stand wenig Begeisterung für seine Aufgabe, in den wässrigen Augen schimmerte sogar Furcht. Als er gebückt neben Deckin stehen blieb, sprach er mit einem hohen, dünnen Stimmchen, das die meisten Anwesenden sicherlich nicht hören konnten.

»Sprich nun über deine Verfehlungen und lüge nicht«, befahl der alte Geistliche. »Die Seraphilen können in deine Seele blicken. Ehre das Beispiel der Märtyrer mit der Wahrheit und empfange ihre reinigende Gnade.«

In Deckins entstelltem Gesicht leuchtete säuerliche Verachtung auf, als er sich dem Kommunikanten zuwandte. »Bei meinem Vater war ein Aszendent zugegen.« Deckin schüttelte müde den Kopf. »Und bei mir nur ein nach Pisse stinkender alter Bock.«

Das Lachen, das durch die Menge ging, war nicht sonderlich laut, aber der Burgvogt schäumte dennoch vor Wut. Mit funkelnden Augen wollte er die Leute zurechtweisen, aber Deckin unterbrach ihn.

»Ich werde gestehen«, sagte er gepresst, jedoch laut genug, dass alle Anwesenden ihn hören konnten. »Aber nicht vor diesem Schwachkopf, den nicht mal die Märtyrer für voll nehmen. Meine Worte sind für sie.« Deckin nickte zur Menge.

»Du hast hier keine Rechte, Verräter!«, knurrte der Burgvogt und ging auf Deckin zu. »Kein Recht zu sprechen! Kein Recht, außer für deine Verbrechen zu sterben …«

Er verstummte, als der Ritter ihm in den Weg trat. Hatte zuvor der Stolz des Burgvogts seine Furcht besiegt, so riss er jetzt angstvoll die Augen auf, als durch das Visier des Ritters ein paar knappe Worte drangen. Weder ich noch sonst jemand in der Menge konnte verstehen, was gesagt wurde, dafür war die Stimme des Ritters zu leise und vom Helm gedämpft. Der Burgvogt hingegen hörte ihn klar und deutlich.

Er schluckte, trat einen Schritt zurück und wischte sich nervös die Hände an seinem langen Umhang ab, bevor er sie zusammenkrallte. Es dauerte einen Moment, bis er sich wieder in der Gewalt hatte, dann wandte er sich erneut an die Menge. »Wie es allgemein Brauch ist und vom Gesetz des Bundes vorgeschrieben, sei dem Verräter nun gestattet, sein Geständnis abzulegen.«

Deckin warf dem Burgvogt einen kurzen mitleidigen Blick zu, bevor er mit gebeugtem Rücken versuchte aufzustehen. Schwankend erhob er sich mit zittrigen Beinen. Die Ketten rasselten auf den Brettern der Plattform. Seine Hände waren gefesselt, und ich dachte erst, er hätte sie zu Fäusten geballt, bis ich sah, dass ihm die Finger bis auf das letzte Glied abgehackt worden waren. Seine Worte werden mir ewig in Erinnerung bleiben, aber es war wohl vor allem der Anblick seiner

Hände, der mich jenen Pfad einschlagen ließ, der auf Jahre hinaus mein Schicksal bestimmen sollte. Obwohl er mich mit diesen Händen so manches Mal geschlagen und eingeschüchtert hatte, konnte ich mich jetzt bloß noch an die freundschaftlichen Umarmungen erinnern. Mein erster Tag im Wald stand mir dabei besonders deutlich vor Augen – die Rettung, die mir Deckins Berührung versprach. Was immer Deckin Scarl sonst noch getan hatte, er hatte mir einst das Leben gerettet.

»Ich will die Seraphilen nicht um Vergebung bitten«, setzte er nun an. Anfangs klang seine Stimme heiser, wurde jedoch kräftiger, als er den Rücken durchdrückte, wobei er ein schmerzhaftes Zusammenzucken nicht vermeiden konnte. »Sollen sie in mir sehen, was sie wollen, und die Pocken mögen sie holen, wenn ihnen der Anblick nicht gefällt.«

Gedämpfte Heiterkeit brandete in der Menge auf. Kommunikant Ancred blieb vor Entsetzen der Mund offen stehen. Der Greis wäre beinahe gestolpert, so eilig hatte er es, von dem ketzerischen Gesetzlosen wegzuschlurfen, was die Menge nur umso mehr belustigte.

»Was den Verrat betrifft«, fuhr Deckin fort, »so mache ich keinen Hehl daraus, dass ich vorhatte, dieses Herzogtum zu erobern. Aber ich habe es nicht um meines Vaters willen getan. Der König hat ihm zu Recht den Kopf abgeschlagen, und er kann ihn gern behalten. Nein, ich wollte dieses Herzogtum erobern, weil es mir gehört, kraft meiner Stärke und meines Willens ebenso wie kraft meines Blutes. Herzogtümer und Königreiche werden stets auf dieselbe Weise gewonnen, und lasst euch von den verfluchten Adligen bloß nichts anderes weismachen. Wenn das Verrat ist, dann von mir aus. Ich werde deswegen nicht um Vergebung bitten. Was den Prätendenten betrifft – ich bin dem Mistkerl nie begegnet und hatte nichts mit ihm zu tun. Da gibt es also nichts zu verzeihen. Aber …« Er verstummte und ließ wieder den Kopf hängen. Seine zitternden Beine hätten ihn beinahe zu Fall gebracht, und es dauerte einen Moment, bis er sein Gleichgewicht wiedergefunden hatte.

»Aber euch bitte ich um Verzeihung«, sprach er weiter. »Als verurteilter Dieb und Mörder stehe ich vor euch, und genau das bin ich auch gewesen. Ich könnte behaupten, dass ich meine Gründe hatte, aber es wären Lügen, und ihr habt sie alle schon gehört. Ich könnte sagen, dass ich gestohlen habe, um nicht hungern zu müssen, und getötet habe, um das von mir Gestohlene zu verteidigen. Aber in Wahrheit habe ich aus Ehrgeiz gestohlen und getötet. Ich schäme mich nicht dafür, Adlige ausgeraubt und ermordet zu haben, aber Leute wie euch zu bestehlen und zu töten, dessen schäme ich mich. Das sind meine wahren Verbrechen, und dafür bitte ich euch um Vergebung.«

Er senkte den Blick. Sein übel zugerichtetes, verschorftes und fleckiges Gesicht wirkte traurig. In diesem Moment entdeckte er mich. Deckin hatte immer schon ein ungewöhnlich scharfes Auge besessen und im wechselnden Grün des Waldes mit – für meine Begriffe – unnatürlicher Schnelligkeit einen Hinterhalt oder eine Beute ausgemacht. Jetzt fanden diese Augen genauso mühelos mein Gesicht in der Menge. Sie weiteten sich kurz, doch seinen entstellten Zügen war nicht anzumerken, dass er mich erkannt hatte, bis auf die Andeutung eines Lächelns. Nur einen Herzschlag lang schaute er mir in die Augen und wandte dann den Blick ab, aber ich hatte genug gesehen, um zu wissen, dass ich Deckin Scarl vor seinem Tod ein klein wenig Trost gespendet hatte.

»Meine Bande – die Leute, die mir folgten – sind jetzt alle tot«, sagte er heiser. »Aber wenn ihre Seelen Zeugen dieses Geständnisses werden, dann möchte ich sie wissen lassen, dass ich ihre Hilfe und Gesellschaft immer sehr geschätzt habe. Mehr, als ihnen wahrscheinlich bewusst war. Wir haben zusammen gekämpft und gestritten, aber wir haben auch gemeinsam Hunger und Kälte getrotzt, wie eine Familie. Und Familie ist so wertvoll wie das Leben selbst.« Sein Blick kehrte kurz zu mir zurück. »Man sollte sein Leben nicht mit unnützen Fehden oder hoffnungslosen Unterfangen verschwenden. So viel habe ich gelernt.«

Blinzelnd nickte er dem Ritter zu. »Ich danke dir, alter Freund.«

Der Ritter gab keine Antwort oder jedenfalls keine, die ich hören konnte. Er legte seinen Panzerhandschuh auf Deckins Schulter und drückte ihn auf die Knie. Ich wollte nicht sehen, was als Nächstes kam. Ich wollte fliehen und mir eine Ecke suchen, in der ich mich ausheulen konnte. Aber ich tat es nicht. Ich war es Deckin schuldig, mitanzusehen, wie er starb. Soweit ich wusste, war ich alles, was von der Bande aus Schurken, die er seine Familie nannte, noch übrig war. Der Einzige, der Zeuge seines Ablebens wurde und statt zu jubeln nur Trauer empfand.

Der Ritter mit dem Adler auf der Brust ging mit rascher Effizienz und ohne Zögern ans Werk. Er hielt nicht inne, um die Spannung der Menge zu erhöhen, und holte auch nicht schwungvoll aus, als er das Langschwert herabsausen ließ. Vielleicht wollte er Deckin einfach keine Gelegenheit geben, einen letzten Ruf auszustoßen. Wie gebannt sah ich zu, als Deckins Kopf mit einem Streich vom Körper getrennt wurde und dumpf polternd auf die Bretter fiel. Sein Körper sackte zusammen und war nur noch ein Haufen Fleisch und Knochen. Aus dem Halsstumpf spritzte Blut, anfangs in Strömen, dann irgendwann nur noch als Tröpfeln.

Dies war die erste Hinrichtung eines Verräters, der ich beiwohnte, deshalb erfuhr ich erst später, dass der Henker üblicherweise den abgetrennten Kopf hochhielt und verkündete, dass im Namen des Königs Gerechtigkeit verübt worden war. Der Ritter jedoch missachtete diesen Brauch. Nach vollbrachter Tat wandte er sich abrupt ab, ging an seinen Platz zurück und nahm dieselbe Haltung ein wie zuvor. Das blutige Schwert zeigte nach unten, und er blickte starr geradeaus, während sich Schweigen herabsenkte und der Burgvogt ihn erwartungsvoll anschaute.

Zu meiner Überraschung ertönten aus der Menge keine Schreie oder Jubelrufe. Bei der Enthauptung war ein scharfes Einatmen zu hören gewesen, aber nicht die wilde Freude, die ich erwartet hatte. Wenn sonst ein Gesetzloser aufgeknüpft oder ein Ketzer öffentlich ausgepeitscht wurde, herrschte meist Jubelstimmung. Vielleicht lag es an Deckins Geständnis oder der unerwarteten Schnelligkeit seines Todes, jedenfalls sah die Menge an diesem Tag keinen Grund, das Ableben des Königs der Gesetzlosen aus dem Shavine zu feiern.

Angesichts der Untätigkeit des Ritters versteifte sich die Haltung des Burgvogts. Sein Gesicht lief vor Empörung rot an. Dann beugte er sich resigniert vor und packte den abgeschlagenen Kopf mit beiden Händen.

»Schaut her.« Er richtete sich auf und hob den tropfenden Kopf mit den schlaffen Zügen hoch, damit alle ihn sehen konnten. Seine Stimme war heiser, und er musste sich räuspern, bevor er so schneidend wie zuvor weitersprach. »Sehet den Kopf von Deckin Scarl, Bandit und Verräter. Möge sein Name heute zum letzten Mal ausgesprochen werden. Gelobt sei König Tomas!«

Dabei machte er jedoch den Fehler, Deckins Kopf im Takt zu seinen letzten Worten zu schütteln, worauf ihm jede Menge Blut auf den Umhang spritzte, was den Moment verdarb. Er konnte einen angewiderten Ausdruck nicht verbergen und fing gleich darauf an zu würgen. Hochherrschaftliches Erbrochenes mischte sich mit dem Blut des Gesetzlosen auf den Brettern. Die Reaktion der Menge ließ ebenfalls zu wünschen übrig – statt inbrünstiger Loyalitätsbekundungen war nur widerwilliges unterwürfiges Gemurmel zu hören.

»Gelobt sei König Tomas«, brummte ich gemeinsam mit den anderen.

Die Menge löste sich augenblicklich auf und setzte sich in Richtung des Dorfes in Bewegung, wo die Tavernen sicher gut gefüllt sein würden. Ich blieb noch kurz stehen und beobachtete den Ritter, der wartete, bis der Burgvogt und die anderen Würdenträger die Plattform verlassen hatten, bevor er sich in Bewegung setzte. Ein paar Burgdiener stiegen die Stufen hoch, um die Leiche aufzuheben, wurden jedoch von dem Ritter mit einem gebellten Befehl und einer scheuchenden Handbewegung vertrieben. »Hinfort mit euch!«

Er gab den Männern des Königs, die unten standen, ein Zeichen.

Ein halbes Dutzend von ihnen kam auf die Plattform und hüllte Körper und Kopf des Toten vorsichtig in ein Leichentuch aus Musselin. Als sie damit fertig waren, hoben sie die Last auf ihre Schultern und trugen sie die Stufen hinunter auf die dunkle, massige Burg zu.

Elftes Kapitel

Ich hielt mich in der schattigsten Ecke der Taverne, um der Aufmerksamkeit der Soldaten zu entgehen, die sich in der schäbigen Wirtsstube drängten. Die Leute, die eigens für die Hinrichtung angereist waren, hatten sich inzwischen längst ihre Bündel geschnappt und die lange Wanderung zurück zu ihren Gehöften oder Dörfern angetreten. An ihrer Stelle waren nun Soldaten auf einen Grog eingekehrt. Ich begann den Abend mit der klaren Absicht, mäuschenstill zu sein und so viele Einzelheiten wie möglich über Deckins Tod und den der anderen in Erfahrung zu bringen. Besonders interessierte mich der Name des Ritters mit dem Messingadler.

Über die unglaubliche Vielschichtigkeit der Rache habe ich inzwischen mehr gelernt, als mir lieb ist, aber die vielleicht wichtigste Lektion lautet, dass sie klein beginnt – ein winziger Same nur, aus dem gewaltige Äste hervorwachsen. Fehden gehören zum Leben eines Banditen dazu und haben durchaus ihre Berechtigung, weil sie dem Dasein jenseits von Recht und Gesetz eine gewisse Ordnung verleihen. Verrat wird unweigerlich mit dem Tod bestraft oder zumindest der Androhung davon, und ebenso verhält es sich, wenn der eigene Anführer ermordet wird.

Als ich so dasaß und den größtenteils belanglosen Gesprächen der Soldaten lauschte, begann mein eifriger Verstand erneut, Pläne zu schmieden. Statt haarsträubender Rettungsversuche malte ich mir jetzt absurde Strategien aus, wie ich den Ritter mit dem Adler ermorden könnte, wer immer er sein mochte. So brütete ich düster vor mich hin. Der Anblick, wie Deckins Kopf über die Plattform rollte, hatte mir ziemlich zugesetzt. Und wie so oft, wenn junge Männer sich elend fühlen, dürstete es mich unklugerweise nach Bier, das in diesem Etablissement allerdings nicht so stark verwässert war, wie man vielleicht annehmen könnte.

»Noch eins, guter Herr«, lallte ich gezwungen fröhlich an den Gastwirt gewandt und stellte meinen Humpen ab. Er wartete, bis ich einen Shek über das unebene Holz schob, bevor er ihn mir nachfüllte. Plötzlich wurde ich sehr müde und stützte mich schwer auf die Theke. Trauer stieg in mir hoch und trieb mir sogar Tränen in die Augen. Die Erkenntnis, dass ich nun mutterseelenallein war, erinnerte mich an meine erste Nacht als kleiner Junge im Wald. Ich dachte an die schmerzenden Blutergüsse, die der Zuhälter mir mit seinen Schlägen zugefügt hatte. Und daran, wie ich wimmernd umhergestolpert war, bis Deckin und Lorine mich fanden.

Als ich mich tiefer über die Schanktheke beugte, geriet etwas Kleines, Metallisches in mein verschwommenes Blickfeld. Ich blinzelte die Feuchtigkeit aus meinen Augen weg und sah das Bundmedaillon von meinem Hals herabbaumeln. Es war so leicht und belanglos, dass ich ganz vergessen hatte, dass ich es immer noch trug.

Das Miststück kannst du behalten, erinnerte ich mich an Deckins Worte. *Ein Mann ist seines eigenen Glückes Schmied.* Ich nahm die kleine Bronzescheibe in die Hand. Bei dem Gedanken daran, dass es vielleicht dieser winzige Glücksbringer war, der mich in letzter Zeit beschützt hatte, musste ich lächeln. Stallknecht hätte einen Anfall bekommen, wenn ich ihm davon erzählt hätte.

»Ein Anhänger Hersephones, wie?«

Blinzelnd wischte ich mir über die Augen, bevor ich mich zu dem Mann neben mir umdrehte. Ich erkannte in ihm sofort einen Soldaten. Sein Gesicht war schmal und glatt rasiert, und er trug einen Waffenrock in den Farben des Königs. Ein Dolch mit Granatknauf steckte in einer Scheide an seinem Gürtel, neben einem Schwert mit Drahtkorb am Griff. Der Dolch mochte nur Zierde sein, aber das Schwert war es gewiss nicht. Seine Miene wirkte freundlich, doch das Funkeln in seinem Blick hätte mich beunruhigen sollen, hätte ich nicht zu viel unverwässertes Ale getrunken.

»›Und siehe‹«, zitierte ich und prostete dem Soldaten mit meinem Humpen zu, »›als die Ihren sie in die Erde legten, war ihr Leib übel zugerichtet, und ihr Atem stand still. Aber mit der Morgensonne stand sie wieder auf, und kein Zeichen einer Wunde trübte ihre Schönheit.‹« Lächelnd nahm ich einen tiefen Schluck. »So heißt es jedenfalls in den Schriftrollen.«

»So jung und schon ein Experte in den Legenden des Bundes.« Lachend setzte der Soldat sich neben mich und winkte den Gastwirt herüber. »Einen Brandy und einen für meinen frommen Freund.«

»Ein Experte bin ich nicht«, murmelte ich und drehte das Medaillon zwischen den Fingern. »Aber ich hatte … einen Lehrer, der sich mit den Märtyrern auskannte. Besonders mit der großen Plage.«

»War er ein Betbruder?«, erkundigte sich der Soldat.

»Ganz sicher nicht.« Ich lachte erneut, und es klang spöttisch und schrill. Meine Heiterkeit legte sich jedoch, als die Erinnerung an Stallknechts Tod grell und hässlich in meinem Kopf aufflammte.

»Nicht traurig sein, mein Freund.« Der Soldat rüttelte mich am Arm. »Schließlich gibt es was zu feiern. Deckin Scarls Kopf steckt nun endlich auf einem Pfahl, wo er hingehört. Darauf können wir trinken«, er drückte mir den Brandy-Becher in die Hand, »immerhin.«

»Ein wirklich übler Geselle«, murmelte ich, hob den Becher an die Lippen und hielt dann argwöhnisch inne. »Hast du da eine Silbermünze reingetan?«

Der Soldat lachte wieder und klopfte mir auf den Rücken. »Ich gehöre zur Kompanie der Krone. Wir müssen keine Tricks anwenden, um Frischfleisch anzuheuern. Ich hab schon Männer um die Ehre kämpfen sehen, bei uns einzutreten.« Er senkte seine Stimme zu einem verschwörerischen Flüstern. »Und für die Bezahlung. Dreimal so viel, wie die Herzöge ausspucken, und dazu einen Anteil am Lösegeld, wenn wir uns einen Adligen schnappen. Hin und wieder gibt's auch mal 'ne hübsche Belohnung. Als wir den Mistkerl Scarl in eine Falle gelockt haben, hat jeder von uns zwei Silbermünzen abgesahnt.«

Die Worte waren so sorgfältig gewählt, dass es mich hätte stutzig machen sollen. Der herausfordernde Ton und sein Blick, der auf mir lastete – offenbar wartete er auf eine Reaktion. Wieder muss ich zu meiner Schande gestehen, dass mein Verstand so benebelt war, dass ich es nicht bemerkte.

»Du warst dort?«, fragte ich. »In … als er gefangen genommen wurde?«

»Ja klar. Der Kampf war heftiger, als wir erwartet hatten, ehrlich gesagt. Unsere Kompanie hat drei Männer verloren und noch mal zwanzig oder mehr von denen des Herzogs und des Sheriffs. Die Mistkerle mit den Tätowierungen waren am schlimmsten. Aber am Ende haben wir sie alle erwischt bis auf ein paar, die weggerannt sind. Feige Ratten, haben sich in den Wald geflüchtet, während ihre Leute abgeschlachtet wurden wie Schweine.« Er hob den Becher an die Lippen und behielt mich beim Trinken genau im Auge. Sein starrer Blick machte mich nun doch nervös.

Vorsichtig schaute ich mich in der Taverne um und entdeckte zwei weitere Soldaten an der Tür. Sie hatten keine Humpen in der Hand und umklammerten stattdessen den Knauf ihrer Schwerter. Ein kurzer Blick nach links enthüllte einen weiteren, der an der Theke lehnte. Er war ein paar Zoll größer als die anderen und hatte außer seinem Schwert noch ein zusammengerolltes dickes Seil am Gürtel hängen. Keiner von ihnen schaute mich direkt an, was an sich schon verdächtig war.

Furcht ist das beste Mittel, um wieder nüchtern zu werden. Wenn sie einen von Kopf bis Fuß durchströmt, bringt sie so schnell Klarheit in den Verstand, wie es keine Medizin und kein Heiltrank vermag. Allerdings lässt sie auch Hände und Stimme verräterisch zittern, zum Glück war ich jedoch geübt darin, es zu unterdrücken. Dennoch musste ich mich erst einmal räuspern, bevor ich weitersprechen konnte. Ein leises Geräusch nur, aber eines, das den Männern bewies, dass sie auf der richtigen Fährte waren.

»Muss ein irrer Kampf gewesen sein.« Ich bemühte mich, matt und desinteressiert zu klingen, und nahm noch einen großen Schluck Brandy.

»War es auch«, stimmte der Soldat zu. »Ich muss sagen, ich bin stolz, dabei gewesen zu sein, mehr noch als bei der schlimmsten Schlacht gegen den Prätendenten. Weißt du, mein Junge«, er rückte näher heran und sprach leise und ernst, »ich hatte mit den Banditen selbst noch eine Rechnung offen. Erst kürzlich ist etwas passiert, und seitdem hatte ich einen richtigen Hass auf sie. Krieg ist was Hässliches, aber noch hässlicher wird's, wenn es Blut zu rächen gilt. Das Blut der eigenen Familie, meine ich.«

Er legte mir einen Arm um die Schultern und fuhr in kameradschaftlichem Ton fort. »Meine Familie ist nicht reich, aber wir sind auch keine einfachen Knechte. Mein Pa war ein Landmann und besaß sein eigenes Gehöft. Uns ging's also besser als vielen anderen. Aber er hatte drei Söhne, die, den Seraphilen sei Dank, alle das Mannesalter erreichten. Und nur der älteste erbt. Ich war der jüngste und Ralf der zweitälteste. Natürlich hätten wir dortbleiben können, aber für den eigenen Bruder zu arbeiten, ist auch nicht das Wahre. Als also die Soldaten vorbeimarschiert kamen, schien uns das eine gute Wahl.

Damals herrschte noch nicht so viel Krieg wie heute, deshalb waren die Feldwebel wählerischer. Aber wir waren kräftige Jungs, gut genährt und muskulös wegen der vielen Feldarbeit, und sie nahmen uns auf. Nach einer Weile durfte ich mich für die Kompanie der Krone bewerben. Ralf dagegen, mögen die Märtyrer ihm gnädig sein, hat immer das Trinken und Prügeln zu sehr geliebt und blieb deshalb im Heer des Herzogs. Wir hatten unterschiedliche Marschbefehle und sahen uns in den nächsten Jahren kaum, bis mich vor Kurzem die Pflicht in die Shavine-Marschen zurückrief. Nur dass mein Bruder, als ich ihn endlich wiedersah, tot war. Irgendein Scheißkerl hatte ihn und seinen Freund mit 'nem Messer abgestochen.«

Der Soldat hielt inne, um nachdenklich den Becher mit Brandy zu heben und mir seinen Arm noch fester um die Schultern zu legen. »Ehrlich gesagt, hätte ich ihn nicht mal erkannt, wenn sein Feldwebel mir nicht versichert hätte, dass er es ist. Sein Gesicht war aufgedunsen und von Fischen angefressen. Wer immer ihn umgebracht hatte, hat ihn danach in den Fluss geworfen. Drei Tage hat's gedauert, bis er ein Stück den Fluss runter wieder an Land gespült wurde. Seine Kompanie dachte, er sei desertiert, was als ziemliche Schande gilt. Trotz all seiner Fehler war Ralf aber kein Feigling.

Ich bat einen Betbruder, einen Brief an meine Familie zu schreiben. Meine Ma kann zwar nicht lesen, aber meine Schwägerin schon. Als ich ihn abschickte, wollte ich das Andenken beilegen, das meine Ma Ralf an dem Tag gegeben hatte, als wir unter dem Banner losmarschierten. Mir hat sie auch eins geschenkt. Sie ist sehr gläubig, genau wie du. Märtyrerin Hersephone hat es ihr besonders angetan. ›Ihr werdet Glück brauchen‹, sagte sie zu uns.« Die Hand des Soldaten verschwand im Kragen seines Waffenrocks, und er holte eine kleine Bronzescheibe an einer Kette heraus. »›Und Hersephone bringt Glück.‹«

Er legte seine Hand neben meiner auf die Theke – sein Medaillon war nahezu identisch mit dem, das von meinen Fingern herabbaumelte. »Sie hat ein Händchen für Schmuck, meine Ma«, fuhr der Soldat fort. »Verkauft ihn auf Jahrmärkten und so. Sie hat ein Medaillon für mich und eines für Ralf gemacht. Wenn du ihn auch wahrscheinlich nicht unter diesem Namen kanntest. Er verstand sich darauf, Vögel zu zähmen, deshalb nannten die Leute ihn Falkner. Das Seltsame war: Als man ihn aus dem Wasser fischte, wurde sein Medaillon nicht gefunden.«

Seufzend zog der Soldat mich noch dichter zu sich heran. »Hass ist nichts Gutes, Junge«, raunte er. »Er nagt an dir wie eine Made, die dir von innen die Seele auffrisst. Mein Hass war so stark, dass ich nach all dem Morden in Moosmühle zu einem Betbruder ging und ihn um Rat fragte. ›Werden die Märtyrer einem Mann vergeben, der so viel Freude am Blutvergießen hat?‹, wollte ich von ihm wissen. Soll ich dir verraten, was er gesagt hat? ›Wir alle sollten dem Beispiel der Märtyrer folgen, aber die Gunst der Seraphilen bleibt nur denen verwehrt, die sich nicht darum bemühen.‹«

Seine Lippen streiften mein Ohr, sein nach Brandy stinkender Atem brannte heiß auf meiner Haut. »Und wie sehr bemühst du dich, du kleiner Schei …?«

Über die Jahre habe ich verschiedene Arten gelernt, wie man sich aus einer Umklammerung befreien kann. Die meisten hängen davon ab, Größe und Fähigkeiten des Gegners richtig einzuschätzen. Dieser Kerl war einen Zoll größer als ich und besaß einiges mehr an Muskeln und Gewicht. Außerdem gab ich mich keinen Illusionen hin, was sein Geschick mit dem Schwert betraf. Aber er war ein Soldat, kein Bandit. Soldaten wissen, wie man kämpft, Banditen dagegen kennen Tricks.

Während er mir seine tragische Geschichte erzählte, hatte ich einen Großteil des Brandys im Mund behalten. Jetzt spuckte ich ihm den direkt in die Augen. Egal, wie stark oder fähig jemand ist, auf ein unerwartetes Brennen reagiert der Körper immer rein instinktiv. Der Mann knurrte überrascht und zuckte zurück. Der Griff um meine Schulter lockerte sich so weit, dass ich ihm den Ellbogen in den Mund rammen konnte – ein kräftiger Hieb, der ihm die Lippen an den Zähnen zerquetschte.

Der Kopf des Soldaten flog blutend nach hinten, und ich ließ mich zu Boden fallen. Ich rollte mich weg, während der große Kerl sich nach vorne warf und vergeblich versuchte, meine Beine zu fassen zu bekommen. Eilig krabbelte ich weg, aber nicht auf den Ausgang zu, wo die beiden anderen Soldaten bereits auf mich zugerannt kamen. Stattdessen sprang ich auf einen Tisch und stürmte zum nächsten Fenster, wobei ich die Arme schützend über den Kopf hob. Zum Glück waren die Fensterläden alt und morsch und gaben nach, sobald ich mich dagegenwarf, wenn sich mir auch ein paar Splitter in Hände und Gesicht bohrten.

Keuchend landete ich draußen auf dem festgetretenen Schnee. Den Schock der eisigen Luft spürte ich kaum. Eilig kam ich auf die Beine und spurtete los. Ich hatte erst etwa ein Dutzend Meter zurückgelegt, als etwas aus der Dunkelheit angeflogen kam. Es war ein gut gezielter Wurf – ein Kampfstab fuhr mir direkt zwischen die Beine, sodass ich ins Stolpern geriet und hinfiel. Schreiend trat ich den Stab weg und kam wieder hoch, doch im selben Moment traf mich ein Fausthieb am Kopf. Wie der Stabwurf war auch der Hieb äußerst präzise – er knallte gerade mit so viel Wucht gegen meine Schläfe, dass ich das Bewusstsein verlor. Im Fallen erhaschte ich noch einen Blick auf meinen Angreifer: ein kleingewachsener Kerl mit Raubvogelgesicht in der Uniform der Krone, der nicht in der Taverne gewesen war. Dieser Soldat mochte zwar kein Bandit sein, aber offenbar kannte auch er ein paar Tricks.

Betäubt und reglos lag ich am Boden und hörte das Knirschen zahlloser Stiefel auf dem Schnee. Furcht loderte in mir hoch und verlieh mir die Kraft, mich aufzurappeln – allerdings nur kurz, dann legte sich eine Seilschlinge um meinen Hals. Die Schlinge zog sich zu und riss mich von den Füßen. Nach Luft schnappend und mit strampelnden Beinen wurde ich über den Boden geschleift.

Und so, liebe Leser und Leserinnen, geschah meine Gefangennahme.

Zwölftes Kapitel

Bist wohl ein Kämpfer, wie?«, fragte eine Stimme, bevor mir ein Stiefel in den Bauch trat. Ich hörte auf zu zappeln und krümmte mich zusammen. »Hat mein Bruder gekämpft? Ich wette, du hast ihm nicht mal die Chance dazu gegeben!« Noch ein Tritt, diesmal gegen den Kopf. Ich sah Sterne, aber leider war der Tritt nicht so kräftig gewesen, dass ich das Bewusstsein verloren und keinen Schmerz mehr gespürt hätte, denn es folgten noch viele weitere Tritte. Ich hätte meine Hände schützend über Kopf und Genitalien gehalten, wenn ich nicht damit beschäftig gewesen wäre, an dem Seil an meinem Hals zu zerren.

»Los, zieht ihn hoch.«

Die Tritte hörten auf, und ich wurde nach oben gerissen und blutend und vornübergebeugt von der Taverne weggeschleift. Durch den roten Schleier vor meinen Augen erkannte ich die Umrisse einer großen Eiche in der Dorfmitte. Sie besaß einen Ast, der tief genug hing, dass man ein Seil darüberwerfen konnte.

»Du kannst stolz sein, Junge.« Der Soldat grinste mit geschwollenen Lippen und rot verfärbten Zähnen. »Jetzt wirst du am selben Tag sterben wie dein berühmter Anführer.« Er zog den Dolch mit dem granatverzierten Griff, während seine Kameraden mich unter der Eiche zu Boden warfen. Er hielt mir die Klinge vors Gesicht, und die anderen lachten voller Vorfreude. »Keine Sorge.« Er zwinkerte mir zu. »Die Klinge ist sauber. Die Wunde wird sich also nicht entzünden. Wenn dafür auch sowieso keine Zeit mehr bleibt. Aber eins nach dem anderen.«

Ein Seil kratzte über Holz, und die Schlinge an meinem Hals zog sich fester zu. Mir gelang es, meine Finger zwischen Seil und Haut zu zwängen, sodass ich nicht gleich ersticken würde, was meine Peiniger aber auch gar nicht beabsichtigten. Sie zogen am Seil und hoben mich vom Boden hoch, während ich weiter an der Schlinge zerrte und mich in unvernünftiger Panik hin und her warf, wie man es nur im Angesicht des nahenden Todes tut.

»So ist's recht, Junge!«, rief einer der Soldaten, und die anderen lachten barsch. »Tanz für uns!«

Der hämmernde Puls in meinem Kopf übertönte schon bald die spöttischen Rufe. Mir schwanden erneut die Sinne, und das Seil drückte meine Finger gegen meinen Hals. Schaum bildete sich vor meinem Mund, während ich mich aufbäumte. Meine Augen quollen so stark hervor, dass es ein Wunder war, dass sie mir nicht aus dem Schädel fielen. Allerdings schafft man es nicht lange, gegen das Ersticken anzukämpfen. Unwillkürlich ließen meine Hände das Seil los, und meine Beine zuckten bloß noch. Der rote Schleier vor meinen Augen färbte sich grau, und dann folgte, schneller als erwartet, undurchdringliche Schwärze.

Die Gläubigen unter euch mögen an dieser Stelle eine blumige Beschreibung der Himmlischen Pforte erwarten, die hell und herrlich über mir aufleuchtete, flankiert von Seraphilen als Wächtern, während ein Chor aus Märtyrern ein Willkommenslied sang. Oder, wenn man bedenkt, wie mein Leben bis dahin verlaufen war, wäre es durchaus verzeihlich, wenn ihr euch vorstellt, wie ich schreiend von den Maleciten, die meine elende Seele für sich beanspruchten, in ihr feuriges Reich gezerrt wurde. So oder so muss ich euch leider enttäuschen.

Es stimmt, dass ich in jener Nacht kurz gestorben bin. Dunkelheit legte sich um mich, und ich spürte, wie mein Herz aussetzte. Trotz der Fülle von Unsinn, den irgendwelche Schmierfinken, selbst ernannte Gelehrte oder Historiker, seither zu Papier gebracht haben, war dieser Ausflug in das Totenreich aber nicht der Zeitpunkt meiner Offenbarung. All das kam erst viel später. Nein, liebe Leserinnen und Leser. Bedauerlicherweise muss ich sagen, dass ich in dem Moment, als mein Herzschlag schwächer wurde und dann ganz erstarb, gar nichts sah. Und auch nichts spürte. Alles … hörte einfach auf.

»Ihr habt ihn umgebracht, ihr ungeschickten Trottel!«

Das verärgerte Keifen des Soldaten hallte mir schmerzhaft laut in den Ohren. Genauso schmerzhaft war gleich darauf der eisige Kuss des gefrorenen Bodens an meiner Wange. Und noch qualvoller, wenn auch unendlich erleichternd, die kalte Luft, die ich in meine Lungen sog. Ich musste heftig würgen und spuckte gallebitteren Speichel aus.

»Siehst du?«, sagte eine andere Stimme. »Ich hab dir ja gesagt, er ist noch nicht tot.«

Die Kälte verschwand von meiner Wange. Eine Hand packte meinen Kopf und hob ihn hoch. Ein paar kräftige Ohrfeigen, und ich konnte wieder klarer sehen. Der Soldat aus der Taverne tauchte vor mir auf. Seine Miene wirkte jetzt überhaupt nicht mehr freundlich. Es war die blutige, grausame Visage eines Mannes, der auf Rache aus war.

»Gut.« Knurrend stieß er mich wieder zu Boden. »Haltet ihn fest!«, fauchte er seinen Freunden zu. »Er wird ganz sicher zappeln.«

Ich wollte mich wehren, aber mehr als ein schwaches Zucken brachte ich nicht zustande, als ich von einem Dutzend Händen niedergedrückt wurde. Der Soldat riss meinen Mantel beiseite und schnitt mir mit seinem Dolch Wams und Hosen auf, bis ich von der Brust bis zur Leistenbeuge nackt war.

»Ich sollte dich warnen«, zischte er und beugte sich mit geweiteten, hungrigen Augen über mich, »beim Schweineschlachten auf dem Hof habe ich mich nie besonders geschickt angestellt.« Er drückte die Spitze des Dolchs so fest auf meine Haut, dass ein kleiner Blutstropfen hervorquoll. »Bei mir haben sie immer am längsten und am lautesten gequiekt …«

»Was hat das Theater hier zu bedeuten?«

Die Stimme erklang hinter den Soldaten, nicht sonderlich laut, aber von hörbarer Autorität erfüllt. Die Männer ließen mich sofort los und kamen auf die Beine. Der Soldat mit dem blutigen Gesicht zögerte noch einen Moment, seine Gesichtszüge zuckten verärgert, dann zog aber auch er den Dolch zurück und nahm steif Haltung an.

»Wir haben noch einen Schurken erwischt, Sir Althus«, sagte er in knappem, respektvollem Ton. »Einen aus Scarls Bande, darauf könnt ich wetten. Und außerdem«, sein finsterer Blick kehrte kurz zu mir zurück, »ist er der Mörder meines Bruders.«

»Ach. Einer der beiden Burschen, die wir in Ambriside aus dem Fluss gezogen haben?«

»Ja, Herr.«

»Hmm.« Die im Kreis stehenden Soldaten senkten die Köpfe. Schnee knirschte, als sie zurücktraten. Der Mann, der über mir auftauchte und zu mir hinabschaute, war knapp über dreißig, großgewachsen und gut gebaut, mit dunklem kurz geschnittenem Haar und einem ebenso kurzen und sauber rasierten Bart. Er trug ein pelzbesetztes Wams aus feiner Baumwolle, das an einer Seite mit einem goldenen Adler bestickt war. Sein Blick wirkte gebieterisch, jedoch fesselte vor allem der Adler meine Aufmerksamkeit.

Dieser Ritter, dieser Sir Althus, starrte mir – wie es mir vorkam – ungewöhnlich lange ins Gesicht. Seine Augen verengten sich, und ich hätte denken können, dass er mich erkannte, wenn ich mir nicht sicher gewesen wäre, dass wir uns noch nie begegnet waren. »Welchen Beweis hast du dafür?«, knurrte er an den Soldaten gewandt.

»Hier, Herr.« Der Soldat ging in die Hocke, riss mir das Medaillon vom Hals und hielt es neben sein eigenes. »Ihr seht, dass beide genau gleich sind. Eins wurde für mich angefertigt, das andere für meinen Bruder. Es gibt nur eine Möglichkeit, wie dieser Halunke in seinen Besitz gelangt sein kann.«

Sir Althus hob darauf lediglich eine Augenbraue. Er nahm dem Soldaten das Medaillon ab, trat näher und ging neben mir in die Hocke. Erneut ruhte sein Blick länger auf meinem Gesicht, als man es bei einem Adligen erwarten würde, der einen gefangenen Banditen mustert. »Wie ist dein Name, Junge?«

Ich bekam einen heftigen Hustenanfall und musste erst ein paarmal schlucken, ehe ich eine Antwort keuchen konnte. »Gab … Herr.«

»Gab.« Sein Gesicht zeigte so gut wie keine Regung, nur ein leichtes Zucken der Mundwinkel verriet, dass der Mann ein gutes Ohr für Lügen hatte. »Also, sag mir, Gab …«, er ließ das Medaillon vor meinen Augen baumeln, »… wie bist du in den Besitz dieses wertvollen Familienerbstücks gelangt?«

»Hab's gew-wonnen … Herr. Beim … Siebener-Spiel.«

»Verlogene kleine Ratte!«

Der Soldat drehte sich um und hob den Fuß, um mir in die Brust zu treten. Auf einen strengen Blick des kauernden Ritters hin hielt er jedoch inne. »Wer spielt schon um ein Märtyrer-Medaillon, Herr?«, fragte der Soldat. Er senkte den Stiefel und hielt erneut die beiden Anhänger hoch. »Die sind doch keinen Shek wert.«

»Ich habe Leute schon um alles Mögliche spielen sehen«, erwiderte Sir Althus ruhig, wobei er den Blick weiter auf mich gerichtet hielt. »Einmal hat ein Kerl sogar seinen Arsch zum Vögeln angeboten, so sicher war er sich seines Glücks.« Er kicherte leise. »Leider ein Irrtum. So ist das mit Würfeln – die sind unparteiisch. Ein Wurf macht dich reich, und schon beim nächsten …«, er sah mich an und hob unverschämt grinsend eine Augenbraue, »… bist du am Arsch.«

»Er …« Der Soldat verstummte. Offenbar kämpfte er mit seinem Zorn, dem er einer weniger hochrangigen Person gegenüber wahrscheinlich freien Lauf gelassen hätte. »Er ist kein Einheimischer, Herr. Taucht hier am Tag von Scarls Hinrichtung auf, ganz allein mitten im Winter. Wo soll er hergekommen sein, wenn nicht aus irgendeinem Schurkennest?«

»Das ist tatsächlich merkwürdig.« Sir Althus legte den Kopf schief.

»Der ist zwar nicht gerade teuer«, er strich mit dem Finger über den Saum meines Mantels, »aber auch nicht die Kleidung eines Knechts.«

»Das Abschiedsgeschenk meines Meisters, Herr«, sagte ich. Meine Stimme klang nicht mehr zögerlich, aber es lag ein Krächzen darin, das in den Jahren seitdem nie wieder ganz verschwunden ist. »Er konnte mich nicht länger beschäftigen. Hatte nicht genug Arbeit für mich. Seither bin ich unterwegs und suche nach einer neuen Anstellung. Hab gehört, dass auf Burg Duhbos Zimmerleute gebraucht werden.«

»Noch mehr gequirlte Scheiße!«, zischte der Soldat mit zusammengebissenen Zähnen, Dampfwolken stiegen von seinen Nasenlöchern auf. »Er ist ein Schurke, Herr. Ich kann es riechen.«

»Deine Nase reicht als Beweismittel nicht, Soldat.« Die Stimme des Ritters klang barsch und ablehnend und brachte die Soldaten zum Zittern. Sie nahmen noch strammere Haltung an, auch der trauernde Bruder mit dem blutigen Gesicht. Rache ist ein starkes Gebräu, aber nicht stark genug, um sich Sir Althus' Befehlsgewalt zu widersetzen.

»Hast du ihm das angetan?«, fragte Althus mich und nickte zu dem Soldaten mit dem blutenden Gesicht.

»Bin in Panik geraten, Herr«, brabbelte ich und bemühte mich um ein Lächeln, das aber wegen meines lädierten Gesichts wohl eher an die Grimasse eines Wasserspeiers erinnerte. »Manchmal kenne ich meine eigene Kraft nicht …«

»Kraft, sagst du?«, unterbrach er mich und stand auf. »Wir werden sehen, wie kräftig du bist.«

Er wandte sich an die umstehenden Soldaten. »Der Befehl des Königs über die sofortige Hinrichtung bezog sich nur auf die Leute, die direkt mit Deckin Scarl im Bunde waren. Über die Schuld dieses Jungen befindet, nach dem Gesetz der Krone, Herzog Elbyn. Und zwar in einem geregelten Prozess, bei dem Beweise dafür vorgelegt werden können, dass er ein Schurke ist, zu denen er sich dann äußern kann. Bis dahin steht zumindest fest, dass er einen Soldaten der Krone verletzt hat. Dafür wird er bestraft werden.«

Er winkte mit knapper Geste eine Gruppe Soldaten herbei. Wie meine Möchtegernhenker trugen auch sie Uniformen in den Farben des Königs, die aber adretter wirkten und mit einem goldenen Adler verziert waren. Bei ihrem Herannahen traten die anderen Soldaten rasch beiseite, wobei sie verärgerte Blicke austauschten.

»Ein Tag am Pranger sollte Strafe genug sein«, sagte Sir Althus, während die Neuankömmlinge mich auf die Beine zogen. Ich war noch zu schwach zum Laufen, deshalb legten sie sich meine Arme über die Schultern und schleppten mich weg. Sie hielten jedoch inne, als der Ritter eine Hand hob.

»Es war dumm von dir hierherzukommen«, raunte er mir ins Ohr, nachdem er sich dicht an mich herangebeugt hatte, sodass die Umstehenden nichts hören konnten. Inzwischen hatte meine Panik sich gelegt, und hätten die Verletzungen, die mir die Soldaten zugefügt hatten, nicht meinen Verstand getrübt, dann hätte ich wahrscheinlich erstaunt den Kopf hochgerissen, als ich das nächste Wort vernahm. So blickte ich nur schwach in seine traurige Miene, als er sagte: »Alwyn.«

♦ ♦ ♦

Bauern verbringen ihre oft kurze Lebenszeit fast ausschließlich mit Feldarbeit, deren Monotonie nur selten unterbrochen wird, den Bewohnern der Städte dagegen bietet sich einiges mehr an Unterhaltung. Selbst in Kriegszeiten sind in den meisten Herzogtümern Gruppen von Musikanten und Mimen unterwegs, vor allem an den Feiertagen der Märtyrer. Auch Straßenhändler, Handwerker und Verkäufer zweifelhafter Heilmittel, die auf fahrenden Jahrmärkten ihre Waren feilbieten, finden in den Hütten im Umkreis von Burgen, Häfen oder stark frequentierten Brücken viele Kunden. Trotz all der Zerstreuungen ist es für Stadtmenschen, meiner Erfahrung nach, aber immer noch das größte Vergnügen, einen armen Kerl zu quälen, der das Pech hat, am Pranger zu landen.

Wie Kinder mit einem gefangenen Fuchs, grübelte ich, als etwas Weiches, Fauliges gegen meine Wange klatschte. Der Gelegenheit, ganz ungeniert grausam sein zu können, konnten viele Menschen nicht widerstehen, besonders wenn sie selbst ums tägliche Überleben kämpften. So waren es nicht die Kunsthandwerker oder Händler der Stadt, die mich mit Unrat bewarfen, sondern deren Diener und Lehrburschen und auch die Betrunkenen und Bettler, die an den Rändern des städtischen Lebens ihr Dasein fristen. Die waren die Allerschlimmsten – ihnen reichte es nicht, nur mit fauligem Obst oder mit von Hunden abgenagten Knochen zu werfen, sie klaubten sogar noch Steine von der Erde auf. Der Kälte und den Folgen ihrer Trunksucht zum Trotz waren sie erstaunlich treffsicher und kräftig. Während Stein um Stein von meinem Gesicht abprallte, war ich geradezu dankbar für den stinkenden Dung und anderen Mist, mit dem ich beworfen wurde. Der davon ausgehende Pesthauch würde hoffentlich schlechte Körpersäfte abwehren, durch die sich meine zahllosen Schnittwunden entzünden könnten.

Wie bei solchen Anlässen üblich hagelte es neben den Wurfgeschossen auch Beleidigungen. Wieder war es der Abschaum der Stadt, der sich mit den vulgärsten Ausdrücken hervortat. Das meiste davon nahm ich in meinem benommenen Zustand gar nicht richtig wahr, aber ein paar Perlen sind mir doch im Gedächtnis geblieben.

»Du Schweine schändender, Kinder stehlender Hurensohn!«, kreischte eine Frau, deren Nase von der Trunksucht tiefrot gefärbt war, sodass ich mit meinem trüben Blick zunächst annahm, sie hätte sich einen Apfel vors Gesicht gebunden.

»Hier, friss Scheiße, du Drecksack!«, knurrte ein spindeldürrer Mann, der mit nackten Füßen über die gefrorene Erde tänzelte und einen kaputten Tontopf nach mir warf. Zum Glück war er nicht ganz so treffsicher wie die anderen elenden Gestalten; die schartigen Kanten des Topfes streiften mich nur leicht am Scheitel, bevor das Geschoss am massiven Holz des Prangers zerschellte.

Was nicht heißen soll, dass die Bestrafung ganz ohne Regeln erfolgte. Die Soldaten warteten, bis die Sonne ganz aufgegangen war, ehe sie mich zwangen, auf die Knie zu gehen und meinen Kopf und die Handgelenke in die halbkreisförmigen Vertiefungen des schweren eisenverstärkten Holzbalkens zu stecken, der die untere Hälfte des Prangers bildete. Während sie den oberen Balken befestigten, verlas der Feldwebel vor der wachsenden Menge der Stadtbewohner meine Strafe – eine kurze Liste, in der meine mögliche Mitgliedschaft in Deckins Bande nicht unerwähnt blieb. Vielleicht war das der Grund, weshalb die Leute bereits Wurfgeschosse sammelten, noch ehe der Feldwebel zu Ende gelesen hatte.

Er rollte die Schriftrolle zusammen und kratzte mit seiner Hellebarde eine halbkreisförmige Linie in den gefrorenen Boden, die etwa zwanzig Schritt vom Pranger entfernt eine Barriere bildete, die meine Peiniger nicht übertreten durften. Es waren schon Leute am Pranger gestorben, wenn die Menge in ihrem eifrigen Bestreben, Gerechtigkeit zu üben, außer Kontrolle geriet. Der Hagel aus Unrat, Steinen und Beleidigungen hielt fast den ganzen Tag lang an. Nur hin und wieder ließ er nach, wenn die Schar meiner Peiniger kurz verschwand, um sich neue Geschosse zu suchen oder sich mit einem Trunk zu stärken. Diese Pausen fürchtete ich noch mehr als die Angriffe, denn dann kehrte das Gefühl in mein malträtiertes Gesicht zurück und damit auch ein Teil meines Verstandes.

Ich wusste, dass ich gefangen war, und ich kannte mein Schicksal. Was ich jetzt erlitt, war noch gar nichts im Vergleich zu dem, was mich als Nächstes erwartete. Ich würde zu einer – vermutlich kurzen – Anhörung dem Herzog vorgeführt werden. Wenn ich auch mit Worten umgehen konnte, so würden mich Lug und Trug aus dieser Falle nicht befreien – sollte ich am nächsten Morgen überhaupt noch in der Lage sein zu sprechen. Meine Lippen waren geschwollen und aufgeplatzt, und mein Hals schmerzte noch von der vereitelten Hinrichtung. Hinzu kam eine Benommenheit, die im quälenden Verlauf des Tages immer mehr zunahm. Jeder Stein, der gegen meinen kraftlos herabhängenden Kopf knallte, aller Unrat, der gegen meine Haut klatschte, sogar der endlose Spott, das alles trieb mich immer weiter von der Wirklichkeit weg. Wie eine Schildkröte, die sich in ihren Panzer zurückzieht, flüchtete ich mich in mein Innerstes, in wirre Erinnerungen und Träume von Dingen, die nie geschehen waren und niemals sein würden.

Als mich mit einem Mal eisige Kälte in die Wirklichkeit zurückholte, bemerkte ich überrascht, dass es inzwischen dunkel war und der Platz um mich herum leer. Der Himmel war klar und voller Sterne, und in den umliegenden Häusern leuchtete nur hier und da schwacher Kerzenschein hinter den Fensterläden. In den schattigen Winkeln trieben sich noch ein paar Betrunkene herum, aber dank des Dutzends königlicher Soldaten, die um den Pranger herumstanden, wagte sich keiner von ihnen näher heran.

»Du bist noch da, oder?«, erkundigte sich eine Stimme, und Sir Althus' bärtiges Gesicht tauchte über mir auf. Er blickte mir prüfend in die trüben Augen. Dann trat er knurrend einen Schritt zurück und warf den Eimer beiseite, mit dem er mir Eiswasser über den Kopf gegossen hatte. »Natürlich bist du das. Er sagte, dass du nicht leicht zu töten bist.«

Er nahm eine Tonpfeife aus seinem Waffenrock und stopfte etwas Kraut in den Kopf. Ungerührt sah er zu, wie ich blinzelnd wieder zu Bewusstsein kam. Meine Hände und der Großteil meines Körpers waren taub, dagegen hatte ich das Gefühl, Kopf und Gesicht würden in Flammen stehen. Wenig überraschend konnte ich nicht mehr durch die Nase atmen, und ich keuchte vor Schmerz auf, weil die kalte Luft und das Wasser in meinen zahllosen Verletzungen brannten.

»Hier«, knurrte Sir Althus mit der Pfeife im Mund und hielt mir eine Feldflasche an die Lippen. Wasser strömte mir in den Mund, das meine ausgedörrte, schmerzende Kehle benetzte und besser schmeckte als der süßeste Nektar. Nachdem ich die Flasche leer getrunken hatte, reckte ich den Hals, um zu Sir Althus hochzuschauen, der sich die Pfeife zwischen die Zähne geklemmt hatte. Er schlug gekonnt über dem Pfeifenkopf einen Feuerstein an, und bald darauf stieg eine nach Moschus und Blüten duftende Rauchwolke auf, die Sir Althus tief einsog.

»Hab schon Schlimmeres gesehen.« Er beugte sich vor, um meine geschundene Visage zu betrachten. »Aber die Mädchen werden dich wohl nicht mehr so hübsch finden. Versuch's mal hiermit.« Er nahm die Pfeife aus dem Mund und steckte sie mir zwischen die geschwollenen Lippen. »Das wird den Schmerz etwas lindern.«

Pfeifenkraut war damals noch eine Rarität. Es wurde von weit her über den Ozean befördert, war entsprechend teuer und deshalb ein Luxus, den sich nur Adlige leisten konnten. Beim ersten Zug musste ich noch husten, aber schon nach kurzer Zeit drangen die merkwürdig süßen Dämpfe in meine Lunge ein, und ich spürte, wie das Brennen in meinem Gesicht nachließ.

»Nicht zu viel.« Althus nahm mir die Pfeife weg, bevor ich noch mehr von dem herrlichen Rauch einsaugen konnte. »Du sollst ja nicht wegdämmern, wie? Wir müssen uns noch unterhalten.«

Er wischte den Pfeifenstiel an seinem Waffenrock ab und steckte ihn sich dann wieder in den Mund. Seufzend setzte er sich auf die oberste Stufe des kleinen Podests, auf dem der Pranger stand. »Ich würde mich für dieses ... Spektakel entschuldigen, wenn ich mir nicht ganz sicher wäre, dass du es verdient hast und noch einiges mehr.« Er hatte sich so hingesetzt, dass ich sein Gesicht sehen konnte, ohne mich allzu sehr zu verrenken. Er musterte mich mit ernstem Stirnrunzeln. »Du hast tatsächlich den Bruder dieses Mannes getötet, nicht wahr, Alwyn?«

Verschiedene Antworten kamen mir in den Sinn – ich könnte es glattweg leugnen oder die Schuld auf jemanden schieben, der höchstwahrscheinlich tot war. *Es war ein schrecklicher blutrünstiger Schurke namens Erchel. Er zwang mich dazu, ein Leben als Bandit zu führen, Herr. Ich schwöre es bei allen Märtyrern.* Aber alles, was ich am Ende herausbrachte, war ein müdes, resigniertes Stöhnen. Sir Althus knurrte zufrieden.

»Dacht ich's mir doch. Auf Deckins Befehl hin, nehme ich an?«

Ich runzelte die Stirn, zuckte jedoch vor Schmerz zusammen, als meine Schnittwunden erneut aufbrachen.

»Nein?« Der Ritter hob überrascht die Augenbrauen. »Dann war er bestimmt nicht erfreut, als du ihm davon erzählt hast, oder? Wütend war er sehr gefährlich. Einmal hab ich erlebt, wie er einen Bogenschützen zu Tode geprügelt hat, der zu laut damit prahlte, dass er ihn im Kartenspiel besiegt hatte. Aber damals war er noch jünger – vielleicht wurde er im Alter ruhiger. Oder mochte er dich einfach zu sehr und hat dich deswegen nicht erstochen?«

Ich zwang mich, nicht die Miene zu verziehen, zum einen, um Schmerzen zu vermeiden, aber auch, um diesem scharfsinnigen Ritter nicht noch mehr gefährliche Geheimnisse zu verraten. Als Althus seine frühere Bekanntschaft mit Deckin erwähnte, kam ich jedoch nicht umhin, ihn neugierig anzuschauen.

»Ganz recht«, sagte er lächelnd, wobei Rauch seine Zähne einhüllte. »Ich kannte ihn, damals, als er noch Deckin der Spießgeselle war. So nannte man ihn in der Burg des alten Herzogs, weil er jahrelang das Fleisch am Spieß über dem Feuer gedreht hat. Er mochte diesen Namen nicht, aber genauso nannte ihn auch der Feldwebel, als er uns rekrutierte und uns den gestotterten Schwur abnahm. Wir sind beide am selben Tag zur Armee gekommen, weißt du? Zwei Jungs, beide noch feucht hinter den Ohren, und schon waren wir Soldaten, die in den Krieg marschierten.«

Sir Althus nahm einen langen Zug von seiner Pfeife und stieß mit reumütigem Lachen eine hellgraue Rauchwolke aus. Als er weitersprach, hatte seine Stimme sich verändert. Statt der gewählten Sprache der Adligen benutzte er jetzt den barschen Ton und die abgehackten Vokale des einfachen Volkes.

»Man hätte denken können, dass sie uns am Anfang noch eine Weile schonen, zumindest bis wir ganz erwachsen waren. Bevor sie uns mit Hellebarden, die schwerer waren als wir selbst, in den Kampf schickten. Aber weit gefehlt. Wir waren zum Ende der Herzog-Kriege ins Heer eingetreten, und da zählten das Alter, die dünnen Arme, die mangelnde Erfahrung mit Waffen nicht – man kämpfte, genau wie alle anderen, und wenn die Märtyrer einem gnädig waren, überlebte man.

Ein kräftiger Freund, der einem in brenzligen Situationen aus der Patsche half, konnte auch nicht schaden. Siehst du das hier?«

Sir Althus zog seinen rechten Ärmel hoch und enthüllte einen bleichen kahlen Strich auf seinem stark behaarten muskulösen Arm. »Da ist ein Armbrustbolzen durchgegangen. Während der zweiten Belagerung von Ilvertren, oder war es die dritte?« Er zuckte mit den Achseln. »Spielt keine Rolle. Tatsache ist, damals kam ich dem Tod so nahe wie nie wieder in meinem Leben, und es war Deckin, der mich von den Mauern wegtrug, bevor irgendein anderer treffsicherer Mistkerl mir den Garaus machen konnte.«

Wieder stieg Schmerz in mir hoch, und ich stöhnte auf. Er schob mir ein weiteres Mal die Pfeife in den Mund und ließ mich diesmal ein wenig länger daran ziehen. Der Rauch linderte spürbar meine Schmerzen, trübte aber auch meinen Blick. Als Sir Althus sich wieder hinsetzte, sah ich sein Gesicht bloß noch verschwommen; seine Worte vernahm ich dagegen weiterhin recht deutlich.

»Am Ende trennten die Zeit und die Wirren des Krieges uns voneinander.« In seiner Stimme lag Wehmut. »Ich trat in die Kompanie der Krone ein, als sich mir die Gelegenheit bot, Deckin hingegen blieb im Heer des Herzogs. Vermutlich hatte er damals schon beschlossen, Bandit zu werden. Der Hass auf seinen Vater zog ihn in die Shavine-Marschen zurück. Während all der Jahre, die ich ihn kannte, wollte er immer nur eins: Rache nehmen. Es muss ihn sehr geärgert haben, als Herzog Rouphons Kopf am Ende ohne sein Zutun unter dem Schwert des Henkers landete.«

Der Ritter schüttelte leise lachend den Kopf. Sein vernebelter Blick ging in die Ferne, und mir wurde klar, dass seine Geschichte gar nicht wirklich für mich gedacht war. Ihm kam es nur zufällig zupass, mir sein Herz auszuschütten, weil er seinen adligen Freunden diese Dinge nicht erzählen konnte.

»Also«, er dachte kurz nach, »wurde Deckin ein Bandit, während ich es, nach endlosen Mühen, zum Ritter brachte. Die Einzelheiten meines Aufstiegs will ich dir ersparen, Alwyn. Vermutlich interessieren sie dich einen feuchten Kehricht. Nur so viel: Früher war ich es, der vor Ranghöheren das Haupt neigen musste, aber jetzt verneigen die Leute sich vor mir. Der Vater von König Tomas hat mich vor ein paar Jahren zum Ritter geschlagen. Ich wurde Sir Althus Levalle, Großoffizier in der Kompanie der Krone. Ich heiratete eine Adlige, wenn auch von unbedeutender Herkunft, erwarb meine eigene Burg und die dazugehörigen Ländereien und Bauern. Das kann der Lohn des Krieges sein, wenn man lange genug überlebt, um ihn einzustreichen. Für Deckin hätte es genauso laufen können, wäre da nicht seine Besessenheit gewesen. Er war stets der bessere Soldat, was er mir auch unter die Nase rieb, als ich vor ganzen drei Nächten neben ihm im Kerker saß, so wie ich jetzt neben dir hier sitze. Die Folterknechte des Herzogs hatten ihn bearbeitet, aber er hat ihnen nichts verraten. Mir dagegen schon. ›Ein Dutzend Mal hab ich dir das Leben gerettet‹, sagte er, und es war nicht gelogen. ›Du stehst ein Dutzend Mal in meiner Schuld, alter Freund. Aber ich bitte dich nur um zwei Gefallen.‹«

Mit einem Mal überkam mich eine große Müdigkeit. Mein Kopf sank auf die Brust, und ich stöhnte auf. Entweder lag es an der Wirkung der Pfeife oder an der Tiefe der Nacht, jedenfalls wurde es zunehmend dunkler um mich. Sir Althus' Stimme hallte nur noch wie aus weiter Ferne zu mir herüber.

»Um zwei Gefallen bat er mich. Zum einen sollte ich derjenige sein, der die Gerechtigkeit des Königs vollstreckt. ›Ich will durch die Hand eines Freundes sterben, wenn es schon sein muss.‹

Vor einer Pflicht hab ich mich noch nie gedrückt. Darauf hab ich ja auch einen Schwur geleistet. Das solltest du dir merken, Alwyn: Schwöre nur etwas, wenn du auch bereit bist, es einzulösen, selbst wenn es den Tod bedeutet. Ein falscher Schwur hat keinen Wert und zieht nur Misstrauen und Feindschaft nach sich, für gewöhnlich von Leuten, die reicher und mächtiger sind, als man selbst es je sein wird. Wenn du dein Wort gibst, dann sieh zu, dass du es hältst. Genau das tat ich, als ich dem Mann, den ich einst wie einen Bruder liebte, den Kopf abschlug. Und ich tue es auch jetzt. Deckin bat mich noch um einen zweiten Gefallen, nämlich, über einen Bekannten von ihm zu wachen. Einen Jungen, der schlau genug war, dem Gemetzel von Moosmühle zu entkommen, aber, wie er vermutete, nicht schlau genug, um diesem Ort hier fernzubleiben.«

Kräftige Hände packten mich am Kinn und hoben es an, sodass ich in Althus' verschwommen wirkendes Gesicht sah. Das grimmige Bedauern in seinen Augen und in seiner Stimme nahm ich trotz meiner Benommenheit deutlich wahr. »Deckin bat mich, dich von hier wegzubringen, eine Anstellung in meinem Haus für dich zu finden, aber dein gestriges Abenteuer hat das leider unmöglich gemacht. Ich fürchte, ich kann es mit meinem Gewissen nicht vereinbaren, jemanden bei mir zu beherbergen, der einen Soldaten ermordet hat.«

Angst erwachte in mir, wurde vom Pfeifenkraut, meinen Schmerzen und dem Hunger jedoch stark gedämpft. »Aber keine Sorge«, fuhr Sir Althus fort. Seine Stimme klang jetzt noch weiter entfernt, so als spräche er vom Ende eines langen Tunnels zu mir. Damals blieben mir seine Worte nur ungefähr im Gedächtnis, ich muss mich deshalb beim Verfassen dieses Berichts auf Mutmaßungen stützen. Allerdings möchte ich wetten, dass sich das meiste als richtig erweisen würde, wenn Sir Althus den Wahrheitsgehalt noch bestätigen könnte, was – wie Kenner der Geschichte wissen – nicht der Fall ist.

»Ich werde dich auch nicht dem neuen Herzog überlassen«, sagte er. Zu diesem Zeitpunkt war ich schon halb bewusstlos. »Dieses Miststück, mit dem er sich eingelassen hat, würde sicher bestätigen, dass du ein Mitglied von Deckins Bande bist, und dann könnte ich nichts mehr für dich tun. Nein, mein Junge, ich werde dich in die Minen schicken. Zufällig ist gerade der Kettenmann eingetroffen, um den Abschaum aus Duhbos' Kerker abzuholen. Er erhält zwanzig Sheks für jede zwielichtige Gestalt, die er in den Minen abliefert, es war also nicht weiter schwer, ihn zu überreden, noch einen Banditen mitzunehmen. Der Soldat, der dich gern ausweiden wollte, wird zwar bestimmt Zeter und Mordio schreien, aber eine Silbermünze sollte ihn ruhigstellen, besonders wenn ich ihm erzähle, wohin ich dich schicke.

Nach einiger Zeit in den Erzminen wirst du vielleicht zu dem Schluss kommen, dass ein Strick um den Hals und ein aufgeschlitzter Bauch doch besser gewesen wären ...«

Ich weiß, dass er noch mehr gesagt hat, aber ich kann mich an den genauen Wortlaut beim besten Willen nicht erinnern. Ich entsinne mich nur noch, wie sich eine schwarze Wolke auf mich hinabsenkte und seine Stimme zu einem traurigen Singsang wurde, in dem nichts mehr zu verstehen war. Sir Althus Levalle sollte ich erst etliche Jahre später wiedersehen, und dann war ich trotz dem, was ich ihm verdankte – und im Gegensatz zu meinem Mitgefühl für Deckin –, vor allem wütend auf ihn. Sir Althus hat mir das Leben gerettet, das stimmt. Eigentlich dürfte ich ihn nicht hassen. Aber er hat mich auch verdammt, und darum tue ich es trotzdem.

Dreizehntes Kapitel

Ich erwachte zu einem Lied – nicht sehr melodisch und in einer Sprache gesungen, die ich nicht kannte, aber dennoch mit großer Begeisterung und Lautstärke geschmettert. Ich blinzelte mit blutverkrusteten Augen und hob den Kopf, prallte jedoch sogleich gegen etwas Hartes, als die Fläche, auf der ich lag, sich abrupt zur Seite neigte. Meine Sicht blieb trübe und körnig, aber der schwankende Untergrund und das Quietschen einer Achse teilten mir immerhin mit, dass ich mich wohl auf einem Karren befand. Der Gestank nach Schweiß und getrockneten Exkrementen ließ außerdem vermuten, dass ich nicht allein war.

»Die schlafende Prinzessin ist also doch nicht tot«, kommentierte eine Stimme, und als ich in die Richtung blickte, sah ich ein bleiches verschwommenes Oval. Die Stimme klang weiblich, und ihr schriller Akzent deutete auf eine Herkunft außerhalb der Marschen hin. *Eines der südlichen Herzogtümer*, vermutete ich.

»Aber vielleicht schwachsinnig«, fuhr die Stimme fort, während ich noch mit offenem Mund und trübem Blick in ihre Richtung starrte.

Das Gesicht kam näher; eine gerunzelte Stirn und kleine forschende Augen tauchten vor mir auf. »Bist du einfältig?«, fragte die Fremde betont langsam. »Kannst du sprechen?«

»Natürlich kann ich sprechen, verflucht nochmal«, murmelte ich trotz meiner Benommenheit verärgert. Ich wollte die Hand heben, um die lästige Fragestellerin wegzustoßen, musste aber feststellen, dass ich mit einer kurzen Kette gefesselt war. Der Eisenring der Fessel schnitt mir ins Handgelenk, und ich stieß ein Zischen aus, als mich ein heftiger Schmerz durchzuckte. Tränen schossen mir in die Augen, wodurch sich zum Glück mein Blick so weit schärfte, dass ich meine Umgebung genauer betrachten konnte.

Meine anfängliche Verwunderung darüber, dass der Himmel in eine Reihe ungleicher Quadrate unterteilt war, wurde zu säuerlichem Verdruss, als ich erkannte, dass ich mich im Inneren eines Käfigs befand. Sein Gitter bestand aus dünnen Eisenstäben, und die Kanten des Kastens waren mit dicken Bolzen gesichert. Mit geübtem Blick begann ich sofort, nach Roststellen zu suchen, fand jedoch nur wenige, was bedeutete, dass sich der Käfig nicht so einfach zerbrechen ließe. Zu beiden Seiten des Karrens, der zu meinem Leidwesen von sechs berittenen Soldaten in mir unbekannten grau-schwarzen Uniformen begleitet wurde, zog Wald vorbei. Einen Moment lang betrachtete ich die Bäume – hauptsächlich hohe Kiefern, die aus einem Teppich gefrorener Farne aufragten. Das war nicht der Shavine, den ich so gut kannte.

Inzwischen war mein Blick etwas klarer, und ich musterte die Frau, die mich bei meinem Erwachen begrüßt hatte, und stellte fest, dass es eher ein junges Mädchen war. Ihr schwarzes Haar stand ihr in verfilzten Zotteln vom Kopf ab und rahmte ein ovales Gesicht ein, das vielleicht hübsch war, was sich aber unter der Maske aus Schmutz nicht erkennen ließ. Ihr Körper war zu mager, um meine Lust anzufachen – wenn ich in diesem Moment überhaupt zu derlei fähig gewesen wäre. Neben ihr entdeckte ich die Quelle des Gestanks, der mir trotz meiner zerschlagenen Nase so unangenehm aufgefallen war – ein riesiger Kerl, so breit wie hoch und vor Schmutz starrend, der dalag und schlief. Doppelkinn und Bauch des Mannes schwabbelten jedes Mal, wenn der Karren über eine Spurrille holperte. Er war in dünne, fadenscheinige Lumpen gehüllt, schien aber bisher, wie an den Dampfwölkchen zu erkennen war, die von seinem schlaffen Mund aufstiegen, die Kälte überlebt zu haben.

»Ich nenne ihn Schlafender Eber«, sagte das Mädchen mit den Haarzotteln in ihrem schrillen Akzent. »Hab mit Stummem Trottel hier gewettet, dass du als Erster aufwachst. Nicht dass er die Wette angenommen hätte.« Sie nickte zu dem vierten Mitfahrer, dessen Anblick mich überrascht in meinen Ketten hochfahren ließ.

»Raith!«

Der Caerither schien meine Begrüßung kaum zu bemerken, seine Aufmerksamkeit war voll und ganz auf die massige Gestalt des Mannes gerichtet, der den Käfig auf Rädern lenkte. Dieser hob den Kopf mit den struppigen Haaren und begann erneut, ein Lied zu schmettern, noch lauter diesmal und ebenso schief. Fremde Worte hallten zwischen den Bäumen wider.

»Das macht er oft.« Das Mädchen verzog das Gesicht und verlagerte das Gewicht, um sich bequemer hinzusetzen. »Aber sag ihm lieber nicht, dass er damit aufhören soll, auch wenn's verlockend ist. Er hat einen dicken Knüppel, von dem er gerne Gebrauch macht.«

»Raith«, wiederholte ich und lehnte mich vor, um den Caerither mit meinen gefesselten Händen anzutippen. Dieses Mal drehte er sich zu mir um, und ich sah mich einem hohlwangigen Schatten des Mannes gegenüber, den ich kannte. Das Muster der blutroten Male in seinem Gesicht trat auf seiner ungesund wächsern glänzenden Haut umso deutlicher hervor. Er trug ein zerlumptes ärmelloses Wams, und seine einstmals muskulösen Arme wirkten viel dünner.

»Seid ihr alte Freunde?«, erkundigte sich das Mädchen. »Ich hoffe, du redest mehr als er. Der sitzt einfach nur da und starrt den ganzen Tag lang den Kettenmann an. Das bisschen, was sie uns zu essen geben, rührt er nicht an. Ist fast so, als wollte er sterben.«

»Deckin …«, setzte ich an, verstummte jedoch. Offensichtlich wusste Raith schon, was ich sagen wollte, oder es kümmerte ihn nicht. In seinem Blick war lediglich ein Hauch von Vernunft zu erkennen. Aber da er momentan meine einzige Informationsquelle war, konnte ich nicht anders, als nachzuhaken.

»Lorine«, sagte ich. »Hast du gesehen …?«

»Sie hat ihn aufgeschlitzt«, sagte der Caerither monoton. »Von oben bis unten.«

»Wen?« Verwundert starrte ich ihn an. »Wen hat sie aufgeschlitzt?«

Raith fühlte sich jedoch anscheinend nicht verpflichtet, mir zu antworten. Blinzelnd wandte er sich ab und starrte wieder den breiten Rücken des Karrenlenkers an. Mit einem resignierten Seufzer ließ ich mich zurücksinken. Da fiel mir auf, dass Raith zum ersten Mal, seit ich mich entsinnen konnte, nicht seine Kette mit Talismanen um den Hals trug.

»Wie lange ist es her, dass wir Burg Duhbos verlassen haben?«, fragte ich das Mädchen.

Sie musterte mich vorsichtig, aber neugierig, bevor sie antwortete. »Drei Tage, seit sie dich zusammen mit Stummem Trottel und Fettklops hier in den Karren geschmissen haben.« Sie stieß den schlaffen Leib von Schlafender Eber mit dem Zeh an. »Ich dagegen friere mir schon seit drei Wochen in diesem Ding den Arsch ab. Ich dachte schon, ich bekomme gar keine Gesellschaft mehr.«

Sie lächelte freudlos, und ich erhaschte einen Blick auf gelbe Zähne, bevor sie den Mund rasch wieder schloss und mich erneut prüfend ansah. Ich wusste, dass sie eine Gesetzlose war, ohne ein Wort ihrer Geschichte gehört zu haben; sie hatte einfach das Aussehen, diese halb wilde, kaum gebändigte Kraft, die junge Diebe besaßen. Ich zog etwas Befriedigung aus dem Wissen, dass sie wahrscheinlich ebenso dringend aus diesem Käfig hinauswollte wie ich. Wenn man sich von Ketten befreien wollte, machte sich jede Hilfe bezahlt.

»Alwyn«, sagte ich und lehnte mich mit dem Rücken gegen die Gitterstäbe. Ich schenkte ihr ein Lächeln, was ich aber sofort bereute, weil dadurch einige meiner Schnittwunden wieder aufrissen.

»Alwyn, und weiter?«, erkundigte sie sich.

»Schlicht Alwyn.«

»Alwyn der Schlichte, also?«

Sie entblößte wieder grinsend ihre gelben Zähne, und ich warf ihr einen vernichtenden Blick zu.

»Als sie dich hier reingeworfen haben, hat jemand Deckin Scarl erwähnt.« Sie senkte die Stimme und sah vorsichtig zu dem in Pelz gehüllten, massigen Leib des vor sich hin summenden Kettenmanns hin. »Stimmt das? Hast du dich mit ihm herumgetrieben?«

Ich überlegte, erneut zu lügen, aber in diesem Moment schien mir das zwecklos. Deckin und die anderen waren alle tot, und Raith und mich, die einzigen Überlebenden unserer legendären Schurkenbande, erwartete höchstens noch ein kurzes Leben in den Erzminen.

»Mit ihm herumgetrieben«, sagte ich. »Mit ihm gestohlen. Hin und wieder auch mit ihm getötet.« Ich wollte die Schultern zucken, aber die Geste führte nur dazu, dass sich meine Kette fester zog. Sie war mit einer massiven Eisenklammer am Karrenboden befestigt, die, ebenso wie die Gitterstäbe, nahezu rostfrei war. Plötzlich wütend trat ich gegen die Klammer und riss kräftig an der Kette, in der vergeblichen Hoffnung, das Holz drum herum könnte splittern.

»Tu das nicht!«, zischte das Mädchen scharf. Ihr Blick ging warnend zu der massigen Gestalt des Kettenmanns. Mir fiel auf, dass der Kerl inzwischen nur noch leise vor sich hin summte. Er legte den Kopf schief, sodass ich einen Blick auf seine rot gefleckte Stirn erhaschte. Die Beunruhigung des Mädchens und mein Gespür für Gefahren ließen mich innehalten. Ich senkte den Kopf und schwieg, bis der Kettenmann sich wieder umdrehte und weiter sein Lied trällerte.

»Wenn er aufhört zu singen«, flüsterte das Mädchen, »dann musst du dir Sorgen machen.«

Definitiv hübsch unter all dem Dreck, entschied ich, nachdem meine Wut nachgelassen und ich ihr Gesicht eingehender betrachtet hatte. *Und dazu noch klug.* Ich sah die Gerissenheit in ihren Augen. Sich dumm zu stellen, ist für kluge Menschen schwer, und ich hatte den

Eindruck, dass dieses Mädchen sich nie die Mühe gemacht hatte, es zu lernen.

»Ich hab dir meinen Namen genannt«, erinnerte ich sie. »Du mir nicht. Das ist unhöflich.«

Sie antwortete nicht sofort, sondern schaute mich nur unverwandt mit ihren klugen Augen an, die eine blassblaue Farbe hatten, wie mir jetzt auffiel. »Toria«, sagte sie schließlich. »Frag nicht, wo ich herkomme oder warum ich in diesem Käfig hocke.« Ein weiteres freudloses Lächeln mit gelben Zähnen. »Das geht dich verdammt nochmal nichts an. Nur so viel, Alwyn der Un-Schlichte: Ich bin keine Hure. Erwarte von mir also nichts außer Gespräche.«

»Der Gedanke wäre mir auch nicht gekommen«, erwiderte ich aufrichtig. Ich beugte die Knie, um näher an sie heranzurücken, und zog eine Grimasse bei dem Versuch, meine steifen Muskeln wieder zum Leben zu erwecken. Ich senkte den Kopf und sprach leise weiter, damit unser singender Wärter mich nicht hörte. »Ich nehme an, Verehrteste, dir gefällt es nicht sonderlich, hier drinnen angekettet zu sein. Außerdem kann ich mir nicht vorstellen, dass die Erzminen einem langen Leben zuträglich sind.«

»Hübsch gesprochen.« Toria schnaubte verächtlich. »Wie wär's, wenn du mir einfach sagst, was du verflucht nochmal vorhast?«

»Ich will damit sagen, dass ich nicht vorhabe, in den Minen zu enden, um mich im Laufe der nächsten Jahre zu Tode zu schuften. Zwischen hier und dort wird sich sicher die ein oder andere Chance bieten, diese Ketten loszuwerden. Es wäre leichter, wenn wir zusammenarbeiten.« Ich schaute zu Raith hin und murmelte skeptisch: »Wir drei.«

»Dafür, dass du erst ein paar Minuten wach bist, scheinst du dir unserer Chancen erstaunlich sicher zu sein.«

»Die Zeit ist auf unserer Seite.« Ich versuchte ebenfalls zu lächeln, ließ es aber gleich wieder, weil meine malträtierten Lippen aufsprangen und zu bluten anfingen. Ausspuckend fügte ich hinzu: »Mit der Zeit kommen die Gelegenheiten. Wir müssen nur bereit dafür sein.«

»Soll heißen, du hast keinen Plan, nur eine Absicht.« Sie schüttelte verächtlich und belustigt den Kopf. »Mögen die Märtyrer mich vor ehrgeizigen Männern bewahren, die glauben, das Schicksal würde ihnen immer in die Hände spielen.«

»Ebenfalls hübsch gesprochen. Und was ist an Ehrgeiz falsch?«

»Tja, zunächst mal hat er dich hierhergebracht, oder?«

Ich senkte den Blick und musste erschöpft seufzen. »Nein«, murmelte ich resigniert und rückte von ihr ab. »Das habe ich meiner Sentimentalität und Dummheit zu verdanken.«

Ich legte mich auf die Seite, ballte die Hände zu Fäusten und zog die Knie fest an den Körper, um sie warm zu halten. Ich wusste, es wäre nicht klug einzuschlafen, weil ich möglicherweise nicht mehr erwachen würde, wenn die Kälte zunahm. Aber ich war plötzlich so unfassbar müde, dass ich unmöglich wach bleiben konnte.

»Ey!« Torias schmaler Fuß, der in einem dünnen Lederschuh steckte, trat mir unangenehm hart in den Hintern. »Du solltest nur schlafen, wenn der Karren anhält. Bei Nachteinbruch zündet der Kettenmann ein Feuer an. Wenn du nicht darum bettelst, wirft er dir vielleicht sogar was zu essen rein.«

Ein abweisendes Knurren wollte aus meiner Kehle dringen, ich unterdrückte es jedoch. Die Erwähnung von Essen macht einem Hungrigen stets Hoffnung. Dennoch hatte mich die Müdigkeit fest im Griff und drohte mich in die willkommene Schwärze der Bewusstlosigkeit hinabzuziehen.

»Die Wachen«, flüsterte Toria so drängend, dass ich den Kopf hob.

»Was ist mit ihnen?«

»Sie sind faul. Er nicht.« Sie nickte zum Kettenmann und sah mich dann mit ihren schlauen Augen an. »Er schläft kaum. Aber die Wachen, die uns begleiten, denen geht es, glaub ich, ziemlich am Arsch vorbei, ob der Karren voll oder leer bei den Minen ankommt.«

Nun knurrte ich doch, aber eher belustigt als abweisend. »Anscheinend bist du auch ehrgeizig.«

Sie lachte schnaubend und schaute vorsichtig zum Kettenmann. Dann lehnte sie sich zurück und murmelte leise: »Du hast recht. Die

Minen sind keine schöne Aussicht. Ganz und gar nicht.« Als sie sah, dass mein Kopf erneut vor Müdigkeit hinabsinken wollte, trat sie mir ein weiteres Mal in den Hintern. »Nicht schlafen! Warte, bis es Nacht ist. So lange trete ich dir jede Minute in den Arsch, verlass dich drauf. Und nichts zu danken.«

♦ ♦ ♦

Die nächsten Tage lieferten hinreichend Belege dafür, dass Torias Beobachtungen stimmten. Die Wachen nahmen es mit ihren Pflichten nicht allzu genau und ritten mit großem Abstand zum Karren, was vermutlich dem Gestank unseres korpulenten schlafenden Weggefährten geschuldet war. Außerdem behielten sie den umliegenden Wald nur halbherzig im Auge und saßen die meiste Zeit mit hängenden Köpfen auf ihren Pferden oder unterhielten sich gelangweilt. Mir fiel auf, dass sie alle schon etwas älter waren. Nach meiner Schätzung war kaum einer von ihnen unter dreißig. Ihre Narben und die wettergegerbten Züge ließen vermuten, dass sie schon einige Feldzüge hinter sich hatten, Rüstungen und Waffen waren jedoch in schlechtem Zustand – offenbar hatten sie schon länger nicht mehr gekämpft.

»Alte, müde Soldaten sind mir die liebsten«, murmelte ich eines Abends an Toria gewandt. »Denen ist das eigene Leben wichtig. In ihrer Jugend haben sie viel riskiert, aber jetzt hat sie der Mut ebenso verlassen wie die Hoffnung auf Ruhm.«

»Und?«, erkundigte sich Toria mit vollen Backen. Sie kaute gerade eine Möhre, die der Kettenmann uns hereingeworfen hatte. Er hockte vor einem großen Feuer, das sich nahe genug am Karren befand, um den Insassen etwas Wärme zu spenden. Um den Feuerschein sehen zu können, mussten wir uns jedoch über Schlafender Eber beugen und seinen Gestank ertragen. Raith hockte nur reglos da, ohne etwas zu essen, egal wie sehr ich ihn dazu drängte. Stattdessen schaute er weiter den Kettenmann an, der seinen starren Blick nicht im Geringsten beachtete.

»Und«, erwiderte ich und nahm einen Bissen von meiner Hälfte der Möhre – ich hatte Möhren nie gemocht, aber jetzt schmeckten sie süßer als Honigkuchen –, »wenn sie vor die Wahl gestellt sind, ihr Leben zu riskieren oder uns laufen zu lassen, werden sie sich höchstwahrscheinlich für Letzteres entscheiden.«

Der Kettenmann war nicht sehr großzügig mit dem Proviant. Er gab uns gerade genug, um uns am Leben zu erhalten, aber nicht so viel, dass wir Kraft hätten sammeln können. Vermutlich blieb Toria nur deswegen einigermaßen am Leben, weil ihr Körper ohnehin wenig Nahrung benötigte. Ich hingegen fühlte mich mit jedem Tag auf dem Karren schwächer, und die Aussicht auf eine Flucht rückte in immer weitere Ferne, wenn ich sie auch noch nicht aufgeben mochte.

»Dafür müssten sie uns als Gefahr ansehen.« Toria runzelte skeptisch die Stirn. »Was nicht sehr wahrscheinlich ist.«

»Die Gefahr muss nicht unbedingt von uns ausgehen.« Ich schaute mich im Wald um, der immer noch hauptsächlich aus Kiefern bestand, die wie hohe namenlose Wachposten in der Dunkelheit aufragten. Außer einem fernen Wolfsheulen und dem nächtlichen Scharren und Kreischen eines Dachses oder Fuchses hatte ich auf unserer Reise bisher kaum etwas gehört. Um uns herum herrschte Wildnis, aber sie war nicht wild genug. »Hast du eine Ahnung, wo genau wir uns befinden?«, fragte ich Toria.

»Genau? Nein. Aber nach meiner Schätzung müssten wir noch fünfzig Meilen von den Minen entfernt sein. Sie befinden sich an der Grenze zwischen den Herzogtümern Alberis, Althiene und den Shavine-Marschen. Deswegen ist es für die Adligen so praktisch, unerwünschte Leute dort loszuwerden.«

Ich aß stumm den Rest meiner Möhre und versuchte, mich an alles zu erinnern, was ich über die östlichen Regionen der Marschen wusste. Ich war im Herzogtum viel herumgekommen, aber verlassen hatte ich es nie und mich auch kaum weiter als ein paar Meilen von der Sicherheit des Waldes entfernt.

»Der Nehlis-Sumpf«, sagte ich. Mir war ein Gespräch mit Klant wieder eingefallen, einem alten Soldaten, der sich mit seinem Hauptmann überworfen hatte und in Deckins Bande gelandet war. »Dort gab's mal eine Schlacht, am Anfang der Herzog-Kriege. Eine Menge Leute sind ertrunken, wegen ihrer Rüstungen und so. Er zieht sich ein paar Meilen weit am Westufer des Siltern hin. Ich schätze mal, wenn man zu den Erzminen will, muss man entweder drum herum oder ihn durchqueren.«

»Wir fliehen also in den Sumpf, und diese faulen Arschlöcher hier haben zu viel Schiss, um uns zu folgen.« Torias Augen, die im Feuerschein hell und aufmerksam glänzten, richteten sich auf die massige Gestalt des Kettenmanns. »Bei denen mag das klappen, aber nicht bei *ihm*. Wenn es uns überhaupt gelingt, diese Ketten loszuwerden und aus dem Käfig rauszukommen.«

Ich musterte ebenfalls den Kettenmann. Wie üblich hatte er uns den Rücken zugekehrt und summte leise vor sich hin. Die Soldaten setzten sich nie zu ihm ans Feuer, sondern schlugen stets ein paar Meter entfernt ihr Lager auf. Außerdem hatte ich sie während der gesamten Reise noch kein einziges Wort mit dem Mann wechseln hören. Das gemeine Volk ging Leuten seiner Zunft für gewöhnlich aus dem Weg, aber mir war bisher nicht klar gewesen, dass auch Soldaten sie verachteten. Mir fiel auf, wie die Männer seinem Blick auswichen. Sie schienen ihn regelrecht zu fürchten. Bislang hatte ich nur wenige Blicke auf das Gesicht des Kettenmanns erhaschen können, am deutlichsten stachen jedoch die roten Flecken auf seiner blassen, nahezu weißen Haut hervor. Ob er wohl an irgendeiner Krankheit litt? Aber er wirkte sonst recht gesund, und an Essen mangelte es ihm eindeutig nicht, so knausrig, wie er mit unseren Rationen war. Außerdem sprach er nie, sang lediglich seine unverständlichen Lieder. Offenbar war er also nicht völlig stumm – ein Widerspruch, über den ich lange nachgrübelte.

Ich fragte Toria, ob sie irgendeine Ahnung hatte, welche Sprache er benutzte. Sie warf dem Kettenmann einen argwöhnischen Blick zu, bevor sie leise antwortete: »Caerithisch.«

»Er ist Caerither?«, fragte ich überrascht und handelte mir einen wütenden Blick von ihr ein, weil ich versehentlich zu laut gesprochen hatte. Ich schaute zu Raith hin, und zum ersten Mal fiel mir auf, wie ähnlich die Male in seinem Gesicht denen des Kettenmanns waren. Bis dahin hatte ich angenommen, alle Caerither hätten dieselbe Hautfarbe, weil sie alle aus derselben Region jenseits der südlichen Berge stammten. Auch klangen die Lieder, die der Kettenmann sang, in meinen Ohren ganz anders als die melodiösen Worte, die ich Raith hatte sprechen hören.

Die Erkenntnis, dass ich von einem Landsmann Raiths gefangen gehalten wurde, hätte beinahe ein Lächeln auf meine geschundenen Lippen gezaubert. Wie war dieser Heide wohl dazu gekommen, Kettenmann im Königreich Albermaine zu werden? Er war eindeutig ein interessanter Kerl, aber die Erfahrung hatte mich gelehrt, dass interessante Menschen gefährlich sein konnten. Und selbst damals schon, als unreifer Jungspund, spürte ich die Gefahr, die von diesem Mann ausging.

»Unsere Chance wird kommen«, beharrte ich, mehr an mich selbst gewandt. »Es gibt immer eine. Vielleicht nur kurz – eine flüchtige Gelegenheit, so schnell vorbei, dass wir sie gar nicht bemerken. Also halt die Augen offen …« Ich verstummte, als der Kettenmann abrupt zu summen aufhörte. Er legte den Kopf schief, genau wie nach meinem ersten Erwachen im Karren. Ich war mir sicher, dass wir so leise gesprochen hatten, dass er uns nicht hören konnte, dennoch wirkte das schmale Lächeln, das auf seine Züge trat, bevor er sich abwandte und weitersummte, wissend.

»Alwyn …«, flüsterte Toria beunruhigt, verstummte jedoch, als ich ihr einen warnenden Blick zuwarf.

»Warte auf die Chance«, zischte ich ihr zu. »Sie wird kommen. Verlass dich drauf.«

◆ ◆ ◆

Am nächsten Morgen erwachte ich jäh vom Quietschen der Käfigtür, die aufgerissen wurde. Die Luft war noch kälter als sonst, und ich nahm zitternd den Anblick der Landschaft draußen in mich auf. Die Umgebung hatte sich verändert, an die Stelle der Bäume war ein nebelverhangenes, mit Gräsern bewachsenes flaches Moorgebiet getreten. Nur ein paar hundert Schritt von der Straße entfernt begann der Sumpf, den kein vernünftiger Mensch in einer Rüstung betreten würde, ein verzweifelter Gesetzloser hingegen schon.

Die offene Käfigtür ließ mein Herz schneller schlagen, die ersehnte Aussicht auf eine Flucht schien näher gerückt. Meine Aufregung legte sich jedoch gleich wieder, als mir einfiel, dass ich ja immer noch gefesselt war. Toria lag neben Schlafender Eber, und in ihrem Gesicht zuckte es, vermutlich würde sie gleich aufwachen. Raith dagegen fehlte. Außerdem war das Lied des Kettenmanns verstummt.

»Caihr teasla?«

Mein Blick zuckte zu den beiden Gestalten außerhalb des Käfigs. Der Kettenmann stand vor dem knienden Raith. Einen Mann, den ich jahrelang gefürchtet hatte, so eingeschüchtert zu sehen, war ein merkwürdiges Gefühl. Er hatte den Kopf gesenkt, wie ein Kind, das jeden Moment damit rechnet, von einem wütenden Vater verprügelt zu werden. Seine Miene war ebenso starr wie sonst, und die Augen waren aufgerissen, die harten Züge des Kettenmanns hingegen spiegelten Verachtung. Zum ersten Mal konnte ich sein Gesicht ganz sehen. Die roten Male auf seiner bleichen Haut waren zahlreicher als die seines Landsmanns. Sie verliefen von der Stirn bis zum Nacken und erinnerten an lodernde Flammen. Sein Alter ließ sich schwer schätzen – Augen und Mund waren von Falten umgeben, aber in der schwarzen Haarmähne zeigte sich keine Spur von Grau.

Der Wärter beugte sich näher an Raith heran und schüttelte etwas leise rasselnd neben dem Ohr des Gesetzlosen: Raiths Kette mit Talismanen. *»Caihr teasla?«*, wiederholte der Kettenmann mit einem Hauch von Hohn. Was immer die Frage bedeutete – die Antwort darauf kannte er offenbar bereits.

Er richtete sich auf und sprach eine ganze Menge Worte in der fremden Sprache, so schnell, dass ich sie nicht auseinanderhalten konnte. Raith hingegen verstand sie eindeutig, denn sein Ausdruck veränderte sich. Er schloss die Augen, holte tief und zittrig Luft und hob das Gesicht zum Kettenmann. Als er die Augen öffnete, leuchtete Trotz darin, und er presste mit zusammengebissenen Zähnen ein paar Worte hervor.

»*Ihs Doenlisch kurihm ihsa gaelihr.*«

Die Verachtung des Kettenmanns schlug plötzlich in Wut um, wenn auch zuvor ein Anflug von Furcht in seiner Miene aufleuchtete. Seine Faust traf kraftvoll Raiths Wange. Unter der Wucht des Schlags brachen Knochen, der Gesetzlose schwankte und sackte in sich zusammen. Er hustete Blut. Der Kettenmann stellte seine Füße zu beiden Seiten von Raiths Kopf auf und beugte sich tief hinunter, um in derselben fremden Sprache eine Frage zu stellen.

»*Vearath?*«

Raith lag zitternd am Boden und spuckte ein paar Zähne aus. Dann holte er einige Male rasselnd Luft und stemmte sich ein Stück hoch.

»*Vearath?!*«, schrie der Kettenmann.

Anstatt sich ihm zuzuwenden, reckte Raith den Hals und schaute mich an. Von dem stummen verängstigten Mann fehlte jetzt jede Spur, und er war wieder ganz der Raith, den ich kannte. Sein Blick wirkte selbstsicher und ruhig.

»Auf welchem Pfad man auch wandelt …«, krächzte er, und Blut tröpfelte an seinem Kinn hinunter. »Dem Schicksal entgeht man nicht …«

Der Kettenmann knurrte wütend und packte mit beiden Händen Raiths Kopf. Die Adern an Händen und Handgelenken des Kettenmanns traten deutlich hervor, als er erbarmungslos zudrückte. Ich hatte viele Menschen auf die unterschiedlichsten Weisen sterben sehen, aber noch niemals so. Ich schloss die Augen, noch bevor es vorbei war, aber das feuchte Knirschen von Raiths Schädel, der unter der Kraft des Kettenmanns nachgab, sandte dennoch eine Welle der Übelkeit durch meinen Körper. Wäre etwas in meinem Magen gewesen, so hätte ich es mit Sicherheit erbrochen.

»Verfluchte Scheiße.« Als ich die Augen öffnete, sah ich, wie Toria den Anblick jenseits der Gitterstäbe fasziniert in sich aufnahm. »Das hat er bisher noch nie gemacht.«

Ich zwang mich zuzusehen, wie der Kettenmann Raiths Leichnam in das Sumpfgras am Straßenrand schleppte und den Toten mit leisem Platschen ins Moor warf. Nachdem er wiederaufgetaucht war, blieb er noch kurz am Straßenrand stehen und betrachtete mit grimmiger Miene die Kette mit den Talismanen in seiner Hand. Er hielt sie hoch und musterte prüfend die Bronzeanhänger. Am längsten blieb sein Blick an dem Krähenschädel haften, wenn seine Miene auch kaum Interesse verriet. Verächtlich schnaubend warf er die Kette in den Sumpf zu ihrem ermordeten Besitzer.

Als er zum Karren zurückstapfte und die Tür schloss, murmelte er barsch in der fremden Sprache: *»Ishlichen.«* Es klang wie eine Beleidigung oder ein Fluch, und die Miene des Kettenmanns blieb finster, während er zur Vorderseite des Karrens ging und wieder auf dem Kutschbock Platz nahm. Leider hielt seine missmutige Stimmung ihn nicht davon ab, erneut seine Lieder anzustimmen. Er ließ die Zügel schnalzen, um die Kutsche in Gang zu setzen, und sein Gesang klang dabei lauter und schiefer denn je.

Vierzehntes Kapitel

Drei weitere Tage sollten vergehen, bis unsere Chance kam. Und zwar in Form eines unerwarteten Geschenks, das mich äußerst dankbar machte.

»Er ist tot.« Toria trat ein paarmal mit dem Fuß gegen den aufgeblähten Bauch von Schlafender Eber, worauf dieser den übelriechendsten und längsten Furz von sich gab, der aus seinem reglosen Leib bis dahin entwichen war. Wir waren zitternd im Morgengrauen aufgewacht und hatten festgestellt, dass vom wulstigen Gesicht unseres Weggefährten keine Dampfwölkchen mehr aufstiegen. Der Fleischberg seines Bauches hob und senkte sich nicht mehr, und seine Haut war bleich wie die eines Leichnams und an den Gliedmaßen von Äderchen durchzogen. An den Stellen, an denen er auf dem Karrenboden auflag, sammelte sich dunkel das Blut. Allerdings hatte ich auch schon Leute in ähnlichem Zustand gesehen, die quietschfidel wieder aufgesprungen waren, obwohl bereits ihr Grab geschaufelt war.

Ich beugte mich so weit vor, wie die Ketten es erlaubten, um sein Gesicht genauer zu betrachten. Seine Lippen waren schlaff und enthüllten im charakteristischen Grinsen des Todes seine Zähne. Die Erkenntnis, dass er nicht wieder aufstehen würde, erfüllte mich mit einer zufriedenen Erleichterung. Wäre ich vor lauter Hunger und Kälte nicht so verzweifelt gewesen, so hätte ich mir Raiths Schicksal zweifellos mehr zu Herzen genommen – und was es über unseren Wärter aussagte. Dass die Leiche von Schlafender Eber aus dem Karren entfernt werden musste, stellte jedoch eine Chance dar, die ich mir nicht entgehen lassen wollte.

»Er ist tot!«, wiederholte ich Torias Feststellung laut an den breiten Rücken des Kettenmanns gewandt. Er summte weiter vor sich hin, ohne sich umzudrehen, während der Karren über den Weg ratterte.

»Hee!«, schrie ich trotz der Schmerzen in meinem immer noch wunden Hals, um das monotone Summen zu übertönen. »Der Mistkerl hier ist tot! Hast du mich gehört? Du kannst uns nicht mit einem Toten hier drinnen lassen!«

Unsere Eskorte, die auf der schmalen Straße im Sumpfland zum Karren aufgeschlossen hatte, brach daraufhin in leises Gelächter aus. »Zumindest habt ihr jetzt genug zu essen!«, rief einer der Soldaten. Es war der älteste und ausgezehrteste von ihnen, sein zerfurchtes bleiches Gesicht war von dunklen Adern durchzogen, die von einer Neigung zur Trunksucht sprachen. Die meiste Zeit über begegneten die Soldaten Toria und mir bis auf ein paar verächtliche Blicke mit völliger Gleichgültigkeit, aber der hier machte sich gern über uns lustig, vor allem wenn abends die Brandy-Flasche die Runde gemacht hatte. Er lachte keckernd und setzte schon zur nächsten höhnischen Bemerkung an. Mit was für einer Perle er diesmal aufwarten wollte, wird jedoch ein Geheimnis bleiben, denn sein Mund schloss sich abrupt, als der Kettenmann den Karren anhielt.

Die Soldaten trabten rasch zum Wegrand und brachten Abstand zwischen sich und den Karren. Dasselbe hatten sie auch vor Raiths Ableben getan. Offenbar waren sie an die Eigenheiten des Kettenmanns gewöhnt, oder sie hatten schlechte Erfahrungen damit gemacht, ihm in die Quere zu kommen.

Der Karren schwankte ächzend, als der Kettenmann hinunterstieg und nach hinten ging, um einen schweren Schlüssel in das Schloss von der Größe eines Ziegelsteins zu schieben, mit dem die Käfigtür gesichert war. Mit ungerührter Miene schwang er die Tür auf und runzelte dabei lediglich die Stirn, wie jemand, der sich einer lästigen Pflicht annahm. Zu meiner Überraschung war das Beunruhigendste an ihm jedoch nicht sein Gesicht, sondern die Tatsache, dass sein Lied verstummt war. Nicht das leiseste Summen kam über seine Lippen, als er sich in den Karren beugte und Torias Handschellen packte.

Ich erwartete ein warnendes Knurren oder zumindest einen finsteren Blick, aber der Kettenmann löste nur mit einem schnellen Herumdrehen des Schlüssels und ein paar routinierten Handbewegungen Torias Fesseln. Mit der Kette in der Hand trat er zurück und bedeutete Toria hinauszuklettern, was sie etwas unbeholfen und mit zusammengebissenen Zähnen tat. Offensichtlich bereiteten ihr die ungewohnten Bewegungen Mühe. Ihre Füße hatten kaum den Boden berührt, da legte der Caerither ihr eine Hand auf die Schulter und drückte sie auf die Knie. Er ging in die Hocke, und ich verlor die beiden aus den Augen, hörte jedoch das Rasseln der Kette, die durch die Speichen eines Rades gezogen wurde.

Der Kettenmann richtete sich wieder auf, beugte sich in den Karren und nahm auch mir die Fesseln ab. Dabei verriet seine Miene verhaltene Belustigung. Mit geschürzten Lippen sah er mir in die Augen, und seine Hände bewegten sich mit mechanischer Präzision, um meine Handgelenke zu befreien. Beim Anblick seines Gesichts sank mein Selbstvertrauen – es war die Miene eines Mannes, der über seinen eigenen Witz lachte.

Er trat zurück und neigte einladend das zottige Haupt. Während der Tage meiner Gefangenschaft hatte ich mich ständig bemüht, meine Bein- und Armmuskeln zu bewegen und sie anzuspannen, wann immer unser Wärter gerade einmal nicht hinsah, dennoch bereitete es mir Schmerzen, aus dem Käfig zu klettern, und ebenso, als meine in Lumpen gehüllten Füße auf dem gefrorenen Boden aufkamen.

Noch nicht, mahnte ich mich, krümmte mich wegen der Schmerzen zusammen und sah mich dabei verstohlen um. Die Landschaft hatte sich kaum verändert, überall waren nur Gras und Nebel und kaum ein Baum oder Hügel in Sicht. Zumindest erleichterte mir das die Entscheidung, wie ich vorgehen sollte. *Warte, bis er dir wieder die Ketten anlegen will. Bleib ruhig sitzen, wie ein fügsamer Gefangener. Dann ein schneller Kopfstoß gegen die Nase, und weg bist du.*

Unwillkürlich schaute ich kurz zu Toria hin. Sie saß auf dem kalten Boden, Arme und Beine so um das Karrenrad gelegt, dass es aussah, als würde sie es umarmen. Resigniert starrte sie mich an. Ich zog etwas Trost aus ihrem Blick – wie ich wusste auch sie, dass nur einer von uns dem Käfig entrinnen würde, denn ich sah keine Anklage darin. Dennoch fühlte ich mich bei dem Gedanken, sie zurückzulassen, unerwartet schuldig.

»Hier.«

Die Stimme des Kettenmanns ließ mich zusammenfahren. Er sprach mit einem melodiösen fremden Akzent, der seltsam klang. Vor lauter Schreck, ihn Albermainisch sprechen zu hören, gelang es mir nicht, den Schlüssel aufzufangen, den er mir zuwarf. Der Bund rutschte mir durch die Hände und fiel auf die von Spurrillen durchzogene Straße, sodass ich mich mit schmerzendem Rücken bücken musste, um ihn aufzuheben. Als ich wieder hochkam, deutete der Caerither ruhig auf die Leiche von Schlafender Eber. »Ihr wollt ihn loswerden«, sagte er mit seiner seltsamen akzentbehafteten Stimme und äußerst präzise, wie jemand, der sich nicht seiner Muttersprache bediente, »dann holt ihr ihn auch raus.«

Nachdem ich mich schon auf das Schlimmste gefasst gemacht hatte, stürzte das plötzliche Fehlen von Ketten und zupackenden Händen mich in Verwirrung und Unschlüssigkeit. Der Kettenmann hatte den Kopf schief gelegt, und seine von Flammen gezeichnete Miene wirkte belustigt. Er stand gut sechs Schritt entfernt, ein ausreichender Abstand für einen Jungen wie mich, der es gewohnt war, Häschern zu entkommen.

»Ja«, sagte er und lächelte breit. »Du kannst weglaufen.« Er deutete auf das umliegende Sumpfland. »Ich werde dir nicht folgen. Und die auch nicht.« Er nickte zu den berittenen Wachen. Mir fiel auf, dass die Soldaten nicht im Mindesten belustigt wirkten und auch nicht näher herantrabten. Männer wie sie hatten für gewöhnlich ihren Spaß an Grausamkeiten. Diese hier wirkten jedoch eher verängstigt als vorfreudig. Still saßen sie in ihren Sätteln und beobachteten argwöhnisch das Geschehen mit starrem Blick, so als könnten sie von einem hässlichen Spektakel nicht wegschauen.

Sie rechnen damit, dass ich hier sterbe, erkannte ich und sah wieder den Kettenmann an. Er lächelte immer noch. »In dieser Richtung liegt das Moor am nächsten«, sagte er und deutete über meine Schulter. »Du musst bloß eine Meile durch feuchten Grund waten, dann bist du dort. Du wirst am Rand entlangwandern und langsam erfrieren. Nach einer Weile wirst du versuchen, zur Straße zurückzukehren, aber du wirst es nicht schaffen. Die Kälte bringt dich vorher um, wenn du nicht beschließt, dich zu ertränken. Oder vielleicht auch nicht.« Sein Mund zuckte, und er unterdrückte ein Lachen. »Vielleicht entdeckt dich ja ein freundlicher Fischer, der nach seinen Leinen schaut. Womöglich ist er so großzügig, dich in sein Boot zu holen und in seine hübsche, warme Kate zu bringen.«

Jetzt lachte er doch – ein schrilles Kichern, das an das Mauzen einer halb erdrosselten Katze erinnerte. Als er sich wieder beruhigt hatte, legte er Toria eine Hand auf den Kopf und fuhr mit den Fingern sanft durch ihr verfilztes Haar. In ihren Zügen spiegelte sich angewiderte Furcht. Zweifellos stand ihr genau wie mir noch deutlich vor Augen, was diese Hände mit Raith gemacht hatten.

»Eines sollst du jedoch wissen«, fuhr der Kettenmann fort. »Wenn du wegläufst, stirbt sie. Ich werde sie nicht umbringen. Aber ich werde ihr auch nichts mehr zu essen geben, und sie wird kein Wasser bekommen. Bis zu den Minen sind es noch fünf Tage.« Er legte den Kopf noch schiefer und hob ehrlich neugierig die Augenbrauen. »Denkst du, dass sie so lange überleben wird?«

Inzwischen hatte seine Heiterkeit sich gelegt und war einer intensiven Konzentration gewichen. Seine Augen bohrten sich in meine, was mich an Deckin erinnerte, wenn der seinen nächsten Plan ausgeheckt hatte. Meine Entscheidung schien für ihn von immensem Interesse. Die grimmigen Mienen der Wachen, die das Schauspiel beobachteten, ließen darauf schließen, dass ich nicht der Erste war, der auf diese Weise auf die Probe gestellt wurde. Wie viele Leichen mochten im Sumpf entlang der Straße liegen? Wie viele andere verzweifelte Narren waren geflohen, anstatt zu bleiben und einen Weggefährten zu retten, den sie kaum kannten?

Es gibt immer eine Chance, erinnerte ich mich, während mein Blick unwillkürlich zu Toria zurückkehrte. Sie vermied es, mich anzuschauen. Sie hatte den Kopf gesenkt und die Augen geschlossen, sodass es mir erspart blieb, ihre Angst zu sehen. Vielleicht war es von ihr nett gemeint, aber die Entscheidung lag damit nun gänzlich bei mir, weshalb kurz Ärger in mir aufwallte. Wäre sie nicht gewesen, hätte ich keine Sekunde gezögert. Ich hätte das Wagnis des beinah sicheren Todes im eisigen Sumpf auf mich genommen. Ich hätte es ganz allein geschafft. Ich wäre durch das verfluchte Moor geschwommen, wenn es sein musste – die freundlichen Fischer sollten die Märtyrer holen!

Ich unterdrückte ein Stöhnen und packte den Schlüssel fester, den der Kettenmann mir zugeworfen hatte. Auf schwankenden Beinen ging ich zum Karren. Den Leichnam von Schlafender Eber, der einen immer stärkeren Gestank verbreitete, aus dem Käfig zu wuchten, war in meinem geschwächten Zustand nicht ganz leicht. Ich mühte mich geraume Zeit damit ab, ohne dass der Kettenmann oder die zuschauende Eskorte mir zu Hilfe gekommen wären.

»Wirf ihn in den Sumpf«, wies der Kettenmann mich an, als der Leichnam endlich vom Karren fiel, wobei sich bei seinem Aufprall auf dem harten Boden eine weitere stinkende Gaswolke von ihm löste. »Dies ist die Straße des Königs. Wir sollten sie nicht mit der Leiche eines Banditen beschmutzen.«

Ich tat, wie mir geheißen. Dabei trat ich aus Versehen in ein knietiefes Morastloch, aus dem ich mich erst wieder platschend befreien musste, bevor es mir gelang, den stinkenden Leib von Schlafender Eber ins Gras zu zerren. Mir sollte nie vergönnt sein, seinen wahren Namen in Erfahrung zu bringen oder herauszufinden, welche Verbrechen er begangen hatte, dass er in dem Karren gelandet war. Aber wer immer er war und worin seine Missetaten bestanden hatten –, ich konnte mir nicht vorstellen, dass er es verdient hatte, unter Fremden zu sterben und wie Abfall in den Straßengraben geworfen zu werden. Ich hatte schon tote Hunde gesehen, die mit mehr Respekt behandelt worden waren.

Ich war dermaßen erschöpft, dass ich förmlich zum Karren zurückkroch, um mich mit tauben Händen wieder in den Käfig hineinzuziehen. Beim ersten Versuch fiel ich hin, was dem Kettenmann erneut ein schrilles Kichern entlockte. Nun, da die Prüfung vorbei war, wirkte er um einiges fröhlicher, insbesondere mein elender Zustand schien ihn sehr zu belustigen.

Während ich mich auf den Karren hochzog, beugte er sich über mich und flüsterte mir mit seiner präzisen Aussprache ins Ohr: »Die meisten entscheiden sich für die Flucht. Selbst wenn ein Verwandter von ihnen ans Rad gefesselt ist. Die Furcht des Gesetzlosen vor den Ketten ist immer stärker. Aber du bist geblieben.«

Ich spürte seine Hand im Nacken, als er sich tiefer hinabbeugte. Seine Berührung war kälter als die Winterluft. »Damit bist du noch nicht erlöst«, sagte er. »In den Minen wirst du noch öfter auf die Probe gestellt werden, Junge. Aber auch das wird dich nicht retten. Wir wissen beide, dass du nicht ihretwegen hiergeblieben bist. Du warst einfach nur zu schlau, um wegzulaufen.« Er sprach im Flüsterton, aber mir kam es fast vor wie ein Schrei, als er hinzufügte: »Stallknecht will wissen, ob du immer noch so undankbar bist. Ich würde sagen: Ja.«

Er schubste mich in den Käfig und stieß Toria hinterher. Dann kettete er uns mit rascher Effizienz wieder an und warf die Tür zu. Einen Moment lang trafen sich unsere Blicke durch die Gitterstäbe, das weiße Gesicht mit den roten Malen wirkte jetzt ausdruckslos, aber es stand auch ein Verstehen darin, das bald unser beider Schicksale besiegeln würde. Ich hatte in meinem Leben schon viele schlechte Menschen kennengelernt, grausame, sadistische, gierige Leute, ein wahrhaft böser Mensch war mir hingegen bis dahin noch nicht begegnet. Jetzt sah ich einen vor mir, und ich wusste es.

Fünfzehntes Kapitel

Geschichten über die Erzminen hatte ich in meinem Leben schon viele gehört. Die meisten Gesetzlosen fürchten sie sogar mehr noch als den Strick. Ein Vorfahre von König Tomas, der für seinen Pragmatismus bekannt war, sah sich vor etwa einem Jahrhundert mit gleich zwei Schwierigkeiten konfrontiert: Am Ostrand der Shavine-Marschen war eine reiche Eisenerzader entdeckt worden. Um den wertvollen Rohstoff aus der Erde zu holen, mussten jedoch Schächte von nie dagewesener Tiefe gegraben werden, was viele Tage gefährlicher Arbeit bedeutete. Die ansässigen Bauern hätten gewiss rebelliert, wären sie dazu gezwungen worden. Dank einiger kriegerischer Fehden zwischen den Dynastien fielen dem schlauen König jedoch ein paar hundert Gefangene in die Hände, die er als Aufrührer verurteilen konnte. So viele Gefangene auf einmal hinzurichten, hätte ihm den Ruf eingetragen, ein grausamer Schlächter zu sein – was dem einen König mehr, dem anderen weniger behagt. Das Genie dieses Mannes bestand nun darin, beide Probleme auf einmal zu lösen: Die Aufrührer sollten das Erz abbauen. So ging es ein paar Jahre, bis die Gefangenen nach und nach starben. Man begann, in den Herzogtümern nach neuen Rekruten für die Erzminen – wie sie bald genannt werden sollten – zu suchen. Für gewöhnlich schickte man Unzufriedene und Gesetzlose dorthin, die nicht so berühmt waren, dass man mit ihrer Hinrichtung ein Exempel statuieren konnte. Toria und ich waren demnach die perfekten Kandidaten.

Ich hatte nicht gewusst, was mich bei der Ankunft in den Minen erwartete, aber der Anblick der schlichten, kaum zwanzig Fuß hohen Holzpalisade, die sich mehrere hundert Schritt in beide Richtungen durch eine hügelige baumlose Landschaft schlängelte, überraschte mich doch. Im Süden endete sie bei einer steinernen Burg von bescheidener Größe und düsterer Erscheinung. Der Kettenmann hielt den Karren vor dem Wachturm im äußeren Burghof an und stieg ab, um den Käfig aufzuschließen und uns die Ketten abzunehmen. Die Wachen, die uns auf der Reise begleitet hatten, trabten in die Burg hinein, ohne den Kettenmann noch eines Wortes oder Blickes zu würdigen, der sie seinerseits ebenfalls mit Nichtachtung strafte.

Die leise Hoffnung, hier könnte sich eine Gelegenheit zur Flucht ergeben, die in mir aufloderte, als ich Toria aus dem Karren folgte, erwies sich als kurzlebig. In der Nähe standen ein Dutzend oder mehr Soldaten, die meisten mit Hellebarden bewaffnet, ein paar aber auch mit Armbrüsten. Ein kräftiger Kerl in der Uniform eines Feldwebels kam auf uns zu. Er musterte den Kettenmann kurz, bevor er sich unbeeindruckt dessen Fracht zuwandte.

»Nur zwei?« Er klang barsch und ungeduldig. Wie die Wachen auf der Straße wich er dem Blick des Caerithers aus und hielt einigen Abstand zu ihm.

»Anfangs waren es vier.« Der Kettenmann zuckte die massigen Schultern. »Der Winter bringt schlechte Ernte, und der neue Herzog der Marschen ist derzeit sehr auf Hinrichtungen aus.«

Der Feldwebel war seinerseits offensichtlich darauf aus, den Handel schnellstmöglich hinter sich zu bringen, ein prüfender Blick in unsere Richtung ließ ihn jedoch innehalten. »Für die beiden kann ich dir nicht den vollen Preis zahlen«, sagte er und verzog das grobschlächtige Gesicht. »In dem Zustand werden sie kaum eine Woche durchhalten.«

»Ihr irrt Euch«, erwiderte der Kettenmann. Mehr sagte er nicht, sondern musterte den Feldwebel nur so lange, bis der ihm schließlich doch in die Augen sah. Der Feldwebel wirkte wie ein befehlsgewohnter Mann, der gewiss nicht zimperlich war, wie sein Posten es von ihm verlangte, dennoch verhielt er sich dem Kettenmann gegenüber fast genauso wie die Wachen unserer Eskorte. Offenbar wollte er sich von ihm aber nicht einschüchtern lassen und biss deshalb – vielleicht aus Stolz oder aus Dummheit – die Zähne zusammen und fragte mit finsterer Miene: »Wie meinst du das?«

Dem Kettenmann schien es nichts auszumachen, dass sein Wort infrage gestellt wurde. Er deutete nur mit dem Finger auf mich und sagte milde: »Der hier wird jahrelang durchhalten und irgendwann versuchen zu fliehen. Ihr solltet ihn im Auge behalten. Die da …«, er wies auf Toria, »… ist weniger … wichtig. Aber sie ist kräftiger, als sie aussieht.« Er wandte sich dem Feldwebel zu und hielt die Hand auf. »In jedem Fall wird ihre Arbeit für Euren Herrn gewinnbringend sein, und deshalb verlange ich den vollen Preis.«

Das Gesicht des Feldwebels spiegelte seinen inneren Widerstreit – Muskeln zuckten und Fältchen vertieften sich, während er gegen den Drang ankämpfte, den Streit eskalieren zu lassen. Hass und Furcht rangen miteinander, bis Letzteres – meiner Erfahrung nach meist die stärkere Empfindung – siegte und der Feldwebel nach der Geldbörse an seinem Gürtel griff.

Nachdem der Kettenmann seine vierzig Sheks erhalten hatte, wandte er sich dem Karren zu, blieb aber noch einmal stehen und drehte sich zu mir um. Mir war nicht bewusst, dass ich ihn besonders herausfordernd angesehen hätte. In den Tagen seit seiner Prüfung hatte ich noch weniger zu essen erhalten als vorher, sodass mein Denken nur noch von Hunger beherrscht war. Dennoch muss ihm an meiner Haltung irgendetwas aufgefallen sein. Er trat näher und runzelte die Stirn mit den flammend roten Malen. Wären meine Erschöpfung und allgemeine Lethargie nicht gewesen, hätte ich in seiner Miene vielleicht Furcht erkannt – die Angst, einen großen Fehler gemacht zu haben –, aber diese Erkenntnis kam mir erst später. Damals konnte ich ihn nur mit trübem Blick anschauen. Mich beschäftigte einzig und allein die Frage, ob unsere neuen Wärter uns vielleicht etwas zu essen geben würden.

»Einen Moment«, sagte der Kettenmann zum Feldwebel und hob seinen Geldbeutel. »Ich will den hier zurückkaufen …«

»Geht nicht«, unterbrach ihn der Feldwebel barsch, aber mit offensichtlicher Befriedigung. Er hielt ein Kerbholz hoch, in das zwei frische Striche eingeritzt waren. »Hab schon die Kerben ins Holz gemacht, siehst du? Seine Hoheit ist sehr penibel und überprüft die Hölzer jeden Tag.«

Der Kettenmann sackte etwas in sich zusammen, und die Male in seinem Gesicht schienen sich noch mehr zu röten. »Ich zahle den doppelten Preis«, sagte er und löste die Schnur seines Geldbeutels.

Der Feldwebel zögerte kurz, aber selbst die Aussicht auf zusätzlichen Gewinn brachte ihn nicht zum Einlenken. Offenbar genoss er es zu sehr, dem Kettenmann seine Bitte abzuschlagen. Zwar siegt die Furcht meist über den Hass, aber das eine verstärkt stets auch das andere.

»Zu spät«, erwiderte der Feldwebel mit offensichtlicher Genugtuung. »Und jetzt«, fuhr er fort und sah bedeutungsvoll zu den Soldaten in der Nähe hin, »wird's Zeit, dass du deinen heidnischen Arsch in Bewegung setzt, Caerither. Du weißt, dass es meinen Jungs nicht gefällt, wenn du länger hier rumlungerst.«

Der Kettenmann stieß ein leises Zischen aus und warf noch einen letzten verärgerten Blick in meine Richtung. Dann sagte er etwas in derselben Sprache, in der er auch mit Raith gesprochen hatte: »*Eornlisch dien tira.*«

Obwohl ich vor allem mit meinem bevorstehenden Hungertod und der Kälte beschäftigt war, die mich am ganzen Leib zittern ließ, wurde mir bei seinen Worten noch etwas kälter, wenn ich auch keine Ahnung hatte, was sie bedeuteten. Sie jagten mir ebenso Angst ein wie seine rätselhafte Bemerkung, nachdem er mich auf die Probe gestellt hatte: *Stallknecht will wissen, ob du immer noch so undankbar bist.*

Vor der Bedeutung, die diesen Worten innezuwohnen schien, scheute ich unwillkürlich zurück, so wie ich auch vor dem Bösen zurückgeschreckt war, das ich im Blick des Kettenmanns wahrgenommen hatte. Mir war schleierhaft, wie er von Stallknechts Schicksal erfahren haben konnte oder von dem Spitznamen, den dieser mir gegeben hatte, und eine Stimme in mir warnte mich auch davor, über die ganze mysteriöse Geschichte genauer nachzudenken. Nur eines war sicher: Die Bosheit dieses Mannes und sein Wissen um Dinge, die er eigentlich nicht wissen konnte, hingen irgendwie zusammen. Ich wollte damit nichts zu tun haben, und als der hässliche Kerl mit den flammend roten Malen endlich zu seinem Karren zurückstapfte und auf den Bock kletterte, verspürte ich sogar eine gewisse Erleichterung bei dem Gedanken, dass ich bald in den vergleichsweise sicheren Erzminen eingesperrt sein würde.

»Aufpassen, Junge!«, fauchte der Feldwebel und lenkte mit einer harten Kopfnuss meine Aufmerksamkeit vom Anblick des davonfahrenden Kettenmanns weg. Der Feldwebel trat einen Schritt zurück und musterte uns ausgezehrte elende Gestalten mit spöttischem Blick. »Vierzig Sheks«, murmelte er kopfschüttelnd, dann räusperte er sich, richtete sich etwas auf und hielt uns in monotonem Tonfall einen offensichtlich schon oft wiederholten Vortrag.

»Hört gut zu und merkt euch meine Worte. Ihr werdet das nur einmal gesagt bekommen«, begann er. »Nach dem Gesetz der Krone steht ihr von nun an lebenslang im Dienst des Edlen Eldurm Gulatte, Herr von Burg Loftlin und Oberaufseher der königlichen Minen, die unter euch Abschaum als die Erzminen bekannt sind. Der edle Eldurm behandelt seine Untertanen mit Großzügigkeit und Güte, vorausgesetzt, sie befolgen die äußerst klugen Regeln, die sein erlauchter Vorgänger vor einhundert Jahren aufgestellt hat. Erstens: Arbeitet hart, und ihr werdet zu essen haben. Zweitens: Macht Ärger, und ihr werdet ausgepeitscht. Drittens: Macht ein zweites Mal Ärger, und ihr werdet gehängt. Viertens: Versucht, euch vor eurer Pflicht zu ehrlicher Arbeit zu drücken, und ihr werdet gehängt. Ansonsten …«, er schenkte uns ein leeres Lächeln, mit dem er sicherlich schon unzählige Glücklose vor uns bedacht hatte, »… könnt ihr schmutziges, verbrecherisches Lumpenpack tun und lassen, was immer ihr wollt. Na, ist das nicht großartig?«

Er drehte sich um und winkte zwei Wachen herbei. Sie trugen dieselbe grau-schwarze Uniform wie die Soldaten, die uns auf der Straße begleitet hatten, wirkten aber weniger verängstigt. In der Gegenwart des Kettenmanns hatten ihre Kameraden von ihrer berüchtigten Brutalität keinen Gebrauch gemacht, aber die hier kannten keine solche Zurückhaltung. Als mir die Gefahr bewusst wurde, senkte ich unterwürfig den Blick und stieß Toria an, die sich immer noch mit ihren zu klugen Augen umsah, damit sie dasselbe tat.

»Bringt sie in den Holzschuppen und lasst sie erst mal ein paar Tage zu Kräften kommen, bevor ihr sie reinführt«, erteilte der Feldwebel den beiden Wachen Anweisung. »Sonst überleben sie die erste Woche nicht, und seine Hoheit hat sich in letzter Zeit über zu viele Verluste beklagt.«

◆ ◆ ◆

Der Schuppen, in den man uns brachte, war klein und dicht mit Holz vollgestapelt, sodass wir uns eng zusammenkauern mussten, um uns warm zu halten. Zu meiner Überraschung warfen die Wachen uns ein paar Decken herein und dazu einen ansehnlichen Vorrat an Brot, Käse und Wasser.

»Iss nicht zu viel auf einmal«, warnte ich Toria, als die Tür zuschlug und sie sich gleich über das Brot hermachte. »Ein Magen, der zu lange leer war, muss sich an Nahrung erst wieder gewöhnen. Wenn du zu schnell isst, kommt alles gleich wieder hoch.«

Gehorsam kaute sie etwas langsamer. Trotz unserer Nähe wich sie meinem Blick aus. Ich hatte die Decken um uns gelegt, und unser beider Atem vermischte sich in der kalten Luft. Seit der Kettenmann mich auf die Probe gestellt hatte, war Toria mir gegenüber sehr schweigsam gewesen. Ihre selbst auferlegte Pflicht, mich tagsüber wach zu halten, hatte sie weiterhin gewissenhaft erfüllt. Außerdem hatten wir gemeinsam unter der noch sparsameren Proviantzuteilung gelitten. Obwohl ich jetzt eng an eine junge Frau gepresst dasaß, verspürte ich keine Erregung, nur Hunger und, als der Schmerz in meinen Eingeweiden langsam nachließ, wachsenden Hass auf den Kettenmann – eine Empfindung, die mir nur allzu vertraut war.

»Und wenn es mich all meine verbliebenen Jahre kostet«, sagte ich mit vollem Mund, während ich ein Stück Käse aß, »ich werde diesen heidnischen Mistkerl finden.«

Toria sah mich kurz an und schaute gleich wieder weg, und ich hatte den Eindruck, als wollte sie etwas Wichtiges sagen, hätte es sich dann aber anders überlegt.

»Was ist?«, fragte ich.

»Er hat da etwas gesagt«, meinte sie und verstummte wieder zögerlich.

»Du sprichst Caerithisch?«, fragte ich und stieß sie auffordernd an, als sie nicht antwortete.

»In den südlichen Herzogtümern sind Caerither keine Seltenheit«, murmelte sie widerwillig. »Vor allem Händler, die zwischen den Häfen unterwegs sind. Als Kind hab ich ein paar Worte aufgeschnappt. *Eornlisch* – das bedeutet: ›Schicksal‹. Ich glaube, er hat gesagt: ›Das Schicksal ist eine Lüge.‹ Allerdings klang er nicht sonderlich überzeugt davon.«

»Was für ein Schicksal?«

»Woher zum Teufel soll ich das wissen? Was immer es bedeuten sollte …«, sie zuckte mit den Achseln, »… ich bin mir ziemlich sicher, dass er es bereut hat, dich nicht unterwegs umgebracht zu haben.«

Dagegen konnte ich nichts einwenden. Ich hatte mir fest vorgenommen, den Kettenmann irgendwann wegen seiner rätselhaften Worte zur Rede zu stellen, und wenn er entgegenkommend genug war, würde ich ihm vielleicht sogar einen schnellen Tod gönnen.

»Du bist nicht weggelaufen«, unterbrach Toria meine Rachegedanken. »Dort im Sumpf. Warum nicht?«

»Wie er gesagt hat, hätte ich nicht lange überlebt. Zu bleiben war einfach klüger.«

Erneut zuckten ihre scharfsichtigen Augen zu meinem Gesicht hin. »Du lügst. Das ist nicht gut.«

Mein inzwischen etwas gefüllter Magen spendete mir genügend Kraft, dass ich leise lachen konnte. »Warum?«

»Weil du geblieben bist, stehe ich jetzt in deiner Schuld. Ich verdanke dir mein Leben. Dort, wo ich herkomme, bedeutet das eine ganze Menge.«

»Und wo genau kommst du her? Du hast es mir noch gar nicht erzählt.«

In ihrem ovalen Gesicht zuckte es verärgert, und sie nahm noch einen Bissen von dem Brotlaib. »Das spielt keine Rolle. Es zählt nur, dass ich dich nicht sterben lassen darf.«

»Wer sagt das?«

»Die Seraphilen natürlich. Sollte ich schuld an deinem Tod sein, dann lassen sie mich nicht durch die Pforte.«

Erneut wollte ich lachen, ließ es jedoch, als ich ihre ernste Miene sah. Es war nicht ganz Stallknechts unerbittliche fromme Gewissheit, aber doch der Ausdruck eines festen Glaubens.

»Dann solltest du das wohl besser vermeiden«, sagte ich. »Aber ich fürchte, es wird nicht leicht für dich. Ich habe nämlich nicht vor, länger in den Minen zu bleiben als unbedingt nötig. Und ich nehme jedes Risiko auf mich, um zu entkommen.«

»Das hat noch niemand geschafft. Alle Gesetzlosen des Reiches wissen das: Aus den Erzminen gibt es kein Entkommen.«

»In den vergangenen Wochen hätte ich ein Dutzend Mal sterben sollen, und doch lebe und atme ich noch. Keine Sorge, ich lass dich nicht hier zurück.« Ich legte ihr einen Arm um die Schultern. Es war das erste Mal, dass ich sie berührte, und ich spürte nur Knochen und Muskeln und kaum etwas Weiches. Halb erwartete ich, dass sie zurückwich, aber sie rückte näher heran, vermutlich um sich zu wärmen.

»Ich geh trotzdem nicht mit dir in die Kiste«, warnte sie mich. »Egal, was ich dir schulde.«

»Ich werde mich bemühen, mir mein gebrochenes Herz nicht anmerken zu lassen, Verehrteste.«

Toria stieß ein leises Geräusch aus, das ein halbes Lachen war. Ihre nächsten Worte klangen jedoch alles andere als fröhlich. »Deine übereifrige Zunge hältst du besser im Zaum. Ich bezweifle, dass du dich damit bei den anderen Insassen beliebt machst.«

♦ ♦ ♦

Das Wunder, endlich wieder etwas essen und sich aufwärmen zu können, verlor im Laufe der zwei Tage im Holzschuppen bald an Reiz und wich einer beklommenen Langeweile. Toria und ich erzählten uns Geschichten über unsere Abenteuer als Gesetzlose, von lustigen Fehlschlägen und unerwarteter Beute. Was ihre Herkunft betraf, beließ sie es weiter bei Andeutungen, aber soweit ich sie verstand, hatte ihre Laufbahn in Dulsian begonnen, dem südlichsten Herzogtum von Albermaine. Mit Diebstählen und Tricks schlug sie sich durch Teile von Alundia durch, um dann nach Alberis weiterzuziehen, dem am stärksten besiedelten und wohlhabendsten Herzogtum des Reiches. Besonders fesselnd fand ich ihre Geschichten über Couravel, die große Stadt, in der König Tomas Hof hielt und in der, wie es hieß, so viele Menschen wohnten, dass man sie unmöglich alle zählen konnte. Nach dem, was sie davon berichtete, war es für Leute unserer Zunft kein guter Ort.

»Die Stadt besteht größtenteils aus Häusern, eins über dem anderen, mit schmalen Gassen dazwischen, die mit Bettlern, halb toten Leuten und Scheiße vollgestopft sind. Reiche Beute macht man dort nur, wenn man bereit ist, im Auftrag einer Bande Leute umzubringen. Denen gehören die Bordelle und Schenken, und sie liegen ständig miteinander im Clinch. Wenn wir jemals hier rauskommen sollten, geh ich auf keinen Fall dorthin zurück.«

Toria wollte ihrerseits unbedingt mehr über meine Zeit mit dem legendären Deckin Scarl erfahren. Ich wusste, dass er in den Marschen schon länger bekannt war, im restlichen Königreich schien sein Ruhm jedoch geradezu absurde Ausmaße angenommen zu haben.

»Also.« Toria zog die Decke fester um sich, weil die Nacht langsam kälter wurde. »Hat er wirklich Geld an die Armen verteilt?«

»Wenn er sie zum Schweigen bringen oder sie um einen Gefallen bitten wollte, ja. Aber das allermeiste, was wir stahlen, haben wir selbst ausgegeben.«

»Alles? Er hat doch bestimmt was gehortet.« Sie schaute mich misstrauisch an. »Du verschweigst mir doch etwas, oder? Irgendein Geheimnis? Es muss einen Ort gegeben haben, tief im Shavine, an dem Deckin Scarl seine Schätze aufbewahrte.«

»Wenn er Schätze besaß, dann hab ich sie nie zu Gesicht bekommen.«

»Du verstehst mich nicht.« Sie verzog entnervt das Gesicht. »Eine Karte, die den Weg zu Deckin Scarls verborgenem Schatz zeigt, könnte die ein oder andere Silbermünze wert sein. Mit einem Dutzend solcher Karten ließe sich noch mehr Geld machen, besonders wenn der einzige Überlebende seiner berühmten Bande sie schweren Herzens verkauft.«

»Ein guter Hinweis.« Ich gestattete meinem verbrecherischen Verstand, ein wenig in die Ferne zu schweifen, und kam sogleich auf zahllose Möglichkeiten. »Eine solche Karte könnte auch das Interesse eines Wachmanns wecken, der bereit wäre, sich in einer dunklen Nacht von seinen Schlüsseln zu trennen.«

»Aber zuerst müssen wir sie zeichnen und beschriften. Zu beidem bin ich nicht fähig.«

»Ich auch nicht. Aber darüber können wir uns in den nächsten Tagen noch Gedanken machen.«

»Oder Jahren.«

»Tagen«, sagte ich mit Gewissheit in der Stimme. Heute kann ich über meinen törichten jugendlichen Optimismus von damals nur lächeln. »Ich habe noch einiges vor, und das schaffe ich nicht, wenn ich in dieser Mine hier festsitze.«

♦ ♦ ♦

Meine Gewissheit erhielt den ersten von vielen empfindlichen Dämpfern, als ich die Erzminen endlich richtig in Augenschein nahm. Ich hatte nicht viel erwartet, vielleicht einen gut bewachten Stollen, der in unterirdische Tiefen hinabführte. Stattdessen schwang das Tor nur gerade so weit auf, dass die Wachen Toria und mich hindurchstoßen konnten, und mein Blick fiel auf einen riesigen Krater, etwa dreihundert Schritt breit und ein Drittel so tief. An der Kraterwand führte eine spiralförmige Rampe zum Grund hinab, der an einen Arenaboden erinnerte. Entlang der Rampe gähnten zahllose Stolleneingänge, dunkle rechteckige Öffnungen im eintönigen Graubraun von Erde und Felsgestein. An den Eingängen herrschte ein ständiges Hin und Her von Leuten. Einige kamen gebückt unter dem Gewicht schwerer Säcke heraus, andere gingen hinein. Letztere hielten sich zwar aufrechter, aber auch ihre Köpfe hingen vor Erschöpfung herab. Die Leute mit den Säcken stiegen die spiralförmige Rampe hinauf, um ihre Last auf einen großen Haufen nahe dem Kraterrand zu werfen. Nachdem sie die Säcke abgeladen hatten, kehrten sie um und machten sich wieder an den beschwerlichen Abstieg.

Die düstere Szenerie war an sich schon niederschmetternd, hinzu kam noch – wie mein von Fluchtgedanken beherrschter Verstand sofort bemerkte –, dass die Wachen auf der hölzernen Palisade den gesamten Krater hervorragend überblicken konnten. Jetzt erst fiel mir auf, dass die Palisade aus zwei Reihen bestand, von denen die innere noch um einiges massiver war als die äußere. Und für jeden Wachposten, der nach draußen blickte, gab es drei weitere, die nach innen schauten, darunter auch eine gute Zahl Armbrustschützen.

»Nicht einer in hundert Jahren, erinnerst du dich?« Toria seufzte, als die Wachen das Tor hinter uns schlossen. Nachdem man uns aus einem unruhigen Schlaf geweckt hatte, unternahmen wir einen kurzen Versuch, die Wachen in ein Gespräch über Deckins sagenhaften Schatz zu verwickeln, was sich jedoch sehr schnell rächte.

»Ihr habt also eine Karte, ja?«, sagte der eine Wachmann und hieb mir seine behandschuhte Faust in die Rippen – nicht so fest, dass ich mich krümmen musste, aber schmerzhaft würgen musste ich doch. »Alle haben sie eine verfluchte Karte«, brummte der Kerl seinem Kameraden zu, während sie uns aus dem Schuppen zerrten. Toria besaß immerhin den Anstand, verlegen mit den Schultern zu zucken, bevor die Wachen uns mit einem heiteren »Sucht euch am besten schnell ein paar Freunde« durchs Tor schoben. Der eine Wachmann hielt noch einmal inne und musterte Toria mit lüsternem Blick. »Besonders du, meine Liebe.«

Ich rieb mir die geprellten Rippen und ließ den Blick weiter auf der Suche nach einer Schwachstelle durch die Mine schweifen, musste mir jedoch bald eingestehen, dass sie eine perfekt konstruierte Falle war. In dem Moment klopfte Toria mir auf den Arm und nickte zum Krater. Die anderen Insassen warfen uns lediglich ein paar müde Blicke zu. Keiner unternahm den Versuch, sich uns zu nähern. Auf Deckins Geheiß hatte ich mich einmal von den Männern des Sheriffs gefangen nehmen und in den Kerker einer bestimmten Burg werfen lassen. Es war Teil seines Plans gewesen, einen alten Verbündeten zu befreien, der aber, wie sich herausstellte, schon vor meiner Ankunft der Schwindsucht zum Opfer gefallen war. Die Insassen dort hatten sich auf mich gestürzt wie Ratten auf ein Stück Frischfleisch. Sie prügelten auf mich ein und hätten zweifellos noch Schlimmeres getan, hätte ich nicht das kleine Messer gezogen, das ich in meinem Schuh aufbewahrte, und ein paar von ihnen ein Auge ausgestochen. Hier fuhren die Gefangenen ohne Unterbrechung mit ihrer Arbeit fort, bis Toria zwei Gestalten entdeckte, eine kleine und eine große, die die spiralförmige Rampe hinauf auf uns zukamen.

Als sie näher heran waren, sah ich, dass die kleinere eine Frau war. Ihr Haar war fast vollständig ergraut und ihr Gesicht an manchen Stellen faltig, sonst aber merkwürdig glatt, sodass es mir schwerfiel, ihr Alter zu bestimmen. Den großen Mann daneben schätzte ich auf um die vierzig, wenn ich auch bald erfahren sollte, dass das Leben in den Minen einen innerhalb kürzester Zeit um Jahre altern lassen konnte. Gesicht und Kopf des Mannes waren bis auf ein paar graue Stoppeln glatt rasiert, und er trug auf der linken Seite eine Augenklappe. Die umliegende Haut war von einem Geflecht bleicher alter Narben gezeichnet. Dies musste wohl der Anführer sein. Einen solchen gibt es in jedem Gefängnis – ein Insasse, der mit List und brutaler Kraft über die anderen herrscht. Ein Blick auf die Hände des Mannes, die sogar noch größer waren als Deckins, ließ keinen Zweifel daran, dass es aussichtslos war, ihn herauszufordern. Das unheilvolle Funkeln seines verbliebenen Auges, als die beiden ein paar Schritt von uns entfernt stehen blieben, verriet mir, dass ich der üblichen Machtdemonstration aber wohl nicht entgehen würde, selbst wenn ich keinen Widerstand leistete.

Deshalb überraschte es mich, dass die Frau als Erste sprach, und das auch noch in einem flüssigen Tonfall, der recht gebildet klang. Nicht ganz die Stimme einer Adligen, aber sie schien auch nicht von den Feldern oder von der Straße zu stammen.

»Willkommen, Freunde.« Lächelnd legte sie sich eine Hand auf die Brust. »Mein Name ist Sihlda. Und das hier«, sie klopfte auf den Arm des Einäugigen, »ist Brauer. Dürfen wir fragen, wer ihr seid?«

»Alwyn«, erwiderte ich ebenso höflich und verneigte mich. »Und das ist Toria. Wir wurden zu Unrecht an diesen Ort verbannt …«

»Das spielt keine Rolle«, unterbrach mich Sihlda. Sie sprach nicht sonderlich laut, klang aber dennoch befehlsgewohnt, sodass mir meine Lügen im Hals stecken blieben. »Weshalb ihr hier seid, ist nicht von Bedeutung«, fügte sie hinzu. »Von nun an zählt nur, wie ihr euch in den Mauern dieses heiligen Ortes verhaltet.«

Das Wort kam so unerwartet, dass ich nicht anders konnte, als überrascht nachzufragen: »Heiligen?«

»Ja.« Ihr Lächeln blieb unverändert, und ihre Miene strahlte eine Gelassenheit aus, die ihre nächsten Worte ganz selbstverständlich klingen ließ. »Man kann dieses große Loch in der Erde als einen Ort der Plackerei und Strafe sehen, in Wahrheit habt ihr jedoch das große Glück, am Tor eines göttlichen Tempels zu stehen, der den Märtyrern und der Gunst der Seraphilen geweiht ist.«

»Ach du Scheiße«, murmelte Toria angewidert, aber zum Glück so leise, dass die Gläubige sie nicht hören konnte.

»Ein Tempel?«, fragte ich. Mir fehlten die Worte – eine höchst ungewohnte Erfahrung. »Verstehe.«

»Nein.« Die Frau lachte, und es war ein seltsam angenehmer Laut, in dem weder Niedertracht noch Tadel lagen. »Tust du nicht. Aber mit der Zeit wirst du es vielleicht.« Sie legte den Kopf schief und trat näher, was mich an eine Katze erinnerte, die etwas prüfend beäugte, um herauszufinden, ob es essbar oder ungenießbarer Abfall war. »Sag mir, Alwyn, warum hat Ahlianna es abgelehnt, König Lemeshill zu heiraten?«

Schon wieder werde ich auf die Probe gestellt, erkannte ich. Aber im Gegensatz zu den Spielchen des Kettenmanns wusste ich dank Stallknecht, wie man dieses hier spielte. Ich setzte eine angemessen fromme Miene auf und entschied, dass ein Zitat die beste Antwort wäre: »›Wie kann ich, die ich die Worte der Seraphilen vernahm und Zeugin der großen Plage wurde, einem wie dir Herz und Körper schenken? So mächtig und mutig du bist, ist dein Herz doch erfüllt von Grausamkeit und den unzähligen Täuschungen der Maleciten.‹«

Die Frau nickte ruhig, schien aber, zu meinem Leidwesen, von meinem Vortrag nicht weiter beeindruckt zu sein. Stattdessen trat sie einen Schritt näher und sah mir fest in die Augen. »Und was ist mit den beiden geschehen?«

Da ich mir nur eine Passage der Geschichte gemerkt hatte, musste ich erst in meinem Gedächtnis nach Stallknechts Predigten kramen und fasste sie dann, so gut es ging, zusammen. »Zornig über die Zurückweisung befahl Lemeshill Ahliannas Hinrichtung. Danach plagten ihn furchtbare Schuldgefühle, und er schwor dem Bund die Treue und begann den ersten Kreuzzug der Märtyrer. Er vernichtete die Armeen all jener, die im Bann der Maleciten standen, bis er schließlich mit bösen und unnatürlichen Mitteln im Kampf getötet wurde. Er und Ahlianna stehen auf der Liste der Märtyrer an zweiter und dritter Stelle.«

»Ja.« Die Stimme der Frau klang jetzt weicher, doch ihr bohrender Blick sprach eine andere Sprache. Sie mochte fromm sein, ihr Glaube hatte ihr aber eindeutig nicht den Verstand getrübt, wie bei so manchen anderen. Zweifellos spürte sie, dass in meinen Worten keine echte Überzeugung lag. »Und jetzt leben sie hinter der Himmlischen Pforte, nicht wahr? In Liebe vereint bis in alle Ewigkeit.«

Das war eine Falle, aber eine, die sich leicht vermeiden ließ. »Die Seraphilen versprechen all denen, die dem Beispiel der Märtyrer folgen, ihre ewige Gunst. Aber nur sie allein wissen, was hinter der Himmlischen Pforte liegt. Keiner von uns kann erahnen, welchen Lohn wir erhalten, wenn unsere Zeit auf Erden endet. Wüssten wir es, so könnten wir leicht auf Abwege geraten.« Ich runzelte ernst und etwas beleidigt die Stirn. »Über solche Dinge überhaupt nachzudenken, ist Ketzerei.«

»So ist es.« Sie trat einen Schritt zurück und richtete ihren Blick auf Toria. »Bist du in den Schriften des Bundes ebenso gut bewandert, meine Liebe?«

»So gut, wie es nötig ist«, erwiderte Toria tonlos. Wie üblich war sie nicht schlau genug, ihre Gefühle zu verbergen, und ein misstrauisches Stirnrunzeln machte sich auf ihren Zügen breit. Dafür, dass sie aus lauter Frömmigkeit meinte, in meiner Schuld zu stehen, fand ich ihre Reaktion auf diese Gläubige seltsam.

»Ihre Überzeugungen unterscheiden sich ein wenig von meinen«, warf ich ein. »Aber ich versichere Euch, es ist der Glaube, der uns verbindet. Sie steht mir gegenüber in der Pflicht, wisst Ihr. Und sie fürchtet, die Seraphilen zu erzürnen, sollte sie diese Pflicht nicht erfüllen.«

Sihlda hob eine Augenbraue und musterte Toria, die bestätigend mit den Schultern zuckte. »Er hat mir das Leben gerettet«, sagte sie.

»Und wenn man diese Schuld nicht begleicht, zieht man den Zorn der Seraphilen auf sich.«

»Zorn?« Sihldas Braue wanderte ein Stück höher. »Solche niederen Gefühle schreibt der Bund den Seraphilen nicht zu, jedenfalls nicht der wahre Bund.«

Torias Miene verfinsterte sich, und sie grinste trotzig. »Das ist Eure Wahrheit, nicht meine.«

Ich erwartete, dass Sihlda über ihre Aufsässigkeit verärgert wäre, aber sie lachte nur und wandte sich ab. »Keine Angst, meine Freunde. Jeder, der danach strebt, dem Beispiel der Märtyrer zu folgen, ist in unserem Tempel willkommen. Ganz gleich, wie gespalten der Glaube jenseits dieser Mauern sein mag.« Sie winkte uns, ihr zu folgen, und begann, die spiralförmige Rampe hinunterzusteigen. »Kommt, ich zeige euch unsere Andachtsstätte.«

Toria und ich wollten ihr rasch hinterherlaufen, doch Brauer trat uns in den Weg. Er bedachte uns mit einem argwöhnischen und warnenden Blick. »Die sind mir beide zu schlau«, knurrte er im groben Akzent der Marschen. Seine Worte waren eindeutig an Sihlda gerichtet, wenn sein Auge auch uns maß. »Das Lügen fällt ihnen viel zu leicht, besonders dem hier.« Er tippte mit seinem großen Finger auf meine Brust. »Das gefällt mir nicht.«

»Ich habe keine Lügen gehört«, sagte Sihlda, was ich sehr aufschlussreich fand. Anscheinend verbot ihr Glaube es ihr nicht, unaufrichtig zu sein, denn ich wusste, dass sie meine Worte durchschaut hatte, als wären sie aus Glas. »Außerdem«, fügte sie hinzu, »können wir schlaue Leute gebrauchen, oder nicht?«

Brauers Mund zuckte; offenbar kämpfte er gegen den Drang an zu widersprechen. Wir befanden uns in einem sehr merkwürdigen Gefängnis. Mir war nun ohne Zweifel klar, dass nicht dieser Mann mit seiner brutalen Kraft und seiner verbrecherischen Tücke hier das Sagen hatte, sondern eine kleine fromme Frau.

»Täusch dich nicht, Junge.« Brauer trat so dicht an mich heran, dass sein stinkender Atem mir ins Gesicht wehte. »Ich bin durchaus gläubig. Aber ich werde jeden Tropfen Blut aus deinem Kadaver wringen, solltest du irgendetwas sagen oder tun, was Aszendentin Sihlda schadet.«

»Aszendentin?« Ich schaute der kleinen Frau hinterher, die bereits die Rampe hinunterging, und mir fiel auf, dass sie den anderen Insassen im Vorbeigehen freundlich zulächelte. Diese wandten entweder den Blick ab oder verneigten sich leicht vor ihr, mit auf die Brust gelegter Hand – ein ehrerbietiger Gruß, der für gewöhnlich ranghohen Geistlichen des Bundes vorbehalten war. Das warf die Frage auf, ob die Frau sich den Titel Aszendentin selbst gegeben hatte oder – was ich kaum glauben mochte – tatsächlich eine bedeutende Klerikerin war. Wenn ja, was machte sie dann hier in den Minen?

»Dann kommt mal besser mit«, sagte Brauer, drehte sich um und ging hinter Sihlda her. Als wir an den anderen Insassen vorbeikamen, fühlte sich von ihnen offenbar keiner verpflichtet, sich vor Brauer zu verneigen, allerdings wandten alle rasch den Blick ab. Sihlda wurde also respektiert, Brauer dagegen gefürchtet. Während wir an der Reihe erschöpfter, schlurfender Gestalten vorbeigingen, fing ich den ein oder anderen finsteren Blick auf, den sie Brauer zuwarfen, sobald dieser ihnen sicher den Rücken zugewandt hatte. Meist war es nur die Feindseligkeit der Schwachen gegenüber einem Stärkeren, in manchen leuchtete jedoch auch echter Hass oder lang gehegter Groll. Außerdem bemerkte ich einige offen lüsterne Blicke, die vorwiegend Toria galten, ein paar aber auch mir.

»Was starrst du so, Wieselgesicht?«, knurrte Toria einen allzu aufdringlichen Insassen mit schmalen Zügen und einer vorstehenden Nase an. Er wich einen Schritt zurück, schien den Blick aber nicht von ihr losreißen zu können, sodass ich Toria zurückhalten musste, die sich mit geballten Fäusten auf ihn stürzen wollte.

»Lass es«, sagte ich und bemühte mich um einen möglichst nichtssagenden Ton und Gesichtsausdruck, während ich sie weiterzog.

»Ich hasse Gaffer«, murmelte sie und entriss mir ihren Arm.

»Du solltest dich besser dran gewöhnen.« Ich musterte die Reihe der Ungewaschenen in ihrer dreckigen, zerschlissenen Kleidung. »Hier scheint es nicht viele Frauen zu geben.«

Wir folgten Brauer die spiralförmige Rampe hinunter zum Kraterboden. Auch hier arbeiteten Leute – zwei Dutzend Gefangene trugen Säcke aus einem Stollen und stapelten sie am Fuß der Rampe auf. Sie unterschieden sich von den anderen dadurch, dass sie weniger abgemagert waren und ihre Kleidung nicht ganz so fadenscheinig wirkte. Außerdem machten sie insgesamt einen freundlicheren Eindruck.

»Ich freue mich, unseren neuen Bruder und unsere neue Schwester in diesem Tempel willkommen zu heißen.« Sihlda streckte eine Hand aus und winkte uns vorwärts. »Alwyn und Toria.«

Die Gefangenen hielten kurz inne, um uns zuzunicken. Manche legten dabei eine Hand auf die Brust, wie gläubige Mitglieder des Bundes einander begrüßten. Ich setzte rasch eine feierliche Miene auf und erwiderte die Geste, Toria hingegen verschränkte die Arme vor der Brust und nickte bloß knapp. Dass hier, im Gegensatz zum oberen Bereich des Kraters, auch zahlreiche Frauen arbeiteten, vermochte Torias Argwohn offenbar nicht zu zerstreuen.

»Kommt.« Sihlda ging auf den dunklen Stolleneingang zu. »Ihr wollt sicher zuerst den Schrein des Märtyrers besuchen, bevor wir uns um alles andere kümmern.«

Mir gelang es, die offensichtliche Frage zu unterdrücken, Toria hingegen war weniger zurückhaltend. »Was heißt ›alles andere‹?«

»Nur Geduld, meine junge Schwester«, sagte Sihlda milde belustigt. Ihre Stimme hallte von den Wänden des Stollens wider, als ihre kleine Gestalt in der Dunkelheit verschwand.

Toria blieb stehen und wandte sich mir zweifelnd zu. Ich schaute bedeutungsvoll in Brauers Richtung, der neben dem Stolleneingang wartete. Als Toria noch immer zögerte, legte ich ihr einen Arm um die Schultern und führte sie hinein. Ich spürte, wie sie zitterte und sich ein Aufkeuchen verkneifen musste, als die Dunkelheit uns einhüllte.

Sechzehntes Kapitel

Auf unserem Weg zu den Minen hatte ich Toria als ziemlich furchtlos eingeschätzt, oder zumindest schien sie es gewohnt zu sein, ihre Angst zu verbergen. Ihr Aufkeuchen bei unserem Eintreten in den Tunnel erzählte jedoch eine andere Geschichte.

»Ist es die Dunkelheit oder die Enge?«, murmelte ich.

»Beides«, flüsterte sie zurück. Ihre Augen leuchteten hell im Schein einer Fackel, die irgendwo in den Tiefen vor uns brannte. Brauers riesige Gestalt in unserem Rücken trug sicher auch nicht dazu bei, dass sie sich wohler fühlte. »Ich hasse es, den Himmel nicht zu sehen.«

»Ich bin hier«, sagte ich in der Hoffnung, sie etwas zu beruhigen, indem ich das Offensichtliche aussprach. »Außerdem glaube ich, dass diese Leute uns nichts Böses wollen.«

»Sie sind *zu* freundlich.« Ihre leuchtenden Augen flackerten, als sie sich umsah. »Was für ein Kerker ist das hier?«

Ich senkte die Stimme und flüsterte ihr ins Ohr: »Einer mit einem Schrein. Und das heißt, hier gibt es Leute, die noch Hoffnung haben. Das können wir uns zunutze machen.«

Sie schwieg kurz, dann schluckte sie hart und lachte gezwungen. Ihre Worte sprudelten schnell hervor. »Oder wir könnten ihnen eine Karte zu Deckins Schatz verkaufen.«

»Ja.« Ich stimmte in ihr Lachen ein und drückte ihr die Schultern. »Die Möglichkeit bleibt uns immer noch.«

Zu der Fackel kamen schon bald noch weitere hinzu, als wir tiefer in den Schacht vordrangen. Im Feuerschein tauchten grob behauene Steinwände und ein überraschend glatter Boden auf. Mit den Füßen ertastete ich, dass sich der Gang leicht abwärts neigte, und meine Haut erhitzte sich von der unerwarteten Wärme, die in der Luft lag. Ich nahm einen moderigen Geruch wahr – feuchter Stein vermischt mit einem Hauch Verwesung –, aber er war nicht unerträglich und roch auch nicht nach Exkrementen. Die Arbeiter hier schienen zumindest schlau genug zu sein, ihre Ausscheidungen anderswo zu entsorgen.

Nach etwa einhundert Schritten erreichten wir eine Gabelung, wo der Stollen auf mehrere andere traf. Aus den Gängen hallten Hammerschläge herauf, und wir mussten beiseitetreten, um einen Insassen vorbeizulassen, der einen Sack mit frisch abgebautem Erz zum Schachtausgang schleppte.

»Arbeit ist der Preis für unseren Dienst in diesem Schrein«, erklärte Sihlda. Sie stand neben dem engsten Stollen – dem einzigen, aus dem keine Geräusche hervordrangen. »Brauer, sei so gut und zeige Toria ihre Unterkunft und gib ihr die Werkzeuge, die sie braucht. Alwyn …«, sie deutete auf den stillen Schacht, »… du kommst bitte mit mir.«

Toria erstarrte unter meinem Arm. Ihr Instinkt als Gesetzlose befahl ihr eindeutig, zu fliehen oder zu kämpfen. »Alles ist gut«, flüsterte ich ihr zu. »Das ist nur ein weiterer Käfig. Hab Geduld.«

Seufzend richtete sie sich auf, schüttelte meinen Arm ab und folgte dem riesigen Brauer durch die Öffnung des breitesten Stollens.

Sihlda blieb mit einem erwartungsvollen Lächeln neben dem Schachteingang stehen, bis ich einen Schritt hineingesetzt hatte. Der Schacht erstreckte sich weit vor mir; sein Ende verlor sich in so tiefer Dunkelheit, dass sie das Licht von Sihldas Fackel förmlich zu verschlucken schien. Da ich spürte, dass weitere Fragen zwecklos wären, ging ich schweigend weiter. Irgendwann begann Sihlda ihrerseits, ein paar Fragen zu stellen.

»Hast du keinen weiteren Namen außer Alwyn?«

»Ehrlich gesagt, nein«, erwiderte ich und verbiss mir einen Fluch, als ich mit dem Kopf gegen die tiefe schartige Decke des Stollens stieß. »Wie es mit Bastarden so ist.«

»Aber nicht mit Banditen. Brauer zum Beispiel hatte früher den Beinamen ›der Schlächter‹. Vielleicht hast du schon mal von ihm gehört?«

»Ich glaube nicht.« Das stimmte, und es schien mir merkwürdig, weil eigentlich jedes Mitglied in Deckins Bande einigermaßen berühmt gewesen war. Womöglich hatte Brauer den eigenen Ruf ein wenig aufgebauscht?

»Na, macht nichts«, sagte Sihlda. »Wenn er also der Schlächter war, was, wenn ich fragen darf, warst du?«

»Im Laufe der Jahre hatte ich viele Beinamen, die meisten zu vulgär und anstößig für die Ohren einer Aszendentin. Ein berühmter Bandit hat mich mal den Fuchs des Shavine genannt. Aber das war alles vor meiner Erleuchtung, wie ich es nenne …«

Sie gab ein leises ersticktes Geräusch von sich, und es dauerte einen Moment, bis mir klar wurde, dass es ein Lachen war. »Wie gewählt du dich ausdrückst«, sagte sie. »Bist du zur Schule gegangen?«

»Nur in die Schule des Glaubens. Ich hatte Glück mit meinem Lehrer. Er war ein freundlicher Mensch, der die Schriften des Bundes inund auswendig kannte. Er hat mich aus dem Leben als Gesetzloser befreit und meine Seele für die Gunst der Seraphilen geöffnet.«

»Ein wirklich ehrenwerter Mann. Wie hast du ihn kennengelernt?«

»Auf dem Weg der Schreine. Ich war mit ein paar Gefährten auf der Königsstraße unterwegs, um unserem Handwerk nachzugehen – ohne großen Erfolg, muss ich sagen –, als wir ihm begegnet sind. Er reiste allein, ein bescheidener Stallknecht, der zum Schrein von Märtyrer Stevanos pilgerte. Furcht kannte er keine, weil er wusste, dass sein Glaube ihn beschützen würde. Und so war es auch. Als meine

Freunde ihn überfielen, hob er keine Hand, um sich zu verteidigen, sondern zitierte nur aus den Schriften des Bundes. Bei meinen Freunden traf seine Botschaft auf taube Ohren, aber nicht bei mir …«

Ich schüttelte wehmütig den Kopf. »Die Wahrheit schneidet tiefer als jedes Messer, und damals hat sie mich getroffen, Aszendentin Sihlda, bis in mein Innerstes. Ich gab den anderen Banditen meine ganze Beute dafür, dass sie den Stallknecht in Frieden ließen. Und dann pilgerten wir gemeinsam zum Schrein. Dort erblickte ich die Überreste von Märtyrer Stevanos höchstselbst und spürte, wie die Gunst der Seraphilen meine Seele erfüllte und sie von Sünden reinwusch. Leider …«, ich schnaubte reumütig, »… fiel ich kurz darauf den Männern des Sheriffs in die Hände. Von seiner Liste waren meine Sünden nicht verschwunden, und deshalb bin ich jetzt hier.«

»Eine traurige und schöne Geschichte. Ist davon ein Wort wahr?«

Ich blieb stehen und drehte mich um. Sihldas Miene wirkte nicht im Mindesten fröhlich. Stattdessen musterte sie mich erwartungsvoll und prüfend. Ihr Ausdruck ließ keinen Zweifel daran, wer hier das Sagen hatte. Dies war wahrhaftig das Gesicht einer Aszendentin. Ich hatte nie ernsthaft an die Geschichten über die seltsamen Fähigkeiten geglaubt, die man erwerben konnte, wenn man im Glauben aufstieg: die Gabe, zu wissen, ob jemand die Wahrheit spricht, oder bei Streitereien und Gerichtsverhandlungen stets unfehlbar das richtige Urteil zu fällen. Die beispiellose Leichtigkeit, mit der diese Frau meine Lügen durchschaute, gab mir jedoch zum ersten Mal zu denken. War an all dem Aberglauben womöglich doch etwas dran?

Kurz überlegte ich, die Lüge weiterzuspinnen, sie vielleicht noch mehr auszuschmücken, indem ich beteuerte, dass meine Erleuchtung im Schrein von Märtyrer Stevanos es mir gänzlich unmöglich machte, jemanden zu hintergehen. Aber jeder einigermaßen schlaue Gesetzlose weiß, wenn er den Bogen überspannt hat. Und mir war eins sonnenklar: Wenn ich überleben und irgendwann von diesem Ort entkommen wollte, musste ich mich mit dieser Frau gut stellen.

»Der Mann, der mich in den Legenden des Bundes unterwies, war tatsächlich ein Stallknecht«, sagte ich. Aus irgendeinem Grund gelang mir statt eines entschuldigenden Lächelns nur eine schiefe Grimasse mit meinen verunstalteten Lippen. »Jedenfalls in seinem früheren Leben«, fügte ich hinzu. Ich musste mich räuspern, bevor ich weitersprechen konnte. »Aber er war ein frommer Anhänger des Bundes, wenn er auch nur ein Schurke in der Bande von Deckin Scarl war.«

»Und wo ist er jetzt, der fromme Schurke?«

»Tot.« Bis heute weiß ich nicht, weshalb ich weitersprach, aber die Worte strömten so leicht aus mir hervor wie Ale aus einem angestochenen Fass. »Ich habe ihn umgebracht. Ich musste es tun. Der Rest der Bande war entweder gefangen oder tot. Er war verletzt, und er hätte mich zu sehr aufgehalten. Ich habe mir eingeredet, dass ich ihm einen Gefallen tat und ihm Schmerzen ersparte. Aber in Wahrheit fürchtete ich, er könnte mich an die Soldaten verraten, wenn sie ihn lebend fingen.«

»Hm.« Sie trat einen Schritt zu mir, und mir brach der Schweiß aus, weil die Fackel meinem Gesicht so nahe kam. »Könnte man dann nicht sagen, Alwyn, dass du zu Recht hier bist? Dass du die Strafe verdient hast? Für den Mord, den du begangen hast? Und für deine anderen Sünden, die sicherlich zahlreich sind?«

Ihre Augen bohrten sich in meine und ließen mich, trotz der unangenehmen Nähe der Fackel, reglos auf der Stelle verharren. Die vertrauten Worte, mit denen sich alle Gesetzlosen rechtfertigen, kamen mir in den Sinn: *Was hat man als heimatloser Sohn einer Hure schon für eine Wahl? Welchen Ausweg lassen die Adligen uns? Hättet Ihr nicht genau dasselbe getan?* Aber diese Ausflüchte hätten jetzt irgendwie erbärmlich geklungen, was zweifellos an dieser Frau lag.

»Ja«, erwiderte ich schicksalsergeben. »Ich habe es verdient. Ich hatte den Pranger verdient und auch, dass man mich aufknüpft. Das alles hatte ich verdient und noch viel mehr.«

Sihlda blinzelte langsam und trat zurück, ein trauriges zufriedenes Lächeln umspielte ihre Lippen. »Die meisten denken, das Beispiel der Märtyrer bestehe nur aus Aufopferung und Leid.« Sie ging um mich herum, was wegen ihres schmalen Körperbaus selbst in dem engen Schacht nicht weiter schwierig war. »Aber sie irren sich. In Wahrheit geht es um die Macht des Wissens. Alle Märtyrer, die für den Bund gestorben sind, taten dies in dem sicheren Wissen, wer sie sind und was ihr Glaube von ihnen verlangt. Komm mit, und ich zeige dir, was der Bund von dir verlangt.«

Sie ging den Stollen entlang, und ich folgte ihr wie ein eifriger Hund seiner Herrin. Ich kann nicht sagen, wie lange wir so gingen, wobei ich auf jedes ihrer Worte lauschte. Selbst Deckin gegenüber hatte ich keinen solch verzweifelten Wunsch nach Anerkennung empfunden oder, genauer gesagt, wie ich später begreifen sollte, nach Vergebung.

Schließlich endete der Stollen in einer Kammer, deren Ausmaße im Dunkeln nicht zu erkennen waren, bis Sihldas Fackel ihr Licht auf die Granitwände warf. Sie ragten mindestens zwanzig Fuß hoch auf, bevor sie in der Dunkelheit verschwanden. Der lange Widerhall unserer Schritte ließ auf einen beeindruckend großen Hohlraum schließen.

»Willkommen im Schrein von Märtyrer Callin.« Sihlda hielt ihre Fackel an eine andere, die in einer einfachen Wandhalterung aus Eisen hing.

»Callin?« Der Name sagte mir etwas, aber mir wollten keine Einzelheiten einfallen. Ich erinnerte mich, dass Stallknecht ihn ein paarmal erwähnt hatte, meist zu später Stunde, wenn er erschöpft und wütend war über sein undankbares, unempfängliches Publikum.

»Du kennst seine Geschichte nicht?« Sihlda schüttelte spöttisch den Kopf, während sie eine zweite Fackel anzündete. »Immer wieder seltsam, dass gerade diejenigen, die von Märtyrer Callins Beispiel am meisten lernen könnten, noch nie von ihm gehört haben.«

Sie zündete noch drei Fackeln an, deren Licht nun einen Großteil der Kammer erhellte. Zu beiden Seiten ragten Wände aus teils glattem, teils grob behauenem Stein auf, die sich auf eine Weise hochwölbten, die mich an die kunstvoll verzierten Schreine des Bundes erinnerte. Der Boden der Kammer maß mindestens fünfzig Schritt und verlor sich an den Rändern im Dunkeln.

»Ja.« Die Aszendentin bewies erneut die unheimliche Gabe, meine Gedanken zu lesen. »Merkwürdig, wie das zufällige Einwirken der Kräfte der Natur eine solch vollkommene Kathedrale hervorbringen kann. Wenn auf dieser Welt denn überhaupt irgendetwas zufällig geschieht. Komm, ich möchte dir etwas zeigen.«

Sie ging zu einer glatten Steinfläche, wo sich in den flackernden Schatten etwas befand, das ich zunächst für einen Durchgang hielt, wenn er auch unpraktisch klein war. Als ich näher herantrat, sah ich, dass es sich in Wahrheit um eine Felsnische handelte. Selbst mit meinem ungeübten Blick erkannte ich sofort, dass hier echte Handwerkskunst am Werk gewesen war. Der Boden der Nische war vollkommen eben, und die Seiten wölbten sich zu einer eleganten Spitze nach oben. Auf dem Boden stand ein kleiner Tontopf mit Deckel.

»Die Geistlichen anderer Schreine schmücken ihre Altäre gern mit vielen Reliquien. Je mehr, desto besser«, sagte Sihlda. »Die meisten, wenn nicht gar alle sind Fälschungen, mit denen Priester, die Pilger anlocken wollen, übers Ohr gehauen werden. Wir dagegen brauchen für unseren Altar nur eine einzige Reliquie. Märtyrer Callin war ein Mann, der gelernt hatte, den Verlockungen des Reichtums zu widerstehen.«

Sie steckte die Fackel in eine leere Halterung neben der Wandnische und nahm den Deckel vom Topf. »Mein lieber Alwyn«, sie trat einen Schritt zurück und winkte mich zu sich, »betrachte nun die heilige Reliquie von Märtyrer Callin.«

Ich hatte noch nie eine echte Reliquie gesehen. In den Shavine-Marschen hatte ich Schreine vor allem besucht, um mich dort nach lohnenswerter Beute umzuschauen. Wäre ich tatsächlich im Schrein von Märtyrer Stevanos gewesen, dann hätten die Knochen, trockenen Hautreste und schwarzen Lumpen auf dem Altar mich sicherlich mehr beeindruckt als das, was ich jetzt vor mir sah.

»Ein Shek?« Ich warf der Aszendentin einen zweifelnden Blick zu, bevor ich die einzelne Kupfermünze im Tontopf erneut betrachtete.

»Jawohl«, sagte sie. »Nimm ihn ruhig heraus, wenn du magst.«

Ich zögerte kurz, bevor ich in den Topf griff. Wenn ich auch selbst nicht gläubig war, so war ich doch mit den Legenden des Bundes aufgewachsen, und die Vorstellung, eine echte Reliquie zu berühren, erfüllte mich mit Ehrfurcht. Als ich die Münze auf meine Handfläche legte, überkam mich jedoch keine Vision der Seraphilen, und ich spürte auch nicht, wie ihre Gunst meine Seele durchströmte. Stattdessen nahm ich nur das kühle Metall der kleinen Münze wahr, die sich durch nichts von den unzähligen anderen unterschied, die mir im Laufe meines ereignisreichen, von vielen Dummheiten geprägten Lebens durch die Finger geronnen waren. Als ich sie ins Licht hielt, bemerkte ich, dass der in eine Seite geprägte Kopf ganz anders aussah als bei den Münzen der Krone. Die Sheks, die derzeit im Umlauf waren, zeigten entweder den Kopf von König Tomas oder den seines verstorbenen Vaters, König Mathis des Vierten, der beeindruckender gewesen sein soll als sein Sohn. Am ungewöhnlichsten fand ich jedoch, dass es das Antlitz einer Frau war.

»Königin Lisselle«, sagte Sihlda, die mich beobachtete. »Die einzige Frau aus der Dynastie der Algathinets, die je auf den Thron gelangt ist. Damals nannte man sie die Blutige Liss. Mit einem gnädigen Herzen war sie wahrlich nicht gesegnet.«

»Wie alt ist die?« Ich drehte die Münze im Fackelschein hin und her. In die Rückseite waren ein paar Zahlen eingeprägt, aber zu schwach, als dass man sie hätte entziffern können.

»Ich würde schätzen, es ist fast zweihundert Jahre her, dass diese Münze geprägt wurde und in Callins Tasche gelandet ist. Damals sagte er, es sei die einzige Münze, die er je durch ehrliche Arbeit erworben habe, und deswegen auch die einzige, die er behalten wolle. Callin war ein Gesetzloser, genau wie du. Und das fast sein ganzes Leben lang. Von der Geschichte seiner Erleuchtung gibt es unzählige Versionen. Die Schriftrolle ist schwer zu entziffern, und die Abschriften davon waren noch schlechter. Fest steht jedoch, dass er eine Vision von der zweiten großen Plage hatte und daraufhin sein Leben als Schurke aufgab, um kreuz und quer durch Albermaine zu reisen und in seinen Predigten die Leute zu warnen. ›Eines ist sicher: Der großen Plage werden nur die Reichen zum Opfer fallen. Die Armen hingegen bleiben verschont, wenn sie ihre Herzen dem Bund öffnen‹, sagte er. ›Um Erlösung zu erlangen, müsst ihr in Armut leben.‹«

Sihldas Worte machten auf mich ebenso viel Eindruck wie ihr Blick, dennoch konnte ich meinen Hang zum Zynismus nicht abschütteln. »Ich bezweifle, dass er damit viel Anklang fand.« Ich grinste leicht, die Aszendentin hingegen schenkte mir ein breites Lächeln.

»Ganz im Gegenteil. Auf seinen Reisen gewann Callin viele Anhänger«, sagte sie. »Zeitweilig folgten ihm mehr als zweitausend Leute. Genauer gesagt, zweitausend Knechte. Bei den Adligen stieß er mit seiner Botschaft auf taube Ohren. Sie waren wenig erfreut darüber, dass ihre Pächter in großer Zahl ihre Gehöfte verließen, um einem schuhlosen Dieb zu folgen, der sich niemals wusch und den Leuten predigte, die Seraphilen würden Landbesitz missbilligen.

Königin Lisselle schaffte es mit effizienter Grausamkeit, jeden Aufruhr in ihrem Reich zu unterdrücken. Callin wurde festgenommen und seine Anhänger auseinandergetrieben. In einer der unleserlichsten Passagen seiner Schriftrolle wird von einem Treffen unter vier Augen mit der Königin berichtet, was aber genau sie miteinander beredeten, wird für immer ein Geheimnis bleiben. Allerdings zeigte Lisselle Erbarmen mit ihm und ließ ihn enthaupten, statt ihn wie einen gewöhnlichen Ketzer hinrichten zu lassen. Die ranghohen Kleriker des Bundes waren darüber sehr erbost, muss man sagen. Callins Predigten hatten sie genauso beunruhigt wie die Adligen. Als er zum Richtklotz geführt wurde, gab er diese Münze – seinen einzigen Besitz – dem Henker als Lohn für seine Arbeit.«

Sihlda nahm den Tontopf und hielt ihn mir hin, damit ich die Münze wieder hineinlegte. »Sie ist vor langer Zeit in meinen Besitz gelangt. Aber das ist eine Geschichte für ein andermal.« Sie stellte den Tontopf zurück in die fein gearbeitete Nische und legte den Deckel darauf. »Eine bescheidene Reliquie für einen Mann, der die Bescheidenheit über alles schätzte. Er hatte erkannt, dass wir nur erlöst werden können, wenn wir genügsam leben.«

Sie schaute mir wieder in die Augen, und ihr Blick fesselte mich ebenso mühelos wie vor Kurzem noch die Handschellen im Karren des Kettenmanns. »Bist du bereit, genügsam zu leben, Alwyn? Bist du bereit, Märtyrer Callins Beispiel zu folgen und erlöst zu werden?«

Der erbärmliche Chor der Lügen wurde noch einmal in mir laut und verstummte dann. Dieser eingekerkerten Lichtgestalt des Bundes nach dem Mund zu reden, war sicherlich eine gute Strategie, aber ich musste feststellen, dass ich nicht mehr lügen wollte. Nicht ihr gegenüber.

»Ich weiß es nicht«, sagte ich schlicht und aufrichtig. »Wenn ich es auch verdient habe, hier zu sein, sehne ich mich doch nur nach Flucht und Freiheit.«

»Freiheit.« Ihre Stimme klang leicht belustigt, wenn ihr Blick auch ernst blieb. »Und was würdest du damit machen?«

Noch mehr ehrliche Worte sprudelten aus mir hervor, mit einer solchen Inbrunst, dass es mich selbst überraschte. »Ich hab noch ein paar Rechnungen offen. Das ein oder andere Hühnchen zu rupfen.« Der Kiefer tat mir weh, so fest presste ich vor lauter Wut die Zähne zusammen. »Ich muss ein paar Leute umbringen! Wenn ich auch weiß, dass Ihr das nicht gutheißt, aber ich kann es nicht leugnen.«

»Wen?« Sie zog neugierig eine Braue hoch. »Und weshalb?«

Ich erzählte ihr alles. Jedes einzelne Detail meines elenden Schurkenlebens. Die Verbrechen, die ich begangen hatte, und die, die an mir begangen wurden. Ich zählte jeden Einzelnen auf, den ich mir als Opfer auserkoren hatte. Meinen Groll gegen Todman – sollte er irgendwie noch am Leben sein –, der weiter in mir schwelte. Den Bruder des Soldaten, den ich ermordet hatte, und all seine Kameraden, die mich hatten aufknüpfen und aufschlitzen wollen. Althus Levalle für seine heuchlerische Gnade. Den Kettenmann wegen des Mordes an Raith und der Art, wie er mich auf die Probe gestellt hatte. Er war der jüngste Neuzugang auf der Liste derjenigen, an denen ich Rache nehmen wollte.

Als ich endlich innehielt, gerötet und atemlos von meiner Tirade, erwartete ich besänftigende Worte von der Aszendentin. Gewiss würde sie versuchen, mir vor Augen zu führen, wie töricht mein Rachedurst war. Mich darüber belehren, dass Rache zu nichts führte, außer zu mehr Gewalt in meinem ohnehin schon von Brutalität geprägten Leben.

Stattdessen runzelte sie die Stirn und dachte kurz mit zusammengepressten Lippen nach. Schließlich sagte sie: »Mir scheint, auf der Liste fehlen ein paar Namen.«

Ich sah sie verwundert an. »Fehlen?«

»Ja. Wenn du wirklich die Verbrechen rächen willst, deren Opfer du geworden bist. Die meisten scheinen mit dem Angriff auf Moosmühle ihren Anfang genommen zu haben, nicht wahr?«

Ich nickte stumm. Sie überlegte noch einmal kurz, bevor sie fortfuhr: »Deckin Scarls Ruf ist selbst bis hierher durchgedrungen. Ich glaube, er war viel zu gewieft, um ahnungslos in eine Falle zu tappen. Oder dachtest du, die Kompanie der Krone sei in jener Nacht zufällig auf eure Bande gestoßen?«

»Ich weiß, dass uns jemand verraten haben muss«, sagte ich. »Aber ich kann mir nicht erklären, wer. Vielleicht hat einer der Dorfbewohner die Männer des Sheriffs gerufen …«

»Und die Soldaten des Königs haben es irgendwie geschafft, noch in derselben Nacht einen gut geplanten Angriff durchzuführen? Nein, sie haben Deckins Ankunft bereits erwartet, und das wahrscheinlich schon seit mehreren Tagen, wenn nicht gar Wochen. Und das heißt, jemand hat ihnen lange im Voraus von Deckins Plänen berichtet. Ich könnte mir vorstellen, dass es nur sehr wenige Menschen gab, die genug wussten, um Deckin eine solche Falle zu stellen. Vielleicht lohnt es sich, nicht bloß daran zu denken, wer damals in Moosmühle gestorben ist, sondern auch daran, wer in jener Nacht nicht dabei war und deswegen überlebt hat.«

Mein Verstand kam schon nach kurzer Zeit auf die richtige Antwort, und die Worte sprudelten wütend aus mir hervor. »Erchels Familie! Die verfluchten Schweinehunde waren nicht dabei.«

»Alwyn!«, ermahnte sie mich scharf und warf einen vielsagenden Blick zu der Reliquie in der Wandnische.

»Tut mir leid«, entgegnete ich zerknirscht.

Sihlda neigte nachsichtig den Kopf. »Du solltest auch an die Leute denken, die du in jener Nacht nicht hast sterben sehen und deren Köpfe nicht auf der Burgmauer aufgespießt waren. Fehlendes Wissen kann einem oft ebenfalls vieles mitteilen.«

Die Leute, die ich nicht habe sterben sehen … Da war zum einen Todman, und nicht nur der. Zum ersten Mal wurde mir klar, dass ich mir – außer bei Stallknecht und Gerthe – gar nicht sicher war, wie viele der anderen Bandenmitglieder tatsächlich bei der Mühle getötet worden waren. Das Schicksal der allermeisten blieb ungewiss. Dadurch ergab sich eine lange Liste möglicher Verräter, aber ich konnte die Schuldigen nicht von den Unschuldigen trennen, solange ich in dieser Mine schuften musste.

»Ich sehe deinen Missmut«, unterbrach Sihlda den Strom meiner Gedanken, der immer mehr Fahrt aufnahm. »Deinen Wunsch nach Vergeltung. Sag mir …«, sie legte den Kopf schief, und ihre Stimme klang ehrlich neugierig, »… weshalb inspiriert ein Mann wie Deckin Scarl dich dazu, Gerechtigkeit üben zu wollen?«

Meine Wut legte sich etwas, die offene Wissbegierde in ihrer Frage machte mich nachdenklich. Einen Moment lang war ich wieder der kleine Junge, der sich im Wald verlaufen hat und mit tränenfeuchten, verzweifelten Augen zu einem großen bärtigen Fremden hochschaut.

»Weil …« Ich musste schlucken und presste die Worte mit zugeschnürter Kehle hervor. »Weil niemand sonst sich je um mich gekümmert hat.«

»Ah«, war ihre einzige Antwort, bevor ihre Miene wieder den Ausdruck der wahren Aszendentin annahm. »Die Freiheit, nach der du dich sehnst, kann ich dir geben.«

»Wie das?«

Sie sah mich genauso prüfend an wie bei unserer Ankunft, als sie mich zu den Legenden des Bundes befragt hatte. Den Kopf hatte sie wie eine Katze schief gelegt. Während ihrer stummen Musterung beschlich mich eine Ahnung davon, wie scharf der Verstand war, der sich hinter dieser Stirn verbarg, gepaart mit einer gewissen Unbarmherzigkeit. Wie weise und freundlich sie auch sein mochte, an einem Ort wie diesem reichte das zum Überleben nicht aus – Aszendentin hin oder her.

»Sollte mein Vertrauen in dich nicht gerechtfertigt sein«, sie nahm ihre Fackel und wandte sich ab, »werde ich dich vor Brauers Zorn nicht beschützen können. Er ist ein wahrer und frommer Diener des Bundes, aber seine … Entgleisungen können spektakulär und hässlich sein.«

Sie bedeutete mir, ihr zu folgen, und schritt in die finsteren Tiefen der Felskathedrale hinein. »Deine Freiheit wirst du natürlich dadurch gewinnen, dass du dich dem Bund verschreibst«, erläuterte sie, während ich hinter der wippenden Fackel herging. »Aber auch durch Wissen und körperliche Anstrengungen. Von Letzterem mehr als von Ersterem, fürchte ich, aber selbst Gläubige müssen essen. Deine Arbeit wird hauptsächlich darin bestehen, Erz aus dem Felsen zu schlagen und es nach oben zu tragen, um es gegen Nahrungsmittel einzutauschen. Unsere Gruppe erzielt höhere Erträge als die anderen, weshalb wir auch mehr und bessere Nahrungsmittel erhalten als die Unglücklichen, die sich unserem Glauben nicht anschließen wollen. Diese Nahrung und unser Dasein als Anhänger des Bundes geben uns die Kraft, die wir hierfür brauchen.«

Sie blieb abrupt stehen und zwang mich damit, ebenfalls anzuhalten, wenn ich nicht in sie hineinlaufen wollte. Wir hatten uns mindestens hundert Schritt vom Leuchten der anderen Fackeln entfernt, und ich hatte das Gefühl, in vollkommener Leere dahinzutreiben, so undurchdringlich war die Finsternis. Es war jedoch alles andere als still. Irgendwo rauschte ein Wasserfall, und ein feiner Tropfennebel setzte sich auf meiner Haut ab. Als Sihlda ihre Fackel ausstreckte, glitzerte das Licht auf einem Wasservorhang, der aus einer Felsspalte über uns strömte.

»Direkt über uns verläuft der Siltern.« Sihlda deutete auf die Dunkelheit hinter dem Wasserfall. »Sein Ostufer liegt fünfzig Meter in diese Richtung. Als ich vor Jahren zum ersten Mal hierherkam, gab es diesen Wasserfall noch nicht. Das Wasser war hinter mehreren Tonnen Felsgestein verborgen. Du siehst also, Alwyn, was wir als Gläubige erreichen können, wenn unsere Überzeugung aufrichtig und fest ist.«

Da bemerkte ich das ungewöhnlich glatte Felsgestein am Rand des Wasserfalls, die Rillen und Kanten, die darauf schließen ließen, dass der Stein über viele Jahre hinweg mit Hammer und Meißel bearbeitet worden war. Hinter dem Wasserfall wölbte sich die Wand nach innen und bildete eine Art Trichter, der in eine kleine dunkle Öffnung mündete. Ich trat näher heran und stieß ein aufgeregtes Keuchen aus. Der Tunnel war schmal, gerade breit genug, dass ein erwachsener Mensch auf Händen und Knien hindurchkriechen konnte, aber es war unzweifelhaft ein Tunnel.

»Wie weit reicht er?«, fragte ich und ging gebückt durch den Wasservorhang, ohne auf die eisige Kälte zu achten.

»Nicht weit genug«, erwiderte Sihlda. »Noch nicht. Schnitzer, der einzige fähige Steinmetz unter uns, der diesen Tunnel entworfen hat, sagt, dass wir die andere Flussseite voraussichtlich in vier Jahren erreichen werden. Er rät uns, danach noch sechs Monate weiterzugraben, bevor wir mit dem Tunnel nach oben beginnen, damit wir nicht im Sumpfgebiet herauskommen.«

»Viereinhalb Jahre«, murmelte ich, und meine Aufregung legte sich etwas. Es ist der Fluch der Jugend, dass es einem so vorkommt, als würde die Zeit quälend langsam vergehen. Viereinhalb Jahre erschienen meinem jungen, nach Rache gierenden Herzen wie eine halbe Ewigkeit.

»Ich werde dich und deine Freundin nicht dazu zwingen, bei uns mitzumachen«, sagte Sihlda beschwichtigend. »Wenn ihr wollt, könnt ihr euch hier in der Mine auch allein durchschlagen. Aber egal, was ihr euch für einen Plan zurechtgelegt habt, ich kann dir versichern, er wird scheitern. Die Wachen hier sind zu gut bezahlt und fürchten sich zu sehr vor ihrem Herrn, um sich bestechen zu lassen. Und sein Vorfahre hat den perfekten Käfig ersonnen. Der einzige Weg in die Freiheit ist das hier.«

Sie hielt inne und schenkte mir erneut ein trauriges Lächeln, bevor sie sich umwandte und zurück zum Ausgang ging. »Komm, dir bleibt noch gerade genug Zeit, um dich in deiner Unterkunft einzurichten und eine Kleinigkeit zu essen, bevor die Abendschicht beginnt. Während der Essenszeiten lesen wir für gewöhnlich aus den wenigen Schriftrollen, die wir besitzen. Vielleicht willst du auch eine Passage übernehmen.«

»Ich kann nicht lesen.« Ich folgte ihr erneut mit der Ergebenheit eines Hundes – und, um die Wahrheit zu sagen, sollte sich daran während der nächsten vier Jahre auch nichts mehr ändern.

Aszendentin Sihlda blieb stehen und stieß ein empörtes Schnauben aus. »Also«, sie schaute zu mir zurück, »das geht nun wirklich nicht an.«

ZWEITER TEIL

◆ ◆ ◆

»Fragst du dich niemals, Schreiber: ›Warum diene ich Bund und König? Was habe ich davon? Was haben sie mir im Leben gegeben, was ich mir nicht selbst verdient habe?‹ Der Bund behauptet, sich um dein Seelenheil zu kümmern, während der König angeblich Leib und Leben schützt. Beide lügen, und deine schlimmste Sünde liegt darin, dass du ihren Lügen dienst.«

Aus *Die Beichte des Prätendenten Magnis Lochlain*,
aufgezeichnet von Sir Alwyn Scribe

Siebzehntes Kapitel

Die menschliche Fähigkeit, Zuneigung zu Leuten zu entwickeln, mit denen man fast nichts gemein hat, fand ich stets faszinierend, und Sir Eldurm Gulatte ist ein hervorragendes Beispiel für dieses rätselhafte Verhalten. Ich wurde in einem Hurenhaus geboren, er in einer Burg. Geerbt habe ich nichts, außer dem vorlauten Mundwerk meiner Mutter – jedenfalls nach Meinung des Zuhälters –, Sir Eldurm hingegen wurde nach dem Tod seines Vaters nicht nur Besitzer besagter Burg, sondern auch der Erzminen, zu deren Bewachung sie errichtet wurde. Damit gehörte er zu den reichsten Adligen ganz Albermaines. Ich dagegen war zum Zeitpunkt unseres ersten Zusammentreffens ein mittelloser Schurke, den man zu lebenslanger Schufterei unter Tage verurteilt hatte. Vielleicht das Einzige, was Sir Eldurm und ich – dank des geduldigen Unterrichts durch Aszendentin Sihlda – gemeinsam hatten, war die Fähigkeit zu lesen. Dabei unterschied uns allerdings, dass ich nach fast vier Jahren in den Minen inzwischen hervorragend lesen und schreiben konnte, während er, leutseliger Dummkopf, der er war, beides nur mehr schlecht als recht beherrschte.

»›Ihr entfacht ein Feuer in meinen Lenden‹«, entzifferte ich unter Mühen das fleckige Gekritzel auf dem Pergament, das er mir gereicht hatte. »›Eure Lippen sind wie …‹«, mein Blick glitt über mehrere Wörter hinweg, die von einer frustrierten Feder durchgestrichen worden waren, »›… zwei delikate rote Fleischhäppchen.‹«

Ich senkte das Pergament und schaute Eldurm mit hochgezogener Augenbraue an. Er stand mit verschränkten Armen am Fenster seines Gemachs im Obergeschoss der Burg und strich sich versonnen über sein ambossförmiges Kinn. Mit Redegewandtheit und Charme mochte es bei ihm nicht weit her sein, die blonden Locken und wohlgeformten Züge entsprachen dagegen schon eher dem ritterlichen Helden, der er gerne sein wollte. Ein Balladensänger war an ihm freilich nicht verloren gegangen, wie seine Versuche der Brautwerbung eindrücklich bewiesen.

»Zu …?« Er suchte nach dem passenden Wort.

»Blumig«, half ich ihm aus. »Vielleicht, Herr, würde ›Rubine auf einem Seidenkissen‹ besser passen.«

»Ja!« Er nickte und schlug mit seiner breiten Hand begeistert auf den Tisch. »Bei den Märtyrern, Schreiber, Aszendentin Sihlda hat dich zu Recht gelobt. In den Augen der Krone magst du ein Gesetzloser sein, aber für mich bist du der beste Dichter des Reiches.«

Er lachte laut und herzlich, was er damals noch häufig tat. Für einen Mann, der schon sein Leben lang einen der furchtbarsten und meistgehassten Orte in ganz Albermaine bewachte, besaß er ein erstaunlich fröhliches Gemüt. Manchmal schmerzt mich der Gedanke an das Schicksal, das er schlussendlich erleiden sollte, aber dann muss ich bloß an den Leichenberg denken, der sich Monat für Monat vor dem Tor aufstapelte, um weggeschafft zu werden, und schon hält sich mein Mitleid wieder in Grenzen.

»Es ist mir eine Freude, Euch behilflich zu sein, Herr.« Ich legte das Pergament beiseite und griff nach einer Schreibfeder. »Darf ich mich nach dem vollständigen Namen der jungen Dame erkundigen?«

»Evadine Courlain«, sagte Eldurm. Seine ernste Miene wurde weicher, und ein Ausdruck sehnsüchtigen Verlangens spiegelte sich darin. »Die Rose von Couravel.«

»Ein offizieller Titel, Herr?«

»Eigentlich nicht. Aber das Wappenzeichen ihrer Familie ist eine schwarze Rose. Sie wird die Bezeichnung also gewiss schmeichelhaft finden, meinst du nicht?«

Auch ein blindes Huhn findet manchmal ein Korn. Ich neigte anerkennend den Kopf. »Aber ja, Herr.« Ich tauchte die Feder in die Tinte ein und begann zu schreiben. Sanft geschwungene Linien tauchten rasch und präzise auf dem Pergament auf.

»Ich muss schon sagen, Schreiber«, meinte Seine Durchlaucht, »deine Schrift ist noch schöner als die der Aszendentin.«

»Sie war mir eine hervorragende Lehrerin, Herr«, erwiderte ich, ohne den Blick vom Pergament zu heben. Dies war mein erster Besuch im Gemach des hohen Herrn und überhaupt das erste Mal, dass ich die Burg von innen sah, wenn ich auch dank meiner Fähigkeiten die Mine schon ein paarmal kurzzeitig hatte verlassen dürfen. Die wenigsten Wachen konnten lesen, und noch weniger waren des Schreibens mächtig. Mit Schreibarbeiten für die Garnison hatte Aszendentin Sihlda sich einst die bevorzugte Behandlung ihrer Gemeinde gesichert. Nun, da ihre Knie den Aufstieg zum Tor immer beschwerlicher machten, war die Pflicht auf mich übergegangen und hatte mir auch einen neuen Namen eingebracht. Für Sihlda, Toria und die anderen war ich immer noch Alwyn, ehemaliges Bandenmitglied des legendären Deckin Scarl, das sich von seinem früheren Leben losgesagt hatte. Für die Wachen und jetzt auch für diesen adligen Schwachkopf war ich einfach der Schreiber.

»Wenn ich einen Vorschlag machen dürfte, Herr«, sagte ich, nachdem ich die förmliche Anrede des Briefes verfasst hatte. »Die Formulierung: ›Ihr entfacht ein Feuer in meinem Herzen‹ erscheint mir etwas … schicklicher als die Erwähnung Eurer Lenden.«

»Sehr wahr.« Sein Gesicht rötete sich etwas. »Und wahrscheinlich auch klug. Ihr furchtbarer Vater wird den Brief sicher lesen, bevor er auch nur in die Nähe ihrer zarten Hand kommt. Und die Dame selbst ist äußerst fromm.«

Wenn meine Ohren auch stets nach neuem Wissen gierten, das mir vielleicht von Nutzen sein konnte, unterdrückte ich den Drang, mich nach diesem furchtbaren Vater und seiner Meinung zu seinem Möchtegernschwiegersohn zu erkundigen. *Ein Diener,* hatte Sihlda mich zuvor gewarnt, *muss seinen Platz kennen, Alwyn. Und genau das bist du jetzt, zumindest so lange, bis der Tag unserer Befreiung gekommen ist.*

Ich war nicht der einzige Diener, der aus den Minen stammte. Die meisten Zofen, Hausdiener und Köche, die die täglichen Arbeiten in der Burg verrichteten, waren Insassen, die ihre Tage oberirdisch verbrachten, bei Nachteinbruch aber wieder durch das Tor zurückgebracht wurden. Ich hatte so einiges über die Grausamkeit von Sir Eldurms Vater gehört, unter dessen Schreckensherrschaft es regelmäßig zu Auspeitschungen gekommen war, die oft sogar tödlich endeten. Die hübschesten Gefangenen hatten außerdem den Wachen zu Diensten sein müssen. Sein Sohn hatte dagegen ein weniger strenges Regime eingeführt, zweifellos in nicht geringem Maße beeinflusst von Aszendentin Sihlda, die ihn seit seiner Kindheit kannte. Seine vergleichsweise aufgeklärte Haltung reichte jedoch nicht so weit, dass er die Einschränkungen, die das Leben von Gefangenen und Wachen in den Minen gleichermaßen prägten und sich über die Jahre eingeschliffen hatten, gelockert hätte. Die Familie Gulatte war stolz darauf, dass noch nie ein Insasse aus den Minen entkommen war, und Sir Eldurm hatte nicht vor, mit dieser Tradition zu brechen. Und für einen allzu neugierigen Schreiber hätte er gewiss auch nichts übrig, ganz gleich, wie schön dessen Schrift war.

Das Fertigstellen des Briefes zog sich bis zum Sonnenuntergang hin. Hübsche Formulierungen brauchen Zeit und Konzentration, und Sir Eldurms weitschweifiger Schreibstil bedurfte der starken Straffung, um einigermaßen lesbar zu sein. Am Ende war der Brief vier Seiten lang und strotzte nur so vor überschwänglichen Beteuerungen ewiger Liebe und Hingabe. Insgeheim hätte ich mich darüber lustig machen können, stattdessen empfand ich jedoch nur Mitleid.

Zwar gab ich mir Mühe, aus Sir Eldurms unbeholfenen Formulierungen und leicht verzweifelten Bitten, die edle Evadine möge seinem Herzen den Trost einer einzigen kurzen Antwort schenken, das Beste zu machen, dennoch wusste ich, dass die Sache hoffnungslos war. Natürlich hatte ich Evadine Courlain noch nie mit eigenen Augen gesehen. Ich wusste nichts über ihre Familie oder darüber, wie die Dame diesem jungen, ernsten Adligen begegnet war und seine Zuneigung gewonnen hatte. Ich wusste nur, dass sie irgendwo in Couravel wohnte und, dem Inhalt und Ton von Eldurms Brief nach zu urteilen, an Rang und Schönheit so weit über ihm stand wie ein Schwan über einer Kröte.

Mit meiner Arbeit zufrieden, versiegelte er sogleich den Brief und schickte mich mit einem Gutschein für eine zusätzliche Ration Nahrungsmittel weg. Ich sammelte meine Reichtümer am Tor ein. In der Mine wurden meist nur unzubereitete Nahrungsmittel verteilt, weil es schwierig gewesen wäre, eine Schüssel mit Suppe die Rampe hinunterzutragen, und die Wachen waren auch recht großzügig damit. Selbst in den dunklen Zeiten, als noch Sir Eldurms Vater über die Minen geherrscht hatte, war man schon darauf gekommen, dass Arbeiter mit leerem Magen weniger Erz abbauen. So mussten wir in unserem Elend zumindest nicht fürchten zu verhungern.

Nachdem ich meine zwei Säcke Gemüse und eine kleine Portion Fleisch, über dessen Herkunft man sich besser nicht erkundigte, entgegengenommen hatte, musste ich noch kurz die Aufzeichnungen des Feldwebels über Neuzugänge und Todesfälle gegenlesen. Er hatte vor langer Zeit eine Übereinkunft mit Sihlda getroffen und bereitete stets einen Entwurf der wöchentlichen Aufzeichnungen vor, der dann auf Rechtschreibung und offenkundige Fehler hin überprüft werden sollte. Nach der Korrektur wurde er in die offiziellen Bücher übertragen und Eldurm zur Bestätigung vorgelegt.

»›Gestorben an Bauchschmerzen‹«, las ich laut den Eintrag des jüngsten Todesfalls vor. Zu Monatsbeginn war ein kräftiger, brutaler Schmuggler von der cordwainischen Küste eingetroffen, der den Ehrgeiz gehabt hatte, sich zum König der Minen aufzuschwingen. Mit seinem unhöflichen Benehmen und seiner völligen Missachtung der Legenden des Bundes hatte er sich bei Sihlda nicht gerade beliebt gemacht. Und seine Versuche, die anderen Insassen einzuschüchtern, waren ebenfalls auf wenig Gegenliebe gestoßen. Sein Leichnam war in der Nähe des obersten Stolleneingangs gefunden worden, mit mehreren großen Löchern im Bauch, die auf wiederholte Schläge mit dem scharfen Ende einer Spitzhacke hindeuteten. Ich erinnerte mich, dass Brauers Schlafstätte in der Nacht zuvor eine ganze Zeitlang leer gewesen war, was ich Sihlda aber lieber verschwieg.

»Er hatte mit Sicherheit Bauchschmerzen, als er starb, egal, was die Ursache war.« Feldwebel Lebas warf mir einen bedeutungsvollen Blick zu. »Über einen gewaltsamen Tod regt sich Seine Durchlaucht bloß wieder auf. Und das wollen wir doch nicht, oder, Schreiber?«

Lebas war derselbe Feldwebel, der sich vor vier Jahren geweigert hatte, mich an den Kettenmann zurückzuverkaufen, und mir fiel zu meiner Überraschung auf, dass ich inzwischen um einen ganzen Zoll größer war als er. An seine Statur reichte ich zwar nicht ganz heran, aber der Gedanke, jetzt auf ihn hinabblicken zu können, brachte mich dennoch zum Lächeln.

»Natürlich nicht.« Ich legte etwas mehr Unterwürfigkeit in mein Lächeln. Außerdem machte ich mich ein wenig kleiner, während ich die Einträge des Entwurfs durchging. Männer wie Lebas mochten die Vorstellung nicht, dass jemand, der vom Rang her unter ihnen stand, sie in irgendetwas übertraf. Die Liste in das offizielle Buch zu übertragen, war eine Sache von Minuten, und während ich mir alle Mühe gab, die unbeholfene Rechtschreibung des Feldwebels zu korrigieren, ließ ich die Zahlen selbst unverändert. Sihlda hatte klargestellt, dass ich für Rechenfehler nicht zuständig war. Dafür, wie das Geld Seiner Durchlaucht ausgegeben wurde, war allein der Feldwebel verantwortlich.

»Sehr gut.« Lebas nickte zufrieden. »Hier.« Er warf mir einen Apfel zu – etwas, das nur selten im Sack mit den Nahrungsmitteln landete – und dann gleich noch einen. »Einen für dich, einen für die Aszendentin.« Er funkelte mich warnend an. »Sorg dafür, dass er auch bei ihr ankommt.«

»Das werde ich.«

Ich steckte beide Äpfel in die Säcke und trat durchs Tor. Der Anblick solcher Reichtümer konnte die Gefangenen im oberen Bereich der Mine zu hungriger Wut anstacheln. Sie wurden »die Geächteten« genannt, weil sie wegen mangelnder Frömmigkeit oder unhöflichen Verhaltens nicht in Sihldas Gemeinde aufgenommen worden waren, aber auch keinen Anschluss an eine der Gruppen im mittleren Bereich hatten finden können. Durch ihre Nähe zum Tor hatten sie zwar den kürzesten Weg mit den schweren Säcken, aber dafür waren die Adern, die sie ausbeuteten, am unergiebigsten. Die vorgeschriebene Erzmenge abzubauen, dauerte in den oberen Stollen etwa doppelt so lange wie bei den tieferen. Deshalb wurden den Geächteten nicht selten die Rationen gekürzt, weil sie die Vorgaben nicht erfüllten. Seit ich in den Rang eines Schreibers aufgestiegen war, musste ich täglich an ihnen vorbei und ihr wütendes Starren ertragen, was alles andere als angenehm war.

»Also, Alwyn«, sagte Sihlda wenig später zu mir, als sich die Gemeinde zum Abendmahl versammelt hatte. »Was gibt es für Neuigkeiten von draußen?«

Abends nahmen die Mitglieder der Gemeinde gemeinsam eine Mahlzeit zu sich, um dann noch zwei Stunden lang am Tunnel weiterzugraben. Wie den meisten von uns juckte es auch mir in den Fingern, länger an unserem Fluchtweg zu arbeiten, aber Sihlda bestand darauf, dass wir unsere Kräfte schonten, um weiter genügend Erz abbauen zu können. Von allen Gruppen in der Mine förderte die Gemeinde bei Weitem das meiste Erz und sicherte sich damit – und nun außerdem durch meine Schreibarbeiten – Sir Eldurms Wohlwollen und bessere Rationen. Der Inhalt der Säcke, die ich die Rampe hinuntergetragen hatte, war unter den Mitgliedern der Gemeinde gerecht aufgeteilt worden, damit wir alle weiter unsere Arbeit verrichten konnten, aber auch um wegen meiner begünstigten Stellung keinen Neid aufkommen zu lassen.

»Der Prätendent treibt nach wie vor sein Unwesen.« Ich erinnerte mich an das Wenige, das ich dem Klatsch und Tratsch der Wachleute und den Schriftstücken auf Sir Eldurms Schreibtisch hatte entnehmen können. »Es heißt, dass er an der Grenze zwischen Cordwain und dem Fjordland unterwegs ist. Er hat entweder zehntausend Mann hinter sich oder nur drei, je nachdem, wem man glauben möchte. Gerüchteweise will der König erneut zu den Waffen rufen lassen, um ihn ein für alle Mal zu besiegen.«

»So wie bei den letzten fünf Malen«, knurrte Brauer mit säuerlicher Miene, der sich vermutlich an seinen eigenen Dienst unter dem Banner erinnerte. »Von mir aus kann er sich den Thron gern unter den Nagel reißen. Die Pocken sollen ihn holen.«

»Krieg ist niemals gerecht«, sagte Sihlda, »egal, wie er ausgeht.« Sie hob eine Augenbraue und schaute mich fragend an. »Sonst noch etwas Wichtiges?«

»Das Übliche.« Ich zuckte die Achseln. »Hier und da ein Aufstand. Die Leute haben es ziemlich satt, Steuern für den Krieg zu bezahlen. Und es sind nicht bloß die Adligen, auf die sie wütend sind. Ich hab von einem Aspiranten in Couravel gehört, der von einem aufgebrachten Mob aus seiner Sänfte gezogen wurde. Sie sollen ihn splitternackt ausgezogen und auf dem Weg zurück zur Kathedrale mit Dung beworfen haben.«

»Ketzerei«, murmelte Hedgeman. Er war erst vor einem Jahr in die Minen gekommen und noch relativ neu hier, dennoch hatte er mit seinem religiösen Eifer bereits Sihldas Anerkennung gewonnen.

»›Die Reichen verachten die Armen für ihr Elend und verurteilen sie ihres Neides wegen‹«, zitierte Sihlda eine Passage aus der Schriftrolle des Märtyrers Callin. Mir war aufgefallen, dass sie in letzter Zeit kaum noch etwas anderes zitierte. »›Doch scheinen sie nicht zu begreifen, dass ein Reicher nur ein Armer ist, der mehr Glück gehabt hat.‹ Die hohen Geistlichen des Bundes häufen immer mehr Reichtum an, und unter den Armen wächst der Neid. Mir scheint, Letzteres ließe sich mit Ersterem beheben, denkst du nicht auch?«

Ich musste ein Grinsen verbergen, als Hedgeman zerknirscht den Kopf senkte. Er war zwar streng gläubig und kannte die Legenden des Bundes besser als jeder andere von uns, mit Ausnahme von Sihlda, aber echtes Nachdenken und überlegtes Handeln überstiegen seinen Horizont. Wenn es jemanden gab, der für das Leben in der Gemeinde besser geeignet war als Hedgeman, dann ist er mir jedenfalls nie untergekommen.

»Außerdem ist der Gemahl der Schwester des Königs gestorben«, fügte ich hinzu. »Alferd Irgendwas.«

»Wie ist er gestorben?«, erkundigte sich Sihlda, deren Interesse aus irgendeinem Grund geweckt war.

»Nicht in einer Schlacht, so viel konnte ich heraushören. Irgendeine Krankheit, haben die Wachen gesagt. Die meisten glaubten, es seien die Vehlman-Pocken gewesen, weil der Verstorbene bei den Huren ein und aus gegangen sein soll. Allerdings wurde auch etwas von Gift gemunkelt. Aber das ist ja immer so, wenn jemand Wichtiges unerwartet stirbt.«

»Sein Name war Alferd Keville«, sagte Sihlda leise, und ihr Blick ging in die Ferne. Sie hing nur selten Erinnerungen an ihr Leben vor den Minen nach, aber wenn doch, dann meistens, wenn sie vom Tod eines ehemaligen Bekannten erfuhr. »Und er war ein guter Mann, der ein besseres Schicksal verdient gehabt hätte.« Sie senkte ihre Stimme zu einem Flüstern, das außer Brauer und mir vermutlich niemand hören konnte. »Und eine bessere Braut.«

ACHTZEHNTES KAPITEL

»Reich mir mal den kleinsten Meißel!« Torias Stimme hallte aus den schwarzen Tiefen des Tunnels hervor, und ihr verärgerter, drängender Tonfall wurde durch das Echo noch verstärkt.

Vor einem Jahr war der Fluchttunnel, an dem wir schon so lange arbeiteten, auf eine Reihe großer Hohlräume getroffen, in denen Geräusche merkwürdig verzerrt wurden. Der erste verwandelte eine hohe Stimme in einen nahezu perfekten Bariton, während dieser hier – der größte, den wir bislang entdeckt hatten – selbst das leiseste Flüstern endlos in die Länge zog. Anfangs hatten wir uns über die Entdeckung gefreut, denn die Hohlräume bildeten schon fertige Tunnel durch das Felsgestein. Schnitzer, der ehemalige Steinmetz, der unseren Fluchtplan entworfen hatte, wies uns jedoch darauf hin, dass die Kammern uns eher in Gefahr brachten, als unsere Arbeit zu beschleunigen. Der von uns gegrabene Tunnel hatte die natürlichen Strukturen des Felsgesteins geschwächt, und es drohte das, was in den Minen am meisten gefürchtet war: ein Einsturz.

Uns blieb nur, die Risse und Spalten, die wir verursacht hatten, abzustützen, was sich als äußerst langwierig erwies, weil wir die Wachen nicht um zu viele Holzbalken bitten durften. Natürlich mussten ständig alte Balken durch neue ersetzt werden, aber wenn unser Bedarf an Holz plötzlich stark gestiegen wäre, hätte das mit Sicherheit Aufsehen erregt. Eldurm war zwar in vieler Hinsicht nicht grad der Hellste, als Gefängniswärter aber besaß er einen scharfen Blick.

Die Verzögerung verlängerte unseren bereits recht ausgedehnten Plan noch einmal um mehrere Monate, wenn Sihlda auch ohnehin nie ein exaktes Datum für unsere Flucht festgelegt hatte. Wie stets schien sie zufrieden damit, sich um ihre Gemeinde in der unterirdischen Kathedrale zu kümmern, wozu tägliche Gebete und die Einhaltung der jährlichen Festtage im Gedenken an die wichtigsten Märtyrer gehörten. Obwohl sie bei unserer ersten Begegnung meine Loyalität – wenn auch nicht meine Seele – gewonnen hatte, brachte die Gemütsruhe der Aszendentin meinen stets misstrauischen Verstand zum Grübeln. War der ganze Plan womöglich nur ein Trick? Wollte die Aszendentin uns am Ende bloß mit dem Versprechen auf eine Befreiung, das sich jedoch niemals bewahrheitete, ruhig und unterwürfig halten, während sie uns die Glaubenslehre des Bundes eintrichterte?

Der Verdacht zerstreute sich etwas, als wir endlich mit dem Abstützen des Tunnels fertig waren und weitergraben konnten. Der Eindruck, dass Sihlda gar kein echtes Interesse an einer Flucht aus den Minen hatte, blieb jedoch bestehen. Meine Neigung zum Misstrauen rührte sicherlich auch von dem Rachedurst her, der in den seltenen Momenten des Müßiggangs in den letzten vier Jahren meine Gedanken beherrscht hatte. Wenn man ständig über Verrat nachgrübelte, verdächtigte man bald alles und jeden.

Erchels Familie, dachte ich und schnitzte mit dem kleinen Messer, das ich bei mir trug, einen Schnörkel in den Stützbalken, neben dem ich kauerte. Wie schon unzählige Male zuvor ließ ich die Gesichter, die ich auf der Leffold-Lichtung gesehen hatte, Revue passieren, erinnerte mich an jeden Namen, den ich gehört, und an alles, was Erchel mir über seine Familie erzählt hatte. *Onkel Drenk hat derzeit das Zepter in der Hand,* hatte er mir einmal gesagt. *Dafür musste er meinen Vetter Frell töten. Irgendein Streit über den Lohn einer Hure, der wahrscheinlich nur als Vorwand diente. Er ist ein verflixt schlauer Kerl, mein Onkel Drenk …*

»Meißel!«

Torias Fuß trat mir gegen die Schulter und unterbrach den Strom meiner Gedanken, der mit großer Wahrscheinlichkeit ohnehin zu keinem Ergebnis geführt hätte. Nach vier langen Jahren war die Zahl der Antworten, auf die ich gekommen war, begrenzt und hatte bloß immer noch mehr Fragen aufgeworfen.

»Solltest du auf Diamanten stoßen, teilen wir die Beute, denk dran.« Ich holte das gewünschte Werkzeug aus dem Sack zu meinen Füßen und beugte mich in den Tunnel, um es Toria zu reichen.

»Halt die …«, knurrte sie angestrengt und hieb den Meißel in eine unsichtbare Felsspalte, »… Klappe. Die gehören mir. Und das ganze Gold und die Rubine auch.«

Uns um unentdeckte Schätze zu streiten, war ein Witz zwischen uns, seit wir das erste Mal am Tunnel gearbeitet hatten, aber in letzter Zeit heiterte er mich immer weniger auf. Wenn unsere Flucht auch endlich näher zu rücken schien, erinnerte mich das Gerede über Reichtümer daran, dass wir außerhalb der Mine vollkommen mittellos sein würden. Und dann wünschte ich mir, es gäbe die Karte zu Deckins sagenhaftem Schatz wirklich. Unglücklicherweise hatte Deckin zwar ständig nach den Reichtümern anderer Leute gegiert, aber selbst nie irgendwo Schätze angehäuft.

»Die werden wir brauchen«, sagte ich etwas ernster. »Wenn wir hier rauskommen.«

»Der Bund in Callintor wird für uns sorgen, zumindest für eine Weile.« Toria verstummte, und ihr Hämmern hallte durch den Tunnel. Mit der Zeit waren wir zu einigermaßen erfahrenen Bergarbeitern geworden, aber Toria hatte ein besseres Auge dafür, wo man ansetzen musste, um hartnäckiges Gestein zu lösen. Außerdem konnte sie mit ihrem schmalen Körper in Spalten kriechen, in die wir anderen nicht hineinpassten. »Achtung«, rief sie, und ich trat beiseite, als ein klobiger Felsbrocken aus dem Tunnel gerollt kam. Seit Kurzem neigte sich der Tunnel nach oben, nachdem Schnitzer zu dem Schluss gekommen war, dass es jetzt sicher sei, zur Oberfläche vorzustoßen.

»Callintor ist zwölf Meilen vom Fluss entfernt«, erinnerte ich sie. »Das ist eine ziemlich weite Strecke zu Fuß, wenn einem Reiter auf den Fersen sind.«

»Um von hier zu entkommen, würde ich auch hundert Meilen an einem halben Tag rennen, ganz zu schweigen von zwölf. Außerdem …«, ächzend kam sie aus dem Tunnel gekrochen, um sich in den Eingang zu setzen, erschöpft, aber immer noch munter genug, um mir ein gespielt aufrichtiges Lächeln zu schenken, »… hat nicht unsere von den Seraphilen gesegnete Aszendentin die heilige Stadt zu unserem Ziel erklärt?« Das Lächeln verschwand, und sie keuchte in vermeintlichem Entsetzen auf. »Würdest du, Alwyn«, sie griff sich an die Brust, »etwa gegen die Wünsche der Aszendentin verstoßen?«

»Ach, halt den Mund.« Ich ließ mich neben ihr nieder und entkorkte eine kleine Flasche. »Hier.« Ich nahm einen Schluck und genoss das Brennen des Brandys auf meiner Zunge, bevor ich die Flasche an sie weiterreichte. »Ersäuf die Ketzerei.«

»Dafür bräuchte es mehr als das.« Anstatt nur einen kleinen Schluck zu nehmen, schüttete sie den Brandy förmlich in sich hinein, was mir ein wenig Sorge bereitete, weil sie es immer so machte, wenn uns – was nur selten vorkam – Alkohol in die Hände fiel. Ich widerstand dem Drang, ihr die Flasche wegzureißen. Das Leben hier war für uns beide nicht einfach, aber sie traf es noch etwas härter als mich.

Trotz der Umstände war ich mit den Jahren um einiges größer und breitschultriger geworden. Toria hingegen war so zierlich geblieben, wenn ihre Arme inzwischen auch etwas drahtiger waren. Mit ihrer Kleinwüchsigkeit gab sie unter den Insassen außerhalb von Sihldas Gemeinde ein beliebtes Ziel ab, besonders unter den Neuankömmlingen, die noch nicht gelernt hatten, dass ein Übertreten der ungeschriebenen Gesetze der Minen tödliche Folgen haben konnte. Erst vor ein paar Monaten hatten drei neu eingetroffene Strauchdiebe aus

Althiene Toria in einen Stollen gezerrt. Mit der kurzen Klinge, die sie bei sich trug und geschickt anzuwenden wusste, hatte sie einem ein Auge ausgestochen und den anderen ein oder zwei Finger abgehackt, um sie in Schach zu halten, bis Brauer und ich herbeigeeilt kamen, um zu schauen, was der Aufruhr zu bedeuten hatte. Kurz darauf lagen zwei tote Strauchdiebe aus Althiene in dem Stollen. Den dritten ließen wir als Warnung am Leben – mit zwei ausgestochenen Augen, um die Botschaft zu unterstreichen. Die anderen Insassen kümmerten sich nicht weiter um ihn, und so irrte er lange Zeit jammernd umher, bis der Hunger eine weitere Leiche auf dem monatlichen Berg landen ließ. Wie üblich stellten die Wachen keine Fragen.

»Gutes Zeug.« Toria wischte sich den Mund ab. »Das hast du wohl bei Seiner Durchlaucht mitgehen lassen, was?«

»In der Küche arbeitet eine Magd, die mich gut leiden kann.«

»Hure.« Grinsend reichte sie mir die um einiges leichtere Flasche zurück.

»Sie ist alt genug, um meine Mutter zu sein. Sie freut sich nur über ein Lächeln oder ein paar freundliche Worte, das ist alles.«

»Biete ihr mehr an, vielleicht bekommst du dann beim nächsten Mal zwei Flaschen.« Toria blickte über die Schulter zu der kleinen dunklen Tunnelöffnung. »Schnitzer sagt, noch ein weiteres Jahr«, murmelte sie. »Mindestens.«

»Wenn es so lange dauert, dann ist es eben so.«

»Und wenn wir frei sind, dann folgen wir der Aszendentin brav nach Callintor, ja?«

Ich sagte nichts. Wir hatten über dieses Thema bisher noch nicht oft gesprochen, und ich hatte stets ausweichend reagiert, aber diesmal schien Toria auf einer Antwort zu bestehen. »Ja?« Sie stieß mich mit der Schulter an. »Wir laufen ihr hinterher, während sie ihre Predigten hält. Fromme Gemeindemitglieder, die wir sind.«

»Brauer wird das tun und Schnitzer auch.« Ich lachte schnaubend. »Hedgeman ganz bestimmt. Du und ich, wir können gehen, wohin wir wollen.«

»Um die lange Liste aus Leuten zu finden, die du umbringen willst, meinst du?«

»Es ist meine Liste. Du musst mich nicht begleiten.«

»Klar muss ich das. Das weißt du.« Sie hielt inne und griff nach der Brandy-Flasche, und ich zierte mich kurz, bevor ich sie ihr gab, um sie ein bisschen aufzuziehen. »Ich gehe mit dir und helfe dir, alle zu töten, die es verdient haben. Ich bin mir nur nicht sicher, ob du das immer noch vorhast. Ich sehe, wie du an ihren Lippen hängst. Wie du sie anschaust, wenn sie dir Unterricht gibt. Das ist keine Liebe, sondern etwas Schlimmeres. Glaubst du, es wird sie freuen, wenn du ihre heilige Mission in den Wind schlägst, um stattdessen loszuziehen und Blut zu vergießen? Natürlich nicht, und das ist dir klar. Ein Wort von ihr, und du wirst ihr folgen, so wie ich dir folge. Das wiederum ist mir klar.«

Ich sagte nichts, aber ich spürte, wie Toria mich ansah, während sie einen weiteren großen Schluck nahm. »Wir wissen beide, wofür sie sich hält«, sagte sie leicht lallend. »Was sie sein will. Scheiße, vielleicht hat sie ja sogar recht damit. Der Bund hatte sicherlich seine Gründe, als er sie hierher verfrachtet hat. Gründe, von denen sie uns noch immer nichts erzählt hat. Ich würde schätzen, sie hat denen eine Scheißangst eingejagt, all den habgierigen Heuchlern. Und die haben sich zu Recht gefürchtet. Wusstest du, dass es schon seit dreihundert Jahren keine neuen Märtyrer mehr gegeben hat? Der Bund liebt die alten Märtyrer, aber neue würde er hassen, da kannst du deinen Arsch drauf verwetten. Ein neuer Märtyrer bedeutet Veränderung und könnte alles infrage stellen, was sie aufgebaut, was sie gestohlen haben.«

Sie nahm noch einen Schluck und fluchte leise. Sie stellte die Flasche auf den Kopf, um die letzten Tropfen herauszuschütteln, bevor sie sie wegwarf. Die Flasche zerschellte irgendwo jenseits des Lichtscheins unserer kleinen Kerze, worauf einen Moment lang bedeutungsschweres Schweigen herrschte.

»Um zur Märtyrerin zu werden, muss sie sterben«, stellte Toria fest. »Und wenn Märtyrer sterben, nehmen sie für gewöhnlich all ihre Anhänger mit ins Grab. So steht's in den Schriftrollen, auch wenn die

Betbrüder und -schwestern nicht oft drüber sprechen. Blutig ist der Morgen, wenn ein Märtyrer aufsteigt. So sagen es die alten Leute in meiner Heimat.«

»Du hasst sie, weil sie eine Abtrünnige deines Volkes ist«, sagte ich. »Ihre Legenden stimmen nicht mit deinen überein …«

»Ich hasse sie nicht«, unterbrach mich Toria. »Das ist das Schlimmste daran. Sie besitzt die Gabe, Zuneigung in den Menschen zu wecken, auch wenn man weiß, dass sie einen ins Verderben stürzen wird. Aber egal, wie sehr du sie liebst, es hat keinen Sinn, von diesem Ort zu fliehen, nur um in ein paar Monaten als Ketzer verbrannt zu werden …« Sie verstummte ärgerlich, als ich mich stirnrunzelnd dem Tunnel zuwandte. Ich hatte von dort ein leises Echo gehört, das ich nicht einordnen konnte. »Hörst du mir überhaupt zu?« Sie versetzte mir einen harten Knuff.

»Still!«, fauchte ich und spähte mit zusammengekniffenen Augen in den dunklen Tunnel. Ein seltsames scharfes Zischen drang an meine Ohren, vermischt mit einem rasselnden Poltern. »Hörst du das?«

»Was soll ich …?« Toria verstummte, als der Widerhall plötzlich lauter wurde. Poltern und Zischen steigerten sich zu einem kaskadenartigen Donnern, und mir kam eine furchtbare Erkenntnis.

»Ein Einsturz!«

Ich griff nach Torias Arm, aber sie, die in brenzligen Situationen niemals zögerte, krabbelte bereits auf allen vieren voraus und quetschte sich durch einen schmalen Spalt in die nächste Kammer. Ich folgte ihr und zerkratzte mir in meiner Eile, aus der Gefahrenzone zu entkommen, die Hände, während die ersten herabfallenden Felsbrocken bereits auf meinen strampelnden Beinen landeten. In den letzten vier Jahren hatten wir mehrere eingebrochene Stollen gesehen und kannten das grausige Schicksal derjenigen, die unter Geröll begraben wurden. Mit zerschmetterten Knochen klammerten sie sich an ihr Leben, in dem sicheren Wissen, dass es keine Rettung geben würde.

»Komm schon!«, rief Toria, während ich versuchte, mich durch den Spalt zu zwängen. Mit zusammengebissenen Zähnen packte sie fluchend meinen Arm und zog daran. »Warum musstest du so verdammt groß werden?«

Ich schrie erleichtert auf, als ich durch den Spalt rutschte und auf Toria landete, gefolgt von einer dichten Wolke aus Staub und Steinchen, die die ganze Kammer ausfüllte. Wir schlossen den Mund und hielten uns die Nase zu. Blindlings tasteten wir uns in die Richtung des abgestützten Tunnels, der zur nächsten Kammer führte. Das in der Luft liegende Zeug einzuatmen, wäre genauso tödlich, wie unter einer Tonne Felsgestein begraben zu sein.

Ich kroch vorwärts, bis ich mit der freien Hand einen Holzbalken fand. Toria packte meinen Gürtel, und wir stolperten durch den Stollen bis zu der deutlich größeren höhlenartigen Kammer etwa zwanzig Meter weiter. Meine Lungen begannen zu brennen, als wir sie erreichten, und ich konnte nicht länger gegen den Drang ankämpfen einzuatmen. Der Staub war zwar auch bis in diese Kammer vorgedrungen, aber hier war er weniger dicht, sodass ich nicht gleich starb, als ich einatmete, wenn ich auch eine ganze Weile husten und würgen musste, bis sich der Staub endlich etwas gesetzt hatte.

Mit tränenden Augen schaute ich mich blinzelnd um und sah Toria, die vornübergekrümmt eine Mischung aus Brandy und Staub erbrach. Mein Blick ging zum Stollen. Das einzige Licht rührte von einer Fackel her, die in einer Wandhalterung steckte. Es war zu schwach, um die Tiefen des Tunnels zu beleuchten, aber das anhaltende Donnern und Zischen herabfallenden Gesteins sagte mir, dass unser Gespräch von eben jetzt vermutlich bedeutungslos geworden war. Unsere Flucht lag wieder in ebenso weiter Ferne wie die Sterne in einer klaren Nacht. Dieses eine Mal sollte sich meine Schwarzseherei jedoch als unbegründet erweisen.

◆ ◆ ◆

»Bemerkenswert.« Schnitzer stand in dem vertikalen Schacht, starrte in die tintenschwarze Finsternis über sich und kraulte sich nachdenklich den dichten Bart. Eine Woche hatte es gedauert, bis wir in mühevoller Arbeit das herabgefallene Gestein aus dem Tunnel geschafft hatten. Einige größere Brocken hatten erst zerteilt werden müssen, bevor sie weggebracht werden konnten. Das ganze Geröll wurde im Schrein von Märtyrer Callin aufgehäuft. Das plötzliche Auftauchen von derart viel Abraum außerhalb der Stollen hätte die Wachen auf der Mauer misstrauisch gemacht. Wir hatten erwartet, dass der Tunnel mit Geröll verstopft sein würde, stellten jedoch fest, dass er nun lediglich in eine weitere Kammer führte, schmaler als die anderen, aber dafür um einiges höher als alle, die wir bisher entdeckt hatten.

»Irgendeine Vorstellung, wie weit es da hochgeht?« Brauer hob seine Fackel, die jedoch nur feuchtes Gestein beleuchtete, ohne dass eine Felsdecke zu erkennen gewesen wäre.

»Schwer zu sagen.« Schnitzer strich sich über den Bart, legte dann den Kopf in den Nacken und schickte einen lauten Ruf in die Dunkelheit. Seine Stimme hallte ein Stück weit, aber weniger lange, als ich erwartet hätte. Mit gespenstischer Schnelligkeit und Klarheit kehrte der Schall zu uns zurück.

»Klingt so, als würde es da in etwa dreißig Fuß Höhe enger werden«, schlussfolgerte Schnitzer. »Und ich würde schätzen, dass wir uns hier bloß an die fünfzig Fuß unter der Oberfläche befinden.«

Neben Schnitzer, Brauer und mir war nur noch Sihlda anwesend, und mir fiel auf, dass sie mit den anderen keine bedeutungsvollen Blicke austauschte, so wie diese es untereinander taten. Stattdessen stand sie mit verschränkten Armen und gesenktem Kopf da. Ihre Stirn war gerunzelt, und ihre Miene spiegelte nichts von der freudigen Überraschung, die ich in Brauers zerfurchten Zügen sah.

»Wird nicht leicht, da hochzuklettern«, fuhr Schnitzer fort und strich mit der Hand über die feuchte Wand der Kammer. »Mit ausreichend Holz sollten wir aber Leitern bauen können. Wenn wir noch mehr Nägel beschaffen können, kann ich daraus Winkel anfertigen, um die Leitern am Gestein zu befestigen …«

»Wie lange?«, unterbrach ihn Sihlda mit gerunzelter Stirn.

»Das hängt ganz von unseren Materialvorräten ab, Aszendentin.« Schnitzer breitete entschuldigend die Hände aus. »Wenn wir alles Nötige bekommen, kann es in ein paar Wochen geschafft sein.«

»Ein paar Wochen«, wiederholte Brauer lachend, wurde jedoch auf einen scharfen Blick von Sihlda hin sofort wieder ernst.

»Rechne aus, was wir brauchen«, sagte sie zu Schnitzer. »Sei so genau und sparsam wie möglich.« Sie schaute erst ihn und dann Brauer an. Ihre Stimme hatte einen befehlenden Ton angenommen, den man bei ihr nur selten hörte. »Sagt den anderen nichts davon. Sollten sie Fragen stellen, behauptet ihr, die Arbeit am Tunnel sei unterbrochen, bis wir wissen, ob er sicher ist.«

Sie schaute den beiden Männern in die Augen, und diese nickten ernst. »Alwyn.« Sihlda drehte sich zu mir um. »Komm mit mir.«

◆ ◆ ◆

Aszendentin Sihldas Kammer befand sich nahe dem Eingang zum Schrein – eine enge Nische, in der lediglich eine Matratze aus Sackleinen und ein kleiner Schreibtisch Platz hatten. Den Schreibtisch hatte ein Zimmermann für die Aszendentin angefertigt, der in die Minen gelangt war, nachdem er seine Frau mit dem Sohn seines Dienstherrn bei einem Stelldichein erwischt und beide ermordet hatte. Er war eines der ersten Mitglieder von Sihldas Gemeinde gewesen und hatte, bevor er an Staublunge gestorben war, aus dem wenigen Holz, das ihm zur Verfügung stand, mehrere Gegenstände von beeindruckender Kunstfertigkeit hergestellt. Der Schreibtisch war bei Weitem sein größtes und wertvollstes Stück, das ich ebenso zu schätzen wusste wie die Aszendentin, weil sie mir daran das Lesen und Schreiben beigebracht hatte.

»Hol etwas Wasser und alle Tinte, die du noch übrig hast«, sagte sie auf dem Weg zu ihrer Kammer. »Ich muss dir einen Bericht diktieren, und es könnte etwas dauern.«

Nachdem ich das Gewünschte geholt hatte, nahm ich auf der Matratze Platz und baute den Schreibtisch auf, wobei ich wie stets dessen geniale Konstruktion bewunderte. Auf den ersten Blick sah er nur wie eine einfache lackierte Kiste aus, mit einem Scharnier an einer Seite. Wenige Handgriffe verwandelten ihn jedoch in einen Schreibtisch mit vier kurzen Beinen, der eine Vertiefung für das Tintenfass und eine Schreibunterlage aus Leder besaß und genau im richtigen Winkel geneigt war, dass man bequem darauf schreiben konnte. Ich hatte schon vor Langem den Entschluss gefasst, ihn mitzunehmen, sollte mir irgendwann – auf welche Weise auch immer – die Flucht gelingen.

»Mit Schnickschnack halten wir uns diesmal nicht auf«, sagte Sihlda, als ich oben in die Ecke der Seite das Datum schrieb, wie stets, wenn sie mir etwas diktierte. Ich war es gewohnt, die Buchstaben mit aufwendigen Schnörkeln und Mustern zu verzieren, während sie ihre Gedanken ordnete. Anscheinend war das heute nicht nötig.

»Ich glaube, eine schmucklose Schrift ist hierfür am besten geeignet«, fügte sie lächelnd hinzu. »Ein Testament sollte ein nüchternes Schriftstück sein, findest du nicht auch, Alwyn?«

Meine Feder hinterließ einen hässlichen Strich auf dem Papier, und ich mühte mich unter gedämpften Flüchen, ihn wegzutupfen. Papier war in den Minen teuer und erforderte Tauschhandel mit den Wachen, wenn man nicht das Risiko eingehen wollte, es aus Eldurms Gemächern zu stehlen. »Testament?«

»Die Stunde unserer Befreiung ist nah, deshalb scheint mir dies ein günstiger Zeitpunkt.« Sie schritt im Eingang der Kammer auf und ab, wie immer, wenn sie mir etwas diktieren wollte. Sonst war sie stets die Gelassenheit in Person, das Formulieren ihrer Gedanken schien das Einzige zu sein, was sie aufwühlen konnte. »Die Flucht nach Callintor wird nicht ungefährlich, und ich bin nicht mehr die Jüngste.«

»Ihr werdet dort ankommen«, versprach ich ernst. »Und wenn Brauer und ich Euch den ganzen Weg tragen müssen.«

»Ich habe keinen Zweifel, dass ihr das tun würdet.« Sie lächelte wieder, aber nur kurz; ganz anders als die heitere Miene, die sie sonst zur Schau stellte. »Sag mir, Alwyn«, sie strich sich mit steifer Hand über ihr zum Zopf gebundenes grauschwarzes Haar, »was glaubst du, wie ich hierhergekommen bin? Nach all der Zeit hast du doch bestimmt eine Vermutung.«

Ihr Blick war unangenehm direkt, deshalb konzentrierte ich mich lieber wieder auf das Papier. Der Tintenklecks war klein, aber ärgerlich, weil er sich nicht wegwischen ließ. Je nachdem, wie unsere Flucht ausgehen mochte, bot sich mir möglicherweise später noch die Gelegenheit, eine bessere Abschrift anzufertigen, das wertvolle Original wäre jedoch für immer verhunzt. Ich hoffte, wenn ich einfach nicht antwortete, würde sie auch nicht weiter nachhaken. Aber sie starrte mich nur auffordernd an, bis ich eine Erwiderung gab.

»Toria glaubt, der Bund hätte es so eingefädelt, dass Ihr hierhergeschickt wurdet«, sagte ich. »Sie denkt, Ihr hättet den Geistlichen mit Eurer Frömmigkeit Angst eingejagt, und sie hätten befürchtet, Ihr könntet seit Jahren die erste neue Märtyrerin werden.«

»Oh.« Sihlda schürzte etwas überrascht die Lippen. »Dann ist Toria anscheinend schlauer, als ich gedacht hätte. Mein Fehler. In diesem Fall allerdings irrt sie sich. Und ich habe auch nicht nach ihrer Meinung gefragt, sondern nach deiner.«

Wieder Schweigen und derselbe auffordernde Blick. »In den Minen hört man viele Geschichten«, sagte ich schließlich. »Geschichten von Verrat und Unschuld. ›Mein Bruder hat mir mein Erbe gestohlen, aber *ich* habe ihn nicht umgebracht‹; ›Ich hab die Taverne nicht mit dem Mädchen verlassen, das später nackt und tot im Fluss gefunden wurde‹; ›Meine Nachbarn haben gelogen und gesagt, ich hätte den Kaufmann ermordet, damit sie mir mein Land stehlen können‹. Und so weiter und so fort, und es ist alles gequirlte Scheiße, die zum Himmel stinkt. In vier Jahren habe ich bisher noch keinen getroffen, der es nicht auf die ein oder andere Weise verdient gehabt hätte, hier zu sein.«

Einen Moment lang kehrte ihr vertrautes heiteres Lächeln zurück. »Dann habe ich zumindest deinen Verstand richtig eingeschätzt.« Sie begann wieder, auf und ab zu gehen, und deutete auf meine gezückte Schreibfeder. »Fang erst an zu schreiben, wenn ich es sage.« Sie blieb kurz stehen, um Luft zu holen, und fuhr dann mit klarer Stimme fort, aber so leise, dass ihre Worte nicht im Stollen widerhallten.

»Toria hatte teilweise recht«, begann Sihlda. »In den oberen Rängen der Hierarchie des Bundes gab es tatsächlich einige, die sich davor fürchteten, eine Frau, die noch vor dem dreißigsten Lebensjahr in den Rang einer Aszendentin aufgestiegen war, könnte am Ende noch zur Märtyrerin werden. Allerdings sollten sich diese Ängste – gewiss zu ihrer Erleichterung – bald schon als unbegründet erweisen.

Ich begann meinen Dienst im Norden Althienes. Als Kind einer respektablen und wohlhabenden Stoffhändlerfamilie hatte ich in meiner Jugend die Muße, überall hinzugehen, wohin meine Neugier mich zog. Außerdem brachte ich es nie über mich, einen Bedürftigen im Stich zu lassen. Diese beiden Eigenschaften führten mich wie von selbst zu den Türen des dortigen Schreins, wo ich nach einer Weile den Aspiranten um die Ehre bat, mich Unwürdige als Betschwester aufzunehmen. Er war ein betagter Herr mit drei ebenso betagten Dienern, und vermutlich willigte er vor allem deswegen ein, weil er jemanden brauchte, der im Schrein die Böden schrubben konnte. Allerdings begnügte ich mich nicht damit, bloß die Drecksarbeit zu verrichten.

In der Stadt und auf den umliegenden Gehöften gab es viele Kranke und Gebrechliche, und ich nahm es auf mich, sie zu besuchen, um für ihr Seelenheil und auch ihr leibliches Wohl zu sorgen. Anfangs war dem Aspiranten mein großzügiger Umgang mit den vom Schrein gesammelten Spenden ein Dorn im Auge, aber die Dankbarkeit der Stadtbewohner und Knechte stimmte ihn um. Dankbarkeit bringt mehr Spenden, als die Gläubigen nur einmal die Woche vor dem Altar knien zu lassen. Ich versorgte jedoch nicht bloß Kranke, ich konnte auch reden. Und zwar auf eine fesselnde Weise, die die Leute stundenlang in Bann hielt, wenn die Worte gut flossen. Und das taten sie. Aus den Schriftrollen in mein Herz hinein und durch meinen Mund wieder hinaus. Ich redete, und viele hörten mir zu.

Die Gebete an den Festtagen der Märtyrer waren meist gut besucht, aber öde, und der Aspirant hielt sie möglichst kurz. Niemand spricht gern vor einem gelangweilten Publikum, das am liebsten nach Hause möchte. Nach meiner ersten Predigt wurde es im Schrein dagegen merklich voller. In der Woche darauf reihten sich die Leute schon an den Wänden und drängten sich vor der Tür. Danach begann ich, draußen auf der Wiese zu predigen, die auch bald zu klein wurde, so groß war der Andrang der Leute, die das Wort von Betschwester Sihlda hören wollten.«

Sie runzelte die Stirn. »Eigentlich habe ich nie ganz verstanden, warum die Leute sich so um mich scharten. Damals glaubte ich, es läge schlicht an der Botschaft des Bundes und daran, dass die alte, unverfälschte Wahrheit von einer neuen Stimme ausgesprochen wurde. Die Furcht vor der zweiten großen Plage spielte gewiss ebenfalls eine Rolle. Nachdem ich jetzt viele Jahre darüber nachgedacht habe, bin ich mir aber nicht mehr so sicher. Leider besitzen manche Menschen die Gabe, Leute allein mit ihren Worten zu umgarnen. Versteh mich nicht falsch, Alwyn. Ich sehe nichts … Übernatürliches darin. Denk nur an meinen Geschichtsunterricht. Da findest du bestimmt mehr als eine Persönlichkeit, die diese Fähigkeit besessen hat. Ich würde außerdem wetten – wenn das nicht unter meiner Würde als Aszendentin wäre –, dass der Prätendent eine ähnliche Gabe besitzt. Wie sonst könnte ein einfacher Mann derart viele Anhänger um sich versammeln?«

Sie schüttelte sanft lächelnd den Kopf. »Wie dem auch sei. Unterbrich mich, falls ich wieder in Spekulationen verfalle. Um meine Geschichte kurz zu halten, will ich nur sagen, dass meine wachsende Anhängerschaft mich innerhalb von gerade einmal zwei Sommern von der Betschwester zur Aspirantin aufsteigen sah. Mir wurde mein eigener Landkreis zugeteilt. Dass der in einiger Entfernung zu meinem alten lag, hätte mich stutzig machen sollen, aber damals war der Bund in meinen Augen noch über jeden Zweifel erhaben. Also machte ich mich auf den Weg, über unwegsame Straßen und durch Sumpfland, bis ich den Schrein von Märtyrer Lemtuel erreichte. Du erinnerst dich hoffentlich an seine Geschichte?«

»Der erste Märtyrer der Nordküste«, erwiderte ich prompt. »Er wurde von den Heiden, die die ascarlianischen Götter verehrten, zu Tode gepeitscht, weil er die Legenden des Bundes gepredigt hatte.«

»Ganz recht. Und nachdem sie ihn getötet hatten, warfen sie seine Leiche in einen Sumpf im Herzogtum Cordwain. Jahre später wurde sie wiedergefunden – bemerkenswert unversehrt –, worauf ein Schrein für ihn errichtet wurde. Dorthin schickte mich der Bund. Ein heiliger Ort, keine Frage, aber auch einer, der im Sommer von Schwärmen hungriger Insekten und im Winter von dichtem eisigem Nebel heimgesucht wird.

Später wurde mir klar, dass man sich deshalb für diesen Landkreis entschieden hatte, weil man glaubte, dass aus meiner wachsenden Gemeinde mir nur wenige dorthin folgen würden. Was sich als richtig erwies. Natürlich gab es ein paar, die mitgingen – einige Dutzend der unzähligen Menschen, die sich regelmäßig versammelten, um gebannt meinen Predigten zu lauschen. Der Schrein von Märtyrer Lemtuel sollte mein Gefängnis sein, ein klug gewählter Ort, um eine allzu beliebte junge Aspirantin loszuwerden. Dort sollte ich meine Tage in Einsamkeit vergeuden, wenn ich nicht gar zufällig einem Fieber zum Opfer fiele. Stattdessen verwandelte ich das Gefängnis in eine Zuflucht, wobei mir der erstaunlicherweise noch immer nicht verweste Leichnam von Märtyrer Lemtuel eine große Hilfe war.

Es ist Tradition, dass sich die Lahmen und Kranken den Weg der Schreine entlangschleppen, in der Hoffnung, durch den Anblick heiliger Überreste geheilt zu werden. Ein Brauch, den ich immer schon moralisch verwerflich und abstoßend fand. Dass den Knochen der Märtyrer irgendwelche Heilkräfte innewohnen, wird in den Schriftrollen nirgends erwähnt. Und wenn der Bund seine Anhänger auch dazu anhält, ein gutes, gesundes Leben zu führen, liegt das Augenmerk dabei doch eher auf dem Seelenheil und weniger auf dem Körper. Meine Predigten zu solchen Themen waren sicher ein Grund, weshalb man mir einen derart abgelegenen Landkreis zuwies. Aufgrund seiner Abgeschiedenheit wurde der Schrein von Märtyrer Lemtuel damals nur von wenigen Leuten besucht. Hin und wieder verschlug es mal ein paar erschöpfte Pilger dorthin, die jedoch meist enttäuscht wurden, wie man mir berichtete – ihre Gebrechen blieben ungeheilt, und sie traten niedergeschlagen die Heimreise durch den Sumpf an. Nicht wenige kamen vom Weg ab und ertranken in den in Nebel gehüllten Wasserstraßen oder starben schlicht vor Erschöpfung.

Ihr Elend machte mir sehr zu schaffen, sodass ich eine neue Regel einführte: Kein Pilger und keine Pilgerin durfte den Rückweg antreten, ehe ich mich nicht vergewissert hatte, dass er oder sie kräftig genug war, um die Reise zu überleben. Neben dem Schrein ließ ich eine Heilstätte errichten, die schon bald nicht bloß Pilger anzog. Wenn auch abgelegen, ist das Sumpfland von Cordwain doch alles andere als unbewohnt – dort leben viele Torfstecher und Fischer, die in den Kanälen nahe der Küste ihr Auskommen suchen. Das sind zwar recht robuste Leute, aber, wie alle Menschen, sind sie keinesfalls immun gegen Krankheiten oder Verletzungen. Deshalb kamen sie auch bald zum Schrein, wenn sie Hilfe brauchten, und wie es die Gesetze des Bundes vorschreiben, wies ich sie nicht ab. Ich kannte mich ein wenig mit der Heilkunst aus und lernte im Laufe der Jahre noch einiges hinzu, aber ich war stets mehr als bloß eine Heilerin. Noch immer besaß ich die Gabe, ein Publikum in meinen Bann zu schlagen.

Etwa zehn Jahre dauerte es, bis der Schrein von Märtyrer Lemtuel zu einem größeren Dorf angewachsen war. Die Leute kamen dorthin, wenn sie an Körper oder Seele erkrankt waren und Heilung suchten. Andere dagegen …« Seufzend lehnte Sihlda sich gegen den Eingang der Kammer und senkte den Kopf. Plötzlich wirkte sie um einiges älter. Die Lebenskraft, die einen sonst über die Falten in ihrem Gesicht und ihr ergrautes Haar hinwegsehen ließ, fiel von ihr ab, und zum Vorschein kam eine müde Frau, die vor ihrer Zeit alt geworden war.

Als sie weitersprach, klang ihre Stimme ungewohnt traurig. »Andere«, sagte sie, »suchten nach Erlösung, nach Vergebung, die man nur erfahren kann, wenn man den Seraphilen seine schlimmsten Sünden beichtet. An einem eisigen Wintermorgen kamen drei Leute zum Schrein – zwei junge Ritter, die eine ebenso junge Adlige begleiteten, die hochschwanger war. Die Frau kam mit zweierlei Absichten: Zum einen wollte sie ihr Kind sicher zur Welt bringen und zum anderen ihre Sünden beichten.«

Sihlda schaute mich an und straffte sich. Die Müdigkeit verschwand ebenso schnell wieder, wie sie gekommen war. »Jetzt kannst du anfangen zu schreiben.«

Und so schrieb ich nieder, was sie sagte. Eine ganze Stunde lang wanderte die Schreibfeder über das Papier. Heute schäme ich mich für das Schriftstück, das dabei entstand – es war nicht das Werk eines echten Schreibers. Zu viele Fehler sind darin, zu viele gestrichene Wörter und Tintenkleckse. Die Geschichte, die Sihlda mir erzählte, ließ mich häufig zusammenzucken, manchmal zitterte mir sogar die Hand. Als es vollbracht war, wusste ich, dass es naiv von mir gewesen war zu glauben, alle Insassen der Minen hätten ihr Schicksal verdient.

»Ich danke dir für deine Aufmerksamkeit, Alwyn«, sagte sie, nachdem ich den Punkt hinter die letzte Zeile gesetzt hatte. »Ich vertraue diesen Bericht nur dir allein an. Du wirst ihn mitnehmen und, wenn die Zeit gekommen ist, seinen Inhalt bekannt machen.«

»Wann?« Ich beäugte den Papierstapel, als wäre er eine zusammengerollte zischende Schlange. »Und wem soll ich ihn mitteilen?« Ich hegte keinen Zweifel daran, dass Sihldas Bericht der Wahrheit entsprach, und dank ihres Unterrichts besaß ich auch eine recht gute Vorstellung davon, was geschehen könnte, sollte der Inhalt publik werden. Sie übergab mir etwas, das große Macht besaß, aber auch schlimme Konsequenzen haben konnte.

»Das wirst du dann schon wissen«, versicherte sie mir. »Und nun«, fuhr sie mit gewohnter Lebhaftigkeit fort, »müssen wir uns eine überzeugende Lüge ausdenken, um Eldurm dazu zu überreden, uns mehr Holz zu geben.«

Neunzehntes Kapitel

Ich fand Eldurm in verzweifelter Stimmung vor, zu meinem Glück aber auch stark abgelenkt. Zusammengesunken kauerte er hinter seinem Schreibtisch, auf dem mehr versiegelte Briefen verstreut lagen als sonst. Alle waren noch ungeöffnet, bis auf einen – eine kurze Notiz, soweit ich es beurteilen konnte. Der Inhalt war verkehrt herum schwierig zu lesen. Die Schrift wirkte krakelig und wie schnell hingekritzelt, was das Entziffern noch mehr erschwerte. Die letzte Zeile und die seltsam klare Unterschrift waren dagegen deutlich erkennbar: »Deine ewige Freundin Evadine«.

Anscheinend hatte Eldurm eine Antwort auf seine Liebeserklärung erhalten und war enttäuscht worden.

»Holz?«, fragte er mit mäßigem Interesse und ohne den Blick von der Notiz zu heben.

»Ja, Herr«, erwiderte ich beherrscht. »Damit wir die neu entdeckte Ader genauer untersuchen können.« Ich nickte zu dem Gesteinsbrocken, den ich auf seinen Schreibtisch gelegt hatte, ein kantiges hässliches Ding mit braunen Flecken, die einen metallischen Glanz aufwiesen. »Schnitzer ist der Meinung, dass dort noch mehr zu finden sein könnte.«

Eldurm blinzelte und fand die Kraft, sich eine Sekunde lang auf den Gesteinsbrocken zu konzentrieren. »Kupfer, wie?«

»Jawohl, Herr.«

In Wahrheit war der Klumpen Kupfererz der einzige, der je in den Minen gefunden wurde. Brauer hatte ihn vor sechs Jahren entdeckt und auf Sihldas Anweisung hin nicht an Seine Durchlaucht gemeldet. Schnitzer war der Auffassung, dass es mit Sicherheit noch mehr davon zu finden gab, aber wir hatten keine Möglichkeit, den genauen Ort zu bestimmen, außer durch Zufall oder viel größere Anstrengungen beim Graben. Da Kupfer einen weit höheren Preis erzielte als Eisen, war Sihlda klar, dass die Entdeckung einer ergiebigen Ader die Zahl der Insassen in den Minen bald schon deutlich erhöhen würde. Statt wie jetzt nur die schlimmsten Missetäter würden die hohen Herren allen möglichen Abschaum hierherschicken, um sich einen Anteil an der Ausbeute zu sichern.

Eldurm hob eine Augenbraue und schürzte nachdenklich die Lippen. »Vater war immer der Meinung, dass hier noch mehr Reichtümer zu finden seien, wenn wir nur tief genug graben.«

»Offensichtlich ein vorausschauender Herr.«

»Nein.« Eldurm seufzte, richtete den Blick wieder auf die Notiz und fuhr mit dem Finger die geschwungene Unterschrift nach. Es war nur eine kleine Geste, aber ein klarer Hinweis darauf, dass der offensichtlich entmutigende Inhalt von Evadines Antwort dem hoffnungslosen Verlangen dieses Mannes keinen Abbruch getan hatte.

»Mein Vater«, murmelte er matt, »war ein Grobian, der in seinem Leben nie ein Buch gelesen hat, der den Bund auf schlimmste Weise schmähte und großen Spaß an Grausamkeiten hatte. Als er starb, war mein einziges Bedauern, dass meine geliebte Mutter nicht mehr miterleben konnte, wie er litt. Vielleicht …« Er runzelte die Stirn, und seine Augen weiteten sich in plötzlicher Erkenntnis. Er beugte sich vor; sein Blick wirkte nun viel lebendiger, während er den Brief fest umklammerte. »Vielleicht bin ich deswegen unwürdig. Sie sieht die Sünde in mir, die Sünde, meinen eigenen Vater zu hassen.«

Du armer bedauernswerter Kerl, dachte ich, achtete jedoch darauf, mir nichts anmerken zu lassen. Inzwischen hatte ich ein gutes Gespür dafür entwickelt, wann es besser war zu schweigen. Neben dem Erlernen der Buchstaben war dies vermutlich die wertvollste Lektion meiner Zeit in den Minen.

»Ich muss dringend eine Beichte ablegen«, fuhr Eldurm fort. Seine Augen glitten ganz verzückt über den Brief, was mich an die seltenen Gelegenheiten erinnerte, wenn Stallknecht sich eingeredet hatte, er hätte eine neue und wichtige Erkenntnis über die Legenden des Bundes gewonnen. Ich musste an eines von Sihldas Lieblingszitaten aus der Schriftrolle des Märtyrers Callin denken: *Jeder Mensch lügt, aber die schlimmsten Lügen sind die, die wir uns selbst erzählen.* Seltsamerweise kam diesem liebeskranken Narren nicht in den Sinn, dass die fromme Evadine es als weitaus größere Sünde betrachten könnte, wenn jemand arme Menschen als Sklaven in einer Mine schuften ließ, als dass er einen Verstorbenen hasste, der es sicherlich verdient hatte.

»›Das Schicksal hat es so gefügt, dass unsere Wege sich trennen‹«, las Eldurm im Flüsterton. Das Papier zitterte in seiner Hand. »Jetzt begreife ich, was ich tun muss. Mein Weg muss sich ändern, damit er mit ihrem zusammentrifft.« Er lachte kurz auf und senkte den Brief, um mich anzusehen. »Morgen bringst du Aszendentin Sihlda zu mir. Wenn es einen Menschen gibt, der meine Seele von Sünde befreien kann, dann ist sie es.«

Ich verkniff mir den Hinweis auf die schmerzenden Knie der Aszendentin. Die Selbsttäuschung Seiner Durchlaucht bot eine Chance für uns. Und Sihlda würde gewiss ein paar Schmerzen in Kauf nehmen, um dies auszunutzen.

»Das werde ich, Herr.« Ich verbeugte mich ernst. Als ich mich wieder aufrichtete, fügte ich hinzu: »Und … das Holz?«

»Ja, von mir aus.« Er winkte zur Tür. »Sag Leutnant Lebas, er soll euch alles geben, was ihr braucht. Die Gemeinde der Aszendentin erhält für diesen Fund außerdem in dieser Woche drei zusätzliche Säcke mit Vorräten.«

»Unser aufrichtigster Dank, Herr.« Ich verneigte mich erneut, aber er achtete schon nicht mehr auf mich. Als ich ging, stand er wieder am Fenster und blickte mit auf dem Rücken verschränkten Armen in die Ferne. Seine Hände krallten sich immer wieder in einem Ausdruck verzweifelter Hoffnung zusammen. In späteren Jahren kam mir häufig der Gedanke, dass ich ihn mehr verachten würde, wäre ich nicht in vielerlei Hinsicht zu seinem Spiegelbild geworden.

♦ ♦ ♦

»Zum Glück muss dieser Schacht nicht lange halten.« Schnitzer strich mit der Hand über das feuchte Gestein. »Wir sind viel zu nah am Fluss für meinen Geschmack.«

Ich hakte mich mit einem Arm an einer Leitersprosse fest und schaute zu Schnitzer hoch, der das obere Ende des Schachts begutachtete. Dieser verengte sich dort stark, und zwischen dem Felsgestein war Erde zu sehen, aber auch Wasser. An manchen Stellen lief es in Rinnsalen hinab, die das Gestein feucht machten, an anderen schossen sogar einzelne Wasserstrahlen hervor, die glitzernd im Dunkeln verschwanden. Beunruhigender noch als das Wasser fand ich das Knirschen und Ächzen des umliegenden Gesteins, manchmal begleitet von einem Zittern, wenn unsichtbare Spalte einstürzten oder das Wasser sich neue, möglicherweise gefährliche Rinnen grub.

»Aber er wird halten, oder?« Ich blinzelte verärgert, als mir ein dicker Wassertropfen auf die Stirn platschte.

»Im Moment ja.« Von Schnitzers feuchtem Bart, der normalerweise buschig war wie das Fell eines Dachses, sprühten noch mehr Tropfen auf mein Gesicht, als er den Kopf schüttelte. »Aber nicht lange. Flüsse enden nicht an ihren Ufern, weißt du? Bei manchen verteilt sich das Wasser unter der Erde meilenweit, und am Ende ist es immer stärker als das Gestein.«

Mein Blick ging zu dem Eisenwinkel, mit dem die Leiter an der Schachtwand befestigt war. Es war ein grob gefertigtes Ding aus geschmolzenen Nägeln und Schrott, eines von vielen, die in den letzten vier Wochen mit grober Gewalt ins Gestein gehämmert worden waren. Ohne Mörtel, der die Winkel festhielt, würden sie früher oder später wieder abfallen. Die für gewöhnlich recht beachtlichen Mengen an Eisenerz, die die Gemeinde abbaute, waren in letzter Zeit geschrumpft, weil wir unsere Bemühungen voll und ganz auf den Schacht konzentrierten. Eldurm akzeptierte die Fehlmenge als den Preis, den es für das Freilegen der fingierten Kupferader zu zahlen galt. Aber seine Geduld war nicht unendlich, ganz gleich, wie viele Tage es dauerte, bis er mit Aszendentin Sihldas Hilfe seine Seele von Sünden reingewaschen hatte.

»In ungefähr drei Tagen sollten wir durchbrechen«, sagte Schnitzer. »Wenn es so weit ist, können wir nicht warten. Das musst du ihr sagen.«

Er blickte nach unten und schaute mir in die Augen. Wenn er unter den Mitgliedern der Gemeinde auch vielleicht der gelassenste war, sah ich doch Verzweiflung in ihm, während der Tag unserer Flucht näher rückte. Sihldas Anhänger waren äußerst fromm, aber so begierig, wie sie darauf waren, sich aus den Minen zu befreien, fragte ich mich, wie lange ihre Treue danach wohl noch halten mochte.

»Das werde ich.« Ich stieg ins Dunkel hinunter und gab mir Mühe, das protestierende Ächzen der Winkel zu ignorieren.

◆ ◆ ◆

Ich fand Sihlda über die jüngste Abschrift der Schriftrolle des Märtyrers Callin gebeugt. Der Stolz verbietet es mir, es als die beste Abfassung seiner Geschichte zu bezeichnen, die je zu Papier gebracht wurde – andere Schreiber haben sie so genannt, und alle, die das anders sehen, sind bloß neidische Kritzler, die ihres Titels nicht wert sind.

Sihlda hatte die Geschichte des geläuterten Diebes dazu benutzt, um mir das Lesen und Schreiben beizubringen. Mein erster Versuch, die Legende aufzuschreiben, wirkte nur wie das unbeholfene Werk eines Kindes. Dennoch gab ich nicht auf. Andere Werke von vielleicht größerem Wert habe ich im Laufe der Jahre verloren oder weggeworfen, nicht aber diesen ersten zögerlichen Schritt auf dem Weg zum Schreiber. Dabei ging es nicht bloß um das Erlernen von Buchstaben, sondern auch um ein geistiges Erwachen. Sihlda führte nicht allein meine Hand, sondern genauso meinen Verstand. Ich erfuhr so manches über die Geschichte dieses unwissenden Reiches. Über die Blutsbande, die es zusammenhielten. Über den Pakt zwischen Bund und Krone, den sie als »fatale Notwendigkeit« bezeichnete. All dies lernte ich aus der Geschichte des Märtyrers Callin, des Diebes, der drei Jahrhunderte nach seinem Tod Sihldas Herz gestohlen hatte.

»Habt Ihr einen Fehler entdeckt?« Ich blieb im Eingang zu ihrer Kammer stehen. »Einen uneleganten Schnörkel vielleicht?«

»Nein.« Lächelnd schaute sie von der Schriftrolle auf. »Es ist das beste und vollkommenste Schriftstück, das ich je gesehen habe, soweit Tinte und Papier dies hergeben. Dein Können ist vielleicht noch nicht ganz vollendet, Alwyn, aber es ist beachtlich.«

Ich widerstand dem Drang, selbstzufrieden zu nicken, und sagte stattdessen bescheiden: »Ich danke Euch, Aszendentin.«

Wie stets durchschaute sie mich und schnaubte spöttisch. »Stolz und Täuschung werden am Ende noch dein Untergang sein«, wies sie mich seufzend zurecht. »Also raus mit der Sprache. Du bist nur dann so ehrerbietig, wenn du mir etwas mitteilen musst, was mir nicht gefallen wird.«

»Der Schacht wird in drei Tagen fertig sein«, sagte ich. »Schnitzer denkt, dass er auch nicht viel länger halten wird.«

»Verstehe.« Sie legte die Schriftrolle beiseite, lehnte sich zurück und bedeutete mir, mich an meinen üblichen Platz zu setzen. »Mir fällt ein, dass wir schon lange nicht mehr über deine Grübeleien gesprochen haben. Zu welchen Schlussfolgerungen bist du in letzter Zeit gelangt?«

Ich runzelte verwirrt die Stirn und blieb im Eingang stehen. »Der Schacht …«

»Ich habe dich gehört, Alwyn.« Sie deutete beharrlich auf den zusammengeklappten Schreibtisch, bis ich mich schließlich setzte. »Jetzt«, sagte sie mit einem erwartungsvollen Lächeln, »deine Überlegungen.«

»Ich habe viel über Erchels Familie nachgedacht«, begann ich, »und versucht, mich an möglichst viele Namen zu erinnern. Ich habe eine Liste erstellt – Vettern, Onkel, Tanten und so weiter. Erchels Familie ist sehr groß, aber keiner von ihnen hat es zu besonderem Ruhm gebracht, von ein paar geschickten Diebstählen oder ungewöhnlich grausamen Morden einmal abgesehen. Sein Onkel stach als Einziger unter den anderen hervor, aber obwohl er an der Falle sicherlich beteiligt war, kann ich mir nicht vorstellen, dass er schlau genug ist, sich so etwas selbst auszudenken. Jedenfalls nichts, was Deckin nicht im Handumdrehen durchschaut hätte.«

Ich konnte mich gar nicht erinnern, wie oft wir dieses seltsame Ritual schon durchgeführt hatten. Ich erzählte Sihlda alles, was ich aus meinem Gedächtnis hatte herauskramen können, und sie half mir bei dem Versuch, Bedeutungen darin zu entdecken, die mir zuvor verborgen geblieben waren. Es war eine unangenehme, aber zuweilen recht ergiebige Übung, bei der vieles ans Tageslicht kam, was ich ursprünglich gar nicht wahrgenommen hatte. Zum Beispiel wusste ich jetzt, dass Todmans Akzent nur gespielt war und er in Wahrheit aus einem der südlichen Herzogtümer stammte. Außerdem war mir klar geworden, dass Gerthe eine ebenso versierte Diebin wie Sprachkundige und Hure gewesen war. Ihre Fingerfertigkeit war der Hauptgrund, weshalb meine Geldbörse stets zu leer gewesen war, um mir ihre Dienste leisten zu können. Und dann war da noch Deckin selbst.

Vieles, worauf Sihlda mich aufmerksam machte, waren nur Kleinigkeiten: Zum Beispiel wusste ich inzwischen, dass Deckin ebenso wenig lesen und schreiben konnte wie ich damals. Andere Offenbarungen erforderten längeres Nachdenken. Mit Sihldas Hilfe begann ich, die Besessenheit, die Deckin und seine Bande in den Untergang getrieben hatte, besser zu verstehen – eine Besessenheit, die am Ende zu Wahnsinn geworden war. *Der Mann, den du beschreibst, wollte im Leben nur eines*, sagte sie. *Endlich von seinem Vater wahrgenommen werden. Entweder durch seinen Ruhm als Gesetzloser oder auch durch seine Hinrichtung. Als der Kämpe des Königs dem Herzog den Kopf abschlug, beraubte er Deckin ein für alle Mal des Ziels, das er seit seiner Kindheit verfolgt hatte. Es haben schon Leute wegen weniger den Verstand verloren.*

Deckin war zwar einem Verrat zum Opfer gefallen, aber inzwischen war mir klar, dass er schon lange vor unserem Aufbruch nach Moosmühle selbst dafür gesorgt hatte, dass sein Kopf am Ende auf einer Lanze landen würde.

»Über Erchels Familie haben wir schon gesprochen«, sagte Sihlda, »und sind damals zu ähnlichen Schlussfolgerungen gelangt. Wohin führt uns das?«

»Zu der Frage, wer schlau genug sein könnte, um sich eine derartige Falle auszudenken.« Wenn ich es auch kaum erwarten konnte, zum Thema unserer hoffentlich bald bevorstehenden Flucht zurückzukehren, hatte ich nichts dagegen, über dieses Rätsel weiter nachzugrübeln. »Und die Liste ist kurz. Wir sind sie schon einmal durchgegangen.«

»Dann geh sie noch mal durch, auch wenn sie kurz ist.«

»Todman: ein ungehobelter Mensch, aber heimtückisch. Allerdings war er Deckin meiner Ansicht nach immer zu treu ergeben, um sich gegen ihn zu stellen. Jedenfalls nicht allein. Stallknecht käme infrage, wäre er nicht so unheimlich verbohrt … so sehr auf seinen Glauben konzentriert gewesen. Raith war klug, aber nicht ehrgeizig. Und …« Ich verstummte mit einem Schulterzucken. »Der einzige andere Kopf, der schlau und eigensinnig genug war, um so etwas durchzuziehen, steckte, soweit ich feststellen konnte, auf einer Lanze auf der Mauer von Burg Duhbos.«

»Ja, die reizende Lorine. Sag mir, Alwyn, was hast du gesehen, als du die Köpfe auf der Mauer betrachtet hast? Wie genau hast du sie angeschaut?«

Tatsächlich hatte ich mich mit dieser Erinnerung nicht so eingehend befasst wie mit den anderen, weil sie so grausig war. Außerdem hatte Sihlda mich bisher stets in andere Richtungen gelenkt. »Tote.« Ich verzog das Gesicht. »Zu weit entfernt und zu stark verwest, um ihre Züge erkennen zu können, aber ich bin sicher, eine davon war eine Frau …«

Ich verstummte, während ich im Geiste das lange Haar vor mir sah, das wie ein zerfledderter Wimpel im Wind wehte. Ich hatte den Eindruck gehabt, dass es kupferfarben glänzte, aber das konnte auch der Morgensonne geschuldet sein. »Sie muss es gewesen sein«, sagte ich, doch es lag eine neue Unsicherheit in meiner Stimme, die von Sihldas nächsten Worten noch weiter geschürt wurde.

»Warum?«, fragte sie. »Weil du es annimmst? Hast du denn bisher noch nicht gelernt, dass sich die Realität nicht immer an deine Annahmen hält? Im Laufe der Jahre hast du mir einiges über Lorine erzählt, wenn ich auch denke, dass deine Gefühle für sie tiefer gingen, als du zugeben willst. So ist das mit den Gelüsten und Torheiten der Jugend: Später sind sie uns peinlich, sodass wir uns lieber selbst belügen. Denk an das, was ich dir beigebracht habe. Durchbreche die Täuschung und erkenne die Wahrheit.«

Mein Blick wurde unscharf, während ich das anwandte, was sie mir über zielgerichtetes Nachdenken beigebracht hatte. *Ruf dir als Erstes die älteste Erinnerung ins Gedächtnis. Dann folge dem Pfad, den sie dir vorgibt.* Als ich Lorine zum ersten Mal begegnet war, hatte sie mich, den zerlumpten, schniefenden Jungen im Wald, mit schiefem Lächeln angeschaut. *Du hast Glück, mein Kleiner,* hatte sie gesagt, als wir das Lager erreichten und sie mich zu der Unterkunft führte, die sie mit Deckin teilte. *Wir sind neulich erst einem äußerst großzügigen Stoffhändler begegnet. Dann wollen wir dich mal ordentlich einkleiden, wie? So kannst du ja nicht rumlaufen. Die anderen würden sich über dich lustig machen.*

Die anderen Bandenmitglieder hatten darüber gelacht. Jetzt erkannte ich, wie gut Lorine es verstanden hatte, sie zum Lachen zu bringen, oft als Ausgleich zu Deckins griesgrämiger Art. Andere Erinnerungen regten sich in mir, die in dieselbe Richtung gingen – Erinnerungen daran, wie beliebt sie gewesen war und wie schnell sie es geschafft hatte, sich mit Neuankömmlingen anzufreunden. Die Frauen wurden zu Schwestern, die Männer zu Brüdern oder verliebten, aber ewig enttäuschten Verehrern, denn niemand wagte es, Deckins Gefährtin anzurühren. Sie fürchteten ihn, manche liebten ihn sogar, so wie Heiden einen rachsüchtigen Gott lieben, aber Lorine mochten sie, hörten auf sie und vertrauten ihrem Rat. Wie ich jetzt wusste, war es genauso sehr Deckins wie ihre Bande gewesen.

Schließlich führte mich der Pfad der Erinnerung zu Deckins verrücktem Plan, das Herzogtum mithilfe eines blutigen Massakers an sich zu reißen. Lorine war zwar eine begnadete Schauspielerin, dennoch war deutlich zu erkennen gewesen, dass sie damit nichts zu tun haben wollte. Deswegen die Silbermünzen, die sie in meine Handfläche fallen ließ – Silbermünzen, die ich ausschlug. Aber es gab andere Hände, zum Beispiel die von Todman.

»Vielleicht hat ja jemand Silbermünzen in ihre Hand gelegt, bevor sie dasselbe mit mir getan hat«, murmelte ich laut, während meine Gedanken in bislang unerforschte Richtungen gingen.

»Wessen Silbermünzen?«, fragte Sihlda. Ihre Stimme war leise und eindringlich wie stets, wenn wir dieses Ritual durchführten. »Wann und wo?«

»Es gab Momente, in denen sie sich hätte wegschleichen können«, sagte ich. »Sie muss eine Ahnung gehabt haben, was Deckin vorhatte, noch bevor seinem Vater der Kopf abgeschlagen wurde. Wir hatten zum ersten Mal im Herbst davon gehört, dass der Herzog die Seiten gewechselt hatte. Der Herbst war stets eine hektische Zeit. Sie hätte jede Menge Gelegenheit gehabt, sich an einen Mann des Sheriffs oder einen Waldhüter zu wenden und ihn zu bestechen, damit er eine Nachricht weitergab. Das Versprechen, Deckin zu verraten, im Austausch für eine Belohnung oder für die Garantie, freigelassen zu werden, nachdem sein Plan uns alle ins Verderben gestürzt hatte. Aber sie hätte auch noch eine Antwort erhalten und eine weitere Nachricht schicken müssen, damit der Hinterhalt in Moosmühle zustande kam.«

Ich spürte das vertraute Erschlaffen meiner Gesichtszüge, während mein Gehirn weiterratterte und neue Schlussfolgerungen ausspuckte. »Erchel«, sagte ich. »Als Deckin ihn zur Leffold-Lichtung geschickt hat, damit er seine Familie holt, muss Lorine ihm eine Nachricht mitgegeben haben, zusammen mit einem Versprechen an seinen Onkel, wenn der mitspielt. Die Banden im Osten konnten nur davon profitieren, wenn Deckin aus dem Weg geräumt wurde, und bald würde es vielleicht einen neuen König des Waldes geben. Aber …«, in meinem Gesicht zuckte es, »der Kopf auf der Mauer …«

Die Gedanken an Burg Duhbos führten mich zu der Taverne mit den Soldaten. Von dort waren es nur noch wenige hässliche Schritte bis zum Pranger.

»Nein«, sagte Sihlda, die den Widerwillen in meiner Miene sah, das instinktive Zurückscheuen vor dem Leid und dem blinden Zorn, den diese Erinnerung hervorrief. »Deine Gedanken haben dich nicht ohne Grund dorthin geführt. Folge ihnen.«

Natürlich führten sie zu Schmerz, Erniedrigung, dem Brennen von Exkrementen in frischen Wunden, aufgescheuerten Handgelenken, die mit Eisen gefesselt waren, während ich mich am liebsten auf meine Peiniger stürzen wollte, und Althus … Der Strom der Gedanken verlangsamte sich, als der Ritter im Geiste vor mir aufragte. Der spöttisch-verächtliche Ton, in dem er seine Geschichte erzählt hatte – eine Geschichte, die ein Körnchen Wissen von großer Bedeutung enthielt. Worte, die aus dem Morast der Erschöpfung und des Schmerzes aufstiegen, in dem sie versunken waren … jedoch nicht ganz. *Ich werde dich auch nicht dem neuen Herzog überlassen*, hatte er gesagt. *Dieses Miststück, mit dem er sich eingelassen hat, würde sicher bestätigen, dass du ein Mitglied von Deckins Bande bist …*

»Das Miststück, mit dem er sich eingelassen hat«, murmelte ich. »Das Miststück … Das war nicht Lorine auf der Mauer.«

»Nein«, sagte Sihlda. »Das glaube ich auch nicht.«

Die ruhige Gewissheit in ihrer Stimme ließ mich blinzeln. »Ihr wusstet es«, erkannte ich.

Sie zuckte nur mit den Achseln, und ein vertrauter Zorn loderte in mir auf. »Die ganze Zeit«, sagte ich, ohne den Ärger in meiner Stimme zu unterdrücken.

»Nicht ganz. Auf jeden Fall aber, seit du mir deine Geschichte das erste Mal vollständig erzählt hast.«

»Warum habt Ihr es mir dann nicht einfach gesagt?«

»Du hast mich als deine Lehrerin akzeptiert. Was hättest du daraus lernen können, wenn ich dir die Antwort verraten hätte, noch bevor du darauf gekommen bist, die richtige Frage zu stellen?«

Ich verkniff mir eine scharfe Erwiderung und wandte den Blick ab. Ich bemühte mich, meine Wut auf die Leute zu richten, die sie wirklich verdient hatten. *Lorine. Todman. Erchel und seine dreckigen Verwandten. Althus. Eine Liste, die immer länger wird. Und ich werde jeden verfluchten Namen darauf durchstreichen.* Der wachsende Zorn musste sich in meinem Gesicht abgezeichnet haben, denn Sihlda legte mir eine Hand auf die Wange. Ihre Berührung war kühl und beruhigend.

»Begreifen führt zu Weisheit«, sagte sie. »Aber wenn du dich dem Zorn hingibst, dann ertränkst du sie darin.«

»Sie hat ihn verraten«, sagte ich zähneknirschend. »Den Mann, den sie liebte …«

»Den Mann, der euch, wie du selbst gesagt hast, mit Sicherheit ins Verderben geführt hätte.«

»Das Verderben hat uns trotzdem ereilt. In Moosmühle sind Dutzende Leute gestorben. Wenn sie Deckins Plan überleben wollte, hätte sie auch einfach verschwinden können. Zusammen mit Todman und den anderen leichtgläubigen Narren, die sie an der Nase herumgeführt hat. Sich in einer dunklen Nacht davonmachen. Deckin hätte sicher nach ihr gesucht, aber nicht lange. Er hatte schließlich ein Massaker zu planen.«

»Warum also?« Sihlda strich mir mit der Hand über die Stirn. »Was hatte sie durch ihren Verrat zu gewinnen?«

Meine Wut war zwar noch nicht ganz verraucht, ließ aber immer mehr nach. »Zum einen Geld. Deckin sagte immer, sein Kopf sei zehnmal sein Gewicht in Gold wert wegen des Kopfgeldes, das auf ihn ausgesetzt war. Und er hatte damit nicht unrecht. Aber ich bezweifle, dass es nur das war. Lorine war immer schon ehrgeizig. Offenbar hat sie einen Gesetzlosen gegen einen Herzog eingetauscht. Kein schlechtes Geschäft. Und sie schlägt zwei Fliegen mit einer Klappe.«

Aus irgendeinem Grund geriet ich bei den letzten Worten ins Stocken und wandte unwillkürlich den Blick ab. Sihldas Hand glitt von meiner Stirn, und ich musste schlucken.

»Manchmal frage ich mich, ob ich für dich Rettung oder Fluch bin«, sagte sie. »Ich habe deinen Verstand geschärft, aber macht dich das zu einem besseren Menschen oder nur zu einem besseren Verbrecher? Du weißt, dass mich außerhalb dieser Mauern eine Mission erwartet, Alwyn. Kannst du mir aufrichtig sagen, dass du ein Teil davon sein willst?«

Ich nahm mir einen Moment Zeit, um die verhasste Feuchtigkeit aus meinen Augen wegzublinzeln und mich mit trockener Kehle zu räuspern. Als ich mich umdrehte und ihr wieder in die Augen sah, waren mein Blick und meine Stimme ruhig. »Ich kann Euch sagen, dass ich Euch so lange folgen werde, wie Ihr es mir befehlt. Ich stehe zu tief in Eurer Schuld, um sie jemals begleichen zu können. Doch sobald Eure Mission beendet ist, aus welchem Grund auch immer, beginne ich meine eigene.«

Sie musterte mich nachdenklich, aber ausdruckslos, und obwohl ich nach einem Anzeichen von Enttäuschung oder Tadel in ihrer Miene suchte, konnte ich davon nichts entdecken. »Dann scheint es, dass auch du ein gutes Geschäft gemacht hast«, sagte sie.

Forsch schniefend kam sie auf die Beine. »Sei so gut und ruf die anderen im Schrein zusammen«, sagte sie. »Wir haben eine Flucht zu planen.«

Zwanzigstes Kapitel

»Natürlich muss es regnen.« Toria verzog das Gesicht und blinzelte sich die Wasserspritzer aus den Augen, während sie in die Schwärze des Schachts hochstarrte. Wahrscheinlich fürchtete sie genau wie ich, das Ding könnte jeden Moment einstürzen. Die Öffnung, die Schnitzer am Morgen geschaffen hatte, war nicht zu sehen, der stete Regen und die kleinen Schlammkaskaden, die gelegentlich herabprasselten, waren jedoch ermutigend und zugleich furchterregend. Sihlda hatte darauf bestanden, mit unserer Flucht bis weit nach Sonnenuntergang zu warten, wenn die Wachen müde wären und die Dunkelheit uns Schutz bot.

Jeder von uns trug einen vollen Wasserschlauch und einen kleinen Beutel mit Essen bei sich, das für zwei Tage reichte. Wir hatten absichtlich nur leichtes Gepäck dabei, damit wir schnellstmöglich zur versprochenen Zuflucht in Callintor laufen konnten. Außerdem waren viele von uns bewaffnet. Toria und ich trugen neben unseren Messern noch Keulen bei uns, die aus den abgesägten Griffen von Spitzhacken bestanden. Brauer hatte es irgendwie geschafft, sich im

Geheimen eine Armbrust zu bauen, obwohl dies sicherlich die Arbeit mehrerer Monate gewesen war. Die Waffe war beneidenswert kunstvoll gefertigt, hatte einen robusten Griff und einen ausgeklügelten Mechanismus. Offenbar besaß Brauer mehr Talente, als ich gedacht hatte. Neben der Armbrust hatte er sich außerdem eine Spitzhacke auf den Rücken geschnallt, deren Kopf zu einer scharfen Sichel breitgehämmert war. Während wir im Tunnel hockten, hielt er sich dicht bei Sihlda. Offenbar trug er die Waffen nicht in erster Linie dazu, um sich selbst zu schützen, und mir tat jeder Verfolger leid, der in dieser Nacht versuchen sollte, der Aszendentin etwas anzutun.

Der vorangegangene Tag war von quälender Erwartung erfüllt gewesen. Wir hatten unsere Vorräte zusammengepackt und uns für das gewappnet, was vor uns lag. Sihlda verbrachte mehr Zeit als üblich im Gespräch mit Eldurm. Offenbar war es ihr wichtig, ihm noch vor dem Verlassen der Minen vollständig seine Beichte abgenommen zu haben. Dass ein so einfach gestrickter Mensch wie unser adliger Gefängniswärter sich derart viel von der Seele zu reden hatte, erstaunte mich, aber vielleicht hegte er insgeheim ja doch ein wenig Mitgefühl mit dem Elend seiner schuftenden Gefangenen. Im Verlauf des Tages wuchs meine Besorgnis, die anderen Insassen könnten Lunte riechen. Die Gemeindemitglieder gaben sich zwar Mühe, weiter dem gewohnten Tagesablauf zu folgen, weil wir jedoch gleichzeitig den Schacht vollenden und unsere Bündel packen mussten, gingen weniger von uns als sonst die Rampe hoch. Das würde sicherlich bemerkt werden, von den übrigen Gefangenen und womöglich auch von dem ein oder anderen aufmerksamen Wachposten.

Als der Himmel sich schließlich verdunkelte und es zu regnen anfing, kehrte Sihlda endlich in den Schrein zurück. Mit einem müden, aber zufriedenen Lächeln musterte sie unsere angespannten und erwartungsvollen Gesichter. »Es tut gut, sich von jemandem zu verabschieden, der seine Seele von allen Lasten befreit hat«, sagte sie.

»Dann hoffen wir mal, dass das seinen Zorn dämpft, wenn er unser Fehlen bemerkt«, sagte ich.

Zu meiner Überraschung lachte Sihlda – was bei der allgemein herrschenden furchtsamen Anspannung seltsam klang. »Manches würden selbst die Märtyrer nicht fertigbringen.« Sie holte Luft und ging in Richtung des Tunnels. »Sollen wir?«

»Wollt Ihr Euch nicht erst noch etwas ausruhen?«, fragte ich. »Die Flucht nach Callintor wird anstrengend …«

»Nicht wenn die Seraphilen mir Kraft geben.« Sie winkte ab. »Und ich habe das Gefühl, dass sie heute Nacht bei uns sind.«

Sihlda hatte klugerweise entschieden, dass die vier gefährlichsten Mitglieder der Gemeinde als Erste die Leiter hochsteigen sollten. Toria kletterte voraus – sie war die Schnellste von uns und konnte außerdem am besten im Dunkeln sehen. Brauer folgte ihr mit schussbereiter Armbrust, um jeden Unglücklichen ins Jenseits zu befördern, den Toria erspähen mochte. Danach kam Hedgeman mit seiner Schleuder. Er hatte lange Zeit in der Wildnis gelebt und konnte mit seiner Waffe hervorragend umgehen. Wie Stallknecht war auch er ein religiöser Eiferer, der vor Gewalt nicht zurückschreckte, sollte es nötig sein. Ich folgte als Nächster und sollte Sihlda beim Hinausklettern aus dem Schacht helfen. Nachdem der Ausstieg gesichert war, würden die restlichen Gemeindemitglieder nachkommen. Sie waren in zehn Grüppchen aufgeteilt und sollten auf unterschiedlichen Wegen nach Callintor gehen. In einer großen Menge zusammenzubleiben, mochte zwar Sicherheit vorgaukeln, würde aber eher zu einer Entdeckung führen und damit zum Tod. Unseren improvisierten Waffen zum Trotz hatten wir Soldaten auf Pferden nicht viel entgegenzusetzen, ganz gleich, wie wohlwollend die Seraphilen auf unser Unterfangen hinabblickten.

Schnitzer hatte gesagt, die Leiter hielte nur fünf Leute auf einmal aus. Während ich hinter Hedgeman herkletterte, hatte ich jedoch das Gefühl, dass selbst das schon zu viel war. Das Quietschen der Winkel und das Ächzen und Knirschen des Holzes ließen mich unzählige Male zusammenzucken. Mir kam es so vor, als dauerte das Hochklettern unendlich lange. Wie stets vor bedeutsamen Ereignissen schien sich die Zeit endlos in die Länge zu dehnen. Beim Erklimmen der

Leitersprossen verspürte ich zudem einen merkwürdigen Widerwillen. Heute Nacht würde ich entweder frei sein oder sterben. Sobald ich einen Fuß aus dem Schacht gesetzt hatte, gäbe es kein Zurück mehr. Die letzten vier Jahre hatten mir zwar vieles abverlangt, aber die Minen waren für mich eine sichere Zuflucht gewesen, wie ich sie als Gesetzloser bis dahin nie gekannt hatte. Und in dieser Zeit hatte ich mich auch geistig weiterentwickelt. Unter Sihldas Anleitung hatte ich viele neue Fähigkeiten und einiges an Wissen gewonnen. Die Gemeindemitglieder waren zwar ziemlich langweilige Leute, dafür aber auch weniger streitsüchtig als Deckins ehemalige Bande, sodass nur selten der Wunsch nach Rache in mir aufkam. Darüber hinaus hatte ich in Toria eine wahre Freundin gefunden. Heute Nacht konnte all das vorbei sein – und überhaupt alles.

Ein eiskalter Schlammklumpen, der schmerzhaft meine Stirn traf, riss mich aus meinen Gedanken, und mein Widerwille löste sich jäh in Luft auf. Ich hatte diesen Weg schon vor Jahren eingeschlagen. Jetzt konnte ich ihn unmöglich nur aus einer feigen Laune heraus aufgeben. Außerdem –, was für eine Sorte von Mann betrachtete die Minen als sein Zuhause? Sihlda hatte ihre Mission und ich meine. Und nichts davon ließe sich bewerkstelligen, wenn wir weiter unsere Tage damit zubrachten, Erz abzubauen, um die Taschen der Adligen zu füllen.

Als wir uns dem oberen Ende des Schachts näherten, wurde der Regen stärker, und lautes Donnergrollen übertönte das Protestieren der Leiter. Ich schaute nach oben, gerade als ein Lichtblitz die Öffnung enthüllte. Torias schmale Silhouette zeichnete sich davor ab, während sie wie eine flinke Spinne hindurchkrabbelte. Der Lichtblitz erstarb flackernd, und Toria verschwand in der Dunkelheit. Die Leiter schwankte beunruhigend, als Brauer seinen kräftigen Leib durch die Öffnung zwängte. Hedgemans Schuh streifte kurz aber schmerzhaft meinen Kopf, und ich musste einen Fluch unterdrücken. Dann enthüllte ein weiterer Blitz, dass auch er hinausgeklettert war.

Ich hielt kurz inne, bis das farbige Nachleuchten aus meinen Augen verschwunden war, und stieg schließlich die letzten Sprossen bis zur Oberfläche hoch. Der Wind peitschte mir feuchtes Gras ins Gesicht, während ich am Rand des Loches nach unten schaute und auf Sihlda wartete. Der Schacht blieb jedoch dunkel und leer.

»Aszendentin!«, zischte ich ungeduldig und beugte mich tiefer hinab, um in die Finsternis zu spähen. In dem Moment brandete eine Vielzahl von Geräuschen zu mir hinauf, die das Tosen des Sturms zuvor übertönt hatte. Rufe. Schreie. Einige wütend. Andere schmerzerfüllt. Und außerdem, leise, aber für mein geschultes Ohr deutlich wahrnehmbar, das Klirren von Metall auf Metall.

»Sihlda!«, rief ich und stieg, von Panik erfüllt, ein paar Sprossen die Leiter wieder hinunter. Ich hielt jedoch inne, als ich in einem aufflackernden Blitz ihr bleiches ovales Gesicht sah. Es verschwand sofort wieder, aber in dem kurzen Augenblick nahm ich in ihren Zügen mehr Gefühle wahr als jemals zuvor. Sie weinte und lächelte zugleich, das heitere Lächeln, das ich so gut kannte und das zu sagen schien, dass sie alles wusste, was es zu wissen gab. Aber es lag auch eine tiefe Trauer darin. Ihre Augen glänzten feucht. In späteren Jahren redete ich mir manchmal ein, in diesem ergriffenen Ausdruck auch Schuldgefühl gesehen zu haben, aber das war nur eine Lüge, mit der ich mich selbst tröstete. Ein Mensch, der von einer derartigen Gewissheit erfüllt ist, verspürt kein Schuldgefühl.

»Wir haben es alle verdient, hier zu sein, Alwyn«, sagte sie. Ihre Stimme war wegen des Sturms und des Kampflärms unter uns kaum zu verstehen. »Aber ein paar von uns verdienen eine zweite Chance. Ich selber brauche das nicht. Hier ist meine Gemeinde. Ich bin zufrieden damit hierzubleiben.«

»Mach keine Dummheiten!«, rief ich. Vor lauter Panik ließ ich jede Förmlichkeit außer Acht, stieg weiter nach unten und tastete im Dunkeln nach ihrer Hand. »Wir haben es fast geschafft. Deine Mission! Denk an deine Mission!«

»Du bist meine Mission, Alwyn. Das Testament, das ich dir gegeben habe. Die Schriftrolle von Märtyrer Callin. Das beides und du selbst, dies sind meine Geschenke an eine Welt, die ich im Stich gelassen habe. Ich weiß, dass du die Wahrheit des Bundes noch nicht in deinem Herzen spürst, aber irgendwann wirst du es. Dessen bin ich mir sicher.«

»Komm mit mir und erlebe es selbst!« Ich griff verzweifelt in die Dunkelheit, um sie irgendwie zu fassen zu bekommen, aber ich spürte nur die leichte Wärme ihres Atems auf meinen Fingern, während sie die letzten Worte sprach, die ich jemals von ihr hören sollte.

»Ich habe Eldurm eine Nachricht hinterlassen mit der Anweisung, sie erst um Mitternacht zu lesen. Ich sagte ihm, es sei der letzte Schritt zur Reinigung seiner Seele. Damit ein Mensch frei von Sünde sein kann, muss er sich selbst erkennen, seine wahre Natur. Eldurm wacht als Wärter über Menschen, die eine verdiente Strafe abbüßen. Du hingegen bist ein Mann auf einem Rachefeldzug, der zu etwas weit Nützlicherem führen wird.« Ihre Lippen berührten kurz meinen Handrücken, und ihre Finger drückten mir etwas in die Hand. »Lebwohl, Alwyn.«

Einen Moment lang war alles still, dann war tief unten, inmitten des chaotischen Stimmengewirrs, ein dumpfes Poltern zu hören. Die Kakofonie verstummte kurz, flammte danach aber umso heftiger wieder auf. Verzweifelte Kehlen schrien Sihldas Namen, eine Weile lang hallte lautes Waffengeklirr herauf, das nach und nach schwächer wurde. Trotzige Schreie gingen in gurgelndes Todesröcheln über, durchsetzt von harten, feuchten Schlägen wie in einer Metzgerei.

Ich hing da und starrte in die Schwärze, während der Regen auf mich niederprasselte. Dann begann die Leiter mit einem Mal, heftig zu wackeln. Unter Ruckeln und Quietschen kamen ein Dutzend oder mehr Gestalten daran hochgeklettert.

»Alwyn!« Torias schriller verzweifelter Schrei füllte den Schacht. »Wo, zum Henker, steckst du?!«

Eine vertraute Zielstrebigkeit erfasste mich – der Instinkt des Gesetzlosen, der mit kalter Unerbittlichkeit die Führung übernahm. *Sie ist tot. Rette dich selbst.*

In wenigen Sekunden war ich die Sprossen bis zur Öffnung wieder hochgestiegen und kam im prasselnden Regen auf einer Wiese voll windgepeitschtem hohem Gras heraus. »Die Aszendentin!«, rief Brauer und packte mich fest am Arm. Ich riss mich los und blickte auf die Münze in meiner Handfläche: die einzige Reliquie von Märtyrer Callin, das Abschiedsgeschenk der Aszendentin. Ich steckte sie in meine Tasche, ging dann neben der Öffnung in die Hocke, packte den obersten Winkel, der die Leiter hielt, und zerrte kräftig daran.

»Wo ist sie?«, schrie Brauer und umklammerte mit seinen Pranken meine Schultern. Ich blickte hoch und sah einen statt von Wut von elender Verzweiflung erfüllten Mann. Meine nächsten Worte kamen für ihn eindeutig nicht überraschend, wenn sie ihn auch schlimmer trafen als jede Klinge.

»Tot!«, schrie ich ihm ins Gesicht, worauf seine Hände kraftlos hinabsanken. »Die Wachen haben den Tunnel gefunden! Sie hat ihr Leben gegeben, um sie aufzuhalten! Wenn du ihr nicht in den Tod folgen willst«, keuchte ich und zerrte weiter an dem Winkel, »dann hilf mir!«

Er starrte mich nur mit offenem Mund an und rührte sich nicht. Toria schob sich an ihm vorbei, ging in die Hocke und hieb mit ihrem Messer auf den Winkel ein, um ihn zu lockern. Die Leiter begann, noch stärker zu schwanken, und die Wachen, die daran hochkletterten, kamen immer näher. Bislang weigerte sich die Leiter allerdings störrisch, zusammenzubrechen. Schnitzer hätte wohl doch mehr Vertrauen in seine eigenen Fähigkeiten haben sollen.

»Das Ding … rührt sich … verdammt nochmal … gar nicht!«, fluchte Toria. Ihre Worte wurden von einem weiteren Donnerschlag verschluckt, während sie sich beharrlich an dem Winkel zu schaffen machte. Ich schaute mich um und sah Hedgeman zusammengesunken und mit teilnahmslosem Blick in der Nähe stehen. Auf meine Aufforderung, uns zu helfen, erfolgte keine Reaktion.

»Vergiss es!« Ich zog Toria vom Loch weg und kam auf die Beine. »Wir müssen rennen. Jetzt! Oder uns bleibt keine Chance …«

Ich zuckte zusammen, als etwas Schweres nur einen Zoll von meiner Nase entfernt zischend die Luft durchschnitt. Brauers Brüllen, als er die zur Sichel umgearbeitete Spitzhacke auf die Leiter niedersausen ließ, war laut genug, um das Donnern zu übertönen. Die Qual und die animalische Wut darin waren nicht leicht zu ertragen. Ein Blitz zuckte und offenbarte den mordlüsternen Ausdruck in seinem Gesicht, als er die Spitzhacke ein weiteres Mal hinabsausen ließ. Die obersten Sprossen der Leiter zersplitterten, und das Gestein rund um den Winkel wurde unter der Wucht von einem halben Dutzend Schlägen pulverisiert. Kurz stieg eine Staubwolke aus dem Loch auf, begleitet von einem Chor aus Schreien, der rasch abbrach. Ich spürte, wie der Boden unter meinen Füßen bebte. Der Schacht stürzte ein; mehrere Tonnen Felsgestein regneten auf die glücklosen Wachen nieder und begruben sie unter sich.

Als das Beben endlich nachgelassen hatte, stand Brauer immer noch über das mit Geröll gefüllte Loch gebeugt, vermutlich in der irren Hoffnung, irgendein Wachmann, der durch ein Wunder überlebt hätte, könnte den Kopf herausstrecken, damit er ihm den Schädel spalten konnte. Brauer und der reglose Hedgeman hätten womöglich so lange am Ort von Sihldas Ableben die Totenwache gehalten, bis die Verfolger von den Minen eintrafen, was höchstens ein paar Stunden dauern konnte. Ich hatte jedoch das Gefühl, dass ich ihr und ihnen einen letzten Anflug von Kameradschaftlichkeit schuldig war. Schließlich waren wir eine Gemeinde gewesen.

»Sie wollte, dass wir überleben.« Ich trat an Brauer heran, aber nicht so nahe, dass ich in Reichweite seiner Spitzhacke gewesen wäre. Das Gewitter hatte ein wenig nachgelassen, deshalb musste ich nicht mehr schreien, aber der Regen strömte immer noch kalt herab. »Wenn du heute Nacht stirbst, dann verrätst du damit ihr Andenken.«

Sein eines Auge schaute zu mir hoch. Jetzt schimmerte Argwohn statt Wut darin. »Woher haben sie es gewusst?« Seine Stimme klang beängstigend ruhig. Als ich in sein verengtes Auge sah, war mir nur allzu klar, dass es schlimme, wenn nicht gar tödliche Folgen haben konnte, ihm in diesem Moment die Wahrheit zu sagen. Zwar war ich inzwischen fast genauso groß wie er, mit seiner brutalen Kraft konnte ich es aber nicht aufnehmen, besonders nicht, wenn er wütend war.

»Irgendwer muss wohl Verdacht geschöpft haben.« Ich zuckte die Achseln. »Die Geächteten. Einer der Wächter. Wer weiß?«

»Nein.« Hedgemans Stimme klang dünn und schrill. Er presste das Wort hervor, während er auf uns zustolperte. Ich war versucht, etwas Vernunft in ihn hineinzuprügeln, aber bevor ich die Faust heben konnte, stammelte er: »Nein. Es war Verrat. Niemand außerhalb der Gemeinde wusste davon.« Mit einem elenden Schluchzen sank er auf die Knie, und seine Hände krallten sich in das Felsgestein, das den Schacht verschloss. »Märtyrerin Sihlda ist einem Verräter zum Opfer gefallen!«

»Darüber sollten wir uns später Gedanken machen.« Ich drehte mich um und hob meinen Beutel mit Essen und Habseligkeiten auf. Der zusammengeklappte Schreibtisch war bei Weitem das Schwerste darunter, aber ich hätte ihn unter keinen Umständen zurückgelassen, damals nicht und auch sonst zu keinem Zeitpunkt danach. »Wir gehen nach Callintor.« Ich nickte Toria zu, dann setzte ich mich in Richtung des dunklen Waldgebiets im Osten in Bewegung. »Kommt mit oder bleibt hier. Aber denkt dran, wenn ihr hier euer Leben lasst, macht ihr der Aszendentin damit keine Ehre.«

»Du warst es!« Hedgemans Worte waren kaum zu verstehen; speichelsprühend nuschelte er sie hervor. Er lief mir in den Weg, ein zuckender Blitz enthüllte das Messer in seiner Hand. »Du warst nie ein echter Gläubiger. Ich habe es gesehen. Die Wahrheiten der Aszendentin stießen bei dir auf taube Ohren. Du hast sie an Eldurm verraten!«

»Und du hast den Verstand verloren.« Ich versuchte, ihm auszuweichen, blieb jedoch stehen, als er erneut vorsprang. Seine Augen waren geweitet, und es lag keine Vernunft mehr darin. Mit dem Messer schien er jedoch recht gut umgehen zu können. Später erkannte ich, dass Hedgeman völlig in Sihldas Lehren aufgegangen war, ihr jedes Quäntchen seines Glaubens geschenkt hatte. Nun, da ihre göttliche Mission zu Ende war, bevor sie richtig begonnen hatte, blieb ihm nichts mehr. Er war ein Mensch ohne Ziel, der verzweifelt versuchte, die plötzliche Leere mit heiliger Rache – wie er es sah – zu füllen.

»Sie ist jetzt eine Märtyrerin!«, brabbelte Hedgeman und ging angriffslustig in die Hocke. »Und du bist ihr Mörder. Wer das Blut eines Märtyrers vergießt, den erwartet der Tod. So steht es in sämtlichen Schriften des Bundes.«

Ich ließ das Bündel von meiner Schulter gleiten und nahm ebenfalls Kampfhaltung ein, das Messer in einer Hand und die Keule in der anderen. Toria stellte sich rechts neben mich und tat es mir nach. Ich wusste, dass der Kampf schnell und hässlich werden würde. Wir hatten keine Zeit für Gespräche, und obwohl Hedgeman den Verstand verloren hatte, war er dennoch ein tödlicher Kämpfer. Ich konnte mich glücklich schätzen, wenn ich nur mit ein paar Schnittwunden davonkam.

Da ertönte hinter mir ein dumpfes Knallen, begleitet vom Sirren einer Sehne. Hedgeman fuhr hoch und stand einen Moment lang stocksteif da. Dann begann er auf zittrigen Beinen im windgepeitschten Gras umherzuwanken und stieß dabei ein merkwürdiges tiefes Knurren aus. Der Grund für sein Verhalten wurde erst offenbar, als in der Ferne ein Blitz aufleuchtete und die Befiederung eines Armbrustbolzens sichtbar wurde, der aus Hedgemans Stirn ragte. Unvermittelt sackte seine dunkle Gestalt zu Boden. Er hustete noch einmal und ließ einen wahrlich übelriechenden Furz los – seine letzte Botschaft an eine Welt, die ihn nicht vermissen würde.

Ich drehte mich zu Brauer um, der soeben die Armbrust wegwarf und sein Bündel schulterte. »Zu schwer zu tragen.« Er schritt an uns vorbei auf die fernen Wälder zu. »Kommt ihr?«, fügte er hinzu und verfiel in Laufschritt, während Toria und ich seiner sich rasch entfernenden Gestalt nachblickten.

Einundzwanzigstes Kapitel

Hünenhaft, wie er war, schaffte Brauer es dennoch auf unserem Lauf durch Wald und Wiesen, ein erstaunlich schnelles Tempo anzuschlagen – so schnell, dass Toria und ich Mühe hatten, Schritt zu halten. Wir hatten alle den Weg nach Callintor auswendig gelernt, bevor wir den Schacht hochgestiegen waren, und ihn auf Sihldas Anweisung hin ein paarmal wiederholt. Die wenigen Gemeindemitglieder, die sich in der Gegend auskannten, hatten sich eine Strecke überlegt, die auf verschlungenen Wegen abseits der Hauptstraßen zum Ziel führte.

Durch die Wälder östlich des Flusses, sprach ich mir im Geiste vor, während ich lief und mich dabei ständig nach Toria umsah, um zu schauen, ob sie auch hinterherkam. *Danach weiter bis zum Bach. Am Bachufer nach Norden zur alten verfallenen Mühle.* Von dort sollte es bloß noch ein letztes Stück über offenes Land nach Norden gehen, dann hätte man Callintor erreicht, worauf ich mich kein bisschen freute. In den Wäldern fühlte ich mich sicher. Als das Gewitter sich verzogen hatte und die ersten Sonnenstrahlen unsere Umgebung sichtbar machten, kehrte auch mein Blick für Verstecke und Hinterhalte zurück. Und damit die Versuchung, die anstrengende Flucht aufzugeben und mich stattdessen irgendwo zwischen den Bäumen zu verkriechen. Ein Drang, den ich jedoch gnadenlos unterdrückte. Ich war nicht dem schlimmsten Kerker in ganz Albermaine entronnen, um zu einem Leben als Herumtreiber in den Wäldern zurückzukehren.

Wir legten nur kurz im Windschatten eines großen Baumes eine Pause ein, um einen Schluck Wasser zu trinken und ein, zwei Bissen Essen hinunterzuwürgen. Niemand sagte etwas – Worte waren jetzt Luxus –, aber ich verspürte den dringenden Wunsch, Brauer zu fragen, warum er Hedgeman getötet hatte. Das Einzige, was wir in den Minen gemeinsam hatten, war unsere Loyalität Sihlda gegenüber, und nun, da sie tot war, fiel es mir schwer, Brauer einzuschätzen. Von seinem Gesicht ließ sich außer der Anstrengung des Laufens und einer gewissen Trauer nichts ablesen.

Im Laufe des Tages widerstand ich dem Drang, ihn zur Rede zu stellen, und folgte ihm nur weiter, während er unermüdlich am Ufer des Baches entlanglief. Beim Rennen lauschte ich die ganze Zeit auf rhythmisches Huftrommeln oder Hundegebell. Ich hegte die leise Hoffnung, Eldurm könnte denken, beim Einsturz des Schachtes seien nicht bloß die glücklosen Wachen gestorben, sondern auch alle Flüchtlinge, aber zugleich wusste ich, dass derartige Gutgläubigkeit gefährlich war. Eldurm mochte ein leutseliger Schwachkopf sein, doch allein mit unserem Fluchtversuch hatten wir die Ehre seiner Familie beschmutzt. Kein Adliger, und war er noch so hoffnungslos in eine Frau verliebt, die sich keinen Deut um ihn scherte, könnte eine solche Beleidigung auf sich sitzen lassen. Er würde zumindest nach der Schachtöffnung suchen, und wenn er sie entdeckte, würde er daneben eine Leiche mit einem Armbrustbolzen im Kopf vorfinden. Es würde nicht lange dauern, bis seine Spürhunde unsere Fährte erschnüffelt hatten, die in den Wald führte. Nach meiner Schätzung besaßen wir etwa drei Stunden Vorsprung, aber gegenüber Berittenen würde dieser rasch schwinden.

Als wir die verfallene Mühle – ein uraltes Gemäuer, das schon während der Zeit der ersten drei Könige gestanden haben musste – erreicht hatten, gestatteten wir uns eine etwas längere Pause. Der Form der moosbewachsenen Steine war noch ungefähr anzusehen, wofür sie einmal gedient hatten, von dem einst mächtigen Mühlrad war jedoch nur noch eine bis zur Unkenntlichkeit verrostete Eisennabe übrig.

Wir versteckten uns in einer Nische zwischen drei verfallenen Mauern, und Toria sank sofort auf alle viere und würgte das wenige Essen hervor, das sie unterwegs zu sich genommen hatte. Danach ließ sie sich auf den Rücken fallen. Ihre Brust hob und senkte sich schwer, und sie starrte mit schweißnassem Gesicht durch das Astgeflecht zum Himmel hoch. Zum Sprechen war sie nicht fähig, aber sie schaffte es immerhin, mich finster anzusehen, als ich keuchte: »Kann ich dein Messer haben, falls du stirbst?«

Ich warf mein Bündel zu Boden und lehnte mich mit dem Rücken gegen die Mauer, um wieder zu Atem zu kommen. Meine Beine entwickelten jedoch ein Eigenleben und gaben prompt unter mir nach. Benommen vor Erschöpfung und Furcht lag ich da, bis ich wieder genügend Kraft gesammelt hatte, um mich hochzustemmen.

Brauer war es gelungen, sich gegen die Mauer zu lehnen, ohne zusammenzubrechen. Mücken umschwirrten sein verschwitztes Gesicht, und ich staunte darüber, dass er immer noch die Spitzhacke bei sich trug.

»Warum?«, fragte ich. Auf die Frage hin wurde sein trüber Blick einen Moment lang schärfer, wenn ich auch nicht hätte sagen können, ob darin lediglich Trauer oder auch Wut lag.

»Weil sie es mir befohlen hat«, sagte er. »Meine Aufgabe bei unserer Mission sollte es sein, für deine Sicherheit zu sorgen. Ich begriff nicht, was sie damit bezweckte, aber ich musste ihr versprechen, ihrem Befehl Folge zu leisten, komme, was wolle.«

»Wenn wir in Callintor sind«, ich griff stöhnend nach meinem

Bündel, »kannst du dieses Versprechen gerne vergessen. Von mir aus brauchst du dich auch jetzt schon nicht mehr daran gebunden zu fühlen.«

»Es ist nicht an dir, mich davon zu entbinden.«

Ich blickte von meinem Bündel auf und sah, dass er mich mit seinem einen Auge anschaute, noch konzentrierter und entschlossener als zuvor. »Ich brauche keinen Beschützer«, sagte ich, worauf er nur spöttisch lachte.

»Anscheinend sind Märtyrerin Sihldas Lehren bei dir wirklich auf taube Ohren gestoßen«, sagte Brauer. »›Erkenne dich selbst‹, weißt du noch? Du, Alwyn Scribe, bist ein junger Mann, den ständig irgendwer umbringen will. Ich hätte es schon vor Jahren selbst getan, wenn sie es mir nicht verboten hätte.«

»Nein.« Ich holte den einzigen Apfel aus meinem Bündel, den ich für die Reise ergattert hatte. »Du hättest es *versucht.*«

Der Biss in den Apfel war herrlich und flutete meinen Mund mit Süße. Ich nahm noch einen Bissen. Als ich aufblickte, sah ich, wie Toria sich vom Boden hochhievte. »Hier«, ich warf ihr den angebissenen Apfel zu. »Ein leerer Magen ist heute nicht ratsam.«

»Noch ein Geschenk von Seiner Durchlaucht?« Sie musterte den Apfel skeptisch, bevor sie widerstrebend einen Bissen nahm. Ihre schlaffen Züge und der gebeugte Rücken bereiteten mir Sorge, ihr benommener Blick ließ vermuten, dass ihr Körper kurz vor dem Zusammenbruch stand. Sie war zwar gelenkig und stark, ihre Muskeln von jahrelanger Arbeit gestählt, aber niemand konnte ewig rennen.

»Von einem Wachmann«, sagte ich. »Weil ich für ihn einen Brief an seine Liebste geschrieben habe. Iss, und trink auch was.«

Ich hoffte, dass wir unsere Pause bis zur Abenddämmerung ausdehnen konnten, damit Toria sich genügend erholen konnte, um das letzte Stück bis nach Callintor ohne allzu große Schwierigkeiten zu schaffen. Aber natürlich ist das Schicksal selten so entgegenkommend.

Es war ein leises Geräusch nur, das der Wind von Osten herantrug, und man hätte es wegen des Geraschels und Vogelgezwitschers im Wald leicht überhören können, aber meine Ohren waren ebenso scharf geblieben wie meine Augen. *Noch ein Stück entfernt.* Ich legte den Kopf schief, um herauszufinden, in welche Richtung das ferne Kläffen unterwegs war. *Aber sie sind uns auf der Spur.*

»Jagdhunde.« Ich verzog das Gesicht, während ich mich mühsam aufrichtete.

»Ich höre nichts«, protestierte Toria, als ich sie ebenfalls hochzog.

»Dann hast du Glück, dass ich es gehört habe, nicht wahr? Lass das hier.« Ich nahm ihr das Bündel aus der Hand und warf es weg. »Wir können nicht noch einmal anhalten.« Meine Besorgnis wuchs, als ich ihren Gesichtsausdruck sah. Wahre Erschöpfung ist trügerisch; sie belügt ihr Opfer, flüstert haltlose Versprechen, gaukelt einem vor, dass keine Gefahr besteht, dass alles gut wird, wenn man nur noch einen Moment liegen bleibt. Ich sah, wie Toria all diese Gedanken durch den Kopf gingen, und reagierte auf die naheliegendste, wenn auch riskanteste Weise.

Meine Ohrfeige traf ihre Wange fest genug, um einen Bluterguss zu erzeugen. Zu meiner Erleichterung folgte ihre Antwort prompt.

»Du Dreckskerl!«

Ich duckte mich unter dem Messer hindurch, bevor es mir die Kehle aufschlitzen konnte, und wich den nächsten zwei Stichen aus, die auf meine Brust gezielt waren.

»Ich schneid dir den Schwanz ab und stopf ihn dir ins Maul, du Arschloch!« Sie ging kampfbereit in die Hocke und fuchtelte mit dem Messer herum – eine Standardtaktik, um den Gegner zu verwirren. Ihr Gesicht brannte rot, bis auf den hellen Abdruck, den meine Hand hinterlassen hatte. Ihre Augen leuchteten, ohne jedes Anzeichen von Erschöpfung.

»Umbringen kannst du mich später noch.« Ich nahm einen letzten Schluck aus meinem Wasserschlauch und warf ihn weg. »Jetzt müssen wir erst mal rennen.«

♦ ♦ ♦

Innerhalb einer Stunde hatten wir den Wald hinter uns gelassen und stürmten Hals über Kopf in das dahinterliegende Weizenfeld hinein. Die untergehende Sonne färbte die wogenden Ähren goldrot, was für weniger gehetzte Augen sicher hübsch anzuschauen gewesen wäre. Zu unserem Glück stand der Weizen hoch und war kurz vor der Ernte, sodass wir gebückt hindurchlaufen und so vielleicht den Blicken unserer Verfolger entgehen konnten. Vor den Nasen der Spürhunde gab es jedoch kein Entrinnen.

Aus dem fernen Kläffen war mittlerweile ein anhaltendes Bellen und Jaulen geworden. Ich wusste, dass es sich um Wolfshunde handelte, die speziell darauf abgerichtet waren, Menschen zu jagen. Diese Hunde waren riesig und meistens stark genug, um einen Erwachsenen zu Boden zu reißen. Wenn ich ihre Reißzähne auch fürchtete, jagten mir die Peitschen und Klingen ihrer Herren noch mehr Angst ein. Die Hunde sollten uns sicher bloß festhalten, statt uns zu töten – es sei denn, es geschah im Übereifer aus Versehen. Eldurm würde seine entflohenen Häftlinge zweifellos lebend fangen wollen. Drei Leichen würden auf die anderen Insassen der Minen, die an den Anblick von Toten gewöhnt waren, wenig Eindruck machen. Aber mit drei Lebenden, die ausgiebig gefoltert wurden, bevor man sie vor dem Tor aufknüpfte, konnte man ein nachhaltiges Exempel statuieren.

Derlei Gedanken ließen mich trotz der Schmerzen, die in jedem einzelnen Muskel meines Körpers pochten, weiterrennen. Auf Toria mussten sie eine ähnlich stärkende Wirkung haben, denn es gelang ihr, mit mir Schritt zu halten, wenn sie auch hin und wieder stolperte. Ich hoffte, sie würde ihre wiedergewonnene Kraft nicht dafür einsetzen, um sich an mir zu rächen, wenn wir unser Ziel erreicht hätten, aber darüber konnte ich mir später noch Gedanken machen.

Wie zuvor lief Brauer voraus, obwohl sogar ihm inzwischen die Erschöpfung anzumerken war. Wenig überraschend blieben seine müden Füße gleich darauf an einem Maulwurfshügel hängen, und er stürzte unsanft zu Boden. »Nein!«, hörte ich ihn wütend keuchen, als er sich mithilfe seiner Spitzhacke wieder aufrichtete. »Diese eine Sache musst du zu Ende bringen, du elender Hurensohn!«

Etwa auf halbem Wege durch das Feld wurde die Anstrengung des Laufens so übermächtig, dass ich kurz vor dem Zusammenbruch stand. Mein Körper konnte jeden Moment einfach den Dienst versagen. Vermutlich wäre es auch genauso gekommen, hätte ich nicht in diesem Augenblick die Türme entdeckt. Es waren insgesamt vier – einer für jeden Märtyrerschrein in Callintor –, die wie dunkle Speerspitzen über dem Weizen in den roten Abendhimmel aufragten.

Neben mir stürzte Toria ein weiteres Mal und schlug mit einem jämmerlichen Ächzen auf dem Boden auf. »Komm schon!« Ich schlang einen Arm um ihre schmale Hüfte, zog sie hoch und deutete auf die Türme. »Schau doch! Wir haben es fast geschafft!«

Nach einigem hektischen Ziehen und Schieben waren wir schließlich aus dem Feld hinaus – der hohe Weizen teilte sich, und Brauer kam zum Vorschein, der zu Tode erschöpft vorausstolperte und dabei immer wieder mit den Füßen an den Spurrillen eines Feldweges hängen blieb. Ein Dutzend Meter entfernt befand sich das Ufer eines schmalen, aber tiefen Flusses. Auf der anderen Seite erhob sich die Holzmauer der heiligen Stadt Callintor. Ein rasches Umschauen ergab, dass an dem ungewöhnlich gerade verlaufenden Fluss zu beiden Seiten ein Feldweg entlangführte, ohne dass es eine Brücke oder ein Torhaus gegeben hätte.

»Wir scheinen ein Stück vom Weg abgekommen zu sein.« Keuchend ließ ich Toria los. Sie fiel auf die Knie und legte den Kopf in den Nacken, um Luft in ihre Lungen zu saugen.

»Das Haupttor liegt in diese Richtung.« Brauer deutete mit dem Daumen über die Schulter nach Osten. »Nur noch ein kleines Stück weiter …«

Später erfuhr ich, dass manche Wolfshundrassen darauf abgerichtet sind, sich leise zu verhalten, wenn sie ihre Beute entdeckt haben. Das Bellen und Jaulen, das sie beim Verfolgen der Fährte von sich geben, ist für ihre menschlichen Herren bestimmt. Sobald sie in

Reichweite der Beute sind, hören sie damit auf. Die Bestie, die in diesem Moment aus dem Weizen hervorbrach und auf Brauers Rücken sprang, hätte ihm, wenn sie sich auf die Hinterbeine gestellt hätte, an Körpergröße in nichts nachgestanden. Der langgezogene, mit zottigem Fell bedeckte Körper war schwer genug, um sein massiges Opfer im Handumdrehen zu Boden zu reißen. Mit der Geschwindigkeit und Präzision einer Schlange drehte das Tier den Hals und riss das Maul auf, um sich in Brauers erhobenem Arm zu verbeißen.

Ohne nachzudenken, machte ich einen Satz nach vorn und hieb mein Messer in die Sehnen am Kiefer des Jagdhundes. Mit dem rechten Arm und dem rechten Bein umschlang ich seinen Körper und rollte mich herum, um ihn von Brauer herunterzuziehen. Mein Rücken prallte schmerzhaft auf dem Boden auf, aber ich hielt den Hund dennoch weiter umklammert, mit einer wilden Kraft, die sich reinem Überlebenswillen verdankte. Die Bestie warf sich in meinem Griff hin und her; ich zog das Messer heraus und stach noch zweimal in ihren Hals, in der Hoffnung, eine größere Ader zu treffen. Zum Glück war mein erster Stich recht gut gezielt gewesen, der Kiefer des Hundes schnappte nur kraftlos zu, ohne mir etwas anhaben zu können. Allerdings war es mir bislang nicht gelungen, ihn zu töten, wenn die Messerwunden auch stark bluteten.

Etwas zischte durch die Luft, und der Jagdhund erstarrte mit einem Wimmern. Alles Leben wich aus seinem Leib. Ich rappelte mich auf und sah, wie Brauer einen Fuß auf den Brustkorb der toten Bestie setzte und die Spitzhacke herauszog.

Das Rascheln von Weizen ließ ihn herumfahren – ein zweiter Jagdhund sprang wie ein grauer Blitz daraus hervor, bäumte sich jedoch unter jämmerlichem Jaulen auf, als etwas Kleines, Schnelles sein Auge traf. Ein kurzer Blick nach rechts enthüllte Toria, die bereits einen weiteren Stein in die Schleuder einlegte, die sie dem toten Hedgeman abgenommen hatte. Mit einer gekonnten Bewegung holte sie aus, und der zweite Stein flog durch die Luft und traf den verwirrten Jagdhund am Hinterteil. Dieser richtete seine Aufmerksamkeit sofort auf Toria und duckte sich mit gefletschten Zähnen zum Sprung. Was sich allerdings als schwerer Fehler erweisen sollte, weil es Brauer ausreichend Zeit verschaffte, um seine Spitzhacke zu heben und die gebogene Klinge auf den Hals der Bestie niedersausen zu lassen. Blut spritzte hervor, als der Kopf vom Körper getrennt wurde, der in einem grotesken Tanz weiter zuckend und scharrend umhersprang.

Das schrille Dröhnen eines Horns ließ mich den Blick aufs Feld richten. Durch den wogenden Weizen kamen noch mehr Jagdhunde auf uns zugestürmt. Und dahinter – noch beunruhigender – funkelten die Rüstungen von einem Dutzend Berittenen im schwindenden Sonnenlicht. Eldurm hatte sich nicht die Mühe gemacht, die Flagge seiner Familie mitzubringen, aber seine hochgewachsene Gestalt war unschwer an der Spitze des Trupps auszumachen. Das gezogene Schwert in seiner Hand ließ vermuten, dass er vielleicht doch nicht vorhatte, uns einzufangen und ausgiebiger Folter zu unterziehen.

»Vergesst das Tor.« Ich kam hoch und wandte mich dem Fluss zu. »Wir müssen schwimmen.«

Ich packte mein Bündel mit dem Schreibtisch und den beiden in Leder gebundenen Schätzen – Sihldas Testament und die Schriftrolle des Märtyrers Callin – und schleuderte es mit aller Kraft über den Fluss. Bevor ich mich ins Wasser stürzte, sah ich das Bündel noch im Schilfrohr auf der anderen Flussseite landen. Es war ein langsam fließender Strom, dessen Wasser voller Unrat war und nach Exkrementen stank, menschlichen wie tierischen. Ich merkte es jedoch kaum, während ich mit wenigen Zügen hindurchschwamm. Das schnell näher kommende Donnern von Hufen ließ mich meine letzten Kraftreserven ausschöpfen.

Als ich das Schilfrohr am anderen Ufer erreicht hatte, tastete ich eilig darin herum, bis ich mein Bündel entdeckt hatte. Dann kroch ich an Land und hievte mich hoch, um zu der alten, mit Stützpfeilern verstärkten Holzmauer von Callintor zu stolpern. Als ich gegen die raue Barriere sank, fiel mir ein, dass ich keine Möglichkeit hatte, die Leute im Inneren auf mich aufmerksam zu machen. Sihlda hatte uns allen geduldig erklärt, wie wir unsere Bitte um Zuflucht formulieren sollten, aber was hatte das für einen Zweck, wenn niemand da war, der uns hören konnte?

Tropfen spritzten mir ins Gesicht, als Brauer zur Bretterwand gewankt kam. Seine Kraft schien ihn nun endgültig verlassen zu haben, laut schnaufend sank er neben mir zu Boden. Platschen und hohes Keuchen ließen mich zum Fluss hinschauen, wo Toria sich gerade aus dem Wasser schleppte. Sie kroch auf uns zu und sank gegen mich, um mir eine leichte Backpfeife zu verpassen.

»So, jetzt hab ich's dir heimgezahlt«, stöhnte sie. »Du Mistkerl …«

Wir lagen da, zu erschöpft, um uns zu rühren, während das Dutzend bewaffneter und gepanzerter Männer auf der anderen Flussseite seine Pferde zügelte. Ein Rudel Wolfshunde wuselte verwirrt umher, vom Gestank und der Tiefe des Wassers offensichtlich abgeschreckt. Ein weiterer Reiter, der an seiner fehlenden Rüstung und der einfachen Lederkleidung eindeutig als Jäger zu erkennen war, saß ab und sammelte das Rudel um sich. Sein Blick war vor Trauer gerötet und ging anklagend zwischen uns und den Kadavern der getöteten Jagdhunde hin und her. Mein Interesse galt jedoch weniger dem trauernden Jäger als vielmehr Eldurm.

Der Adlige schob das Visier seines Helms zurück, und darunter kam das dunkle fleckige Antlitz eines Mannes zum Vorschein, der sich verraten fühlte und deswegen nach Rache strebte. Ich hatte keine Ahnung, was in dem Brief stand, den Sihlda ihm hinterlassen hatte, aber die mörderische Wut in seinem Blick ließ vermuten, dass es nichts Angenehmes war. *Sie hat ihm die Wahrheit gesagt.* Ich stöhnte müde, während Eldurm einem seiner Bewaffneten ungeduldig zuwinkte. *Die ist nie leicht zu verdauen.*

Der Anblick der gespannten und geladenen Armbrust, die der Soldat seinem Herrn reichte, erzeugte ein schwaches Vibrieren von Furcht in meinem erschöpften Körper. Dennoch brachte ich lediglich ein Zucken zustande, als Eldurm die Armbrust hob, den Griff an seine Schulter setzte und zielte.

»Zumindest ist er Mann genug, uns selbst zu töten«, murmelte Brauer teilnahmslos.

»Eigentlich ist er gar kein so schlechter Kerl«, murmelte ich zurück.

»Dann fick ihn doch in seinen hochwohlgeborenen Arsch«, zischte Toria, wenn auch weniger giftig als sonst, vermutlich weil sie zu erschöpft war. »Er wird uns trotzdem umbringen, oder?«

In Wahrheit versenkte Eldurm bei seinem ersten Versuch den Armbrustbolzen lediglich einen Fuß über unseren Köpfen in der Bretterwand. Der Anblick, wie er von dem Soldaten wütend einen zweiten Bolzen verlangte, vom Pferd stieg und versuchte, die Waffe zu laden, brachte mich überraschenderweise zum Lachen. Ganz offensichtlich hatte er keine Ahnung, wie die Armbrust funktionierte. Er riss nur unbeholfen an der Sehne, anstatt die Winde zu kurbeln. Nachdem er eine Weile erfolglos daran herumgefuhrwerkt hatte, sah er sich gezwungen, dem Soldaten die Armbrust zurückzugeben. Er fauchte ihn an, dass er sich beeilen solle, während der Mann die Kurbel drehte und die Sehne einrasten ließ. Das alles erheiterte mich nur umso mehr; inzwischen war mein Lachen so laut, dass es bis ans andere Ufer schallte.

Seine Durchlaucht geriet noch mehr in Rage. Er riss dem Soldaten die geladene Armbrust aus der Hand, hob sie und schoss, ohne zu zielen. Der Bolzen blieb einen guten Meter vor uns im Boden stecken, worauf ich noch lauter lachte.

Meine Belustigung gab mir wieder neue Kraft. »Wie's scheint, Herr«, rief ich, »stellt Ihr Euch beim Schießen genauso geschickt an wie bei der Brautwerbung!«

»Halt dein dreckiges Mundwerk, Schreiber!«, schrie Eldurm zurück, und seine Stimme überschlug sich vor Zorn. Er warf die Armbrust beiseite, stürmte zu seinem Pferd und riss sein Langschwert aus der Scheide. Die Wut musste ihn um den Verstand gebracht haben, denn er watete in den Fluss, obwohl abzusehen war, dass ihn seine Rüstung schnell in die von Exkrementen getrübte Tiefe hinabziehen würde. Seine Soldaten rannten eilig herbei und zerrten ihn – seinem wortreichen Protest zum Trotz – aus dem Wasser. Mit klirrenden

Rüstungen landeten sie alle auf einem Haufen, während Eldurm vergeblich versuchte, sich loszureißen.

Diesmal lachte ich so herzhaft, dass ich mir vor lauter Heiterkeit in die Hose machte; bis dahin wusste ich gar nicht, dass das möglich ist.

»Beendet dieses erbärmliche Schauspiel auf der Stelle!«

Die Stimme kam von oben – ein rauhes Krächzen, das dennoch so laut und befehlsgewohnt war, dass Eldurm aufhörte zu zappeln und auch mein Lachen verstummte. Als ich hinaufsah, hatte ich zunächst den Eindruck, eine Eule würde von der Mauer zu uns hinabschauen. Zwei riesige Augen blinzelten über einem schmalen, spitzen Kinn. Verwirrt starrte ich einen Moment lang schweigend nach oben, bis sich das Gesicht der Eule bewegte und ich eine knochige Hand entdeckte, die eine Art Holzgestell hielt, in das zwei dicke Gläser eingelassen waren. Die riesigen Augen verengten sich, und ihr Besitzer richtete den Blick auf den Haufen gepanzerter Männer auf der anderen Flussseite.

»Dies ist nach der Kathedrale von Märtyrer Althinor der heiligste Ort in ganz Albermaine!«, krächzte der Schmalgesichtige empört. »Wie könnt ihr es wagen, seine Heiligkeit mit eurer Gewalt zu entweihen?«

»Ich …« Eldurm verstummte und versuchte, sich aus dem Haufen seiner Männer zu befreien. Schließlich gelang es ihm, knirschend und quietschend aufzustehen. »Ich bin Sir Eldurm Gulatte.« Er richtete sich zu einigermaßen würdevoller Haltung auf, soweit sein ungetrübter Zorn dies zuließ. »Oberaufseher der königlichen Minen. Und diese Halunken dort …«, mit zitterndem Finger deutete er auf uns drei Missetäter am Fuß der Bretterwand, »… sind meine Gefangenen, die aus verdienter Knechtschaft entflohen sind und deswegen sofort hingerichtet werden müssen …«

»Aszendent!« Ich hievte mich hoch und stolperte von der Wand weg. »Ihr seid doch ein Aszendent, oder?«

Ich hatte den Rang des Mannes an dem rot eingefassten Rand seiner Kapuze erkannt. Außerdem hätte ein niederer Geistlicher gewiss keine derart befehlsmächtige Stimme besessen. Dank Sihlda wusste ich, dass es in Callintor vier Aszendenten gab, einer für jeden Schrein.

Das schmale Gesicht und die vergrößerten Augen wandten sich mir zu, während ich weitersprach, ohne auf eine Antwort zu warten. Ich hielt das Bündel in meiner Hand hoch. »Ich bin im Besitz der besten jemals angefertigten Abschrift der Schriftrolle von Märtyrer Callin, nach dem diese heilige Stadt benannt ist. Außerdem trage ich die einzige bekannte Reliquie des Märtyrers bei mir und darüber hinaus …«, ich hielt kurz inne, um meinen Worten mehr Nachdruck zu verleihen, »… das Testament von Aszendentin Sihlda Doisselle. Als wahre Anhänger des Bundes bitten meine Gefährten und ich die Diener dieses heiligen Ortes, uns Zuflucht zu gewähren.«

An den Augen des Mannes war während meiner Ansprache keine Reaktion abzulesen. Bei der Erwähnung der Reliquie verengten sie sich jedoch und dann noch einmal bei Sihldas Namen. Nachdem ich verstummt war, musterten sie mich reglos, und ich begegnete ihnen mit flehendem Blick. Sihlda hatte mich davor gewarnt zu betteln. Die Obrigkeiten der Stadt ließen sich davon nur selten erweichen. Es lag in ihrem Ermessen, Leuten Zuflucht zu gewähren, aber es bestand kein Recht darauf, und häufig geschah es lediglich aus einer Laune heraus oder aufgrund von Bestechung, und ich hatte soeben die einzige Münze in die Waagschale geworfen, die wir besaßen.

»Dieser Mann ist ein Lügner und Mörder!«, schrie Eldurm mit noch schrillerer Stimme. Die Augen des Aszendenten hinter den Gläsern blinzelten nicht einmal.

»Eurer Bitte um Zuflucht wird stattgegeben«, verkündete er schließlich und senkte das Gestell mit den Gläsern, worauf sein Gesicht zum Vorschein kam. Auf den ersten Blick wirkte er nicht sonderlich beeindruckend – seine Züge waren bleich und zeichneten sich vor allem durch Gewöhnlichkeit aus. Die zusammengekniffenen Augen zeugten jedoch von einer ähnlichen Klugheit, wie Sihlda sie besessen hatte, allerdings ohne das Mitgefühl der Aszendentin. Ich erkannte sofort, dass ich einen äußerst berechnenden Mann vor mir hatte.

»Geht zum Tor.« Er deutete nach Osten, bevor er wieder in die Richtung von Eldurms Truppe blickte. »Euer Durchlaucht, wenn Ihr Einwände habt, könnt Ihr sie gern schriftlich beim Rat der Eminenzen in Couravel einreichen. Für den Moment möchte ich Euch daran erinnern, dass ich Zeuge dieses Ereignisses bin und dass jegliche Gewaltausübung im Umkreis des Sanktuariums mit sofortigem Ausschluss aus dem Bund und Hinrichtung durch die Krone bestraft wird.«

◆ ◆ ◆

Ich betrachtete Aszendent Hilberts ausgestreckte Hand und brachte vor lauter Erschöpfung nicht den Willen auf, meine Beklommenheit zu verbergen. Zudem fand ich den Anblick auf makabre Weise faszinierend – seine Knöchel waren geschwollen und groß wie Kastanien, und die Haut war von einem Geflecht hervortretender Adern überzogen. Die von Tinte dunkelblau verfärbten Fingerspitzen ließen darauf schließen, dass diese Hand einem Mann gehörte, der sein Leben mit der Feder über Papier gebeugt verbracht hatte. Die Flecken an meinen eigenen Fingern waren weniger dunkel, aber wenn es mir gelingen sollte, weiter als Schreiber zu arbeiten, würden sie irgendwann sicher genauso aussehen.

Trotz seiner Hinfälligkeit waren Hilberts Finger aber offenbar noch recht beweglich, wovon ein lautes, ungeduldiges Schnipsen zeugte. Es hallte durch den Hinterraum im Schrein von Märtyrer Callin, in den man mich geführt hatte. Der Raum war zwar recht eng, besaß dafür aber eine hohe gewölbte Decke. Wir waren allein – Toria und Brauer warteten draußen auf dem Flur, begleitet von einem halben Dutzend kräftiger Männer in den schwarzen Uniformen von Wächtern des Bundes.

Wir waren erstaunlich schnell durchs Tor gelangt, die Wächter, die uns in Empfang nahmen, ließen uns ohne viel Aufhebens herein und brachten uns über eine schnurgerade verlaufende Allee direkt zum Schrein. Es gab ein paar Schaulustige, sonst erregte unsere Ankunft jedoch keine weitere Aufmerksamkeit, weshalb ich die wütende Tirade, die Eldurm uns hinterherschickte, mit entmutigender Klarheit hören konnte. Er und seine Kohorte waren uns das Ufer entlang bis zum Tor gefolgt, und ich hatte bei jedem Schritt damit gerechnet, dass ein weiterer Armbrustbolzen zu uns herübergeflogen kam. Seltsamerweise war mir nun, da Rettung nahte, angesichts von Eldurms Zorn gar nicht mehr zum Lachen zumute.

»Du hast meine Ehre beschmutzt, Schreiber!«, wütete Seine Durchlaucht, während wir durchs Tor eilten. »Du hast auf meine Großzügigkeit geschissen. Glaub ja nicht, dass du dich ewig in diesem Rattenloch verstecken kannst! Eines Tages werde ich dir ein Geschenk machen, Schreiber! Eine Halskette aus deinen eigenen Eingeweiden …«

»Die Reliquie.« Der schmalgesichtige Aszendent schnippte erneut mit den Fingern. »Und das Testament. Ausflüchte will ich nicht hören, es sei denn, du möchtest wieder durchs Tor hinausgehen und den edlen Eldurm um Gnade bitten. Zuflucht kann ebenso wieder entzogen werden.«

Wenn es so weit ist, hatte Sihlda gesagt, *wirst du es wissen*. Und ich wusste es tatsächlich. Ich wusste, wenn ich die komplette, ungekürzte Fassung ihres Testaments in die Hände dieses Mannes gab, dann wäre das ein großer, möglicherweise tödlicher Fehler. Die Denker, nicht die Sadisten sind es, vor denen man sich im Leben hüten muss, und Aszendent Hilbert war eindeutig ein Mann, der sehr viel nachdachte. Ich hatte mir vorgestellt, dass ich Sihldas Enthüllungen an einen weisen und frommen Menschen weiterreichen würde, einen klugen alten Geistlichen oder eine andere bedeutende Persönlichkeit, die am besten wüsste, was mit solch gefährlichem Wissen anzufangen sei. Bei dem Aszendenten war ich da allerdings an der falschen Adresse. Aber das hieß nicht, dass ich ihm nichts zu geben hatte.

»Es ist eine bemerkenswerte Geschichte« – ich kämpfte gegen aufsteigende Gefühle an, die nur zum Teil gespielt waren, reichte ihm die Münze aus meiner Tasche und zog das Testament aus dem Bündel –, »die gewiss jeden ergreifen wird, der sie hört.«

Hilbert drehte einen Moment lang die Münze hin und her und hielt sie sich dicht an seine schwachen Augen. Nachdem er ihr Alter bestätigt hatte, knurrte er zufrieden. Sein Interesse galt jedoch vor allem dem Stapel zusammengebundenen Papiers.

»Hast du sie gelesen?«, fragte er, ohne Anstalten zu machen, die Schnur zu lösen. Stattdessen tippte er nur mit einem tintenfleckigen Finger darauf. Es war eine zögerliche Geste, wie von jemandem, der erst einmal prüfen will, wie heiß ein Topf ist.

»Sie hat sie mir diktiert.« Ich wischte mir die Tränen ab und versuchte ein Lächeln. Mein Bündel hielt ich an meine Seite gedrückt, in der Hoffnung, er würde zu sehr an dem Schriftstück vor seinen Augen interessiert sein, um darauf zu bestehen, dass ich auch den restlichen Inhalt ausleerte. Hätte er es getan, dann hätte er noch eine längere Version von Sihldas Testament entdeckt, allerdings eine, die sich nur schwer entziffern ließ. »Ich bin Schreiber, wisst Ihr.«

Aszendent Hilbert nickte vage, den Blick weiter auf das Testament gerichtet. »Und du würdest sagen, es ist ein vollständiger Bericht?«

»Soweit ich weiß, ja.« Ich runzelte die Stirn und gab mir Mühe, verwirrt und leicht beleidigt auszusehen. »Sie war keine Frau, die Unehrlichkeit duldete, weder bei sich noch bei anderen.«

»Nein«, stimmte Hilbert mit einem angedeuteten Schulterzucken zu. »Jedenfalls nicht damals, als ich kurz ihre Bekanntschaft machte. Wann ist sie gestorben?«

Ich sah keinen Sinn darin zu lügen. Hilbert wusste, dass ich ein Gesetzloser war, und kannte mein jüngstes Verbrechen. Allerdings hielt ich es für das Beste, ihn nicht darüber aufzuklären, welche Rolle Sihlda selbst bei ihrem eigenen Ableben gespielt hatte. Im Bund war Selbstmord zwar nicht offiziell verboten, aber er war bei den Geistlichen auch nicht gern gesehen. »Vor zwei Tagen, Aszendent. Wir haben einen Tunnel gegraben, um aus den Minen zu entkommen. Er ist eingestürzt, bevor sie hindurch war. Ihre ganze Gemeinde ist gestorben bis auf mich und meine Gefährten.«

Sein Blick glitt nun doch zu mir. »Sie hat in den Erzminen eine Gemeinde gegründet?«

»Jawohl, Aszendent, sie war dort recht beliebt.«

»Was heißt, dass die unrechtmäßige Flucht ihre Idee war.«

»Ja, so war es. Ich glaube aber, sie hatte vor, ihr Testament in die Hände des Bundes zu geben, zusammen mit der Abschrift der Schriftrolle von Märtyrer Callin.«

Ohne auf seine Erlaubnis zu warten, zog ich die Schriftrolle aus meinem Bündel hervor und holte sie aus der versiegelten Lederröhre, die sie während unserer Flucht aus den Minen geschützt hatte. Der Aszendent musterte die Rolle, die ich ihm hinhielt, ohne großes Interesse, nahm sie dann aber doch entgegen. Nachdem er die ersten Zoll ausgerollt hatte, hob er überrascht die Augenbrauen.

»Ist das deine Arbeit?« Er machte sich gar nicht erst die Mühe, seine Zweifel zu verbergen.

»Jawohl. Aszendentin Sihlda war eine hervorragende Lehrerin.«

Seine Miene verfinsterte sich, und er trat zu einem großen Eichenholzschreibtisch, auf den er beide Schriftstücke legte. »Du solltest ihren Titel nicht benutzen«, sagte er. »Jedenfalls nicht in Hörweite anderer Geistlicher. Er wurde ihr aberkannt, als König Mathis sein Urteil über sie verkündete. Ich nehme an, du weißt, welches Verbrechen sie begangen hat? Da du ja ihr Testament niedergeschrieben hast.«

»Ja, Aszendent.« Ich zögerte, und er wandte sich mir wieder zu und sah mir in die Augen, bis ich antwortete. »Mord.«

»Richtig.« Sein Blick ging wieder zu der Schriftrolle, die er auf der geneigten Oberfläche des Schreibtischs noch ein Stück weiter ausbreitete. »Mord an einem anderen Geistlichen, um genau zu sein. Manche würden sagen, das schlimmste Verbrechen, das ein Diener des Bundes begehen kann.« Er betrachtete die Schriftrolle genauer und schürzte – wie ich hoffte, bewundernd – die Lippen. »Schade, dass der Text nicht auf Velin geschrieben wurde«, sinnierte er. »Papier ist leider ein furchtbar kurzlebiges Material. Aber ich vermute mal, dass du noch eine Weile bei uns bleibst, oder, Alwyn Scribe?«

Ich verneigte mich und unterdrückte ein erleichtertes Seufzen. »Es wäre mir ein Vergnügen, eine weitere Abschrift anzufertigen, Aszendent.«

»Ja.« Zum ersten Mal kam etwas Bewegung in sein Gesicht, ein leichtes Anheben der Mundwinkel nur, das bei ihm vermutlich selten vorkam. »Das wirst du. Wer in unseren Mauern Zuflucht findet, ist angehalten, sich seinen Lebensunterhalt zu verdienen. Du erhältst Unterkunft und Verpflegung, solange du dafür arbeitest. Geld wird in Callintor nicht verwendet, und die Laster, die damit einhergehen, dulden wir hier auch nicht. Glücksspiel, Alkohol, Obszönitäten, das Schwelgen in Fleischeslust und jegliche Arten von Verbrechen, ob klein oder groß, sind bei uns verboten. Verstöße dagegen werden stets auf dieselbe Weise bestraft: mit Hinauswurf. Gebete finden beim ersten Morgenlicht und bei Sonnenuntergang statt, und die Teilnahme daran ist verpflichtend. Die Wahl des Schreins liegt bei dir selbst, aber …«, er deutete auf die Schriftrolle, »… da du mit der Geschichte unseres Märtyrers so gut vertraut bist, wüsste ich nicht, weshalb du woanders hingehen solltest.«

Ich verneigte mich erneut – ich erkannte einen Befehl, wenn ich einen hörte. »Natürlich, Aszendent.«

Seine Miene wurde wieder reglos, als er einen weiteren Blick auf das Testament warf, das neben der Schriftrolle lag. »Wie viele Abschriften hast du davon angefertigt?«

»Keine, wie Aszen …« Ich verschluckte den Ehrentitel, musste aber zu meiner Überraschung feststellen, dass es mich mehr ärgerte, als ich gedacht hätte. Wenn irgendjemand diesen Titel verdient hatte, dann sie. »Mistress Sihlda es mir befohlen hat«, schloss ich.

»Gut. Belassen wir es dabei.« Er warf mir wieder einen Blick zu, und das Berechnende darin war nicht zu übersehen, wenn auch jemand, der sich nicht so wie ich darauf verstand, andere Menschen zu durchschauen, es vielleicht gar nicht bemerkt hätte. Sein gleichgültiger Ton ließ außerdem vermuten, dass ihn meine Antwort auf seine nächste Frage mehr interessierte, als er zugeben wollte. »Was hast du eigentlich ursprünglich verbrochen? Weshalb wurdest du in die Minen geschickt?«

Ich antwortete ehrlich, da ich erneut keinen Grund zum Lügen sah. »Diebstahl, Hausfriedensbruch und Wilderei im Wald des Herzogs. Außerdem habe ich mit dem Gesetzlosen Deckin Scarl gemeinsame Sache gemacht.«

»Der König der Gesetzlosen höchstpersönlich, wie?« Seine Mundwinkel wanderten ein weiteres Mal leicht nach oben. »Sag mir, war er wirklich sieben Fuß groß und konnte einen Mann mit einer Hand erwürgen?«

»Er war ein großer Kerl, Aszendent, aber ganz so groß dann doch nicht. Und wenn er jemanden erwürgt hat, dann, soweit ich weiß, immer nur mit beiden Händen.«

Die Mundwinkel des Aszendenten sanken nach unten, und ein Schatten glitt über seine berechnenden Züge, bevor er sich wieder der Schriftrolle zuwandte. »Die Wächter werden dir und deinen Gefährten ein passendes Quartier zuweisen.« Er winkte zur Tür. »Letzte Woche erst haben wir ein paar Schurken aus der Stadt gejagt, die hier heimlich eine Lasterhöhle mit Würfelspiel und Ausschank betrieben haben, es sollte also ein freies Haus geben. Vergesst nicht, zum Abendgebet wieder hier zu sein. Nach dem Gebet morgen früh wirst du dich zum Dienst im Skriptorium melden. Sollten deine Freunde nicht dieselben Fähigkeiten besitzen wie du, finden sie in den Gärten oder Ställen ehrliche Arbeit.«

Ich verneigte mich noch einmal, tiefer als zuvor, um das Ausmaß meiner Dankbarkeit zu zeigen. Aszendent Hilbert nahm es jedoch gar nicht wahr, er hatte bloß noch Augen für das Testament. Er strich mit der Hand über die Schnur, und mir war klar, dass er das Paket sofort aufreißen würde, sobald sich die Tür hinter mir schloss.

Zweiundzwanzigstes Kapitel

Wie ihr bemerkt haben mögt, liebe Leser und Leserinnen, sind mir Gefängnisse nur allzu vertraut. Dabei machte ich immer wieder die Erfahrung, dass das Eingesperrtsein, und sei das Gefängnis noch so angenehm, einem über kurz oder lang unerträglich wird. Vier Jahre harter Arbeit hatte es gebraucht, um den Strapazen der Minen zu entkommen, doch nach nur drei Monaten in den Mauern von Callintor begann mein Geist, sich erneut nach Freiheit zu sehnen.

Aber warum?, mögt ihr euch fragen. Hatte ich nicht Essen und Unterkunft? Waren meine Tage nicht mit nutzbringender, sinnvoller Arbeit erfüllt? Lernte ich nicht eine ganze Menge von den anderen Schreibern des Skriptoriums? All diese Fragen kann ich eindeutig mit Ja beantworten, und doch wünschte ich mir bereits bei Anbruch des Festtages von Märtyrerin Ahlianna, Callintor endlich verlassen zu können, und das beinahe ebenso inbrünstig, wie ich einst danach gestrebt hatte, mich aus den Minen hinauszugraben. Der Grund dafür war nicht schwer zu erraten und auch nicht schwierig in Worte zu fassen, wenn ich auch glaube, dass Toria den Nagel am besten auf den Kopf traf.

»Mir ist so *scheiß*langweilig!«

Mit einem dumpfen Knall bohrte sich ihr Messer in den Deckenbalken unserer Unterkunft. Das Holz splitterte, als sie das Messer herauszog und zur gegenüberliegenden Wand ging. Ihre ständigen Wurfübungen hatten an dem Balken schon deutliche Spuren hinterlassen. Natürlich waren Waffen innerhalb der Stadt nicht erlaubt, aber Toria war es gelungen, bei ihrer Arbeit auf dem Hof des Metzgers ein Messer mitgehen zu lassen. Es war eine kleine, spitze Klinge, die sie stets gut schärfte und die sich augenscheinlich hervorragend als Wurfmesser eignete. Das weitgehend unmöblierte Untergeschoss unseres Hauses bot ihr jede Menge Platz zum Üben.

Die Geräumigkeit unseres Zuhauses war einer der angenehmen Aspekte dieser neuen Form der Gefangenschaft. Im Vergleich zu den Hütten im Dorf meiner Kindheit war das Haus, das wir mit Brauer bewohnten, geradezu luxuriös. Jeder von uns hatte ein eigenes Zimmer im Obergeschoss, und Toria brachte abends des Öfteren ein Stück Fleisch mit nach Hause, das wir über dem großen Kamin brieten. Brauer hatte eine Anstellung im Obstgarten gefunden, weshalb der Kamin oft mit süß duftendem Apfelholz befeuert wurde und wir unser Abendessen mit ein, zwei Bechern Apfelwein hinunterspülen konnten. Stärkere Spirituosen waren in Callintor streng verboten, aber Apfelwein und Bier erlaubte man – solange sich niemand allzu sehr betrank –, weil das Wassertrinken häufig zu Durchfall führte.

Torias Messer donnerte erneut in den Balken, und ich widerstand dem Drang, ihr einen verärgerten Blick zuzuwerfen. Obwohl ich jeden Tag mindestens zehn Stunden mit Schreiben verbrachte, fand ich nach meiner Rückkehr aus dem Skriptorium stets die Muße, ein paar Zeilen von Sihldas ursprünglichem Testament zu entschlüsseln. Auf ihre Anweisung hin hatte ich den Text damals in einem Code verfasst, für dessen Erlernen ich ein Jahr gebraucht hatte. Es war ein komplexer Code mit doppelter Verschlüsselung, der ebenso gute Kenntnis der

Zahlen wie der Buchstaben erforderte. Der Schlüssel war nur Sihlda und mir bekannt, Uneingeweihten erschien der Bericht hingegen wie ein Faksimile in Alt-Danehrisch, der Sprache des Heiligen Landes, die vor tausend Jahren gesprochen wurde. Als solcher wäre er nur für die fachkundigsten Gelehrten lesbar, und selbst die hätten ihn für pures Kauderwelsch gehalten.

Ich war versucht, mich nicht weiter damit zu befassen und damit dem Risiko einer Entdeckung durch die Wächter vorzubeugen. Die frommen Raufbolde besaßen für gewöhnlich mehr Muskeln als Verstand, und ihre Lieblingsbeschäftigung war es, wahllos Häuser zu durchsuchen, in der Hoffnung, auf Beweise zu stoßen, die einen Rauswurf rechtfertigten. Die Liste verbotener Dinge, wegen derer ein Unglücklicher vor die Tür gesetzt werden konnte, war lang, wobei vieles davon jeglichen Sinns entbehrte. Letzten Monat erst war eine alte Frau aus der Stadt geworfen worden, die einst hingerichtet werden sollte, weil sie ihren gewalttätigen Ehemann umgebracht hatte, und gut zehn Jahre lang dem Galgen entronnen war. Ihr jüngstes Vergehen bestand lediglich darin, einen Wandteppich zu knüpfen, der Märtyrerin Melliah mit halb entblößter Brust zeigte.

So eifrig, wie die Wächter Missetäter verfolgten, fragte ich mich, ob sie vielleicht eine Kopfprämie für jeden Unglücklichen bekamen, dessen Rauswurf sie erwirkten. Doch obwohl mein ganzes Denken davon beherrscht wurde, diesen Ort zu verlassen, war mir die Vorstellung unerträglich, mir könnte etwas zustoßen und Sihldas wertvolle Worte könnten für immer verloren sein.

»Erzähl mir nicht, dass du dich nicht auch langweilst.« Torias Messer knallte ein weiteres Mal in den Balken. »Du hasst diesen Ort. Das merke ich. Du bist kein so guter Schauspieler, wie du denkst.«

»Doch, bin ich.« Ich hielt den Blick weiter auf das Testament gerichtet. »Du verstehst dich nur besser darauf, Lügen zu erkennen, als die meisten Leute.«

Ein Seufzen, dann das Kratzen eines Schemels auf dem heubedeckten Boden, als sie am Tisch Platz nahm. Ihre Stimme klang jetzt ernst und eindringlich. »Ich hab's satt, um den heißen Brei herumzureden. Wann gehen wir?«

»Wenn der richtige Zeitpunkt gekommen ist.«

»Wenn du hiermit fertig bist, meinst du.« Toria legte den Kopf schief, um die Worte zu betrachten, die ich auf das Velin geschrieben hatte, das ich aus dem Lager des Skriptoriums hatte mitgehen lassen. »Was steht da überhaupt so Wichtiges drin?«

Ich machte mir nicht die Mühe, die entschlüsselten Worte vor ihr zu verbergen. Obwohl Sihlda es mehrfach angeboten hatte, war Toria nie bereit gewesen, sich die Buchstaben beibringen zu lassen. »Die Formel, wie man Metall in Gold verwandelt«, murmelte ich.

»Ach Quatsch.« Sie schnaufte verärgert und stützte das Kinn auf. »Sie ist tot, und trotzdem seid ihr, du und dieser törichte Bär von einem Mann, immer noch ihre Sklaven.«

»Jeder von uns hat eine Schuld zu begleichen. Ich dachte, du kennst dich mit solchen Dingen aus.«

»Ich weiß nur, dass ich verrückt werde, wenn ich noch eine Woche hierbleiben muss.«

»Wenn dich vier Jahre in den Minen nicht umgebracht haben, wirst du ein paar mehr Monate hier auch überleben.«

»Es ist nicht mein Körper, um den ich mir Sorgen mache.« Sie senkte die Stimme. »Sondern meine Seele. Dieser Ort beschmutzt sie.«

Das reichte, um mich innehalten zu lassen. Sie redete nicht oft über den Glauben des Südens, und ich kannte keine Einzelheiten. Ich hatte den Eindruck, es handelte sich lediglich um geringfügige Abweichungen zur orthodoxen Lehre. Aber nur weil sie selten über ihre Überzeugungen sprach, bedeutete das nicht, dass sie sie aufgegeben hatte. Ganz im Gegenteil: Der Missmut, den ich in ihrer finsteren Miene sah, deutete darauf hin, dass sie sich genauso inbrünstig daran klammerte wie Brauer an seine.

»Inwiefern?«, fragte ich, und sie verlagerte unbehaglich das Gewicht.

»Die Gebete«, murmelte sie.

»Bei euch wird nicht gebetet?«

»Jedenfalls nicht so. Zu Hause versammeln wir uns, um die Märtyrer zu ehren, aber dort darf jeder für sich selber beten. Geistliche, die auswendig gelernte Schriften brabbeln, so was gibt's bei uns nicht. Im Süden besitzen die Geistlichen nur einen Rang. Sie sind bescheidene Betbrüder und -schwestern, die eine Verbindung zu den Seraphilen herstellen und sie nicht etwa behindern. Sie sind keine Torhüter, die sich für die Erlösung bezahlen lassen.«

Sie war ungewöhnlich laut geworden, und ich legte ihr rasch einen Finger auf die Lippen und schaute besorgt zum geschlossenen Fenster hin. Es gab nur wenige Missetaten, die mit größerer Sicherheit zum Rauswurf führten als Ketzerei. Stirnrunzelnd wandte sie sich ab und verschränkte fest die Arme. In solchen Momenten fragte ich mich, ob sie womöglich doch jünger war, als sie behauptete, so sehr erinnerte sie mich an ein trotziges Kind.

»Wir brauchten einen Plan, um aus den Minen zu entkommen.« Ich mahnte mich innerlich zur Geduld. »Und wenn wir Callintor verlassen wollen, brauchen wir genauso einen.«

»Ich habe einen: Wir gehen durchs Tor und sind frei.«

»Nein. Sobald wir durchs Tor gehen, läuft irgendein Mistkerl, der auf eine Belohnung aus ist, zu Eldurm und berichtet ihm davon. Was glaubst du, wie weit wir es dann wohl schaffen?«

»Couravel ist weniger als hundert Meilen von hier entfernt. Das sind fünf oder sechs Tagesreisen, höchstens sieben, wenn wir uns beeilen. Sogar noch weniger, wenn wir uns ein paar Pferde besorgen können. Dort kann man leicht untertauchen.«

»Und, wie ich hörte, vielleicht auch nie wieder auftauchen. Außerdem, seit wann kannst du reiten? Ich kann es jedenfalls nicht.«

Sie verzog ärgerlich das Gesicht. »Dann gehen wir eben zur Küste, suchen uns ein Schiff. Es gibt noch andere Königreiche.«

»Auf Schiffen braucht man Münzen, um für die Überfahrt zu bezahlen. Du hast nicht zufällig welche?«

»Hier muss es irgendwo ein geheimes Versteck geben. Die Geistlichen des Nordens haben immer Geld, egal, wie sehr sie beteuern, arm zu sein.«

Ich stutzte – ihre Worte waren nicht ganz von der Hand zu weisen und ließen die Anfänge eines Plans in mir aufkeimen. Ich hatte über verschiedene Möglichkeiten nachgedacht, wie wir uns aus der Falle der heiligen Stadt befreien könnten, und der Mangel an Münzen war dabei stets das größte Hindernis gewesen. »Darüber lohnt es sich tatsächlich, mal nachzudenken«, gab ich zu. »Im Schrein von Märtyrer Callin gibt es jede Menge verschlossener Türen. Wozu eine Tür abschließen, wenn nicht, um etwas Wertvolles dahinter zu verbergen?«

Ihr Mund verzog sich zu einem schmalen Grinsen, und sie boxte mich gegen die Schulter. »Und ich hab mir schon Sorgen gemacht, diese Mistkerle hätten dir deine Seele geraubt …«

Sie verstummte, als jemand lautstark gegen die klapprigen Bretter der Eingangstür hämmerte. Die Schreine hatten zwar massive Türen mit Schlössern, die Häuser der Zufluchtsuchenden dagegen nicht, vermutlich damit die Wächter sie besser eintreten konnten.

»Versteck das«, zischte ich Toria zu und nickte zu dem Messer, das noch im Balken steckte, während ich Tinte und Pergament einsammelte. »Hast du sonst noch was?«

Sie schüttelte den Kopf, zog das Messer heraus und hob die Steinplatte an, unter der wir unsere verbotenen Dinge versteckten. »Ich wollte bei Smythes ein bisschen Fleisch gegen Pfeifenkraut eintauschen«, flüsterte sie. »Zum Glück hab ich's nicht getan.«

Ich wartete, bis sie die Steinplatte wieder an ihren Platz gelegt und etwas Heu darüber verteilt hatte, bevor ich die Tür aufmachte. Statt des erwarteten Trios schwarz gekleideter Männer erblickte ich jedoch nur ein schmales feuchtes Gesicht mit geweiteten Augen, das unserem Nachbarn Nucklin gehörte. Er war ein nervöser Kerl, der zum Schwitzen neigte, weshalb er stets einen penetrant ranzigen Geruch verströmte. Jeder kluge Mensch weiß zwar, dass ein gesunder Körpergeruch schlimme Krankheiten abwehrt, mit seinem Gestank schoss

Nucklin jedoch etwas übers Ziel hinaus. Seine Gesellschaft war deshalb kaum für längere Zeit zu ertragen, dafür hatte er das Haus neben unserem ganz für sich allein. Vermutlich war es vor allem Einsamkeit, die ihn so oft bei uns klopfen ließ, dass es schon lästig war. Die kurzen hungrigen Blicke, die er Toria zuwarf, zeugten außerdem noch von einem anderen Interesse, das allerdings entschieden unerwidert blieb.

»Was willst du, Stinker?« Toria verzog wie üblich verächtlich den Mund.

Nucklin, der vor ihrem barschen Ton zurückschreckte, wandte sich mir zu. »Euer Bruder predigt wieder«, sagte er. Sein alundianischer Akzent mit den breiten Vokalen und weichen Zischlauten tat mir in den Ohren weh.

Um seine Avancen abzuwehren, hatte Toria ihm erzählt, Brauer und ich seien ihre Brüder, und wir besäßen einen aggressiven Beschützerinstinkt. Es sagte viel über die geistigen Fähigkeiten des Mannes aus, dass er ihr das abgekauft hatte, obwohl wir einander nicht im Geringsten ähnlich sahen. Dessen ungeachtet fand er trotzdem immer wieder eine Entschuldigung, um an unserer Tür zu klopfen, wobei er zumindest heute einen guten Grund dafür hatte.

»Wo?« Ich seufzte ärgerlich.

»Drüben beim Friedhof. Die Wächter haben sich bereits versammelt, als ich losgelaufen bin, um euch Bescheid zu sagen.«

»Danke.« Ich zwang mich zu einem Lächeln und widerstand dem Drang, ihm auf die Schulter zu klopfen. »Bleib du hier«, wies ich Toria an, die mir hinausfolgen wollte. Es würde gewiss Streit geben, und Torias aufbrausende Art war nicht dazu geeignet, eine angespannte Situation zu entschärfen.

Ich marschierte zügig los, durch Rennen hätte ich nur ungewollte Aufmerksamkeit erregt. Hinter mir stotterte Nucklin an Toria gewandt: »I-ich hab heute einen Krug frischen Tee bekommen. F-falls du welchen willst …«

Als ich um die Ecke bog, hörte ich noch die Haustür zuschlagen, dann eilte ich auch schon durch ein paar schmale Gassen auf den Friedhof zu. Ich kürzte etwas ab, indem ich mich über eine Mauer schwang und einen Schweinestall durchquerte. Ich musste dem Angriff eines aufgebrachten Ebers ausweichen, bevor ich über eine weitere Mauer kletterte und an der Westecke des Friedhofs herauskam. Brauers hochgewachsene Gestalt war unschwer zu entdecken. Er stand auf einer Kiste nahe beim Tor und hielt seine Predigt vor einem halben Dutzend Stadtbewohnern und etwa ebenso vielen Wächtern. Die Stadtbewohner schienen seine Worte zu verwirren oder zu belustigen, die Wächter dagegen merklich weniger.

»Es empfiehlt sich, die Schriftrollen auswendig zu lernen«, verkündete Brauer, als ich näher kam und dabei vorsichtige Blicke auf die ernsten Mienen der Wächter warf. Brauer sprach mit lauter, aber monotoner Stimme. Sein Rücken war gebeugt und sein Gesicht rot angelaufen. Seine Worte klangen gepresst. Dass einem Mann, der keine Angst vor körperlichen Gefahren zu kennen schien, das Sprechen in der Öffentlichkeit derart schwerfiel, kam mir seltsam vor. Und doch stand er hier und stellte sich seinen Ängsten, wie Sihlda es uns gelehrt hatte, und das, obwohl seine Zuhörer nur Gleichgültigkeit und Spott zeigten.

»Aber nicht, sie herzubeten, ohne sie wirklich zu kennen«, fuhr er nach kurzem Räuspern fort. Die Schweißperlen auf seiner Haut funkelten in der Spätnachmittagssonne. »Die Schriftrollen sind keine Beschwörungsformeln. Keine Gebete an die Seraphilen, so wie die Oden, die die Heiden des Nordens für ihre falschen Götter brabbeln. Schriften einfach bloß nachzusprechen, ist sinnlos. Um wahrhaft ein Teil des Bundes zu werden, muss man ihre Bedeutung kennen; man muss sie selbst lesen.«

»Verflucht«, murmelte ich. Mehrere der Wächter hatten bei Brauers letzten Worten aufgehorcht. Und auch in der kleinen Gruppe der Schaulustigen schien überraschenderweise jemand zugehört zu haben.

»Lügner!« Eine magere Frau fortgeschrittenen Alters trat vor und schüttelte ihre knochige Faust. Ihrer schmächtigen Gestalt zum Trotz besaß sie eine schneidende Stimme. »Das ist die Lehre des Südens!«

»Nein, Schwester.« Brauer setzte eine Miene auf, die wohl Sihldas Offenherzigkeit nachahmen sollte, mit der sie so viele Menschen in ihren Bann gezogen hatte. Bei ihm erinnerte es jedoch eher an eine lüsterne Grimasse. »Diese Lehre ist für jedermann. Alle sollten die Schriftrollen lesen, nicht bloß die Adligen. Oder die Geistlichen …«

»Und was ist mit denen von uns, die nicht lesen können?«, unterbrach ihn die Alte. »Was sollen wir machen?«

»Es lernen natürlich.« Brauer zog ein spöttisches Gesicht, als führte er ein Streitgespräch, anstatt zu predigen. Sihlda hatte nie gestritten, sondern stets nur überzeugt. »Lasst euch nicht länger von eurer Unwissenheit einschränken …«

»Wen nennst du hier unwissend?«, schrie ein anderer Zuhörer, ein kräftiger Kerl, der in der Schmiede arbeitete. Zu meinem Entsetzen hatte der Klang erhobener Stimmen inzwischen noch mehr Leute angelockt. Aus dem Grüppchen verwirrter Schaulustiger war bereits eine größere Menge geworden, und eine wütende noch dazu.

»Die Betbrüder und -schwestern lehren mich, was in den Schriftrollen steht, und ich bin dankbar dafür«, fuhr der Arbeiter hitzig fort. Sein kurzer Seitenblick zu den Wächtern ließ mich allerdings an der Aufrichtigkeit seiner Empörung zweifeln. In Callintor zahlte es sich stets aus, sich bei der orthodoxen Obrigkeit beliebt zu machen.

»So wie ein Bettler dankbar ist für die Reste, die man ihm zuwirft?« Brauers Wut machte seine Stimme eindringlicher. »Bist du ein Gläubiger oder ein Sklave?«

»Ketzer!«, schrie die alte Frau. Ein Ruf, der – wie ich schon oft erlebt hatte – von einer Menschenmenge meist recht schnell aufgegriffen wird. »Durch Ketzerei wird die zweite große Plage über uns hereinbrechen!«

Der darauffolgende Chor aus anklagenden Schreien war laut und wütend genug, dass die Wächter nun doch eingriffen. Während sie sich durch die Menge drängten, eilte ich auf Brauer zu, der vergeblich versuchte, sich über das zornige Gebrüll der Gläubigen hinweg Gehör zu verschaffen.

»Hast du jetzt genug?« Ich trat in sein Sichtfeld und warf einen Blick über die Schulter zu den rasch näher kommenden Wächtern.

Mein Anblick brachte Brauer wieder zu Verstand. Seine Schultern sackten herab, und aus Eifer wurde Betroffenheit. Allerdings machte er keine Anstalten, von der Kiste herunterzusteigen.

»Jetzt komm schon.« Ich packte ihn am Ärmel. »Wir müssen hier weg.«

»Du, Zufluchtsuchender!« Der Wächter an der Spitze deutete herrisch auf Brauer, während er und seine Gefährten die Gaffer beiseiteschoben. »Wer hat dir erlaubt zu predigen?«

Als ich das trotzige Funkeln in Brauers Auge sah, drehte ich mich zu den Wächtern um und versuchte, sie zu beschwichtigen. »In Callintor gibt es keine Vorschrift, die es verbieten würde zu predigen.«

Ich zog etwas Hoffnung daraus, dass der Wächter an der Spitze ein Diener im Schrein von Märtyrer Callin war, wenn er auch mein Gesicht erst genauer betrachten musste, um sich daran zu erinnern, dass wir uns kannten. »Aber gegen Ketzerei gibt es durchaus Vorschriften«, knurrte er. »Ein Schreiber müsste das eigentlich wissen.«

»Tu ich auch. Und ich weiß außerdem, dass mein Bruder nichts gesagt hat, was gegen die Vorschriften verstößt. Er predigt nur das, was Aszendentin Sihlda, die Aszendent Hilbert persönlich zu den Erlösten zählt, uns gelehrt hat.«

In den vergangenen Wochen hatte Hilbert sich in seinen Predigten des Öfteren bei Sihldas Testament bedient, wobei er sie nicht immer als Quelle angab. Dass er sie inzwischen so oft zitierte und seine Predigten zugleich stetig an Beliebtheit gewannen, erinnerte mich an einen Lieblingsspruch Deckins: *Nur ein Narr riskiert seinen Hals, um etwas Wertloses zu stehlen.*

Die Erwähnung von Hilberts Namen zeigte mehr Wirkung als der Sihldas – der Wächter verstummte, und seine Kameraden zögerten. Glücklicherweise hatte ihr Einschreiten die Menge so weit besänftigt, dass die meisten Leuten jetzt nur noch neugierig zusahen, statt wutentbrannt zu schreien. Das Leben in Callintor bot nur wenig Abwechslung.

»Er ist dein Bruder, ja?« Der Wächter schaute zweifelnd zwischen Brauer und mir hin und her.

»Mein Bruder im Glauben.« Ich drehte mich um und nickte Brauer auffordernd zu. Ich unterdrückte ein erleichtertes Seufzen, als er ohne weitere Widerrede von der Kiste stieg.

»Dann solltest du ihn dringend an die Grundsätze des Glaubens erinnern«, sagte der Wächter. »Gehorsam gegenüber dem Bund ist die wichtigste Tugend, wenn man die Gunst der Seraphilen erringen will.«

»Ganz recht«, stimmte ich aufgeräumt zu, packte Brauer am Arm und zog ihn hinter mir her, bevor er sich über die Worte des Wächters aufregen konnte. Zum Glück schien die Niederlage seine Streitlust zu dämpfen, zumindest im Augenblick. Er ließ sich von mir zur Hauptstraße führen und drehte sich nicht einmal um, als der Wächter uns noch ein paar Worte hinterherrief.

»Leg ihm lieber einen Maulkorb an«, schrie der Mann, und die sich zerstreuende Menge lachte. »Nicht jeder Hund taugt zum Bellen.«

Auf dem Weg nach Hause schwieg Brauer größtenteils. Er hielt den Kopf gesenkt, und seine finstere Miene wirkte niedergeschlagen und verwirrt.

»Wenn du das noch einmal machst, überlass ich dich den Wächtern«, sagte ich, worauf er nur leicht mit den Schultern zuckte. »Ich meine es ernst«, fügte ich hinzu. »Lass dich ruhig rauswerfen, wenn du willst. Aber wir sind noch nicht bereit zu gehen.«

Brauer schien mich kaum zu hören und antwortete nicht. Nach ein paar Schritten murmelte er: »Ihre Worte. Ihre Weisheiten. Warum wollen die Leute sie nicht hören?«

»Weil nicht sie es ist, die zu ihnen spricht«, sagte ich etwas sanfter und versuchte, Sihldas beschwichtigenden Tonfall nachzuahmen. »Es waren nicht bloß ihre Worte, sondern auch ihre Stimme. Es ging um …« Ich verstummte, weil ich Sihldas Gabe, die Herzen ihrer Zuhörer zu gewinnen, nicht recht beschreiben konnte. »Um sie. Und sie ist fort. Jetzt sind bloß noch wir übrig.«

»Sie ist eine Märtyrerin.« In Brauers Stimme schwang ein wenig seiner früheren Inbrunst mit. »Und sollte als solche anerkannt werden.«

»Das wird sie auch.« Ich legte mehr Zuversicht in meine Worte, als ich tatsächlich empfand, aber auf Ungewissheit sprach Brauer nicht so gut an. »Eines Tages. Wir haben hier den Samen dafür gelegt. Mit der Zeit wird er wachsen. Aszendent Hilbert erwähnt ihre Weisheiten inzwischen in fast jeder Predigt.«

Bei der Erwähnung des Aszendenten, der gern geistigen Diebstahl betrieb, huschte Verärgerung über Brauers Gesicht. »So als wären es seine eigenen«, murmelte er gekränkt.

»Es bleiben ihre Worte aus ihrem Testament. Wir können es bezeugen. Es liegt an uns, ihre Geschichte am Leben zu erhalten. Aber das können wir nicht, wenn wir zurück in die Erzminen geschleppt werden, wo Eldurm uns aufknüpfen wird.«

Ich war mit meiner Standpauke noch bei Weitem nicht zu Ende, verstummte jedoch abrupt, als wir die Straßenecke umrundeten, an der die Hauptstraße auf den Torweg traf. Unter dem hölzernen Torbogen von Callintor drängte sich eine Gruppe Neuankömmlinge, die in der Stadt Zuflucht suchten. Es waren etwa ein Dutzend – im Normalfall ungewöhnlich viele, in den letzten Wochen war das jedoch häufiger vorgekommen. Die Gerüchte besagten, dass der Prätendent erneut eine Armee aufgestellt hatte, die groß genug war, um die mittleren Herzogtümer zu bedrohen, worauf König Tomas unweigerlich ebenfalls ein Heer ausheben musste, um der Gefahr zu begegnen. Wenn derart viele Soldaten durchs Land marschierten, spülte das für gewöhnlich die Gesetzlosen aus ihren Verstecken wie Kaninchen, die vor einem Frettchen flohen.

Es war jedoch nicht nur die Größe der Gruppe, die mich abrupt stehen bleiben ließ; es war der Anblick eines Mannes unter ihnen. Sie sahen alle gleichermaßen heruntergekommen aus, mit zerrissenen, fadenscheinigen Kleidern und meist nackten Füßen. Drei Frauen und neun Männer, von denen einer meinen Blick gefangen hatte wie eine zuschnappende Bärenfalle. Er war größer als die anderen, aber so dünn wie eh und je. Wangen und Augen waren vor Hunger hohl und wirkten dennoch gefährlich raubtierhaft, wenn man für solche Dinge einen Blick besaß.

Brauer knurrte verwirrt, als ich rasch in die schattige Gasse zwischen der Bäckerei und dem Kerzenmacher trat. Ich war mir ziemlich sicher, dass der großgewachsene Neuankömmling mich nicht gesehen hatte, wollte aber lieber nichts riskieren. Sein Anblick hatte ein hässliches Feuer in mir entfacht, gegen das alles andere sofort verblasste.

»Was ist los?«, fragte Brauer.

»Die neuen Leute am Tor«, murmelte ich an die Mauer der Bäckerei gedrückt. »Schau hin und sag mir, wie viele von ihnen hereingelassen werden.«

Brauer runzelte argwöhnisch die schweren Brauen, tat mir jedoch den Gefallen und beobachtete einen Moment lang das Geschehen am Tor. »Zwei der Männer wurden recht schnell abgewiesen«, teilte er mir mit. »Ziemlich grobschlächtige Typen, wie zu erwarten, und dumm noch dazu. Die konnten wahrscheinlich beide zusammengenommen nicht eine Zeile heiligen Text zitieren.« Er schaute weiter zu. »Die Übrigen bringen sie weg, zum Schrein von Märtyrer Athil. Letzte Woche hab ich gehört, wie sich der Aszendent dort beklagt hat, dass ihm auf dem Steckrübenfeld Arbeiter fehlen.«

»Was ist mit dem Großen?«, fragte ich. »So ein schlaksiger Kerl, der aussieht, als wüsste er sich zu verteidigen.«

»Den haben sie reingelassen.« Brauer sah mich mit zusammengekniffenen Augen an. »Ein Freund von dir?«

Ich antwortete nicht. In Gedanken wälzte ich alle möglichen Überlegungen, während ich vorsichtig um die Ecke spähte. Die Gruppe war so gut wie außer Sichtweite, deshalb trat ich aus den Schatten und wollte ihnen folgen, aber Brauer versperrte mir den Weg. »Müssen wir uns wegen dem Kerl Sorgen machen?« Sein Tonfall stellte klar, dass er eine Antwort erwartete.

»Er gehörte zu Deckins Bande«, sagte ich. »Und hat ein paar Dinge gesehen, von denen die Geistlichen besser nichts erfahren sollten.«

Brauers Stirnfalte vertiefte sich. »Das ist keine Besorgnis, die ich bei dir sehe.« Er legte prüfend den Kopf schief und trat näher heran. »So hast du immer geguckt, wenn uns harte Arbeit bevorstand.«

In den Minen war »harte Arbeit« ein beschönigender Ausdruck dafür gewesen, wenn ein Insasse uns Ärger machte und wenig später mysteriöserweise auf dem Leichenhaufen am Tor landete. Wir hatten es aus Rücksicht auf Sihlda so genannt, obwohl ich mir ziemlich sicher war, dass sie genau wusste, was wir damit meinten.

»Bei Ketzerei droht uns der Rauswurf«, sagte Brauer. »Aber bei Mord knüpfen sie uns auf.«

»Toria und ich hatten heute eine Idee, wie wir hier rauskommen könnten.« Ich beschloss, eine kleine List anzuwenden. »Mit vollen Taschen, die uns in alle Ecken dieses Landes bringen können. Orte, an denen die Worte von Märtyrerin Sihlda auf empfänglichere Ohren treffen. Aber es wird nicht klappen, wenn ich ständig auf der Hut sein muss.«

Brauer atmete ein wenig auf, besänftigt von der Aussicht darauf, fruchtbaren Boden für Sihldas Lehren zu finden. »Wenn es sein muss, dann kann ich es tun«, sagte er. Seine Seele mochte durch die lange Bekanntschaft mit einer neuen Märtyrerin geläutert worden sein, im Herzen blieb er jedoch stets ein Gesetzloser. Außerdem fanden sich in den Schriftrollen viele Hinweise darauf, dass Töten zu einem guten Zweck gerechtfertigt war, und konnte es einen besseren Zweck geben als unseren?

»Ich will dir ja nicht zu nahe treten.« Ich schob mich an ihm vorbei. »Aber was harte Arbeit betrifft, bist du nicht grad leise und unauffällig. Wir sehen uns im Haus.«

Ich eilte davon, bevor er widersprechen konnte, und lief in Richtung des Südviertels, wo inmitten von Feldern der Schrein von Märtyrer Athil lag. Jeder Schrein in Callintor trug seinen Teil zur Stadtversorgung bei. Im Schrein von Märtyrer Callin befand sich die Verwaltung, weil dieser Schrein als einziger ein Skriptorium besaß. Dem Schrein von Märtyrerin Melliah unterstanden die Werkstätten von Zimmerleuten, Töpfern und Schmieden. Die Zufluchtsuchenden, die dem Schrein von Märtyrer Ihlander zugeteilt wurden, kümmerten sich um die Schweinepferche und Hühnerställe. Und alle, die töricht genug waren, dem Beispiel von Märtyrer Athil folgen zu wollen, hatten monatelange Knochenarbeit auf den Feldern vor sich.

Callintor war kein Ort, an dem man dem Müßiggang frönen durfte, deswegen lief ich mit zielstrebigem Schritt, damit bei den patrouillierenden Wächtern keine Fragen aufkamen. In der Nähe der Felder zu bleiben, war nicht ganz leicht, aber glücklicherweise entdeckte ich ein wild wucherndes Brombeergestrüpp, in dem ich mich verstecken konnte. Unter dem protestierenden Zwitschern eines darin nistenden Goldzeisigs kauerte ich mich nieder und wartete, wobei ich den Hintereingang des Schreins im Blick behielt. Es dauerte quälend lange, bis die Neuankömmlinge wieder auftauchten. Mit Hacken und Spaten bewaffnet wurden sie von einem Betbruder des Tempels zu ihrem ersten Arbeitstag angetrieben. Die großgewachsene hohlwangige Gestalt stach unter den anderen hervor, und als sie näher kam, begann mein Herz heftig zu pochen, denn es wurde immer deutlicher, dass mich mein erster Eindruck nicht getrogen hatte.

Es war eher die Art, wie der Kerl sich bewegte, als sein Gesicht, die mir Gewissheit verschaffte: die hängenden Schultern, das ständige Umhergleiten seines Blicks, der vor allem bei den jüngeren Arbeiterinnen verweilte. Eine davon starrte er besonders lange an – ein geschmeidiges, stets fröhliches, wenn auch etwas einfältiges Mädchen, das von allen die Lustige Ayin genannt wurde –, woraus ich schloss, dass sich seine Neigungen mit zunehmendem Alter noch verschlimmert hatten.

Der Gedanke brachte mich überraschenderweise zum Lächeln. Irgendwie hatte ich die vor mir liegende Aufgabe doch seltsam bedauerlich gefunden. Schließlich waren wir zusammen aufgewachsen. Und was hatte ich außer meinen endlosen Grübeleien schon für Beweise, dass er wirklich an Deckins Tod beteiligt gewesen war? Doch als ich jetzt das dunkle Verlangen in seinem Blick sah, schwanden meine Skrupel, und mit grimmiger Vorfreude flüsterte ich eine Begrüßung, die er nicht hören konnte: »Hallo, Erchel.«

DREIUNDZWANZIGSTES KAPITEL

Ich tötete ihn nicht in dieser Nacht. Und auch nicht in den fünf darauffolgenden Nächten. Von all den Lektionen, die ich bei Sihlda gelernt hatte, war Geduld die schwierigste und langwierigste gewesen, doch jetzt kam sie mir gut zupass. Brauer hatte recht, was den Mord betraf. In Callintor kam es nur selten zu Gewalt – in der ganzen Zeit hier hatte ich lediglich einmal ein Handgemenge erlebt. Ein paar Feldarbeiter hatten dem Apfelwein zu sehr zugesprochen und sich direkt vor der Tür zu Märtyrer Athils Schrein einen Faustkampf geliefert. Die Wächter hatten sich nicht damit begnügt, die beiden aus der Stadt zu werfen, zuvor hatten die Übeltäter noch eine ausgiebige Prügelstrafe über sich ergehen lassen müssen, bevor man sie, blutend und stolpernd, zum Tor hinausgeschoben hatte. Wenn schon ein einfacher Faustkampf auf solche Weise geahndet wurde, würde ein Mord mit Sicherheit das härteste Strafmaß nach sich ziehen.

Außerdem ging es mir nicht allein darum, Erchel zu töten. Ich wollte auch alles aus ihm herausholen, was er über Lorines Pläne wusste, und, wie ich hoffte, einen Hinweis darauf, wo sie sich aufhalten mochte. So etwas brauchte Zeit und Ungestörtsein – was an einem Ort der endlosen Schufterei unter ständiger Beobachtung so gut wie unmöglich war. Und dann stellte sich noch die Frage unserer Flucht und wie wir sie finanzieren sollten.

Ich arbeitete weiter fleißig im Skriptorium und beendete die erste Abschrift meiner Fassung der Schriftrolle des Märtyrers Callin mit einer Schnelligkeit, die die anderen Schreiber in neidvolles Erstaunen versetzte. Sie waren alle schon recht alt, jedenfalls nach meinem damaligen Dafürhalten. Gebeugte, runzlige Gestalten mit zusammengekniffenen Augen und dauerhaft verfärbten Fingern. Die meisten waren hier, weil sie Testamente oder andere offizielle Dokumente über Land und Titel gefälscht hatten – was, wollte man ihren Geschichten glauben, für die meisten Schreiber des Reiches eine lukrative Nebentätigkeit darstellte.

Sie redeten viel, diese betagten Schreiberlinge, und schufen eine merkwürdig gesellige Atmosphäre an einem Ort, der eigentlich der ruhigen Besinnlichkeit dienen sollte. Ich gab mir Mühe, mich mit allen anzufreunden oder zumindest ein gewisses Maß an Vertrauen zu gewinnen, wenn auch mit gemischtem Erfolg – die Schreiber waren keine dummen Leute und merkten, wenn sie jemand hinters Licht führen wollte. Die meisten begegneten mir aufgrund meiner Jugend mit argwöhnischer Herablassung, gepaart mit heimlicher Missgunst meines begnadeten Umgangs mit der Feder und der Schnelligkeit meiner Arbeit wegen. Ich hingegen brachte ihnen eine Mischung aus Mitleid und Verachtung entgegen, wie sie die Jungen meist für die Alten empfinden – mit einer Ausnahme.

»Vorsichtig jetzt«, warnte mich Arnild und benutzte eine kleine geschliffene Glasmurmel dazu, um das Blattgold auf das Velin aufzutragen. »Das Zeug fliegt beim leisesten Lufthauch davon.«

Er war ein kleingewachsener Mann, der mir kaum bis zur Schulter reichte. Sein von Leberflecken übersäter Kahlschädel wurde von buschigem grauem Haar eingerahmt. Es spross auch in einem struppigen Gewirr aus seinen Ohren und auf seiner Oberlippe, obwohl er sich jeden Tag das Kinn rasierte, vermutlich damit der Bart nicht seine Arbeit verwischte. Das Handwerk, das er beherrschte, hob ihn von den anderen Schreibern des Skriptoriums ab. Arnild war Buchmaler.

»Und man darf auch nicht zu fest aufdrücken«, fügte er hinzu. Seine Zungenspitze schaute zwischen den Zähnen hervor, während er die Glasmurmel auf das Blattgold drückte. Die Verzierung hatte er auf dem ersten Buchstaben der Seite aufgebracht, die einmal den Anfang eines gebundenen Buches bilden sollte – die bislang einzige Nacherzählung der Schriftrolle des Märtyrers Callin. Die Wörter stammten von mir, Arnilds Aufgabe war es, den Text zu illustrieren und mit glänzenden Verzierungen zu schmücken. Angesichts von Märtyrer Callins erklärter Sparsamkeit fragte ich mich, ob er es gutgeheißen hätte, dass seine Lebensgeschichte so kostbar verziert wurde. Noch mehr interessierte mich allerdings die Quelle des Goldes und Silbers, mit denen Arnild seine zugegebenermaßen beeindruckenden Kunstwerke schuf, ganz zu schweigen von den Granaten und Amethysten, mit denen der Einband aus geprägtem Leder dekoriert werden sollte.

»Jetzt versuch du es.« Arnild legte Pinzette und Glasmurmel auf ein Tablett in der Nähe und deutete darauf. Der erste Buchstabe war schon fast vollständig von Gold umrahmt, nur unten fehlte noch eine kleine Stelle.

»Seid Ihr sicher?«, fragte ich. »Ich möchte nicht Eure Arbeit verderben.«

»Wir lernen beim Selbermachen, Alwyn.« Lächelnd nickte er zum Tablett. »Außerdem wird jemand diese Arbeit weiterführen müssen, wenn die Seraphilen mich zu sich rufen.« Er rieb sich den Rücken und verzog vor Schmerzen das Gesicht. »Und ich fürchte, das dauert vielleicht nicht mehr lange.«

»Unsinn.« Ich nahm die Pinzette. Mir gelang es, das Blattgold an der richtigen Stelle zu platzieren, allerdings überlappte es ein wenig am Rand.

»Keine Sorge.« Arnild nahm sich einen Zobelhaarpinsel, wischte damit vorsichtig das überschüssige Gold weg und schob die winzigen Stäubchen sorgfältig in ein Glas. »Zu wertvoll, um es zu verschwenden«, fügte er augenzwinkernd hinzu, während er das Glas verkorkte. Schnaufend trat er von dem geneigten Podest weg, wo die fertige Seite in ihrer glänzenden Pracht lag.

»Perfekt«, flüsterte ich aufrichtig bewundernd, worauf Arnild leise mit der Zunge schnalzte.

»Wenn du das eine Weile machst, mein junger Freund, wirst du feststellen, dass Perfektion ein ewig flüchtiges Trugbild ist.« Mit der Spitze seines Pinsels deutete er auf das komplizierte Motiv einer Buschrose links auf der Seite. »Die Linie hier ist ein wenig uneben, und die Farben sind nicht so kräftig, wie ich es gern hätte. Aber im Vergleich zu der Arbeit, die sonst in diesem Skriptorium geleistet wird, macht es dennoch eine gute Figur.«

Seine Stimme besaß eine gewisse Schärfe, die meine Neugierde weckte. »Die Arbeit hier ist also nicht … hervorragend?«, erkundigte ich mich leise und warf einen vorsichtigen Blick zu den anderen Schreibern hin, die über ihre Podien gebeugt dasaßen.

Arnild, der stets sorgsam auf seine Wortwahl bedacht war, hob nur mahnend eine buschige Augenbraue. »Es ist in der Tat das beste Skriptorium in ganz Albermaine«, er trat näher und senkte die Stimme, »aber ich bin in der Welt viel herumgekommen und habe in der Fremde Bücher gesehen, die alles, was hier hergestellt wird, wie das Gekritzel eines ungeschickten Kindes aussehen lassen.«

»Und wo finden sich diese wunderbaren Bücher?«

Sein Blick trübte sich etwas, und er widmete sich wieder dem Tablett mit den verschiedenen Gläschen und Werkzeugen. »Die heidnischen Länder meidet man besser, Junge. Sei so gut und reich mir das Messer dort, ja?«

»Heidnische Länder?« Ich hatte etwas zu laut gesprochen, denn er warf mir einen warnenden Blick zu. Zum Glück schien keiner der anderen Schreiber etwas bemerkt zu haben, vermutlich weil sie alle vom Alter taub waren.

»Hier.« Arnild verstaute die Gläschen mit dem Blattgold und dem Silber in einer Ledertasche. »Die schließen wir lieber vor der Abendandacht noch weg. Weißt du, wo sie hingehören?«

»Jawohl.«

Mit ernster Miene reichte er mir die Tasche. »Der Aszendent versäumt es nie, am Ende des Monats die Gläser abzuwiegen. Nur damit du's weißt.«

Bevor ich zur Tür ging, legte ich mir in gespielter Empörung eine Hand aufs Herz, was Arnild unfreiwillig zum Lachen brachte. Ohne seine Leidenschaft fürs Würfelspiel und die damit einhergehenden Schulden wäre er wohl niemals in diesen Mauern gelandet. Würde es gerecht zugehen, dann müsste Meister Arnild in aller Welt als ein König der Buchkunst gefeiert sein. Stattdessen kennen heute nur noch wenige Gelehrte seinen Namen, wenn sie die Seiten lesen, die er mit so viel Hingabe erschaffen hat.

Der Lagerraum, in dem die Bestände an Blattgold und andere verlockende Schätze des Schreins aufbewahrt wurden, befand sich im Herzen des Gebäudes hinter einer dicken eisenbeschlagenen Tür. Für gewöhnlich wurde sie von zwei Wächtern bewacht, heute stand jedoch nur einer davor, ein kräftiger Kerl namens Halk, der ebenso stoisch war wie die Tür, die er bewachte.

Auf meine fröhliche Begrüßung knurrte er bloß und befahl mir, einen Meter zurückzutreten, bevor er sich umdrehte und die Tür aufschloss. Der Instinkt des Gesetzlosen in mir witterte, als er den Schlüssel ins Schloss schob, eine Gelegenheit. Er war zwar groß, aber langsam, und es würde mir nicht schwerfallen, seinen Kopf gegen die Eisenbeschläge der Tür zu hämmern. Zwei, drei Hiebe, um ihn bewusstlos zu schlagen, und natürlich dürfte ich ihn danach nicht am Leben lassen. Ich würde seine Leiche in den Lagerraum ziehen, alles an wertvollen Gegenständen einsacken, was ich finden konnte, die Tür wieder zuschließen und verschwinden. Ich brauchte noch ein paar Stunden, um die Sache mit Erchel zu regeln, aber es könnte eine ganze Weile dauern, bis irgendjemand auf den Gedanken kam, nach dem abwesenden Halk zu schauen oder die Tür aufzuschließen, die er bewacht hatte. Nach meiner Schätzung könnte ich es schaffen, mich um mein Vorhaben zu kümmern, Brauer und Toria einzusammeln und vor Mitternacht aus der Stadt zu verschwinden. Nur ein kleiner Mord, und ich wäre frei …

»Ich hab verdammt nochmal nicht den ganzen Tag Zeit.« Halk rasselte vielsagend mit den Schlüsseln, während er in der offenen Tür stand.

»Fluchen ist gegen die Vorschriften«, wies ich ihn mit strenger Miene zurecht. So, wie der Wächter rot anlief und den Blick abwendete, klang ich offenbar überzeugend.

Mit hochmütigem Schnauben trat ich in den Lagerraum und widerstand dem Drang, die einzelnen Regale zu inspizieren. Stattdessen schaute ich mir nur das Schloss rasch etwas genauer an. Leider handelte es sich um ein recht robustes Exemplar, das meine Fähigkeiten als Schlossknacker bei Weitem überstieg. Toria hingegen war auf diesem Gebiet ziemlich bewandert und könnte es vielleicht schaffen, das Schloss mit der gebotenen Schnelligkeit aus dem Weg zu räumen. Ein rasches Umschauen im Lagerraum enthüllte lediglich eine Menge Regale, die mit nichtssagenden Gläsern ohne nützliche Beschriftung vollgestellt waren. In den schattigen Tiefen des Raums erspähte ich allerdings auch eine geräumige Truhe. Dass sie eigens mit einem Schloss ausgestattet war, machte sie sofort zum interessantesten Gegenstand im Raum.

»Die Märtyrer mögen dich lenken«, sagte ich zu dem mürrischen Halk, als ich ging. Brauer könnte ihn wahrscheinlich besinnungslos würgen, ohne ihn umbringen zu müssen, grübelte ich.

Da meine Schreibarbeiten für den Tag erledigt waren, blieben mir noch ganze zwei Stunden bis zum Abendgebet. Auf dem Weg zum Nordausgang des Schreins sah ich mich zu einer ehrerbietigen Verneigung gezwungen, als ich an Aszendent Hilbert vorbeikam, der in ein angeregtes Gespräch mit einem Betbruder vertieft war, den ich nicht kannte. Der Schlamm an Stiefeln und Mantel des Mannes ließ darauf schließen, dass er erst kürzlich eingetroffen war. Er war ein gut gebauter Kerl, dessen schlanke Zähigkeit weit über das hinausging, was für einen niederen Diener des Bundes typisch war. Noch ungewöhnlicher waren der Streitkolben an seinem Gürtel und der mit Nieten besetzte lederne Waffenrock, den ich unter seinem Mantel erspähte. Das Dunkelgrau seiner Kleidung wies ihn als Betbruder aus, zugleich war aber nicht zu übersehen, dass er ein Soldat war, und zwar, den alten Narben nach zu urteilen, die seine grauen Haarstoppeln durchzogen, ein Veteran. Er sprach in leisem, respektvollem Ton, sodass ich nicht hören konnte, was er sagte. Hilberts Erwiderung hingegen war deutlich zu verstehen, nicht zuletzt wegen der unterdrückten Beunruhigung, die darin lag.

»*Sie* kommt hierher?«

Während ich einen Bogen um die beiden schlug, gelang es mir, die leise, betont gleichmütige Antwort des Betbruders aufzuschnappen. »Ja, Aszendent. Sie trifft morgen Vormittag hier ein und bittet darum, dass sich alle Gläubigen der heiligen Stadt versammeln, um ihre Worte anzuhören.«

»Auf wessen Befehl?«

Ich wusste, dass es unklug wäre, stehen zu bleiben, deshalb ging ich um eine Ecke und verharrte dort. Ich drückte mich gegen die Wand und spitzte die Ohren. Das Rascheln von Papier und Stoff war zu hören, gefolgt vom Knacken eines gebrochenen Siegels und dem Knistern eines rasch entrollten Briefes.

»Wie Ihr seht, ist er von allen Mitgliedern des Rates unterschrieben«, sagte der Betbruder unverbindlich.

Kurz herrschte Stille, und Hilbert stieß ein unhöfliches Schnauben aus. »Die Auswahl hier wird sie eher dürftig finden«, murmelte er ärgerlich.

Ich bemerkte eine leichte Veränderung in der Stimme des Soldaten, eine vorwurfsvolle Schärfe, wie man sie nur bei wahren Gläubigen antrifft. »Der Prätendent hat es nicht bloß auf die Krone abgesehen, Aszendent. Sollte er siegen, würde der Bund bis zur Unkenntlichkeit korrumpiert werden. Meine Feldherrin, die Kommunikantin, versicherte mir, Ihr wäret klug genug, um dies zu erkennen.«

Kurzes, angespanntes Schweigen, während Hilbert vergeblich versuchte, seine Wut im Zaum zu halten. »Deine Kommunikantin sollte sich auf ihren Rang besinnen, und du ebenfalls!«, erwiderte er im barschen Ton eines Möchtegerntyrannen, der seine Macht bedroht sieht.

Der Soldat entgegnete nichts, aber ich stellte mir die ausdruckslose Miene eines unbeeindruckten Mannes vor. Hilbert stieß ein langes Seufzen aus. »Die Zufluchtsuchenden werden sich versammeln«, sagte er. »Und ihr dürft gerne jeden mitnehmen, der töricht genug ist, sich zu melden. Allerdings wird es einige Überzeugung kosten.«

»Diejenigen, deren Herzen wahrhaft dem Bund gehören«, erwiderte der Betbruder monoton, »folgen stets dem Ruf unserer Feldherrin, der Kommunikantin Evadine Courlain.«

Ich runzelte verwirrt die Stirn, weil mir der Name so bekannt vorkam. *Evadine Courlain?* Es konnte doch gewiss nicht Eldurms gleichgültige Angebetete gemeint sein?

Der Widerhall von Hilberts festen Schritten ließ mich auf den Ausgang zueilen, bevor ich über die Frage weiter nachdenken konnte. Es wäre das Klügste gewesen, nach Hause zu gehen und Brauer und Toria meinen Plan zu erklären, aber die Verlockung des Schreins von Märtyrer Athil war zu stark. Ich hatte es mir zur Gewohnheit gemacht, die Stunden vor der Abendandacht in dem Brombeergestrüpp zu verbringen, von dem aus ich Erchel gut beobachten konnte. Während ich zusah, wie er dem üblichen Tagewerk der Arbeiter und ihren kleinen Ritualen nachging, fügten sich die verschiedenen Teile meines Plans langsam zusammen. Einen Mann zu überwältigen und ihn im Verborgenen zu befragen, warf an einem Ort wie Callintor eine ganze Reihe von Problemen auf, von denen ich manche bereits gelöst hatte, andere aber noch nicht. Wie ich bei meiner Lauscherei soeben erfahren hatte, würde der morgige Tag jedoch eine größere Ablenkung bringen. Alle Augen würden auf die geheimnisvolle Kommunikantin Evadine gerichtet sein und nicht auf den kleinen Holzschuppen nahe der Ostmauer, den kaum einer der Stadtbewohner häufiger als einmal die Woche aufsuchte.

Ich brauche ein Seil, entschied ich, während ich Erchel beim Hacken des Rübenfeldes zusah, was er mit all der Begeisterung erledigte, die man bei einem Mann, der in seinem Leben kaum einen Tag ehrlicher Arbeit geleistet hatte, eben erwarten konnte. Ihn zu fesseln, würde nicht einfach werden, aber noch schwieriger, die Wahrheit aus ihm herauszuholen. Bei einem erfahrenen Lügner, der verzweifelt seine eigene Haut retten wollte, wäre es schwer zu unterscheiden, was ehrlich und was falsch war. Deckin hatte seine Gefangenen stets durch pure Furcht einzuschüchtern vermocht, aber diese Gabe besaß ich nicht. Um Erchel dazu zu bringen, mir reinen Wein einzuschenken, musste ich ihm gezielt starke Schmerzen zufügen – eine Aussicht, die ich zu meinem Erstaunen wenig reizvoll fand.

»Gerthe«, flüsterte ich, während ich zwischen den Brombeerranken hindurchspähte, und die Erinnerung daran, wie mir ihre Hand entglitt, als der Bolzen sie gegen die Schuppenwand nagelte, stärkte meine Entschlossenheit. »Justan, Stallknecht … Deckin. Und ich.« Ich rief mir die Bilder vom Pranger vor Augen, die Schmerzen und den Gestank, das Johlen der Menge und das schreckliche Wissen, dass dies noch nichts war im Vergleich zu den Qualen, die mich erwarteten. »Du wirst mir alles erzählen, Erchel«, flüsterte ich. »Oder ich füttere dich mit deinen Fingern, einen nach dem anderen.«

Wie so oft während unserer Jugend gelang es Erchel jedoch auch diesmal, meine sorgfältig ausgeheckten Pläne mit seinen widerwärtigen Gelüsten über den Haufen zu werfen. Mir war aufgefallen, dass sein Interesse an der Lustigen Ayin seit seiner Ankunft immer mehr gewachsen war. Er folgte ihr ständig mit den Blicken, wenn sie kichernd und hüpfend Körbe umhertrug. In Callintor war sie zweifelsohne ein ungewöhnlicher Anblick, stets so fröhlich und arglos. Schwer zu glauben, dass sie etwas getan haben könnte, weswegen sie in diesen Mauern Zuflucht suchen musste, und doch war sie hier. Die meisten Leute begegneten ihr mit gutmütiger Zuneigung, suchten aber nur selten ihre Gesellschaft. Allerdings muss man sagen, dass Ayin auch kaum zu Gesprächen fähig war. Sie kicherte bloß, brabbelte irgendwelchen unergründlichen Unsinn oder dachte sich Namen für Tiere aus, mit denen sie sich anzufreunden hoffte.

»Hallo, Meister Wackelschwanz!«, rief sie soeben und winkte einem Vogel zu, der auf einem Zaunpfahl gelandet war. Verärgert zwitschernd flog er weiter, als sie auf ihn zugehopst kam. Inzwischen war sie nur noch wenige Meter von der Stelle entfernt, an der Erchel ohne großen Elan Unkraut hackte.

Was genau er zu ihr sagte, konnte ich nicht hören, aber es gelang ihm augenblicklich, ihr Interesse zu wecken. Sie machte keine Anstalten zurückzuweichen, als Erchel zu ihr trat. Meine angestrengt lauschenden Ohren fingen das Wort »Junge« auf. Daraufhin lachte Ayin freudig und wartete aufgeregt, während Erchel seine Hacke gegen den Zaun lehnte, sich einmal vorsichtig umschaute, um sich zu vergewissern, dass niemand ihr Gespräch beobachtet hatte, und sie dann wegführte.

Geh nach Hause, sagte ich mir und blickte dem rasch kleiner werdenden Paar nach. Erchel führte Ayin zu den Viehställen, wo das Schnauben und Grunzen der Schweine und das Kreischen der Gänse alle anderen Geräusche übertönen würde. *Dein Plan ist gut, und du kennst dieses Mädchen nicht. Geh nach Hause, sag Toria und Brauer, was sie tun sollen, und dann warte auf morgen.*

Während ich aus dem Brombeergestrüpp kroch und mich unserem Haus zuwandte, stieg eine Erinnerung in mir auf. Einmal hatte Erchel ein Kätzchen ins Lager mitgebracht. Er hatte das Tier auf einer Spährunde in der Nähe eines Gasthofs entdeckt – ein kläglich maunzendes nasses Fellbündel. Nachdem er es ins Lager getragen hatte, fütterte und pflegte er es wochenlang gesund, bis es sich in eine schöne, schlanke Katze verwandelt hatte. Eines Tages ging er dann mit ihr in den Wald, und die Geräusche, die er aus dem Tier herausholte, während er es zu Tode quälte, waren nie ganz aus meinen Ohren verhallt. Das Ganze zog sich dermaßen in die Länge, dass Deckin schließlich

Todman hinschickte, um dem Tier den Gnadenstoß zu versetzen, damit wir endlich schlafen konnten.

Nur eine Katze. Nur ein verrücktes Mädchen, das du nicht kennst. Geh nach Hause.

Alles unzweifelhaft wahr. Warum wandten sich dann meine Schritte zu den Viehställen hin? Warum folgte ich den beiden und hielt mich dabei in den langen Schatten, die die Abendsonne warf? Warum bückte ich mich und zog das kleine in ein Tuch gewickelte Messer aus meinem Schuh, als Erchel das Mädchen in eine alte Steinhütte mit halb eingestürztem Dach führte? Auf manche Fragen finden wir niemals eine Antwort. Vielleicht waren es Sihldas Lehren, die Jahre ihrer geduldigen Anleitung, die den Hauch eines Gewissens in mir erwachen ließen? Oder war es etwas Tiefgründigeres und weniger Ehrenwertes?

Während ich zusah, wie Erchel sein Opfer in die Hütte führte, wusste ich, dass er den Ort ebenso sorgfältig ausgewählt hatte wie ich den Holzschuppen, in dem ich die Wahrheit aus ihm herausfoltern wollte. Unterschied sich sein Hunger wirklich so sehr von meinem? Er war genauso ein Sklave seiner Grausamkeit wie ich meiner Rachegelüste. Die Erkenntnis war beinahe schmerzhaft wegen der unbequemen Fragen, die sie aufwarf, und mehr noch als alles andere war es stets der Schmerz, der mich gewalttätig machte.

Als sich die Tür der Hütte schloss, erhob ich mich aus meinem Versteck hinter einem Schweinepferch. Gebückt eilte ich darauf zu und warf mich mit der Schulter gegen die alten, morschen Bretter, taumelte jedoch zurück, als sie nicht nachgaben. Die Tür war verriegelt. Die Geräusche eines Handgemenges und ein unterdrückter Schmerzensschrei drinnen machten mich noch wütender, und ich warf mich ein weiteres Mal gegen die Tür. Holz splitterte, und uralte Türangeln quietschten, weigerten sich aber immer noch nachzugeben. Auf ein spitzes, gequältes Kreischen hin trat ich einen Schritt zurück und versetzte den Brettern ein paar kräftige Tritte, wobei ich auf die ächzenden Scharniere zielte. Diesmal lösten sie sich. Die Tür krachte zu Boden, ich stürmte in die Hütte … und hielt entsetzt den Atem an.

»Er ist ein böser Mann.« Ayins blutverschmiertes Gesicht war zu einem Stirnrunzeln verzogen, das eher verärgert als wütend wirkte. Sie hielt etwas Dunkles, Feuchtes in die Höhe, von dem es rot herabtropfte, und legte neugierig den Kopf schief. Erst da nahm ich den weggeworfenen Korb zu ihren Füßen wahr und die kleine halbmondförmige Sichel in ihrer anderen Hand, deren glänzender Stahl mit glitschigem Blut überzogen war. »Mama hat mir gesagt, was man mit bösen Männern macht.«

Zu meiner Rechten war ein dünner, schriller Schrei zu hören, und ich wirbelte mit gezücktem Messer herum und sah Erchel in der Ecke liegen. Sein Gesicht war vor Schock und Schmerz kreidebleich, seine Füße trommelten auf den Boden, während er die Hände auf den dunklen Fleck zwischen seinen Beinen gedrückt hielt. Das Keuchen, das aus seinem geöffneten Mund drang, klang jetzt weniger schrill und atemlos und würde sich bald zu einem lauten Kreischen steigern.

Ich rannte zur Tür, die zwar aus den Angeln gerissen, aber noch weitgehend intakt war, und stellte sie, so gut es ging, vor den Eingang. Dann lief ich zu Erchel und legte ihm eine Hand auf den Mund, wobei ich seine Nase frei ließ.

»Er hat gesagt, hier seien Fuchsjunge.« Ayins Stimme bildete einen hellen Kontrast zu dem erstickten Keuchen, das aus Erchels Mund drang. »Und dass ihre Mama sie wahrscheinlich verlassen hat und ich vielleicht ihre Mama sein kann. Kleine rote Fellbündel, hat er gesagt.« Sie klang trotzig. »Das stimmte gar nicht. Er ist ein böser Mann.«

»Ja, Ayin«, pflichtete ich ihr bei und drückte ein Knie auf Erchels Brust, als er versuchte aufzustehen. Er war von der Kraft der Angst erfüllt, und es war nicht leicht, ihn unten zu halten, aber wenn jemand in kurzer Zeit so viel Blut verlor, forderte das unweigerlich seinen Tribut. »Er ist wahrlich ein böser Mann.«

Ich hielt Erchel so lange den Mund zu, bis ich spürte, dass er kraftlos in sich zusammensank. Die rote Pfütze hatte sich inzwischen über den staubigen Boden ausgebreitet. Seine Augen wurden trübe, ich packte sein Kinn und schüttelte es. Schmerz loderte in seinem Blick auf und, wie ich mit Genugtuung feststellte, auch Erkennen.

»Das kannst du jetzt weglegen«, sagte ich Ayin und nickte zu dem tropfenden Ding, das sie noch immer mit argloser Neugier betrachtete. Mit einem Mal erschien es mir weitaus begreiflicher, warum sie sich in Callintor befand.

»Nur ein winziger Schnitt.« Blut spritzte mir ins Gesicht, als sie mit der Sichel durch die Luft fuhr, den Blick auf ihre blutige Trophäe gerichtet. »Und ein böser Mann ist kein böser Mann mehr, hat meine Mama gesagt.«

»Eindeutig eine weise und verständige Frau«, schnaubte ich. Erchel bäumte sich ein letztes Mal keuchend unter mir auf, um dann mit gedämpftem verzweifelten Schluchzen aufzugeben.

Ayin runzelte die Stirn und schürzte bekümmert die Lippen. »Es wird schon dunkel.« Sie warf das tropfende Ding weg, das feucht platschend in einer Ecke landete. »Aszendent Kolaus wird immer so schrecklich wütend, wenn ich nicht da bin, um vor dem Gebet das Podest zu fegen.«

»Dann geh lieber, Ayin«, sagte ich. Sie hob ihren Korb auf und eilte zur Tür. »Am Ende der Straße ist ein Trog. Sieh zu, dass du dich gründlich wäschst und auch die Kleider wechselst, bevor du zum Schrein gehst. Aszendent Kolaus wird noch viel wütender, wenn du so bei ihm auftauchst, das kannst du mir glauben.«

Ich überlegte, ob ich ihr raten sollte, über die Sache Stillschweigen zu bewahren, bezweifelte jedoch, dass es viel nützen würde. Offensichtlich war sie sich keiner Schuld bewusst, wie vermutlich auch schon bei ähnlichen Vorkommnissen in ihrer Vergangenheit. Warum sollte sie es also geheim halten? Ich beruhigte mich damit, dass die anderen Stadtbewohner ohnehin nur selten mit ihr sprachen. Dennoch würde sie es sicherlich irgendwann freudestrahlend einem Wächter oder Geistlichen erzählen.

Ayins Blick verfinsterte sich, als sie das Blut auf ihren Armen und dem knielangen groben Wollgewand betrachtete. »Der böse Mann hat mich schmutzig gemacht.« Sie streckte Erchel die Zunge heraus, bevor sie die Tür beiseiteschob und hinausging.

»Das ist das Problem mit Katzen, Erchel.« Ich nahm die Hand von seinem Mund. »Sie haben Krallen.« Er wollte schreien, als ich aufstand, um die Tür wieder vorzuschieben, aber aus seiner Kehle drang nur ein lang gezogenes Wimmern.

Ich ging vor ihm in die Hocke und hielt dabei Abstand zu der sich ausweitenden Blutpfütze. Sein Blick zuckte immer wieder zu dem Messer hin, das ich in der Hand hielt.

»Oh, keine Sorge.« Ich wickelte die kleine Klinge wieder in das Tuch ein und steckte sie in eine verborgene Tasche in den Falten meines Wamses aus Sackleinen. »Das brauch ich jetzt ja wohl nicht mehr, oder?« Ich blickte bedeutungsvoll auf seine Hände, die zitternd zwischen seinen Beinen lagen, wo das Blut sich sammelte.

»Hier …«, krächzte er dünn und brach mit schmerzerfülltem Zischen ab, um es dann noch einmal zu versuchen. »Hier gibt es Heiler …«

Ich schaute ihm in die Augen und sah ein verzweifeltes Flehen darin. »Ja, die gibt es. Gab es in Moosmühle auch welche? Ich bin nicht lange genug dortgeblieben, um es herauszufinden.«

Er schloss die Augen und seufzte elend. Die nächsten Worte würgte er krächzend hervor, während er sich darum bemühte, Luft in seine Lungen zu saugen, die offenbar ihren Dienst aufgeben wollten. »Du … warst immer schon ein rachsüchtiger Mistkerl … Alwyn.«

Grinsend hob ich die Schultern. »Da kann ich dir nur zustimmen.« Sein Zucken wurde schwächer, und ich versetzte ihm eine Backpfeife, worauf er wieder die Augen aufschlug. »Ich hab ein paar Fragen an dich, Erchel. Tu mir den Gefallen und stirb noch nicht gleich.«

Ein Abglanz seines alten spöttischen Grinsens trat auf sein Gesicht, und er seufzte: »Fragen? Worüber?«

»Alles Mögliche. Aber fangen wir mal mit dem Offensichtlichen an. Es war Lorines Plan, oder? Du hast ihre Nachricht deinem Onkel überbracht, und er hat den Männern des Herzogs gesagt, dass sie in Moosmühle auf uns warten sollen. Richtig?«

Er hustete rauh, und mir wurde klar, dass er zu lachen versuchte. »Du bist … gar nicht wirklich hier … oder, Alwyn?« Wieder ein hustendes Lachen. »Nur ein … Geist … der mich quälen will.«

»Ich bin hier, du verdorbenes Schwein. Beantworte meine Frage. War es Lorine?«

»Lorine …« Die Parodie eines spöttischen Lächelns glitt über sein Gesicht. »Hechelst dem Miststück wohl … immer noch hinterher? Obwohl du … ein Geist bist. Wir haben alle gesehen … wie du sie angehimmelt hast. Du armseliger … Teufel … Als ob … sie in dir … jemals mehr gesehen hat als«, er fletschte die löchrigen gelben Zähne, »einen nützlichen … Hund.«

»Ein Hund, was?« Ich hob eine Augenbraue. »Aber immerhin bin ich ein Hund, der seine Eier noch hat.« Plötzlich loderte Wut in mir auf. Meine Hand schloss sich um seine Kehle und drückte fest zu. »Du weißt, wo sie ist. Sag es mir.«

Er hustete roten Speichel auf mein Handgelenk und brachte genügend Kraft auf, um mich wütend anzufunkeln. »Wenn du wirklich … hier bist … dann bring mich zu einem Heiler … und ich erzähle dir … alles!«, würgte er hervor.

Mein Zorn verrauchte, vielleicht weil ich seine Tapferkeit ein Stück weit bewunderte. Schreckliche, verkorkste Kreatur, die er war, fand er doch selbst im Angesicht des Todes noch die Kraft zu feilschen.

»Dafür ist es jetzt zu spät.« Ich deutete auf die Blutpfütze, die sich schon bis zur gegenüberliegenden Wand ausgebreitet hatte. »Das lässt sich nicht mehr nähen.«

Seltsamerweise zeigte Erchel kaum eine Reaktion auf die Gewissheit seines Todes. Er stöhnte lediglich leise und ließ den Kopf zur Seite sinken. Sein Blick wurde erneut trübe, und ich versuchte es mit einer weiteren Backpfeife, die jedoch nur wenig Wirkung zeigte.

»Sagen wir mal, du hast recht.« Ich packte ihn an den fettigen Locken, um seinen Kopf nach oben zu ziehen. »Ich bin ein Geist. Ich bin in Moosmühle gestorben. Die Soldaten haben mich und Gerthe erschlagen, bevor wir es aus dem Bett geschafft hatten. Sie ist übrigens auch hier. Sie will wissen, warum du uns verraten hast. Stirb nicht mit einer Last auf deiner Seele, Erchel, sonst holen dich noch die Maleciten. Leg dein Geständnis ab, und die Himmlische Pforte steht dir offen.«

Ich hatte Erchel nie für einen frommen Menschen gehalten, dennoch kehrte jetzt etwas Leben in seine Züge zurück. Hoffnung findet selbst noch im verdorbensten Herzen Halt. »Ein Geständnis ...«, flüsterte er. »Deswegen ... bist du hier?«

»Ja.« Ich beugte mich tiefer hinab und bemühte mich um einen gelassenen, wissenden Tonfall, wie ein Geist ihn vielleicht anschlagen würde. »Schütte mir dein Herz aus. Trotz allem waren wir damals im Wald ja wie ...«, an dem nächsten Wort verschluckte ich mich fast, aber ich brachte es dennoch über die Lippen, »... wie Brüder. Es würde mich schmerzen, wenn deine Seele ewige Qualen leiden müsste. Wasche sie rein. Sag mir, warum du es getan hast.«

Eine Augenbraue zuckte leicht, und er hob die Schultern. »Der Schatz ... Sie hat mir einen Schatz versprochen ...«

»Einen Schatz?«, wiederholte ich erstaunt. »Was für einen Schatz?«

»Lachlans Hort ... Sie wusste, wo er zu finden ist.«

»Wirklich?« Ich ließ abrupt seine Haare los und rückte von ihm ab, um mir die fettigen Finger am Wams abzuwischen. Lachlans Hort war eine uralte Geschichte, die mich unter anderen Umständen in spöttisches Gelächter hätte ausbrechen lassen. Die Gegenwart eines kastrierten sterbenden Mannes versetzte meiner Heiterkeit jedoch einen Dämpfer.

Lachlan Dreol war eine Legende des Shavine. Er war einst das, was Deckin später wurde: ein König der Gesetzlosen. Allerdings hatte Lachlan nie für sich in Anspruch genommen, von adliger Herkunft zu sein, und sich lediglich damit begnügt, einen riesigen Berg Beute anzuhäufen. Darüber hinaus unterschied sich seine Geschichte von Deckins dadurch, dass er nie auch nur eine Münze mit jemandem geteilt hatte. Almosen an die Armen gab Lachlan nie. Irgendwann soll ihn seine Gier zu mörderischem Argwohn getrieben haben. Er jagte und tötete echte und eingebildete Feinde und wurde immer besessener davon, sämtliche Kinkerlitzchen, die er je geraubt hatte, für sich zu behalten. Am Ende massakrierte er selbst seine eigenen Brüder, nachdem er gänzlich dem Wahnsinn verfallen war. Seinen gewaltigen Hort soll er irgendwo in den zerklüfteten und von Höhlen durchzogenen Felsen der Westküste versteckt und sich selbst damit eingeschlossen haben. Er starb, umgeben von Reichtümern, in der Dunkelheit tobend.

Eine interessante Geschichte und, wie alle derartigen Legenden von verlorenen Reichtümern, eine, auf die man meiner Ansicht nach nicht viel geben konnte. Und dennoch hatten Erchel und seine niederträchtigen Verwandten Deckin offenbar aufgrund des Versprechens dieses absurden Mythos verraten. »Sie hat euch eine Karte gezeichnet, was?«, fragte ich angewidert.

»Sie ist echt, ich schwöre es!«, keuchte Erchel zitternd vor Anstrengung. Offenbar kostete es ihn seine letzten Kraftreserven, sein Geständnis abzulegen, wie lächerlich es auch sein mochte. »Mein Onkel hat's gesagt … Familiengeheimnis, weißt du … Die Höhle des Hundes, dort befindet er sich …«

Die Höhle des Hundes? Die Bezeichnung rief etwas in mir wach, die Erinnerung an etwas, das Deckin vor Jahren einmal gesagt hatte. *Wo der Hund begraben liegt.* »Was für ein Hund?«, fragte ich. »Was für eine Höhle?«

»Eine alte Geschichte … die mein Onkel uns erzählt hat«, krächzte Erchel leise. »›Irgendwann … finden wir die Höhle des Hundes. Und dann … wird der ganze verdammte … Wald uns gehören …‹ Unsere Vorfahren waren Teil von Lachlans Bande … Sie wussten nur nicht, wo er den Schatz versteckt hatte. Aber … Deckin wusste es, Deckin hat die Höhle des Hundes gefunden … Er wollte den Schatz benutzen … um seinen großen Aufstand zu finanzieren. Er wusste es … und *sie* auch. Nur dass sie es … als alles vorbei war … für sich behielt. Das verlogene, mörderische Miststück.«

Ich holte Luft, um mich zu beruhigen. Dieses Gerede von einem

Schatz überzeugte mich immer noch nicht, aber über Lorines Verrat wollte ich gern mehr erfahren. »Also«, sagte ich mit meiner Geisterstimme, »hat sie euch verraten, so wie sie uns alle verraten hat?«

Erchel schürzte wieder die Lippen, und das spöttische Grinsen wirkte jetzt wütend. »Eine Zeitlang ... war alles gut. Wir hatten den ganzen Wald ... für uns. Aber dann ...« Er fletschte die Zähne, vor Anstrengung zitternd. »Dann brachte sie ihr Schoßhündchen, den Herzog, dazu, uns eine Falle zu stellen. Sie rief meinen Onkel ... und unsere ganze Familie zu einem Treffen zusammen. Sie sagte, sie wolle ... uns endlich erzählen, wo er sich befindet ... der Hort.« Erchels Züge erschlafften wieder, sein Kopf sank gegen die Mauer. Sein Atem ging jetzt nur noch abgehackt keuchend, und mir war klar, dass er nicht mehr lange durchhalten würde. »Alles Lüge ...«, murmelte er. »Es müssen ... Tausende von den Mistkerlen gewesen sein, Alwyn. Männer des Herzogs, Soldaten der Krone ... Ich musste meinen Onkel zurücklassen ... Musste sie alle zurücklassen ...«

»Lorine«, hakte ich nach und hielt mein Ohr dicht an Erchels Lippen, trotz des Gestanks nach ranzigem Schweiß und eines entleerten Darms, der ihn umgab. »Sie ist mit dem Herzog zusammen? Sie sitzt an seiner Seite?«

Erchels Mund verzog sich zu dem letzten Lächeln, das je auf sein Gesicht treten würde. »In seinem ... Bett. Aber ... er ist eher ihre Hure als sie ... seine ...«

Ein plötzlicher Krampf ließ ihn verstummen. Er krümmte sich vornüber und gab einen Schwall Erbrochenes von sich. Der Gestank ließ mich zurückweichen, und ich sah zu, wie er zitternd starb. Ein paar Worte brabbelte er noch, aber das meiste davon war mit Flüchen und jämmerlichem Flehen durchsetzter Unsinn. Eigentlich hätte ich es genießen müssen, ihn leiden und eines wohlverdienten Todes sterben zu sehen, doch das tat ich nicht. Erstaunlicherweise verspürte ich zu diesem Zeitpunkt keinerlei Genugtuung. Ihn so zucken und brabbeln zu sehen, verstärkte lediglich den Ekel und die Ungeduld in mir, dass es endlich vorbei sein möge.

Erst kurz vor seinem Ende hörte ich aus dem Gebrabbel noch etwas heraus, ein letztes Krächzen – so leise, dass ich es kaum verstand. »Deckin … hat dir befohlen … mich zu töten … oder, Alwyn? Und deswegen … hast du …«

Dann war er tot. Beim Anblick seiner schlaffen, mageren Gestalt, die mit Blut und Schmutz beschmiert war, stieg Trauer in mir auf, wie ein kleiner verräterischer Vogel, der tief in meinem Inneren zwitscherte. Ich unterdrückte sie mit meiner Wut und setzte eine Maske grimmiger Freude auf, wenn mich auch niemand sehen konnte. Meine Worte klangen gepresst, ich zwang mich zu dem zornigen Spott, den dieser gemeine Sadist und Mörder verdient hatte.

»Ich wette, die Schweine verschlucken sich an deinem giftigen Kadaver, du wertloses Stück Scheiße.«

Vierundzwanzigstes Kapitel

Sie war großgewachsen, größer als die meisten Männer, um der Wahrheit die Ehre zu geben. Sicher habt ihr vieles darüber gehört, wie ihre Hautfarbe, so reinweiß wie die einer Marmorstatue, sich vom schwarzen Satin ihrer Haare abhob. Manche Berichte heben ihre fein geschnittenen Züge hervor, die spitz hervortretenden Wangenknochen, die durch die Rundung ihres Kinns und ihre vollen Lippen weicher erscheinen. Doch das alles ist reine Erfindung – Leuten zuliebe ersonnen, die von ihren Idolen ästhetische Perfektion verlangen. Ihr Haar besaß einen tiefen Braunton, war jedoch nicht ganz schwarz, und ihre Haut war in der Tat hell, aber nicht farblos, besonders nicht, wenn sie aufgebracht war, dann glich ihr Teint zuweilen erhitztem Stahl. Aber als ich Evadine Courlain zum ersten Mal sah, war es nicht ihre unbestreitbare Schönheit, die mir auffiel, sondern die Aura beispielloser Stärke, die sie umgab, und natürlich ihre Stimme. Diese wundersame Gabe, die allen wahren Märtyrern zu eigen ist.

»Glaubt nicht, dass ich mit dem Versprechen einer Belohnung vor euch trete«, sagte sie den versammelten Bewohnern von Callintor an diesem schönen Spätvormittag. Der Himmel war blau und wolkenlos, und eine willkommene Brise zerstreute einen Großteil des Gestanks, der allen Städten anhaftet, ihrer Stimme aber konnte sie nichts anhaben. Klar und aufrichtig und gnadenlos gebieterisch erreichte sie alle Ohren. In vieler Hinsicht ähnelte sie Sihldas eindringlichem Ton, wenn sie auch um einiges schärfer klang. Aber während Sihlda ihre Zuhörer sanft auf den Weg zur Hingabe geführt hatte, riss Evadine abrupt die Tür auf und verlangte von den Menschen hindurchzutreten.

»Macht euch keine Illusionen darüber, dass ich euch etwas anderes zu bieten hätte außer Kampf und Blut«, fuhr sie fort. »So ist nun mal der Krieg. Und Krieg ist es, was wir den Märtyrern jetzt schuldig sind.«

Die steife Brise rötete ihre Wangen, was ich sehr ansprechend fand. Zudem beseitigte es alle Zweifel, dass es sich bei dieser Evadine tatsächlich um die Empfängerin von Eldurms Liebesbriefen handelte. Nun, da ich sie vor mir sah, erkannte ich, dass mein Urteil über ihn zu streng gewesen war – er war nicht bloß ein liebeskranker Narr, er war einer Frau verfallen, die sicherlich, ohne es vielleicht zu wollen, schon zahllosen Menschen das Herz gestohlen hatte.

Evadine Courlain ließ langsam den Blick über die Menge schweifen. In der tief stehenden Sonne glänzte ihre Rüstung. Wenn ich von solchen Dingen auch wenig Ahnung hatte, so erkannte selbst ich, wie kostbar diese war; jedes einzelne Plättchen war zu einem perfekten stählernen Blatt geformt. Sie wäre der Neid jedes Ritters, obwohl sie nicht die Verzierungen, Prägungen und Lackierungen aufwies, die sonst bei den Adligen beliebt waren. Diese Rüstung war rein pragmatisch, ihre Eleganz rührte allein von der Präzision ihrer Herstellung her und von der Gestalt, an die sie sich schützend anschmiegte.

»Als Anhänger des Bundes schätzen wir den Frieden über alles«, fuhr Evadine Courlain fort, und ihre Stimme klang dabei etwas belegt, wie bei jemandem, der Dinge tun muss, die er bedauert, wenngleich sie notwendig sind. »Wer dem Beispiel der Märtyrer folgt, der will niemandem Schaden zufügen. Aber ich sage euch, meine Brüder und Schwestern, wir stehen an der Schwelle zur Vernichtung. Der Prätendent und seine Horde aus Übeltätern wollen uns an die Kehle und werden in ihrer Gier und Grausamkeit niemanden verschonen. Wenn ihr also nicht kämpfen wollt, um unschuldige Leben zu retten, dann kämpft wenigstens, um den göttlichen Bund zu bewahren, der euch Zuflucht gewährt hat.«

»Solange wir uns für ihn den Arsch aufreißen«, murmelte Toria neben mir. Wir standen mit Brauer recht weit vorn in der Menge, was vor allem daran lag, dass mich die ganze Nacht Sorgen geplagt hatten. Ich hatte gewartet, bis es ganz dunkel war, bevor ich Erchels Leiche aus dem Schuppen geschleppt hatte. Deswegen hatte ich auch das Abendgebet verpasst, aber das war nicht zu ändern. Meine Abwesenheit war sicher bemerkt worden, und mich erwartete eine Strafe, aber ich war für das Skriptorium zu wertvoll, als dass man mich aus der Stadt werfen würde.

Um Erchels noch nicht ganz erstarrten Leichnam in den größten und am dichtesten besetzten Schweinestall werfen zu können, musste ich ihn über einige Mauern hieven – eine unangenehme Aufgabe, nicht bloß wegen des üblen Gestanks –, was unter den Rüsseltieren für Aufruhr sorgte. Ich ließ den Leichnam im Windschatten einer Westmauer liegen, nahe des überdachten Pferchs, in dem die Schweine schliefen. Die aufgehende Sonne würde ihn dort erst gegen Mittag sichtbar machen. Bis dahin hätten die stets hungrigen Schweine ihn hoffentlich so weit dezimiert, dass nur noch ein Haufen Knochen und ein paar Lumpen übrig wären. Es war nicht die beste Lösung, aber mir blieb kaum eine andere Wahl, da ich keine Axt besaß, mit der ich Erchel in Stücke hätte hacken können, die sich leichter verstecken ließen.

Brauer und Toria hatte ich von meinem Abenteuer nichts erzählt, wenn sie auch meine Stimmung mit Leichtigkeit durchschauten. Die ganze Nacht saß ich da und brütete nervös vor mich hin. Immer wieder kehrten meine Gedanken zu Ayin zurück und der Geschichte, die vermutlich aus ihrem arglosen Mund sprudeln würde. *Deckin hätte auch sie umgebracht.* Ein düsterer Gedanke, aber die Wahrheit. Doch dann hätte ich zwei Leichen an die Schweine verfüttern müssen, und selbst die waren vielleicht nicht derart hungrig.

Am Morgen kamen die Wächter, um uns alle zusammenzutreiben, damit wir uns die Worte von Evadine Courlain anhörten, Kommunikantin und Feldherrin der neu gegründeten Kompanie des Bundes. Worum es bei ihrer Mission ging, wurde schnell offensichtlich, und es kam uns möglicherweise gelegen. Während ihrer Rede an diesem Tag verspürte ich jedoch keine große Hingabe. Weder zum Bund noch, wie ihr es vielleicht erwartet habt, zu ihrer schönen und anziehenden Person. Ich hörte nur halb hin, und mein Blick glitt unablässig über die Menge, während ich innerlich gegen den Instinkt des Gesetzlosen ankämpfte, vor bevorstehendem Ungemach zu fliehen. Immerhin bestand noch die Möglichkeit, dass die verrückte Ayin die Ereignisse des vorangegangenen Tages vergessen hatte. Vielleicht könnte ich ja doch noch zu meinem ursprünglichen Plan zurückkehren: schnell und effizient die Truhe im Lagerraum des Schreins ausrauben, dann einfach durchs Tor verschwinden – und auf zu neuen Weidegründen. Schließlich liegt es in der Natur von Narren zu hoffen.

Evadine Courlain sprach unterdessen weiter und klang immer lauter und inbrünstiger. »Der König und der Rat der Eminenzen haben bestimmt, dass allen, die in die Kompanie des Bundes eintreten und unter ihrem Banner marschieren, ihre Verbrechen vergeben werden. Ist ihre Dienstzeit zu Ende, dann müssen sie keine Zuflucht an diesem heiligen Ort mehr suchen. Aber das ist keine Belohnung, sondern lediglich eine Anerkennung für ihre geleisteten Dienste. Eure Belohnung habt ihr bereits erhalten, meine Freunde, indem ihr diesen ehrwürdigen Schreinen dienen durftet. Ich bitte euch nur darum, dass ihr ein klein wenig des Geschenks, das ihr durch die Gunst der Seraphilen und das Beispiel der Märtyrer erhalten habt, zurückgebt, mit dem Schweiß auf eurer Stirn und dem Blut in euren Körpern, die lediglich das Gefäß eurer erlösten Seelen sind. Schließt euch mir an!«

Sie streckte ihren Panzerhandschuh zur Menge aus. Ihre Miene spiegelte etwas, das Verzweiflung hätte sein können, wäre da nicht ihre kraftvolle Haltung gewesen. »Schließt euch diesem Kampf an und schickt den Prätendenten in das Ketzergrab, das er verdient hat! Die Schlacht wird nicht mehr lange auf sich warten lassen; seine Horde nähert sich bereits der Grenze von Alberis. Aber mit eurer Hilfe, meine lieben Brüder und Schwestern in diesem heiligen Bund, werden wir ihn zurückschlagen! Mit Feuer und Blut!«

Ihrer grimmigen Rhetorik zum Trotz berührten mich ihre Worte damals kaum, und Toria ebenso wenig. »Hm«, schnaubte sie, »das klingt alles ziemlich furchtbar.«

Bei Brauer sah die Sache erwartungsgemäß anders aus, und auch bei vielen anderen in der Menge. Auf Evadine Courlains letzten Aufruf folgten zustimmendes Gemurmel und sogar ein paar eifrige Schreie. Ein Dutzend oder mehr Männer und Frauen waren bereits vorgetreten, um vor dem Karren, auf dem sie stand, auf die Knie zu fallen und lautstark Beifall zu klatschen. Ein Blick in Brauers Gesicht, und ich wusste, dass er es ihnen am liebsten gleichtun wollte. Seine Augen waren geweitet und feucht, sein Mund stand offen, und er betrachtete Evadine Courlain mit derselben Faszination wie einst Sihlda bei ihren eher nachdenklichen Predigten.

»Na, hast wohl schon ’nen Steifen, was?«, fragte Toria ihn. »Hat ja nicht lange gedauert, bis du unsere neue Märtyrerin vergossen hast, hm?«

Für gewöhnlich hätte ich mit einer knurrigen Erwiderung Brauers gerechnet, aber er schaute sie nur gleichgültig an, bevor er sich mir zuwandte. »Wir werden gerufen«, sagte er. »Der Bund ruft uns, und wir müssen antworten.«

»Nein«, sagte Toria und verschränkte fest die Arme. »Irgend so ein Miststück, das wir nicht kennen, will, dass wir die Schlachten der Adligen für sie kämpfen.« Ihre Miene war finster, und sie hielt den Blick gesenkt, was von unterdrückten Gefühlen sprach. Wenn wir uns auch manchmal stritten, die Minen und unsere wilde Flucht hatten uns drei zu einer Familie zusammengeschmiedet. Brauers Bereitschaft, sich vor dieser feurigen Edelfrau zu Boden zu werfen, glich, zumindest aus Torias Sicht, einem Verrat.

»Dann verschwinde doch, wenn du willst.« Sie nickte zu der wachsenden Zahl Freiwilligen, die sich vor dem Karren drängten. »Noch mehr Stroh für den Dreschflegel.«

Brauer versuchte, mit ihr zu verhandeln, indem er an ihre verbrecherischen Instinkte appellierte. Er sprach von der Beute, die es auf Schlachtfeldern zu holen gab. Doch er erhielt eine vernichtende Abfuhr. »Was nützt einem Beute, wenn man tot ist?«

Ich hielt mich aus ihrem hitziger werdenden Streit heraus, mein Blick, der ständig vorsichtig die Menge absuchte, war an den Aszendenten Hilbert und Kolaus hängen geblieben, die mit einem Dutzend Wächtern im Schlepptau zielstrebig die Torstraße entlang auf uns zugeschritten kamen. Kolaus war zwar der ältere der beiden, stand vom Rang her jedoch unter Hilbert und ging deshalb hinter ihm. Seine Miene wirkte besorgt und schockiert. Hilbert dagegen strahlte Ernst und Entschlossenheit aus, was sich bei meinem Anblick noch verstärkte. Das anhaltende Raunen der Menge und der laute Beifall, den die Leute der Kommunikantin zollten, dämpften zwar die Worte des Aszendenten, ich hörte sie aber dennoch mit niederschmetternder Klarheit.

»Alwyn Scribe! Stell dich der Justiz des Bundes!« In Hilberts Stimme schwang eine eifrige Dringlichkeit mit, deren Grund nicht schwer zu erraten war. War ich erst aus dem Weg geräumt, dann wäre es umso leichter für ihn, Sihldas Testament für sich zu beanspruchen.

Ich seufzte schwer und wandte mich Brauer und Toria zu, die beide verwundert dreinblickten und ihren Streit offenbar vergessen hatten. »Tut mir leid«, sagte ich zu Toria und schob mich an ihr vorbei auf die lautstarke Menge der Freiwilligen zu. »Betrachte deine Schuld hiermit als beglichen. Im Lagerraum des Schreins gibt es eine Truhe mit einem Schloss, das zu knacken sich sicher lohnt, wenn du es versuchen möchtest.«

»Alwyn Scribe!« Hilberts Stimme wurde schriller, während ich mich weiter nach vorn drängelte. »Bleib stehen! Du hast dich für einen Toten zu verantworten! Ein weiteres ehemaliges Mitglied der Bande von Deckin Scarl, wie es der Zufall will …«

Ich beachtete ihn nicht, sondern schob mich weiter durch die dicht gedrängten, in Sackleinen gehüllten Leiber, während mich seine anklagenden Worte verfolgten. »Den ein oder anderen Fehltritt kann ich bei einem Mann mit deinen Fähigkeiten hinnehmen, aber keinen Mord! Stehen bleiben, du Schurke!«

Ich machte einen Bogen um die Freiwilligen, die vor Evadine Courlains Karren knieten, und lief stattdessen zu dem Betbruder mit dem vernarbten Schädel und der Streitkeule, der mit etwa zwei Dutzend ähnlich gekleideten und ebenso zäh aussehenden Gestalten dahinter stand. Sie trugen alle die gleichen dunkelgrauen Umhänge über einfachen Rüstungen, und jeder hatte eine Waffe bei sich, von Schwertern bis hin zu Armbrüsten. Der Mann mit der Streitkeule war derselbe, der am Tag zuvor mit Hilbert gesprochen hatte. Deswegen ging ich davon aus, dass er, neben der edlen Evadine, das meiste zu sagen hatte. Aus der Nähe betrachtet fiel mir auf, dass die unregelmäßige Narbe auf seinem kurz geschorenen Schädel einem bleichen Blitz mit drei Verästelungen glich, die sich in seine Haut gegraben hatten. Die Haut warf Falten, als er bei meinem Herannahen unbeeindruckt eine Braue hob. Selbst als ich vor ihm das Knie beugte, zeigte er kaum Interesse.

»Betbruder …«, begann ich, doch er unterbrach mich.

»Bruder-Feldwebel Swain für dich«, fauchte er barsch.

»Bruder-Feldwebel«, ich neigte den Kopf, »bitte nehmt mich als Euren untertänigsten Diener auf …«

»Aufhören!«

Ich schaute nicht hoch, als Aszendent Hilbert ein wenig atemlos in der Nähe zum Stehen kam. Stattdessen bemühte ich mich um eine unterwürfige und hoffentlich fromm wirkende Haltung, während der Geistliche sich an den Feldwebel wandte. »Dieser Mann ist nach dem

Gesetz des Bundes des Mordes angeklagt und für den Dienst in einer Kompanie unter der Schirmherrschaft des Rates eindeutig ungeeignet.«

»Mord, wie?« Der neugierige Unterton in der Stimme des Feldwebels ließ mich aufblicken. Er musterte mich kritisch, was mich an Deckin erinnerte, wenn dieser die möglichen Vorzüge und Nachteile eines zukünftigen Bandenmitglieds abgewogen hatte.

»Mord der widerwärtigsten Art«, bestätigte der Aszendent und gab den Wächtern ein Zeichen. »Fesselt ihn und bringt ihn zum Schrein …«

»Halt!« Feldwebel Swains Stimme war nicht sonderlich laut, klang aber so befehlsgewohnt, dass jeder pflichtbewusste Mensch sofort innegehalten hätte. Die Wächter waren zwar keine echten Soldaten, erkannten aber die Stimme eines Vorgesetzten am Tonfall. Ich sah, wie Aszendent Hilberts Gesicht vor Verärgerung rot anlief, als die Wächter zögerten. Er wollte erneut das Wort ergreifen, doch der Feldwebel kam ihm zuvor.

»Wen hast du umgebracht?« Er starrte auf mich hinab. »Sag die Wahrheit.«

Dies stellte mich vor ein Dilemma. Sagte ich die Wahrheit, war es womöglich Ayin, die bei Nachteinbruch am Galgen baumelte. Andererseits hatte Hilbert ein Interesse an meinem Tod und würde die reine, ungeschminkte Tatsache vielleicht als Lüge abtun. Zum Glück war er nicht derjenige, den ich überzeugen musste.

»Einen Mann, der früher mit mir in derselben Bande war«, sagte ich Feldwebel Swain. »Er hat mich vor Jahren verraten. Und auch noch 'ne Menge anderer schlimmer Dinge getan, aber darum geht's nicht.«

Swain knurrte kurz bestätigend. »Wie hast du's angestellt?«

Ich riskierte einen Blick zu Hilbert und sah grimmigen Triumph in seiner Miene. Dieses Detail würde mich nicht im besten Licht dastehen lassen, aber ich sah keine andere Möglichkeit.

»Hab ihm den Schwanz und die Eier abgeschnitten«, sagte ich mit leerem Lächeln. »So bestrafte Deckin Scarl Verräter, damals im Wald.«

»Seht Ihr«, sagte Hilbert. »Diese Kreatur wird Euer Banner beschmutzen …«

»Es ist das Banner des Bundes, Aszendent.« Swains abweisender Tonfall genügte, dass Hilbert der Rest seines Einwands im Hals stecken blieb. Der Feldwebel musterte mich wieder abwägend und sah dann zu Toria und Brauer hin, die neben mir auf die Knie gesunken waren.

»Seid ihr beiden auch Schwanzabschneider?«, erkundigte er sich.

»Niemals, Betbruder«, versicherte ihm Brauer mit einer Verbeugung.

»Ich hab schon mal dem ein oder anderen ins Gemächt gestochen«, sagte Toria. »Eins abgesäbelt hab ich aber noch nie.«

Feldwebel Swains Miene spiegelte Abscheu und Befriedigung, bevor er sich wieder Hilbert zuwandte und unverbindlich den Kopf neigte. »Es tut mir leid, Aszendent, aber dieser Mann«, er deutete auf mich, »wurde bereits vor Eurem Eingreifen in die Kompanie aufgenommen.«

Ohne auf Hilberts wütendes Gestotter zu achten, winkte Feldwebel Swain eine der grau gewandeten Gestalten zu sich, eine kräftige Frau mit breitem Kinn, die fast so groß war wie Brauer.

»Schwester-Soldatin Ofihla, bring diese drei hier ins Lager und nimm sie in deine Truppe auf. Behalt sie gut im Auge.« Er trat mir in den Weg, als die Soldatin uns wegführen wollte, und schaute mich an. »Du hast gerade einen Eid geschworen, Schwanzabschneider«, murmelte er. »Brichst du ihn, dann wird das, was du mit deinem alten Kumpel gemacht hast, nur ein sanftes Kitzeln sein im Vergleich zu dem, was ich dir antun werde. Du gehörst jetzt zur Kompanie des Bundes, so lange, bis *sie*«, er nickte zu Evadine Courlain, die lächelnd den knienden Freiwilligen die Hände reichte, »der Meinung ist, dass du deine Pflicht getan hast. Oder«, er schenkte mir ein ebenso leeres Lächeln wie ich zuvor ihm, »bis dich einer der Halunken des Prätendenten aufschlitzt, was wahrscheinlicher ist. Aber versuch wenigstens, deine nutzlose Existenz dadurch aufzuwerten, dass du einen von denen mit in den Tod nimmst, ja?«

Fünfundzwanzigstes Kapitel

»Du stehst hinter ihm.« Schwester-Soldatin Ofihlas fleischige Pranken schoben mich in Position, wodurch ich nun viel näher an dem nach Schweiß stinkenden Brauer stand, als mir lieb war. »Und du«, sie schubste Toria hinter mich, »stehst hinter ihm.«

Ich spürte, wie Toria aufbegehren wollte, und nahm eine Hand vom Heft meines Rossschinders, um ihr beruhigend auf den Arm zu klopfen. Drei Tage soldatische Disziplin stellten ihre rebellische Natur auf eine harte Probe, aber wir konnten uns keine Zwischenfälle erlauben, jedenfalls nicht, solange die Kompanie des Bundes noch in Sichtweite von Callintor war.

Insgesamt waren über dreihundert Zufluchtsuchende Evadines Ruf zu den Waffen gefolgt, die wahlweise als die Gesegnete oder als heilige Feldherrin bezeichnet wurde. Damit hatte Callintor auf einen Schlag einen Großteil seiner Arbeiter verloren, weshalb die Aszendenten darum gebeten hatten, dass die Kompanie noch mindestens eine Woche vor Ort blieb, damit die letzte Ernte eingebracht werden konnte und sie im Herbst nicht hungern mussten. Somit verbrachte die Kompanie die Hälfte des Tages auf den Feldern und die andere mit Waffenübungen. Was hieß, dass wir stundenlang die Wutausbrüche der Veteranen über uns ergehen lassen mussten, die uns Neulingen die Grundlagen ihres Handwerks beizubringen versuchten, und das, nachdem die meisten von uns dem Krieg und seinem Ungemach bislang stets erfolgreich aus dem Weg gegangen waren.

»Den Kopf tiefer.« Ofihla drückte Torias Kopf nach unten, bis er gegen meinen Rücken drückte. »Es sei denn, du willst einen Pfeil im Auge haben. Der Prätendent hat eine ganze Kompanie ketzerischer Bogenschützen angeheuert, und ihr könnt sicher sein, dass die ihr Handwerk verstehen.«

»Und was ist mit meinen Augen, Betschwester?«, erkundigte ich mich und nickte zu Brauer. »Er ist zwar breit wie ein Karrengaul, aber nicht groß genug, um mich ganz abzuschirmen.«

»Dann solltest du besser lernen, dich zu ducken, was?«, brummte Ofihla. Mir war aufgefallen, dass sie sich die nützlichsten Ratschläge meist für Toria aufsparte, während wir anderen lediglich die Grundlagen beigebracht bekamen.

Ich zuckte zusammen, als Brauer mir das Ende seines sieben Fuß langen Spießes gegen das Schienbein stieß. »Karrengaul«, knurrte er.

»Klappe halten!«, fauchte Ofihla. »Augen nach vorn!«

Sie zerrte noch ein paarmal an uns herum, bis sie schließlich zufrieden knurrte und zurücktrat. »Ihr da«, rief sie einem Grüppchen von etwa einem Dutzend anderen Freiwilligen zu, die in der Nähe standen, »stellt euch neben diesen dreien hier auf, und zwar genau auf dieselbe Weise. Spieße nach vorn, Rossschinder dahinter und danach die Dolche. Los, zackig! Glaubt ja nicht, der Abschaum des Prätendenten lässt euch Zeit zum Trödeln!«

Es dauerte nervtötend lange und war mit einigem Gezerre und Gebrüll verbunden, uns in eine einigermaßen ordentliche Aufstellung zu bringen. Ofihlas Gesichtsausdruck ließ ahnen, dass ihr Entsetzen nicht bloß gespielt war, um uns zu größeren Anstrengungen anzutreiben. Wir waren eben keine Soldaten, sondern bloß ein Haufen Verbrecher, manche von uns freiwillige Diener des Bundes, aber viele auch nicht, obwohl wir so taten. Ofihla und die anderen echten Soldaten der Kompanie wussten, dass dieser Haufen Amateure einem entschlossenen Angriff von Veteranen nicht viel entgegenzusetzen hatte. Mich interessierte das alles freilich wenig, weil ich nicht vorhatte, auch nur in Riechweite eines Schlachtfeldes zu kommen, wenn ich ihre Besorgnis auch durchaus verständlich fand.

»Diese Aufstellung wird Hecke genannt.« Sie breitete die Arme aus und deutete auf unsere schiefen Reihen. Die Größten von uns wurden mit den Spießen vorn platziert – ein Schicksal, dem ich dadurch entging, dass ich mich in der Menge stets ganz hinten hielt und mich durch Bücken und Beugen der Knie möglichst klein machte. Dass ich in die zweite Reihe kam, konnte ich allerdings nicht verhindern, und auch nicht, dass man mir einen Rossschinder in die Hand drückte – eine robuste Waffe mit einem vier Fuß langen Eschenholzstab und einer breiten Stahlklinge. Toria und alle, die ebenso schmächtig waren wie sie, bildeten die dritte Reihe. Sie waren mit Messern, Hackbeilen und Dolchen bewaffnet und auch einigen Holzhämmern, deren Zweck sich mir damals noch nicht erschloss.

»Wenn ich rufe: ›Hecke bilden‹, dann nehmt ihr genau diese Formation ein«, fuhr Ofihla fort. »Macht eure Sache gut, und sie wird euch das Leben retten. Eine gut geformte Hecke wird kein Pferd angreifen, und kein Soldat ist stark genug, um sich hindurchzuhacken.«

Sie ließ uns wieder eine lockere Gruppe bilden und brüllte dann: »Hecke bilden!« Wie zu erwarten, fiel unser erster Versuch eher dürftig aus, und weitere Bemühungen im Laufe des anstrengenden Tages brachten nur wenig Verbesserung. Ofihlas breites Gesicht mit dem kräftigen Kinn wechselte von dunkelrot zum blassrosa der Verzweiflung, während sie mit lobenswerter Hartnäckigkeit ihre Pflicht erfüllte. Dabei fluchte sie erstaunlich selten, wie ich es sonst von Soldaten kannte. Von der beiläufigen Brutalität, die mir ebenfalls vertraut war, machte sie hingegen häufiger Gebrauch.

Soeben landete ihre Faust mit einem harten, trockenen Rums auf dem Wangenknochen eines besonders saumseligen Kerls, in dem ich vage einen Töpfer erkannte, der zuvor dem Schrein von Märtyrerin Melliah gedient hatte. Nicht nur schlurfte er stets als Letzter an seinen Platz in der zweiten Reihe, diesmal war ihm auch noch der Rossschinder aus der Hand gefallen und hatte eine hässliche Schnittwunde am Arm des Spießträgers vor ihm hinterlassen.

Als Ofihla über den bewusstlosen Töpfer hinwegstieg, der mit dem Gesicht nach unten im aufgewühlten Schlamm lag, hätte sie beinahe doch geflucht. »Eins sag ich euch, ihr Schw…« Sie verkniff sich das Wort und holte tief Luft, um sich zu beruhigen. Ihre ständig wechselnde Gesichtsfarbe faszinierte mich – wie viel Zorn mochte diese Frau in sich tragen?

»Das hier ist kein Spiel«, knurrte sie schließlich langsam. »Entweder ihr lernt das, oder ihr werdet sterben, und als Leichen nützt ihr dem Bund wenig.«

In dem Moment gab der Töpfer ein leises Stöhnen von sich, was die Wut, die in Ofihlas Brust loderte, etwas zu besänftigen schien. Blinzelnd blickte sie auf ihn hinab und seufzte. »Genug für heute. Du«, sagte sie zu dem verletzten Spießträger, »geh zum Zelt der Feldscher und lass deine Wunde nähen. Du, du und du.« Sie deutete auf Brauer, Toria und mich und stieß dann mit der Stiefelspitze den am Boden liegenden Töpfer am Hintern an. »Ihr nehmt den hier mit.«

Während wir vortraten, um den schlaffen, stöhnenden Handwerker hochzuheben, fügte Ofihla etwas leiser hinzu: »Sagt Betbruder Delric, dass es meiner Ansicht nach besser wäre, wenn er den hier aus dem Dienst entlässt.«

◆ ◆ ◆

Betbruder Delric war der einzige Geistliche in der Kompanie des Bundes, der weder Rüstung noch Waffen trug. Er war beinahe so groß wie Brauer, aber weniger massig, und auch um einiges älter als die meisten

Leute im Lager, worauf die tiefen Falten in seinem Gesicht und sein blassgraues Haar hindeuteten. Er war ein wortkarger Geselle, der nur in kurzen, abgehackten Sätzen sprach und während der vielen Jahre, die ich ihn kannte, nie auch nur ein Wort mehr sagte als unbedingt nötig.

»Brennt«, warnte er den Spießträger mit der Wunde am Arm, bevor er ein mit Essig und Limettensaft befeuchtetes Tuch auf den Schnitt drückte. Der Mann biss die Zähne zusammen und zischte vor Schmerz. Er wollte den Arm wegziehen, hielt jedoch auf ein Bellen von Betbruder Delric inne. »Stillhalten.«

Wir legten den bewusstlosen Töpfer auf eines der freien Betten im Zelt und warteten, bis Delric die Wunde des Spießträgers gereinigt und genäht hatte. Seine Hände bewegten sich so geschickt, wie ich es selten erlebt hatte, und er schloss die Wundränder mit schnellen, präzisen Stichen. Als er fertig war, gab er dem Spießträger wortlos einen halben Becher Brandy gegen die Schmerzen und schickte ihn aus dem Zelt.

»Ofihla«, sagte Delric, nachdem er den violetten Bluterguss auf der Wange des Töpfers untersucht hatte. Anscheinend war die Betschwester für diesen Hieb bekannt, und ich nahm mir vor, ihn nie am eigenen Leib spüren zu müssen.

»Ja, Betbruder«, sagte ich. »Sie lässt Euch mitteilen, dass er nach ihrer Meinung für das Soldatenleben ungeeignet ist.«

Leise summend krempelte Delric dem Töpfer die Ärmel und Hosenbeine aus Sackleinen hoch, um seine Gelenke zu untersuchen. »Knochenfieber«, sagte er nach einem kurzen Blick darauf. »Kann nicht kämpfen. Nicht marschieren. Ich schick ihn weg. Sagt ihr das.«

»Das werden wir, Betbruder. Wir, äh …«, ich wechselte einen Blick mit Toria und Brauer, »… wir haben heute auch ein bisschen was ab bekommen. Ein, zwei Tropfen Brandy würden es sicher lindern …«

»Raus.« Delric deutete auf die Zeltklappe und ging zum Tisch, auf dem Mörser und Stößel standen, ohne uns noch eines Blickes oder gar Wortes zu würdigen.

»Knausriger alter Mistkerl«, murrte Toria, als wir draußen waren. »Es ist Jahre her, dass ich einen Tropfen von dem guten Zeug hatte. In der Stadt gibt's nur Pisswasser.«

»Trotzdem«, sagte ich, »hätte ich gegen ein paar Flaschen Apfelwein nichts einzuwenden, wenn ihr heute Abend mit der Arbeit fertig seid.«

Mein Grinsen quittierte sie mit einem finsteren Blick. Als Schreiber, der, wie Aszendent Hilbert ausdrücklich betont hatte, im Skriptorium oder überhaupt in der Stadt nicht mehr erwünscht war, musste ich mich an der täglichen Feldarbeit nicht beteiligen. Ich verbrachte meine Abende deshalb damit, mich vor den zahllosen Tätigkeiten zu drücken, die erforderlich waren, um in einem Soldatenlager Ordnung zu halten. Meistens suchte ich mir irgendwo ein Versteck, um dort weiter an der Entschlüsselung von Sihldas Testament zu arbeiten.

Nachdem Toria und Brauer sich der erschöpften Menge angeschlossen hatten, die sich auf das Stadttor zuschleppte, erkundete ich vorsichtig die Gegend und fand den nach Westen geneigten Stamm einer alten Weide, deren Äste in einen schnell fließenden Bach hinabhingen. Erst als ich mich schon darunter niedergelassen und den Schreibtisch ausgeklappt hatte, fiel mein Blick auf eine vertraute schlanke Gestalt ein Stück weiter am Ufer. Gerade sah Ayin gar nicht mehr so kindlich aus wie sonst. Mit konzentriertem Stirnrunzeln watete sie langsam in den Bach. Ihr Gewand hatte sie bis zur Hüfte hochgekrempelt, und ich konnte nicht widerstehen, meinen Blick über ihre bleichen Schenkel gleiten zu lassen. Nachdem sie ein paar Meter ins Wasser gewatet war, blieb sie wie erstarrt stehen und blickte in die wirbelnde Strömung. Diese Haltung behielt sie eine ganze Weile lang bei; die Kälte schien ihr nichts auszumachen. Dann warf sie sich plötzlich flink wie eine Katze in den Bach und kam unter triumphierendem Prusten mit einer zappelnden Forelle in den Händen wieder hoch.

»Das ist ein richtig Großer!«, rief sie mir zu und lächelte breit mit tropfnassem Gesicht. Ich ging am Ufer entlang zu ihr und betrachtete ihre fröhliche Miene mit gemischten Gefühlen.

»Ja, ist er«, sagte ich und sah mich nach Brennholz um. »Du nimmst ihn aus, und ich zünde uns ein Feuer an.«

♦ ♦ ♦

»Ich hab die heilige Feldherrin sprechen hören«, sagte Ayin mit vollem Mund, während sie den gerösteten Kopf der Forelle abknabberte. »Wollte sie noch mal sprechen hören. Mir hat's dabei so komisch im Magen gekribbelt. Sie ist sehr hübsch. Denkst du, ich darf sie mal küssen?«

Ich sah sie blinzelnd an. Meine Augen brannten vom Rauch des kleinen Feuers, das ich am Bachufer angezündet hatte. Ayin hatte die Forelle rasch und effizient ausgenommen, so als hätte sie das schon öfter gemacht. Dann hatte sie den aufgeschlitzten Fischleib auf einen gegabelten Stock gespießt und ihn über das Feuer gehalten. In regelmäßigen Abständen hatte sie ihn gewendet, damit er schön gleichmäßig garte, und das Fleisch mit etwas Salz aus einem Beutel an ihrem Gürtel gewürzt. Ayin mochte nicht die Hellste sein, aber einige nützliche Fähigkeiten besaß sie doch.

»Das möchte ich stark bezweifeln«, sagte ich.

»Dann wenigstens ihr Haar anfassen? Das geht doch bestimmt, oder?«

»Nein. Und du solltest sie besser nicht darum bitten.«

»Oh.« Ayin schmollte ein wenig, zuckte dann die Achseln und wandte sich wieder dem Fischkopf zu. Ich beobachtete sie eine Weile, bevor ich es wagte, ihr eine Frage zu stellen.

»Der böse Mann – hast du irgendjemandem von ihm erzählt?«

»O ja.« Inzwischen hatte Ayin den Kopf abgeknabbert, auch die Augen, die sie sich in den Mund steckte und wie Beeren kaute. Die Fischgräte warf sie ins Feuer und leckte sich die Finger ab. »Aszendent Kolaus war wütend auf mich, weil ich zu spät zum Abendgebet kam. Am nächsten Morgen hat er mich ausgefragt. Ich hab ihm von dem bösen Mann erzählt und danach auch noch Aszendent Hilbert.«

»Hilbert?«

»Ja. Aszendent Kolaus hat mich gleich zu ihm gebracht und gesagt, ich soll es ihm auch erzählen.«

Ich verzog das Gesicht und stocherte mit einem langen Ast im Feuer herum. »Und Aszendent Hilbert hat sich sehr dafür interessiert, könnte ich wetten.«

»Ja.« Ayin rülpste. »Er hat mir einen ganzen Sack Maronen dafür gegeben, dass ich so …«, sie runzelte die glatte Stirn, »… entgegenkommend war, was immer das heißt.«

»Es heißt, dass du ihm alles ehrlich und ausführlich geschildert hast. Was meist sehr lobenswert ist, Ayin. Aber nicht immer.«

»In den Vorschriften steht, man soll immer die Wahrheit sagen.« Sie legte den Kopf schief und musterte mich streng. »Deshalb lüge ich nie. Und du solltest es auch nicht tun.«

»Man muss ja auch nicht lügen. Man sollte nur nicht immer jedem alles erzählen, was so passiert ist. Besonders nicht hier.«

»Warum?«

Ich stieß ein brennendes Holzstück mit dem Ast an und überlegte, wie ich es am besten formulieren sollte, damit sie es verstand. »Was mit dem bösen Mann passiert ist, das hast du schon mal gemacht, oder?«

»Manchmal.« Ihre Strenge war trotzigem Widerwillen gewichen. »Aber sie waren alle böse, auch wenn ihre Frauen was anderes gesagt haben. Sie haben alle gelogen. Und Lügen ist böse.«

Sie klang jetzt aufgebracht, und ihr Blick wirkte fahrig. Ich beschloss, die Taktik zu ändern.

»Den Fisch hast du sehr gut gebraten«, sagte ich. Zum Glück kehrte gleich wieder das Lächeln in ihr Gesicht zurück.

»Meine Mama hat mir das beigebracht. Mama war eine gute Köchin. Das haben alle gesagt. Sie konnte alles Mögliche kochen, und ich kann das auch.«

»Das … ist gut zu wissen, Ayin. Komm mit.« Ich stand auf, bot ihr aber lieber nicht meine Hand an, weil ich nicht sicher war, ob sie nicht womöglich auf den Gedanken käme, mir ein paar Finger abzuhacken. »Wir müssen mit jemandem reden.«

Ich fand Bruder-Feldwebel Swain vor einem kleinen Zelt am Nordrand des Lagers in ein Gespräch mit der Feldherrin vertieft. Das unscheinbare Zelt und das Fehlen von Dienern unterschieden Evadine Courlain von anderen Adligen. Sie bürstete und versorgte sogar ihre beiden Schlachtrösser selbst. Im Gegensatz zu dem Zelt aus schlichtem Leinentuch sprachen die Rösser eindeutig von Reichtum; eines war schwarz mit weißer Blesse, das andere ein Apfelschimmel, dessen Fell die Farbe von poliertem Stahl besaß. Beide strotzten nur so vor Kampfkraft und maßen mindestens achtzehn Handbreit bis zur Schulter. Sie wehrten sich mit Zähnen und Hufen, wenn irgendjemand außer ihrer Besitzerin sich ihnen näherte.

Ich blieb mit Ayin in respektvollem Abstand stehen, während Feldwebel und Feldherrin weitersprachen. Ayin starrte Evadine die ganze Zeit unverhohlen an, ich hingegen hielt den Blick abgewandt, um mir nicht anmerken zu lassen, dass ich sie heimlich belauschte. Allerdings konnte ich nur wenige Sätze aufschnappen, vor allem von Swain. Die edle Dame sprach dafür zu leise.

»… mindestens einen Monat«, sagte er gerade. Seine Stimme klang abgehackt und gleichmütig, aber ich nahm dennoch einen leicht besorgten Unterton wahr.

Von Evadines Antwort bekam ich nur wenig mit, außer dass sie »den Shalewell« erwähnte und etwas von »dreißig Meilen« sagte. Darauf antwortete Swain grimmig: »Ich bin mir nicht sicher, ob dieser Haufen auch nur dreißig Meter in Marschordnung laufen kann …«

Der Shalewell war, wie ich wusste, der Fluss, der teilweise die Grenze zwischen den Herzogtümern Alberis und Althiene bildete. Evadine hatte in ihrer Rede in Callintor erwähnt, dass die Horde des Prätendenten sich dem Kernland des Königreichs näherte, vermutlich mit der Absicht, in Couravel zuzuschlagen, der Hauptstadt von Albermaine und dem Stammsitz der Dynastie der Algathinets. Ich bezweifelte, dass König Tomas und sein Hof das Risiko einer

Belagerung eingehen würden. Gewiss würden sie sich, wie es Mitglieder des Königshauses in Krisenzeiten meistens taten, eilig aus dem Staub machen, um sich an einem anderen Ort in Sicherheit zu bringen. Nicht dass dies den Prätendenten von seinem Vorhaben abhalten würde. Hätte er erst Couravel und die königlichen Paläste, Lagerhäuser und Geldverleiher der Stadt in seiner Gewalt, würde sein Anspruch auf die Königsherrschaft einiges an Glaubwürdigkeit gewinnen.

»Was willst du, Schwanzabschneider?«

Swains barsche Frage riss mich aus meinen Gedanken, und ich senkte den Kopf tiefer, bevor ich es riskierte, einen Blick in sein strenges, abweisendes Gesicht zu werfen.

»Eine Sache von einiger Wichtigkeit, Bruder-Feldwebel.« Ich schaute Ayin an, die jetzt träge eine Haarlocke um ihren Finger wickelte und Evadine weiter verzückt angaffte.

»Schwester-Soldatin Ofihla kommandiert eure Truppe«, fauchte Swain und winkte uns weg. »Sprecht mit ihr.«

»Schon gut, Feldwebel.« Evadine schenkte mir ein Lächeln und winkte mich zu sich. »Komm, braver Soldat. Wie heißt du?«

Es ist nicht häufig der Fall, liebe Leser und Leserinnen, dass ich in Gegenwart einer Adligen verlegen oder zögerlich reagiere. Jener Moment bildet eine einmalige Ausnahme. Evadine Courlain besaß einen sehr direkten Blick, der von vielen als durchdringend beschrieben wird. Hinzu kam ein Gefühl von Verwirrung, das einen oft in unmittelbarer Nähe zu einem Menschen befällt, der mit der Schönheit einer Statue oder eines Gemäldes gesegnet ist. Wenn sie auch heute keine Rüstung trug und nur ein einfaches Hemd und Hosen, machte sie dennoch Eindruck. Ich zweifelte nicht daran, dass sie um die Wirkung wusste, die sie auf andere hatte. Wie bei Lorine war es eine weitere Waffe in ihrem Arsenal, wenngleich sie sie zu ganz anderen Zwecken benutzte. Mit der Zeit sollte mir auch klar werden, dass der irritierend direkte Blick, mit dem sie andere Menschen musterte, Absicht war. Die Reaktion der Leute teilte ihr vieles mit.

Ich für meinen Teil starrte einfach zurück und begegnete ihrem Blick, wenn ich auch nicht gleich in der Lage war, eine Antwort zu formulieren. Ihr Gesicht zog mich in seinen Bann, lange genug, um zu einer Einschätzung dieser Frau zu gelangen, während sie gleichzeitig mich abschätzte. Damals fand ich nur wenig über sie heraus, doch zwei wichtige Dinge wurden mir klar: Man konnte sie nicht anlügen, und sie selbst würde ebenfalls niemals lügen.

Ich verneigte mich erneut und setzte der gegenseitigen Musterung ein Ende. »Alwyn, edle Dame. Alwyn Scribe.«

»Es heißt ›Feldherrin‹, du unwissender Nichtsnutz«, knurrte Swain.

Evadine hingegen nahm keinen Anstoß. »Scribe?«, fragte sie. »Ist das ein Familienname oder bezieht es sich auf deine Zunft als Schreiber?«

»Meine Zunft … Feldherrin. Einen Familiennamen hab ich nicht.«

»Er hat in Hilberts Skriptorium gearbeitet«, sagte Swain. »Bis er einen Mann auf übelste Weise getötet hat, vor nicht mal einer Woche. Außerdem stammt er aus Deckin Scarls Bande aus Halsabschneidern, einer der wenigen, die überlebt haben. Und damit hat er definitiv Dreck am Stecken.«

»Wer unserem Banner folgt, dem werden alle Sünden verziehen«, sagte die Edelfrau leicht tadelnd. »Also gut …« Ich schrak zusammen, als sich ihr durchdringender Blick erneut auf mich richtete. »Alwyn Scribe, was führt dich zu meinem Zelt?«

Ich riskierte es, ihr noch einmal ins Gesicht zu schauen, sah dort jedoch nur ehrliches Interesse und nicht die Abscheu oder Zurechtweisung, die ich erwartet hatte. Ich unterdrückte ein Räuspern und deutete auf Ayin. »Sie sollte nicht hier sein, Feldherrin.«

Als Ayin alle Blicke auf sich gerichtet sah, verschränkte sie die Hände hinterm Rücken und drehte mit geröteten Wangen den Kopf weg. Was natürlich einen ganz falschen Eindruck erweckte. Swain musterte Ayin abschätzend, und in seiner Miene leuchtete irgendetwas auf. Lust vielleicht oder auch ein Widerhall von Gefühlen, die lange schon unterdrückt und nur selten zugelassen wurden.

»Jeder Soldat, der einem anderen etwas antut«, er wandte betont den Blick von dem Mädchen ab, »sei es aus Wut oder Fleischeslust, wird ausgepeitscht und aus der Kompanie geworfen. Vergewaltiger werden aufgeknüpft. Du und die anderen Schurken, ihr habt diese Regeln schon am ersten Tag gehört, als ihr hier aufgenommen wurdet.«

»Mit Verlaub, Feldwebel, mir geht es nicht darum, dass jemand ihr etwas antun könnte.« Ich riskierte es erneut, den Blick zu heben, und sah Verwunderung in den Gesichtern von Feldwebel und Feldherrin. »Ich weiß, welchen Eindruck sie erweckt. Aber in Wahrheit ist sie ganz anders.«

Ich wappnete mich und sah Evadine Courlain in die Augen. »Feldherrin«, sagte ich in respektvollem, entschlossenem Ton, »ich glaube, Feldwebel Swain hat mich in diese Kompanie aufgenommen, weil Ihr gefährliche Leute braucht, die nicht zögern, Blut zu vergießen, wenn es sein muss. Er sagt, ich hätte Dreck am Stecken, und so war es auch, früher. Deshalb vertraut mir bitte, wenn ich sage, dass Ayin keinen Schutz braucht. Eher muss diese Kompanie vor ihr beschützt werden. Uns und ihr zuliebe solltet Ihr sie nach Callintor zurückschicken.«

»Worin genau besteht die Gefahr?« Swain runzelte zweifelnd und belustigt die faltige Stirn.

Ich verstummte. Die genauen Einzelheiten unseres gemeinsamen Verbrechens wollte ich nicht preisgeben, deshalb überlegte ich, wie ich am überzeugendsten lügen könnte. Ayin jedoch besaß ein gutes Gehör und wollte sich wohl gern nützlich machen.

»Ich hab einem bösen Mann die Eier abgeschnitten«, rief sie fröhlich. Beim Sprechen drehte sie sich leicht hin und her und warf Evadine schüchterne Blicke zu, wie ein kleines Mädchen, das belohnt werden wollte, weil es eine Aufgabe gut erfüllt hatte.

»Ah.« In Swains Miene zeichnete sich spöttisches Verstehen ab. »Sie ist also die wahre Schwanzabschneiderin, wie?«

Ich seufzte verärgert und unbehaglich. Solange der Blick der Feldherrin auf mich gerichtet blieb, ließ mich meine Fähigkeit zur Täuschung schmählich im Stich.

»Raus damit, Mann!«, forderte Swain. »Ich hab von dir schon genug Lügen gehört.«

»Sie hat es getan«, sagte ich. »Ich hab ihn festgehalten und seine Schreie unterdrückt, bis er verblutet war. Alles andere, was ich Euch gesagt habe, stimmt aber. Ich hatte mit ihm noch eine Rechnung offen, es war … ein glücklicher Zufall.«

Ich versuchte es mit einem Lächeln, der vernichtende Blick des Feldwebels ließ es jedoch erstarren. Evadine dagegen wirkte eher traurig als missbilligend. Stirnrunzelnd schüttelte sie den Kopf und fragte: »Bist du mit diesem Mädchen verwandt?«

»Nein, Feldherrin. Sie ist nur eine … Freundin, deren Bekanntschaft ich vor Kurzem gemacht habe.«

Evadine legte den Kopf schief, und ihre Augen verengten sich; ihr Blick bohrte sich noch tiefer in mich hinein. In ihren Augen stand eine Frage, eine, die viel über ihren Mangel an Naivität aussagte und darüber, wie sie meinen Charakter einschätzte. *Warum hast du sie nicht umgebracht?* Es wäre ein Leichtes gewesen. Ayin war zwar gefährlich, aber auch vertrauensselig, und ich hatte ihr keinen Grund gegeben, sich vor mir zu fürchten. Ich hätte sie ablenken können, aufgeregt auf einen Vogel oder ein Eichhörnchen deuten und ihr dann blitzschnell die Kehle durchschneiden, wenn sie sich umdrehte. Ein paar Steine, um die Leiche zu beschweren, und der Fluss wäre ihr Grab geworden. Es wäre mir nicht schwergefallen. Und doch hatte ich es nicht getan.

Auf Evadine Courlains Stirn erschien eine dünne Linie, entweder Verwunderung oder Befriedigung, das konnte ich nicht sagen. Die Linie verschwand, als sie blinzelte und sich Ayin zuwandte, um ihr lächelnd eine Hand hinzustrecken. »Komm her, Kind.«

Ayins Schüchternheit fiel von ihr ab, während sie näher schlurfte, erst wirkte sie eifrig und glücklich, wie ein Mädchen, das endlich die erhoffte Aufmerksamkeit erhielt, und dann spiegelte ihre Miene noch etwas ganz anderes. Es geschah, als sie bloß noch eine Armlänge von der Feldherrin entfernt war – alles Mädchenhafte verschwand und wich dem Ausdruck purer verzückter Hingabe. Der matschige Boden schmatzte, als sie unaufgefordert auf die Knie sank und mit zitternden Händen die Finger der Edelfrau berührte, die ihr über das weiche braune Haar strich.

»Du bist wunderschön, meine Schwester«, sagte Evadine.

Und Ayin weinte. Die Tränen quollen ohne Vorwarnung aus ihren Augen und strömten über ihr Gesicht, das vor Trauer und Schmerz verzerrt war. Sie sank zu Boden, schlug die Hände vors Gesicht und stieß krampfartige Schluchzer aus. Die Feldherrin ging neben dem Mädchen in die Hocke und strich ihr über den bebenden Rücken.

Ayins Wandel trat so abrupt ein, dass ich zurückwich. Mich überkam ein seltsames Gefühl, das ich jahrelang nicht mehr verspürt hatte. Es dauerte einen Moment, bis mir klar wurde, woran es mich erinnerte: den Augenblick, als der Kettenmann Stallknecht erwähnt hatte. Damals hatte ich gewusst, dass ich Zeuge von etwas Außergewöhnlichem wurde, und genauso war es auch jetzt.

»Ja«, murmelte Feldwebel Swain. »So was sieht man nicht alle Tage, nicht wahr?«

Ich drehte mich um und sah, dass er Evadine und das weinende Mädchen betrachtete. Sein Blick besagte, dass er Ähnliches schon öfter erlebt hatte, sich aber an den Anblick nie gewöhnen würde.

»Sch.« Evadine ergriff Ayin sanft an den Schultern und richtete sie auf.

»Ich wollte es nicht …« Ayin weinte und starrte Evadine mit geweiteten Augen an. »Meine Mama hat gesagt, ich muss es tun, sonst bin ich wie sie … Sonst bin ich so *schmutzig* wie sie …«

»Deine Seele ist rein«, versicherte ihr Evadine. »Das sehe ich. Sie leuchtet so hell.«

Ayin schniefte, und ein verzweifeltes Lächeln trat auf ihre Züge. »Also werden mich nicht die Maleciten holen?«

»Nein, mein Kind.« Evadine schloss Ayin fest in die Arme und legte ihr Kinn auf den Kopf des Mädchens. »Eine Seele wie deine werden die Seraphilen niemals abweisen.« Sie hielt Ayin fest umschlungen, bis die

Schluchzer des Mädchens nachließen. Schließlich schob sie Ayin von sich und wischte ihr das tränenfeuchte Haar aus dem Gesicht. »Also, dein Freund ist der Meinung, dass du hier fehl am Platz bist. Hat er recht?«

»Nein!« Ayin schüttelte energisch den Kopf, wobei ihre Augen auf Evadine gerichtet blieben. »Ich will nie wieder anderswo sein, edle Dame.«

»›Feldherrin‹ reicht aus.« Lächelnd drückte Evadine Ayins Kinn und zog sie auf die Füße. »Du hast mir ständig in den Ohren gelegen, dass ich mir einen Knappen zulegen soll, Feldwebel«, sagte sie zu Swain. »Ich glaube, ich hab einen gefunden.«

Swain neigte ehrerbietig den Kopf. »Eine gute Wahl, Feldherrin.«

»Ich danke dir, Alwyn Scribe«, sagte Evadine zu mir. »Deine Besorgnis um deine Kameradin gereicht dir zur Ehre.«

Das unbehagliche Gefühl, das mich bei dem soeben Geschehenen beschlichen hatte, war noch nicht ganz verflogen. Deshalb zögerte ich, bevor ich mich ebenfalls verneigte. Mir fiel auf, dass ich ein paar Schritte zurückgetreten war. Der Wunsch, von hier zu verschwinden, war übermächtig, und ebenso der Verdacht, dass diese Frau – wenn sie wollte – mit mir genau dasselbe machen könnte wie mit Ayin.

»Komm mit.« Evadine nahm Ayin an der Hand und führte sie zu den beiden Schlachtrössern, die in der Nähe angebunden waren. »Ich möchte dir ein paar neue Freunde vorstellen.«

Ich nickte dem Feldwebel zu und wandte mich zum Gehen, blieb jedoch stehen, als er mich zurückhielt.

»Feldwebel?«

»Melde dich morgen nach der Ausbildung bei mir«, wies er mich an. »Ich brauche jemanden, der sich um die Kompaniebücher kümmert. Der Kerl, der das bisher gemacht hat, besitzt eine Schrift, die aussieht wie die Spuren eines betrunkenen Käfers.«

Er drehte sich um und marschierte ohne ein weiteres Wort davon. Bevor ich eilig loslief, schaute ich noch ein letztes Mal zu Ayin und Evadine. Das Mädchen hielt gerade dem grauen Schlachtross eine

Handvoll Hafer hin und lachte, als das schwarze sanft ihre Schulter anstupste.

Wenn wir losmarschieren, beschloss ich, während ich davonging. *Wenn wir losmarschieren, bietet sich eine Chance zu fliehen.*

Sechsundzwanzigstes Kapitel

Eine Woche sollte es noch dauern, bis die Kompanie des Bundes sich von Callintor aus in Bewegung setzte. Zu diesem Zeitpunkt waren unsere Sackleinengewänder bereits durch robustere Kleidung ersetzt worden, wollene Hosen und Hemden mit Lederwämsern, alles von den Handwerkern in Callintor angefertigt. Manche von uns hatten sogar eine – wenn auch dürftige – Kampfausrüstung erhalten. Am Tag vor unserem Aufbruch hatte Feldwebel Swain mir einen Sack mit Schweinslederhandschuhen gereicht und mir Befehl gegeben, sie unter unserer Truppe zu verteilen.

»Keine gute Idee, mit bloßen Händen in die Schlacht zu ziehen«, schnaufte er. Da ich in seiner Achtung sonst bislang kaum gestiegen war, sollte es wohl eine Anerkennung für meine tadellose Buchführung sein.

Seine Beschreibung der Schrift meines Vorgängers war, wenn überhaupt, noch beschönigend gewesen. Die Bücher mit den Aufzeichnungen über Stärke, Ausrüstung und – am interessantesten –

Sold der Kompanie waren mit einem unleserlichen Gekrakel gefüllt, das meinen Stolz als Schreiber aufs Gröbste verletzte. Ohne einen entsprechenden Befehl erhalten zu haben, schrieb ich deshalb alle Bücher einmal komplett ab, bevor ich daran ging, neue Einträge zu verfassen. Dabei fielen mir auch ein paar fehlerhafte Einträge meines Vorgängers auf, was die Lebensmittelvorräte betraf. Offenbar war manches davon heimlich an die Horden der Leute verkauft worden, die die Straße entlangzogen. Kriegsflüchtlinge sind meistens hungrig und bereit, selbst für die einfachste Kost horrende Preise zu bezahlen.

Die Art, wie Swain mit dem diebischen Schreiber verfuhr, dämpfte – zumindest für eine Weile – mein Interesse an der Soldliste. Der Feldwebel zog ihn nackt aus und band ihn an einem Baum fest, um ihm mit einer Reitgerte dreißig Hiebe auf Rücken und Hinterteil zu verpassen. Danach wurde der Elende, blutend und halb tot, nackt aus dem Lager getrieben. Die Wächter am Tor von Callintor hatten Anweisung, ihn nicht hereinzulassen. Inzwischen war er vermutlich entweder an Sonnenbrand oder am Blutverlust gestorben.

»Wahrscheinlich besser als nichts.« Brauer ballte probeweise die Faust, nachdem er einen der dicken Handschuhe angezogen hatte. »Ein Brustharnisch und ein Helm wären mir allerdings lieber. Oder zumindest ein Kettenhemd.«

»Die bekommen wir angeblich bei der Musterung«, sagte ich. »Die Feldherrin hat gestern erst einen Brief vom Rat erhalten, in dem ihr das zugesichert wurde.«

In meiner Stimme lag lediglich ein leichter Anflug von Spott, weil mich die zwölf Meilen Marsch nach Osten an diesem Tag erschöpft hatten, aber auch, weil es die Wahrheit war. Evadine schrieb ständig fordernde Briefe an den Rat der Eminenzen. Höflich, aber bestimmt verlangte sie darin nach mehr Waffen, mehr Rüstungen und vor allem mehr Rekruten. Bislang hatte sie erst einmal eine Antwort erhalten: eine kurze Mitteilung, dass eine Lieferung von Rüstungen losgeschickt worden sei und zur Verfügung gestellt werden würde, wenn die Kompanie mit dem Heer des Königs zusammentraf.

»Du klingst ja fast eifrig«, brummte Toria. »Willst dich wohl unbedingt mit der Horde des Prätendenten prügeln, wie?«

»Ja, warum auch nicht?« Ayins Tonfall klang missbilligend, wie immer in den seltenen Momenten, wenn sie verärgert war. Sie hatte es sich zur Angewohnheit gemacht, sich abends zu uns ans Feuer zu setzen, nachdem sie ihre Aufgaben im Dienst der Feldherrin erledigt hatte. Seit Ayin vor unserer gesegneten Anführerin auf die Knie gesunken war, war sie meistens fröhlich gestimmt und verfiel nur noch selten in ihr früheres zusammenhangloses Gebrabbel. Ob sie der Kastration inzwischen abgeschworen hatte, blieb jedoch offen.

»Feldherrin Evadine sagt, das sind alles Schurken und Ketzer«, fügte Ayin hinzu und sah Toria mit hochgezogener Augenbraue an. »Wir erweisen dem Bund einen großen Dienst, wenn wir sie umbringen.«

»Oder«, hielt Toria mit spöttischem Lächeln dagegen, »wir erweisen den Krähen einen großen Dienst, wenn die das aufpicken dürfen, was von uns übrig bleibt, nachdem der Prätendent mit uns fertig ist.«

»Der Sieg ist uns sicher«, gab Ayin beunruhigend hitzig zurück. »Die Feldherrin hat es vorausgesehen. Das hat sie mir gesagt.«

»Vorausgesehen, dass ich nicht lache …«

»Toria.« Ich sah ihr in die Augen und schüttelte warnend den Kopf. Toria lief rot an, verstummte aber, wenn ihr Temperament auch gleich wieder hochkochte, als Ayin trotzig schnaufte: »Ketzer aus dem Süden haben in dieser Kompanie sowieso nichts verloren.«

»Lass uns einen Spaziergang machen!«, rief ich und sprang auf, um Toria den Weg zu verstellen, die ebenfalls aufgestanden war. Zum Glück war sie noch beherrscht genug, um sich von mir wegführen zu lassen.

Wir gingen die dunklen Gassen zwischen den Zelten entlang, von denen sich die Umrisse zahlloser Gestalten abzeichneten, die sich um die nächtlichen Feuer versammelt hatten. Obwohl es Spätsommer war, lag bereits eine leichte Kühle in der Luft, die noch dadurch verstärkt wurde, dass im Lager keine Lieder gesungen wurden. In meiner Jugend war ich durch viele Soldatenlager gekommen, und für gewöhnlich herrschte dort lautes Stimmengewirr; man sang alte Kriegslieder oder stritt sich beim Würfelspiel. In der Kompanie des Bundes waren jedoch Glücksspiel und Alkohol verboten, deswegen herrschte an den Abenden meistens Ruhe.

Eine Zeitlang hüllte Toria sich in eisiges Schweigen, bis wir in die Nähe des Lagerrandes kamen. »Warum genau«, begann sie in wütendem, aber beherrschtem Ton, »müssen wir uns das Feuer mit dieser verfluchten Irren teilen? Ich weiß, sie ist ganz hübsch und so, aber soweit ich weiß, vögelst du sie nicht mal.«

»Letzte Woche hatte ich noch genau zwei Freunde auf der Welt«, sagte ich achselzuckend. »Jetzt hab ich drei.«

»Weil sie irgendeinem Mistkerl den Schwanz abgesäbelt hat? Das reicht dir?«

Ich hatte Toria und Brauer über die Einzelheiten von Erchels Ableben ins Bild gesetzt. Immerhin war dies der Hauptgrund, warum wir uns jetzt in der Kompanie befanden, wenn Brauer sich auch wahrscheinlich freiwillig gemeldet hätte. Das, was ich vorschlagen wollte, würde ihm gewiss nicht gefallen.

»Dank der guten Feldherrin ist sie jetzt harmlos«, sagte ich. »Aber ich habe dich nicht hierhergeschleppt, um über sie zu reden.«

Ich blieb stehen und ließ den Blick betont langsam über die Lagergrenze schweifen. Der Kreis der Wachposten spiegelte Feldwebel Swains weitgehend korrekte Einschätzung seiner Soldaten. Ein Drittel der Wachen waren Veteranen, die sich schon vor der Ankunft der Kompanie in Callintor freiwillig gemeldet hatten. Es waren allesamt Gläubige, die dem Bund seit Langem die Treue hielten und darüber hinaus Erfahrung als Soldaten hatten. Der Rest war sorgfältig unter den eifrigsten Rekruten ausgewählt, und was ihnen an soldatischer Disziplin fehlte, machten sie durch ihre glühende Hingabe wieder wett. Kurz gesagt, es wäre schwierig, diese Barriere ohne Blutvergießen zu überwinden.

»Du hast gesehen, was Swain mit dem Schreiber gemacht hat«, sagte Toria. Sie musste mich nicht daran erinnern – der Anblick der

Striemen auf dem Rücken des Mannes stand mir noch deutlich vor Augen. »Und das nur wegen Diebstahl. Fahnenflucht ist noch mal eine ganz andere Geschichte.«

»Warst du schon mal in einer Schlacht?« Ich musterte weiter die Reihe der Wachposten.

»Natürlich nicht.«

»Ich auch nicht. Und mir ist sehr daran gelegen, meine Unwissenheit in dieser Hinsicht zu bewahren. Wie ich hörte, ist es nicht gerade eine angenehme Erfahrung.«

»Also gut.« Seufzend betrachtete sie ebenfalls die Wachen. »Ich denke mal, du hast einen Plan?« Sie lachte leise, bevor ich antworten konnte. »Natürlich hast du einen verdammten Plan.«

»Ich hatte gehofft, dass wir uns auf dem Marsch davonschleichen können«, sagte ich, ohne auf ihre Stichelei einzugehen. »Aber Swain hat Reiter entlang der Marschreihe postiert und«, ich nickte zum Lagerrand, »wir müssten einen von denen umbringen, wenn wir aus dem Lager rauswollen. Und danach müssten wir noch viel weiter und schneller rennen als damals von den Minen. Eldurm ist ein Strohkopf, und trotzdem hätte er uns beinahe erwischt. Ich könnte wetten, Swain würde nur halb so lange brauchen, um uns einzuholen.«

»Also?«

»Also warten wir. Zwischen uns und dem Heer des Königs liegt eine lange Wegstrecke. Wer weiß schon, was unterwegs alles passieren kann? Vielleicht treffen wir auf eine Patrouille des Prätendenten? Oder sogar auf ein paar Gesetzlose? Wie auch immer, ein Zwischenfall schafft eine Ablenkung, die wiederum eine Gelegenheit bietet. Wir müssen uns nur bereithalten.«

»Und wenn nichts passiert? Ich erinnere mich daran, wie wir tagelang angekettet in einem Karren saßen und auf eine Gelegenheit warteten, die niemals kam. Was, wenn wir es den ganzen Weg bis zur Musterung schaffen, was dann?«

»Diese Kompanie wird sich dem Heer des Königs anschließen. Das sind eine ganze Menge Leute an einem Ort, und ich bezweifle, dass die

Knechte, die die Adligen so zusammengekratzt haben, nachts genauso wachsam sind wie diese Leute hier.«

»Brauer wird nicht mitkommen und deine kleine Freundin auch nicht. Unsere gesegnete Feldherrin hat sie zu fest im Griff.«

Ich schaute ihr ruhig in die Augen. »Ich weiß, und das ist bedauerlich.«

Sie stieß ein Knurren aus und nickte zufrieden, während wir weiterschlenderten. »Irgendeine Idee, was wir tun könnten, wenn wir diesen Haufen hier hinter uns gelassen haben? Und ich will keinen Mist über das verfluchte Testament von Aszendentin Sihlda hören.«

Ich hatte tatsächlich Pläne für Sihldas gesammelte Weisheiten, beschloss aber, sie für mich zu behalten. Stattdessen sprach ich eine vage Idee aus, die mir schon länger im Kopf herumspukte. »Hast du schon mal von Lachlans Hort gehört?«

Toria starrte mich an, und ihre Mundwinkel zuckten, dann lachte sie laut und schrill in der Dunkelheit. Ihre Heiterkeit legte sich jedoch, als sie meine ernste Miene sah. »Du hast doch nicht etwa eine Karte gekauft, oder, Alwyn?« Sie runzelte verwirrt und überrascht die Stirn und klopfte auf ihr Wams. »Warte mal, ich glaube, ich hab hier irgendwo noch einen caerithischen Zauberspruch, der alle Krankheiten abwehrt. Nur zehn Sheks, und er gehört dir.«

»Erchel hat vor seinem Tod darüber gesprochen«, sagte ich. »Damals hab ich ihm nicht geglaubt, aber je länger ich darüber nachgrüble, desto mehr gibt es mir zu denken.«

»Ein Sterbender wird alles versprechen, wenn ihm das auch nur die geringste Überlebenschance verschafft.«

»Er hat mir nichts versprochen. Er hatte keine Ahnung, wo sich der Hort befindet, aber er sagte, Deckin hätte es gewusst. Er wollte damit seinen Aufstand finanzieren.«

»Ach ja? Lass mich raten, mit dir hat Deckin nie darüber gesprochen?«

»Er war kein Mann, der Geheimnisse ausplaudert. Aber er war auch nicht so dumm zu glauben, er könnte das Herzogtum der Shavine-

Marschen erobern, ohne eine Kriegstruhe, um seine Anhänger zu bezahlen.«

Toria schüttelte ein weiteres Mal den Kopf, das Licht eines nahe gelegenen Feuers enthüllte jedoch ein interessiertes Schimmern in ihren Augen. »Nehmen wir also nur spaßeshalber an, dass er wirklich existiert. Da draußen gibt es tatsächlich einen großen Hort mit Schätzen. Wie sollen wir ihn jemals finden?«

»Erchel hat die Küste des Shavine erwähnt, aber das ist nicht weiter überraschend. In fast allen Geschichten heißt es, Lachlans Grab befinde sich an der Küste und damit wahrscheinlich auch der Ort, wo seine Beute versteckt ist.«

»Aber die ist vermutlich nicht so leicht zu durchkämmen, oder? Sonst wäre der Hort schon vor Jahren entdeckt worden, wenn es ihn denn wirklich gibt.«

Ich erinnerte mich an den einzigen Ausflug, den ich je zur Küste unternommen hatte. Damals war ich bereits zwei Jahre bei Deckins Bande, als er eines Tages Klant den Befehl gab, einer Schmugglerbande eine Nachricht zu überbringen, und mich mit ihm schickte. Klant hinkte leicht, was er, wie er behauptete, dem Zusammenstoß mit dem Schlachtross eines Ritters in irgendeiner Schlacht verdankte, trotzdem war er ein agiler, gesprächiger Kerl. Noch Jahre später versetzt es mir einen Stich, wenn ich an das Schicksal denke, das ihn letzten Endes ereilte: Im Sommer nach unserer Reise an die Küste wurde er von den Männern des Sheriffs gefangen genommen und aufgeknüpft. Allerdings bewahrheitete sich damit auch ein Lieblingsspruch von ihm: »Gesetzlose, mein Junge, hängen stets am dünnen Seil ihrer Missgeschicke. Irgendwann wird dieses Seil für uns alle zum Galgenstrick.«

Wenn ich an die Küste dachte, erinnerte ich mich bloß an tagelange Wanderungen entlang windgepeitschter Klippen und beschwerliche Klettertouren durch tiefe Schluchten. Selbst im Sommer ist es ein unwirtlicher Ort, von launischen Gezeiten und heftigen Stürmen heimgesucht, die das Wasser zu hohen Wellen aufpeitschen, die gegen die unzähligen Felsnasen und Einbuchtungen schlagen. Damals kam mir der Gedanke, dass es dort ebenso viele Verstecke gab wie im Wald, solange man die eisige Feuchtigkeit ertrug.

»Nein«, stimmte ich leise zu. »Die ist nicht leicht zu durchkämmen. Aber Deckin hatte eine Ahnung, wo man ungefähr suchen müsste, so viel will ich gerne glauben.«

»Warum?«

Wo der Hund begraben liegt … »Er hat da mal was gesagt. Etwas, das Erchel vor seinem Tod wiederholt hat. Ich weiß, das ist recht dürftig, aber es ist immerhin etwas.«

»Also Worte, aber keine Karte«, knurrte Toria. »Eigentlich bloß eine weitere Geschichte.«

»Außer, dass sie diesmal wahr ist. Was die Karte betrifft …« Ich runzelte die Stirn, während sich meine Gedanken überschlugen.

»Alwyn?«, hakte Toria nach, als mein Schweigen sich in die Länge zog.

»Sihlda hat einmal gesagt, Bücher seien unser Wegweiser in die Zukunft. Eine Bibliothek ist wie eine Karte der Vergangenheit. Um zu wissen, wo man hinwill, muss man wissen, wo man herkommt. Deckin wusste das, aber er konnte nicht lesen. Seine Karte waren Geschichten. Er liebte sie. Wo immer wir hinkamen, in jedem Dorf, jeder Taverne, rief er die Geschichtenerzähler zu sich ans Feuer und bezahlte sie großzügig für das, was sie ihm erzählten. Ich könnte wetten, dass er keine ihrer Geschichten je vergessen hat.«

»Dein Plan ist es, die Herzogtümer des Königreichs zu durchstreifen und nach Geschichtenerzählern zu suchen?«

»Nein, mein Plan ist es, eine gut ausgestattete Bibliothek zu finden, vorzugsweise eine, in der Steuerbücher aufbewahrt werden.«

Toria runzelte verwundert die Stirn. »Warum Steuerbücher?«

»Um Steuern möglichst genau berechnen zu können, muss festgehalten werden, wer wann Eigentümer von Land und Besitz ist. Und das über Jahre. Sihlda hat immer gesagt, Steuereintreiber seien bei Weitem die besten Historiker.«

Torias Augen verengten sich zweifelnd, dann zuckte sie die Achseln. »In Couravel gibt es eine große alte Bibliothek, und ebenso in Athiltor. Aber ich bezweifle, dass sie solchen wie uns dort die Tür öffnen würden.«

»Seit wann stellen Türen ein Hindernis für dich dar?«

»Da hast du auch wieder recht. Aber ich brauche das richtige Werkzeug, wenn es so weit ist …«

Sie verstummte, weil wir an einer größeren Gruppe Soldaten vorbeikamen, die auf dem Boden saßen und fasziniert der Kommunikantin und Feldherrin Evadine Courlain lauschten, die gerade ihre nächtliche Predigt begonnen hatte. Sie stand vor einem großen Lagerfeuer – eine hochgewachsene Silhouette, die irgendwie noch fesselnder wirkte dadurch, dass ihre Gesichtszüge nicht zu erkennen waren. Vermutlich gehörte das Feuer zur Inszenierung dazu; es verbarg ihr Gesicht und verwandelte sie in eine himmlische, fast schon übermenschliche Gestalt.

Die Teilnahme an diesen Versammlungen war keine Pflicht, aber es fehlte ihr dennoch nie an Publikum. Als ich nach rechts blickte, sah ich Brauer und Ayin, die sich der Menge angeschlossen hatten. In Ayins Gesicht leuchtete Vorfreude, während Brauer ernst wirkte, obwohl auch seine geweiteten Augen verrieten, dass er begierig auf die Lektion der Feldherrin wartete. In den letzten Tagen hatte er oft ein gewisses Unbehagen ausgestrahlt, so als hätte er das Gefühl, mit seiner wachsenden Hingabe zu Evadine Sihildas Vermächtnis zu verraten. Wenn ja, so war es ein unvermeidlicher Verrat, wie der eines verheirateten Mannes, der dem Bett einer Hure nicht fernbleiben kann.

»Habt ihr euch hier versammelt, um die Seraphilen um ihre Gunst zu bitten und dem Beispiel der Märtyrer zu folgen?«, fragte Evadine die Soldaten und erhielt die traditionelle Antwort.

»So haben wir uns versammelt.«

Sonst wurde bei Andachten meist leise gemurmelt, hier jedoch riefen die Leute die Worte laut und inbrünstig. Als ich das erste Mal an einer solchen Predigt teilgenommen hatte, vermutete ich noch, der Eifer der Gläubigen rühre von der Anwesenheit Feldwebel Swains und einiger anderer frommer Veteranen her. Inzwischen wusste ich jedoch, dass die Begeisterung echt war und jeden Abend zunahm.

Für gewöhnlich eröffneten die Geistlichen ihre Predigt mit einer Passage aus den Schriftrollen der Märtyrer. Je fauler der Geistliche, desto länger der Vortrag, denn damit ersparten sie sich die Mühe, sich selbst etwas ausdenken zu müssen. Evadine hingegen zitierte nur selten aus den Schriftrollen, und wenn, dann nur, um eine ihrer eigenen Aussagen zu untermauern. Jede ihrer Lektionen war von Anfang bis Ende auf ihrem eigenen Mist gewachsen, und ich hörte sie auch nie eine frühere Predigt wiederholen.

»In letzter Zeit«, begann sie mit kräftiger Stimme, die jedoch nicht schneidend klang, »haben mich einige von euch als ›Gesegnete‹ bezeichnet. Ich muss euch bitten, damit aufzuhören. Nicht nur aus Gründen der Bescheidenheit, sondern auch, weil es einfach nicht wahr ist. Wisst ihr, meine Freunde, ich bin durch die Gunst der Seraphilen nicht gesegnet, sondern verflucht.«

Sie hielt inne, bis die Überraschung der Zuhörer sich etwas gelegt hatte, dann hob sie eine Hand. »Aber nicht durch die Maleciten oder«, nun klang sie belustigt, »einen caerithischen Scharlatan, der mit irgendwelchen Amuletten wedelt. Nein …« Plötzlich wirkte ihre Silhouette wie erstarrt, und obwohl ihr Gesicht im Schatten blieb, hatten ich und alle anderen Anwesenden das Gefühl, als würde sie uns direkt in die Augen schauen. »Mein Fluch kommt von den Seraphilen. Sie waren es, die mir ihre Vision schickten – eine Vision, die ich selbst dem niederträchtigsten, verkommensten Menschen dieser Erde nicht wünschen würde. Die Seraphilen zeigten mir die große Plage. Nicht die, die stattgefunden hat; nicht die große Katastrophe, die ganze Kaiserreiche zu Fall brachte und beinahe unser ganzes Geschlecht vom Antlitz der Welt getilgt hätte. Nein, sie zeigten mir die zukünftige Plage, die zweite, vor der in den Schriftrollen der Märtyrer Stevanos, Athil und Hersephone gewarnt wird. Den bevorstehenden Aufstieg der Maleciten, zu dessen Verhinderung unser geliebter Bund einst gegründet wurde.

Ich werde euch nicht alles erzählen, was ich gesehen habe, Freunde. Ich will euch Albträume ersparen. Aber eines sage ich euch: Ich habe Zerstörung gesehen. Und Missbrauch. Ich habe Qualen und Folter gesehen, wie kein Mensch sie sich vorstellen kann. Wenn ihr morgen marschiert, schaut euch die Schönheit der Natur an. Betrachtet das schlichte Wunder von Bäumen, Gras, Fluss und Himmel. Und dann stellt euch vor, all das wäre verdorben, verrottet, zerfetzt und zerbrochen. Stellt euch vor, der Himmel hätte eine tiefrote Farbe. Jeder Grashalm würde zu Asche, und jeder Wald bestünde nur noch aus verkohlten Stämmen. Jeder Fluss und jedes Meer wäre erstickt von Gift und dem Blut der Niedergemetzelten. Und dann stellt euch die Maleciten vor.«

Sie verstummte und senkte den Kopf. Mit einer Hand berührte sie ihre Stirn, während die Gemeinde in gespannter Vorahnung wartete.

»Es ist nicht …«, Evadine räusperte sich mit belegter Stimme, »… nicht leicht, den wahren Anblick der Maleciten zu ertragen, frei von ihren Lügen und Täuschungen. Sie anzuschauen, ist so, als würde man den fleischgewordenen Hass betrachten. Und sie sind gierig, Freunde. Sie gieren nach unserem Fleisch und unseren Seelen. Unser Schmerz ist ihre Nahrung. Einmal schon haben sie sich an uns gütlich getan, und jetzt wollen sie es wieder tun … Werdet ihr es zulassen?«

»Nein!« Anfangs war es kein Schrei, nur eine unwillkürliche Reaktion, aber trotz der geringen Lautstärke nicht weniger leidenschaftlich. Natürlich blieb es nicht dabei. »NEIN!«, kam es nun schon lauter aus zahllosen trotzigen Kehlen, während die Zuhörer aufsprangen. Gleich darauf setzte ein Sprechchor ein. »NEIN! NEIN! NEIN!« Fäuste wurden gereckt und Waffen gehoben. Auch Brauer und Ayin waren aufgesprungen. Brauer stieß eine Faust in die Luft, während Ayin auf und ab sprang, in ihrem Gesicht leuchtete freudige Hingabe.

Der Aufruhr verstummte sofort, als Evadine eine Hand hob. Stille breitete sich in der Versammlung aus, und alle warteten auf ihr Wort. Hätte Aszendent Hilbert diese Predigt gehalten, so hätte er versucht, seine Zuhörer noch mehr anzuheizen, vielleicht mit ein paar ausgewählten Aphorismen, die er aus Sihldas Testament abgekupfert hatte. Aber das wäre, wie ich wusste, ein Fehler. Diese Leute würden bald kämpfen müssen. Sie jetzt schon in Rage zu versetzen, wäre verfrüht. Dies war nur die erste Kohle, die ein Feuer entzünden sollte, das zu Beginn der Schlacht weiß glühend lodern musste. Ich konnte mich nicht entscheiden, ob ich die hier stattfindende Manipulation bewundern oder verurteilen sollte, obwohl Evadine möglicherweise nicht einmal bewusst war, was sie mit den Menschen tat. Ich hegte keinen Zweifel daran, dass sie eine Gläubige war, und als solche würde sie jede ihrer Taten mit ihrem Glauben rechtfertigen.

Anstatt noch mehr von ihrer Vision zu erzählen, sprach Evadine nun die Schlussworte der Predigt. »Werden eure Herzen fortan von der Gunst der Seraphilen erfüllt sein, und werdet ihr dem Beispiel der Märtyrer folgen?«

Die Antwort kam erneut prompt, zwar leise, aber von Überzeugung erfüllt. »Das werden wir.« Ich spürte den Eifer der Leute, aber auch ihre Zufriedenheit, die aus dem Wissen erwuchs, dass sie schon am nächsten Abend eine weitere Portion dieses süchtig machenden Elixiers erwartete.

Toria und ich, wir schlossen uns Brauer und Ayin an, die zusammen mit den anderen Soldaten größtenteils schweigend zu den Zelten zurückgingen. Man muss Toria zugutehalten, dass sie sich so lange zurückhielt, bis die Menge sich zerstreut hatte, bevor sie mir zuflüsterte: »Sie ist komplett verrückt, weißt du.«

Ich schaute zu dem Lagerfeuer zurück, das hinter den dunklen Umrissen der umliegenden Zelte loderte. Wie Toria hatte auch ich mich während der Predigt still verhalten: keine inbrünstigen Rufe, keine hochgereckten Fäuste. Aber dennoch, wenn ich mich auch gegen die Erkenntnis wehrte, wusste ich, dass Evadines Worte den Panzer durchdrungen hatten, der mein Herz umschloss. Ich war ihr nicht hörig geworden, noch nicht. Aber die eindringliche Rede einer schönen Frau besitzt eine ganze eigene Kraft.

»Ja«, sagte ich. »Eindeutig verrückt.«

Siebenundzwanzigstes Kapitel

Zu meinem Ärger ergaben sich auf unserem Marsch zur Musterung keine zufälligen Ablenkungen. Zunehmend disziplinierter stapfte die Kompanie die Straße entlang, ohne dass uns die Späher des Prätendenten oder irgendwelche Gesetzlosen den Gefallen taten, uns dabei zu stören. Es war eine in vielerlei Hinsicht ermüdende Reise. Wir erwachten beim ersten Morgenlicht zu einem Frühstück aus Haferschleim. Danach folgte eine Stunde der Ausbildung unter dem ewig kritischen Auge von Schwester-Soldatin Ofihla. Im Anschluss erwartete uns die erbauliche Aussicht eines achtstündigen Marsches, angetrieben von den Betbrüdern und -schwestern, die unordentliche Reihen oder Trödeln nicht länger duldeten. Abends schlugen wir das Lager auf, gefolgt von einer einfachen, aber immerhin kräftigen Mahlzeit. Danach noch mehr Exerzieren und schließlich die Predigt der Feldherrin.

Wenn die Teilnahme auch weiterhin freiwillig war, versammelten sich doch sämtliche Soldaten, um sich die Lektionen anzuhören, wenn man sie denn als solche bezeichnen konnte. Mit der Zeit erinnerten mich die Predigten immer mehr an einen Schmied, dem ich als Kind oft bei der Arbeit zugeschaut hatte. Jedes von Evadines Worten war präzise wie ein Hammerschlag, der aus diesem Haufen ehemaliger Gesetzloser und Halunken wahre Kämpfer des Bundes machen sollte.

Toria und ich nahmen ebenfalls an den Predigten teil, weil wir keine Aufmerksamkeit erregen wollten. Doch jedes Mal, wenn ich Evadine sprechen hörte, spürte ich, wie mein Panzer Risse bekam, wenn ich mich auch den Rufen und den gereckten Fäusten weiterhin nicht anschloss. Von dieser Frau ging eine Gefahr aus, eine Verlockung, der ich widerstehen musste, so wie ich mich einst auf Sihldas Unterricht hatte einlassen müssen. Evadine lehrte nicht, sie inspirierte. Bevor sie ihre Predigten beendete, stellte sie ihren Zuhörern eine Frage, jedes Mal eine andere, aber eine, die uns auf das angestrebte Ziel zuführte.

»Der Prätendent belügt seine Anhänger«, sagte sie in unserer letzten Nacht unterwegs. »Er behauptet, von königlicher Herkunft zu sein, obwohl es nicht stimmt. Er stillt die Gier seiner Anhänger mit Plünderungen. Und ihre Fleischeslust mit Missbrauch. Er ist ein Diener der Maleciten. Dies wurde mir gezeigt. Werdet ihr zulassen, dass diese Kreatur sich an euch bereichert? Dass sie die Tore für die zweite große Plage öffnet?«

Auf das gebrüllte »NEIN!« folgte ein vielstimmiges »NIEMALS!«. Die ganze Kompanie war aufgesprungen, hochgerissen von der zunehmenden Hitze in Evadines Stimme. In vielen Gesichtern sah ich echte Wut neben der Hingabe in den geweiteten feuchten Augen. Ayin sprang aufgeregt auf; Tränen strömten ihr über das lachende Gesicht, während Brauers Züge in frommem Zorn zitterten.

Ich spürte den Moment herannahen, wenn sich die Gemeinde in einen unvernünftigen Mob verwandeln würde, und berührte Toria am Arm. Zusammen wichen wir zurück. Gewalt hing in der Luft wie die drückende Schwere vor einem Gewitter, und ich wollte daran nicht teilhaben. Doch wieder gelang es Evadine, die Menge zu beruhigen, indem sie einfach nur die Hand hob.

»Morgen schließen wir uns dem Heer des Königs an«, sagte sie leise und eindringlich, in der atemlosen Stille aber dennoch deutlich hörbar. »Danach beginnt sicher bald die Schlacht. Ihr sollt wissen, dass ich sehr stolz auf euch bin. In meinem ganzen Leben ist mir noch nie solche Hingabe entgegengeschlagen wie aus eurer Kompanie. Ihr sollt wissen, dass ich euch liebe. Wir sprechen uns wieder, wenn die Schlacht bevorsteht. Geht jetzt, Freunde, und ruht euch aus.«

♦ ♦ ♦

Ruhe sollte ich in jener Nacht hingegen nicht finden. Während Brauer schnarchte, Toria sich hin und her warf und Ayin zusammengerollt fest schlief, starrte ich zu dem dichten Leinenstoff unseres Zeltdaches hoch. Die Predigt hallte in meinen Gedanken nach, aber lauter noch klangen die Worte, die Sihlda am Ende ihres Testaments gesprochen und die ich Aszendent Hilbert vorenthalten hatte.

Ich möchte mich selbst nicht als Opfer sehen, hatte sie gesagt, während wir zusammen in ihrer Nische saßen. Ich erinnerte mich daran, wie das Licht des Kerzenstummels flackernd eine Hälfte ihres Gesichts beleuchtet und die Falten um ihre Augen und ihren Mund zum Vorschein gebracht hatte. Sie war mir alt, aber durch ihre Weisheit auch schön erschienen.

Was ich getan habe, fuhr sie fort, *all meine Sünden, sind allein mein Werk, und ich nehme die Konsequenzen auf mich, in diesem Leben und danach, wenn ich vor die Seraphilen trete und Rechenschaft ablege, um ihr Urteil zu erfahren. Die Tatsache bleibt aber, dass ich ein Opfer bin, Alwyn. Und du ebenfalls. So wie jedes andere Mitglied dieser Gemeinde und alle, die das Pech haben, in diesen Minen schuften zu müssen. Wir sind die Opfer einer Welt voller Unrecht – ein Unrecht, das beendet werden könnte, wenn alle Opfer diese Wahrheit begreifen würden.*

Unweigerlich stellte sich mir die Frage, was Sihlda wohl von Evadine gehalten hätte. *Manche Menschen besitzen die Gabe, Leute allein mit ihren Worten zu umgarnen,* hatte sie gesagt. Hätte sie diese visionäre Adlige als reine Aufrührerin abgetan? Die mit einer Stimme und einem Gesicht gesegnet war, die es ihr leicht machten, die Unwissenden und Beeinflussbaren für sich einzunehmen? Ich bezweifelte es. Sihldas Gedanken gingen stets tiefer, waren rein und präzise.

Denke genau nach, so hatte sie meine Gedanken gelenkt, hin zu Schlussfolgerungen, die für sie selbst offensichtlich waren, die sich mir jedoch entzogen. *Betrachte die Tatsachen, finde heraus, wie sie zusammenpassen, und zieh deine Schlüsse daraus.*

Die Tatsachen also: Ich diente in einer Kompanie, die unter der Schirmherrschaft des Bundes gegründet und von einer Adligen angeführt wurde, die Visionen von der zweiten großen Plage hatte. Hinzu kam, dass es dieselbe Adlige war, an die der edle Eldurm seine verliebten Briefe geschickt hatte.

Aus jenen Briefen wusste ich, dass ihre Familie nicht bloß adlig, sondern so angesehen war, dass Evadines Großvater einst König Tomas als Ratgeber gedient hatte, als dieser mit erst neun Jahren den Thron bestieg. Zudem gehörte ihrer Familie ein guter Teil des besten Landes in Alberis. Einer Schönheit von so hoher Herkunft und solchem Reichtum mangelte es sicher nicht an Verehrern, und doch war sie hier und befehligte ein paar hundert gläubige Schurken, die vermutlich bald abgeschlachtet werden würden.

Was tut sie hier?, fragte ich mich und suchte vergeblich nach einer Erklärung. *Was will sie?*

Doch dann hörte ich im Geiste Sihldas Stimme, den geduldigen, gemessenen Tonfall, den ich so gut kannte, laut und deutlich, so als würde sie neben mir liegen: *Ihre Familie hat sie deswegen sicher ausgeschlossen, vielleicht sogar enterbt. Ein solches Opfer bringt man nur, wenn man sich etwas von ganzem Herzen wünscht: Veränderung, Alwyn. Die Visionen, von denen sie spricht – wenn sie sie wirklich für echt hält –, haben in ihr dasselbe Verlangen geweckt, das einst auch mich beherrschte. Sie will, was ich wollte, was ich mit meinem Testament erreichen wollte. Sie will die Welt verändern, aber nicht allein durch Worte.*

Nun stieg doch Müdigkeit in mir auf, meine Augenlider sanken hinab, und das Zeltdach löste sich in Schwärze auf. Während ich in den Schlaf glitt, folgte mir Sihldas Weisheit in die Leere: *Und genau wie ich, braucht sie dich, um ihr Ziel zu erreichen …*

♦ ♦ ♦

Etwa zur Mittagszeit kam die Kompanie im Lager des königlichen Heeres an. Wir lungerten eine Weile herum, während die Feldherrin und Feldwebel Swain loszogen, um sich bei den adligen Koryphäen zu melden, die hier den Oberbefehl haben mochten. Die Kompanie wartete auf dem Hang eines flachen Hügels, von dem aus man eine gute Sicht über das gesamte Heer hatte, und ich vermochte die vielen Flaggen, die über der Stadt aus Zelten und Pferdekoppeln flatterten, gar nicht zu zählen. Die wahre Größe des Lagers war zudem wegen der darüberhängenden Wolke aus Holzrauch, Schweiß und dem Atem zahlloser Menschen und Tiere schwer zu ermessen. Dennoch gelangten Toria und ich zu einer ungefähren Schätzung der Gesamtzahl, die seither von zahllosen Gelehrten weitgehend bestätigt wurde.

»Fünfzehntausend«, meinte ich.

»Ich sage zwanzig«, konterte sie. »Denk an die Leute, die dem Lager folgen, und an die Unmengen von Dienern und Arschkriechern, die die Adligen so mitschleppen.«

»Eine große und mächtige Armee!«, rief Ayin begeistert und strahlte wieder übers ganze Gesicht. Nun, da die Schlacht immer näher rückte, kam sie aus dem Grinsen gar nicht mehr heraus. »Den Abschaum des Prätendenten mähen wir nieder wie eine Sense den Weizen.« Ihr inbrünstiger Ton ließ mich vermuten, dass Evadine ihren Geist zwar etwas beruhigt, aber keinesfalls geheilt hatte.

»Die Kette der Wachposten ist nicht sehr wohlgeordnet«, stellte Toria ruhig fest und ließ Ayin wie üblich links liegen. »Im Süden wirkt sie am löchrigsten.«

»Wir müssen schauen, wohin sie uns schicken«, murmelte ich zurück. »Dann besorgen wir uns von irgendwoher was zu trinken und freunden uns mit den Knechten an, die da Wache halten. Vielleicht wissen sie ja ein, zwei Schlucke Brandy in einer kalten Nacht zu schätzen.«

»Betrunkene Wachposten.« Sie nickte zustimmend. »Die sind mir am liebsten.«

Leider wurden unsere schlauen Pläne durchkreuzt, als Feldwebel Swain zurückkehrte und Befehl gab, direkt auf dem Hügel ein Lager aufzuschlagen. Seine Miene wirkte noch grimmiger und abweisender als sonst, während er die Befehle bellte, woraufhin wir loseilten und Zelte errichteten und Holz für die Feuer aufstapelten. Ich fragte mich, was es wohl zu bedeuten hatte, dass Swain ohne Evadine zurückgekehrt war, und vermutete, seine düstere Stimmung könnte damit zusammenhängen. Deshalb verspürte ich einige Beklommenheit, als ich ihn meinen Namen rufen hörte.

»Scribe! Herkommen!«

Pflichtbewusst trottete ich zu ihm, drückte den Rücken durch und richtete den Blick zu Boden, wie es erwartet wurde, wenn man mit einem Betbruder sprach. Ich hatte die Erfahrung gemacht, dass man in Swains Gegenwart besser keinerlei Regung zeigte, weder beim Sprechen noch in der Mimik. Sein Misstrauen mir gegenüber hatte er trotz meiner mustergültigen und ehrlichen Buchführung noch immer nicht abgelegt.

»Hol die Kompaniebücher und bring sie der Feldherrin«, wies er mich an. »Nimm auch Tinte und eine Feder mit. Du findest sie im Zelt mit der Flagge des Bundes. Na los!«, knurrte er, als ich einen Moment zu lange zögerte.

♦ ♦ ♦

Nach meiner Erfahrung bringt ein Heer vor allem drei Dinge reichlich hervor: Dreck, Exkremente und Blut. Und am meisten von den ersten beiden, denn nicht selten marschieren Armeen hin und her, ohne auch nur einen Tropfen Blut zu vergießen. Diejenigen von euch, die ein – wenn vielleicht auch nur flüchtiges – Interesse an der jüngeren Geschichte hegen, werden wissen, dass man dies von dem Heer von König Tomas, das sich der Horde des Prätendenten entgegenstellen sollte, nicht behaupten konnte.

Das Lager zu durchqueren, war eine schmutzige und zuweilen gefährliche Angelegenheit, beladen, wie ich war, mit dem Tornister, der die Kompaniebücher enthielt. Die Mischung aus Rauch und dem Gestank von Pferdedung, die schwer in der Luft hing, ließ meine Nase unangenehm jucken und meine Augen tränen. Um vorwärtszukommen, musste ich durch Unmengen von Schlammpfützen stapfen und dabei immer wieder Karren, den Pferden von Adligen oder berittenen Soldaten ausweichen. Auf einen Fußsoldaten, der ihnen in den Weg lief, nahmen sie keine Rücksicht, manche machten sich sogar darüber lustig, wenn ich Unglückseliger in den Schlamm fiel. Ich war überrascht, dass im Lager eine solche Unordnung herrschte. Die verschiedenen Zeltgruppen waren in zufälligen Abständen zueinander errichtet worden, ohne dass man darauf geachtet hatte, ausreichend breite Durchgänge zu lassen. Schmutz und Unordnung spiegelten sich auch in den Bewohnern, zumindest bei denen, die mir bei meiner Suche nach der Flagge des Bundes begegneten.

»Haste 'n bisschen Kraut dabei?«, rief mir ein schmutziger Kerl von einigen besonders hässlichen Zelten entgegen. Die darüber wehende Flagge war mir unbekannt und ebenso der Akzent des Mannes – ein schrilles, holpriges Krächzen, das, wie ich später erfuhr, vom Ostzipfel des Reiches stammte. Er trug ein mit rostigen Nieten besetztes Lederwams und hatte sich seit Tagen nicht mehr rasiert. In der Kompanie des Bundes ließen die Betbrüder und -schwestern den Männern sieben Tage, um sich einen Bart wachsen zu lassen, und zwangen sie danach, sich zu rasieren, wenn es ihnen in dieser Zeit nicht gelang. Außerdem zweifelte ich nicht daran, dass Betschwester Ofihla mir eine ordentliche Tracht Prügel verpassen würde, wenn ich mit getrocknetem Schlamm im Gesicht herumliefe.

»In unserer Kompanie ist das verboten«, rief ich zurück. »Aber ich hätte ein paar Sheks für Brandy dabei, falls du welchen hast.«

»Ach, verpiss dich.« Er winkte ab und drehte sich weg. »Im ganzen beschissenen Lager kriegt man nicht eine Flasche.«

Ich ging weiter und versuchte dabei, mich an den Rändern der schlammigen Straßen zu halten, während ich den Wald aus Flaggen nach dem Wappen des Bundes absuchte. Als ich bei einem kleinen Hain vorbeikam, fiel mir etwas Seltsames auf. Aus mir unbekannten Gründen befand sich zwischen dem Hain und den umliegenden Zelten eine breite Lücke; unter den Ästen einer hohen Birke erhob sich jedoch ein einzelner kegelförmiger Unterschlupf.

Er schien aus gebogenen und miteinander verflochtenen Zweigen zu bestehen, deren Lücken mit Moosen und Blättern ausgestopft waren. Daneben dampfte über einem kleinen Feuer ein Topf, den eine schlanke Gestalt in einem erdig-grünen Umhang bewachte. Obwohl der Unterschlupf nicht ganz alltäglich war, zog vor allem die Frau am Feuer meinen Blick auf sich, nicht wegen ihrer Schönheit, sondern wegen des Sacks aus grob gewebtem Stoff, den sie über dem Kopf trug. Auf dem Rücken lugte ihr langes blondes Haar unter dem Sack hervor, doch ihr Gesicht, wie ich bemerkte, als sie sich zu mir umdrehte, blieb vollständig darunter verborgen.

In dem Sack befanden sich zwei kleine rautenförmige Löcher. Was dahinter lag, war nicht zu erkennen, aber ich spürte einen prüfenden Blick. Sie hatte bemerkt, dass ich sie anschaute, dessen war ich mir sicher, aber wie, blieb mir ein Rätsel. Mein Herz schlug schneller, als sie von ihrem kleinen Schemel aufstand und sich zu mir umdrehte. Sie legte den Kopf schief, und der Sack warf Falten. Es war keine raubtierhafte Bewegung, dennoch regte sich in mir Unbehagen und der Wunsch, woanders zu sein. Ich blieb trotzdem stehen, unfähig, den Blick von den schwarzen Rauten abzuwenden. Sie wirkten so gebieterisch, dass ich das Platschen von Stiefeln hinter mir gar nicht wahrnahm.

»Na, bist du scharf auf die Sackhexe?«, erkundigte sich eine vertraute Stimme. »Würd ich mir an deiner Stelle überlegen. Nach dem, was ich gehört hab, ist das, was unter dem Sack steckt, dermaßen hässlich, dass es einen in den Wahnsinn treiben kann.«

Als ich mich umdrehte, sah ich mich einem stämmigen grauhaarigen Kerl gegenüber, der eine grau-schwarze Uniform trug. Seine Hand ruhte am Griff des Schwertes an seinem Gürtel. Er hielt ihn fest umklammert, wenn seine Miene auch leutselig wirkte.

»Leutnant Lebas.« Ich sah nach links und rechts, um festzustellen, dass er nicht allein war. Zwei andere Wachmänner aus den Minen standen hinter ihm, und ihre Gesichter machten einen weit weniger freundlichen Eindruck.

In Momenten wie diesen lässt die Furcht meist recht schnell nach. Es gab keinen Zweifel daran, wie die Begegnung enden würde, und die Gewissheit ließ keinen Raum für die nervöse Panik, die von mir Besitz ergriffen hätte, wäre mir das Gesicht dieses Mannes lediglich in einer Menge aufgefallen.

»Alwyn Scribe.« Lebas neigte den Kopf.

»Ist sie wirklich eine Hexe?« Ich deutete auf die Frau mit dem Sack auf dem Kopf. Ich spielte nicht bloß auf Zeit, ich war tatsächlich neugierig.

»So heißt es.« Lebas zuckte grinsend die Achseln. »Sie ist eine Caeritherin, weißt du? Wo immer es eine Musterung gibt, ist sie zur Stelle, mit allen möglichen Zaubertränken für den richtigen Preis. Die heilt alles, von 'nem schlaffen Dödel bis hin zu 'nem vergifteten Magen. Ich selbst musste ihre Dienste bisher noch nicht in Anspruch nehmen.« Er wirkte jetzt schon weniger fröhlich, stattdessen trat ein hartes Funkeln in seine Augen. »Und du wirst wohl auch nicht mehr die Chance dazu bekommen.«

Ich lächelte ihn an. »Eldurm hat euch zur Musterung des Königs geschickt, schätze ich mal?«

Nun fiel alle vorgetäuschte Freundlichkeit von Lebas ab, seine Haut rötete sich, und er blähte die Nasenflügel. »Die Familie Gulatte ist jetzt nicht mehr für die Minen zuständig, dank euch.« Seine Fingerknöchel am Griff des Schwertes verfärbten sich weiß. »Eine einzige erfolgreiche Flucht in all den Jahren, und der König hat Seiner Durchlaucht den Pachtvertrag gekündigt und ihn an einen Adligen mit dickerer Geldbörse weitergegeben. Jetzt sind wir hier, damit Eldurm vor dem König seine Ehre wiederherstellen kann. Und in ein, zwei Tagen werden ein paar von uns tot im Schlamm liegen, dank euch.«

»Soweit ich mich erinnere, lagen morgens immer eine Menge Leute tot am Tor.«

»Wertloser Abschaum, genau wie du.« Sein Grinsen kehrte zurück; er trat näher und zog sein Schwert aus der Scheide. »Obwohl ich dir ja eigentlich danken sollte. Du wirst mich reich machen ...«

In einem Moment wie diesem hängt das Schicksal eines Menschen von vielen Zufällen ab. Es kann etwas so Simples sein wie ein Wechsel der Windrichtung oder des Winkels der Sonneneinstrahlung. Zahllose Faktoren kamen jetzt zusammen, die darüber entschieden, ob ich dieses Treffen überlebte, hauptsächlich jedoch der Umstand, dass Leutnant Lebas und seine beiden Kumpane keine echten Soldaten, sondern Wachmänner waren. Das mag ein feiner Unterschied sein, aber ein bedeutender. Wäre Lebas Soldat gewesen und nicht ein Mann, der jahrelang wehrlose Leute eingeschüchtert hatte, dann wäre er bei seinem Angriff möglicherweise schneller oder vorsichtiger vorgegangen. Stattdessen stürmte er auf mich zu wie ein wütender Raufbold und hatte deswegen keine Chance, dem Tornister mit den Kompaniebüchern auszuweichen, den ich ihm gegen den Kopf hämmerte.

Bevor ich in die entgegengesetzte Richtung davonlief, wurde ich noch mit dem Anblick belohnt, wie das Blut aus dem Mund des Feldwebels hervorspritzte, zusammen mit ein paar ausgebrochenen Zähnen. Sein Kopf wurde schräg herumgerissen, und sein stämmiger Körper fiel zu Boden. Ich hörte die Stiefel seiner Kameraden hinter mir poltern, während ich auf den Hain zurannte. Ich würde mich zwischen den Bäumen hindurchschlängeln und weiter auf den geschäftigsten Teil des Lagers zulaufen, wo ich hoffte, meine Verfolger inmitten der vielen Zelte und Soldaten abhängen zu können.

Meine Laufrichtung führte mich unweigerlich dicht an der Sackhexe vorbei. Sie stand still da, ohne sich von dem Aufruhr beirren zu lassen. Wieder zogen mich die rautenförmigen schwarzen Löcher, hinter denen sich ihre Augen verbargen, in ihren Bann, und die Zeit schien sich zu verlangsamen. Nur für einen kurzen Moment traf ein Lichtstrahl eine tiefblaue Pupille.

Dann war ich an ihr vorbei und rannte weiter, wobei ich fürchtete, jeden Moment das Zischen einer Schwertklinge zu hören. Stattdessen vernahm ich plötzlich einen Warnruf, gefolgt vom Stolpern eines Mannes, der abrupt stehen blieb. Ich wurde etwas langsamer und blickte über die Schulter. Einer der Wachmänner, die mich verfolgten, war auf die Knie gefallen, der andere stand zwar noch aufrecht, hatte aber ebenfalls angehalten. Beide starrten mit kreidebleichen Gesichtern die reglose Gestalt der Sackhexe an. Ich hatte keine Ahnung, weshalb sie ihre Verfolgung so plötzlich aufgegeben hatten, es hatte jedoch zweifellos etwas mit der Frau zu tun, obwohl die sich überhaupt nicht gerührt hatte.

Der kniende Wachmann krabbelte von der Sackhexe weg und schaffte es nach ein paar vergeblichen Versuchen, wieder auf die Beine zu kommen. Er wich schnell zurück. Sein Kumpan war beherrschter, sein Blick ging von der Frau zu mir, und er fuchtelte wütend mit dem gezogenen Schwert. Dann fluchte er und rief der Sackhexe noch ein paar Beleidigungen zu, bevor er ebenfalls eilig den Rückzug antrat. Ich sah bloß noch, wie die beiden neben Lebas' am Boden liegender Gestalt in die Hocke gingen und ihn wegschleppten.

Ich drehte mich um und rannte weiter. Dabei spürte ich den Blick der Sackhexe im Rücken, bis ich in der Zeltstadt verschwunden war.

⬧ ⬧ ⬧

Ich fand die Flagge des Bundes in der Mitte des Lagers nahe einigen stark bewachten größeren Zelten in bunten Farben. Darüber ragte der höchste Fahnenmast von allen auf, dessen Flagge drei weiße Pferde auf schwarzem Untergrund zierten. Wappenkunde war nicht Sihldas Hauptaugenmerk gewesen, aber ein wenig hatte sie mir doch darüber beigebracht, sodass ich die Flagge der Dynastie der Algathinets sofort erkannte. Ihre Größe und die an den Ecken flatternden goldenen Troddeln wiesen darauf hin, dass sie König Tomas höchstselbst gehörte und nicht bloß einem niederen Mitglied seiner Familie.

Unwillkürlich blieb ich stehen und betrachtete sie. Mein Blick glitt den Fahnenmast hinunter zu den Zelten. Außer den gepanzerten Wachen der Kompanie der Krone mit ihren roten Umhängen war niemand zu sehen, dennoch fühlte ich mich überwältigt davon, nur wenige Dutzend Meter vom Monarchen von Albermaine entfernt zu stehen.

Also ist er doch persönlich in den Kampf gezogen. Anscheinend lag ich mit meiner Annahme falsch, der Hof hätte sich in der Krise lieber irgendwo in Sicherheit gebracht. Dies widersprach allem, was ich über den König und seine adligen Kumpane so gehört hatte. *Der König ist ein Narr, der sich gern mit noch größeren Narren umgibt,* war Sihldas unverblümte Beschreibung des gegenwärtigen Throninhabers gewesen. *Ein törichter Bürger ist nur eine Gefahr für sich selber. Ein törichter König hingegen bringt uns alle in Gefahr.*

»Hier drüben, Scribe!«

Evadines Stimme riss mich sofort aus meinen Gedanken, vor allem wegen der für sie ungewöhnlichen zornigen Ungeduld darin. Sie stand bei einem großen Karren, vor dem ein alter Gaul mit zottigen Hufen seine ungekämmte Mähne schüttelte. Neben Evadine stand ein schlanker, adrett gekleideter Geistlicher, dessen schmales, blasses Gesicht trotz des wütenden Stirnrunzelns der Feldherrin zu einem milden Lächeln verzogen war.

»Feldherrin.« Ich tippte mir gegen die Stirn und eilte zu ihr. »Feldwebel Swain hat mich gebeten …«

»Ja, ja«, unterbrach sie mich und nickte zu dem Geistlichen. »Aspirant Arnabus möchte Einblick in die Bücher nehmen.«

Der Blick des schlanken Mannes glitt über mich hinweg, während ich die in Leder gebundenen Bände aus dem Tornister holte. In seinen kleinen, fast schwarzen Augen leuchtete nur kurz Interesse auf, als er mein Gesicht und meine Kleidung musterte, dann richteten sie sich auf die Bücher. »Leg sie bitte hierher, guter Soldat.« Er deutete auf die Ladeklappe des Karrens. Er sprach mit demselben Akzent wie Evadine, dem eines Adligen aus Alberis, seine Ausdrucksweise war aber glatter und zurückhaltender. »Und sei bitte so nett, mir die Einträge über die Vorräte der Kompanie zu zeigen.«

Ich tat, wie mir geheißen, und blätterte zu den entsprechenden Seiten vor, was den Mann zu einem überraschten anerkennenden Murmeln veranlasste. »Sehr schön.« Er fuhr mit dem Finger über die Spalten mit Zahlen und Buchstaben. »Dein Werk?«

Ich nickte. »Jawohl, Aspirant.«

»Deine Feldherrin kann von Glück reden, einen so fähigen Schreiber gefunden zu haben.« Er entblößte lächelnd seine Zähne, die unnatürlich weiß erschienen, wie kleine Elfenbeinkugeln. »Darf ich fragen, wie du diese Fertigkeit erworben hast?«

Ich hielt es für klüger, ihm die ausführliche Erklärung vorzuenthalten, und entschied mich stattdessen für eine verkürzte Version. »Ich habe im Schrein von Märtyrer Callin im Skriptorium gearbeitet, Aspirant.«

»Ah, das erklärt es. Sag, arbeitet Meister Arnild der Buchmaler noch dort?«

»Jawohl, Aspirant. Ich hatte das Glück, bei ihm in die Lehre zu gehen …«

Ich verstummte, als Evadine sich laut räusperte. Aspirant Arnabus' Augen verengten sich und wanderten kurz zu ihr hin; sein breites Lächeln hingegen verriet keine Verärgerung, eher sogar Befriedigung.

»Nun gut.« Er wandte sich den Kompaniebüchern zu. »Dann wollen wir doch mal schauen, nicht wahr?«

Eine ganze Weile blätterte er mit geschürzten Lippen stirnrunzelnd durch die Seiten, was von aufrichtigem Interesse zu zeugen schien. Hin und wieder stellte er Evadine Fragen, die wie banale Erkundigungen nach kleinen Details klangen. Evadines knappe, immer wütender werdende Antworten ließen jedoch vermuten, dass es in Wahrheit verdeckte Spitzen waren.

»Drei Letine pro Woche allein für Nahrungsmittel«, kommentierte er mit hochgezogener Braue. »Nach meiner Erfahrung reichen für eine Kompanie dieser Größe höchstens zwei. Manche adligen Feldherren, die zu Recht die Geldbörse des Königs schonen wollen, kommen gar mit einem aus.«

»Und gehen mit hungrigen Soldaten in die Schlacht, die kaum einen Rossschinder halten können«, gab Evadine zurück und schaute den Aspiranten dabei unverwandt an. »Ich kann Euch versichern, wenn wir auf die Horde des Prätendenten treffen, werden die Soldaten unter unserem Banner den Wert einer guten Ernährung unter Beweis stellen. Außerdem, Aspirant«, sie schenkte ihm nun selbst ein hohles Lächeln, »untersteht diese Kompanie dem Bund und nicht dem König.«

»So wie der König verfügt auch der Bund nicht über unendlichen Reichtum. Dennoch«, der Geistliche rümpfte schnaufend die schmale Nase, »scheint hier alles in Ordnung zu sein. Schreiber.« Er winkte mich zu sich und zog eine Schriftrolle aus dem Ärmel seiner Kutte, die er auf dem offenen Kompaniebuch ausrollte. »Sei so gut und trage diese Gegenstände in die Bestandsliste ein. Ich bestätige noch die Richtigkeit der Einträge, und dann kannst du mit deiner guten Feldherrin gehen.«

Evadine nickte mir zu, worauf ich im Tornister nach meiner Schreibfeder und der Tinte suchte und mich an die Arbeit machte. Die Schriftrolle des Aspiranten enthielt eine Auflistung von Waffen und Rüstungsteilen, und zwar mehr von Ersterem als von Letzterem. Ich trug drei Dutzend Hellebarden, halb so viele Schwerter und fünfzehn Falchione in die Liste ein. Außerdem waren, wie ich mit Interesse bemerkte, fünf Armbrüste mit jeweils einhundert Bolzen darunter. Die Liste der Rüstungsteile war zwar länger, aber von geringerer Zahl, sie enthielt etwa zwanzig Einträge, insgesamt kamen aber nur dreiunddreißig Gegenstände zusammen. Mit den meisten konnte ich als militärischer Laie nichts anfangen – Buckel, Kacheln, Diechlinge und dergleichen –, was mit zehn Kettenhemden und fünf Brustharnischen gemeint war, begriff ich hingegen schon. Selbst mir Unwissendem war klar, dass man mit dieser Menge an Rüstungsteilen höchstens zwanzig Soldaten ausstatten konnte, aber keine ganze Kompanie. Aus der starren Miene der Feldherrin, die mir beim Übertragen der Liste zusah, schloss ich, dass sie das ebenfalls wusste. Allerdings äußerte sie sich erst dazu, als ich am Ende noch die Kosten für die Lieferung eintrug.

»Der Bund scheint den habgierigsten Waffenhändler in ganz Albermaine aufgetrieben zu haben«, stellte sie fest und blickte Aspirant Arnabus an.

»In Kriegszeiten werden Waffen zum Höchstpreis gehandelt«, erwiderte er gelassen, wenn auch mit einem Hauch Bedauern. »Seine Eminenz Helstan persönlich hat außer der Reihe eine Andacht abgehalten, um für dieses Unterfangen Geld zu sammeln. Ich werde ihm gern von Eurer Dankbarkeit für seine Bemühungen berichten, Feldherrin.«

»Tut das. Und vergesst nicht, ihm auch davon zu berichten, was Ihr morgen sehen werdet, wenn die Kompanie des Bundes ihren Wert unter Beweis stellt. Es sei denn natürlich, Ihr wollt Euch uns anschließen und es selbst miterleben.«

Ich hätte erwartet, dass der Aspirant mit Wut reagieren und einige vorgeschobene Gründe nennen würde, um über seine Feigheit hinwegzutäuschen, aber er hob nur leicht amüsiert eine Braue. »Ich wäre Euch zweifellos nur im Weg. Außerdem hat mir Prinzessin Leannor ausdrücklich Befehl gegeben, während des Kampfes nicht von ihrer Seite zu weichen. Zusammen werden wir die Seraphilen anrufen, damit sie uns ihre Gunst erweisen und uns zum Sieg führen, Krone und Bund in frommem Gebet vereint. Das findet doch gewiss Eure Zustimmung.«

Evadine antwortete nicht, sondern schaute Arnabus nur für einen Moment schweigend an, der sich unangenehm in die Länge zog. Der Aspirant erwiderte ihren Blick mit betont ruhiger Freundlichkeit.

Schließlich blinzelte sie und wandte sich mir zu. »Du weißt, wie man einen Karren lenkt, nehme ich an?«

»Ja, Feldherrin«, versicherte ich ihr. Ich hatte schon genügend Karren gestohlen, um ein guter Wagenlenker zu sein.

»Hervorragend. Dann pack die Bücher zusammen und los geht's.«

Ich steckte die Bücher wieder in den Tornister, schloss die Wagenklappe und eilte zur Vorderseite des Karrens, um mich auf den Kutschbock zu schwingen. Der alte Karrengaul warf mir einen gramvollen Blick zu, als ich die Zügel ergriff. Das weiße Maul der Stute zermalmte ein Büschel Gras, während Fliegen um ihre Nüstern schwirrten. Sie bildete einen starken Gegensatz zu dem stahlgrauen Schlachtross, auf das Evadine nun aufsaß, ohne – wie mir auffiel – sich von Aspirant Arnabus zu verabschieden. Er hingegen hatte noch ein paar Abschiedsworte für sie übrig.

»Euer Vater ist heute Morgen hier eingetroffen«, rief er Evadine hinterher, die bereits ihren Grauen auf die Westgrenze des Lagers zulenkte. »Der edle Courlain nimmt gerade am Kriegsrat des Königs teil, aber ich kann Euch gern Erfrischungen bringen lassen, solltet Ihr noch eine Weile warten und ihm die Ehre erweisen wollen.«

Obwohl ich dagegen ankämpfte, ging mein Blick unwillkürlich zum Gesicht der Feldherrin. Ich hatte in meinem Leben schon viele zornige Menschen gesehen und so einiges über das Wesen der Wut gelernt. Bei manchen ist sie ein Gift, eine Flamme, die umso heißer brennt, wenn ihr keine Luft verschafft werden kann. Sie frisst sich in die Eingeweide und hinterlässt nur eine verbitterte leere Hülle. Für diejenigen, die ihren Zorn nicht im Zaum halten können, so wie Deckin, ist er Verbündeter und Verräter zugleich. Mit ihm kann man Furcht erzeugen und die Schwachen zum Gehorsam zwingen, so wie ein Wolf über sein Rudel herrscht, aber er kann einen auch blind machen, wie Deckin zu spät erfahren hat.

Die Kommunikantin und Feldherrin Evadine Courlain war an jenem Tag zweifellos wütend. Ich sah es deutlich in der erstarrten alabasternen Maske ihres Gesichts, als sie sich bewusst nicht noch einmal zu dem Aspiranten umdrehte. Und in dem leichten Zucken ihrer Hände, die nach dem Langschwert an ihrem Sattel greifen wollten. Aber sie tat es nicht, und sie drehte sich auch nicht um. Für sie war Zorn etwas, das es zu beherrschen galt, das sie aber auch, wie ich später erfahren sollte, mit ganzer Macht zu entfesseln wusste, wenn die Situation es verlangte.

»Los, Scribe«, murmelte sie mir leise zu und trieb ihren Grauen zum Schritttempo an.

Achtundzwanzigstes Kapitel

Wir bahnten uns einen Weg durch die südlichen Bereiche des Lagers zurück zur Kompanie. Zu meiner Erleichterung kamen wir nicht noch einmal an dem Hain vorbei, bei dem die Sackhexe ihre Behausung errichtet hatte. Ich war mir nicht sicher, wovor ich mich mehr fürchtete: vor einer erneuten Begegnung mit Gulattes Männern oder mit der Caeritherin. Die schwarzen Rauten sah ich immer noch deutlich vor mir, besonders den Lichtschimmer, den ich gesehen hatte. Es war nur ein flüchtiger Moment gewesen, aber ich wurde das Gefühl nicht los, dass er in irgendeiner Weise bedeutsam war.

Wie es der Zufall wollte, kamen wir unterwegs an einer anderen Flagge vorbei, die ich erkannte, diesmal nicht aus Sihldas Unterricht, sondern weil sie mir schon früher bekannt gewesen war. Die Flagge des Herzogs Elbyn Blousset von den Shavine-Marschen hing an einem der höchsten Fahnenmaste des Lagers, wenn er auch nicht so hoch war wie der des Königs – das wäre Verrat gewesen. Ein silberner Falke auf rotem Grund flatterte über einem Wald aus Wappen der niederen

Häuser des Herzogtums, die zur Musterung des Königs erschienen waren.

Sie ist hier. Ich betrachtete die im Wind flatternde Flagge, während der Karren über Spurrillen und Unebenheiten hinwegholperte. *Es sei denn, der Herzog hat seine Hure zu Hause gelassen.* Aber das war unwahrscheinlich. Diese Versammlung mächtiger Adliger würde Lorine sich sicher nicht entgehen lassen. Die zahllosen Gelegenheiten, die sich ihr hier boten, mussten für sie unwiderstehlich sein.

Sie wird gut bewacht sein. Ich ließ den Blick über die dicht stehenden Zelte schweifen, die sauberer aussahen als die meisten anderen und in denen wahrscheinlich auch diszipliniertere Soldaten untergebracht waren, als man sonst im Lager antraf. *Aber nicht während der Schlacht. Wenn die Schlacht beginnt, wird sie allein sein oder zumindest nur noch leicht bewacht …*

Meine Grübeleien nahmen mich dermaßen in Anspruch, dass ich es gar nicht gleich bemerkte, als Evadine ihren Grauen abrupt zum Stehen brachte. Zum Glück stieß die dahintrottende Stute ein warnendes Schnauben aus, bevor ich mit dem Karren in das Schlachtross der Dame hineinfahren konnte. Ich zog an den Zügeln und schaffte es noch gerade rechtzeitig, den Karren zum Stehen zu bringen. Als ich sah, weshalb die Feldherrin angehalten hatte, drehte sich mir der Magen um.

Eldurm Gulatte saß ein Dutzend Meter vor uns auf einem schönen Hengst, zu beiden Seiten flankiert von knapp einhundert Berittenen. Das Gesicht Seiner Durchlaucht war gerötet, der Ausdruck eines Mannes, der sich einer schweren, aber unvermeidlichen Pflicht gegenübersah.

»Edle Dame«, begrüßte er Evadine. Er verneigte sich, blieb aber im Sattel. Dies war, wie ich wusste, ein Bruch mit der ritterlichen Etikette, die üblicherweise verlangte, dass ein Edelmann absaß und ein Knie beugte, bevor er eine Dame von gleichem oder höherem Rang begrüßte. War das Objekt seiner Zuneigung etwa in seiner Achtung gesunken? Der Anblick seines Gesichts belehrte mich jedoch rasch eines Besseren. Wenn er Evadine anschaute, verriet seine Miene eine Mischung aus Lust und Verlangen, Gefühlsregungen, die er stets mit Liebe verwechselt hatte. Dank der vielen Stunden, in denen ich ihm geholfen hatte, Briefe an ebendiese Frau zu schreiben, wusste ich, dass hinter seinem Ausdruck nicht Liebe stand, sondern hoffnungslose Besessenheit, die einen an sich freundlichen Menschen gefährlich machen konnte.

»Es freut mich sehr, Euch wiederzusehen«, fügte er gezwungen hinzu und klang dabei alles andere als erfreut.

»Edler Herr«, lautete Evadines einzige Erwiderung. Ihre Stimme war tonlos und ohne jede Wärme. Sie blieb auf ihrem Grauen sitzen und strahlte eher verhaltene Neugier als Besorgnis aus.

»Ich habe von Euren … Abenteuern gehört«, fuhr Eldurm nach einem Räuspern fort. »Sehr bewegend und bewundernswert. Etwas anderes hätte ich aber natürlich von Euch auch nicht erwartet. Obwohl es mich sehr betrübt, Euch in so großer Gefahr zu sehen …«

»Edler Herr«, warf Evadine ein, jetzt mit einem stählernen Unterton. »Unsere jüngste Korrespondenz hat, denke ich, den Schlusspunkt unter eine mögliche Verbindung zwischen uns gesetzt, außer als Verbündete in diesem noblen Unterfangen. Also«, sie packte die Zügel ihres Grauen fester, »wenn Ihr wegen des Krieges nichts weiter mit mir zu besprechen habt, dann bitte ich Euch in aller gebotenen Höflichkeit, uns vorbeizulassen. Ich habe Dringendes mit meiner Kompanie zu regeln.«

Ich sah, dass Eldurm ihre Worte wie eine Salve Pfeile trafen. Er sank im Sattel zusammen, sein kantiges attraktives Gesicht wurde bleich, wie bei einem Mann, dessen Herz gebrochen war. Dennoch muss man ihm lassen, dass er sich schnell wieder im Griff hatte. Er holte tief Luft, richtete sich auf und zwang sich, Evadine fest in die Augen zu sehen.

»Bedauerlicherweise bin ich nicht wegen Euch hier, edle Dame.« Seine Entschlossenheit verwandelte sich in grimmige Vorfreude, als er sich mir zuwandte, den Arm ausstreckte und den Finger wie eine Speerspitze auf mich richtete. »Sondern seinetwegen.«

Evadine drehte sich zu mir um und musterte mich mit hochgezogener Braue, worauf ich nur ein schwaches Lächeln zustande brachte.

»Ein Schurke von der übelsten Sorte«, fuhr Seine Durchlaucht fort. »Ein Betrüger, Dieb und Mörder, der vor nicht einmal einer Stunde einen meiner Männer angegriffen hat. Nach den Gesetzen der Krone gehört er mir, und ich werde ihn seiner gerechten Strafe zuführen.«

Bevor Evadine sich wieder zu Eldurm umdrehte, wanderten ihre Mundwinkel leicht nach oben. Es war nur ein Anflug wissender Heiterkeit, aber dennoch irgendwie beruhigend. »Das ist mir gleich«, stellte sie mit sorgfältiger Betonung fest. »Ich kenne seine Geschichte. Dennoch bleibt er mein Soldat, der nach dem Gesetz des *Bundes* einen Eid geschworen hat.«

»Dieser niederträchtige Geselle«, fuhr Eldurm hitzig fort, sein Gesicht lief rot an, und sein Pferd, das den Zorn seines Herrn spürte, tänzelte hin und her, »hat auch früher schon Treue zum Bund geheuchelt! Ihr wärt eine Närrin, wolltet Ihr seine Lügen glauben. Genau wie ich damals närrisch war, als ich ihn in mein Gemach ließ und ihm gestattete, meine Briefe zu schreiben …«

Er verstummte, und sein Gesicht färbte sich vor Verlegenheit rosa. Wieder gelang es ihm jedoch recht schnell, die Fassung zurückzugewinnen, und nach einigen beruhigenden Atemzügen sprach er weiter. »Und ich war nicht der Einzige, den er hinters Licht führte. Aszendentin Sihlda, einst eine hochgeschätzte Stimme des Bundes, liegt nun für immer unter Geröll und Erde begraben, nachdem dieser Mann sie mit seiner Tücke zu einem hoffnungslosen Fluchtversuch verleitet hat. Dieser Verräter ließ einen Tunnel über ihr einstürzen, um seine eigene Flucht zu sichern.«

»Das ist eine verdammte Lüge!«

Meine Haut brannte, als ich aufsprang, und Speichel sprühte von meinen Lippen. Für gewöhnlich gelingt es mir, meine Wut im Zaum zu halten und sie so lange in meinem Inneren brodeln zu lassen, bis sich eine Gelegenheit zur Rache ergibt. Immerhin sind mir die Gefahren des Zorns nur allzu vertraut. Das Ausmaß von Gulattes Falschheit ließ mich jedoch alle Zurückhaltung oder Achtung vor seinem gesellschaftlichen Rang vergessen. Wäre er ein Gesetzloser gewesen, dann hätte ihn jetzt entweder der Mut verlassen und er wäre geflohen, oder er hätte zu seinem Messer gegriffen. Stattdessen warf er nur einen verächtlichen Blick in mein wütendes Gesicht, bevor er sich wieder Evadine zuwandte.

»Seht Ihr, wie er mit Ranghöheren spricht, edle Dame?«, fragte er angewidert. »Wie könnt Ihr zulassen, dass einer wie er die göttliche Mission des Bundes beschmutzt?«

Seine Lügen und die beiläufige Art, wie er über meine Worte hinwegging, fachten meine Wut noch mehr an. Sie machte mich unvernünftig, wenn auch nicht gänzlich unfähig zum Nachdenken. *Armbrüste.* Ich drehte mich, um das Segeltuch wegzuziehen, mit dem der Inhalt des Karrens bedeckt war. *Jede mit einhundert Bolzen.*

»Bleib, wo du bist, Scribe!«

Evadines gebellter Befehl traf mich wie ein Schlag ins Gesicht, meine Hände verharrten zitternd an den Schnüren des Segeltuchs. Ich zwang mich dazu, sie zu beruhigen. Als ich mich umdrehte, sah ich, dass Evadine mich anschaute. Und diesmal wirkte ihre Miene alles andere als belustigt.

»Stillsitzen«, sagte sie mit unmissverständlicher Härte. »Und Klappe halten.«

Ihr Ausdruck wurde etwas weicher, als sie sich mit gesenktem Kopf umdrehte. Sie strahlte eher Widerwillen als Wut aus, zog jedoch entschlossen die Schultern hoch wie jemand, der Kraft sammelt für eine unangenehme Pflicht.

»Die Regeln unserer Kompanie sind eindeutig«, sagte sie förmlich zu Eldurm. »Sie wurden vom Rat der Eminenzen und vom König aufgestellt. Alle früheren Verbrechen, egal wie abscheulich, sind vergeben, als Lohn für den Kriegsdienst. Allerdings …«, sie griff nach dem Langschwert an ihrem Sattel, zog es heraus und legte es sich auf die Schulter, »… habt Ihr als Ritter des Reiches natürlich das Recht auf Widerspruch.«

Sie trat ihrem Grauen in die Flanken und trabte dicht an Eldurm und seine Soldaten heran. Ein paar Meter vor ihm hielt sie sich das Schwert vors Gesicht und hob und senkte es einmal. Es war eine Geste der förmlichen Anerkennung eines Gleichrangigen, die ich von den wenigen Turnieren kannte, die ich mir angeschaut hatte. Vor einem Kampf mussten Ritter ihre Unterschiede in Rang und Herkunft beiseiteschieben, damit den Sieger keine Schuldzuweisungen trafen, sollte der Verlierer sterben oder eine ernsthafte Verletzung erleiden. Evadine Courlain hatte Eldurm Gulatte soeben zum Duell gefordert.

»Dieser Mann gehört mir«, sagte sie mit stählerner Stimme – der Stimme einer Feldherrin. Zum ersten Mal wurde mir vollständig bewusst, dass ich hier keine verblendete Adlige vor mir hatte, die dem Wahnsinn verfallen war und ihn mit Visionen verwechselte. Sie war eine Kriegerin des Bundes, und als solche würde sie bereitwillig ihr Leben geben.

»Wenn Ihr ihn haben wollt«, fuhr sie fort und legte das Schwert auf ihrer Schulter ab, »dann müsst Ihr gegen mich kämpfen.«

Eldurm starrte sie schweigend an, alle Farbe war aus seinem Gesicht gewichen. Das Verlangen, das sich eben noch darauf abgezeichnet hatte, war jetzt gänzlich verschwunden und einer hoffnungslosen Niedergeschlagenheit gewichen.

»Als Kinder haben wir oft miteinander gekämpft, wie du sicher noch weißt«, fuhr Evadine fort, als Eldurm keine Antwort gab. »Du erinnerst dich doch noch an die Jahre bei Hofe, oder, Eld? Du, Wilhum und ich. Wie wir gekämpft haben, obwohl wir Freunde waren, die einzigen Freunde, die wir hatten. Die anderen Kinder haben Wilhum beneidet, mich gefürchtet und dich als den dümmlichen Sohn des königlichen Gefängniswärters verspottet. Damals hast du meistens gewonnen. Vielleicht würdest du auch jetzt gewinnen. Aber ich muss dich warnen, ich habe seither eine Menge gelernt.«

Eldurm schloss die Augen, nur für einen Moment, aber ich wusste, dass er sich bemühte, die Gefühle, die in ihm aufwallten, in den Griff zu bekommen. Meine eigene Wut legte sich etwas beim Anblick dieses starken und fähigen Mannes, den die Worte einer Frau, die er zu lieben glaubte, in eine Jammergestalt verwandelt hatten.

Er öffnete die Augen und richtete sich wieder auf, die Muskeln seines kantigen Gesichts traten deutlich hervor, als er Evadine mit einem finsteren Blick bedachte. »Nehmt Euch morgen auf dem Schlachtfeld in Acht, edle Dame«, sagte er angespannt. »Ich würde es sehr bedauern, wenn Euch etwas zustieße.«

Ein wenig Farbe kehrte in sein Gesicht zurück, als er sich mir zuwandte und rief: »Und du bete lieber, dass du durch die Hände des Prätendenten stirbst, Schreiber! Diese Sache ist noch nicht erledigt, und ich werde dir gegenüber keine Gnade zeigen!«

Er neigte den Kopf vor Evadine, zog sein Pferd an den Zügeln herum und galoppierte davon, gefolgt von seinen Soldaten. Einige musterten Evadine im Vorbeireiten verwundert, die meisten aber warfen mir finstere Blicke zu oder machten obszöne Gesten in meine Richtung.

»Dacht ich's mir doch, dass mir die neue Handschrift in den Kompaniebüchern bekannt vorkommt.« Evadine steckte ihr Schwert weg, und ich ließ die Zügel schnalzen, um den Karren wieder in Bewegung zu setzen. Ich fuhr weiter, während sie auf ihrem Grauen nebenherritt. Ihr Blick ruhte erwartungsvoll auf meinem gesenkten Gesicht, und ich suchte nach einer Antwort.

»Euer scharfer Blick ist bewundernswert, Feldherrin«, sagte ich schließlich, ohne aufzuschauen.

»Außerdem habe ich im letzten Schwung seiner Briefe eine enorme Verbesserung im Hinblick auf Stil und Grammatik bemerkt«, fuhr sie fort. »Dein Einfluss, nehme ich an?«

»Er war … dankbar für meine Ratschläge. Damals jedenfalls.«

Sie hielt einen Moment inne, dann wurde sie deutlich ernster. »Was er über Aszendentin Sihlda sagte …«

»Eine Lüge«, gab ich tonlos zurück, unfähig, die Empörung ganz aus meiner Stimme zu verbannen. »Die Flucht war ihre Idee. Sie hatte sie von langer Hand geplant. Ihr Tod … war nicht meine Schuld.«

»Du hast sie also gekannt? So viel ist wahr?«

»Ja. Sie war es, die mir Lesen und Schreiben beibrachte, und darüber hinaus noch einiges mehr.«

»Und denkst du, sie war wirklich das, wofür manche sie halten?«

»Und was wäre das, Feldherrin?«

Sie lachte auf. »Jetzt spiel nicht den Unwissenden. Diese Maske steht dir nicht. Manche Leute sind der Auffassung, Aszendentin Sihlda hätte bei ihrem Tod zur Märtyrerin werden können, hätte man sie nicht noch zu Lebzeiten für ein schlimmes Verbrechen verurteilt. War sie deiner Meinung nach wirklich so stark im Glauben, dass eine solche Behauptung gerechtfertigt ist?«

»Für mich war sie der beste Mensch, den ich je kannte, wenn auch nicht gänzlich ohne Fehl und Tadel, so wie wir alle.« Ich wappnete mich und schaute ihr in die Augen, sah jedoch nur aufrichtiges Interesse darin und keine Berechnung wie bei Aszendent Hilbert. »Ich hatte die Ehre, kurz vor ihrem Tod ihr Testament aufzuschreiben«, sagte ich. »Wenn Ihr allerdings in letzter Zeit eine Predigt von Aszendent Hilbert gehört habt, so wird Euch einiges darin bekannt vorkommen.«

»Ich bin recht wählerisch darin, was für Predigten ich mir anhöre. Hast du noch eine Abschrift des Testaments? Wenn ja, dann würde ich es gerne lesen. In seiner ursprünglichen Form, versteht sich.«

Ich fragte mich, ob sie es wohl auch darauf abgesehen hatte, sich bei Sihldas Weisheiten zu bedienen, verwarf den Gedanken jedoch. Ich hatte sie während des Marschs jeden Abend predigen hören und wusste, dass sie es nicht nötig hatte, anderer Leute Worte zu stehlen. »Ja, Feldherrin, ich stelle Euch gern eine Abschrift zur Verfügung.«

»Ich danke dir, Alwyn Scribe. Deine Schuld mir gegenüber ist damit aber noch nicht abgegolten, oder was meinst du?«

Dagegen konnte ich natürlich nichts einwenden. Ohne ihr Eingreifen würde ich jetzt vermutlich an irgendeinem Ast baumeln und wäre vermutlich auch des ein oder anderen Körperteils verlustig gegangen. »Ich werde jeden Preis bezahlen, den Ihr wünscht, Feldherrin«, sagte ich, weil sie es von mir erwartete und weil ich es auch so meinte, zumindest in dem Moment.

»Dann will ich dir sagen, wie du deine Schuld begleichen kannst.« Ihre Miene nahm denselben eindringlichen Ernst an wie bei ihrer Begegnung mit Eldurm, wenn ich auch dankbar war, dass ihr Tonfall jetzt weniger herausfordernd klang. »Lauf heute Nacht nicht weg, so wie du es mit deiner Freundin geplant hast.«

Ich wollte unwillkürlich den Blick abwenden, aber etwas in ihren Augen hielt mich zurück. Die nutzlose Leugnung erstarb auf meinen Lippen. Ich konnte sie nur schweigend anstarren, während sie fortfuhr: »Feldwebel Swain ist sehr erfahren darin, die Deserteure von den Kämpfern zu unterscheiden. Bei dir meinte er, du seist zu schlau, um kein Deserteur zu sein. Die Klugen sind es, die dann erst weglaufen, wenn wenig Chance besteht, sie wieder einzufangen, sagte er. In dem kurzen Zeitraum, bevor die Schlacht beginnt, wenn die Hauptleute ihre Wachposten einziehen, um Kompanien zu bilden. Die weniger gewieften Feiglinge warten, bis die Schlacht fast begonnen hat, bevor sie die Flucht ergreifen.«

Ich bin kein Feigling, wollte ich sagen, aber ich wusste, es stimmte nicht. Im täglichen Überlebenskampf spielte Feigheit keine Rolle. Manche Kämpfe konnte man gewinnen, andere nicht. Man kämpfte, wenn es sich nicht vermeiden ließ oder wenn man sicher war, dass man gewinnen konnte. War es eine Schande, vor dem Tod davonzulaufen? Ein Reh empfindet es auch nicht als Schande, vor dem Wolf zu fliehen.

»Dieser Krieg …« Ich verstummte, weil ich befürchtete, etwas Unkluges zu sagen. Evadine wollte es dennoch hören.

»Sprich«, wies sie mich an. »Ohne Furcht. Ich werde niemanden dafür verurteilen, dass er seine Meinung sagt.«

»Es ist nicht mein Krieg«, meinte ich. »Und auch nicht der meiner Freunde, obwohl manche von ihnen anderer Meinung sind. Ein Mann, dem ich noch nie begegnet bin, behauptet, seine Herkunft gebe ihm das Recht, einen anderen, den ich genauso wenig kenne, vom Thron zu stoßen, und Tausende sind deswegen gestorben. Vielleicht ist der Prätendent ein Lügner, vielleicht sagt er die Wahrheit. Das kann ich nicht beurteilen. Ich weiß nur, dass der König und seine Edelleute nie etwas für mich getan haben, außer mich hängen zu wollen. Sie haben es nicht verdient, dass ich mein Blut für sie vergieße, wenn ich auch nur ein armer Knecht bin. Ich werde nicht für sie sterben.«

Ich hatte mit einer frommen Standpauke gerechnet. Einer Ermahnung, dass ich dem Bund Treue schuldete und nicht der Krone. Stattdessen lehnte sie sich nur im Sattel zurück und dachte stirnrunzelnd nach.

»Für wen würdest du dann sterben?«, fragte sie schließlich. »Freunde? Familie? Das Andenken an Aszendentin Sihlda? Du hast meine Predigten gehört, und wahrscheinlich hegst du Zweifel, ob an meinen Worten etwas dran ist. Jedenfalls würde ich das von einem klugen Mann erwarten. Deswegen werde ich nicht an deine Vernunft appellieren. Letzten Endes kann ich dich nur um dein Vertrauen bitten.«

Sie beugte sich vor und sah mir fest in die Augen. »Vertrau mir, Alwyn Scribe, so wie du Aszendentin Sihlda vertraut hast. Du magst meine Visionen für Unfug halten oder für Wahnsinn …« Sie verstummte, hielt den Blick aber weiter auf mich gerichtet. Allerdings verzog sich ihr Mund, als offenbar unangenehme Erinnerungen in ihr aufstiegen. Sie holte tief Luft und sprach weiter. »Wieder bitte ich dich, mir zu vertrauen, wenn ich sage, dass sie das nicht sind. Der Prätendent bringt nur Verderben über uns alle. Knechte, Gesetzlose und Adlige gleichermaßen. Das habe ich gesehen, wenn ich auch alles dafür gäbe, dass mir dieser Anblick erspart geblieben wäre.«

Sie log nicht, so viel konnte ich feststellen. Sie war wirklich der Meinung, dass sie mit Visionen der zweiten großen Plage gestraft worden war, und nun tat sie alles, um zu verhindern, dass diese wahr wurden. Aber nur weil sie sie für echt hielt, hieß das nicht, dass sie es auch waren. Vielleicht für Brauer, Ayin und die anderen. Aber nicht für mich. Ayin mochte auf die Knie gefallen sein und geweint haben, um Evadines Gunst zu gewinnen, ich würde das nicht tun. Doch selbst wenn Evadines Visionen nicht echt waren, ließ sich nicht leugnen, dass ich in ihrer Schuld stand. Außerdem sah ich noch deutlich die Flagge von Herzog Elbyn vor mir. Wenn ich aus dem Lager floh, würde ich Lorine wahrscheinlich nie wieder so nahe kommen.

»Ich werde nicht weglaufen.« Ich zwang mich, den Blick zu senken, und packte die Zügel fester. »Das schulde ich Euch, Feldherrin.«

Ich betete darum, dass dieser Moment schnell vorüberging. Die Feldherrin war beunruhigend scharfsichtig. Wahrscheinlich würde ihr bald auffallen, dass es noch einen weiteren Grund für meinen Sinneswandel gab. Außerdem machten mich ihre Direktheit und ihr Mangel an adliger Herablassung nervös, oder jedenfalls redete ich mir das ein. Später würde ich diesen Moment noch einmal Revue passieren lassen und bemerken, dass mein Unbehagen von etwas anderem herrührte, etwas, das weitaus beängstigender war, das ich mir aber über lange Zeit nicht eingestehen würde.

Einen Moment lang musterte sie schweigend mein Gesicht, und ich hatte das Gefühl, das Gespräch sei noch nicht beendet. Sie erwartete mehr von mir. War es Ayins unvernünftige, tränenreiche Dankbarkeit? War Evadine Courlain, gesegnete Kommunikantin des Bundes der Märtyrer, etwa süchtig nach der Anbetung ihrer Anhänger?

»Im Namen des Bundes danke ich dir für deinen Dienst, Schreiber.« Sie wendete ihren Grauen und trabte weiter voraus. Ich schaute ihr hinterher. Hatte ich den verletzten Ton in ihrer Stimme wirklich gehört? *Schönheit verdreht Männern schnell den Kopf*, erinnerte ich mich und ließ die Zügel schnalzen, worauf der alte Gaul sich wieder in Bewegung setzte. Es war eine von Sihldas zahlreichen Lektionen gewesen – nachdem ich ihr eine Anekdote über meine unkluge und bedauerliche Schwärmerei für Lorine erzählt hatte. *Eins sage ich dir, Alwyn: Eine Frau ist sich ihrer Schönheit immer bewusst, aber vielen Männern ist nicht bewusst, dass sie sich davon blenden lassen, bis es zu spät ist.*

✦ ✦ ✦

An diesem Abend gab es keine Predigt, was mich ebenso überraschte wie die merkwürdige Heiterkeit, die im Lager herrschte. An den Feuern wurde geredet und gelacht, und endlich wurden auch Lieder gesungen, zwar vor allem Hymnen des Bundes, aber immerhin. Ein paar Soldaten hakten sich sogar unter und legten ein Tänzchen hin. Die bevorstehende Schlacht schien die allgemeine Stimmung immens zu steigern.

An unserem Feuer sah die Lage anders aus. Ayin war natürlich fröhlicher denn je und tanzte allein zur Melodie einer Flöte, die aus der Nähe herübertönte. Ihr lächelndes Gesicht war zum Nachthimmel gehoben, und sie hatte glücklich die Augen geschlossen. Toria dagegen saß mit finsterer Miene zusammengekauert da und starrte ins Feuer. Meine Entscheidung, in der Kompanie zu bleiben, hatte sie nicht gerade in einen Freudentaumel versetzt, aber das war zu erwarten gewesen. Ich hatte ihr vorgeschlagen, alleine zu fliehen, und ihr sogar angeboten, die Wachposten abzulenken, damit sie sich durch das hohe Gras südlich des Lagers davonschleichen konnte. Die Flut von Beschimpfungen, die sie mir daraufhin an den Kopf geworfen hatte, war derber als sonst gewesen, wenn auch beeindruckend originell.

»Du hast wohl dein Hirn in deinem verschissenen Arsch stecken, du dorftrotteliger, verräterischer Hurensohn!«

Dennoch blieb sie, wenn ihre Stimmung auch griesgrämiger war als zu den schlimmsten Zeiten in den Minen. Sie war durch ihre Schuld mir gegenüber ebenso an mich gebunden wie ich jetzt an Evadine.

»Gab's da eigentlich irgendwas, das nicht verrostet war?« Brauer kratzte mürrisch mit seinem Dolch eine Niete des Brustharnischs ab, den er erhalten hatte.

Die Waffen und Rüstungsteile, die ich zur Kompanie gebracht hatte, wurden unter Feldwebel Swains Aufsicht gerecht aufgeteilt. Als er die Abdeckung zurückzog, musste er sich sichtlich zusammenreißen, um beim Anblick des Blechhaufens im Karren nicht verächtlich die Nase zu rümpfen. Das meiste davon glänzte stumpf im Sonnenlicht und war mit rotbraunen Rost- und Schmutzflecken überzogen. Dennoch knurrte der Feldwebel betont anerkennend, als er die verschiedenen Rüstungsteile und Waffen an die Reihe der wartenden Soldaten austeilte. Die Brustharnische und ein Großteil der Kettenhemden gingen an die Spießträger, zusammen mit den Falchionen und Schwertern. Spieße zerbrachen unweigerlich, wie Schwester-Soldatin Ofihla des Öfteren sagte, oder wurden nach dem ersten Zusammenstoß fallen gelassen, deshalb war es wichtig, eine zweite Waffe griffbereit zu haben.

Mir hatte Swain eine Axt mit kurzem Griff und halbmondförmiger Klinge ausgehändigt, die ich nun neben dem Rossschinder trug. Die Klinge war dunkel und schartig von Alter und Vernachlässigung, aber etwa eine Stunde Bearbeitung mit einem Schleifstein verlieh dem verkrusteten Stahl wieder einen silbrigen Glanz. Außerdem erhielt ich vom Feldwebel etwas, das auf den ersten Blick wie zwei rissige Ledervierecke mit zwei Reihen von Löchern aussah, in die einige alte Eisenringe hineingedrückt waren.

»Armschienen«, sagte er. »Die kommen an den Unterarm. Die Schnüre sind zerschlissen, du musst dir also etwas anderes suchen, womit du sie festbinden kannst.«

Zum Glück erwies sich Ayin als ebenso geschickt mit Ahle und Zwirn wie mit der Bratpfanne. Ein paar Stunden konzentrierte Arbeit mit gerunzelter Stirn, und sie hatte an beiden Armschienen robuste Riemen und Schnallen angebracht. Dass sie selbst außer dem Dolch an ihrem Gürtel keine weitere Waffe und auch nicht ein einziges Rüstungsteil trug, schien sie nicht weiter zu beunruhigen.

»Die Gunst der Seraphilen ist der einzige Schutz, den ich brauche«, sagte sie, als ich mich nach ihrer mangelnden Ausrüstung erkundigte. Nachdem ich Ofihla gegenüber meine Sorge zum Ausdruck brachte, wurde mir barsch versichert, die Feldherrin würde Ayin befehlen, während der Schlacht beim Reisegepäck zu bleiben. Meinen völlig ernst gemeinten Rat, das Mädchen an einem Karrenrad festzuketten, tat die Betschwester jedoch als schlechten Humor ab.

Torias Reichtümer beschränkten sich auf ein Kettenhemd – soweit ich feststellen konnte das einzige, das überhaupt an die Dolchträger ausgeteilt worden war. Ofihla und nicht Swain hatte es ihr in die Hand gedrückt. Es passte Toria mit ihrem drahtigen Körperbau erstaunlich gut, fast wie für sie maßgeschneidert. Außerdem fiel mir auf, dass die kleinen miteinander verketteten Eisenringe keinerlei Rost aufwiesen. Offenbar war Ofihla daran gelegen, dass zumindest eine von uns den morgigen Tag überlebte.

»Aber«, fuhr Brauer fort und hielt seinen Brustharnisch hoch, sodass sich der Feuerschein matt darin spiegelte. »Wenn ich ein bisschen Öl auftreiben könnte, ließe sich der hier bestimmt ganz gut aufpolieren.«

»Das ist der letzte Dreck«, murmelte Toria, die weiter in die Flammen starrte. »Das alles. Dreck für einen Haufen verblendeter Halunken, die einer Wahnsinnigen folgen.«

Ich funkelte sie warnend an und schaute vielsagend in Ayins Richtung. Zum Glück war die so sehr in ihren Tanz versunken, dass ein Wutanfall wegen Torias blasphemischer Worte ausblieb.

»Verpiss dich, Alwyn«, artikulierte Toria präzise.

Ich unternahm keinen weiteren Versuch, sie aufzuheitern, dafür war ich zu sehr mit meiner eigenen Furcht beschäftigt. Bislang verspürte ich noch keine Todesangst, und vielleicht würde die auch nicht kommen. Wie bei dem Zusammenstoß mit Feldwebel Lebas geriet ich nicht in Panik, weil es ohnehin keine Möglichkeit mehr gab, der Gefahr zu entgehen. Meine mangelnde Erfahrung mit dem, was mich am nächsten Tag erwartete, verursachte mir dennoch ein gewisses Unbehagen, das partout nicht nachlassen wollte.

»Du hast das doch schon mal gemacht«, sagte ich zu Brauer, der weiter seinen Brustharnisch polierte. »In eine Schlacht ziehen, meine ich.«

»Zweimal«, bestätigte er, befeuchtete ein Stück Stoff mit der Zunge und rieb damit den Stahl ab.

Ich überlegte, wie ich meine nächste Frage formulieren sollte, ohne mir eine Blöße zu geben. Toria dagegen war, wie üblich, weniger zurückhaltend.

»Denkst du, wir werden alle sterben?« Ihre Stimme klang jetzt nicht mehr giftig, sondern düster und resigniert.

Brauer hielt kurz inne und runzelte nachdenklich die Stirn. »Ein paar sicherlich. Nicht alle. Mut und Tapferkeit zählen in einer Schlacht genauso viel wie Disziplin und Erfahrung. Dank unserer gesegneten Feldherrin besitzt diese Kompanie jede Menge Mut.« Er warf einen säuerlichen Blick auf die zahlreichen Lagerfeuer, die am Fuß des Hügels wie Perlen in der Dunkelheit leuchteten. »Was den Rest angeht, der ist ziemlich durchwachsen. Für meinen Geschmack zu viele Knechte, die lieber anderswo wären. Aber es ist ein großes Heer, das der König aufgestellt hat. Das allein bringt schon was.«

»Die Leute des Prätendenten sind Veteranen«, hielt ich dagegen. »Totschläger allesamt, heißt es.«

»Bei den Roten Dünen hab ich Männer gesehen, die ein Dutzend Schlachten geschlagen hatten und trotzdem ihre Waffen wegwarfen und die Flucht ergriffen.« Brauer zuckte die Achseln und wandte sich wieder seiner Arbeit zu. »Mut ist wie ein Seil: Früher oder später ist immer das Ende erreicht.«

Als er spürte, dass Toria und ich ihn weiter anstarrten, seufzte er und sah jeden von uns einzeln mit seinem Auge an. »Ihr zwei habt euch doch schon öfter geprügelt. Das ist für euch ein Vorteil. Vergesst den ganzen Quatsch, den die Adligen erzählen, von Ritterlichkeit und so. In Wahrheit ist eine Schlacht nur eine Riesenprügelei, mit Waffen statt mit Fäusten. Wenn es so richtig losgeht und die ordentlichen Reihen sich in einen großen Haufen einzelner Kämpfer verwandeln – das ist der Moment, an dem man eine Schlacht gewinnt oder verliert. Beim Prügeln. Also«, er schenkte uns ein seltenes Lächeln, »haut ordentlich drauf, und ihr habt eine gute Chance, noch am Leben zu sein, wenn es vorbei ist.«

Neunundzwanzigstes Kapitel

Die Betbrüder und -schwestern weckten uns noch vor dem Morgengrauen. Bis heute wundert es mich, wie ich es überhaupt schaffen konnte, in dieser Nacht durchzuschlafen. Noch bemerkenswerter war, dass ich sogar vollkommen ruhig schlief. Das kräftige Frühstück aus Brot, Milch und frischem Obst, das Feldwebel Swain von irgendwoher beschafft hatte, schlang ich gierig hinunter. Die Angst, die sich immer noch in meinem Magen zusammenballte, tat meinem Hunger keinen Abbruch.

»Aufessen!«, befahl Ofihla der sichtlich weniger enthusiastischen Toria und warf ihr aus der halb leeren Schubkarre einen Apfel zu. »Du brauchst heute deine Kraft.«

Toria, die nach einer schlaflosen Nacht bleich und hohläugig aussah, starrte nur ausdruckslos zurück. Als die Betschwester mit erwartungsvoll gerunzelter Stirn neben ihr stehen blieb, nahm sie schließlich doch gehorsam einen Bissen von dem Apfel, spuckte ihn aber gleich wieder aus, als Ofihla weiterging. »Schon vom ersten Tag an, seit ich mich diesem Haufen Strohköpfe angeschlossen habe, hat mich diese Kuh auf dem Kieker«, murmelte Toria.

»Ich glaube, du siehst das falsch.« Ich nahm ihr den Apfel aus der Hand, den sie ja offenbar nicht essen wollte. Ich biss ein paarmal kräftig hinein und grinste Toria an. »Eigentlich ist es sogar genau umgekehrt.«

Ich rechnete mit ein paar geknurrten Flüchen, aber stattdessen nahmen Torias schmale Züge einen ernsten Ausdruck an. Sie trat näher, ergriff meine Hand und schaute mir in die Augen. Dann sagte sie leise und flehentlich: »Alwyn … Ich muss dir etwas sagen. Sollte ich heute sterben …« – plötzlich packte sie meine Hand schmerzhaft fest wie ein Schraubstock, und in ihren Augen blitzte es wild –, »dann ist es, verflucht nochmal, deine Schuld!«

»Antreten!« Feldwebel Swains Stimme durchschnitt die kühle Morgenluft, gleich gefolgt von den Rufen der anderen Betbrüder und -schwestern.

»Ich werde dich als Geist heimsuchen, du Mistkerl!«, zischte Toria mir noch zu, bevor sie davonlief, um ihren Platz in der Truppe einzunehmen.

»Marschordnung!«, rief Ofihla, die sich durch die Menge schob. »Waffen nehmen und Reihen bilden! Los, los! Du, Ayin, melde dich bei der Feldherrin. Nicht trödeln, Mädchen! Ab mit dir!«

Ayin blieb noch kurz stehen, um mir und Brauer ein strahlendes Lächeln zu schenken, bevor sie zu Evadines Zelt davonhüpfte. Ich konnte nur hoffen, dass Ofihla meinen Rat, sie irgendwo festzuketten, weitergeleitet hatte.

»Strammstehen, bei den Märtyrern!« Die Betschwester schritt unsere Reihe ab, zerrte alle, die krumm dastanden, in die richtige Haltung, und verpasste den Nachzüglern ein paar Kopfnüsse. Sie war nie sonderlich sanft mit uns umgesprungen, wirkte jetzt aber geradezu furchterregend, während sie uns unmissverständlich klarmachte, was uns erwartete, sollten wir gegen die Disziplin verstoßen.

»Scribe.« Sie trat dicht an mich heran und funkelte mich wütend an. »Leg den Rossschinder so auf die Schulter, wie ich es dir gezeigt habe.« Sie machte einen Schritt zurück und musterte unsere Aufstellung. Dann schob sie das Kinn in widerwilliger Anerkennung vor, die ihrer Stimme nicht anzuhören war. »An diesem Morgen werden die Augen eines Königs auf euch Gesindel ruhen«, rief sie. »Ich werde nicht zulassen, dass ihr der Feldherrin mit eurer Schlampigkeit Schande macht.«

In stocksteifer Haltung warteten wir eine halbe Ewigkeit, wie es mir vorkam, in Wahrheit waren es aber wohl nur wenige Minuten. Ich hörte einige Mägen rumoren, gefolgt von dem einen oder anderen feuchten Furz. Die Vorstellung, zu einer solchen Geräuschkulisse in die Schlacht geschickt zu werden, ließ mich laut auflachen, was sich durch die ganze Truppe fortsetzte. Zu meiner Überraschung ließ Ofihla der Heiterkeit eine ganze Weile freien Lauf, bis sie uns schließlich doch befahl, still zu sein. Wahrscheinlich fand sie den Anblick von Soldaten, denen trotz des bevorstehenden Blutbads das Lachen nicht vergangen war, ermutigend.

Schließlich ertönte das Hornsignal, das uns zum Losmarschieren aufforderte. Ofihla führte die Truppe durchs Lager, um sich der Marschreihe der Kompanie anzuschließen. Meine verkrampften Eingeweide hatten sich inzwischen etwas gelockert, und Übelkeit brodelte in mir, die erst recht aufwallte, als ich sah, dass unsere Truppe die letzte in der Reihe war. Während des Marsches hatten wir einige Male das Kämpfen als Kompanie geübt, und jedes Mal hatte die Truppe am Ende der Marschreihe den rechten Flügel der Heerlinie gebildet. Und wie ich während meiner Bekanntschaft mit Klant erfahren hatte, war es nie gut, auf der rechten Seite zu stehen.

Das ist wegen des Flankenmanövers, mein Junge, hatte er mir eines Abends auf unserer Reise zur Küste erzählt. *Wenn der Gegner versucht, an der Seite vorbeizukommen, um den Feind beim Arsch zu packen. Aus Gründen, die allein die Seraphilen kennen, ist es immer die rechte Flanke, die sie sich aussuchen.*

Deshalb sank mir der Mut, während ich pflichtbewusst mit den anderen marschierte und die restliche Kompanie sich nach links ausfächerte. Mir wurde noch übler, als wir auf der rechten Seite unsere drei Reihen bildeten und die Lücke schlossen, die sich zwischen der Kompanie und dem Fluss befand. Die Hälfte unserer Truppe musste zwischen den hohen Binsen und Büschen am Ufer Aufstellung nehmen. Der Boden unter unseren Füßen war weich und wurde von den vielen stampfenden Stiefeln rasch matschig. Ein kurzer Blick nach links bestätigte mir, dass unsere Truppe sich nicht bloß am Ende der Kompanie befand; die Kompanie selbst war am äußersten Rand der gesamten Schlachtordnung positioniert.

Der Schauplatz, der später als Feld der Verräter bekannt werden sollte, bestand aus drei Morgen erst kürzlich abgegrastem Weideland, das vom Fluss aus sanft zu einer niedrigen Hügelkuppe anstieg. Oben auf dem Hügel flatterte die Flagge des Königs. Die Fläche dazwischen war von einer – wie es mir vorkam – außerordentlich dünnen Heerlinie bedeckt, in mal mehr, mal weniger wohlgeordneter Aufstellung. Hier und da ragten Ansammlungen von Spießen auf, aber an manchen Stellen standen Knechte mit Holzäxten und Sensen auch nur in losen Grüppchen zusammen. Hinter der Heerlinie galoppierten Adlige in Rüstungen und berittene Soldaten hin und her, deren Reittiere in der eisigen Morgenluft dampfende Atemwolken ausstießen.

»Augen nach vorn, Scribe!«, bellte Ofihla mir zu. Sie ging vor unserer Linie auf und ab, schrie Befehle und verteilte Backpfeifen, um Ordnung in die Reihen zu bringen. Als sie schließlich zufrieden war, knurrte sie uns an, so stehen zu bleiben, und ging zu den anderen Betbrüdern und -schwestern, die sich um Evadine versammelt hatten. Die Feldherrin ritt heute auf ihrem schwarzen Streitross, das etwas ungestümer war als das graue. Es warf ständig den Kopf hoch und scharrte mit den Vorderhufen in der taufeuchten Erde. Die Gereiztheit ihres Reittiers schien Evadine nicht weiter zu stören, ihre Miene drückte nur freundliche Anerkennung aus, während sie mit den Betbrüdern und -schwestern ein paar Worte wechselte.

Feldwebel Swain und ein paar andere trugen die Armbrüste, die

Aspirant Arnabus zur Verfügung gestellt hatte, Ofihla hingegen hatte keine. War sie vielleicht in Ungnade gefallen? Aber wahrscheinlich bevorzugte sie einfach die Streitaxt, die sie bei sich trug. Diese war wahrhaft furchterregend, bestand aus einer knapp einen Meter langen Stahlklinge an einem fünf Fuß langen Griff und sah aus wie ein aufgeblähter Rossschinder. Für die Schlacht schien es eine eher unhandliche Waffe, aber während der Ausbildung hatte ich Ofihla die Axt herumwirbeln sehen, als wöge sie nicht mehr als ein Bündel dünner Weidenzweige. Was immer an diesem Tag geschehen mochte, ich nahm mir vor, möglichst in Ofihlas Nähe zu bleiben.

Die Beratung dauerte nur kurz, dann ertönte ein Trompetensignal von der Hügelkuppe. Obwohl wir Befehl hatten, nach vorn zu schauen, richteten sich alle Blicke sogleich auf den Mann, der auf einem herrlichen weißen Hengst angeritten kam, dicht gefolgt von einem großen Gefolge aus Adligen in Uniformen des Königshauses. Einer der Ritter trug die Flagge des Königs, während Vorreiter mit Trompeten weiter seine Gegenwart auf dem Schlachtfeld verkündeten.

»Ruhe in den Reihen!«, rief Ofihla, um das anschwellende Gemurmel zum Verstummen zu bringen, das sich beim Anblick des Mannes erhoben hatte, den keiner von uns je leibhaftig zu sehen erwartet hatte. »Achtet auf den König!« Ofihla stellte sich an unsere Spitze. Mir fiel auf, dass sie und die anderen Betbrüder und -schwestern zwar zu ihren Truppen zurückgeeilt waren, Evadine jedoch an Ort und Stelle blieb und das Gefolge des Königs nur mit ruhiger Neugier betrachtete. Erst als der König sein schönes Pferd zum Stehen brachte und die Trompeter ein letztes, wenn auch leicht misstönendes Signal schmetterten, stieg unsere Feldherrin doch noch ab.

Sie beugte ein Knie, und die ganze Kompanie tat es ihr gleich, ebenso wie der Rest der Armee. Hinter der Heerlinie schwangen sich die Adligen und berittenen Soldaten aus ihren Sätteln, um dasselbe zu tun. Die darauffolgende Pause, während wir auf das Wort des Königs warteten, erschien mir unendlich lang. Ich hatte in meinem Leben schon so einige Predigten gehört, deshalb wusste ich, dass eine kurze

Pause vor dem Beginn einer Rede recht wirkungsvoll sein konnte, um die Aufmerksamkeit des Publikums zu fesseln. Diese hier dauerte jedoch so lange, dass das Schnauben der ungeduldigen Schlachtrösser und das Räuspern der Soldaten immer lauter wurden, bis es wohl selbst die aufrüttelndste Rede übertönt hätte.

Während des Wartens riskierte ich einen schnellen Blick auf den König. Er stand ein gutes Stück von unserer Truppe entfernt, sodass ich nicht viel von ihm erkennen konnte. Allerdings gewann ich nicht den Eindruck einer markanten Gestalt von königlicher Ausstrahlung. Der König war etwas größer als die meisten Männer, und seine Rüstung, die aus brüniertem Stahl bestand, der im Licht der aufgehenden Sonne glänzte, war sicherlich beeindruckend. Dennoch hatte ich eher das Gefühl, dass es ihm unangenehm war, im Zentrum der geballten Aufmerksamkeit der Armee zu stehen. Der Klang seiner Stimme, als er endlich sprach, flößte mir ebenfalls kaum Ehrfurcht ein.

»Soldaten der Krone!«, rief er in einem Tonfall, den man wohlwollend als angestrengt bezeichnen konnte. Ein weniger freundlicher Chronist nannte es später »ein dünnes Stimmchen, das an das Flötenspiel eines Kindes erinnerte, so wenig mutmachend war es«, was ich für eine treffende Beschreibung halte.

»Heute finden wir uns hier ein, nicht um Krieg zu führen, sondern um Gerechtigkeit zu üben!«, fuhr der König fort. Seine Stimme verlor jedoch mit jedem Wort an Lautstärke, sodass wir den Rest seiner Ansprache kaum noch verstehen konnten.

»Was sagt er?«, flüsterte der Spießträger neben Brauer und runzelte bestürzt die fleckige Stirn.

»Weiß nicht«, flüsterte Brauer zurück. »Er hat irgendwas von Brüdern gesagt, glaub ich. Wusste gar nicht, dass er einen Bruder hat.«

»Hat er auch nicht«, murmelte ich. »Das ist der Grund, warum wir hier sind, erinnert ihr euch? Sein älterer Bruder, der gestorben ist, hat vor dreißig Jahren irgendeine Hure gevögelt, und jetzt will sein illegitimer Neffe die Krone für sich, wenn der Prätendent wirklich sein illegitimer Neffe ist und nicht bloß der begnadetste Betrüger, den es je gab.«

Derweil trug der König einige weitere unverständliche Sätze von seiner zweifellos mit großer Sorgfalt verfassten Rede vor, und ich drehte mich mit fragendem Blick zu Toria um, die von uns allen die besten Ohren hatte.

»Kann nicht viel verstehen«, sagte sie, nachdem sie den Kopf in die Richtung des Königs gedreht hatte. »Irgendwas über Verrat ... Jetzt was über den Bund ... Und jetzt erzählt er von seinem Paps.«

Mit meiner Aufmerksamkeit war es endgültig dahin, als mein Blick auf etwas hinter der massigen Schulter der knienden Ofihla fiel. Anfangs hielt ich es nur für ein paar schwankende Äste, die über dem flachen Hügel in zweihundert Metern Entfernung aufragten, dann fiel mir jedoch ein, dass Sommer war und die schwankenden Äste keine Blätter hatten. Außerdem waren sie sehr schmal und dünn und schienen mit jeder Sekunde dicker zu werden.

»Betschwester ...«, zischte ich Ofihla zu und erhielt einen wütenden Blick zur Antwort.

»Klappe halten, Scribe!«

Ihre Wut verwandelte sich jedoch rasch in steife Anspannung, als sie in die Richtung blickte, in die ich deutete, und die vielen Spieße sah, die jetzt über dem Hügel aufragten. Die Unruhe, die durch das Heer ging, zeugte davon, dass die meisten Soldaten die heranrückende Gefahr inzwischen ebenfalls bemerkt hatten. Nur König Tomas nicht.

Während die Ritter in seinem Gefolge rasselnd das Gewicht verlagerten, hielt er unbekümmert weiter seine Rede, die kaum jemand hören konnte. Unter den Rittern herrschte Unschlüssigkeit. Es wurde hitzig miteinander geflüstert, bis schließlich eine Gestalt zum König ritt. Es war ein sehr großer Ritter, dessen Helm eine verdrehte rot lackierte Eisenspitze besaß, die an eine Flamme erinnerte.

Als ich Sir Ehlbert Bauldry, den Kämpen des Königs, nun zum ersten Mal leibhaftig vor mir sah, konnte ich ein Erschauern nicht unterdrücken. Seine Gegenwart an der Seite des Königs war kaum überraschend, versetzte mir aber dennoch einen Stich. Eigentlich hätte es mir Mut machen sollen, ihn bei dem bevorstehenden Getümmel auf unserer Seite zu wissen, denn es konnte kaum einen beeindruckenderen Mann geben. Stattdessen spürte ich jedoch Furcht, die tiefer ging und schmerzhafter war als die Übelkeit in meinem Magen.

Sir Ehlbert blieb kurz neben dem König stehen, beugte sich vor und flüsterte ihm etwas zu, das der inspirierenden königlichen Ansprache, wenn es denn eine solche war, ein jähes Ende setzte. Der Ritter trieb sein Pferd an; das gewaltige Tier bäumte sich auf, während Sir Ehlbert sein Langschwert hochreckte und rief: »Gepriesen sei König Tomas!« Und das mit einer Stimme, die kein Chronist je als schwach beschreiben würde.

Die Reaktion erfolgte keineswegs sofort. Immer noch ging ein unruhiges Raunen durch die Reihen, das vom unerwarteten Auftauchen des Feindes ausgelöst worden war. Erst als Evadine auf ihr schwarzes Streitross stieg, ebenfalls ihr Langschwert emporreckte und mit lauter, schneidender Stimme den Ruf des Kämpen wiederholte, stimmte unsere Kompanie mit ein. Bald war überall entlang der Heerlinie der Ruf zu hören: »Gepriesen sei König Tomas! Gepriesen sei König Tomas!« Adlige wie Knechte reckten ihre Waffen in die Luft. Ich jubelte mit den anderen, wenn auch meine Aufmerksamkeit auf die dunkle, gezackte Silhouette auf der gegenüberliegenden Hügelkuppe gerichtet blieb.

Man muss dem König zugutehalten, dass er nicht sofort davonritt. Er blieb noch mindestens eine Minute lang stehen, aufrecht auf seinem schönen weißen Pferd, und nahm mit erhobenem Panzerhandschuh die Lobpreisungen seines Heeres entgegen. Sollte er wegen der wachsenden Menge des Feindes in wenigen hundert Schritt Entfernung Besorgnis verspüren, so ließ er es sich nicht anmerken. Der Anblick, wie er sich gelassen von seinen Soldaten feiern ließ, zwang mich zu dem Schluss, dass dieser Mann vielleicht nicht die Stimme eines Helden besaß, aber auch nicht das Herz eines Feiglings.

Während das Jubeln anhielt, ritt Sir Ehlbert erneut zum König hin, senkte den Kopf und sagte etwas zu ihm, augenscheinlich drängend, wenn seine Worte auch nicht zu hören waren. Was immer er sagte, es brachte den König dazu, sein Pferd zu wenden und wegzureiten. Sein

Gefolge nahm in der Mitte der Heerlinie Aufstellung, wo eine noch größere königliche Flagge flatterte.

»Aufstehen!« Mit ihrer stählernen Stimme zog Evadine sofort alle Blicke auf sich, als sie ihr Pferd vor der Kompanie des Bundes zum Stehen brachte. Wir kamen alle gleichzeitig hoch, und ihr harter unversöhnlicher Blick glitt über jedes einzelne Gesicht. Sie sah jedem von uns direkt in die Augen. In diesem Moment wirkte sie wie die Zielstrebigkeit in Person, als wären Entschlossenheit und unerschütterlicher Wille in Fleisch und Rüstung gegossen. Wir alle wussten ohne jeden Zweifel: Wie immer sich die Dinge auf dem Schlachtfeld entwickeln mochten, unsere Feldherrin würde uns niemals im Stich lassen. Sie war bereit, an diesem Tag entweder zu siegen oder zu sterben, und viele, wenn nicht die meisten um mich herum, wollten dieses Schicksal mit ihr teilen.

Toria bildete da natürlich eine Ausnahme – ausgerechnet in diesem Moment beugte sie sich vor und kotzte mir auf die Stiefel. »Geschieht dir, verdammt nochmal, recht«, keuchte sie, trat zurück und wischte sich den Mund ab, wobei ihr letztes Wort von Evadines forscher Ansprache übertönt wurde.

»Die Zeit des Zweifelns ist vorbei!«

Meine Mitstreiter richteten sich unter den Worten der Feldherrin auf. Neben dem Gestank von Torias Erbrochenem nahm ich Schweißmief und einen penetranten Uringeruch wahr, aber merkwürdigerweise hatte ich nicht das Gefühl, dass irgendeiner der Anwesenden die Flucht ergreifen würde. Evadines Blick und ihre Worte fesselten uns wie eine Kette.

»Wisst ihr, wie sie euch in dieser Armee nennen?«, fragte Evadine, ohne auf die lange Reihe der Spießträger zu achten, die auf dem Hügel hinter ihr eifrig Aufstellung bezogen. »Abschaum und Halunken«, fuhr sie fort. »Den Bodensatz des Reiches. So denken eure Kameraden über euch. Ich werde euch nicht fragen, ob ihr ihnen recht gebt, denn ich weiß, dass sie sich irren. Ich weiß, dass ich lieber hier bei euch stehe als neben dem besten Ritter aus allen Königreichen der Welt.

Denn hier sehe ich aufrechte Herzen und aufrechte Seelen. Ich sehe die wahren Kämpfer des Bundes, Kämpfer, die den Prätendenten und seine üble Horde heute das Fürchten lehren werden.«

In diesem Moment hallte vom gegnerischen Heer ein misstönendes Dröhnen herüber, eine Mischung aus Trompeten, Hörnern und den unmelodischen Dudelsäcken, die in den Bergregionen des Herzogtums Althiene verbreitet waren. Anscheinend hatte der Prätendent einige Wilde aus den Gebirgsclans in seinen Reihen. Das schiefe Dröhnen wurde von lautem Geschrei und Waffengefuchtel begleitet. Die Horde des Prätendenten erinnerte mit ihrem herausfordernden Gebrüll an ein sturmgepeitschtes Dickicht. Geschrei und Gefuchtel gingen weiter, als sich das gesamte Heer in Bewegung setzte. Das Dickicht verwandelte sich in eine dunkelgraue Welle, die sich den Hügel hinunter auf uns zu ergoss. Unaufhaltsam und unausweichlich, so wirkte sie – ein Eindruck, der sich durch die gepanzerten Ritter, die an der linken Flanke galoppierten, noch verstärkte.

»Sie wollen euch Angst einjagen!«, rief Evadine, die den Feind weiterhin keines Blickes würdigte. »Fürchtet ihr euch?!«, rief sie und hob das Langschwert hoch über den Kopf. »FÜRCHTET IHR EUCH?!«

»NEIN!«, brach es in einem wilden Schrei hervor. Die Soldaten der Kompanie zitterten vor Wut und Eifer, Gefühle, gegen die nur Toria und ich gefeit zu sein schienen. Ich spürte, wie sie ihr Gesicht an meinen Rücken drückte, und hörte sie immer wieder dasselbe Wort flüstern: »Scheiße, Scheiße, Scheiße, Scheiße …«

»Für den Bund!« Evadines lauter Ruf durchschnitt das Wutgeschrei und wurde sofort von sämtlichen Kehlen der Kompanie aufgegriffen. Selbst die Soldaten des Kontingents zu unserer Linken stimmten mit ein. Sie waren eine bunte Mischung aus in den Militärdienst gepressten Bauern und Veteranen aus dem nördlichen Cordwain unter dem Befehl eines spindeldürren Adligen, der kaum sechzehn Sommer alt war. Ich warf einen Blick hinüber und sah dieses Kind mit seinen Soldaten jubeln. Das Visier seines Helms war geöffnet, und darunter schimmerte ein blasses, zart geschnittenes Gesicht. Der Junge schwenkte einen Streitkolben, von dem ich niemals geglaubt hätte, dass er damit überhaupt umgehen konnte.

»Für den Bund!«

Wieder und wieder ertönte der Ruf, und Evadine führte ihn weiter an. Sie lenkte ihr schwarzes Streitross ganz ans Ende unserer Linie und nahm am grasbewachsenen Ufer Aufstellung.

»Für den Bund!«

Ich richtete den Blick nach vorn und packte mit den behandschuhten Händen den Stab meines Rossschinders fester. Die näher kommende Flut hatte inzwischen den Fuß des gegenüberliegenden Hügels erreicht und marschierte in stetem, gemessenem Rhythmus weiter. Die Kakofonie der gegnerischen Stimmen, der Dudelsäcke und Trompeten konnte unsere eigenen inbrünstigen Rufe nicht übertönen. Torias endloses Fluchen hinter mir bildete einen schwachen Kontrapunkt zu dem Ganzen.

»Scheiße, Scheiße, Scheiße …«

»Für den Bund! Für den Bund!«

Inzwischen konnte ich die Gesichter unserer Gegner erkennen. Es handelte sich um eine lange Reihe größtenteils bärtiger Männer und einige wenige Frauen. Vielleicht lag es an meiner Furcht, aber ich entdeckte keine unerfahrenen Jünglinge unter ihnen; für mich waren sie allesamt die berüchtigten Totschläger-Veteranen, die dem Prätendenten schon seit Jahren folgten und ein Blutbad nach dem anderen anrichteten. Genau wie bei uns befanden sich auch bei ihnen die Spießträger vorn und die Schwert- und Axtkämpfer dahinter. Ebenso wie wir trugen auch sie kaum Rüstung. Ich zählte nur wenige behelmte Köpfe, und die meisten Leiber waren in grobe Wollkleidung gehüllt. Brustharnische oder Kettenhemden waren nur vereinzelt zu sehen.

»Scheiße, Scheiße, Scheiße …«, fluchte Toria.

»Für den Bund! Für den Bund!«, rief die Kompanie, und die Rufe gingen in ein Schreien über, als die ersten Reihen der heranrückenden Gegner bis auf zwanzig Meter an unsere Linie heran waren. Sie senkten ihre Spieße und stürmten auf uns zu.

»Für den Bund!«

Unsere erste Reihe machte einen Schritt nach vorn, rammte die Enden ihrer Spieße in den Boden und senkte die langen Speere bis zu dem Winkel, den die Betbrüder und -schwestern uns so viele Tage lang eingebläut hatten.

»FÜR DEN BUND!«

Später kam mir öfter der Gedanke, dass ich mir in dem Moment, als die beiden Reihen der Spießträger aufeinandertrafen, sicher in die Hose gemacht hätte, wäre mir das damals nicht völlig entfallen. Stattdessen trat ich dicht an Brauers Rücken heran, so wie ich es gelernt hatte, und wartete, bis der Spieß, der an seinem vorbeistach, auf Armlänge heran war. Dann benutzte ich meinen Rossschinder, um den gegnerischen Spieß nach unten zu drücken und mit Wucht darauf zu treten, sodass die Stange hinter der eisernen Spitze zerbrach.

Offenbar wütend darüber, entwaffnet worden zu sein, warf sich der Besitzer des Spießes mit gezücktem Falchion nach vorn. Aus seinem bärtigen Gesicht drang ein tiefer, herausfordernder Schrei. Sein Angriff geriet jedoch ins Straucheln, als er zwischen Brauer und dem Burschen mit dem fleckigen Gesicht zu dessen Rechter stecken blieb.

Das ist Mord, wusste ich, als ich den Rossschinder über den Kopf hob und ihn niedersausen ließ, um dem eingeklemmten knurrenden Kerl den Schädel zu spalten.

Und so, liebe Leser und Leserinnen, begann die Schlacht.

Dreissigstes Kapitel

Der Bärtige fiel nicht sofort zu Boden. Obwohl er offensichtlich tot war und ihm eine Menge Blut und eine gräuliche Flüssigkeit übers Gesicht liefen, hielten ihn die dicht gedrängten Leiber um ihn herum aufrecht. Auch seine Augen blieben offen. Während sich die Kämpfenden im immer chaotischeren Gedränge hin und her schoben und aufeinander einstachen, musste ich den starren Blick des Mannes ertragen, den ich soeben ins Jenseits befördert hatte. Sein Starren besaß eine unangenehme Intensität, die Wut in mir aufwallen ließ, sodass ich noch einmal nach ihm stach. Ich holte mit dem Rossschinder aus wie mit einem Speer, rammte ihm die Klinge in das schlaffe Gesicht und teilte es mittendurch. Der grob gehämmerte Stahl versank in seinem Fleisch und blieb prompt darin stecken.

»Oh, verflucht nochmal!«, zischte ich mit zusammengebissenen Zähnen und machte einen Schritt nach vorn, um den aufgespießten Kerl beiseitezuschieben. Einer seiner Kumpane, ein drahtiger Kerl mit bartlosem wieselähnlichem Gesicht, nutzte die Gelegenheit, um mit einem langen Dolch nach meinem ausgestreckten Arm zu stechen.

Die schmale Spitze bohrte sich schmerzhaft in mein Handgelenk, konnte den Handschuh jedoch nicht durchdringen. Meine Wut stachelte das allerdings noch mehr an.

Ich packte den Rossschinder, der im Kopf des Toten feststeckte, mit einer Hand, ballte die andere zur Faust und rammte sie dem Mann mit dem Dolch ins Gesicht. Da er nicht ausweichen konnte, bekam er den Hieb mit voller Wucht ab und sank bewusstlos in den aufgewühlten Schlamm. Vermutlich wurde er kurz danach zu Tode getrampelt.

Keuchend packte ich den Rossschinder jetzt wieder mit beiden Händen und drehte ihn herum, froh darüber, dass die vielen Schreie, das Knurren und Kreischen um mich herum das knirschende Schmatzen übertönten, mit dem das Metall sich aus Fleisch und Knochen löste. Als der Rossschinder frei war, tat mir auch der Bärtige endlich den Gefallen, zu Boden zu rutschen – dank einer schmalen Lücke, die sich in den gegnerischen Reihen aufgetan hatte. Einen Moment lang herrschte Ruhe, lange genug, dass wir alle einmal durchatmen und die etwa ein Dutzend Toten und Verletzten betrachten konnten, die im Schlamm zwischen uns lagen. Dann, ohne dass es die Betbrüder und -schwestern befohlen hätten, stürmte die Kompanie des Bundes vorwärts.

Brauer und die Schlaueren unter den Spießträgern in der ersten Reihe hatten die kurze Atempause genutzt, um ihre Waffen über die Köpfe zu heben. Beim Vorrücken stachen die Spitzen nun auf die Gegner ein. Viele Spieße bogen sich unter dem Druck durch und zerbrachen, Brauers war auch darunter. Ich sah, wie er den zersplitterten Griff einem Gegner in den Hals stach, der daraufhin in die Knie ging. Ein Schwall Blut spritzte aus der Wunde hervor. Brauer trat den Verletzten beiseite, zog sein Falchion und begann, auf die dicht gedrängten Leiber vor ihm einzuhacken. Er kämpfte mit geübter Konzentration und zielte auf Beine und ausgestreckte Arme, sodass er eine Spur aus verstümmelten und schreienden Leuten hinter sich ließ.

Neben Brauer hackte der Spießträger mit dem fleckigen Gesicht mit einem Beil um sich und legte dabei eine ähnliche Wildheit, wenn auch sichtlich weniger Können an den Tag. Von Evadines Ansprache angeheizt, stürzte sich die Kompanie auf den Feind, manche schrien beim Kämpfen noch immer: »Für den Bund!«

Ich stolperte über am Boden liegende Männer hinweg, um mit Brauer Schritt zu halten, blieb jedoch stehen, als ich hinter mir einen spitzen Schrei hörte. Ich drehte mich um und sah Toria mit einem Mann ringen, über den ich eben hinweggestiegen war. Offenbar hatte er seinen Tod nur vorgetäuscht, um sich auf leichtere Beute stürzen zu können. Wenn ja, dann hatte er eine schlechte Wahl getroffen. Nachdem er Toria auf die Knie gezwungen hatte, versuchte er, ihr mit einem Langdolch in den Hals zu stechen. Sie hingegen stieß den Kopf nach vorn und ließ ihre Stirn gegen seine Nase knallen. Die kurzzeitige Benommenheit des Mannes nutzte sie, um ihm ihrerseits ihren Dolch ins Auge zu stechen und diesen bis zum Griff hineinzurammen. Der Mann zuckte und brabbelte, während Toria den Dolch fest umklammert hielt.

Ich eilte zu ihr, und sie schaute zu mir hoch. Ihre Augen funkelten anklagend in einem Gesicht, das mit einer rotbraunen Masse aus Blut und Schlamm bespritzt war. Ihre Feindseligkeit mir gegenüber war so stark, dass es einen Moment dauerte, bevor sie auf meinen Warnruf reagierte: »Verflucht, duck dich!«

Zum Glück wich sie trotzdem noch rechtzeitig aus, um dem Schwert zu entgehen, das ein Mann hinter ihr herabsausen ließ. Bevor ich den Kerl niedermachte, erhaschte ich noch einen kurzen Blick auf sein verstümmeltes Gesicht – ein Auge war zerschnitten, ein Ohr hing herunter, und unter der herabbaumelnden Haut war der weiße Knochen seines Schädels zu sehen. Ich staunte über die Tapferkeit, die es brauchte, um trotzdem weiterzukämpfen. Anscheinend weckte der Prätendent eine ähnliche Hingabe bei seinen Anhängern wie Evadine bei ihren.

Ich nahm mir ein Beispiel an Brauer und schwang den Rossschinder nach den Beinen des Einäugigen anstatt nach seinem Körper. Fleisch riss auf, und Knochen brachen, als die schwere Klinge in seinen

Oberschenkel hieb. Er stürzte in den Schlamm, und Toria krabbelte schnell zu ihm hin, um ihm den Garaus zu machen. Als sie dem Kerl die Kehle durchschnitt, erinnerten mich die flinken Bewegungen ihres drahtigen Körpers an ein Frettchen, das ein Kaninchen totbeißt.

Ich hielt inne und schaute mich um, wobei sich mir ein unerwartet ermutigender Anblick bot. Nicht nur war es der Kompanie des Bundes gelungen, die Flanke des gegnerischen Heeres gut vierzig Meter zurückzuwerfen, sondern die Cordwainer zu unserer Linken hatten ihre Angreifer ebenfalls erfolgreich abgewehrt. Diese waren zwar besser ausgerüstet als die, denen wir gegenüberstanden, aber offenbar weniger entschlossen. Wahrscheinlich handelte es sich um eine Mischung aus angeheuerten Söldnern, die das Versprechen auf Bezahlung oder Beute zur Flagge des Prätendenten gelockt hatte. In dem Fall hatte er sein Geld wohl falsch angelegt oder war nicht großzügig genug gewesen. Auf dem Boden vor den Cordwainern lagen nur zehn Leichen, dennoch warfen bereits einige der Söldner ihre Waffen weg und nahmen eilig die Beine in die Hand.

Vom Rest des Schlachtfeldes war nicht viel zu sehen. Schweiß und Atem so vieler Menschen und Pferde auf engstem Raum bildeten eine Dunstwolke, durch die nur die Umrisse zahlloser in Kämpfe verstrickter Gestalten zu erkennen waren. Hier und da bäumten sich inmitten der auf und nieder hackenden Klingen Pferde auf, aber es ließ sich unmöglich sagen, welche Seite die Oberhand hatte.

»Komm«, rief ich und zog Toria hoch. »Wir dürfen keine Zeit verlieren.«

Ich warf einen vielsagenden Blick zu den Betbrüdern und -schwestern hin, die sich hinter dem Hauptteil der Kompanie befanden. Diejenigen mit den Armbrüsten spannten entweder gerade ihre Sehnen oder warfen sich ins Getümmel und schossen den Gegnern Bolzen direkt ins Gesicht. Auch Swain war darunter, Ofihla hingegen konnte ich nicht entdecken. Wahrscheinlich befand sie sich irgendwo im dichtesten Gedränge und hackte mit ihrer Axt alles kurz und klein.

Toria folgte mir zurück ins Kampfgewühl, und wir eilten zu Brauer. Zu meiner Erleichterung sah ich, dass sich zwischen den gegnerischen Seiten erneut eine Lücke aufgetan hatte, diesmal breiter als zuvor. Zudem war die Gegenseite zahlenmäßig deutlich dezimiert. Statt der wilden Entschlossenheit, die sich noch vor wenigen Augenblicken in den Gesichtern abgezeichnet hatte, sah ich jetzt Furcht darin. Meine Erleichterung vertiefte sich zu grimmiger Freude, als die Menge abrupt kehrtmachte und die Flucht ergriff. Kein Befehl oder Hornsignal war von ihren Anführern zu hören, aber dennoch schienen sie alle einer unausgesprochenen Anweisung zu gehorchen. Manche weinten vor Scham oder Enttäuschung, als sie fortliefen, andere blieben noch kurz stehen, um uns Verwünschungen entgegenzuschleudern – in einem Dialekt, den keiner von uns verstand – oder um irgendwelche, vermutlich beleidigenden Gesten in unsere Richtung zu machen. Aber auch Letztere suchten schnell das Weite, als die Armbrüste der Betbrüder und -schwestern ein paar von ihnen zu Boden schickten.

Wieder herrschte kurz Ruhe, der Wind ließ den Schlachtdunst um unsere durcheinandergeratenen Reihen wirbeln und verlieh der ganzen Kompanie ein geisterhaftes Aussehen. Ein paar stützten sich, wie ich, auf ihre Waffen und atmeten schwer. Andere, wie Brauer und der Spießträger mit dem fleckigen Gesicht, hoben triumphierend die Arme, und ihr wildes Siegesgeschrei mischte sich mit dem Kreischen der Verwundeten. Toria sank gegen meine vornübergebeugte Gestalt und wischte ihren blutigen Dolch an meinem Ärmel ab.

»Hätte schlimmer kommen können«, sagte ich, worauf sie mich nur finster anstarrte. Ihr Gesicht schien in wenigen Minuten um Jahre gealtert zu sein, und ihr Blick wirkte so vorwurfsvoll, dass ich mich fragte, ob sie mir wohl jemals verzeihen würde, dass ich sie in dieses Grauen mit hineingezogen hatte.

Während ich noch über eine witzige Bemerkung nachdachte, die sie mir sicher genauso übel nehmen würde, wurden Torias schmale Gesichtszüge plötzlich noch düsterer. »Was ist das?« Sie legte lauschend den Kopf schief.

Ich hörte es zu spät, um darauf reagieren zu können: ein leises, zischendes Sirren, in das sich dumpfe Schläge mischten und das hohe Klirren von Metall, das auf Metall traf. Mit der Zeit sollte mir dieses Geräusch nur allzu vertraut werden – das hässliche Lied eines Pfeilhagels, der auf Fleisch und Rüstungen traf. Damals erkannte ich die Gefahr jedoch erst, als sich in die Schulter des jubelnden Spießträgers mit dem fleckigen Gesicht ein Pfeil bohrte.

»Runter!«, fauchte ich und zog Toria auf die schlammige Erde hinab. Ich zuckte zusammen, als sich ein Pfeil nur einen Meter von meinem Kopf entfernt in die Erde bohrte, rasch gefolgt von zwei weiteren, die noch dichter herabkamen. Ein Stück entfernt wurde ein Soldat mit einem Rossschinder, der sich ebenfalls zu Boden geworfen hatte, von einem Pfeil direkt in den gesenkten Kopf getroffen. Merkwürdigerweise starb er nicht gleich, obwohl sich die Pfeilspitze durch seinen Schädel gebohrt hatte. Stattdessen kam er auf die Knie hoch und runzelte verwirrt die Stirn. Er kratzte sich an der Stelle, an der der Pfeil steckte, als plagte ihn lediglich eine lästige Laus. Blut lief ihm aus der Nase, und er versuchte, Worte zu bilden, die jedoch nicht zu verstehen waren. Noch einen Herzschlag lang hielt er sich aufrecht, dann rollten seine Augen nach hinten, und er sackte leblos zusammen, wenn er auch irgendwie weiter auf den Knien sitzen blieb.

Nachdem noch drei unserer Kameraden in ebenso vielen Sekunden dem Pfeilhagel zum Opfer gefallen waren, kam mir die Erkenntnis, dass es unter den gegebenen Umständen vielleicht nicht die beste Taktik war, sich flach auf den Boden zu legen.

»Was zum Henker hast du vor?«, rief Toria wütend, als ich auf die Beine kam.

»Wir brauchen einen Schild.« Ich zerrte sie hinter mir her, an der schmalen Gestalt des knienden Soldaten vorbei und auf den kräftiger gebauten Spießträger mit dem fleckigen Gesicht zu. Pures Glück bewahrte uns davor, vom Pfeilregen getroffen zu werden, während wir zu dem Toten rannten.

»Kriech drunter.« Ich packte den Leichnam am Kettenhemd und

zerrte ihn keuchend vor Anstrengung hoch. Dann ließ ich mich auf alle viere nieder und schob ihn auf meinen Rücken. Toria brauchte keine weitere Aufforderung, sondern krabbelte schnell in die kleine Lücke neben mir.

Wie sich herausstellte, war der Spießträger wohl doch noch nicht ganz tot. Sein Körper zuckte ein paarmal heftig, als er wiederholt von Pfeilen getroffen wurde. Nachdem sich der tödliche Hagel gelegt hatte, blieb der Leichnam auf meinem Rücken jedoch schlaff und reglos. Ich brach unter dem Gewicht des Toten zusammen, und Toria wand sich mit verärgertem Stöhnen neben mir hervor. Als sie mir half, den von zahllosen bunt befiederten Pfeilen durchbohrten Spießträger von mir hinunterzubugsieren, schimmerte allerdings so etwas wie Dankbarkeit in ihrem Blick, was mir wieder neuen Mut gab. Das Anklagende, Vorwurfsvolle darin war aber noch nicht gänzlich verschwunden.

»Möge die Plage alle Bogenschützen holen!«

Der gezischte Ausruf ließ uns zu Brauers massiger Gestalt hinschauen. Er kniete ein paar Schritt entfernt am Boden. Mit schmutzigem, schmerzverzerrtem Gesicht betrachtete er den Pfeil, der seine rechte Hand durchbohrt hatte. Die Stahlspitze war nur wenige Zoll von der Lücke zwischen Daumen und Zeigefinger entfernt ausgetreten. Von den Widerhaken tropfte Blut, und einige Fetzen von Brauers Lederhandschuh hingen daran.

»Den können wir nicht drin lassen.« Toria ging in die Hocke und inspizierte die Wunde.

Brauer nickte schluckend, und Toria zog ihr kleines Messer mit der gebogenen Klinge hervor und setzte es an der Stelle an, wo der Pfeilschaft aus dem Handrücken ragte. »Halt ihn fest«, sagte sie knapp zu mir. Ich packte gehorsam Brauers ausgestreckten Arm mit beiden Händen und hielt ihn gerade, worauf Toria sich ans Werk machte. Brauer zischte mit zusammengebissenen Zähnen, während sie den Schaft durchsägte. Toria beeilte sich, obwohl das kräftige Gerüttel Brauer sicherlich noch mehr Schmerzen zufügte. Nachdem der Schaft durchgesägt war, schleuderte sie das befiederte Ende weg und zog den vorderen Teil heraus. Die blutverschmierte Pfeilspitze warf sie Brauer zu.

»Ein Andenken für dich.« Als sie sich umdrehte und das Blutbad um uns herum in Augenschein nahm, wurde ihre Miene säuerlich. »Auch wenn's heute wahrscheinlich noch jede Menge davon zu sammeln gibt.«

»Hecke bilden!«

Ofihlas hoch aufragende Silhouette schälte sich ein Dutzend Meter vor uns aus dem Dunst. Ihre Streitaxt ruhte auf ihrer Schulter, die Klinge war dunkel und feucht. Zielstrebig kam sie auf uns zugeschritten. »Spieße aufsammeln und Hecke bilden! Los, los!«

»Beim Blut der Märtyrer, ist es immer noch nicht vorbei?« Toria seufzte erschöpft.

Der Grund für das Drängen der Betschwester wurde schrecklich offensichtlich, als vor uns Huftrommeln ertönte. Kurz durchzuckte mich Dankbarkeit für all die langweiligen Übungsstunden unter Ofihlas barscher Aufsicht, als unsere Truppe – inzwischen um etwa ein Drittel dezimiert – mit reflexartiger Geschwindigkeit die gewünschte Formation einnahm. Noch unversehrte Spieße wurden eingesammelt und aufgerichtet, und wir nahmen in drei Reihen neben den benachbarten Truppen Aufstellung, nur Sekunden bevor die Ritter vor uns aus dem Dunst galoppiert kamen.

Insgesamt waren es etwa fünfzig, verglichen mit dem restlichen Heer des Prätendenten ein kleines Kontingent, das er vermutlich bis jetzt in Reserve gehalten hatte. Es waren die sogenannten Überläufer-Ritter, die sich von ihrer früheren Loyalität gegenüber der Familie Algathinet losgesagt hatten, um fortan ihr Glück mit dem Prätendenten zu versuchen. Ich hatte gehört, dass es vor allem die zweiten und dritten Söhne niederer Adliger waren – enttäuschte junge Männer, die in der Erbfolge übergangen wurden und deswegen bereit waren, einen Aufstand anzuzetteln, um den Ruhm und Reichtum zu erringen, der ihnen ihrer Ansicht nach zustand. Viele waren von ihren wütenden

Vätern verstoßen worden, und der König hatte zahlreiche Dekrete erlassen, um den nunmehr als Verräter gebrandmarkten Adligen ihre Ländereien und Titel abzuerkennen. Wenn sie auch offiziell keinen Rang und Namen mehr besaßen, gaben sie in meinen Augen dennoch ein Furcht einflößendes Bild ab.

In vollem Galopp preschten sie auf uns zu, die Lanzen nach vorn gerichtet, während aus den Nüstern ihrer Streitrösser Dampf quoll. Die Ritter selbst waren in wertvolle Rüstungen gehüllt, kein zusammengestückeltes Zeug. Auf ihren Helmen prangten die unterschiedlichsten Wappen, und die Stahlplatten waren blau oder rot lackiert, manche sogar goldgeprägt. Wegen des Schlamms, den sie bei ihrem Angriff aufwühlten, und des Dunsts der Schlacht glänzten ihre Rüstungen nicht in der Sonne, was sie für mich nur umso bedrohlicher erscheinen ließ – eine unaufhaltsame Wand aus edlem Stahl und Pferdeleibern, die uns schurkische Knechte gewiss einfach niederwalzen würde.

Wenn es jemals einen Augenblick gegeben hatte, um die Flucht zu ergreifen, dann jetzt. Und doch tat ich es nicht. Später redete ich mir ein, es hätte an Ofihlas Gegenwart gelegen und dem Anblick ihrer blutigen Axt. Und an Feldwebel Swain, der mit gespannter Armbrust hinter unserer Linie auf und ab lief. Beides wäre für jeden Feigling Grund genug gewesen, seine Furcht zu bezwingen. Inzwischen ist mir jedoch klar geworden, dass es nicht bloß die Furcht vor den Betbrüdern und -schwestern war, die mich im vorgeschriebenen Abstand hinter Brauer verharren ließ, den Rossschinder kampfbereit in den Händen, Auge in Auge mit dem Schlachtross, das auf mich zugeprescht kam. Ich blieb, weil die Betbrüder und -schwestern, die Feldherrin und die Freunde an meiner Seite mich zu einem Soldaten gemacht hatten. In diesem Moment konnte ich genauso wenig weglaufen wie eine Mutter von ihrem in Gefahr geratenen Kind.

Die Spitze der angreifenden Ritter hielt auf den Teil unserer Truppe zu, der sich am nächsten am Fluss befand. Die Attacke war absichtlich so gezielt, um unsere Linie auseinanderbrechen zu lassen und hinter die Flanke der Armee zu gelangen. Obwohl ich erwartet hatte, dass sich die Linie unter dem Aufprall auflösen würde, scheuten die Schlachtrösser an der Spitze, wie Ofihla es vorhergesagt hatte, im letzten Moment vor dem Dickicht der Spieße zurück.

Schreie und panikerfülltes Wiehern ertönten, als die Spitzen der Spieße sich in Hälse und Schultern der Pferde bohrten. Ein Streitross bäumte sich mit strampelnden Hufen auf und warf seinen Reiter ab. Der Ritter schleuderte seine Lanze fort und kam auf die Beine. Trotz der Unmengen von Stahl, die er am Körper trug, bewegte er sich erstaunlich flink. Er wollte sein Schwert ziehen und einen Schritt auf unsere Linie zumachen, erstarrte jedoch abrupt, als ein Armbrustbolzen genau in die Lücke zwischen Helm und Halsberge traf und sein Kettenhemd durchschlug. Wenn das sein Schicksal noch nicht besiegelt hatte, so taten die trampelnden Hufe des Pferdes, das als Nächstes herangestürmt kam, ein Übriges.

Leider waren bei diesem Streitross Schultern und Hals mit einem dicht gewebten Leinenstoff bedeckt. Seine instinktive Furcht vor den Spießen ließ es abbremsen. Auf das Drängen seines Reiters hin, eines großen Ritters in rot lackierter Rüstung, dessen Helm von einem Greif geziert wurde, fasste es sich jedoch schnell wieder. Erstaunlicherweise hielt die Linie stand, als das Streitross dagegenknallte, obwohl drei Spießträger niedergetrampelt wurden, bevor die wild hackenden und zustechenden Rossschinder und eine Salve Armbrustbolzen das Pferd niedermachten.

Auch dieser Ritter versuchte weiterzukämpfen. Er kam taumelnd auf die Beine und schlug mit einem Streitkolben um sich, bis Ofihla in die Lücke stürmte, die er in die erste Reihe gerissen hatte. Mit der Schnelligkeit und Wildheit eines Stiers rammte sie ihm gebückt die Schulter gegen den Brustharnisch. Unter der Wucht des Aufpralls stürzte er zu Boden. Sein Versuch, ihre über dem Kopf geschwungene Axt mit dem Heft des Streitkolbens abzuwehren, war zu schwach. Die riesige Klinge hackte durch sein Visier, und eine spektakuläre Blutfontäne spritzte auf.

»Reihen schließen, ihr Lahmärsche!«, knurrte Ofihla und stellte einen Fuß auf den Kopf des Ritters, um ihre Axt herauszuziehen.

Ein weiterer Ritter hielt auf uns zu, während wir eilig ihren Befehl befolgten – ein großes, schwarzes Streitross, dessen Reiter eine Rüstung in derselben Farbe trug. Wie eine zum Leben erwachte Obsidianstatue ragte er vor uns auf. Seine Lanze fuhr herab und bohrte sich in die Brust eines glücklosen Soldaten rechts von mir. Die Spitze der Waffe blieb in den Rippen des Toten stecken, und Ofihla hieb den Stab mit ihrer Axt durch, bevor der Ritter die Lanze wieder herausziehen konnte. Brauer trat zu der Betschwester und stach mit dem Spieß nach dem Maul des Streitrosses – ein weiterer wertvoller Trick, den Ofihla uns beigebracht hatte. Die meisten Pferde sind am Maul empfindlich. Blut und Speichel spritzten von den gefletschten Zähnen des Tiers, es drehte sich im Kreis und trat mit den Hinterhufen aus. Noch ein Spießträger stürzte tot zu Boden, sein Schädel von einem eisenbeschlagenen Huf gespalten, das in Panik geratene Schlachtross verhinderte jedoch, dass sein Reiter oder einer der anderen Ritter, die sich jetzt vor uns drängten, die Lücke ausnutzen konnten.

Unter dem Visier des Ritters in der schwarzen Rüstung drangen gedämpfte Flüche hervor. Er versuchte, sein Pferd wieder unter Kontrolle zu bringen, und hackte dabei gleichzeitig mit dem Langschwert auf unsere Linie ein. Links und rechts von ihm wollten sich seine Kameraden vorbeischieben, sahen sich jedoch einer Salve Armbrustbolzen und den wild zustechenden Spießen ausgesetzt. Brauer, der einen Riss in der Decke des außer Rand und Band geratenen Pferdes entdeckte, ergriff die Gelegenheit, dem Tier seinen Spieß tief in die Flanke zu rammen. Das Pferd bäumte sich kreischend auf. Brauers Spieß zerbrach, als das Tier zu Boden ging, und der Reiter stürzte in unsere erste Reihe.

»Zieht ihn rein!«, schrie Ofihla, und ich packte zusammen mit einem anderen Soldaten den Ritter am Rand seines Helms. Sobald seine Beinschienen an der zweiten Reihe vorbei waren, stürzten sich die Leute mit den Dolchen auf ihn wie Wölfe auf ein lahmendes Reh. Schreie brachen unter seinem Visier hervor, als schmale Klingen in die

Lücken zwischen seinen Rüstungsteilen stachen. Der Ritter hatte sein Schwert verloren, deswegen konnte er nur wild strampeln und nach seinen Peinigern schlagen, aber es nützte nichts. Seine Gegenwehr erstarb, als Toria ihren längsten Dolch in den Schlitz seines Visiers stach und diesen festhielt, worauf ein drahtiger Kamerad mit einem Holzhammer auf den Knauf einschlug, bis der Griff auf Stahl traf.

Ich wandte den Blick von dem hässlichen Schauspiel ab. Mittlerweile hatte der Angriff der Ritter an Schwung verloren. Sie waren jetzt entlang unserer gesamten Linie verteilt, und soweit ich feststellen konnte, beschränkten sich ihre Angriffe darauf, mit Streitkolben und Schwertern auf die Hecke der Spieße einzuhacken. Die Betbrüder und -schwestern setzten die Ritter unablässig mit ihren Armbrüsten unter Beschuss, wobei sie jetzt statt auf die Reiter auf die Pferde zielten. Ein halbes Dutzend Reittiere ging zu Boden, andere bäumten sich unter Qualen wiehernd auf. In der Folge wurde die Lücke zwischen den Adligen und unserer noch intakten Kompanie immer größer.

Sie haben Angst. Ich lachte überrascht auf. Ein mehr schlecht als recht ausgebildeter Haufen der übelsten Halunken von ganz Albermaine hatte diese adligen Überläufer das Fürchten gelehrt. Es war ein unerwartet süßer Moment, aber einer, der sich als kurzlebig erweisen sollte.

Die Trompete klang anfangs noch leise, ein klagendes, beinahe komisches Heulen, das über dem Kampfgetümmel aufstieg. Die Nachricht, die es übermittelte, war den Rittern des Prätendenten jedoch anscheinend sofort klar. Diejenigen, die sich aus dem Schlachtgetümmel befreien konnten, etwa zwanzig an der Zahl, wendeten ihre Pferde und ritten zur rechten Seite unserer Linie. Ungefähr ein Dutzend waren zu sehr in Kämpfe verstrickt oder hatten zu viel Angst, uns den Rücken zu kehren, um auf das Signal zu reagieren. Sie kämpften weiter, nur um von den Armbrüsten und unbarmherzigen Spießen niedergemacht zu werden.

Als der Letzte von ihnen gefallen war – Pferd und Reiter mit zahllosen Bolzen gespickt und von mehreren Spießen durchbohrt –, erhielt ich ungehinderte Sicht auf das, was der Grund für den plötzlichen Rückzug ihrer Kameraden gewesen war: Eine große Horde kam im Laufschritt auf das Flussufer zugestürmt. Ihre Reihen waren ungeordnet, und sie trugen kaum Rüstung. Im Laufen stießen sie wilde Rufe aus und schwenkten Waffen über dem Kopf, hauptsächlich Sensen, Heugabeln und Äxte. Das waren keine Soldaten, sondern Bauern, und an ihrer Spitze ritt ein Mann von beeindruckender Statur in einer schmucklosen Rüstung. Sein Visier war hochgeklappt, und darunter war ein langes Gesicht mit hohen Wangenknochen und Adlernase zu sehen. Statt einer Waffe trug er eine Flagge – das große seidene Rechteck flatterte hinter seinem Pferd und zeigte die goldene geflügelte Schlange von Magnis Lochlain, dem selbsternannten rechtmäßigen König von Albermaine.

»Ich werd nicht mehr!« Toria starrte der schnell näher kommenden Menge und ihrem Anführer, dem Thronräuber, in unverhohlenem Erstaunen entgegen. »Ist er es wirklich?«

»Ich könnt drauf wetten.« Ich tastete mit den behandschuhten Fingern nach einem feuchten Rinnsal auf meiner Stirn. Als ich darauf schaute, waren meine Finger blutverschmiert, und ich spürte das Brennen einer offenen Wunde, wenn ich mich auch nicht erinnern konnte, wie ich sie mir zugezogen hatte. »Ich hatte ihn mir größer vorgestellt.« Ich schüttelte das Blut ab.

»Alle Mann, Achtung!«, brüllte Ofihla. »Bereit machen für Infanterie!«

Sie und die anderen Betbrüder und -schwestern zogen die Toten und Verwundeten hinter die Heerlinie, während die Kompanie sich neu formierte. Die Spießträger hoben ihre Waffen und senkten sie etwas tiefer als zuvor. Ich und die anderen in der zweiten Reihe wischten den Schmutz von den Griffen unserer Rossschinder, damit wir sie fester packen konnten. Beim Anblick der näher kommenden Meute, die eher einer echten Horde entsprach als die Clankrieger und Ritter, mit denen wir es bisher zu tun hatten, wurde schnell offensichtlich, dass sie unserer Kompanie zahlenmäßig weit überlegen war. Außerdem rückte sie mit einer beunruhigenden Entschlossenheit vor. Wenn überhaupt, so liefen die Gegner noch schneller, je näher sie uns kamen, angetrieben vom Tempo ihres Anführers.

»Ganz ruhig!« Feldwebel Swains Stimme hallte zu uns herüber – er war unter den Betbrüdern der Lauteste –, als ein gedämpftes Murmeln durch die Kompanie ging. »Denkt dran, wofür ihr kämpft! Für *wen* ihr kämpft!«

Die Überläufer lenkten ihre Pferde an die Seite des Prätendenten, worauf er seine Flagge noch höher hielt, und sie alle preschten nun im gestreckten Galopp auf das hintere Ende unserer Reihe zu, wo Evadine Courlain hoch aufgerichtet im Sattel saß. Sie trug keinen Helm, und ich war nah genug, um ihre Miene erkennen zu können, in der ruhiger unbeirrter Mut stand. In einem Zeitalter, in dem das Wort »furchtlos« allen möglichen Unwürdigen angedichtet wurde, muss gesagt sein, dass sie der einzige wahrhaft furchtlose Mensch war, dem ich je begegnet bin.

Ich hörte Swain einen unterdrückten Fluch ausstoßen, als klar wurde, dass der Angriff auf einen bestimmten Teil unserer Linie gezielt war und nicht auf die gesamte Kompanie. Die Meute der Bauern sprintete vorwärts, hinter dem Prätendenten her, und behielt dabei eine dichte, wenn auch ungeordnete Formation bei. Mit den Rittern an der Spitze war ihre Zahl mehr als ausreichend, um unsere Linie zu überrennen, und zwar genau an der Stelle, an der Evadine wartete.

»Bereit machen zum Vorrücken!«, rief Swain. Die erste Reihe hob gehorsam die Spieße und hielt sie sich horizontal vor die Brust, während wir anderen uns aufrichteten und unsere Plätze einnahmen. »Betbrüder und -schwestern, Rechtsschwenk marsch!«

Dies war eine weitere Taktik, die wir an den Abenden unterwegs geübt hatten, allerdings nicht häufig genug, sodass das folgende Manöver eher zu einer chaotischen Parodie dessen geriet, was dem Feldwebel sicherlich vorschwebte. Die gesamte Kompanie sollte sich an der rechten Seite verankern und wie eine große Tür herumschwingen, um den Gegner in die Flanke zu treffen. Der Erfolg hing von der relativen Marschgeschwindigkeit ab. Die Soldaten in der Nähe des Ankerpunkts machten nur kleine, langsame Schritte, während die, die weiter außen waren, schneller trabten. Wegen unserer dezimierten Zahl und der Erschöpfung und Benommenheit vieler Soldaten, die zum ersten Mal an einer Schlacht teilnahmen, glich unsere Formation eher einer gebogenen Feder als einer Tür. Allerdings zeigte sie insofern Wirkung, als sich die gegnerischen Bauern und ein paar der angreifenden Ritter gezwungen sahen, sich umzudrehen und uns entgegenzutreten, anstatt ihren Angriff fortzusetzen.

Zu unserer Rechten waren das hässliche Donnern und Rasseln von Pferdeleibern zu hören, die auf Metall trafen, als der Prätendent und seine Ritter in die Truppen am Fluss hineinritten. Bevor wir uns auf die Bauern stürzten, erhaschte ich noch einen Blick auf Evadine, die mit hocherhobenem Langschwert ihr schwarzes Streitross vorwärtstrieb. Alles, was danach kam, wurde von der Flagge des Prätendenten verdeckt. Eine Sekunde später traf mich ein geworfener Stein schmerzhaft am Kopf, und ich schaute nach vorn, nur um mich einer Wand aus schreienden schmutzigen Gesichtern und gezückten Klingen gegenüberzusehen.

Die Spießträger senkten ihre Waffen auf Kopfhöhe, und schon trafen beide Seiten aufeinander. Durch unsere jetzt schon ungleichmäßige Formation breitete sich schnell Chaos aus. Innerhalb weniger Atemzüge bewahrheitete sich Brauers Vorhersage, und ich fand mich inmitten der tödlichsten Prügelei wieder, die ich je erlebt hatte. Vor mir durchbohrte Brauer einen Bären von einem Mann, der mit einer Axt bewaffnet war, warf dann den Spieß weg und griff nach seinem Falchion. Zugleich sprang ein stämmiger Kerl mit einem selbstgebastelten Speer nach vorn, dessen starres, gerötetes Gesicht von Rachedurst verzerrt war. Ich hackte ihn nieder, als er mit dem Speer nach Brauers Gesicht stieß. Die Klinge des Rossschinders hieb tief in den ungeschützten Hals des Mannes.

Hinter mir hörte ich einen Wutschrei, duckte mich und wirbelte herum, um den Rossschinder aus dem Hals des Toten zu ziehen und ihn einem Bauern in die Knie zu hacken, der sich mit einer Sense auf mich stürzte. Er brach augenblicklich zusammen, landete auf dem Rücken und hielt sich die zerschlagenen Beine. Seine Schreie endeten, als Toria auf seine Brust sprang und ihm ihren Dolch in die Kehle stieß.

Die schreienden wuterfüllten Gesichter der Bauern waren überall, und die ganze Welt verschwand hinter einem seltsamen roten Schleier. Mein Blick trübte und verengte sich, einem animalischen Überlebenswillen gehorchend. Ich hackte, stach und hieb nach jedem Gesicht in Reichweite, wobei ich mir der Schmerzen in meinem eigenen Körper nur vage bewusst war. Ich erinnere mich daran, wie ich einem Mann den Arm am Ellbogen abhackte und eine Frau so lange am Hals gepackt hielt, bis Toria ihr die Kehle aufgeschlitzt hatte. Aber das sind bloß aus dem Zusammenhang gerissene Eindrücke eines Albtraums, der besser in Vergessenheit gerät, wenn er auch nie ganz aus dem Gedächtnis verschwinden wird.

»Gib endlich den Geist auf, du dreckiger Ketzer!«

Brauers wütendes Knurren brachte mich wieder zur Besinnung, jedenfalls soweit dies im Moment möglich war. Ich blinzelte, und der rote Schleier lichtete sich. Brauer hieb mit seinem Falchion auf die Oberschenkel eines Mannes ein, der eigentlich längst tot sein müsste. Der Mann stolperte vorwärts und hielt dabei mit einer Hand die Eingeweide fest, die wie Schlangen aus einer klaffenden Wunde in seinem Unterleib hingen, mit der anderen umklammerte er einen Schmiedehammer. Sein Gesicht war die eingefallene graue Maske eines Leichnams, und dennoch kroch er, selbst nachdem Brauers Hieb ihn zu Boden geschickt hatte, weiter auf uns zu und zerrte den Hammer hinter sich her.

»Bei den Märtyrern.« Brauer stampfte mit dem Stiefel wieder und wieder auf den Kopf des Kriechenden, bis aus dem gespaltenen Schädel Blut hervorspritzte. »Hier ist irgendwas Böses am Werk«, sagte er ernst. »Die gesegnete Feldherrin hatte recht. Dieser Haufen bezieht seine Kraft eindeutig von den Maleciten.«

Ich schaute mich um und sah, dass wir drei auf einer freien Fläche inmitten des ganzen Chaos standen. Die Kompanie kämpfte in kleinen Grüppchen weiter, die von Bauern umzingelt waren. Überall lagen Tote oder Verwundete. Als ich an mir hinabsah, bemerkte ich, dass ich statt des Rossschinders jetzt meine Axt in der Hand hielt. Die halbmondförmige Klinge war dunkel mit Blut überzogen, aber ich konnte mich nicht erinnern, eine Waffe verloren und die andere gezückt zu haben.

Bei der Betrachtung des Kampfes um uns herum fand ich einigen Grund, Brauers Behauptung, unsere Gegner stünden unter einem bösen Einfluss, anzuzweifeln. Viele Bauern griffen tatsächlich weiter wie in Raserei an, ungeachtet jeder Gefahr, aber nach meiner Schätzung hatten sich auch etwa ebenso viele schon aus dem Kampf zurückgezogen. Sie knieten am Boden oder wankten umher, zu Tode erschöpft oder nicht willens, weiter ihr Leben zu riskieren. Viele waren bleich und hohläugig. In ihren Mienen stand Enttäuschung. Das echte Erlebnis der Schlacht hatte anscheinend so gar nichts mit ihren Erwartungen von Ruhm und Ehre zu tun. Ich sah das anders: Dieser Tag war genauso grauenhaft gewesen, wie ich ihn mir vorgestellt hatte, bis auf die Überraschung, dass ich noch am Leben war.

Bei dem Gedanken erschauerte ich vor Erregung und musste laut auflachen.

»Was ist so verdammt komisch?«, wollte Torla wissen. Ihre Augen leuchteten in ihrem Gesicht, das derart mit rotbraunem Schmutz beschmiert war, dass es aussah, als hätte sie sich eine grausige Maske aufgesetzt.

»Ach nichts«, erwiderte ich. Meine Heiterkeit löste sich genauso schnell in Luft auf, wie sie gekommen war. Die Erschöpfung schloss sich gleich einer schweren Pranke um mich, meine Schultern sanken hinab, und meine Beine drohten unter mir nachzugeben. Mir tat jeder einzelne Muskel weh, und mein Kopf pochte von dem Grauen, das ich erlebt hatte. Der Griff meiner Axt rutschte mir aus der Hand, und ich verspürte keinerlei Wunsch, sie festzuhalten, bis in der Nähe erneut ein Tumult ausbrach und neue Panik in mir aufstieg. Die inzwischen vertraute Gewalttätigkeit ließ mich meine Erschöpfung vergessen.

Etwa zwanzig Schritt entfernt griffen sich einige Ritter gegenseitig an, und das wirbelnde Durcheinander aus klirrenden Schwertern, Streitkolben und auskeilenden Hufen ließ alle Bauern im Umkreis auf Abstand gehen. Vor meinen Augen stürzte ein Ritter aus dem Sattel, nachdem er von einem über dem Kopf geschwungenen Langschwert getroffen wurde, das ihm den Helm eindellte. Als er in den Schlamm fiel, entdeckte ich inmitten des Gewühls Evadine, die ganz allein gegen die übrigen drei Ritter kämpfte.

Gegen eine derartige Überzahl hätte sie eigentlich keine Chance haben dürfen, aber so wie sie den Hieb eines Streitkolbens parierte und sich dann sofort zur Seite lehnte, um dem Stich eines Langschwerts zu entgehen, fragte ich mich, ob an der Behauptung, sie sei von göttlichen Kräften gelenkt, doch etwas dran war. So flink und geschmeidig bewegte sie sich, dass es eher einem einstudierten Tanz glich als einem Kampf.

Mit einem perfekt gezielten Schwertstich durchs Visier tötete die Feldherrin einen weiteren Ritter, zog dann die Zügel ihres Streitrosses straff, sodass es sich aufbäumte und die Hufe auf den Kopf eines gegnerischen Pferdes niederprasseln ließ. Das Tier brach sofort zusammen, als wären die Sehnen in seinen Beinen durchtrennt worden, und der Ritter auf seinem Rücken fiel ebenfalls dem schwarzen Streitross zum Opfer. Wie Hämmer sausten die eisenbeschlagenen Hufe nieder und zerstampften den Brustharnisch des Kerls, als bestünde er nur aus dünnem Kupferblech.

Der verbliebene Ritter erwies sich allerdings als trickreich. Er schwang den stachelbewehrten Kopf seines Streitkolbens gegen ein Hinterbein von Evadines Streitross. Das Pferd bäumte sich kreischend auf und warf sich so heftig herum, dass Evadine gezwungen war, aus dem Sattel zu springen. Sie landete hart auf dem schlammigen Boden und verlor beim Aufprall ihr Langschwert. Glücklicherweise hielt der in Panik geratene Schwarze den Ritter davon ab, sofort hinzureiten und die Feldherrin zu töten. Mir war jedoch klar, dass ihr nur noch wenige Augenblicke blieben, bevor das Pferd des Ritters sie zu Tode trampeln würde.

Ich erinnere mich nicht, eine bewusste Entscheidung getroffen zu haben, dennoch reagierte ich sofort und ohne nachzudenken. Ich sprintete vor, bückte mich und nahm dem erschlagenen Schmied den Hammer aus der schlaffen Hand. Die Entfernung zur Feldherrin und ihrem Angreifer war auf ein Dutzend Fuß geschrumpft, als ich den Hammer schleuderte. Er traf den Ritter, der gerade an dem um sich tretenden Schwarzen vorbeigekommen war, mitten ins Visier.

Der Kerl stürzte rücklings vom Pferd, wobei sich eine Beinschiene im Steigbügel verfing. Das Reittier, das nun herrenlos seiner Furcht freien Lauf lassen konnte, galoppierte davon und schleifte den bewusstlosen Reiter hinter sich her. Seltsamerweise habe ich nie herausgefunden, um wen es sich bei dem Kerl gehandelt hatte oder was aus ihm geworden ist. Vielleicht überlebte er diesen Tag und wurde steinalt, um noch seine Enkel mit der Geschichte seiner wundersamen Rettung zu langweilen. Allerdings möchte ich das bezweifeln, denn das schlimmste Blutbad des Tages stand uns noch bevor, und es wurde mit einer derartigen Gewissenhaftigkeit ausgeführt, dass kaum jemand am Leben blieb.

»Feldherrin.« Ich ging in die Hocke, um Evadine hochzuhelfen, während Brauer ihr Schwert holte.

»Beeindruckender Wurf, Scribe.« Sie lächelte schmal, packte meine ausgestreckte Hand und ließ sich von mir hochziehen.

»Wo immer möglich, sollte man das Werfen dem Stechen vorziehen.« Ein weiterer von Deckins Lieblingssprüchen. Der Gedanke an ihn versetzte mir einen Stich in der Brust. *Was hätte er dazu gesagt, mich hier zu sehen?* Die Antwort war ziemlich klar: Er hätte mich einen Narren gescholten, und das zu Recht.

Ich schüttelte den Kopf, um die Gedanken und das anhaltende Pochen loszuwerden. Letzteres schrieb ich entweder dem Stein zu, der mich vor Kurzem getroffen hatte, oder einem Hieb, an den ich mich nicht erinnerte. Auch die Erschöpfung war zurückgekehrt und wollte diesmal selbst dann nicht weichen, als die gegnerischen Bauern uns vier einsame Gestalten bemerkten, die neben einem sterbenden Pferd standen. Es waren Nachzügler und Feiglinge, die sich nicht trauten, die Kompanie der Krone anzugreifen, in uns aber leichte Beute witterten.

Evadine schenkte ihnen kaum Beachtung, sondern widmete sich lieber ihrem verwundeten Pferd, das bloß noch ein klägliches Wiehern von sich gab. Die Augen des Schwarzen waren vor Angst geweitet, und er versuchte ein paarmal vergeblich, aus dem Schlamm hochzukommen, der durch das aus der Wunde an seinem Hinterbein strömende Blut noch matschiger wurde. Evadine verzog traurig das Gesicht und legte eine Hand auf das Maul des strampelnden Tiers, um es zu beruhigen.

»Würde es dir etwas ausmachen, Soldatin?«, fragte sie Toria. »Ich glaube, ich kann es nicht.«

Toria schaute besorgt zu den Bauern hin, die uns eingekreist hatten, nickte dann aber und trat mit erhobenem Messer an das Pferd heran. Der Stich war schnell und gut gezielt. Er durchtrennte eine Ader im Hals des Tiers, aus der ein Schwall dunklen Blutes hervorströmte. Das Ross schnaufte noch ein paarmal, hielt jedoch unter Evadines Berührung still, bis es schließlich die Augen verdrehte und auf der Seite liegen blieb.

»Feldherrin«, warnte Brauer. Evadine hob den Blick von dem toten Pferd, um die Bauern zu betrachten, die jetzt mit entschlossenen Mienen näher kamen.

»So viele Fehlgeleitete.« Sie hob ihr Langschwert.

»Darf ich fragen, Feldherrin«, erkundigte ich mich, während wir vier näher zusammenrückten, »was aus dem Prätendenten geworden ist?«

»Oh, ich habe kurz gegen ihn gekämpft«, erwiderte sie leicht bedauernd. »Aber wir wurden durch das Kampfgeschehen voneinander getrennt. Als ich ihn das letzte Mal sah, hatte er ganz allein unsere Linie durchbrochen.«

»Und glänzt seither durch Abwesenheit.« Ich deutete auf die Bauern. Unter ihnen war kein einziger Adliger und ganz sicher kein großgewachsener Ritter mit einer Flagge, die eine geflügelte Schlange zeigte.

»Er ist geflohen.« Brauer lachte barsch und spöttisch und winkte unseren Gegnern mit seinem Falchion zu. »Habt ihr gehört, ihr Ketzer? Euer verräterischer Hurensohn hat euch im Stich gelassen!«

Leider stachelten seine Worte die Wut der Bauern nur noch mehr an, anstatt sie zu besänftigen. Unter Beschimpfungen und wortlosem Knurren rückten sie mit erhobenen Äxten, Sensen und Messern und zitternd vor Vorfreude näher, wenn der helle Klang von Evadines Stimme sie auch innehalten ließ.

»Mein Freund spricht die Wahrheit!«, verkündete sie. »Der Prätendent hat das Schlachtfeld verlassen!«

Vermutlich waren es Evadines Mangel an Furcht, der unsere Gegner stutzig machte, und ihre schmerzerfüllte Trauermiene, als sie mit gesenktem Schwert und erhobener Hand vortrat. Trotz des ganzen Wahnsinns an diesem Tag begriffen die Bauern wohl, dass es dieser Frau nicht um ihr eigenes Leben ging, sondern um ihres.

»Bitte«, flehte sie. »Lasst vom Vorhaben dieses Lügners ab, diesem falschen Kreuzzug. Ich blicke in eure Herzen und weiß, dass darin nichts Böses ist, nur fehlgeleitete Hingabe.«

Wenn ich auch bereits erlebt hatte, welche Kraft ihre Reden entfalteten, verwunderte es mich doch, wie sie es mit so wenigen Worten schaffte, die mordlüsterne Menge zögern zu lassen. Die Gegner blieben stehen und tauschten unsichere Blicke aus, ihre erhobenen Waffen schwankten. Evadine holte Luft, um weiterzusprechen, aber was immer sie hatte sagen wollen und welche Auswirkung es auf unsere zögernden Gegner gehabt hätte, wird auf ewig ein Geheimnis bleiben.

Hinter dem Kreis der Bauern war plötzlich das Donnern unzähliger Hufe zu hören, gefolgt vom aufgeregten Wiehern und Schnauben galoppierender Streitrösser. Als Nächstes erklang ein Poltern und

Schreien, als zahlreiche Leute beiseitegeschleudert wurden. Einen Herzschlag später kamen die Ritter in Sicht, eine lange Reihe aus vielleicht fünfhundert Mann, die sich mit Streitkolben und Schwertern durch die ungeordneten Reihen der Bauern hackten. Mein Blick wurde unweigerlich vom größten Ritter angezogen, dessen Langschwert unermüdlich wie eine Sense auf die fliehenden Gegner herabfuhr und rotes Blut aufspritzen ließ. Sir Ehlbert Bauldry hatte, gemessen am Zustand seiner Rüstung, an diesem Tag schon eine Menge Blut vergossen, dennoch machte er unbeirrt und mit höchster Effizienz weiter. Bei zehn hörte ich auf, seine Opfer zu zählen. Ich zwang mich, meine morbide Faszination auf etwas anderes zu richten, zumal mir der Anblick immer mehr Angst einjagte.

Die Bauern waren auseinander gelaufen, und der Boden um mich herum war mit Toten und umherkriechenden Verwundeten bedeckt. Ich blinzelte überrascht, als ich bemerkte, dass ein guter Teil der Kompanie der Krone in Grüppchen zusammenstand, wobei vielen Soldaten der Unglaube über das eigene Überleben ins Gesicht geschrieben stand. Evadine neben mir erstarrte, als nur wenige Schritt entfernt ein Ritter sein Pferd zügelte. Es war ein breitschultriger Kerl, dessen Streitross eine ähnliche Farbe besaß wie Evadines Grauer. Sein Helm war insofern ungewöhnlich, als dass er nicht von einem Wappen gekrönt wurde. Seine adlige Herkunft war jedoch an dem Motiv auf seinem Schild unschwer zu erkennen: eine schwarze Rose auf weißem Grund.

Hinter ihm fiel ein junger Ritter stolpernd auf die Knie. Er trug keinen Helm, und sein Gesicht war mit ebenso viel Schmutz und Blut bedeckt wie Torias. Trotz des Drecks sah man, dass er recht attraktiv war, wenn seine Miene auch elend wirkte. Er trug eine kostbare himmelblau lackierte Rüstung, jedoch ohne Panzerhandschuhe, stattdessen waren seine Handgelenke mit einem dicken Seil an den Sattel des Ritters mit dem Rosen-Schild gefesselt.

Das Gesicht des Adligen war hinter einem Visier verborgen, aber ich sah dennoch, dass sein Blick fest auf Evadine gerichtet war. Sie schaute ihn an, und in ihrer Miene leuchtete kurz Schamgefühl auf. Es verschwand jedoch sofort wieder, und ihr Gesicht wurde ausdruckslos. Mit gesenktem Kopf beugte sie ein Knie.

»Edler Herr«, sagte sie.

Der Ritter schaute sie kurz an und löste dann das Seil von seinem Sattel. Ein heftiger Ruck, und der Gefangene fiel mit dem Gesicht voran vor der knienden Evadine in den Schlamm. Sie runzelte die Stirn und musterte blinzelnd das verschmierte Gesicht.

»Wilhum?«

In dem Moment ergriff der Adlige auf dem Pferd das Wort. »Der König hat diesen Ort Feld der Verräter getauft«, hallte die Stimme des Ritters metallisch aus seinem Helm hervor. »Wenn du diesem Elenden das Leben retten willst, bleibt dir nicht viel Zeit.«

Evadine verbeugte sich ein weiteres Mal, und ich bemerkte ein dankbares Zittern in ihrer Stimme, als sie antwortete: »Danke, Vater.«

Sir Altheric Courlain, unter Gelehrten besser bekannt als die Schwarze Rose von Couravel, richtete sich im Sattel auf. Verborgene Augen musterten einen Moment lang seine Tochter, bevor er mit den Zügeln schnalzte und auf das Flussufer zuritt. Der Angriff der Ritter hatte die Bauern zum Ufer getrieben, und der Fluss schäumte weiß von den Verzweifelten, die versuchten, zur anderen Seite zu schwimmen. Die Ritter, die niemanden vom Schlachtfeld entkommen lassen wollten, trieben ihre Pferde in die Strömung, und bald schon schäumte das Wasser nicht nur weiß, sondern auch rot.

»Nicht grad die besten Umstände für ein Wiedersehen, Evie«, stöhnte der am Boden liegende Adlige. »Obwohl dein Anblick stets mein Herz erfreut, sogar jetzt.«

Er stemmte sich hoch, und weiße Zähne blitzten inmitten des Schmutzes auf, als er Evadine ein einnehmendes Lächeln schenkte. Der Anblick ließ Neid in mir aufflammen. Es war genau das Lächeln, das ich – wenn auch vergeblich – stets hatte perfektionieren wollen, ein Lächeln, das angeborenes Selbstvertrauen und kluge Rechtschaffenheit zum Ausdruck brachte. Diesem Gefangenen gelang es so mühelos und leicht, wenn es auch nur ein betrübtes Stirnrunzeln von Evadine zur Folge hatte.

»Du bist ein großer Narr«, sagte sie barsch und ein wenig traurig.

»Eine Tatsache, die sich im Moment schwer leugnen lässt.« Sein Lächeln verblasste, und der elende Ausdruck kehrte zurück. Sein Blick verfinsterte sich und wandte sich nach innen, wie bei jemandem, der dem Tod ins Auge sah.

Evadine kam steif auf die Beine und ließ den Blick über das Gemetzel am Flussufer und das von Leichen übersäte Schlachtfeld schweifen. Nun, da der Kampf vorbei war, löste der Dunst sich langsam auf. Was zuvor ein paar Morgen nicht weiter bemerkenswerten Weidelandes gewesen war, hatte sich in ein aufgewühltes schwarz, braun und rot gefärbtes Schlammfeld verwandelt. Reiterlose Pferde trabten zwischen den Toten und Sterbenden umher, und Soldaten gingen in kleinen Grüppchen auf und ab und stachen mit Hellebarden auf die zuckenden oder um sich schlagenden Verletzten ein. Dies war das Schicksal der Verlierer auf dem Feld der Verräter. Kein Adliger würde sich freikaufen können und kein Knecht verschont bleiben.

»Scribe«, sagte Evadine und musste sichtlich ein Zusammenzucken unterdrücken, als sie zur Kompanie des Bundes hinsah. Nach meiner Schätzung war noch etwa die Hälfte unserer Leute übrig, was schon an ein Wunder grenzte. Mich überkam unerwartet Erleichterung, als ich Ofihla sah, die noch am Leben und offenbar unverletzt war. Sie und Feldwebel Swain trieben gerade die Überlebenden dazu an, die Verwundeten wegzutragen und herumliegende Waffen einzusammeln. Von beidem gab es vieles.

»Ich kann die Kompanie jetzt nicht verlassen«, sagte die Feldherrin zu mir. »Ich möchte deshalb diesen Mann in deine Obhut geben.« Sie nickte zu dem am Boden kauernden Gefangenen. »Schaff ihn bitte vom Schlachtfeld weg und bring ihn sicher in unser Lager. Wirst du das für mich tun?«

Bittet sie mich darum, Verrat zu begehen? Mir entging nicht, dass es eine Frage war und kein Befehl. Dieser Mann, dieser Wilhum mit dem attraktiven Gesicht und dem mühelosen Lächeln, war ganz eindeutig ein Überläufer. Sein Leben war verwirkt, und meins wäre es ebenfalls, erwischte man mich dabei, wie ich ihm half, der Justiz des Königs zu entgehen.

»Du würdest mir damit einen großen Gefallen tun«, fügte Evadine hinzu, die mein Zögern bemerkt hatte.

»Darf ich fragen, Feldherrin«, ich musterte den adligen Verräter mit säuerlichem Blick, »wer dieser Mann ist und weshalb Ihr unser Leben aufs Spiel setzen wollt, um seines zu retten?«

Ich erwartete eine Zurechtweisung, eine barsche Erinnerung an ihren Rang, aber sie verzog nur das Gesicht und erwiderte leise und nachdenklich: »Sein Name ist Sir Wilhum Dornmahl. Er war einmal … mein Verlobter, und ich bitte dich, ihn zu retten, Alwyn Scribe.«

EINUNDDREISSIGSTES KAPITEL

»So was mach ich nie wieder«, teilte Toria mir mit, als wir Sir Wilhum zum Lager führten, wobei wir an zahllosen albtraumhaften Szenen vorbeikamen. In der Nähe kauerte ein Soldat auf den Knien und bat drei Hellebardisten der Kompanie der Krone mit ausgebreiteten Händen um Gnade. »Sind wir nicht alle Soldaten?«

Sie ließen ihn schreien, bis er heiser war, bevor sie auf ihn einhieben. Trotz der klaffenden Wunden in seinem Leib flehte er noch weiter, als könnte ihn dies auf magische Weise retten, obwohl die grauenhaften Tatsachen dagegensprachen: »Sind wir nicht alle Soldaten? Sind … wir …?«

»Nicht für sie und auch nicht für dich.« Toria verzog wütend und verzweifelt das Gesicht, als die Schreie des Unglückseligen in lautes, schmerzerfülltes Schluchzen übergingen. Allerdings drehte sie sich nicht in seine Richtung, sondern sprach mit barscher Gewissheit weiter. »Hörst du, Alwyn? Ich hab es satt, die Soldatin zu spielen.«

»Soweit ich gesehen habe, hast du die Rolle ziemlich gut gespielt«, brummte Brauer. Er zuckte zusammen, als er den Handschuh von seiner verletzten Hand zog und darunter ein hässliches schwärzlich-rotes Loch zum Vorschein kam.

»Betbruder Delric wird sich darum kümmern«, sagte ich. »Bis dahin solltest du die Wunde verbinden.«

»Ich würde dir raten, lieber heute als morgen Hilfe in Anspruch zu nehmen«, sagte unser Gefangener. Es waren die ersten Worte, die er sprach, seit wir ihn abgeführt hatten. Beim Anblick von Brauers Verletzung verzog Sir Wilhum das Gesicht. »Das sieht überhaupt nicht gut aus. Ein Pfeil, nehme ich an?« Auf Brauers verhaltenes Nicken hin zuckte er entschuldigend mit den Schultern. »Unsere caustianischen Bogenschützen beschmieren ihre Pfeilspitzen mit allem möglichen üblen Zeug. Ein furchtbarer Haufen, kann ich euch sagen, mit schlimmen Manieren und einer Vorliebe für merkwürdige Abendrituale.«

»Mach die Arschfalte zu, du!«, fauchte Toria ihn an und wandte sich dann mir zu. »Ist nicht mal 'ne Viertelstunde her, seit dieser Scheißkerl und seine Freunde ihr Bestes gegeben haben, um uns umzubringen. Warum retten wir ihm jetzt gleich noch mal die Haut?«

»Befehl der Feldherrin«, gab Brauer finster zurück. »Kannst du nach dem heutigen Tag noch an ihr zweifeln? Wir marschieren unter einer von den Seraphilen gesegneten Flagge.«

»Ich hab unter dieser Flagge 'ne Menge Leute sterben sehen«, gab Toria zurück. »Denen hat's nicht viel geholfen, oder?«

»Eine Realistin und ein Fanatiker in derselben Kompanie«, stellte der junge Adlige leicht belustigt fest. »Und was bist du?«, fragte er mich mit hochgezogener Augenbraue. Erneut trat das mühelose Lächeln auf seine Lippen.

»Was noch Schlimmeres.« Ich ging näher heran und hielt ihm die Klinge meiner Axt unters Kinn, worauf sein Lächeln verschwand. »Ein Zyniker. Und jetzt …«, ich legte ihm eine Hand auf die gepanzerte Schulter und versetzte ihm einen kräftigen Stoß, der ihn nach vorn stolpern ließ, »seid so gut und geht ohne zu reden weiter, edler Herr.«

Wir liefen schnell und bemühten uns, dem Morden um uns herum keine Beachtung zu schenken. Die Soldaten befolgten gewissenhaft das Dekret des Königs, was uns vor unerwünschter Aufmerksamkeit bewahrte. Als die Zahl möglicher Opfer jedoch abnahm, machten sich die bluttrunkenen Männer unweigerlich auf die Suche nach mehr.

»Was ist mit dem hier?«, erkundigte sich ein kräftiger Kerl, unter dessen Füßen der Schlamm schmatzte, als er uns in den Weg stolperte. Er trug ein mit Blut besudeltes Beil in der einen Hand und eine Flasche in der anderen. Sein fahriger Blick und sein stinkender Atem sagten mir, dass er nicht nur von Blut trunken war.

»Das ist doch keiner von unseren adligen Säcken, oder?«, stellte er fest, nachdem er Sir Wilhum genauer in Augenschein genommen hatte. Rote Tropfen spritzten auf Wilhums blau lackierte Rüstung, als der Soldat mit dem Beil auf ihn deutete. »Ich hab einen Mistkerl in genauso einer hübschen Rüstung unsere Linie angreifen sehen …«

»Verschwinde.« Brauer trat zwischen den Adligen und den allzu neugierigen Soldaten. Der Kerl war nicht so betrunken, dass er eine Warnung ignoriert hätte. Gehorsam stolperte er in die entgegensetzte Richtung davon, wobei er uns über die Schulter gekränkte Blicke zuwarf.

»Wir erregen zu viel Aufmerksamkeit.« Ich wandte mich Wilhum zu und griff nach den Schnallen einer Armschiene. »Ihr zieht besser die Rüstung aus.«

»Diese Rüstung«, schnaufte Sir Wilhum und riss seinen Arm weg, »ist mehr wert als sämtliche Sheks, die ihr drei zusammen in eurem bisherigen Leben verdient habt.«

»Willst du etwa sterben?« Ich packte den Rand seiner Halsberge und zog ihn zu mir heran. »Hör zu, du arroganter, verwöhnter Strohkopf! Die Feldherrin will, dass du am Leben bleibst, und ich werde mein Bestes geben, um ihr den Wunsch zu erfüllen. Aber ich hab ihr heute auch das Leben gerettet, darum wird sie mich sicher nicht hängen, wenn ich es nicht schaffe. Also mach, was ich sage, oder ich werf deinen adligen Arsch dem nächstbesten Soldaten des Königs vor die Füße.«

Ein paar Schritt entfernt entdeckte ich die übereinanderliegenden Kadaver zweier Schlachtrösser und zerrte Wilhum hinter den von Fliegen umschwärmten Haufen. Sein attraktives Gesicht nahm wieder den elenden Ausdruck an, als wir ihm die Rüstung auszogen. Die Schulterstücke, Armschienen und anderen Teile wanderten in einen Sack, den Toria bei sich trug, um ihre versprochene Beute darin zu verstauen.

»Denkt ihr, die Feldherrin lässt uns die behalten?« Die Rüstungsteile rasselten, als sie den Sack hochhob und Sir Wilhum ein falsches Lächeln schenkte. »Da sie ja so viel wert ist und wir jetzt keine Gelegenheit haben, Beute zu machen.« Sie nickte zu einigen Cordwainern, die sich um den halb nackten Leichnam eines gefallenen Ritters stritten.

»Ein Haufen habgieriger Bestien«, schnaubte der junge Adlige verächtlich. »Genau wie es der wahre König über euch gesagt hat.«

»Lustig«, gab Toria zurück. »Unsere Feldherrin hat über euch genau dasselbe gesagt.«

Ohne seine Rüstung erwies sich Sir Wilhum als junger Mann mit schlankem, athletischem Körperbau, der ein Hemd und Hosen aus dünner Baumwolle trug. Er war etwa so groß wie ich, aber ohne die gebrochene Nase und die anderen Spuren eines gefahrvollen Lebens. Unter anderen Umständen hätte er gewiss eine beeindruckende Gestalt abgegeben. Zusammengesunken in sorgenvollem Selbstmitleid, wie er war, und ohne die Insignien des Reichtums wirkte er jedoch erbärmlich menschlich. Außerdem sah er immer noch zu sehr nach einem Gefangenen aus.

»Hier.« Ich schälte mich aus meiner Ledertunika. »Zieh die an. Wenn dich einer fragt: Du hast deinen Rossschinder im Kampf verloren, und wir sind auf dem Weg zu Betbruder Delric, um unsere Wunden nähen zu lassen.«

Wir trotteten weiter. Brauer verscheuchte fluchend die Fliegen von seiner verletzten Hand, Toria hingegen gab es bald auf, den Sack mit der Rüstung zu tragen, und schleifte ihn stattdessen durch den Schlamm hinter sich her. Das Glück war uns hold, und wir zogen keine weiteren Blicke auf uns, wenngleich wir, als wir endlich festes, unzertrampeltes Grün unter den Füßen hatten, zufällig an etwas vorbeikamen, das wiederum meine Aufmerksamkeit erregte.

Die Flagge mit dem silbernen Falken des Herzogs der Shavine-Marschen flatterte an einem hohen Stab, den ein Soldat von beeindruckender Statur in der Hand hielt. Neben ihm stand ein Mann von weniger bemerkenswertem Körperbau, aber in einer weit edleren Rüstung und las von einer Schriftrolle ab. Seine Worte waren an etwa einhundert gefesselte, am Boden kniende Gefangene gerichtet, die sich unter den gesenkten Hellebarden einiger Männer in den Uniformen des Herzogs duckten. Die meisten überlebenden Gegner der Schlacht wurden einfach willkürlich ermordet, Herzog Elbyn Blousset hingegen schien Wert auf Förmlichkeit zu legen.

»Denn für Verrat gibt es keine Gnade«, verkündete er soeben mit einer Stimme, die wohl ernste Anklage zum Ausdruck bringen sollte. In meinen Ohren klang es jedoch eher wie das näselnde Geleier eines uninspirierten Geistlichen vor einem leeren Schrein. »Weder Schuldbekenntnisse noch Reue in Wort oder Geld können das Verbrechen des Verräters ungeschehen machen, und seine einzige Pflicht ist es, sich ohne übermäßiges Wehklagen und Zurschaustellung von Feigheit seiner gerechten Strafe zu fügen. So befiehlt es König Tomas Algathinet an diesem Tag unter den Augen der Märtyrer und mit untertänigstem Dank für die Gunst der Seraphilen.«

Er sprach noch eine Weile weiter, entweder um die Qualen seiner Gefangenen in die Länge zu ziehen oder weil er den Klang seiner Stimme mochte. Ich hörte jedoch nicht mehr zu, stattdessen wurde meine Aufmerksamkeit voll und ganz von der schlanken und edel gekleideten Gestalt ein paar Schritt rechts des Flaggenträgers in Anspruch genommen. Ihr Haar war lose zusammengebunden und flatterte im Wind, seine Farbe glich dem Fuchspelzbesatz ihres Umhangs. Ihr Gesicht war bleich und starr. Der Anblick dessen, was sich vor ihr abspielte, schien ihr kein Vergnügen zu bereiten, aber wegschauen durfte sie auch nicht. Die Jahre hatten ihrer Schönheit keinen Abbruch getan, ganz im Gegenteil, sie faszinierte mich mehr denn je.

»Alwyn!«, sagte Toria in scharfem Ton und gerade laut genug, dass die Frau im Fuchspelzumhang sie hören konnte. Ihr Kopf fuhr herum, und ihr Blick richtete sich auf mich. Die starren Züge erschlafften vor Schreck, und ihr Gesicht erbleichte noch mehr. Sie riss die Augen auf und machte unwillkürlich einen Schritt rückwärts. Wenn ich mir auch sicher war, dass die Jahre zu meinem Gesicht weniger freundlich gewesen waren als zu ihrem, erkannte Lorine mich anscheinend sofort.

Ein weiterer leiser Ruf von Toria ließ mich innehalten, und ich stellte fest, dass ich ein paar Schritte nach vorn gemacht hatte. Außerdem hatte ich meine Axt fest gepackt und hielt in der anderen Hand mein Messer, obwohl ich mich nicht erinnerte, es gezogen zu haben.

»Verschwinde, Mann!«

Ich blinzelte, als ein drahtiger Feldwebel in den Farben des Herzogs mir in den Weg trat. Er wedelte mit einer Hellebarde, und sein schmales Gesicht wirkte abweisend. »Wir brauchen hier keine Soldaten mehr, und die Beute ist schon aufgeteilt. Also verzieh dich.«

Ich achtete nicht auf ihn, sondern schaute über seine Schulter zu Lorine, die schnell ihre Fassung wiedergewann. Sie sah noch ein letztes Mal mit geweiteten Augen zu mir, dann richtete sie ihre Aufmerksamkeit wieder auf die todgeweihten Gefangenen. Ihre Miene wirkte so gelassen und ausdruckslos wie zuvor.

»Und hör auf, die Herzogin so anzustarren«, warnte mich der Feldwebel und versperrte mir die Sicht. »Einer wie du hat kein Recht, sie zu begaffen.«

»Herzogin?«, fragte ich. »Hab ich ja noch nie gehört, dass eine Frau ihres Gewerbes so genannt wurde.«

»Hüte deine Zunge!« Er beugte sich vor, die Hellebarde kampfbereit erhoben, was die Hitze in meiner Brust nicht gerade besänftigte. Ich musterte ihn – die Klinge seiner Waffe war nicht mit Blut und Schmutz bedeckt, und sein Waffenrock wies im Gegensatz zu meinem kaum Flecken und Risse auf.

»Du siehst ziemlich sauber aus«, presste ich mit zusammengebissenen Zähnen hervor und machte einen Schritt nach vorn. »Hast du heute überhaupt gekämpft? Ich schon.«

»Alwyn!« Brauers fleischige Pranken schlossen sich um meinen rechten Arm und Torias Hände um meinen linken. »Wir haben einen Auftrag, erinnerst du dich?«, zischte Brauer mir ins Ohr. Ich zitterte vor Enttäuschung und Wut und musste ein paarmal tief durchatmen, bevor ich mich wegziehen ließ.

Der drahtige Feldwebel, der seine offensichtliche Erleichterung hinter einem Knurren verbarg, hob seine saubere Hellebarde und ging zurück zu seinen Männern. Ich zwang mich, nicht noch einmal zurückzuschauen, als die Klingen hinabsausten. Der Anblick, wie Lorine gelassen dem Blutbad beiwohnte, hätte meine Wut nur aufs Neue angefacht, und ich hatte mich schon dumm genug verhalten. *Ich hätte ihr nicht mein Gesicht zeigen dürfen*, schalt ich mich selbst, während wir den Gefangenen weiter auf das Lager unserer Kompanie zuführten. *Jetzt weiß sie, dass sie mich töten muss.*

◆ ◆ ◆

Brauers Schritte wurden langsamer, als wir uns dem Lager näherten. Seine Hautfarbe unter der Schicht aus Schlamm und getrocknetem Blut war fahl. Als Ayin uns am Lagerrand entgegengehüpft kam, wirkte sein Blick unstet, sein Kopf schaukelte schlaff hin und her, und er brabbelte unverständliches Zeug.

»Noch nicht … Zeit …«, sagte er und schlug nach etwas, das nur er sehen konnte. »Noch nicht Zeit …«

»Brauer?«, fragte ich, doch er starrte mich bloß mit leerem Blick an.

»Abendessen«, lallte er. »Ist noch nicht Zeit fürs Abendessen …« Danach folgte wirres Gestammel, bis sein Bewusstsein schwand und er zu Boden stürzte. Toria und ich sprangen vor, um ihn aufzufangen, obwohl sein massiger Körper uns beide auf die Knie riss.

»Ist er betrunken?« Ayin betrachtete mit schief gelegtem Kopf

Brauers reglose Gestalt, um dann verächtlich die Nase zu rümpfen. »Hätte ich von ihm nicht gedacht. Wer bist du?« Sie musterte Sir Wilhum argwöhnisch.

»Das tut nichts zur Sache«, keuchte ich, während ich versuchte, Brauer hochzuheben. »Hilf uns, diesen Brocken hier zu Betbruder Delric zu tragen. Ihr auch, Eure Durchlaucht. Es sei denn, Ihr haltet es für unter Eurer Würde, einem einfachen Knecht zu helfen.«

»Ich habe dem wahren König einen Eid geschworen, um genau das zu tun«, erwiderte Sir Wilhum und bedeutete Toria beiseitezutreten, damit er sich Brauers Arm über die Schultern legen konnte.

Ich widerstand dem Drang, ihn auf die zahlreichen toten Knechte hinzuweisen, die jetzt als Resultat der Versprechen seines falschen Königs im Fluss schwammen, und packte stattdessen Brauers anderen Arm. Zu viert gelang es uns, den Bewusstlosen zu Delrics Zelt zu schleppen, wo der Heiler die Quelle seines Leidens rasch ausmachte.

»Gift.« Er schnüffelte mit seiner langen Nase an dem geschwärzten Loch in Brauers Hand. »Nicht bloß Dreck. Ging zu schnell.«

»Habt Ihr ein …« Ich suchte nach dem richtigen Wort. In der Heilkunst hatte Sihlda mich nicht unterwiesen. »Ein Heilmittel, eine Arznei?«

»Weiß nicht, was für ein Gift es ist«, erwiderte Delric. Sein Gewand und sein Gesicht waren reichlich mit getrocknetem und frischem Blut bespritzt, und im Zelt drängten sich ein Dutzend mehr oder minder schwer verletzter Soldaten. Draußen befand sich eine Reihe aus zwanzig mit Tüchern abgedeckten Leichen, die auf die Bestattungszeremonie und das Begräbnis warteten. Und das waren nur die, deren Kraft noch gereicht hatte, um vom Schlachtfeld hierherzuwanken. Wie ich wusste, lagen dort noch zahllose weitere im Schlamm.

»Wenn ich das Gift nicht kenne, kann ich ihn nicht heilen.« Der Betbruder griff nach einer Schüssel mit dampfendem Wasser und einem kleinen Messer. »Ich säubere das.« Er nickte zu Brauers Wunde. »Mehr kann ich nicht tun.« Als er die hilflose Besorgnis in unseren Gesichtern sah, fügte er hinzu: »Er ist stark. Überlebt er die Nacht, hat er eine Chance. Jetzt geht.«

♦ ♦ ♦

»Wie war es?« In Ayins Miene leuchteten Aufregung und Neugier, und sie ließ sich selbst von Torias Knurren nicht beirren.

»Absolut furchtbar. Was denkst du denn?«

»Hat die Feldherrin den Prätendenten getötet?«, fuhr Ayin unbekümmert fort. »Ich hab gehört, dass sie gegen ihn gekämpft hat. Hat sie ihn umgebracht?«

»Nein.« Ich warf Sir Wilhum, der in griesgrämigem Schweigen nahe beim Feuer saß, einen Seitenblick zu. »Es heißt, er sei wie der schlimmste Feigling geflohen.«

Die Miene des Adligen wurde starr vor Wut, aber er ging auf die Stichelei nicht ein. Bei Nachteinbruch war die Kompanie ins Lager zurückgekehrt, und es waren zu viele Soldaten und Betbrüder und -schwestern in der Nähe, um einen Wutausbruch zu riskieren. Feldwebel Swain hatte eisern die Disziplin wiederaufgenommen und befohlen, dass alle Waffen gesäubert und ordentlich aufgestapelt werden sollten, bevor wir uns in Truppen aufstellten, um gezählt zu werden. Wie sich erwies, war meine Schätzung unserer Verluste etwas zu pessimistisch gewesen. Statt der Hälfte war nur ein Drittel gestorben, wenn auch von den Überlebenden ein guter Teil verletzt war. Manche hatten nur leichte Schnittwunden oder Knochenbrüche davongetragen, die mit der Zeit verheilen würden. Andere, wie Brauer, konnten von Glück reden, wenn sie bis zum Morgen überlebten.

»Das ist noch nicht alles, was so erzählt wird«, berichtete mir Toria. Sie senkte die Stimme und schaute sich um, bevor sie näher herantrat. »Ich hab vorhin mal eine Runde durchs restliche Lager gedreht und gehört, worüber sich die in den anderen Kompanien so unterhalten. Da sind alle möglichen wilden Gerüchte im Umlauf. Der übliche Unfug, den Leute so von sich geben, wenn sie in zu kurzer Zeit zu viel gesehen haben. Hauptsächlich ging es um die Feldherrin und dass sie gesegnet sei und so. Das Schwert des Bundes wird sie genannt.«

»Sie hat die Linie gehalten und den Sieg davongetragen«, sagte ich schulterzuckend. »Jede Schlacht hat ihre Helden.«

»Heldin«, berichtigte mich Toria. »Die Leute reden nur über sie. Nicht über den König oder dieses Ungetüm von einem Kämpen. Nur über Evadine, gesegnete Dienerin des Bundes, nicht über die Krone. Den Adligen hat's nicht gefallen. Ich hab gesehen, wie ein Ritter einen Mann hat auspeitschen lassen, weil er zu viel von der heiligen Feldherrin geschwärmt hat.«

»Wie sah er aus?«, fragte ich interessiert. »Dieser Ritter?«

»Groß wie die meisten Adligen, die wirklich kämpfen, aber nicht so groß wie der Kämpe des Königs. Hatte einen Messingfalken auf dem Harnisch.«

Althus Levalle. Es leuchtete ein, dass er hier irgendwo sein musste. Dass sich sowohl der Großoffizier als auch Lorine nur wenige hundert Schritt von mir entfernt aufhielten, ließ erneut Rachedurst in mir aufsteigen, der mir gefährliche Dinge einflüsterte. *Du könntest es in einer Nacht erledigen. Wie schwer kann es schon sein?*

Ich zog meinen Umhang fester um mich und kauerte mich zusammen, während ich mich selbst tadelte. Lorine war gut bewacht und Sir Althus von den Männern des Königs umgeben. Darüber hinaus waren beide selbst nicht leicht zu töten. Lorine konnte schon immer gut mit einer Klinge umgehen, und wenn ich auch meinen Kampffähigkeiten an diesem Tag mein Überleben verdankte, wusste ich doch, dass ich es mit dem Großoffizier nicht aufnehmen konnte. *Nicht wenn er wach ist,* flüsterte die gefährliche Stimme in mir verlockend. *Aber wenn er schläft, kann er nicht kämpfen …*

Torias leises Keuchen war eine willkommene Ablenkung. Ich folgte ihrem Blick und sah die Umrisse von Betbruder Delric vor dem hell erleuchteten Feldlazarett, der uns müde und ungeduldig zu sich winkte. Die Hoffnung, die in Toria und mir aufflammte, als wir zu ihm eilten, erstarb beim Anblick seines ernsten, erschöpften Gesichts.

»Er hat nur noch wenige Stunden.« Er führte uns zu der schmalen Pritsche, auf der Brauer lag. Dieser war bis zur Hüfte entkleidet, und sein muskulöser Körper hatte die graue Farbe von trockenem Schiefer angenommen. Seine Haut war mit beißend riechendem Schweiß bedeckt. Die Wunde war verbunden, aber die Haut drum herum mit roten und hässlichen violetten Flecken überzogen. Seine Brust hob und senkte sich schwer, der Kopf war zur Seite gerollt, und seine Augen glänzten stumpf unter flatternden Lidern.

Toria neben mir erstarrte und schlang fest die Arme um sich. Ich unterdrückte den Drang, ihr eine Hand auf die Schulter zu legen. Ich wusste, sie mochte das nicht.

»Er würde sicher eine Beichte ablegen wollen«, sagte ich zu Delric und musste mich dabei räuspern, um überhaupt sprechen zu können.

»Wenn ich ihm was gebe, um ihn zu wecken, stirbt er, bevor er was sagen kann«, erwiderte der Betbruder. »Redet mit ihm, vielleicht hört er es.«

Er nickte knapp und ging weg, um sich um jemand anderes zu kümmern, der vielleicht bis zum Morgen überleben würde.

»Ein scheißvergifteter Pfeil.« Toria biss die Zähne zusammen. Sie ging zum Kopfende der Pritsche und legte Brauer zögernd eine Hand auf die schweißfeuchte Stirn. »Es hätte mindestens vier Männer brauchen sollen, um ihn zu Fall zu bringen.«

»Ja, allerdings.« Ich sah Brauers Lippen zucken. Versuchte er im Fieberwahn womöglich doch, eine Beichte abzulegen? Seltsam – während der Jahre unserer gemeinsamen Gefangenschaft hätte ich mich nicht einen Deut darum geschert, wenn er gestorben wäre, nach wenigen Monaten der Freiheit kämpfte ich dagegen mit den Tränen. Außerdem musste ich mir zu meiner Schande gestehen, dass ich keine Lust hatte, seinen Leichnam am nächsten Morgen zum Begräbnis zu schleppen.

»Hol den Adligen.« Ich nahm eine Decke und warf sie über Brauers Oberkörper. »Und den Sack mit der Rüstung.«

»Wozu?« Toria runzelte verwirrt die Stirn.

Brauer gab ein tiefes, rasselndes Stöhnen von sich, als ich seine Beine von der Pritsche schwang. »Als Bezahlung.« Keuchend zerrte ich ihn hoch. »Und kein Wort zu den Betbrüdern und -schwestern oder zur Feldherrin. Und vor allem nicht zu Ayin.«

✦ ✦ ✦

Die kegelförmige Behausung der Sackhexe stand immer noch unter den Ästen der hohen Birke. Als ich den Karren zum Stehen brachte, sah ich Rauchfähnchen kräuselnd von einem gerade erst gelöschten Feuer vor dem Eingang aufsteigen. Dieser war mit einer Tierhaut verhängt, deren Ränder im weichen Schein einer Kerze im Inneren gelb schimmerten. Ich hatte befürchtet, vor der Behausung der Caeritherin würden sich zahllose Leute drängen, die ihre besonderen Fähigkeiten in Anspruch nehmen wollten, aber wenn sie nach der Schlacht Kunden gehabt hatte, dann waren bei Nachteinbruch alle verschwunden.

Das verärgerte Schnauben des alten Gauls mischte sich mit Brauers schmerzerfülltem Stöhnen, als ich vom Karren stieg. Nun, da wir hier waren, wurde ich von Unsicherheit gepackt. *Wovor hast du Angst?*, fragte ich mich, während ich den flackernden Umriss des Eingangs betrachtete. *Entweder sie kann ihm helfen oder nicht.*

Dennoch zögerte ich. Ich musste an den Kettenmann denken. Außerdem war mir eines klar: Sollte Evadine hiervon erfahren, so würde sie es keinesfalls gutheißen, dass wir eine caerithische Hexe um Hilfe baten.

»Machen wir es jetzt oder nicht?«, fragte Toria vom Heck des Karrens. Sie hatte einen von Brauers Armen gepackt, weil er in seinem bewusstlosen Zustand auf der schaukelnden Karrenfläche immerzu hin und her gerollt war.

Die Entscheidung wurde mir abgenommen, als sich der Eingang der Behausung teilte und die Bewohnerin herauskam. In der Dunkelheit wirkten die beiden rautenförmigen Löcher in ihrem Sack bodenlos. Die Fackel in Sir Wilhums Hand erzeugte in ihren Augen keinen

Widerschein. Er war freiwillig mitgekommen, vermutlich weil er auf eine günstige Gelegenheit zur Flucht hoffte. Bislang hatten die vielen Soldaten, die uns unterwegs begegneten – die meisten betrunken und auf Gewalt aus –, derartigen Vorstellungen jedoch einen Dämpfer versetzt.

Die Sackhexe ging an mir vorbei und warf einen Blick über die Karrenwand auf den Verletzten, ohne meinem stockenden Gruß Beachtung zu schenken.

»Ein vergifteter Pfeil«, sagte ich, als ihr unsichtbarer Blick auf Brauer verharrte. »Wir wissen nicht, womit er vergiftet war.« Der Sack änderte die Form, als sie den Kopf schief legte und sich über Brauer beugte. Ich hörte sie ein paarmal schnüffeln, dann richtete sie sich auf, und die schwarzen Löcher ihrer Augen wandten sich mir zu.

»Wir können Euch bezahlen.« Ich deutete auf Toria, die gehorsam den Sack mit Wilhums Rüstung hochhielt. »Eine hervorragende Rüstung. Ganze fünfzig Letine wert, wie ihr ehemaliger Besitzer hier mir versichert …«

In dem Moment ergriff die Sackhexe das Wort. Ihre Stimme drang als feuchtes Nuscheln unter dem Stoff hervor. Die Worte waren nur gerade so verständlich, als wären ihre Lippen missgebildet und zu einer präzisen Aussprache nicht fähig.

»Für eine Rüstung habe ich keine Verwendung.« Sie trat näher heran, und ich musste gegen den unwillkürlichen Drang ankämpfen zurückzuweichen. Die Frau verströmte einen merkwürdig erdigen Geruch, wie ein Wald, der vom ersten Herbstregen geküsst wurde. Eigentlich war er nicht unangenehm, aber er machte mich dennoch nervös. So sollte ein Mensch nicht riechen.

»Aber«, fuhr sie fort, und der Sack pulsierte beim Sprechen, »ich werde eine Bezahlung annehmen.«

»Ich …« Mir versagte die Stimme – und wie zuvor wurde ich von den leeren Höhlen ihrer Augen in den Bann gezogen. »Ich hab ein paar Münzen …«

»Deine Worte, deine …«, sie hob die Hände, die im Fackelschein bleich und merkwürdig sauber aussahen, und tat so, als schriebe sie mit einer Feder auf Pergament, »… Fähigkeiten. Das wird die Bezahlung sein.«

Ich nickte. »Was immer Ihr wünscht, ich schreibe es für Euch.«

Die Augenlöcher starrten mich noch einen Moment stumm an. »Bringt ihn her.« Sie wandte sich wieder ihrer Behausung zu und verschwand darin, ließ den Eingang aber offen.

»Woher wusste sie, dass du ein Schreiber bist?«, fragte Toria, als wir zu dritt den sich schwach wehrenden Brauer vom Karren hoben.

»Sie hat gehört, wie Gulattes Männer mich so bezeichnet haben«, sagte ich. In Wahrheit hatte ich nicht gedacht, dass die Sackhexe bei meiner Konfrontation mit Feldwebel Lebas nah genug gewesen war, um seine Worte zu verstehen.

Die Caeritherin ließ uns Brauer neben dem Eingang ablegen und stellte eine unerwartete und beinah übernatürlich anmutende Kraft unter Beweis, als sie ihn den Rest des Weges allein hineinschleppte. Mir fielen die nackten Unterarme auf, die aus ihrem stockfleckigen Umhang ragten. Ihre Haut war glatt und fest und wies keinerlei Anzeichen des Leidens auf, das ihr Gesicht verunstaltet haben musste.

»Wartet«, nuschelte sie und zog die Tierhaut wieder vor den Eingang. Ich wollte ihr hinterherrufen und fragen, wie lange es dauern würde, unterließ es jedoch. Was immer sich im Inneren der Behausung abspielen würde, offensichtlich sollte weder ich noch sonst jemand es erfahren.

»Ihr wisst schon, dass das absurd ist?«, fragte Wilhum einige Zeit später. Wir hatten die feuchte Asche vom Feuer der Hexe heruntergekratzt und mit den Stöcken, die wir hatten sammeln können, ein neues angezündet. Toria, stets auf Beute bedacht, teilte ein wenig Trockenfleisch mit mir, das sie auf ihrem Rundgang durchs Lager irgendwo stibitzt hatte, und warf sogar dem Adligen eine Portion zu. Er verbeugte sich graziös und bedankte sich mit gewählten Worten, worauf sie nur verächtlich die Lippen schürzte.

»Caerithische Scharlatane sind überall im Reich unterwegs, um

Leichtgläubige mit dem Versprechen auf Heilmittel, Flüche und Zauber hinters Licht zu führen«, beharrte Wilhum, als ich keine Antwort gab. »Warum soll die hier anders sein?«

»Weil die anderen Soldaten im Lager eine Scheißangst vor ihr haben«, erwiderte ich. »Ich könnte mir vorstellen, dass das einen Grund hat. Außerdem, was haben wir noch für eine Wahl? Und wenn wir grad schon über Absurditäten reden, Eure Durchlaucht: Sich selbst zu enterben, indem man einem Mann die Treue schwört, der nicht mehr Anspruch auf den Thron hat als ein Nachttopf, kommt mir ziemlich absurd vor.«

Ich erwartete Wut oder zumindest eine bissige Bemerkung, aber der junge Adlige seufzte bloß und kaute auf seinem Trockenfleisch herum. Schließlich murmelte er traurig: »Ich wurde schon enterbt, lange bevor ich überhaupt vom wahren König gehört hatte. Ich kam als armer Schlucker zu ihm, bis auf die Rüstung an meinem Leib und das Pferd, auf dem ich ritt. Er hieß mich dennoch mit so viel Ehren willkommen, als hätte ich hundert Soldaten und einen Karren voller Schätze mitgebracht.«

»Warum hat dein alter Herr dich rausgeworfen?«, erkundigte sich Toria. »Zu viel Kohle beim Kartenspielen verloren? Eine Magd zu viel durchgebumst?«

Erneut verstieß Wilhum gegen meine Erwartungen, indem er lächelte. Es war nicht das einnehmende Wunderwerk, mit dem er Evadine bedacht hatte, nur ein betrübtes Heben der Mundwinkel. Er hatte sich im Lager das Gesicht gewaschen, und sein makelloses Antlitz kam mir im Feuerschein unwirklich vor, als wäre eines von Meister Arnilds Bildern aus der Schriftrolle des Märtyrers Stevanos zum Leben erwacht.

»In Wahrheit«, sagte er, »war es Liebe, die mich an diesen Punkt gebracht hat, meine Teuerste. Und doch kann ich es unmöglich bedauern.«

Ich spürte, wie meine Feindseligkeit ihm gegenüber nachließ. Die unwillkürliche Abneigung des Knechts gegen den Adligen und der

Neid, den er in mir geweckt hatte, kamen mir plötzlich wie die kleinliche Missgunst eines Kindes vor. Er hatte recht, er war genauso ein armer Schlucker wie ich. Wenn überhaupt, war er sogar noch ärmer dran, denn sein Verbrechen ließ sich nicht tilgen, zumindest dem Dekret des Königs nach.

»Du solltest fliehen.« Ich nickte zur Dunkelheit jenseits des Feuerscheins. »Grad schlafen alle ihren Rausch aus, und die Reihe der Wachposten wird heute Nacht bestimmt nicht gut besetzt sein.«

»Ich dachte, eure Feldherrin hätte euch befohlen, mich zu bewachen?«

»Sie hat gesagt, wir sollen dich ins Lager bringen. Das haben wir getan. Geh. Wir werden dich nicht aufhalten.« Als ich seine Unschlüssigkeit bemerkte, fügte ich hinzu: »Egal, wie angesehen sie ist, glaubst du wirklich, sie kann verhindern, dass du als Verräter hingerichtet wirst, wenn der König erfährt, dass du noch am Leben bist?«

»Ich schulde ihr …«, er senkte den Kopf, machte jedoch keine Anstalten aufzustehen, »… mehr, als ich sagen kann. Bisher ist kein Feldwebel aufgetaucht, um mich in Ketten zu legen. Ich schätze also mal, sie erwartet, dass ich fliehe. Aber damit würde ich sie in Gefahr bringen, und das darf ich nicht, und wenn Sir Ehlbert mir deswegen den Kopf abhackt. Außerdem«, er lachte dünn, »wohin um alles in der Welt sollte ich gehen?«

Wir drehten uns zu der Behausung um, aus deren Innerem jetzt ein leises Stöhnen kam, gleich darauf gefolgt von einem panikerfüllten Schrei.

»Was macht sie mit ihm?« Toria kam auf die Beine. Sie wollte zu der Behausung gehen und schnaubte wütend, als ich ihr in den Weg trat.

»Hast du schon mal von einer Heilung gehört, die schmerzfrei war?« Ich verzog das Gesicht, als Brauer einen weiteren Schrei ausstieß, kürzer als der letzte, aber noch elender und gefolgt von einigen mehr.

»Du kennst die Caerither nicht so gut, wie mein Volk sie kennt«, sagte Toria. »In meiner Kindheit schickte der Schrein in unserem Ort mal einen Missionar über die Berge, damit er den Heiden vom Beispiel der Märtyrer predigt. Im nächsten Sommer fanden wir seinen verwesten Kopf aufgespießt vor der Tür des Schreins. Sie sind mehr als hundert Meilen gereist, nur um uns eine Warnung zu schicken.«

»Vielleicht mögen sie einfach keine Besucher«, gab Wilhum zu bedenken. »Mein Vater war genauso.«

Jetzt war aus der Behausung eine andere Stimme zu hören, die leise und hell ein Lied sang. Brauers Schreie bildeten dazu die misstönende Begleitmelodie. Bald jedoch ließen die Schmerzensschreie nach, während der Gesang weiter anhielt. Die Worte waren mir fremd, aber der Rhythmus erinnerte mich erneut an den Kettenmann. Es war ein caerithisches Lied, das eine beruhigende Wirkung zu entfalten schien, jedenfalls war von Brauer jetzt nichts mehr zu hören.

»Das kann nicht sie gewesen sein«, hauchte Toria, als das Lied verklang. Ihr angespanntes Gesicht spiegelte kaum verhohlene Furcht.

»Wenn nicht sie, wer dann?«, fragte ich.

»Etwas … anderes. Etwas, das sie beschworen hat.« Ihre Stimme wurde zu einem Flüstern, der Feuerschein spiegelte sich in ihren furchtsam aufgerissenen Augen. »Wir hätten das nicht tun sollen, Alwyn.«

»Vielleicht«, gab ich zu und sah zu der nun stillen Behausung hin. »Aber jetzt ist es zu spät.«

Zweiunddreissigstes Kapitel

Die Sackhexe tauchte im Morgengrauen wieder auf. Mit meinen verschlafenen, trüben Augen entdeckte ich sie nur wenige Schritt entfernt in den Rauch unseres sterbenden Feuers gehüllt. Im Laufe der Nacht hatte uns irgendwann doch der Schlaf übermannt, als die Anstrengungen des Gemetzels an diesem Tag uns einholten. Es war ein Schlaf der Erschöpfung, eine traumlose Leere, für die ich dankbar war, denn ich wusste, dass mir in den folgenden Tagen oder vielleicht sogar Jahren kaum noch ein ruhiger Schlummer vergönnt sein würde.

Die Sackhexe winkte mich mit ihrer bleichen Hand zu sich. Ich erhob mich steifbeinig und folgte ihr zu unserem Karren, auf dem Brauer lag. Er war immer noch bewusstlos, seine Haut wirkte jedoch nicht mehr so fahl und feuchtkalt. Zwar sah er noch blass aus, doch war sein Gesicht schon etwas rosiger, und seine breite Brust hob und senkte sich gleichmäßig. Ich schaute auf seine Hand, die mit sauberem Musselin verbunden war, das die Wunde bedeckte. Die hässlichen violetten Verfärbungen waren von seiner Haut verschwunden.

»Ich schätze mal«, ich schluckte, um das Zittern in meiner Stimme zu unterdrücken, als ich die Sackhexe ansah, »ich sollte besser nicht fragen, wie Ihr das geschafft habt.«

Ihr Sack schlug Falten, als sie – wie verwundert – den Kopf schief legte. »Sein Blut war mit Fäulnis durchsetzt«, krächzte sie. »Ich habe sie entfernt. Jetzt heilt sich sein Körper selbst.«

Ich nickte und kam zu dem Schluss, dass ich keine weiteren Ausführungen brauchte. Ich wollte von diesem Ort verschwunden sein, bevor zu viele Leute unsere Anwesenheit bemerkten. »Wie lange wird er schlafen?«

Der Sack warf noch mehr Falten. »Bis er aufwacht.«

Ich zuckte mit den Achseln und lachte dünn. »Natürlich. Ihr wollt jetzt sicher Eure Bezahlung …«

»Du musst mich nicht fürchten«, warf sie ein, und mir blieben die Worte im Hals stecken, was weniger an der Unterbrechung als am Klang ihrer Stimme lag. Sie sprach jetzt klar und deutlich, wenn auch mit leichtem Akzent, woraus ich schloss, dass das Nuscheln von missgebildeten Lippen nur vorgetäuscht gewesen war. Ihre Lippen waren so unversehrt wie meine. Ihr Tonfall klang aufrichtig und bedauernd.

Etwas an ihrer Stimme, der verletzte Ton, den ich darin wahrnahm, ließ mich, ehe ich mich recht besann, ehrlich antworten. »Ich habe bisher zwei Menschen aus Eurem Volk kennengelernt. Einer war ein Gesetzloser, der Zauber wirken konnte. Der andere ein noch schlimmerer Kerl. Ein sehr böser Mensch mit … beunruhigenden Fähigkeiten. Er hat auch Lieder gesungen.«

»Gibt es in deinem Volk etwa keine bösen Menschen?«, fragte sie. »Und würdest du deshalb dein ganzes Volk für böse halten?«

»Viele.« Ich grinste reumütig. »Und nein, nicht das ganze Volk.«

»Wer war er? Dieser böse Mensch?«

»Ein Kettenmann. Jemand, der Gefangene einsammelt und sie als Arbeiter verkauft.« Ich hielt inne, wieder von dem Drang erfüllt, mehr zu sagen, als ich sollte. Meine vom Überlebenskampf geschärften Instinkte ließen keinen Zweifel daran, dass diese Frau gefährlich war.

Und doch fühlte ich mich in ihrer Gegenwart vollkommen sicher. *Hat sie mich mit einem Zauber belegt? Bin ich jetzt verhext?* Dennoch sprach ich weiter, und heute weiß ich, dass es nicht auf einen übernatürlichen Zwang hin geschah. Stattdessen lag es an der Erkenntnis, dass diese Frau mich besser verstand als jeder andere Mensch.

»Ich glaube, er hatte irgendwas mit mir vor«, sagte ich. »Nachdem er mich an die Erzminen verkauft hatte, versuchte er, mich zurückzukaufen. Ich habe keine Ahnung, warum. Aber er wirkte wie jemand, der einen schweren Fehler gemacht hat.«

Der Sack wackelte, als der Kopf darunter nickte. »Ich kenne diesen Mann. Und du hast recht, er ist böse. Aber er wurde dazu gemacht. Ein Herz, verdorben von den Missständen auf dieser Welt und seinen eigenen Fehlentscheidungen. Ich weiß auch, warum er dich zurückkaufen wollte, und du hast Glück gehabt, dass es ihm nicht gelungen ist.«

»Wieso? Was wollte er mit mir?«

»Dich töten. Seine … Fähigkeit ist das, was bei deinem Volk als Fluch bezeichnet wird. Er kann damit euren Adligen das Geld aus den Taschen ziehen, bleibt aber zugleich für immer ein Außenseiter. Und sein Fluch ist unbeständig, wie es mit Flüchen so ist, die Leid erzeugen sollen. Der Fluch gaukelt ihm etwas vor, verhöhnt ihn, führt ihn auf Wege, die man besser nicht beschreitet.«

»Warum?« Ich trat näher an sie heran und nahm erneut ihren Geruch wahr, der nun jedoch ganz anders war. In der Nacht zuvor war er mir abstoßend fremd vorgekommen, jetzt jedoch drang eine berauschend blumige Mischung an meine Nase, die Erinnerungen an den Shavine im Sommer weckte. »Warum sollte er mich töten wollen?«

»Weil ihm sein Fluch gesagt hat – wie so oft zu spät –, dass du ihn eines Tages töten wirst.«

Inzwischen stand ich so dicht vor ihr, dass ich ihre Augen unter der Sackleinenmaske deutlich erkennen konnte. Morgenlicht drang durch den Stoff und brachte im Dunkeln zwei Saphire zum Leuchten. Ich musste schlucken, mein Herz hämmerte, und Schweiß bildete sich auf meiner Stirn.

»Also«, flüsterte sie mit klarer Stimme, ohne den Anflug eines Nuschelns, »bist du doch noch auf einem blutigen Feld zu mir gekommen.« Sie klang zufrieden, wenn auch traurig, so als hätte sie ein lang erwartetes Geschenk erhalten, das ihre Hoffnungen nicht ganz erfüllte.

»Genug«, murmelte sie und trat einen Schritt zurück. Augenblicklich hörte mein Herz auf zu hämmern, und die Hitze, die meine Haut prickeln ließ, wich einer feuchten Kühle. Auch ihr verführerischer Duft war verschwunden, und ich nahm wieder den Herbstgeruch wahr.

Trotz der plötzlichen Veränderung musste ich den Drang unterdrücken, nach ihr zu greifen. Ich wollte noch mehr sagen, noch mehr wissen. Über den Fluch des Kettenmanns. Darüber, wie sie das Gift aus Brauers Adern entfernt hatte. Vor allem aber wollte ich noch mehr über sie erfahren.

»Habt Ihr einen Namen?«, fragte ich.

»Ja«, erwiderte sie in endgültigem Ton, der mir sagte, dass sie ihn mir nicht verraten würde. »Es wird Zeit für die Bezahlung.«

Sie griff in die Falten ihres stockfleckigen Umhangs. Einen Moment lang kam mir der absurde Gedanke, sie würde mir eine Rechnung für ihre geleistete Arbeit präsentieren, aber stattdessen zog sie ein Buch hervor. Es war alt, der Ledereinband dunkel und rissig, die Messingschließe angelaufen und zerkratzt. Es hatte keinen Titel, weder auf der Vorderseite noch auf dem Rücken, und in das alte Leder waren verschlungene Schnörkel und miteinander verwobene Muster eingeprägt.

Sie hielt es mir schweigend hin, bis ich es entgegennahm und die Schließe öffnete. Innen erblickte ich eine dicht beschriebene Seite, der Text in präziser Schrift verfasst. Ich blätterte mehrere Seiten durch; hier und da sah ich Bildsymbole und Illustrationen, die in einfacher Tinte gezeichnet und im Gegensatz zu den Bildern von Meister Arnild nicht mit bunten Farben oder Gold verziert waren. Ich fand es faszinierend und zugleich verwirrend; trotz meiner Gelehrtheit konnte ich nicht ein einziges Wort entziffern.

»Was für eine Sprache ist das?« Ich schaute zur Sackhexe hoch.

»Die Sprache meines Volkes. Oder, genauer gesagt, eine von vielen Sprachen, die einst in dem Land gesprochen wurden, das dein Volk die Caerithische Öde nennt.«

Verblüfft blätterte ich weiter in dem Buch. »Und worum geht es darin? Ist es eine heilige Schrift?«

»Heilige Schrift?« Sie klang leicht amüsiert. »Dafür gibt es bei meinem Volk kein passendes Wort. Aber ja, ich glaube, der Text hat … eine heilige Bedeutung.«

»Ihr glaubt?« Ich runzelte die Stirn. »Ihr könnt es nicht lesen?«

Der Sack schlug Falten an ihrem Hals, als sie den Kopf senkte. Alle Belustigung wich aus ihrer Stimme. »Euer Volk nennt es die große Plage. Bei meinem Volk heißt es *Ealthsar*: der Niedergang. Wir haben vieles verloren. Unsere alten Geschichten und die Fähigkeit, sie zu lesen … das war vielleicht der schlimmste Verlust. In solchen Legenden offenbart sich die Seele eines Volkes.«

»Ihr denkt, dass ich es übersetzen kann?« Ich betrachtete erneut das Buch. »Diese Schrift hat für mich kaum mehr Bedeutung als die Kratzspuren scharrender Hühner.«

»Die Bedeutung wird sich mit der Zeit erschließen. Im Gegensatz zu mir kannst du ungehindert durch dieses Land reisen. Du wirst Orte betreten, an die ich nicht gehen kann. Orte, an denen sich die Mittel finden lassen, um diese Worte zu entschlüsseln.«

»Was für Orte?«

»Orte, an die du dich ohnehin begeben wirst. Genau wie es uns beiden bestimmt war, uns hier zu begegnen. Irgendwann werden wir uns an einem anderen Ort wiedersehen, und dort kannst du deine Schulden begleichen.«

Sie trat vom Karren weg und ging zu ihrer Behausung, blieb jedoch davor noch kurz stehen. Der angenehme Duft des Sommers hüllte mich erneut ein, als sie sich vorbeugte und mit klarer Stimme sagte: »Deine nächste Bitte an mich wird dich noch tiefer in meiner Schuld stehen lassen. Überleg dir gut, ob du bereit bist, den Preis zu bezahlen.«

Mehr sagte sie nicht, selbst als ich ihr hinterherrief: »Wie werde ich Euch finden?« Gebückt trat sie in ihre Behausung und zog die Tierhaut wieder vor den Eingang. Die Haut machte einen dünnen Eindruck, ich wusste aber dennoch, dass der Eingang ebenso fest verschlossen war wie die Tür eines Kerkers.

♦ ♦ ♦

Brauer schlief den ganzen darauffolgenden Tag und die Nacht hindurch und erwachte erst am nächsten Morgen, ohne sich an irgendetwas erinnern zu können, das geschehen war, nachdem wir das Schlachtfeld verlassen hatten. Betbruder Delric bestand darauf, Brauer eingehend zu untersuchen. Wie üblich sagte er nur wenig, sein Gesicht verriet jedoch Verwunderung und einigen Argwohn, den meine schlichte Erklärung nicht zerstreuen konnte.

»Er ist einfach wieder gesund geworden, Betbruder.« Delric musterte mich nur finster, als ich lächelnd hinzufügte: »Ein Wunder, könnte man sagen. Vielleicht haben ja die Seraphilen beschlossen, einen so treuen Diener des Bundes zu belohnen.«

Die Augen des Heilers verengten sich, aber aus mir unbekannten Gründen fragte er nicht weiter nach. Zu meiner Erleichterung schienen weder Feldwebel Swain noch Evadine etwas von dem sogenannten Wunder mitbekommen zu haben, was mir eine Fülle potenziell gefährlicher Fragen ersparte.

Das Heer des Königs hatte sich inzwischen größtenteils aufgelöst. Die Bauern durften zu ihren Gehöften und die Adligen zu ihren Burgen zurückkehren. Die Kompanie des Bundes blieb jedoch noch vor Ort, weil sich unsere inzwischen berühmte Feldherrin bereit erklärt hatte, die vielen Leichen vom Schlachtfeld wegzuschaffen.

»Die heiligen Riten des Bundes dürfen den Gefallenen nicht verwehrt bleiben«, sagte sie zu uns, »egal ob Freund oder Feind.«

Neben den zerhackten, steifen und bereits in Verwesung begriffenen menschlichen Überresten auf dem Schlachtfeld, über die sich inzwischen die Krähen hermachten, stapelten sich außerdem Dutzende Leichen am Flussufer. Von rachsüchtigen Adligen erschlagen oder im Fluss ertrunken, waren sie von der Strömung weggetragen und über eine Meile weit entlang des Ufers angespült worden. Unsere Truppe wurde dazu eingeteilt, diese Unglücklichen aus dem Wasser zu fischen, damit auch für sie die letzten Worte gesprochen werden konnten, bevor man sie in eines von dem halben Dutzend Massengräbern warf, die wir ausgehoben hatten. In vieler Hinsicht war das Ganze fast so unangenehm wie das Kämpfen selbst. Wasser kann einen Leichnam übel verunstalten, außerdem hatte es einen Großteil der Beute fortgerissen, die wir sonst vielleicht hätten machen können.

»Ach, die Plage soll dich holen, du toter Mistkerl!« Torias Flüche klangen gedämpft; sie hielt sich einen Arm vors Gesicht, wegen des bemerkenswert fauligen Gestanks, der von einem stark aufgeblähten Leichnam mit einer klaffenden Wunde im Oberkörper ausging.

»Hüte deine Zunge«, sagte Ofihla, allerdings nicht in dem barschen Ton, den sie gegenüber uns anderen anschlug. »Du hast die Feldherrin gehört: Den Gefallenen ist Respekt zu zollen.«

»Ich würde diesen Stinkern mehr Respekt zollen, wenn auch nur ein Einziger von ihnen mal 'ne Münze in der Tasche hätte«, murmelte Toria, nachdem die Betschwester weitergegangen war.

»Hier«, knurrte Brauer und zerrte eine weitere Leiche aus dem Schilfrohr am Ufer. Zu Lebzeiten war es ein kräftiger Kerl gewesen, mit langen, muskulösen Gliedmaßen, dessen Gewicht Brauer aber offenbar nichts ausmachte. Seit seinem Aufwachen schien er über schier unerschöpfliche Kraft zu verfügen und lächelte viel bereitwilliger als früher. »Der hat seinen Geldbeutel noch.«

»Willst du ihn nicht?« Toria schaute mit zusammengekniffenen Augen zu Brauer hoch. Sie ging neben dem Leichnam in die Hocke und machte sich an seinem Gürtel zu schaffen.

»Reichtum ist Firlefanz.« Brauer rümpfte die Nase. Es war ein Zitat aus einer Predigt von Evadine, die sie während der Bestattung einiger Toter gehalten hatte. Er wandte das Gesicht lächelnd gen Himmel und ließ es von der Sonne bescheinen. Dann watete er fröhlich pfeifend wieder in den Fluss hinein und schnappte sich die nächste Leiche.

»Als griesgrämiger Fiesling hat er mir besser gefallen.« Torias Miene wurde noch säuerlicher, als sie den Inhalt des Geldbeutels auf ihre Handfläche leerte. »Vier Sheks und ein Würfel-Quartett. Ich bin reich!«

Sie sah zu mir hoch. Ich durchsuchte gerade die Taschen einer weniger beeindruckenden Gestalt. Der Kerl war spindeldürr, hatte Zahnlücken, zerlumpte Kleider und schwielige Hände von lebenslanger Feldarbeit. Bei dem war wahrscheinlich nicht viel zu holen. Als ich ihm jedoch den dünnen Lederschuh auszog, fiel – sehr zu Torias Verdruss – eine helle Silbermünze in meine Hand.

»Du Glückspilz.« Sie runzelte die Stirn. Ich zuckte nur mit den Schultern und steckte mir die Silbermünze in die Tasche. »Damit könntest du ein Pferd kaufen und hättest sogar noch was übrig. Vielleicht auch zwei. Nach dem Ganzen hier werden bestimmt eine Menge Pferde zum Verkauf angeboten.«

Ich sagte nichts. Der unausgesprochene Vorschlag war nicht zu überhören, aber etwas, worüber ich im Moment nicht nachdenken wollte.

»Jetzt ist Brauer fröhlich, und du bist plötzlich der Miesepeter.« Toria senkte die Stimme. »Seit wir bei dieser Hexe waren.«

»Ein Gemetzel wie das hier kann einen Menschen verändern«, sagte ich, obwohl das natürlich nicht der echte Grund für meine Schweigsamkeit in den letzten Tagen war. Ich hatte jede freie Stunde über dem Buch verbracht, das die Sackhexe mir gegeben hatte. Obwohl ich es nicht lesen konnte, ließ ich trotzdem kaum den Blick davon. Etwas an der geschwungenen Eleganz der Schrift und den vielen rätselhaften Bildsymbolen faszinierte mich. Sogar mehr als bei Büchern, deren Text ich lesen konnte.

»Haben wir immer noch einen Plan?« Toria beugte sich mit eindringlicher Miene über den Leichnam, der zwischen uns lag. »Ich mein es ernst: Ich werd in keine Schlacht mehr ziehen.«

»Ich weiß«, sagte ich. »Und ja, wir haben einen Plan, aber dafür müssen wir weiter Soldaten bleiben, zumindest vorerst.« Ich dachte kurz nach, griff dann in meine Tasche und zog die Silbermünze hervor, die ich ihr hinwarf. »Hier, als kleine Entschädigung für dich, wenn es dich beruhigt.«

Sie betrachtete die Münze und sah mich bestürzt an. »Damit erkaufst du dir höchstens ein paar Monate, mehr nicht. Dir und mir, uns geht langsam das Seil aus, Alwyn.«

Ich hätte noch weiter beschwichtigend auf sie eingeredet, hätte nicht in diesem Moment ein lauter Aufruhr ein Stück das Ufer hinunter eine willkommene Ablenkung geboten. Als ich aufstand, sah ich Wilhum einem drahtigen Soldaten namens Tiler einen kräftigen Stoß gegen die Brust versetzen. Im Gesicht des Adligen stand eine bedrohliche Mischung aus Wut und Trauer.

»Geh von ihm weg, du Dreckskerl!«, knurrte er. Tiler, der ihm körperlich unterlegen war, hockte einen Moment lang zitternd da, bis ihm einige Kameraden zu Hilfe eilten und ihn aus dem Schlamm hochzogen. Da gewann Tiler plötzlich wieder neuen Mut.

»Du hast kein Recht, mich anzufassen!«, schrie er, worauf seine Helfer bestätigend murmelten. »Du bist jetzt kein verfluchter Adliger mehr!«

»Lass es«, warnte mich Toria, als ich loslaufen wollte. »Eine Tracht Prügel tut dem Gecken gut.«

»Mit einer Tracht Prügel wird sich dieser Haufen nicht begnügen«, gab ich zurück. »Und ich hab den Kerl nicht vom Schlachtfeld gerettet, um ihn jetzt sterben zu sehen.«

Tiler und seine Freunde gingen bereits drohend auf den Adligen zu, als ich hinzukam. Tiler griff nach seinem Dolch, die anderen hatten die Hände zu Fäusten geballt. Auf meine gezwungen fröhliche Begrüßung hin hielten sie zwar inne, wichen aber nicht zurück.

»Worum geht's denn?«

Tiler schaute mich finster an, die anderen waren dagegen zurückhaltender. Ich war oft genug in der Gesellschaft der Feldherrin gesehen worden, und allen war klar, dass ich ihre Gunst genoss, wenn ich auch eigentlich nichts zu sagen hatte.

»Verpiss dich, Scribe«, zischte Tiler. Seine Stimme klang jedoch gedämpft, und er hatte den Blick abgewandt. Offensichtlich kannte er meinen Typus und ich seinen. Wie ich hatte auch er sich der Kompanie in Callintor angeschlossen, aber die Tatsache, dass ich mich nur vage an sein Gesicht erinnerte, bewies, dass er sich meistens im Hintergrund hielt.

Ich schaute ihn kurz schweigend an. Er vermied es, mir in die Augen zu sehen, bevor er sich wieder Wilhum zuwandte. Der Adlige war unbewaffnet, stand aber kampfbereit mit erhobenen Fäusten da, und es sah aus, als wüsste er sie auch einzusetzen. Hinter ihm lag die Leiche eines großen Mannes am Ufer. Bei genauerem Hinschauen sah ich unter der Schlammschicht, die den Toten bedeckte, eine Rüstung glänzen. Ein Ritter also. Etwas an der schlaffen Gestalt kam mir bekannt vor, und ich trat näher heran, um die bleichen Gesichtszüge unter dem Schlamm genauer zu betrachten. Der Tod macht Gesichter nahezu unkenntlich, deshalb dauerte es einen Moment, bis mir mit einem Stirnrunzeln aufging, dass ich die breiten, kantigen Züge schon einmal gesehen hatte.

»Sir Eldurm«, murmelte ich. *Also hat er seinen Ruhm erhalten, wenn auch nicht seine Belohnung.*

Ich hätte erleichtert sein sollen. Damit saß mir ein Feind weniger im Nacken. Ein Galgenstrick, der sich nicht mehr um meinen Hals legen würde. Stattdessen konnte ich aber nur an die vielen Stunden denken, die ich im Gemach dieses Mannes verbracht hatte, um Briefe an eine Frau zu verfassen, die ihn nicht auf die Weise, wie er es sich wünschte, lieben konnte oder wollte. Wenn Gulatte mich auch ohne Zögern an den Galgen gebracht hätte, so hätte er doch ein besseres Ende verdient gehabt, als auf dem Höhepunkt einer bereits gewonnenen Schlacht inmitten von Aufständischen zu ertrinken.

Ich sah über die Schulter und warf Tiler einen Blick zu, dessen Bedeutung er und ich nur zu gut kannten: das Versprechen einer letzten

Warnung. »Verschwinde«, sagte ich mit eisiger Präzision. Er schaute seine Unterstützer an, aber deren Gewaltbereitschaft hatte sich inzwischen gelegt, und sie waren schon dazu übergegangen, andere Leichen zu fleddern, die leichtere Beute versprachen. Tiler warf mir einen letzten säuerlichen Blick zu und trollte sich.

»Die Feldherrin sagte, ihr seid Freunde gewesen«, meinte ich zu Wilhum, der sich wieder Gulattes Leiche zugewandt hatte. »Ihr drei, als ihr jünger wart.«

Wilhum nickte bloß steif. Sein Blick blieb auf das bleiche, von Schlammspritzern übersäte Gesicht des toten Ritters gerichtet.

»Also gut.« Ich ging zu Gulattes Leiche und ergriff einen Arm, um ihn mit zusammengebissenen Zähnen aus dem Wasser zu ziehen. »Dann wollen wir uns mal um ihn kümmern.«

◆ ◆ ◆

Am Mittag des nächsten Tages war die Arbeit getan, und Evadine rief unsere Kompanie zusammen, damit wir ihre letzte Predigt für die Toten anhören konnten. Wir hatten insgesamt vier Massengräber ausgehoben, um achthundertdreiundvierzig Leichen zu bestatten, jede einzelne von mir persönlich gezählt und in die Kompaniebücher eingetragen. Die wenigen Adligen unter ihnen wurden namentlich erwähnt, ebenso wie die etwa einhundert Soldaten, die Feldwebel Swain oder die Betbrüder und -schwestern gekannt hatten. Von den meisten blieb nach ihrer Bestattung lediglich ein Eintrag in einem Buch, das kaum jemand je zu Gesicht bekommen würde.

Bei Sir Eldurm Gulatte wurde pflichtschuldigst vermerkt, er sei heldenhaft während des letzten Angriffs gestorben, bevor auch er in voller Rüstung zur Ruhe gebettet wurde. Seine in Panzerhandschuhen steckenden Hände legte man auf den Knauf des Schwertes auf seiner Brust. Wilhum hatte sich die Mühe gemacht, die Rüstung seines toten Freundes gründlich zu reinigen und zu polieren, und er reagierte recht ungehalten auf Torias Einwurf, Rüstung und Schwert mochten bei dem richtigen Käufer gutes Geld einbringen. Mir fiel auf, dass Feldwebel Lebas und Gulattes restliche Soldaten nicht unter den Toten waren. Wenn sie die Schlacht überlebt hatten, so schien sich ihre Loyalität nicht über den Tod ihres Herrn hinaus zu erstrecken. Vermutlich waren sie längst weitergezogen, um sich woanders eine neue Anstellung zu suchen, oder in die Erzminen zurückgekehrt, um den neuen Besitzer zu bitten, ihnen ihre einstigen Posten wiederzugeben.

Als wir Gulatte zur letzten Ruhe betteten, trat Evadine zu Wilhum. Die beiden fassten sich an den Händen und hielten die Totenwache über ihren gefallenen Freund, bis Wilhum angespannt murmelte: »Ich hatte immer geglaubt, er würde derjenige sein, der uns begräbt, Evie.«

Sie antwortete nicht, sondern drückte nur Wilhums Hand und gab dann Befehl, die Leichen zu bedecken. Nachdem das letzte Grab zugeschaufelt war, ließ sie die Kompanie in Reihen antreten, um der Bestattungszeremonie beizuwohnen. Ihre Predigt war insofern ungewöhnlich, als sie aus einer der Schriftrollen der Märtyrer vorlas: die Fragen, die Märtyrerin Ahlianna dem heidnischen König stellte, der sie später hinrichten würde, weil sie seinen Heiratsantrag ablehnte.

»›Ist es unser Blut, das uns voneinander trennt, großer König? Nein, denn das Blut in meinen Adern ist genauso rot wie Eures und, ich versichere Euch, genauso warm. Ist es unsere Sprache? Nein, denn mit der Zeit kann man jede Sprache erlernen, und dümmer wird man dabei auch nicht. Es ist der Glaube, der uns trennt. Weswegen mein Herz sich vor Eurem verschließt, weil ich nicht lieben kann, was zur Liebe nicht fähig ist. Nur wer den Bund zwischen Menschen und Seraphilen mit Herz und Seele anerkennt, der ist zu wahrer Liebe fähig.‹«

Die Feldherrin senkte den Blick zu der frisch aufgehäuften Erde, unter der sich die Leichen verbargen. Der Wind wehte ihr das Haar aus dem Gesicht und enthüllte ihre noch immer makellose Schönheit. Obwohl sie mit dem Prätendenten selbst die Klingen gekreuzt und sich einen erbitterten Kampf mit den Überläufern geliefert hatte, hatte sie nicht eine Schnittwunde davongetragen.

Sie holte Luft, um noch mehr zu sagen, aber was immer es war, wir würden es nie erfahren, denn in diesem Moment hörten wir Pferde herannahen. Auf der Anhöhe im Süden tauchte eine kleine Gruppe Ritter auf und zügelte in etwa einhundert Schritt Entfernung ihre Reittiere. Sie trugen die Flagge des Königs bei sich.

»Unsere Arbeit hier ist getan«, sagte Evadine zu uns. »Geht jetzt und ruht euch den restlichen Tag aus. Feldwebel Swain, Ihr begleitet mich bitte.«

Die Kompanie löste sich auf, und die Soldaten gingen zu ihren Zelten oder widmeten sich ihren kleinen Vergnügungen, ich hingegen blieb noch stehen und beobachtete, wie Evadine mit dem Feldwebel zu den Rittern ging. Sie trugen allesamt die Farben der Krone, und ich konnte den Messingadler auf dem Brustharnisch des Ritters an der Spitze erkennen. Mir kam es merkwürdig vor, dass Sir Althus und die anderen Ritter in voller Montur erschienen waren. Es gab doch sicher niemanden mehr, gegen den sie kämpfen konnten.

Als Evadine und Swain sich vor Sir Althus verbeugten, klappte dieser lediglich sein Visier hoch und rollte eine Schriftrolle aus. Der Feldwebel versteifte sich wegen der offensichtlichen Beleidigung. Eigentlich hätte der Großoffizier absteigen und sich ebenfalls verneigen müssen. Stattdessen hob Sir Althus nur die Schriftrolle und begann zu lesen. Der Text war kurz, aber der Ritter zu weit entfernt, als dass ich seine Worte hätte verstehen können. Als er fertig war, beugte er sich vor und reichte das Schriftstück Evadine, die es entgegennahm und es genauestens studierte, während der Großoffizier in – wie mir schien – allzu steifer Haltung verharrte. Nachdem Evadine die Schriftrolle gelesen hatte, sagte sie etwas zu Althus. Ich hörte, dass es eine Frage war, aber nicht welchen Inhalts. Was immer es war, Sir Althus runzelte daraufhin die Stirn und gab ein paar knappe Sätze zur Antwort. Erneut konnte ich die Worte nicht verstehen, Feldwebel Swain hingegen wirkte wütend.

»Welcher Nichtsnutz hat das behauptet?«, verlangte er zu wissen und trat mit einem mörderischen Ausdruck auf den Großoffizier zu, eine Hand an den Griff seines Schwertes gelegt. Die übrigen Ritter wirkten sofort alarmiert, sie fächerten sich auf ihren Rössern auf, Panzerhandschuhe griffen nach Schwertern und Streitkeulen.

»Wartet!«, schrie ich den Soldaten der Kompanie zu und hob eine Hand. »Schaut zur Feldherrin!«

Wie zu erwarten, reagierte Brauer als Erster. Er zog knurrend sein Falchion, und die anderen taten es ihm gleich. Niemand hatte einen Befehl gerufen, und doch versammelte sich die Kompanie automatisch in Trupps und verteilte sich zu einer wohlgeordneten Kampflinie. Das wütende Raunen wurde lauter, als die Soldaten ihre Waffen hoben. Das Feld der Verräter hatte ihnen kaum Geld eingebracht, aber dafür umso mehr Waffen und Rüstungen. Ich hatte meinen Rossschinder gegen eine hervorragend gefertigte Hellebarde eingetauscht, und viele andere hatten dasselbe getan und sich darüber hinaus mit jeder Menge Schwertern und Äxten bewaffnet.

Das Dickicht aus Stahl funkelte in der Mittagssonne, als wir den Rittern entgegentraten. Ich sah, wie sie Blicke austauschten, und stellte mir unter den Visieren ihre nervösen Gesichter vor. Wir hatten bereits gegen solche wie sie gekämpft und wussten, dass sie nicht unbesiegbar waren. Außerdem waren wir ihnen zahlenmäßig mindestens zehn zu eins überlegen. Es sollte an diesem Tag jedoch keine zweite Schlacht auf dem Feld der Verräter geben, was ich sehr bedauerte, wäre es doch die beste Chance für mich gewesen, die Rechnung zu begleichen, die ich mit Sir Althus Levalle offen hatte.

»Ruhe in den Reihen!«, ertönte klar und scharf Evadines Stimme. Die tadelnde Wut darin ließ das hässliche Gemurmel sofort verstummen. Sie musterte uns finster, und ihr Blick verharrte auf mehreren Gesichtern, darunter auch auf meinem. Angesichts ihrer Wut unterdrückte ich den Drang, mich reumütig zu verneigen. Stattdessen sah ich ihr direkt in die Augen, die sich verengten, bevor sie sich wieder dem Großoffizier zuwandte.

Offenbar hatte sich der Wind gedreht, jedenfalls vernahm ich nun deutlich ihre Antwort, als sie die Schriftrolle wieder aufrollte und sich verneigte. »Habt Dank, edler Herr. Bitte richtet dem König meine tiefste Hochachtung aus und meinen Dank dafür, dass er der Kompanie des Bundes eine so wichtige Mission anvertraut.«

Sir Althus richtete sich im Sattel auf. Sein Blick glitt über unsere Reihen, bis er unweigerlich bei mir hängen blieb. Wie bei Lorine wäre es weitaus klüger gewesen, mich nicht zu erkennen zu geben, durch mein Rufen und Evadines finsteres Starren in meine Richtung hatte ich jedoch bereits zu viel Aufmerksamkeit erregt. Statt wie Lorine zu erschrecken, runzelte Sir Althus bei meinem Anblick aber lediglich verwundert die Stirn. Er mochte Schwierigkeiten haben, mein Gesicht einzuordnen, ich dagegen erkannte den Mann sofort, der mich davor bewahrt hatte, verstümmelt und aufgeknüpft zu werden, nur um mich danach dem Pranger auszuliefern. Ich hätte den Kopf senken und mich in der Menge verstecken sollen, doch ich konnte es nicht. Wieder erfasste mich ein unvernünftiger Rachedurst. Ich blieb stehen und erwiderte seinen Blick, bis ich sah, dass er mich erkannt hatte. Ich wollte ihm zeigen, dass ich noch am Leben war. Und dass ich nicht vergessen hatte.

Sir Althus unterschied sich von Lorine ein weiteres Mal darin, dass er nicht vorgab, mich zu ignorieren, nachdem er mich erkannt hatte. Stattdessen neigte er lächelnd den Kopf, als begrüßte er einen Freund, den er lange nicht gesehen hatte. Ich erwiderte die Geste nicht, was ihn noch mehr zu belustigen schien.

»Also dann, gehabt Euch wohl, edle Dame«, sagte er lachend zu Evadine und verneigte sich schließlich doch, wenn er auch dabei im Sattel sitzen blieb. »Ich rate Euch, die Finanzmittel des Rates für den Kauf von Pelzen zu verwenden. Wie ich hörte, kann es dort oben recht kalt werden.«

Immer noch lachend warf er mir einen letzten Blick zu, bevor er sein Pferd herumzog und davongaloppierte. Die zweifellos erleichterten Ritter folgten ihm unverzüglich und gaben dabei vor, die Pfiffe und Beleidigungen nicht zu hören, welche die dümmeren unter meinen Kameraden ihnen hinterherschickten.

»Klappe halten!«, knurrte Swain, der mit seiner Feldwebelstimme mühelos alle Anwesenden zum Schweigen brachte. »Lager abbrechen und innerhalb einer Stunde bereitmachen zum Abmarsch!« Ich hatte ihn schon öfter wütend gesehen, in diesem Moment zeugte sein puterrotes Gesicht jedoch von einem nie gekannten Zorn. »Und wenn ich auch nur eine Beschwerde höre, hole ich heute Abend die Peitsche raus!«

Zum zweiten Mal löste sich die Kompanie auf, diesmal um einiges schneller. Ich wartete, bis die meisten das Feld verlassen hatten, bevor ich es wagte, zum Feldwebel zu gehen. Er stand bei Evadine, die gerade auf ihr graues Schlachtross stieg. Sein Gesicht war nicht mehr ganz so rot, aber dem harten Blick, mit dem er mich musterte, war die Wut noch deutlich anzusehen. »Was ist, Scribe?«

»Unser Marschziel, Bruder-Feldwebel«, sagte ich. »Für die Kompaniebücher. Vor Antritt eines Tagesmarsches muss das Ziel aufgezeichnet werden und ebenso die Entfernung, die zurückgelegt werden soll. So steht es in den Kompanieregeln, wie Ihr Euch sicher erinnert.«

Ich machte mich auf eine Zurechtweisung gefasst, womöglich sogar auf eine Züchtigung, aber Swain seufzte nur schwer. Anscheinend hatte ich mir mit meinen Leistungen auf dem Schlachtfeld, vor allem durch die Rettung der Feldherrin, etwas Nachsicht erworben, wenn auch nicht seine Achtung.

»Dass du lesen gelernt hast, war für die Welt eindeutig kein Gewinn«, schnaufte er und richtete sich auf. Bevor er davonstapfte, rief er mir noch über die Schulter zu: »Nach Norden, Scribe. Wir marschieren nach Norden. Zwanzig Meilen bis zur Abenddämmerung. Trödeln wird nicht geduldet.«

Als wir, wie befohlen, innerhalb einer Stunde losmarschierten, kamen wir an dem Hain vorbei, wo die Sackhexe ihre Behausung errichtet hatte. Jetzt war dort nur noch ein Haufen Äste, und obwohl ich es mir nicht eingestehen wollte, versetzte ihr Verschwinden mir einen Stich ins Herz.

Dritter Teil

◆ ◆ ◆

»Du fragst, wie viele für meinen Ehrgeiz gestorben sind. Weshalb gehst du davon aus, dass mein Ehrgeiz nur mir selbst gilt?«

Aus *Die Beichte des Prätendenten Magnis Lochlain,*
aufgezeichnet von Sir Alwyn Scribe

Dreiunddreissigstes Kapitel

»Es ist scheißkalt!« Torias schmales Gesicht mit der roten Nase war ein Sinnbild des Elends. Sie hatte sich die Ohren mit Lumpen verhüllt und ihre magere Gestalt in mehrere Lagen Kleidung gewickelt, doch gegen den eisigen Meereswind, der an uns zerrte, vermochte sie nichts auszurichten.

Ich dagegen war mehr damit beschäftigt, meinen Mageninhalt bei mir zu behalten. Der Steuermann besaß die Gabe, unfehlbar jede hohe Welle in diesem verfluchten grauen Gewässer mitzunehmen. Mir als Nichtseemann kam unser Schiff wie ein Kahn aus morschem dunklem Holz vor, der nur von zerfaserten Seilen und alten Nägeln zusammengehalten wurde. Knirschend, ächzend und zitternd pflügte er durch die nördlichen Gefilde des Cronsheldter Meeres. Schlimmer noch, er schaukelte und buckelte mehr als ein Pferd mit madenzerfressenem Hirn.

Mit Booten kannte ich mich aus. In meiner Zeit bei Deckins Bande war ich viele Flüsse entlanggefahren, schmale und breite, mit heimtückischen Strömungen, in denen man innerhalb weniger Sekunden ertrinken konnte. Aber das Meer war, wie ich schnell herausfand, kein Fluss. Drei Tage war es her, dass wir vom Hafen in Farinsahl abgelegt hatten, und in all der Zeit hatte meine Übelkeit nicht für eine Minute nachgelassen. Ich würgte die Mahlzeiten hinunter, nur um sie gleich darauf wieder hochzuwürgen, und Schlaf wollte sich immer bloß für kurze Zeit einstellen, während ich in der miefigen Enge des Laderaums hin und her rollte. Vierzig von uns drängten sich auf dieser Kogge, die den gänzlich unpassenden Namen *Anmutige Maid* trug. Der Rest der Kompanie folgte in den sieben weiteren Schiffen, die der sogenannten Nordflotte der Krone angehörten.

Der Zweck unseres Marsches nach Norden wurde uns erst erläutert, als die Betbrüder und -schwestern uns etwa sechs Tage nach unserem Aufbruch vom Feld der Verräter am Kai von Farinsahl in Reihen Aufstellung nehmen ließen. Auf dem Weg nach Norden hatten wir überraschend viele Rekruten gewonnen, so viele, dass unsere Kompanie inzwischen wieder fast halb so groß war wie damals, als wir von Callintor losmarschiert waren. Ein paar waren Verbrecher aus den Kerkern der Herzogtümer, durch die wir zogen, die meisten aber freiwillige Rekruten, die die wachsende Legende der Gesegneten aus ihren Dörfern und Städten hervorgelockt hatte.

Es handelte sich um eine seltsame Mischung aus unbedarften Grünschnäbeln und älteren Bauern, allesamt eifrige Anhänger des Bundes, was ihre Gesellschaft für uns erfahrenere Soldaten ziemlich anstrengend machte. Als Evadine ihr graues Schlachtross mit klappernden Hufen auf dem Kopfsteinpflaster des Kais zum Stehen brachte, starrten die Frischlinge sie an, als wäre sie soeben aus der Himmlischen Pforte selbst hervorgeritten. Die Ehrfurcht der neuen Rekruten schien Evadine unangenehm zu sein. Wenn uns auch die Nachricht erreichte, dass der Rat der Eminenzen sie vom Rang einer Kommunikantin zur Aspirantin befördert hatte, lehnte sie weiterhin jeden Titel bis auf den der Feldherrin ab.

»Der Rat der Eminenzen und der König haben uns eine große Ehre zuteilwerden lassen«, verkündete sie ohne jede Ironie. »Wir sollen die letzten Überreste des unheiligen Aufstands des Prätendenten zerschlagen. Im Norden befinden sich das Fjordland und der Hafen von Olversahl, der bis vor Kurzem noch dem Thronräuber als Bastion für seine finsteren Zwecke diente. Der treulose Herzog Huelvic, der nun zum Glück tot unter dem Feld der Verräter liegt, gab den Hafen einst in die Hände des Prätendenten. Inzwischen wurde uns die Kunde zugetragen, die wackeren Bewohner Olversahls hätten das Joch ihres verräterischen Herrn abgeschüttelt und König Tomas erneut die Gefolgschaft erklärt. Sie bitten die Krone um Schutz gegen die Schurkenbanden, die noch immer in der Wildnis lauern und Pläne schmieden, um ihre gestohlene Beute zurückzuerobern. Wir sind die Antwort des Königs.«

Daraufhin ertönte ein Jubeln, obwohl Evadines Tonfall keinen Anlass dazu gegeben hatte. Solche spontanen Begeisterungsstürme waren während ihrer allabendlichen Predigten zur Gewohnheit geworden – zustimmende, mitunter auch anbetende Rufe, die sich aus der verzückten Menge erhoben. Ich fand das seltsam; für meine Ohren klangen ihre Predigten seit der Schlacht weniger feurig und um einiges nachdenklicher.

An jenem Tag im Hafen wirkte ihre Miene nur müde und verärgert, bevor sie ein gelassenes Lächeln aufsetzte und eine Hand hob, um für Ruhe zu sorgen. »Das Fjordland ist nicht eure Heimat«, sagte sie. »Viele der Sitten dort werden euch befremden. Denkt dran, dass es in Olversahl seit jeher Tradition ist, die ascarlianischen Götter offen zu zeigen. Das ist kein Ausdruck von Ketzerei, weshalb auch die Vorschriften dort nicht gelten. Allerdings ist es durchaus wahr, dass diejenigen, die sich der Sache des Prätendenten verschrieben haben, den Bund durch alte ketzerische Lehren ersetzen wollen. Aus genau dem Grund wurde unsere Kompanie für diese Aufgabe ausgewählt. Wir werden die Rechte von König Tomas an seinem Eigentum sichern und den Bund überall dort erneuern, wo er gebrochen wurde.«

Wieder brandete Jubel auf, und Evadine runzelte bekümmert die

Stirn, bevor sie sich zu Swain umwandte und ihm zunickte. »Trupps bilden!«, rief er. »Bereit machen, an Bord zu gehen. Und passt auf den Laufstegen auf, ihr Tollpatsche! Sollte einer runterfallen, fischt ihn keiner aus dem Hafen.«

»Probier mal das hier«, sagte Wilhum jetzt, der zu Toria getreten war und ihr eine kleine Feldflasche hinhielt. Wir hatten uns ins Heck verzogen, wo das Schaukeln weniger heftig schien, was aber sicher nur tröstliche Einbildung war. Wie Toria war auch Wilhum von der Seekrankheit verschont geblieben. Bei ihr rührte es wohl daher, dass sie schon öfter Seereisen unternommen hatte, bei ihm sicher von den Unmengen an Alkohol, die er bei jeder Gelegenheit in sich hineinschüttete.

»Was ist da drin?« Toria zog den Korken aus der Flasche und schnüffelte an ihrem Inhalt.

»Brandy, Rum und …«, Wilhum zuckte die Achseln, »… irgendwas Übelschmeckendes, das einen aber schön durchwärmt. Hab bei einem Seemann einen Dolch gegen ein Viertelfässchen von dem Zeug eingetauscht. Leider ist das hier der letzte Rest. Aber nimm ruhig einen kräftigen Schluck, meine Liebe. Niemand soll sagen, ich wäre ein geiziger Saufbold.«

Toria nahm einen Schluck, schmatzte mit den Lippen und trank noch ein paar mehr. »Da hab ich schon viel Schlimmeres getrunken«, sagte sie und bot mir die Flasche an. Leider reichte ein leichter Hauch des bitter riechenden Inhalts, und ich musste mich wieder über die Reling beugen.

»Also«, keuchte ich einen Moment später und wischte mir mit dem Ärmel den Mund ab. Mit trübem Blick wandte ich mich dem Adligen zu. »Wollt Ihr uns vielleicht erklären, was in Wahrheit hinter dieser Expedition steckt, Eure Durchlaucht?«

Wilhum verzog müde das Gesicht. »Wirst du jemals aufhören, mich so zu nennen?«

»Ob nun enterbt und aller Titel enthoben oder nicht«, ich lächelte schwach, »Eure adlige Herkunft ist Euch immer noch anzumerken.«

In den Augen der Krone war er tatsächlich kein Adliger mehr. Auf unserem Marsch hatte uns die Kunde erreicht, der König hätte sein Dekret, aufgrund dessen so viele Gefangene auf dem Feld der Verräter getötet worden waren, zurückgezogen. Das Töten hatte sich nicht bloß auf das Schlachtfeld beschränkt, sondern war sogar Tage danach noch weitergegangen. Rachsüchtige Ritter zogen auf der Suche nach geflohenen Aufständischen durchs ganze Land. Die Gnade des Königs verdankte sich aber wohl eher den Bittgesuchen adliger Väter, die ihren törichten Söhnen den Hals retten oder dem Abschlachten von Bauern Einhalt gebieten wollten, die für das Bestellen der Felder gebraucht wurden. Jedenfalls war Wilhums Leben nicht mehr zwangsläufig verwirkt, wenn er als Überläufer auch seinen Titel verloren hatte und zur Strafe in der Kompanie des Bundes dienen musste. Er redete nicht mehr über seinen geschätzten wahren König und schien auch durchaus bereit, gegen ihn zu kämpfen, wenn es sein musste, wie er es vor Kurzem geschworen hatte. Sollte er sich aber tatsächlich mit seinem Schicksal abgefunden haben, so schien ihn das in tiefen Missmut zu stürzen. Womöglich suchte er deswegen so häufig Zuflucht im Alkohol, und ich bezweifelte ernsthaft, dass seine neue Überzeugung standhalten würde, sollte sie je auf die Probe gestellt werden.

»Du bist derjenige, mit dem sie am meisten spricht.« Ich verzog das Gesicht, als ich Galle hinunterschlucken musste. »Außerdem kennst du dich als Adliger mit solchen Sachen viel besser aus.«

Mein Verlangen nach Informationen wurde noch dadurch angeheizt, dass die Betbrüder und -schwestern und Evadine selbst sich ziemlich bedeckt hielten. Als Schreiber der Kompanie traf ich mich alle paar Tage kurz mit der Feldherrin. Sie ließ mich zwar die Schriftrolle abschreiben, die Sir Althus ihr gegeben hatte, doch war dem Schriftstück nur wenig zu entnehmen, abgesehen von dem, was sie der Kompanie bereits in Farinsahl mitgeteilt hatte. Außerdem begegnete sie mir in letzter Zeit mit einer gewissen Kühle, einer eisigen Verschlossenheit, die mich, offen gestanden, kränkte. Hatte ich ihr nicht ihren gesegneten Arsch gerettet?

Wilhum verdrehte die Augen, als Toria ihm die Flasche zurückreichte, und trank sie in wenigen Schlucken leer. »Du erinnerst dich an den Boten des Königs, nehme ich an?«

»Sir Althus Levalle«, sagte ich, worauf Wilhum neugierig eine Augenbraue hob.

»Du kennst ihn?«

»Nur seinen Ruf. Er hat die Botschaft überbracht, deretwegen wir diese Reise angetreten haben. Außerdem hat er, wie ich mich erinnere, damals etwas gesagt, was unseren verehrten Bruder-Feldwebel ziemlich in Rage versetzt hat.«

»Allerdings. Unsere Mission hier ist eher eine Verbannung als ein königlicher Auftrag. Nach der Schlacht auf dem Feld der Verräter ist der Ruhm unserer Feldherrin wie eine Sternschnuppe am Himmel aufgeblüht und hat selbst noch den des Königs überstrahlt, obwohl auch er tapfer gekämpft hat, wie es heißt. Im Schatten von Sir Ehlbert Bauldry kann aber wohl jeder Mann mutig sein, schätze ich mal. Wie dem auch sei, fair ist fair, und von Rechts wegen war es ein Sieg des Königs, was aber keiner glauben würde, wenn man das einfache Volk so reden hört. Dem Vernehmen nach ist Tomas ein umgänglicher Kerl, der mit Stolz nichts am Hut hat, bei seiner Familie und seinen Beratern liegt die Sache aber anders.

Man muss bedenken, dass König Tomas der zweite Sohn seines viel betrauerten Vaters Mathis des Vierten war, auch der Starke und Kluge genannt. Alle gingen davon aus, dass sein Erstgeborener Arthin der Fünfte werden würde. Leider hatte das Pferd des Prinzen andere Vorstellungen, und aus Arthin dem Fünften wurde Arthin mit dem gebrochenen Hals, was Albermaine mit einem Erben zurückließ, der kaum der Brust seiner Amme entwöhnt war. König Mathis hatte ihn in hohem Alter gezeugt, er war der Sohn seiner zweiten, deutlich jüngeren Königin. Man muss sagen, Tomas zeigte sich – dank seines Mentors Sir Ehlbert Bauldry und des weisen Rates seiner älteren Schwester, Prinzessin Leannor – der Herausforderung durchaus gewachsen. Dennoch wird seine Herrschaft stets von dem Wissen überschattet sein, dass er nur der zweite Sohn seines weit beeindruckenderen Vaters ist.

Die Familie Algathinet und ihre vielen Speichellecker sind deswegen ständig auf der Hut vor allem, was Tomas' Herrschaft bedrohen könnte. Die wachsende Verehrung für die gefeierte Heldin der Schlacht auf dem Feld der Verräter, eine Feldherrin, die von den Seraphilen selbst gesegnet sein soll, musste zwangsläufig ihre Ängste wecken. Und wer sagt, dass sie damit falschliegen? Macht ist zerbrechlich.«

»Sie haben die Kompanie des Bundes ins Fjordland geschickt, um sie aus dem Weg zu schaffen«, schlussfolgerte ich.

»Klug«, schniefte Toria. »Schaut euch nur die ganzen frommen Narren an, die sich ihr auf dem Marsch nach Norden vor die Füße geworfen haben. Noch ein paar Monate, und wir hätten keine Kompanie, sondern eine ganze Armee gehabt.«

»Aber das ist noch nicht alles, oder?«, fragte ich Wilhum. »Was hat den Feldwebel so sehr aufgebracht, dass er zu seinem Schwert gegriffen hat?«

»Gerüchte.« Wilhum hielt inne, um die Flasche über seinem offenen Mund auszuschütteln und sich die letzten Reste auf die Zunge tropfen zu lassen. »Evadine hat gegen den Prätendenten gekämpft, und trotzdem ist er noch am Leben, oder zumindest wurde seine Leiche nicht gefunden. Am Hof tuschelt man, seine Flucht sei vielleicht kein Zufall.«

»Das ist absurd.« Ich schüttelte angewidert und belustigt den Kopf. »Ein unbeholfener Versuch, ihren Ruf zu beschädigen.«

»Unbeholfen? Sicher. Aber selbst ein schlecht gemachter Pfeil findet manchmal sein Ziel. Unsere gesegnete Feldherrin wird nicht bloß verbannt, sondern auf die Probe gestellt. Olversahl ist als Nest ewig verfeindeter Kaufmannsfamilien und ascarlianischer Sympathisanten ebenso berüchtigt wie das restliche Fjordland. Herzog Huelvic wird als Verräter bezeichnet, in Wahrheit war er aber nur einer von fünf Anwärtern auf das Herzogtum, die allesamt noch am Leben sind, und jetzt, da er tot ist, sind sie noch eifriger darauf bedacht, zum Zug zu kommen. Darauf könnt ihr wetten. Olversahl ist der größte Hafen im Fjordland und gilt seit Langem als Dreh- und Angelpunkt, der darüber entscheidet, ob das ganze Herzogtum fällt. Zu verhindern, dass dort das Chaos ausbricht, wird nicht leicht. Das Gebiet für den König zu halten, verspricht großen Ruhm. Und wenn es der gesegneten Feldherrin gelänge, wer wollte dann noch ihre Loyalität in Abrede stellen?«

»Olversahl ist also ein ziemliches Drecksloch?«, erkundigte sich Toria. »Ich hatte gehofft, es sei eine reiche Stadt, zumindest was Tavernen und Schnaps betrifft, meine ich.«

Du meinst wohl eher die Taschen von Kaufleuten und Schlösser zum Knacken, dachte ich, sagte es aber nicht laut, wenn Wilhum sich auch um unsere verbrecherischen Neigungen wahrscheinlich einen feuchten Kehricht scherte.

»Tatsächlich wird die Stadt häufig als Juwel des Fjordlands bezeichnet, meine Liebe«, sagte Wilhum. »Sie ist nämlich sehr alt und wurde viele Male unter verschiedenen Königen und Adligen weitergereicht. Die Schwesterköniginnen von Ascarlia herrschten dort dreihundert Jahre lang, bevor der Urgroßvater von König Tomas ihnen die Stadt wegnahm. Dort gibt es eine Menge alter Bauwerke zu besichtigen, wenn man daran Gefallen findet. Manche von ihnen sollen sogar noch vor der ersten großen Plage erbaut worden sein. Die Bibliothek dort ist besonders interessant. Die Anzahl von Büchern unter ihrem Dach ist recht bemerkenswert, muss ich sagen. Und ebenso die Statuen der ascarlianischen Götter, die am Fuß des Halthir ins Felsgestein gemeißelt wurden. Lasst euch bloß nicht von den Betbrüdern und -schwestern dabei erwischen, wie ihr sie bewundert.«

»Es gibt dort eine Bibliothek?«, fragte ich.

»Ja, ziemlich vollgestopft mit allen möglichen uralten Wälzern. Die Fjordländer sind ein merkwürdiges Volk. Sie lassen einen Mörder auspeitschen, aber knüpfen ihn nicht auf, wenn er der Familie des Opfers einen Blutzoll zahlt. Sollte derselbe Mann jedoch ein Buch entweihen, fesseln sie ihn an einen Baum und schlitzen ihm den Bauch auf, damit die Krähen sich an ihm gütlich tun. Geld kann ihn da nicht retten.«

Er stellte noch einmal die Flasche auf den Kopf und verzog ärgerlich das Gesicht, als kein Tropfen mehr herauskam. Sein Blick wirkte jetzt so zerstreut und fahrig wie immer, wenn sein Durst zurückkehrte. Ich stellte fest, dass mir Wilhum nüchtern nicht gefiel, weil er dann viel weniger redselig war.

Grinsend legte ich ihm einen Arm um die Schultern und führte ihn vom Heck weg. »Was hältst du davon, wenn wir diesen Seemann suchen gehen? Ich hab noch ein paar Sheks übrig. Dann kannst du mir mehr über den Inhalt dieser Bibliothek erzählen.«

♦ ♦ ♦

Der Hafen von Olversahl lag am Nordufer einer Einbuchtung mit dem Namen Aerics Fjord, an der Stelle, an der der Meeresarm schmaler wurde, aber noch tief genug war, dass Schiffe hindurchfahren konnten. Der Hafen selbst bestand aus zahlreichen dicht an dicht stehenden Bauwerken am Fuß eines gewaltigen Granitfelsen – des berühmten Halthir, von dem Wilhum gesprochen hatte. In schroffer grauer Erhabenheit ragte er mindestens tausend Fuß hoch auf. Eine einzelne schmale Straße, die sich um die Südflanke des Berges herumschlängelte, stellte den einzigen Landweg zum Hafen dar. Das erklärte auch, warum die Stadt keine richtige Mauer besaß, denn nur ein selbstmörderisch veranlagter Befehlshaber würde über eine derart enge Zufahrtsstraße angreifen. Und das Hafenbecken selbst war zu klein für eine Invasion von der Seeseite her.

»Das Scheißsoldatenleben scheint auf dich abzufärben, was?«, erwiderte Toria, als ich sie auf dieses militärische Detail hinwies.

»Man sollte sich in seinem Handwerk stets weiterbilden«, erwiderte ich. »Egal, ob man es nun freiwillig gewählt hat oder nicht.«

Während wir uns dem Hafen näherten, zog mich dieser Ort, der so ganz anders war als die Städte in den Shavine-Marschen, immer mehr in seinen Bann. Eine Reihe von Windmühlen, die höher waren als alle, die ich im Süden je gesehen hatte, ragte entlang eines hohen

Dammes auf, der sich vom Hafen bis zur Nordflanke des Berges hinzog. Dank Wilhums trunkenem Geschwätz wusste ich, dass die Stadt ihren Reichtum sowohl dem Hafen als auch den Windmühlen verdankte. Im Fjordland wurde reichlich Fischfang betrieben, und man hielt Ziegen und Schafe – Getreide, insbesondere Weizen, wuchs hier jedoch nur schlecht. Deshalb musste es mit Schiffen eingeführt werden. Dann wurde es in den Mühlen gemahlen und anschließend in die Dörfer und Städte geschafft, die dafür mit Wolle bezahlten. Diese Fracht wurde wiederum auf die Schiffe geladen, um die Webstühle in den südlichen Herzogtümern zu füttern. Es war ein einträgliches Geschäft, dem Olversahl seine ungewöhnliche Langlebigkeit verdankte. Allerdings machte es die Stadt auch zum begehrten Gut, um das endlos gekämpft wurde.

Aber nicht nur die Mühlen zogen meine Aufmerksamkeit auf sich, sondern ebenso das Durcheinander aus Dächern und Türmen darunter, besonders ein großes rechteckiges Gebäude mit Schrägdach. Die Bibliothek von König Aeric – offenbar ein längst verstorbener Held aus den Legenden der Fjordländer – war das zweitgrößte Gebäude in der Hafenstadt, nach dem deutlich jüngeren und um einiges höheren Turm des Schreins von Märtyrer Athil.

»Glaubst du, du wirst sie dort finden?«, fragte Toria leise und sorgfältig darauf bedacht, die Worte »Schatz« oder »Lachlan« zu vermeiden. »Die Geschichten, die wir brauchen, meine ich?«

Die und noch einiges mehr. Ich spürte das schwere Buch der Sackhexe unter meinem Wams. Ich hatte es, in Leder gehüllt, fest an meinen Bauch gebunden, wo es vor den missbilligenden Blicken der Betbrüder und -schwestern verborgen war und sicher vor Regen und Wind geschützt. In Wahrheit muss ich zu meiner Schande gestehen, dass ich das Buch der Caeritherin noch sorgsamer hütete als Sihldas Testament.

»Wilhum sagt, sie sei sogar besser ausgestattet als die Bibliothek des Bundes in Athiltor«, murmelte ich zurück. Wir drängten uns mit dem Rest unserer Truppe auf dem Vorderdeck, darunter auch Betschwester Ofihla, an deren allzu scharfe Ohren unser Gespräch besser nicht gelangen sollte.

»Und wenn du sie gefunden hast?« Torias Stimme, wenn auch leise, war bedeutungsschwer.

Ich lächelte ihr beruhigend zu. »Dann wird es Zeit, dass wir uns auf die Suche nach der Belohnung machen, die uns zusteht.«

»Ungeachtet aller anderen Verpflichtungen?« Sie sah vielsagend zu Evadine hin. Die Feldherrin stand in ihre kostbare schmucklose Rüstung gehüllt im Bug des Schiffes, vermutlich um den richtigen Eindruck zu erwecken, wenn wir an Land gingen. Der Wind peitschte ihr dunkles Haar wie eine Flamme auf, und ihre Miene wirkte ruhig und gelassen, trotz der salzigen Gischt, die ihr entgegensprühte. Künftige Buchmaler und Künstler würden zweifellos diesen Moment wählen, wenn es Zeit wurde, der gesegneten Feldherrin ein Denkmal für die Ewigkeit zu setzen. Ich wusste, dass ich heute Zeuge eines historischen Ereignisses wurde, des Beginns eines neuen Kapitels in ihrer Geschichte. Hier erwarteten sie entweder Ruhm und Triumph oder schmachvolle Niederlage. Vielleicht sogar der Tod. Trotz der Kälte, mit der sie mir in jüngster Zeit begegnet war, verspürte ich den starken Wunsch, ihre epische Geschichte weiterzuverfolgen, den Drang, Teil von etwas Größerem zu sein, das unbestreitbar wichtig war. Es war jedoch ihre Geschichte, nicht meine.

»Ungeachtet von allem.« Ich wandte den Blick von der Feldherrin ab, wenn es mir auch schwerfiel.

◆ ◆ ◆

Unsere Kompanie wurde am Kai von einem Dutzend gut gekleideter Leute und fünfzig Soldaten in silbergrauen und dunkelblauen Uniformen empfangen. Vermutlich waren dies die Farben des Herzogs des Fjordlands, wer immer dies im Augenblick sein mochte. Die gut gekleideten Bürger wurden von einem großgewachsenen, breitschultrigen Mann mit langem aschblondem Haar und einem ebenso blonden

Bart angeführt. Das Lächeln, das er Evadine schenkte, als diese den Laufsteg zum Kai hinunterkam, ließ Wilhums Charme im Vergleich wie eine mickrige Kerze neben einem lodernden Feuer erscheinen.

»Wie schön, Euch zu sehen, edle Dame! Oder soll ich sagen: gesegnete Feldherrin?« Er lachte herzlich und verneigte sich, worauf die anderen Würdenträger der Stadt, die hinter ihm aufgereiht waren, es ihm gleichtaten. »Ich, Ratsherr Maritz Fohlvast«, sprach der Blonde mit dröhnender Stimme weiter, ohne eine Antwort abzuwarten, »treuster Diener des guten Königs Tomas, heiße Euch in Olversahl willkommen.«

Evadine erwiderte seine Verbeugung mit einem schmalen Lächeln. »Aspirantin und Feldherrin Evadine Courlain, Eure Durchlaucht.«

»Ich bin kein Adliger, edle Dame«, erwiderte Fohlvast lachend. »Nur ein bescheidener Kaufmann, der von seinen Mitbürgern in diesen unruhigen Zeiten zum Stadtherrn berufen wurde.«

»Inzwischen schon, Eure Durchlaucht.« Evadine zeigte ihm meine Abschrift der Schriftrolle von Sir Althus. »Unser gnädiger König hat Euch in Anerkennung Eurer unermüdlichen und tapferen Bemühungen darum, seine Rechte über dieses Herzogtum zu sichern, zu Sir Maritz Fohlvast ernannt, Ritter des Reiches und Verteidiger des Mittel-Fjords. Alle relevanten Bewilligungen von Rechten und Ländereien findet Ihr hier aufgelistet. Ich komme mit Vollmacht des Königs, um meine Kompanie in den Dienst der Verteidigung dieser Stadt und ihrer Bewohner zu stellen.«

Nach meiner Erfahrung hat sich noch jeder Mensch, der sich selbst als bescheiden bezeichnete, unweigerlich als das genaue Gegenteil erwiesen, wie nun auch der frischgebackene Ritter, als er Evadine die Schriftrolle aus der Hand nahm. Er schaffte es gerade so, sie ihr nicht wegzureißen, rollte sie jedoch in Windeseile auseinander. Er überflog den Inhalt mit einem Ausdruck, den ich sehr gut kannte: die funkelnden Äuglein eines Gierschlunds.

»Ich fühle mich über alle Maßen geehrt«, sagte er zu Evadine und bemühte sich dabei glaubhaft mit erstickter Stimme zu sprechen.

»Mögen die Märtyrer meine Schritte lenken, damit ich mich als würdig erweisen kann. Und jetzt«, Fohlvast straffte den Rücken und deutete auf die übrigen Bürger, »erlaubt mir, Euch auch die anderen treuen Ratsherren vorzustellen. Danach lasst uns zur Halle des Rates der Kaufleute gehen, wo zu Eurer Begrüßung ein herrliches Festmahl vorbereitet wurde …«

»Ich habe keine Zeit für Festmahle, edler Herr«, unterbrach ihn Evadine in höflichem, aber klar ablehnendem Ton. »Und auch nicht für Vorstellungsrunden. Solche Dinge können warten, bis ich mir ein genaues Bild von den Verteidigungsanlagen der Stadt gemacht und mich um die Unterbringung meiner Kompanie gekümmert habe. Ich nehme an, für eine passende Unterkunft wurde gesorgt?«

Im Gesicht des Ratsherrn zuckte es, als er ihren höheren Rang akzeptieren musste, was einem Mann seines Charakters nie leichtfiel. Er erholte sich jedoch schnell wieder, lachte erneut herzlich und verneigte sich. »Natürlich, Feldherrin. Wie es sich für eine wahre Kriegerin des Bundes gehört, was? Im Schrein von Märtyrer Athil sollte mehr als genug Platz für Eure braven Soldaten sein, da die meisten Geistlichen lieber das Weite gesucht haben, als die gegenwärtigen Unruhen begannen. Tatsächlich sind nur noch ein Betbruder und ein paar Laien übrig, um die Reliquien des Schreins zu hüten.«

Evadines Miene verfinsterte sich. »Ein bedauerlicher Umstand, der dem Rat der Eminenzen gegenüber nicht unerwähnt bleiben wird. Und die Verteidigungsanlagen?«

Fohlvast lachte erneut, diesmal weniger herzlich, aber dafür aufrichtig belustigt. »Natürlich. Wir können sie gleich besichtigen, wenn Ihr mögt. Allerdings sollte ich Euch vorwarnen, es gibt wirklich nicht viel zu sehen.«

◆ ◆ ◆

Die Stadtbewohner nannten es den Torwall, ein dickes, massives Bollwerk aus Granitblöcken, das sich von der steilen Klippenwand am

Fuß des Halthir bis zur felsigen Küstenlinie erstreckte. Es war etwa vierzig Fuß hoch und vielleicht einhundertfünfzig Schritt lang. Oben befanden sich Zinnen und ein Wehrgang zu beiden Seiten eines Wachturms, der über dem einzigen Tor aufragte. Die Torflügel bestanden aus uraltem Eichenholz, das mit Eisenklammern verstärkt war und noch zusätzlich von einem riesigen eisernen Fallgitter geschützt wurde, das nach Wunsch herabgelassen oder hochgezogen werden konnte. Dahinter lag die Straße, die sich durch den Dunst schlängelte, der vom Fjord ins Landesinnere trieb. Während uns der Ratsherr die wenigen Vorzüge zeigte, die der Wall zu bieten hatte, rollten einige Karren durchs Tor, aber weniger, als man bei einer so berühmten, florierenden Hafenstadt erwarten würde.

»Einhundertsechsundachtzig Jahre«, sagte Fohlvast mit kaum verhohlenem Stolz zu Evadine. »So lange ist es her, seit das letzte Mal irgendein Narr versucht hat, diesen Wall anzugreifen. Ein ausgestoßener Bandit, der sich selbst zum König ernannt hatte. Seine Armee, wenn man sie denn so bezeichnen kann, ergriff schon nach kurzer Zeit die Flucht, und sein Kopf thronte mehr als ein Jahr lang aufgespießt auf dem Turm, bis er schließlich verwest war.«

»Zu dick und stark, um selbst von dem schwersten Belagerungsgerät durchbrochen zu werden«, bemerkte Feldwebel Swain und strich anerkennend mit der Hand über den verwitterten Granit des Wehrgangs. Er nickte zur Straße hin. »Und es wäre nur genügend Platz für eine einzelne Kompanie, um den Wall zu erklimmen. Fünfhundert Soldaten könnten hier locker zehnmal so viele abwehren.«

»Was eine wichtige Frage aufwirft, Eure Durchlaucht«, sagte Evadine an den Ratsherrn gewandt. »Wie stark ist unser Gegner?«

»Bedauerlicherweise lässt sich das nicht eindeutig feststellen.« Fohlvast zuckte entschuldigend mit den mächtigen Schultern. »In besseren Zeiten zählten die Kompanien des Herzogs an die eintausend Mann, aber sie haben sich nach ihren Sympathien und familiären Verbindungen aufgespalten, als wir die Stadt wieder für die Krone in Besitz genommen haben. Nach Ende des Kampfes zählten wir knapp einhundert Tote in den Straßen. Der Rest ist mit den Verrätern geflohen, die sich wie Huren an den Prätendenten verkauft haben, die Plage möge sie holen. Gegenwärtig verfügen wir noch über etwa dreihundert loyale Soldaten.«

Evadine schaute kurz zu mir hinüber, und ich schüttelte leicht den Kopf. Wie sie es mir vor Verlassen des Schiffes befohlen hatte, hatte ich alle Bewaffneten, die uns auf unserem Weg durch den Hafen und die Straßen bis zum Wall begegnet waren, sorgfältig gezählt. Dabei waren mir auch eine ganze Menge finsterer und verbitterter Mienen aufgefallen, wenn diejenigen auch schnell zu Boden geschaut hatten, um der Aufmerksamkeit des Ratsherrn zu entgehen. Außerdem viele niedergebrannte Häuser und Läden, die offensichtlich vor Kurzem erst Vandalismus zum Opfer gefallen waren. In Olversahl herrschten eindeutig schlimme Zustände. Meine Zählung derjenigen, die man halbwegs sicher als Soldaten bezeichnen konnte, belief sich auf einhundertacht, was die Zahl, die Fohlvast für die Besetzung der Stadtgarnison genannt hatte, unwahrscheinlich machte. Vielleicht war der Aufstand der Königstreuen auf weniger Begeisterung unter den Soldaten des Herzogtums gestoßen, als er behauptete.

»Unser Gegner wird sicherlich mehr haben«, fuhr Fohlvast fort. »Die abtrünnigen Adligen stammen aus alteingesessenen Familien mit starken Verbindungen zu den Bewohnern des inneren Fjordlands. Viele von ihnen haben sich dem zum Scheitern verurteilten Marsch des Prätendenten nach Süden angeschlossen, aber längst nicht alle.«

»Und dennoch habt Ihr keine Vorstellung von ihrer Truppenstärke?«, hakte Evadine nach. »Wurde wenigstens der Standort ihres Lagers ausgekundschaftet?«

»Alle Patrouillen, die sich weiter als ein paar Meilen von diesem Wall entfernen, werden mit großer Wahrscheinlichkeit nicht zurückkehren.« Er deutete auf einen einsamen Karren, der soeben auf das Tor zufuhr. »Ihr seht ja, wie stark der Handel zurückgegangen ist. Die Wollhändler, die immer noch zu uns kommen, gehen erhebliche Risiken ein. Aufständische suchen regelmäßig die Straßen heim, und unter uns gibt es nur wenige, die sich in der Wildnis gut genug auskennen, um zu wissen, wo ihre Verstecke sind. Mein Volk kennt das Meer und die Küste. Das innere Fjordland ist etwas ganz anderes.«

»Dann ist es ja gut, dass ich jemanden in meiner Kompanie habe, der damit Erfahrung hat.« Evadine lächelte leicht und wandte sich Wilhum zu. »Nicht wahr, Soldat Dornmahl?«

Ich hatte mich schon gefragt, warum sie ihm befohlen hatte, uns bei dieser Inspektion zu begleiten. Das wurde jetzt klar, als Wilhum zur Antwort grinste. »Ist ein paar Jahre her, Feldherrin«, sagte er. »Aber ich schätze mal, ich kenne das Fjordland so gut, wie es ein Südländer überhaupt kennen kann.«

»Soldat Dornmahls Mutter stammt aus dem Mittel-Fjord«, sagte Evadine zu Fohlvast. »Er hat einen Großteil seiner Jugend hier verbracht, bevor ihn die familiären Pflichten wieder in die Herzogtümer zurückführten. Er wird unsere Erkundungsmission leiten.« Ihr Lächeln verschwand, als sie sich mir zuwandte, und ihr nächster Befehl versetzte meiner Stimmung einen empfindlichen Dämpfer. »Und unser Schreiber wird ihn begleiten, weil er von unseren Leuten das beste Auge für Zahlen besitzt.«

Sie sah mir einen Moment länger in die Augen, als nach meinem Gefühl notwendig war. Alle Fröhlichkeit war aus ihrer Miene gewichen. Ich hatte den Eindruck, dass ich für irgendetwas bestraft wurde. Ihr hatte nicht gefallen, dass ich die Kompanie dazu aufgerufen hatte, ihr gegen Althus' Ritter beizustehen, so viel war klar. Aber wenn das auch vielleicht ihre gegenwärtige Stimmung erklärte, war es Grund genug, um mein Leben aufs Spiel zu setzen? Es schien mir ein schlechter Lohn dafür, dass ich sie gerettet hatte. Oder steckte gar die Tatsache dahinter, dass ich ihr das Leben gerettet hatte? War es ihr lästig, mir gegenüber in der Schuld zu stehen?

»Ich gehe davon aus, Ihr besitzt ein paar geeignete Reittiere?«, erkundigte sich Evadine bei Fohlvast. »Schnell, aber robust?«

»Mein persönlicher Stall steht zu Eurer Verfügung, Feldherrin«, versicherte er ihr und neigte den Kopf.

»Hervorragend.« Sie wandte sich wieder Wilhum und mir zu. »Brecht so bald wie möglich auf und erledigt die Sache schnell. Ich muss wissen, womit wir es hier zu tun haben.«

»Verzeihung, Feldherrin«, sagte ich, als sie sich umdrehen wollte, und erhielt einen strengen Blick zur Antwort. Ich musste mich räuspern. »Ich … kann nicht reiten. Jedenfalls nicht sehr gut.«

Sie schürzte die Lippen und nickte zu Wilhum. »Soldat Dornmahl wird es dir beibringen. Es sollte nicht mehr als ein oder zwei Tage in Anspruch nehmen. Dann könnt ihr aufbrechen.« Ihre Augen verengten sich, und ihre Stimme wurde hart. »Es sei denn, ihr wollt vorher noch eine caerithische Hexe aufsuchen, damit sie einen Schutzzauber wirkt oder etwas in der Art?«

Der säuerliche Ton, mit dem sie das Wort »Hexe« aussprach, ließ mich jeden weiteren Protest hinunterschlucken und gehorsam den Kopf senken. Daher wehte also der Wind. Irgendein allzu Neugieriger hatte uns bei der Behausung der Sackhexe gesehen. Oder Betbruder Delric hatte den wahren Grund für Brauers Heilung erraten.

»Wegtreten.« Sie nickte zur Treppe und wandte sich dann wieder dem Ratsherrn zu. »Wenn es Euch nichts ausmacht, Eure Durchlaucht, möchte ich jetzt gern die Garnison sehen. Und danach die Lagerhäuser.«

Vierunddreissigstes Kapitel

Wilhum beschrieb das Pferd, das er für mich ausgewählt hatte, eher als Jagdpferd denn als Schlachtross, wenn es für mich Unwissenden auch kräftig genug aussah, um als solches durchzugehen. Es war ein schöner Hengst mit schwarzem Fell und friedlichem Gemüt – jedenfalls Wilhums fachkundiger Einschätzung nach –, was das Tier jedoch nicht davon abhielt, mich bei jeder passenden Gelegenheit abzuwerfen.

»Du hältst die Zügel zu fest«, sagte Wilhum, nachdem ich wieder einmal schmerzhafte Bekanntschaft mit dem Boden gemacht hatte. Mein Reitunterricht fand auf der kleinen Koppel neben den Ställen von Ratsherr Fohlvast statt. Mich überraschte nicht, dass er das größte Haus in Olversahl besaß, das sich so nah am Stadtzentrum befand, wie es die Grundstücke von Schrein und Bibliothek zuließen. Es war ein neues Haus aus rotem Backstein statt des in der Gegend abgebauten Granits, und jeder einzelne Stein war, dem betagten Stallmeister zufolge, unter immensen Kosten ins Land geschafft worden.

»Ein altes Sprichwort in dieser Stadt«, sagte er, und die Falten in seinem runzligen Gesicht vertieften sich noch mehr, als er uns verschwörerisch zuzwinkerte. »Kein Fohlvast gibt je einen Shek aus, wenn eine Silbermünze genügt.«

»Halt sie weniger straff«, fügte Wilhum hinzu, als ich auf die Beine kam. »Dir würde es auch nicht gefallen, wenn du eine Trense im Mund hättest und jemand würde ständig daran ziehen. Und versuch, lockerer zu werden. Du bist zu steif. Das macht ihn nervös.«

»Nicht jeder ist in einer Burg aufgewachsen und wurde von Hauslehrern in den ritterlichen Künsten unterwiesen«, murrte ich. Als ich mich wieder in den Sattel schwang, stieß der Hengst, den der Stallmeister nach dem ascarlianischen Gott der Jagd Karnic genannt hatte, ein resigniertes Schnauben aus. Zwei Tage waren schon vergangen, und bislang war es mir gerade so gelungen, das Pferd im Schritt die Koppel auf und ab gehen zu lassen. Meinen heutigen Sturz verdankte ich meinem ersten Versuch zu traben.

»Meinen Hauslehrer hättest du nicht gemocht«, sagte Wilhum. Seine Augen waren gerötet, wie bei jemandem, der am Abend zuvor zu viel getrunken hatte, und das Mahlen seiner Kiefer zeugte davon, dass ihn der Durst nach mehr plagte. Der Alkohol hatte ihn inzwischen fest im Griff, und vielleicht schickte Evadine ihn auch deswegen auf diese Mission, um ihn zumindest eine Zeitlang davon abzuhalten, seinen ungesunden Gelüsten zu frönen.

»Sein Name war Redmaine«, fuhr er im Tonfall nostalgischer Erinnerung fort. »Er war von zu niederer Herkunft, um je einen Titel zu erhalten, aber er hatte sein halbes Leben in Kriegen und auf Turnieren verbracht und den Rest damit, die Welpen von Emporkömmlingen, wie er seine Schüler nannte, zu unterrichten. Wenn du unter seinen Augen vom Pferd gefallen wärst, hätte er dir mit Birkenruten den Arsch versohlt und im Anschluss Salzwasser draufgegossen. Und wehe, man verlor sein Schwert.«

»Dein Vater hat zugelassen, dass ein Bediensteter dich schlägt?«

»Natürlich. So läuft das eben. Als Ritter wird man nicht geboren,

Meister Scribe, man wird dazu gemacht. Mein Vater hat in seiner Jugend oft genug die Birkenrute zu spüren bekommen, warum sollte er also meinen Arsch verschonen? Komm.« Er wendete sein Pferd und legte dabei eine beneidenswerte Kunstfertigkeit an den Tag. Das Tier schien förmlich auf seine Berührung hin zu tanzen. »Wir versuchen es noch mal.«

Im Ganzen dauerte es fünf Tage und brachte mir nicht wenige Blutergüsse ein, bis ich über längere Zeit auf einem Pferd reiten konnte. Dass Evadine so lange Geduld mit mir hatte, stimmte mich wieder etwas zuversichtlicher. Anscheinend wollte sie doch nicht, dass ich in der Wildnis des Fjordlands umkam. Dennoch blieb sie mir gegenüber auch weiterhin kurz angebunden und duldete mich nur so lange in ihrer Nähe, bis die wichtigsten Einträge in den Kompaniebüchern abgezeichnet waren. Anfangs war ich ihrer Kälte mit Fröhlichkeit begegnet und hatte mich gewissenhaft um meine Pflichten als Schreiber gekümmert. Aber als die Tage vergingen und sie trotzdem nicht auftaute, wuchs meine Verärgerung. Wir waren miteinander quitt, was also schuldete ich ihr noch?

Zusätzlich zum Reitunterricht nahm Wilhum es auf sich, mich in die Grundlagen der ritterlichen Kampfkunst einzuführen. »Mit einer Hellebarde kann man im Sattel nichts anfangen.« Er warf mir ein Langschwert in einer Scheide zu, das ich Betschwester Ofihla nach der Schlacht auf dem Rücken hatte tragen sehen. Die Kämpfer unter den Geistlichen hatten sich nicht daran beteiligt, die Leichen nach Münzen oder Kinkerlitzchen abzusuchen, herumliegende Waffen hingegen hatten sie nicht verschmäht. Aus mir unbekannten Gründen hatte Ofihla offenbar ihre Beute hergegeben, was mich überraschte, denn selbst ich konnte sehen, dass es ein hervorragend gefertigtes Schwert war.

»Ich hab in meinem ganzen Leben noch kein Schwert benutzt.« Ich musterte den Stahl bewundernd, aber auch zweifelnd, nachdem ich ihn aus der Scheide gezogen hatte. Er war größtenteils sauber und glänzte, nur hier und da gab es ein paar angelaufene Stellen. Die Schneide wies einige Unebenheiten auf, wo Kratzer vom Kampf weggeschliffen worden waren. Ihr unglückseliger blaublütiger Besitzer war offenbar ein recht erfahrener und dazu reicher Mann gewesen.

»Umso besser«, erwiderte Wilhum. »Das heißt, dass ich dir nicht erst schlechte Gewohnheiten austreiben muss.«

Also unterrichtete er mich nun jeden Tag, bevor wir uns in den Sattel schwangen, auch noch im Schwertkampf, was eine viel kompliziertere Angelegenheit ist, als man annehmen könnte. Wie ich schnell herausfand, ist ein Schwert mehr als nur ein verlängertes Hackmesser. Es gekonnt einzusetzen, verlangt eine Mischung aus Können und Kraft statt der Wildheit und brutalen Gewalt, die mir in meiner bisher einzigen Schlacht so gute Dienste geleistet hatten. Anfangs bestand mein Unterricht lediglich darin, das besondere Zusammenspiel von Muskeln und Sehnen zu meistern, das zum Schwingen des Schwertes vonnöten ist, während ich versuchte, die verschiedenen Schläge nachzumachen, die Wilhum mir zeigte. Der Grund für seinen athletischen Körperbau wurde offensichtlich, als er mit seinem Langschwert in scheinbar müheloser Leichtigkeit eine Reihe eleganter Bögen beschrieb. Meine Versuche, es ihm gleichzutun, brachten mich ziemlich ins Schwitzen und ließen nie zuvor benutzte Muskeln schmerzen.

»Schwing es mit einer Hand im Sattel und mit zweien auf dem Boden. Und vergiss nie den Wert eines dicken Handschuhs.« Wilhum veranschaulichte seine Worte, indem er sich das Schwert seitlich vor die Brust hielt, eine Hand im Panzerhandschuh am Griff, die andere an der Klinge. »So wird ein Schwert zum Kampfstab.« Er streckte ein Bein aus und hob die Klinge zu einer Parade über den Kopf. »Und so zu einem Speer.« Er verlagerte die Hüften und stach mit der Schwertspitze nach vorn, um nur einen Zoll vor meinem Gesicht zu verharren. »Und zu einer Streitkeule.« Er trat vor, hob die Waffe und schwang den Messingzylinder des Knaufs herum, bis er beinahe mein Kinn traf.

Er lächelte, als ich zusammenzuckte, und trat zurück. »Versuch du's mal. Und dann schauen wir, ob du es auch im Sattel ziehen kannst.«

◆ ◆ ◆

Wegen meiner Ausbildung im Reiten und Schwertkämpfen und dem ganzen Unsinn sollte es bis zum Nachmittag vor unserem geplanten Aufbruch dauern, bis ich endlich die Zeit fand, die Bibliothek von König Aeric zu besuchen – nur um den Zutritt zu den Reichtümern im Inneren verwehrt zu bekommen.

»Du bist hier nicht erwünscht, Südländer«, sagte der größere der beiden Wachmänner vor der Tür. Er und sein Kumpan unterschieden sich von den anderen Soldaten der Stadt darin, dass sie ordentlich gekleidet und gut bewaffnet waren. Ihre Uniformen sahen anders aus als die der herzoglichen Soldaten, und sie trugen weiße Schärpen, die mit den eckigen Schriftzeichen bestickt waren, die auch viele Gebäude und Statuen in der Stadt zierten. Sie standen routiniert kampfbereit da, und ein Blick in ihre ernsten, entschlossenen Gesichter sagte mir, dass jeder Versuch, sie zu bestechen, zwecklos wäre. Offenbar legte die Stadt großen Wert darauf, ihre Bücher zu beschützen.

»Nur Stadtbewohner von hohem Ansehen und Gelehrte mit einer vom Rat der Stadt unterzeichneten Genehmigung erhalten Zutritt«, teilte mir der größere Wachmann auf meine höfliche Frage hin mit, warum ich die Bibliothek nicht betreten durfte. Er verengte zweifelnd die Augen und runzelte die Stirn. »Du bist ein Gelehrter, oder?«

»Ein Schreiber«, erwiderte ich. »Der Schreiber der Kompanie von Aspirantin und Feldherrin Evadine Courlain, um genau zu sein.«

Seine Stirn glättete sich etwas, aber nur wenig. »Du darfst trotzdem nicht rein«, sagte er und legte vielsagend die Hand auf sein Schwert. »Jetzt verschwinde und bleib in Zukunft auf dem Gelände des Schreins. Nicht jeder ist so freundlich wie wir.«

Da ich im Allgemeinen nicht dazu neigte, eine hoffnungslose Sache weiterzuverfolgen, nickte ich nur höflich und ging die breiten Stufen zur Tür der Bibliothek wieder hinunter. Diese waren entweder von Steinmetzen geschaffen worden, denen angenehme Proportionen gleichgültig waren, oder sie stammten aus einem Zeitalter, als die Menschen beträchtlich größer gewesen waren, denn es erforderte einige Konzentration, sie hinunterzusteigen, ohne zu stolpern und auf dem Hintern zu landen. Ich war so sehr mit dem Abstieg beschäftigt, dass es mir gar nicht auffiel, als in meiner Nähe eine schlanke Gestalt stehen blieb.

»Ich dachte, für alte Worte auf altem Papier hast du keine Verwendung.«

Ich blieb stehen und drehte mich um. Vor mir stand eine junge Frau, deren blonde Haare wie bei den meisten Frauen hier zu Zöpfen geflochten waren. Ihre Augen leuchteten in einem stechenden Blau und spiegelten Belustigung und Erkennen, während sie mich von Kopf bis Fuß musterte. Sie trug ein schlichtes braunes Kleid unter einem grauen Schultertuch, aber, wie die Bibliothekswachen, außerdem eine bestickte weiße Schärpe quer über die Brust.

»Wie ich sehe, bist du dem Henker entkommen«, fuhr sie fort. »Und folgst jetzt sogar einer gesegneten Feldherrin. Ein seltsames Schicksal für einen, der sich mal über den Glauben eines naiven Mädchens lustig gemacht hat.«

Die Erwähnung des Henkers und das belustigte und vorwurfsvolle Funkeln ihrer Augen waren es, die bei mir den Groschen fallen ließen. Die Nacht im Wald, nachdem Deckin den Ascarlianer mit dem Schwert getötet hatte, die Nacht, als ich mich zwischen Erchel und seine Beute gestellt hatte. »Berrine«, sagte ich.

»Du erinnerst dich.« Ihr Lächeln wurde breiter, und sie stieg eine der überdimensionierten Stufen hinab, um näher heranzutreten und mein Gesicht zu betrachten. »Ich dagegen bin mir nicht ganz sicher, wie ich dich erkannt habe. Deine Nase war damals etwas grader, glaub ich.«

»Ja, allerdings.« Ich verbeugte mich höflich. »Alwyn Scribe von der Kompanie des Bundes.«

»Ein Schreiber und ein Soldat? Damals warst du schon seltsam. Anscheinend jetzt noch mehr. Was ist mit deinem Anführer passiert, dem großen Kerl mit dem Bart? Ich hatte immer das Gefühl, dass ich noch mal von ihm hören würde.«

Sein Name war Deckin. Ich habe ihn für seinen Ehrgeiz sterben sehen.

»Der weilt nicht mehr unter den Lebenden«, sagte ich. »Und seine Legende lebt im Süden weiter, in gewisser Weise.«

Sie zuckte leutselig die schlanken Schultern. »Skeinweld hat nach unserer Rückkehr ins Fjordland ebenfalls den Ruhm erlangt, den er immer wollte. Meine ehemaligen Kameraden haben sich eine vorzügliche Geschichte ausgedacht über seine Tapferkeit und seine Ermordung durch ein Ungeheuer aus dem Süden. Ich fand das alles bloß noch verachtenswert. Und als sie vor Kurzem den Aufstand angezettelt haben, wollte ich damit nichts mehr zu tun haben.«

»Also keine *Skardryken* mehr?«, fragte ich. »Keine Altvar?«

»Irgendwann kommt man in seinem Leben an einen Punkt, da muss man kindische Ideen hinter sich lassen, wenn man nicht als Närrin gelten will. Entweder das, oder man wird an einen Felsbrocken gefesselt und in den Fjord geworfen, wie es den *Skardryken* passiert ist.«

Sie hielt inne und schaute von mir zum Bibliothekseingang. »Die haben dir gesagt, du sollst verschwinden, oder?«

»Ich bin nur ein armer Schreiber, der sich weiterbilden will. Leider reicht das offenbar nicht aus, um mir Eintritt zu gewähren.« Ich betrachtete ihre Schärpe und die merkwürdigen Schriftzeichen darauf genauer. »Ich nehme an, das ist eine Art Auszeichnung?«

»Das Band der Gelehrtheit bedeutet, dass ich eine vertrauenswürdige Dienerin des Rates der Stadt und in der geschätzten Bibliothek von König Aeric angestellt bin, die zu behüten die heilige Pflicht des Rates ist. Ich arbeite hier, jedenfalls an den meisten Tagen, wenn ich nicht gerade die Konten der Kaufleute prüfe, um sicherzustellen, dass sie ihre Steuern bezahlen.«

»Eine Steuereintreiberin?« Ich verzog erneut das Gesicht. »In den Shavine-Marschen sind solche Leute noch unbeliebter als Gesetzlose oder Ketzer.«

»Es ist ein Handwerk mit gewissen Vorteilen. Außerdem rechne ich nur aus, was sie zahlen müssen. Das tatsächliche Eintreiben übernehmen die Ratsherren und ihre Wächter.« Sie schaute erneut zu den Bibliothekstüren hin und trat einen Schritt näher. »Verzeih mir meinen Argwohn, Alwyn Scribe von der Kompanie des Bundes, aber ich möchte wetten, du willst diesen Ort nicht bloß aufsuchen, um dich weiterzubilden.«

Ich lächelte angespannt und trat einen Schritt zurück. Es wurde eindeutig Zeit zu verschwinden. Diese Frau war viel offener und weniger verbittert, als sie es früher gewesen war. Ganz zu schweigen davon, dass sie noch um einiges hübscher geworden war. Mit ihrer ärgerlichen Fähigkeit, mich zu durchschauen, blieb sie jedoch so treffsicher wie eh und je. »Ich habe dich lange genug aufgehalten ...«

»Ich kann dich reinbringen.« Sie legte den Kopf schief, und ihre Mundwinkel wanderten belustigt nach oben, während sie mit ihrem scharfen Blick meine Reaktion abschätzte. »Wenn du willst.«

Ich hielt inne und ging im Geiste das Wenige durch, was ich über sie wusste, wog mit geübter Schnelligkeit die Gefahr gegen den möglichen Gewinn ab. *Sie ist viel zu freundlich. Und wenn es ihr um Geld geht – jemand, der so schlau ist wie sie, hätte keine Schwierigkeiten, sich an den Kaufleuten dieser Stadt zu bereichern, im Austausch gegen geringere Steuern.* Ich konnte deshalb nicht genau sagen, was sie wollte, aber das, was ich wollte, war zum Greifen nah und, wie ich entschied, das ein oder andere Risiko wert.

»Ein großzügiges Angebot, das ich gerne annehmen würde«, sagte ich. »Aber wenn einem jemand einen Gefallen tun will, stellt sich zwangsläufig die Frage, was als Gegenleistung dafür verlangt wird.«

»Nur eine ehrliche Antwort auf eine einzige Frage.« Ihr Lächeln kehrte wieder, als sie zurücktrat und in Richtung der Westmauer der Bibliothek nickte. »Dort gibt es eine Treppe, die zu einer kleinen Tür hinunterführt. Finde dich eine Stunde nach dem Schlagen der Mitternachtsglocke dort ein.«

»Und deine Frage?«, erkundigte ich mich, als sie die überdimensionierten Stufen hochstieg.

»Ist es nicht offensichtlich?« Sie lachte und kletterte mit geübter Leichtigkeit weiter. »Ich will wissen, wonach du suchst.«

Fünfunddreissigstes Kapitel

Ayin hatte die Angewohnheit, beim Kochen zu singen. Ihre Stimme war hoch, aber nicht schrill. Manchmal gab sie alte Klassiker zum Besten wie »Die Ballade vom Falken, vom Hund und der Dame«, aber meistens waren es eigene Lieder, die von gesummten Melodien bis zu kryptischen Strophen reichten.

»Der Fjordländer hebt seine Axt«, sang sie, während sie Zwiebeln für den Eintopf hackte, »die Weberin spinnt ihren Flachs. Ein Mann steht in 'nem Segelboot, ein Jäger schießt 'ne Ziege tot …«

Während des Marsches nach Farinsahl hatte sie für unsere Truppe das Kochen übernommen. Eine Zeitlang war diese Aufgabe mir zugefallen, bis ich mich der allgemeinen Meinung beugen musste, dass Ayins Gerichte schmackhafter wären. Für gewöhnlich brachten ihre Lieder die hungrigen Soldaten, die auf ihr Abendmahl warteten, zum Lächeln, wenn auch mit einer Ausnahme.

»Es war übrigens sie.« Toria starrte Ayin mit finsterer Miene an. »Falls du dich das gefragt hast.«

»Sie?«, erkundigte ich mich, obwohl ich eine Ahnung hatte, was sie meinte.

»Sie ist uns gefolgt.« Torias Stirnrunzeln vertiefte sich. »In jener Nacht, als wir Brauer zur Sackhexe gebracht haben. Und der gesegneten Feldherrin gegenüber kann sie einfach nicht die Klappe halten. Jetzt bist du bei Evadine unten durch und musst in die Wildnis reiten, und Ayin trällert weiter ihre Liedchen.«

»Hab's mir schon fast gedacht.« Mein gleichmütiger Ton ließ Toria noch finsterer dreinschauen.

»Petzen haben keine zweite Chance verdient. Jedenfalls nicht da, wo ich herkomme.«

Ich sah zu, wie Ayin die Zwiebeln in den Topf tat und sich dann dem Fleisch widmete, einer großen Schweinelende, aus der das Fett an den Seiten zischend ins Feuer lief. Ayin summte weiter ihr Lied, während sie den Spieß drehte und eine Mischung aus Salz und Salbei darauf streute. Der Duft brachte die Mägen aller Anwesenden zum Knurren.

»Sie hat sich gebessert«, sagte ich. »Inzwischen hat sie nicht mehr ständig den Drang, zu tun … was sie früher getan hat. Stattdessen sind ihre Gedanken von Liebe erfüllt oder Hingabe, wie man's nimmt. Natürlich hat sie es der Feldherrin erzählt. Aber einer Gläubigen kann man ihre Gebete nicht zum Vorwurf machen, oder?« Als Torias Miene daraufhin nicht weicher wurde, fügte ich hinzu: »Lass sie in Ruhe. Ich mein's ernst. Sollte ich von meiner Mission morgen zurückkehren und feststellen, dass ihr irgendetwas zugestoßen ist, dann ist es aus mit uns, Toria.«

Ich hätte noch mehr sagen können, sie an meine Schwäche für Rachegelüste erinnern, aber die Drohung, unsere Freundschaft zu beenden, schien zu reichen. »Ich wollt ja bloß 'ne Tracht Prügel vorschlagen«, grummelte Toria und wandte sich ab.

Nein, wolltest du nicht. Ich ließ es unausgesprochen. Bei Toria war es besser, in einem abkühlenden Feuer nicht weiter herumzustochern. In einer Sache hatte sie außerdem recht. Ayin blieb, trotz ihres verwirrten Geistes, ein beunruhigend aufmerksamer Mensch.

»Hast du noch was von dem Zeug, das der Seemann uns verkauft hat?«, fragte ich. »Nicht von dem Rum und Brandy, sondern von dem Elixier, das den Magen beruhigen soll?«

Gegen meine Seekrankheit hatte das Elixier kaum Wirkung gezeigt, es konnte einen jedoch mehrere Stunden lang in einen herrlich tiefen Schlaf versetzen. So tief, dass Ofihla mich an dem Morgen, nachdem ich einmal probehalber einen kleinen Schluck davon genommen hatte, mit Tritten hatte aufwecken müssen.

»Hab noch das meiste davon übrig.« Toria kramte in ihrem Bündel nach dem Fläschchen. »Die Wirkung hat mir nicht gefallen.«

»Dann solltest du heute Abend lieber woanders essen.«

Ich wartete, bis Ayin eine bekanntere Melodie anfing: »Des Fährmanns Trauerlied«, eine muntere, heitere Weise, in die der Rest der Truppe immer gern mit einstimmte. Das allgemeine Gelächter hinterher bot ausreichend Ablenkung, dass ich den gesamten Inhalt von Torias Fläschchen in den Eintopf gießen konnte, ohne dass es jemand bemerkte.

Nachdem alle gegessen und geschwatzt hatten, kehrten wir zu unserer Unterkunft im Schrein von Märtyrer Athil zurück. Wenn der Schrein auch im Vergleich zu den meisten anderen Bauten der Stadt noch recht jung war, besaß er doch die kühle Atmosphäre eines alten Gemäuers. Noch ungemütlicher wurde er dadurch, dass er nicht als Kaserne erbaut worden war. Der größte Teil der Kompanie hatte unter dem gewölbten, widerhallenden Dach der Hauptkapelle sein Lager aufgeschlagen. Dank unserer Rolle als Wächter der Feldherrin – die zwar nie offiziell angeordnet wurde, sich aber dennoch so eingebürgert hatte –, wurde Ofihlas Truppe in den Räumen direkt neben den Gemächern untergebracht, in denen die Aspirantin ihr Privatquartier eingerichtet hatte. Der einzige im Schrein verbliebene Geistliche, ein alter Betbruder mit krummem Rücken, der vermutlich nur deshalb nicht mit den anderen geflohen war, weil er fürchtete, die Reise nicht zu überleben, hatte darauf bestanden, dass Evadine aufgrund ihres Ranges die größten Gemächer bekam.

Nachdem ich mir heimlich ein Mahl von der benachbarten Truppe gestohlen hatte, lag ich nun auf meiner Pritsche, ohne die Auswirkungen des schlaffördernden Elixiers des Seemanns zu spüren. Toria hatte meinen Rat missachtet und war sofort eingeschlafen, rasch gefolgt vom Rest der Truppe. Dennoch zählte ich die Minuten und versicherte mich nach dem Schlagen der Mitternachtsglocke noch einmal, dass Ayin auch wirklich tief und fest schlief, bevor ich mich auf leisen Sohlen aus dem Raum schlich. Zwar wurde der Schrein bewacht, aber die Blicke der Wachposten waren nach außen gerichtet, deshalb war es nicht allzu schwer, unbemerkt hinauszugelangen.

Als ich den Schrein verlassen hatte, suchte ich mir eine schattige Ecke, um meine Stiefel anzuziehen. Danach eilte ich zur Bibliothek und bevorzugte dabei die dunkelsten Gassen, um den Patrouillen des Ratsherrn zu entgehen. Für jemanden, der behauptete, den Willen der Stadtbewohner zu vertreten, wirkte Fohlvast auffällig bedacht darauf, seine Mitbürger im Auge zu behalten, besonders nach Einbruch der Dunkelheit. Ich musste mich auf dem relativ kurzen Weg gleich vor drei Patrouillen verstecken.

Die nach unten führende Treppe und die kleine Tür waren leicht zu finden, allerdings war sie, wie ich beim Drücken der Klinke bemerkte, fest verschlossen. Ich vermutete eine Falle und kauerte mich mit dem Messer in der Hand ans Ende der Treppe. *Sie war viel zu freundlich.* Das leise Klappern eines vorsichtig herumgedrehten Schlüssels ließ meinen Argwohn gleich wieder verfliegen, und ich steckte rasch das Messer weg, als sich die Tür öffnete und Berrine zum Vorschein kam. Ihr Gesicht war zu demselben Halblächeln verzogen wie zuvor, und in ihren Augen spiegelte sich das gelbe Licht der kleinen Laterne, die sie bei sich trug.

»Na los, komm rein«, flüsterte sie fröhlich und trat beiseite. »Mach schnell. Wenn du hier drinnen erwischt wirst, schlitzt man uns beiden den Bauch auf.«

Die Aussicht auf ein solches Schicksal schien sie noch mehr zu belustigen. Sie lachte leise, während ich ins düstere Innere eilte. Alte

Instinkte brachten mich dazu, mich flach an die Wand des Ganges zu drücken und mit den Augen die Schatten abzusuchen, die im flackernden Schein von Berrines Laterne über die Wände tanzten.

»Keine Sorge«, flüsterte sie spöttisch und verriegelte die Tür. »Wir sind ganz allein, das kann ich dir versichern.«

»Keine Wachen an der Eingangstür?« Ich folgte ihrer Silhouette den Gang hinunter zu einer Wendeltreppe.

»Zwei, wie immer. Aber die sind es gewohnt, dass ich bis spätnachts arbeite. Manchmal übernachte ich sogar hier. Es zahlt sich aus, als fleißige Arbeiterin bekannt zu sein, findest du nicht?«

Ihr Tonfall ließ es wie einen Scherz unter Leuten derselben Zunft klingen. Ich hatte sie bereits als geübte Betrügerin kennengelernt, aber war sie auch eine Diebin?

Ich folgte ihr eine Treppe hoch, bis die Enge des Treppenhauses plötzlich in einen weiten Raum überging, in dem sich der Schein der Laterne wie ein winziges Glimmen ausnahm. Zu allen Seiten ragten hohe geradlinige Schatten auf, die sich in monumentaler Erhabenheit vom Boden bis zur fernen Decke erstreckten. Als Berrine mich auf einen in der Nähe zuführte, erkannte ich, dass es sich um ein riesiges Regal handelte. Ihr Licht fiel auf eine lange Reihe ledergebundener Bücher. Als ich nach oben sah, bemerkte ich etwas, was mir zunächst wie das komplizierte Netz einer großen Spinne vorkam. In Wahrheit handelte es sich jedoch um ein Gewirr aus Leitern und Laufstegen, die sich zwischen den Regalen erstreckten.

»Willkommen in der Bibliothek von König Aeric«, sagte Berrine. Sie klang jetzt weniger fröhlich und musterte abschätzend mein staunendes Gesicht. »Wie ich sehe, teilen wir dieselbe Vorliebe«, fügte sie hinzu.

»Wie viele sind es?«, hauchte ich. Selbst in dem dürftigen Licht schien sich die Ansammlung der Bücher endlos weit zu erstrecken.

»Sie genau zu zählen, ist unmöglich.« Berrine bückte sich, um den Laternenschein über den unteren Bereich des Regals in unserer Nähe wandern zu lassen. Die Einbände, die darin zum Vorschein kamen, waren alt und bröselig – die verwesende Haut sterbender Bücher. »Alte Bücher zerfallen, und neue kommen ständig hinzu. Natürlich fertigen wir Abschriften der ältesten an, aber trotzdem sind im Laufe der Jahre einige verloren gegangen. Andere warten in den Gewölben auf eine Wiederauferstehung, die vielleicht niemals kommt. So ist es mit jedem Archiv. Ein Teil davon verblasst mit der Zeit, genau wie die Erinnerung.«

Sie richtete sich auf, trat näher an mich heran und hielt mir die Laterne ins Gesicht, sodass ich erschrocken blinzeln musste. Ihre Heiterkeit war inzwischen ganz verflogen, stattdessen leuchtete in ihren Augen Gerissenheit. »Was mich wieder zu meiner Frage bringt, Alwyn Scribe. Wonach suchst du hier? Und beleidige mich bitte nicht mit einer Lüge. Nicht, wenn du meine Hilfe willst.«

Mein Blick huschte zu dem dunklen Regal, das über uns aufragte. Es war nur eines von vielen an diesem Ort – ein Labyrinth des Wissens, in dem man sich ohne fachkundige Hilfe niemals zurechtfinden konnte.

»Ja«, murmelte Berrine, die offenbar mit Leichtigkeit meine Gedanken gelesen hatte. »Was immer du suchst, ohne mich wirst du es nicht finden. Ich klettere schon seit meiner Kindheit in diesen Regalen herum. Hier bin ich auf die älteren, düsteren Legenden über die Altvar gestoßen und auch auf unsere wahre Geschichte, die nichts mit dem Unsinn zu tun hat, den Leute wie Ratsherr Fohlvast verbreiten. Meine Eltern waren königstreue Kaufleute, die sich dem Bund verschrieben hatten und mich verstießen, als ich mich den *Skardryken* anschloss, aber von ihnen habe ich sowieso nie viel Liebe erfahren. Ihnen ging es immer nur ums Geldscheffeln, während ich auf Wissen aus war. Diese Bücher hier sind meine wahren Eltern, und wenn du ihre Hilfe willst, musst du ehrlich zu mir sein.«

Ich schaute ihr wieder in die Augen und wusste, dass ich bei dieser klugen Frau mit Lügen nicht weit kommen würde. »Lachlans Hort«, sagte ich.

Berrine blinzelte und stieß ein verächtliches Schnauben aus, bevor sie zurücktrat. Einen Moment lang stand ich im Dunkeln, bis ich ihre Silhouette entdeckte, die sich mit der Laterne von mir entfernte. »Wie unglaublich banal«, sagte sie. »Mal wieder nur ein Schatzsucher.«

»Ich habe Grund zu der Annahme, dass es ihn wirklich gibt.« Ich eilte hinter ihr her. »Deckin hatte eine Ahnung, wo er zu finden sein könnte, und er war kein Mann, der sich Illusionen hingab.«

»Dasselbe behaupten leichtgläubige Dummköpfe überall auf der Welt.« Berrines Stimme hallte laut im Saal wider, während sie zielstrebig voranschritt und mich einen Gang zwischen den Regalen entlangführte, um dann um eine Ecke zu biegen und einem weiteren zu folgen. »Denkst du etwa, du wärst der erste Verblendete, der hier auftaucht, weil er angeblich einen Hinweis auf den Standort irgendeines verborgenen Schatzes gefunden hat? Wenn es nicht Lachlans Hort ist, dann König Thaelrics goldene Axt. Meinst du nicht, wenn es all diese Dinge wirklich gäbe, dann wären sie nach so vielen Jahrhunderten längst entdeckt worden?«

»Vieles geht verloren. Das hast du selbst gesagt.«

Sie seufzte und blieb abrupt neben einer schmiedeeisernen Leiter stehen, die an einem Regal hochführte, das an eine steile Felswand erinnerte. »Ja, hab ich. Und ich hab dir auch versprochen, dir Zutritt zur Bibliothek zu verschaffen, wenn du mir meine Frage beantwortest. Was du getan hast, wenn die Antwort auch enttäuschend war. Drei Etagen hoch«, sie nickte zu der Leiter, »und zwanzig Schritt nach rechts. Sämtliche Bücher, Karten, Schriftrollen und Briefe, in denen Lachlans Hort je erwähnt wurde. Wir haben das alles – gegen eine ansehnliche Bezahlung – schon vor Jahrzehnten für einen südländischen Herzog zusammengestellt, der glaubte, den sagenumwobenen Hort, nach dem so viele vergeblich gesucht haben, finden zu können.« Sie lächelte hohl. »Er hat's nicht geschafft. Aber schau's dir gern an, Alwyn Scribe.« Sie stellte die Laterne ab und wandte sich zum Gehen. »Ich kann dir nur bis zum Morgengrauen Zeit geben, also beeil dich.«

Ich warf einen betroffenen Blick auf die Leiter. Ein paar magere Stunden würden für eine umfassende Suche niemals ausreichen.

Dann nahm ich die Laterne und eilte hinter ihr her. »Ich kann dir einen Anteil an der Beute zusichern …«

»Das tut jeder Narr im Goldrausch, der hier auftaucht. Wenn du mich entschuldigen würdest, ich arbeite gerade an einer Abschrift eines faszinierenden Berichts über die erste Regierungszeit der Schwesterköniginnen.« Sie ging um eine weitere Ecke, und bei dem Versuch, ihr zu folgen, rannte ich prompt in einen Steinpfeiler.

Ich fluchte unterdrückt, rieb mir den angeschlagenen Arm und rief ihrem rasch kleiner werdenden Schatten hinterher: »Da ist noch was.« Berrine wurde ein wenig langsamer, blieb jedoch erst stehen, als ich hinzufügte: »Etwas, das du wahrscheinlich faszinierender finden wirst.«

Langsam und mit skeptisch verzogenem Gesicht kehrte Berrine aus der Dunkelheit zurück. »Und was wäre das?«

Zögernd griff ich unter mein Wams. Einem anderen Menschen das Buch zu zeigen, kam mir wie Verrat vor, und es war auch nicht ungefährlich. Aber was blieb mir für eine Wahl?

Ein leises Zischen kam über Berrines Lippen, als ich das Buch aus dem Stoffstreifen hervorholte, mit dem ich es mir vor den Bauch gebunden hatte. Ich musste gegen den Drang ankämpfen, es ihr wegzureißen, als sie es mir aus der Hand nahm. Ihre Finger strichen über die verschlungenen Muster auf dem Einband, bevor sie es aufschlug. Sie lachte leise, und ihre Augen weiteten sich, als sie den Text gierig in sich aufsog.

»Caerithische Schrift«, murmelte sie. »Noch dazu archaisch.« Ihr Blick zuckte zu mir hoch. »Woher hast du das?«

»Von einer Hexe.« Ich sah wenig Sinn darin, sie jetzt noch anzulügen. »Kannst du es lesen?«

»Ein paar Symbole und Sätze. Schau mal hier.« Sie hielt mir das Buch hin und fuhr mit dem Finger über eine bestimmte Textzeile. »›Und in einem Sandkörnchen findet sich eine ganze Welt.‹«

Ich runzelte die Stirn. »Was bedeutet das?«

»Es ist eine häufig verwendete Inschrift auf Alt-Caerithisch. Was sie bedeutet, konnte bislang noch niemand zweifelsfrei feststellen, bis auf die Caerither selbst natürlich, die aber fremden Gelehrten gegenüber eher feindselig gestimmt sind. Und diejenigen, die außerhalb des Ödlands unterwegs sind, geben sich meist verschlossen, wenn man nicht gerade ein paar Münzen für Talismane übrig hat.«

Berrine klappte das Buch geräuschvoll zu und legte es mir wieder in die Hände. Ihr Lächeln war zurückgekehrt. Es wirkte jetzt herzlicher, weniger belustigt, und erfüllt von etwas, das ich lange Zeit nicht mehr im Gesicht einer Frau gesehen hatte. »Warum nach Schätzen suchen, wenn du bereits einen besitzt?«, fragte sie. Ihr Finger strich über den Buchdeckel und wanderte zu meiner Hand weiter, wo er verharrte.

»Es mag dich überraschen«, sagte ich, »aber ich bin nicht ganz freiwillig in die Kompanie des Bundes eingetreten. Ich hab eine Schlacht miterlebt und wäre froh, wenn ich nie wieder in eine ziehen muss. Lachlans Hort, wenn ich ihn finden kann, wird meine Eintrittskarte in ein friedlicheres Leben sein.«

Berrine hob eine Augenbraue und schürzte nachdenklich die Lippen. »Du willst das hier gegen die Chance eintauschen, einen Schatz zu finden, den es vielleicht nur in Legenden gibt?«

»Nein.« Meine Stimme klang scharf, und ich zwang mich, ruhiger weiterzusprechen. »Aber ich werde dich eine Abschrift davon anfertigen lassen und eine Übersetzung, wenn du das mithilfe des hier gesammelten Wissens bewerkstelligen kannst.«

In Wahrheit bat ich sie also um zwei Gefallen statt um einen Tausch. Ich schuldete es der Sackhexe, den Inhalt des Buches zu entschlüsseln, was Berrine aber nicht wissen konnte. Ihre Gier nach dem Buch war offensichtlich, und ich hatte den Verdacht, dass sie eine beträchtliche Summe gezahlt hätte, um es in ihren Besitz zu bringen. Würde sie sich damit zufriedengeben, lediglich eine Abschrift anzufertigen?

»Ich schätze mal«, sagte Berrine, »Deckin hatte eine Ahnung, wo der Hort zu finden ist?«

»An der Küste des Shavine, soweit ich weiß.«

»Das ist zumindest mehr, als die anderen Schatzsucher wussten. Also komm.« Ihr Finger glitt von meiner Hand, als sie sich an mir vorbeischob. »Ich habe inzwischen genügend Erfahrung, um unterscheiden zu können, was reine Erfindung und was vielversprechend ist.«

Die Leiter im Dunkeln zu erklimmen, kam mir gefährlich vor, wenn Berrine es auch mit der beiläufigen Schnelligkeit von jemand tat, der sich in der Bibliothek blind zurechtfand. Sie hielt die Laterne für mich, und ich trat nervös von der Leiter auf den metallenen Laufsteg, der sich entlang der dritten Etage erstreckte. Dann richtete sie das Licht auf die entsprechenden Bücher.

»Lachlans Geschichte wurde zwar im Laufe der Zeit immer mehr ausgeschmückt«, sagte sie in einem belehrenden Ton, der mich an Sihlda erinnerte, »es steht aber außer Frage, dass es ihn wirklich gegeben hat. Hier«, sie ließ den Lichtschein über eine Reihe großer, schmaler in rotes Leder gebundener Bücher wandern, »stehen Abschriften der Aufzeichnungen des Sheriffs, aus der Zeit, als Lachlan als Dieb und Mörder bekannt war. Die Schreibweise seines Namens unterscheidet sich manchmal, und er hat eindeutig verschiedene Decknamen benutzt. Dass er seine Beute aber vor allem angehäuft hat, anstatt sie auszugeben, wird öfter erwähnt. Allerdings gibt es nur zwei zeitgenössische Quellen, die auf seinen berühmten Hort Bezug nehmen.«

Sie reichte mir die Laterne und stellte sich auf Zehenspitzen, um eine hölzerne Röhre hervorzuholen, den Deckel aufzudrehen und den Inhalt herauszuziehen. »Ein Brief des Herzogs der Shavine-Marschen an König Arthin den Dritten.« Sie hielt ein Schriftstück hoch: ein paar Zeilen Text auf einem Stück Papier. »Er wurde kurz nach Lachlans Verschwinden verfasst und bezieht sich auf ein verloren gegangenes Schreiben des Königs, in dem dieser sich nach dem Hort des Gesetzlosen erkundigte. Anscheinend hat Lachlan über die Jahre auch eine ganze Menge Steuereinnahmen gestohlen, die der König gerne zurückhaben wollte. Leider hatte der Herzog offensichtlich keine Ahnung, wo sich der Hort befinden könnte.«

Berrine blätterte durch die Papiere und hielt schließlich ein anderes

Schriftstück hoch. Diesmal waren es mehrere Seiten. »Ein umfassender Bericht eines gewissen Sir Dalric Strethmohr, damaliger Kämpe des Königs, zwei Jahre nach Lachlans Tod. Offenbar schickte König Arthin seinen vertrauenswürdigsten Ritter aus, um den Schatz des Gesetzlosen zu finden. Der arme Mann durchkämmte monatelang die Marschen und das Umland, um nach Hinweisen auf das Versteck zu suchen. Er listet über drei Dutzend von Lachlans ehemaligen Kumpanen auf, die der Folter unterzogen wurden, um ›die verlogenen Knechte zur Ehrlichkeit zu zwingen‹. Alles ohne Erfolg, wenn auch einer – bevor ihm die Streckbank die Wirbelsäule brach – einen Schmuggler erwähnte, den Lachlan gekannt haben soll.«

»Einen Schmuggler«, sagte ich. »Einer, der die Verstecke an der Küste des Shavine sicherlich gut kannte.«

»Richtig. Leider war der Kerl so rücksichtslos zu sterben, bevor er den Namen von besagtem Schmuggler ausspucken konnte.« Sie wedelte mit dem Papier in Richtung der anderen Bücher auf dem Regalbrett. »Der Rest besteht aus Forschungsberichten und Spekulationen über den möglichen Standort des Horts, manche aus der Feder von Gelehrten, das meiste aber blanker Unsinn. Reiche Leute haben sich mit der Suche nach dem Schatz arm gemacht und ihr ganzes Leben damit verbracht, etwas nachzujagen, das vielleicht gar nicht existiert.«

Ich betrachtete die anderen Bücher, manche dick, die meisten aber schmal, und alle ziemlich eingestaubt. »Der mysteriöse Schmuggler wird nirgendwo sonst erwähnt?«

»Es gibt nur einen Haufen Vermutungen. Damals war die Schmuggelei noch viel weiter verbreitet, und unter denen, die sich damit einen Namen machten, gibt es eine Menge Kandidaten. Aber wie so oft bei Gesetzlosen ist es meist unmöglich, die Tatsachen von den Gerüchten und Legenden zu unterscheiden, um die echte Person zu ermitteln, die sich dahinter verbirgt.«

Ich knurrte enttäuscht, wenn auch wenig überrascht. Den Hort zu finden, war für mich immer nur eine Fantasie gewesen, etwas, womit ich Toria bei der Stange hielt, wonach ich aber eigentlich nie wirklich gestrebt hatte. Im Laufe der Monate hatte ich mir allerdings schon ein paar Gedanken gemacht. »Also«, ich strich mit dem Finger die Reihe der staubigen Bücher entlang, »kein Hinweis darauf, wo der Hund begraben liegt?«

»Hund?« Berrine trat näher und runzelte mit neu erwachtem Interesse die Stirn.

»Deckin hat das mal gesagt und auch noch ein anderer, der etwas darüber wusste. Der Kerl, nach dem ich damals den Stein geworfen habe, um genau zu sein. Er ist übrigens auch tot.«

»Und sie haben im Zusammenhang mit Lachlan von einem Hund gesprochen?«

»Erchel, ja. Deckin war da zurückhaltender. Ich dachte, es sei nur ein anderer Name für Lachlan. Vielleicht nannte man ihn ja den Hund des Shavine oder etwas in der Art.«

»Nein.« Berrines Stirnrunzeln vertiefte sich. »Es gibt keinen Bericht, in dem er so genannt wird. Klar hat man ihn manchmal einen fiesen Hund genannt, aber nie als Spitzname.«

Einen Moment lang wirkte ihr Blick abwesend, und in ihrem Gehirn schien es zu rattern. Dann drehte sie sich abrupt um und ging davon; die eiserne Plattform hallte von ihren zielstrebigen Schritten wider. Ich folgte ihr weniger eilig. Das quietschende, wackelnde Metallgestänge weckte in mir die Frage, wie alt es wohl sein mochte. Sie führte mich zu einer anderen Leiter, die sie mit ebenso beiläufiger Leichtigkeit hochstieg, ohne darauf zu achten, ob das Licht auch bis zu mir reichte. Ich musste mich die Leiter hochtasten. Oben fand ich sie auf den Knien vor. Sie zog eilig ein Buch nach dem anderen aus dem Regal und schob es wieder hinein.

»Wo ist es?«, murmelte sie. Ihr konzentrierter Gesichtsausdruck war der einer Fachkundigen bei der Arbeit. Ich hielt deshalb lieber den Mund, um sie nicht mit Fragen abzulenken und ihren Unmut zu wecken. Nachdem sie eine Weile im Regal gewühlt hatte, keuchte sie schließlich triumphierend auf und kam mit einem Buch in der Hand wieder hoch.

»Die Schrift ist ein bisschen altmodisch.« Sie reichte es mir. »Aber ein Schreiber sollte in der Lage sein, sie zu entziffern.«

Ich nahm das Buch und musterte die Wörter, die in den rissigen Ledereinband geprägt waren. Die albermainische Schrift war aufwendig verschnörkelt, und die einzelnen Buchstaben waren mit Gold verziert. Etwas Derartiges hätte ich nicht zustande gebracht, es war mir aber auch nicht gänzlich unvertraut. Ich hatte Meister Arnild ähnlich verschnörkelte Buchstaben auf übrig gebliebene Pergamentfetzen kritzeln sehen.

»*Der Meerhund*«, las ich und hielt mir die eng geschriebenen Wörter unter dem Haupttitel dicht vor die Augen. »*Eine Chronik der Piraterie aus der Zeit der ersten drei Könige.*« Soweit ich wusste, bezog sich der Titel auf die Zeitspanne in der Geschichte Albermaines, als die ersten Könige der Dynastie der Algathinets regiert hatten. Zeitgenössische Gelehrte nannten sie oft das goldene Zeitalter, als das Reich noch jung und die Abstammungslinie der Krone rein war. Sihlda hatte solche Vorstellungen stets abgelehnt und sie als »den Chauvinismus der Nostalgiesüchtigen« gebrandmarkt.

»Der Meerhund«, erklärte mir Berrine, »war ein berüchtigter Piratenkapitän zur Regierungszeit von Arthin dem Zweiten und dem Dritten. Er bedrohte die Küste des Reiches vom Fjordland bis zur Shalvis-Bucht. Wo genau er geboren wurde, ist unbekannt, sein Heimathafen befand sich aber nicht in den Herzogtümern.«

Sie nahm mir das Buch aus den Händen und blätterte die ersten Seiten durch, bis sie zu einer Karte kam, auf der die Meere vor der Westküste Albermaines abgebildet waren. Sie tippte mit dem Finger auf eine kleine Inselgruppe ein gutes Stück weit draußen im Cronsheldter Meer. »›Das Eisenlabyrinth‹ wird es genannt. Ein gefürchteter Schiffsfriedhof, den gerüchteweise außer dem Meerhund niemand durchqueren konnte. Kein schlechter Ort, um einen Schatz zu verstecken, meinst du nicht?«

»Das scheint mir ein bisschen an den Haaren herbeigezogen«, sagte ich. »Du denkst, Lachlan und der Meerhund waren Verbündete?«

»Vielleicht. Wir wissen jedenfalls, dass sie Zeitgenossen waren. Die Vorstellung, der berüchtigtste Gesetzlose des Shavine und der größte Pirat jener Zeit wären miteinander verbündet gewesen, ist nicht allzu abwegig. Bis jetzt hat aber noch niemand eine solche Verbindung in Erwägung gezogen. Die Leute haben die ganze Zeit nach einem Schmuggler gesucht, dabei hätten sie nach einem Piraten Ausschau halten sollen.«

Als sie die anhaltenden Zweifel in meiner Miene sah, lachte sie und beugte sich näher heran. »Natürlich sind weitere Nachforschungen nötig. Aber in dieser Bibliothek gibt es deutlich mehr Berichte über die Taten des Meerhunds als über Lachlan. Geschichten über das Meer sind bei Fjordländern sehr beliebt. Gib mir ein bisschen Zeit, und vielleicht kann ich dir auf einer detaillierteren Karte eine bestimmte Stelle markieren.«

»Wie viel Zeit?«

»Genügend Zeit …«, ihre Stimme wurde sanfter, und sie beugte sich noch näher heran, um unter mein Wams zu greifen, wo ich das Buch der Hexe versteckt hatte, »um einen Teil hiervon zu übersetzen. Ich hab das Gefühl, das ist dir noch wichtiger, oder? Verglichen mit dem hier ist der Hort eine Lappalie.«

Ihre Lippen waren nah genug, um meine Wange zu streifen, was eine unwillkürliche Reaktion in mir hervorrief, gegen die ich zu meiner Überraschung ankämpfte. *Viel, viel zu freundlich.* Dann legte Berrine allerdings ihre Arme um meine Schultern, ihr Atem traf heiß auf mein Ohr, und ich gab meinen Widerstand auf.

»Als die Ascarlianer den Grundstein für diese Bibliothek legten«, flüsterte sie, »hat König Aeric vor aller Augen seine Lieblingssklavin auf dem Grundpfeiler gevögelt, um ihr dann die Kehle durchzuschneiden und in ihrem Blut zu baden. So baten die Leute damals die Götter um ihren Segen …«

Ihre Worte erstarben, als ich meinen Mund auf ihren drückte und sie an mich zog. Ihre weiblichen Rundungen schmiegten sich herrlich an meinen Körper an. Die Bewegung ließ den Laufsteg jedoch so heftig schwanken, dass ich im Kuss innehielt und mich nervös umschaute.

»Wie stabil ist dieser Steg?«, fragte ich. Berrine brach in Gelächter aus, das in dem uralten Saal laut und lange widerhallte.

»Stabil genug«, sagte sie und zog ihre Röcke hoch. Der Anblick ihrer langen Beine, die im Laternenschein blassgolden schimmerten, reichte, um mich alle Bedenken in den Wind schlagen zu lassen. Ich zog sie wieder an mich. Zum Glück für diese Geschichte, liebe Leser und Leserinnen, sollte sich ihre Einschätzung der Stabilität des Laufstegs als richtig erweisen.

Sechsunddreissigstes Kapitel

Das Medaillon war alt und schartig, aber als ich es zwischen den Fingern hin und her drehte, glänzte es wie echtes Silber. Fähige Hände hatten das Metall zum perfekten Abbild eines verknoteten Seils geformt. Das Geflecht und die leichte Erhebung des Knotens waren mit einer Präzision gearbeitet, die mir ein anerkennendes Lächeln entlockte.

»Nimm es«, hatte Berrine in den frühen Morgenstunden gesagt, als wir gemeinsam in der Kammer lagen, in der sie die meisten Nächte verbrachte. Nach unserer ersten stürmischen Begegnung waren wir vom Laufsteg hinuntergestiegen, dessen Quietschen doch arg störend war. Einige Stunden später lagen wir verschwitzt und erschöpft, in zufriedener Trägheit miteinander verschlungen auf Berrines schmalem Bett. Sie hatte mir den silbernen Knoten, den sie an einer Kette unter ihrem Gewand trug, zum Geschenk gemacht, nachdem ich ihr erzählt hatte, dass ich noch am selben Tag zu einer Patrouille in die Wildnis aufbrechen würde.

»Womöglich kannst du das Buch am Ende doch behalten«, sagte ich mit einer Leichtigkeit, die ich eigentlich gar nicht empfand. »Ich müsste lügen, wollte ich sagen, dass ich ganz sicher zurückkehren werde.«

»Es ist nur ein Glücksbringer«, sagte sie, als ich das Medaillon mit verwirrtem Stirnrunzeln betrachtete. »Keine Sorge.« Sie legte seufzend ihren Kopf auf meine Brust. »Es heißt nicht, dass wir uns ewige Treue schwören oder so was. Das gibt's nur in deinem vom Bund verblendeten Land, wo Frauen unter der Bezeichnung ›Ehefrau‹ als Huren versklavt werden.«

Wäre ich nach unserem Techtelmechtel nicht derart dumpf im Kopf gewesen, hätte mich der giftige Ton, mit dem sie über den Bund sprach, gewiss zu weiteren Fragen veranlasst. Stattdessen war ich es zufrieden, nur mit ihr dazuliegen und den Blick über die vielen Pergamente schweifen zu lassen, die an den Wänden ihrer Kammer hingen. Es waren Zeichnungen und Texte, oft beides kombiniert.

»Meine Forschungen«, sagte sie, als sie meinen Blick bemerkte.

»Worüber?«

»Ach, über alles, was mich so interessiert. Mal dies, mal das.«

Bei der Betrachtung der Notizen und Skizzen fiel mir die chaotische, fast schon fieberhafte Schnelligkeit auf, mit der Berrine Texte verfasste, während ihre Zeichnungen von einer sorgfältigen Liebe zum Detail geprägt waren. Offensichtlich war sie eine bessere Künstlerin als Schreiberin, wenn ich das auch lieber für mich behielt. Außerdem bemerkte ich, dass nicht alle Notizen in Albermainisch verfasst waren, viele waren auch in der Schrift mit den eckigen Buchstaben geschrieben, die in viele Fenster- und Türrahmen der Stadt geritzt waren.

»Ascarlianische Runen«, erklärte sie, als ich sie nach dem Namen der Schrift fragte. »Die archaische Form und nicht die standardisierte, die heute benutzt wird. Ich versuche schon seit Jahren, sie zu lernen, aber es ist nicht leicht. Die Bedeutung hängt manchmal von winzigen Unterschieden bei den Abständen zwischen einzelnen Buchstaben ab.«

Einige nebeneinanderhängende Papiere zogen besonders meine Aufmerksamkeit auf sich. Sie waren mit Runen beschriftet und scheinbar zufällig um eine Skizze der Statuen angeordnet, die in den Fuß des Halthir gehauen waren. Bislang hatte ich noch keine Gelegenheit gehabt, mir die Statuen aus der Nähe anzuschauen. Lediglich ein paar kurze Blicke hatte ich auf die mächtigen Götter der Altvar erhascht, die über den Dächern der Stadt aufragten.

»Im Sockel der Statuen befinden sich viele Inschriften«, sagte Berrine, als mein Blick an dieser Stelle der Wand hängen blieb. »Nicht alle davon wurden schon übersetzt. Der Bibliothekar lässt mich daran arbeiten, wenn es die Zeit erlaubt. Sollte es mir gelingen, eine vollständige Übersetzung anzufertigen, hat er mir in Aussicht gestellt, dass ich mein eigenes Buch für diese Bibliothek schreiben darf.«

Ihre Stimme stockte leicht. Und wenn sie es auch zu verbergen suchte, erkannte ich doch eine Lüge, wenn ich sie hörte. Mit diesen Notizen hatte es mehr auf sich als nur das Versprechen eines Buches mit ihrem Namen darauf, obwohl ein solches Vorhaben zweifellos ehrenwert war. Ich überlegte, weiter nachzuhaken, da jedoch bereits das Tageslicht durch die Ritzen der Läden ihres kleinen Fensters fiel, hielt ich es für das Klügste, mich zu verabschieden.

»Fünf Tage«, sagte sie, während ich mich anzog. »Dann sollte ich ein paar Antworten haben, schätze ich.«

Bei ihrem Anblick, wie sie auf einen Ellbogen gestützt dalag, war ich verlockt zu bleiben. Ihr flachsblondes Haar ergoss sich über ihre Schultern, und die Bettdecke verhüllte ihren nackten Körper nur teilweise. Ich musste jedoch bloß daran denken, wie Feldwebel Swain reagieren würde, wenn er mich suchen müsste – und das würde er, wenn ich nicht zur festgesetzten Stunde erschien –, um eilig meine Hose anzuziehen und nach meinen Stiefeln zu greifen.

»Und das caerithische Buch?«, fragte ich.

»Das wird länger dauern, wie du sicher weißt. Allerdings könnte ich mir vorstellen, dass deine Kompanie noch eine Weile hierbleibt, oder? Ich werde dich aufsuchen, wenn du wieder da bist. Geh lieber nicht noch mal das Risiko ein hierherzukommen.« Sie verzog bedauernd den Mund, rollte sich dann auf den Rücken und legte einen Arm über ihre Augen und unterdrückte ein Gähnen. »Wenn das hier auch unterhaltsam war, können wir von Glück reden, wenn wir nur mit einer Prügelstrafe davonkommen, sollte dich jemand entdecken.«

Ich musste erneut gegen die Versuchung ankämpfen, schließlich riss ich mich aber doch vom Anblick ihrer Brüste los und ging zur Tür.

◆ ◆ ◆

»Ihr sollt lediglich die Gegend erkunden«, erklärte Evadine Wilhum und mir, während wir unsere Reittiere zum Torwall führten. »Nicht kämpfen. Es sei denn, es ist unvermeidlich. Ich erwarte euch in drei Tagen zurück. Nach fünf lasse ich euch für tot erklären.« Immerhin besaß sie den Anstand, bei diesen Worten bekümmert auszusehen, obwohl die Kälte, mit der sie mich anschaute, mich an ihrer Aufrichtigkeit zweifeln ließ.

Sie blieb stehen und schüttelte Wilhum die Hand. Die beiden sagten nichts, aber in dem Blick, den sie austauschten, lag die Zuneigung zweier Kindheitsfreunde. Mir kam es wie ein endgültiges Lebewohl vor, als Evadine schluckte und den Kopf senkte. Sie trat von Wilhum weg und kam zu mir. Ihre Miene wirkte vorsichtig, und sie flüsterte mir zu: »Sollte er fliehen, dann lass ihn gehen.«

Ich schaute zu Wilhum hin, der gerade in den Sattel stieg und die Mähne seines Pferdes klopfte. Offensichtlich hatte er sich am Abend zuvor betrunken, und in seinem Gesicht lag ein Ausdruck, den ich schon bei vielen Menschen gesehen hatte: der leere Blick und die spöttische Maske von jemandem, der sich für verloren hielt.

»Das wird er nicht, Feldherrin«, flüsterte ich zurück. »Nur Feiglinge fliehen vor denen, die sie lieben. Und ein Feigling ist er nicht.«

Evadines Mund zuckte vor beherrschten Gefühlen, und sie wandte den Blick ab. »Trotzdem«, sagte sie barsch. »Denk an meinen Befehl.«

Ich schwang mich in den Sattel, worauf Karnic ein Schnauben ausstieß. Immerhin tat er mir an diesem Morgen den Gefallen, nicht unwillig den Kopf hochzuwerfen.

»Hier.« Ich schaute nach unten, als ich Swains schroffes Krächzen hörte, und sah, dass er eine Armbrust und einen mit Bolzen gefüllten Köcher an meinem Sattel befestigte. Es war eine Steigbügelarmbrust ohne Kurbel, mit der man zwar einen Gegner wahrscheinlich nicht mit dem ersten Schuss töten konnte, die aber dafür viel schneller zu spannen war. »Du weißt, wie man die benutzt, hoffe ich?« Swain trat zurück.

Ich tippte mir grinsend an die Stirn. »Jawohl, Bruder-Feldwebel.«

»Gut. Wenn du die verlierst, zieh ich dir die Kosten vom Sold ab. Und denkt an die Worte der Feldherrin: Fünf Tage, und ihr seid tot.«

♦ ♦ ♦

Etwa ein oder zwei Meilen vom Fjord entfernt löste sich der ewige Dunst, den das Meer über die Küste atmete, langsam auf, und tief eingeschnittene Täler kamen zum Vorschein, die an sanft geschwungene bewaldete Hügel angrenzten. Die Bäume bildeten auch am Fuß der Hänge eine dichte grüne Decke, und die wenigen freien Flächen waren von zahllosen Flüssen und Bächen von unterschiedlicher Breite und Tiefe durchzogen.

Vom Menschen unberührte Orte waren mir nicht unbekannt, bislang hatte ich etwas Derartiges aber nur in den Tiefen des Shavine angetroffen, wo sich selbst die Förster des Herzogs nicht hinwagten. Vertrauter waren mir dagegen die von den Köhlern ausgedünnten Waldränder, an die die eingehegten Felder der Bauern grenzten. Im inneren Fjordland entdeckte ich weder Hecken noch Steinmauern. Es war ein wahrhaft wilder Ort und noch dazu recht kalt.

»Wir haben Spätsommer.« Wilhum lachte, als ich mich über die Kälte beschwerte. »Wenn du das schon kalt findest, dann solltest du mal einen Winter im Fjordland erleben. Zu der Zeit, wenn die Nächte am längsten sind, kann man kaum einen Moment vor die Tür gehen, ohne winzige Eiskristalle einzuatmen.«

Wir ritten in gemächlichem Tempo. Um unsere Route schien Wilhum sich kaum zu scheren, außer dass er ungefähr eine östliche Richtung einschlug. Auf meine Nachfragen, wohin wir eigentlich unterwegs waren, murmelte er nur: »Dorthin, wo der Feind zu finden ist, schätze ich mal.« Ich fand das wenig beruhigend.

»Ist dir schon mal in den Sinn gekommen, dass du auf die Probe gestellt wirst?«, fragte ich. Meine ohnehin schlechte Stimmung hatte noch dadurch gelitten, dass wir durch einen reißenden Bach hatten reiten müssen, der strudelnd über loses Geröll hinwegströmte. Nach Verlassen des Ufers hatte Karnic ärgerlich mit den Hufen aufgestampft. Meine Stiefel waren mit Eiswasser vollgelaufen, und ich fürchtete, mir in der Nacht die Füße abzufrieren. »Immerhin hast du jetzt schon zum zweiten Mal die Seiten gewechselt«, fuhr ich fort. »Mir kommt es merkwürdig vor, dass unsere gesegnete Feldherrin das Kommando dieser ach so wichtigen Mission dir übertragen hat.«

»Ist es auch.« Wilhum zuckte mit den Schultern. »Allerdings erwartet sie ja, dass ich fliehe, oder?« Er sah mir ins Gesicht. In seiner Miene spiegelte sich immer noch müde Resignation, aber auch ruhige Gewissheit. »Hat sie dir befohlen, mich zu töten? Ist dafür die Armbrust gedacht? Vielleicht werden wir beide auf die Probe gestellt, Meister Scribe. Oder bestraft. Ich für meine Treulosigkeit und du für deinen frevlerischen Besuch bei einer Frau, die heidnische Künste praktiziert.«

Wir hatten jetzt angehalten, ganz allein in der Wildnis, außer Sichtweite der Hafenstadt und jeglicher menschlicher Augen. Plötzlich musste ich an die Fähigkeiten denken, die Wilhum im Schwertkampfunterricht unter Beweis gestellt hatte. Die Lücke zwischen uns war klein, und mir bliebe wenig Zeit, um nach der Armbrust zu greifen, sie zu laden und abzuschießen. Ich könnte mein eigenes Schwert ziehen, aber ich machte mir keine Illusionen darüber, wie die Sache ausgehen würde.

»Ich muss meine Stiefel ausleeren.« Ich stieg aus dem Sattel und setzte mich auf Karnics Zügel, um zu verhindern, dass er davontrottete. Dann schnürte ich jeden Stiefel einzeln auf und schüttete das Wasser aus, während Wilhum mir gelassen dabei zusah.

»Sie hat mir gesagt, ich soll dich laufen lassen«, meinte ich schließlich, als mich sein starrer Blick zu ärgern begann. »Ich schätze mal, ich soll unter Beweis stellen, dass ich es tatsächlich schaffe, mit nützlichen Informationen zurückzukehren. Von dir dagegen wird nicht erwartet, dass du überhaupt zurückkehrst.« Ich schaute mit hohlem Lächeln zu ihm hoch. »Anscheinend macht es sich bezahlt, unter Adligen aufgewachsen zu sein. Selbst jemand wie unsere Feldherrin, die praktisch mit ihrem Glauben verheiratet ist, schiebt ihre Prinzipien beiseite, um einen Kindheitsfreund zu retten. Ihren ehemaligen Verlobten, um genau zu sein. Wurde die Verlobung wegen ihres Glaubens aufgelöst? Hat sie die Märtyrer dir vorgezogen? Das muss dich ganz schön gewurmt haben.«

»Du glaubst, sie zu kennen«, sagte Wilhum. »Wofür hältst du sie gleich? Eine Fanatikerin, eine Heuchlerin?« Er schüttelte den Kopf. »Du hast keine Ahnung, wie sie zu dem geworden ist, was sie ist.«

»Sie hatte Visionen von den Seraphilen.« Ich pellte die Socken von meinen Füßen, wrang sie aus und schüttelte die Tropfen ab. »Behauptet sie jedenfalls.«

»Visionen, ja. Und ob sie nun echt sind oder nicht, für Evadine sind sie es. Ich weiß nur eins, Meister Scribe: Sie ist die Beste von uns. Nicht bloß unter den Adligen, sondern unter uns allen. Du, ich, all die elenden Bewohner dieses elenden Königreichs. Sie steht über uns allen, weil sie der einzige Mensch mit reinem Herzen ist, dem ich je begegnet bin.«

»Und was ist mit dem Prätendenten? Ist sein Herz nicht rein?«

Wilhums Miene verfinsterte sich, und zum ersten Mal mischte sich Ärger in seine Gelassenheit. »Das Herz eines Königs kann niemals gänzlich rein sein.« Er nahm die Zügel auf, um weiter nach Osten zu reiten. »Beeil dich, oder ich lass dich hier zurück. Das ist kein Ort, an dem man allein unterwegs sein sollte.«

♦ ♦ ♦

Als wir die bewaldeten Hügel erreicht hatten, wurde Wilhum wachsamer, was aber vermutlich eher an dem eingefleischten Instinkt eines Kriegers für Gefahren lag, als dass er sich plötzlich an seine Pflicht erinnert hätte. Mein eigenes Gespür für unsichtbare Bedrohungen meldete sich wieder, sobald die Dunkelheit des Waldes sich um uns geschlossen hatte. Der Wald bestand hauptsächlich aus dicht stehenden, hochgewachsenen Kiefern, durchsetzt mit einigen Buchen und Eschen. Sie bildeten eine dunkle, ungleichmäßige Wand voller Schatten, in denen sich überall Aufständische mit Bögen oder wurfbereiten Äxten verbergen konnten. Wilhum lehnte es ab, die leichtere Strecke durch die Flusstäler zwischen den Hügeln zu nehmen, weshalb wir des Öfteren absitzen und unsere Pferde die Hänge hochführen mussten. So kamen wir nur langsam voran, ich verspürte aber dennoch nicht den Drang, mich zu beschweren; jede Schlucht, jede Klamm war eine perfekte Falle.

Wir ritten bis zur Abenddämmerung und schlugen auf der felsigen Kuppe des bislang steilsten Hügels unser Lager auf. Die Pferde banden wir am Fuß des Hügels an und stiegen dann zum Gipfel hoch, der an eine natürliche Festung im Kleinformat erinnerte, wobei die Felsen die Zinnen eines Wehrgangs zu bilden schienen. Daraus, wie sicher Wilhum sich auf dem Gipfel bewegte, schloss ich, dass er schon einmal hier gewesen war. Der Verdacht bestätigte sich, als er an einer Stelle Moos von den Steinen abkratzte, worauf eine grob in den Fels geritzte Inschrift zum Vorschein kam.

»›Wilhum und Aldrics Berg‹«, las ich laut vor. »Aldric ist …?«

Er strich mit den Fingern über die Buchstaben. »Bloß ein alter Freund«, flüsterte er. Dann stand er auf und nickte zum Osthang. »Mögliche Besucher kommen wahrscheinlich aus dieser Richtung. Alle anderen Zugänge sind vom Fluss versperrt. Wir essen etwas, danach übernehme ich die erste Wache.«

Ich setzte mich und holte das eingesalzene Schweinefleisch aus meinen Satteltaschen. Ich fragte gar nicht erst, ob wir ein Feuer anzünden konnten, das hätte uns bloß verraten.

»In meinen dunklen Tagen«, sagte ich, »ich meine, bevor ich ein

Soldat des Bundes wurde, wusste unsere Bande immer schon eine Stunde im Voraus, wenn Fremde in unser Gebiet eingedrungen waren. Die Fjordländer, nach denen wir suchen, werden wohl kaum weniger aufmerksam sein.«

»Du besitzt die Gabe, zehn Wörter zu benutzen, wenn eines ausreicht, Scribe.« Wilhum setzte sich auf einen Felsbrocken, zog sein Schwert und nahm einen Wetzstein aus der Gürteltasche, um die Klinge zu schärfen. »Wenn du meinst: ›Wissen sie, dass wir hier sind?‹, so lautet die Antwort: wahrscheinlich, aber nicht sicher. Und um deine nächste Frage vorwegzunehmen: Ja, sie werden bestimmt versuchen, uns zu töten, sollten sie uns entdecken.«

»Und wirst du gegen sie kämpfen?«

Er schaute nicht von seiner Arbeit auf, sondern zog weiter den Stein zischend über die Klinge. »Ich schärfe meinen Stahl, oder?« Ein schwacher Abglanz des einnehmenden Lächelns erschien auf seinen Lippen.

♦ ♦ ♦

Ein paar Stunden nach Mitternacht rüttelte er mich wach, wenn es dessen auch kaum bedurft hätte. Ich hatte nicht sehr tief geschlafen, leider aber trotzdem geträumt. Schon seit der Fahrt auf der *Anmutigen Maid* suchte mich das Feld der Verräter regelmäßig in meinen Träumen heim. Für gewöhnlich waren es zermürbende Szenen voll gewalttätiger Raserei und misstönenden Schreien, aber hin und wieder tauchte auch das Gesicht des Mannes, den ich damals als Ersten getötet hatte, in dem Chaos auf, und zwar in sämtlichen grausigen Details. Manchmal starrte er mich nur mit leeren Augen an, seine schlaffen Züge grau verfärbt, bis auf das Blut, das an der Stelle, wo der Rossschinder in seiner Stirn steckte, reichlich hervorströmte. Mitunter war er aber auch recht gesprächig. Seine Lippen krümmten sich wie Würmer; er sang Lieder, deklamierte heilige Texte oder – was am schlimmsten war – stellte munter Fragen.

»Hast du dich jemals gefragt«, erkundigte er sich, kurz bevor Wilhum mich zur Wachablösung weckte, »warum deine verhurte Mutter dich nicht gleich nach deiner Geburt erwürgt hat? Oder dich den Füchsen und Wölfen zum Fraß vorwarf? Was hat sie geritten, einen wie dich am Leben zu lassen?«

So verspürte ich in den Stunden vor Sonnenaufgang gar nicht mehr das Bedürfnis zu schlafen. Ich hatte keine Lust, mich weiteren Fragen des Toten zu stellen. Swains Armbrust legte ich in Griffweite. Das Langschwert ließ ich dagegen in der Scheide, damit der Stahl uns nicht womöglich durch ein Funkeln verriet. Stattdessen zog ich mein Messer und versteckte die Klinge unter meinem Umhang. Zum Glück blieben wir in jener Nacht von Aufständischen ungestört, die Erfahrung ließ mich aber mit einem nagenden Gefühl der Bedrohung zurück, als wir beim ersten Tageslicht unser Lager abbrachen und weiterzogen. Es war nicht ganz das Kribbeln, das einem mitteilt, dass man von unsichtbaren Augen beobachtet wird, eher ein Prickeln auf der Haut, das mich davor warnte, dass ich nun gefährliches Gebiet betrat. Als wir aufbrachen, befestigte ich die Armbrust am Sattelknauf und steckte mir in jeden Stiefel einen Bolzen.

Es war kurz vor Mittag, als ich den Geruch bemerkte – Holzrauch, vermischt mit dem Gestank von Exkrementen. Wilhum hatte ihn ebenfalls wahrgenommen und zog augenblicklich sein Schwert. Dabei drückte er den Daumen auf die Klinge, um das verräterische Klirren des Metalls zu dämpfen. Ebenso vorsichtig lud ich die Armbrust, und wir drehten unsere Pferde in den Wind und ritten langsam weiter.

Als wir eine dünne Rauchfahne zwischen den Bäumen aufsteigen sahen, hielt Wilhum sein Reittier an und hob den Arm. Wir stiegen ab, banden die Pferde an ein paar Ästen fest und gingen gebückt weiter. Ich strengte meine Ohren an, hörte jedoch nur Bäume knarren und das gelegentliche Flattern von Vögeln. Als ich den Mann sah, blieb ich stehen und legte Wilhum warnend eine Hand auf den Arm. Der Fremde stand halb in den Rauch eines niedergebrannten Feuers gehüllt da. Seine Haltung war merkwürdig, er hatte beide Arme ausgestreckt, und sein Kopf hing nach vorn auf die Brust. Als wir näher heranschlichen, erkannte ich, dass seine Arme mit Seilen an den Stämmen zweier junger Bäume festgebunden waren. Außerdem war er mausetot.

»Also, das ist mal was Neues«, stellte ich leise fest.

Der Leichnam befand sich in der Mitte einer kleinen Lichtung. Er war nackt ausgezogen und das Lager gründlich durchwühlt worden. Auf dem Rücken des Mannes bemerkte ich zwei tiefe senkrechte Einschnitte. Seine Rippen, die inmitten des Blutes abstoßend weiß und sauber aussahen, waren gebrochen und klafften auseinander. Fliegen umschwärmten die freiliegenden schwärzlich-roten Organe, die auf seinen Schultern drapiert waren. In diesem Moment war ich für das kühle Klima dankbar – bei wärmerem Wetter hätten sich noch weit mehr Insekten hier eingefunden.

»Der Rote Falke.« Wilhum deutete grimmig auf die Eingeweide auf den Schultern des Mannes. »Die Lungen stellen Flügel dar.«

Ich wandte mich von dem grausigen Anblick ab und sah mich stattdessen im restlichen Lager um. »Hübsche Bräuche haben diese Fjordländer.«

»Das ist nicht das Werk von Fjordländern. Es ist ein ascarlianisches Blutritual, das nur von einem ranghohen Tielwald durchgeführt worden sein kann.«

»Tielwald?«

»Eine Art Kriegerpriester. Neben den Schwesterköniginnen sind sie das, was bei den Ascarlianern unserem Adel am nächsten kommt.« Mit wachsamem Blick musterte Wilhum den umliegenden Wald. »Und sie sind nie allein unterwegs. Dieser arme Kerl wurde von einer Kriegerschar erwischt.«

»Hier sind Karrenspuren.« Ich tippte mit der Fußspitze den aufgewühlten Schlamm am Rand von zwei schmalen Furchen an. Sie führten nach Osten und verschwanden nach einem Dutzend Schritt im Wald. »Anscheinend war der Mann ein Wollhändler auf dem Weg nach

Olversahl. Und er muss sehr verzweifelt gewesen sein, wenn er das Risiko eingegangen ist, in Zeiten wie diesen ohne Schutz unterwegs zu sein.«

»Wenn die Fischer schlechten Fang machen, dann leiden die Kleinbauern Hunger. Wolle ist alles, was ihnen zum Handeln bleibt.« Wilhum zog seinen Dolch und trat zu dem Toten. Er ergriff dessen Handgelenk und setzte die Klinge an dem Seil an, mit dem der Leichnam festgebunden war. »Ein braver Mann riskiert alles, damit seine Kinder genug zu essen haben.«

»Du solltest ihn besser hängen lassen«, warnte ich. »Wenn du ihn losschneidest, dann wissen sie, dass hier jemand durchgekommen ist.«

»Die werden mich noch sehr genau kennenlernen.« Er durchschnitt mit dem Dolch die Fessel und ging zur anderen.

»Wir haben keine Zeit, ihn zu begraben«, wandte ich ein, als Wilhum den Leichnam auf den Boden legte.

»Fjordländer begraben ihre Toten nicht. Sie sprechen ihre Gebete und lassen sie liegen, damit die Tiere der Wildnis sich an ihnen gütlich tun können und sie mit ihren Knochen die Erde düngen. So geben wir im Tod neues Leben.« Er kniete sich hin, schloss die Augen und murmelte einen mir fremden Spruch in einem archaischen Dialekt. Ich erkannte ein paar Anklänge an den Bund – die Märtyrer und die Seraphilen wurden erwähnt –, aber das meiste ergab für meine Ohren keinen Sinn.

Als er fertig war, kam er auf die Beine und schritt zielstrebig auf sein Pferd zu.

»Du weißt, was das bedeutet.« Ich eilte hinter ihm her. »Eine ascarlianische Kriegerschar innerhalb der Grenzen des Reiches ist keine Bagatelle. Die Feldherrin sollte davon erfahren.«

»Dann geh und sag es ihr.« Er stieg in den Sattel und lenkte sein Reittier zu den Karrenspuren. »Allerdings wäre es wahrscheinlich unklug zurückzureiten, ohne ihr eine genaue Anzahl mitteilen zu können.«

Er trieb sein Pferd an und trabte los, bevor ich weitere Einwände erheben konnte. Unschlüssig schaute ich ihm nach, während er in der Dunkelheit des Waldes verschwand. *Erzähl ihr einfach, er sei tot,* meldete sich mein innerer Kritiker erschöpft zu Wort. *Die ascarlianischen Wilden haben ihn erschlagen, und du bist nur knapp mit dem Leben davongekommen. Was die Kriegerschar betrifft: Fünfzig klingt nach einer guten Zahl. Sechzig, wenn du dich besonders mutig zeigen willst.*

»Sie wird es durchschauen«, krächzte ich und rannte zu Karnic, um aufzusteigen und hinter Wilhum herzureiten. »Sie durchschaut es immer.«

Siebenunddreissigstes Kapitel

Wilhum, der ein weitaus besserer Reiter war als ich, hatte schon bald einen so großen Vorsprung, dass ich keine Hoffnung mehr hatte, ihn noch einzuholen, bevor er auf seinen Gegner traf. Dennoch ritt ich weiter, dem Geräusch der trommelnden Hufen hinterher, während er in Galopp überging, wann immer der Wald sich etwas lichtete. Ich ließ Karnic einfach seinen Willen. Mit seinem Jagdinstinkt fand er stets die beste Route zwischen den Bäumen, um seinem Stallgefährten zu folgen. Ich wusste, es war töricht, mich einem Drang zu ergeben, den ich früher niedergerungen hätte. *Sollte er fliehen, dann lass ihn gehen.* Hier war er also und ritt von mir weg, allerdings auf einer Strafexpedition, die uns beide wahrscheinlich über kurz oder lang das Leben kosten würde. Wenn ich umkehrte, würde ich dann nicht einfach einen Befehl befolgen?

Ich habe oft darüber nachgedacht, warum ich in diesem Moment nicht auf die Stimme der Vernunft hörte. Für gewöhnlich schreibe ich es dem unerklärlichen Gefühl von Vertrautheit, Gewohnheit und gegenseitiger Abhängigkeit zu, das Soldaten miteinander verbindet. Vielleicht lag es aber auch einfach daran, dass ich Wilhum Dornmahl – seiner adligen Überheblichkeit und seinem beneidenswerten Charme zum Trotz – mochte und ihn nicht sterben sehen wollte. Sentimentalität ist stets das tödlichste Gift.

Als jedoch aus einer Meile zwei und dann drei wurden, verwandelte sich das nagende Gefühl von Bedrohung, das mich seit dem Betreten des Waldes verfolgt hatte, in eine knochentiefe Gewissheit des bevorstehenden Verhängnisses. Warum sollte ich nicht darauf vertrauen? War es nicht Furcht gewesen, die mich so lange am Leben erhalten hatte?

Als sich mir schließlich schon vor lauter Angst der Magen umdrehte und ich würgen musste, zog ich an Karnics Zügeln und brachte ihn zum Stehen. Er schnaubte und stampfte unwillig mit den Hufen auf, weil er weiter seinen Gefährten suchen wollte, aber ich ließ ihn nicht.

»Sei still, du!«, fauchte ich und zog seinen Kopf nach Westen herum. Wieder ein lautes Schnauben. *Siebzig*, beschloss ich. *Es waren mindestens siebzig, Feldherrin. Riesige blonde Wilde. Und jeder hatte einen frisch abgehackten Kopf auf seinem Schwert aufgespießt …*

Das Glück entschied jedoch just in diesem Augenblick, mich zu verlassen, denn durch die Bäume hallte nun das laute Wiehern eines verletzten Pferdes herüber. Karnic vergaß jeden Gehorsam, wirbelte herum und ging eigenmächtig in den Galopp über. Ich konnte nur wüste Flüche ausstoßen und mich mit aller Macht festhalten, während er vorwärtspreschte. Ich duckte mich unter Ästen hindurch, die mir die Kopfhaut zerkratzten, und ein paarmal wäre ich um ein Haar aus dem Sattel gefallen, als der Hengst einige dicke Baumstämme umrundete, ohne dabei das Tempo zu drosseln. Der wilde Ritt jagte mir so große Furcht ein, dass ich schon drauf und dran war, meinen Dolch zu ziehen und ihn dem Tier in den Hals zu stoßen, wenn es nicht bald anhielt.

In einer Wolke aufwirbelnder Kiefernnadeln und Blätter brachen wir zwischen den Bäumen hervor, um von dichtem schwarzen Rauch umhüllt zu werden. Hustend blinzelte ich mit brennenden Augen.

Karnic trug mich durch den Rauch, bis plötzlich der Wind drehte und Sonnenlicht aufleuchtete. Mit tränenden Augen konnte ich kurz die Szenerie vor mir erkennen. Der Rauch stammte von einem hohen Stapel brennender Holzscheite und stieg in einer dichten Säule zum Himmel auf. An dieser Stelle fiel der felsige Untergrund zu einer steilen Klippe ab, hinter der sich das blaue Meer erstreckte.

Ich erhaschte einen Blick auf Wilhum, der auf der anderen Seite des Feuers rasend schnell sein Langschwert schwang, umringt von – wie mir schien – nicht weniger als sechs bewaffneten Angreifern. Sie waren alle gleichermaßen wuchtig und in eine Mischung aus Fellen, Leder und Rüstungsteilen gekleidet. Ein paar trugen Stahlhelme, aber die Köpfe der meisten waren unbedeckt, und ihre Zöpfe peitschten beim Kämpfen hin und her.

Wilhums Jagdpferd war zu Boden gegangen. Die Beine des Hengstes strampelten in der Luft, und ihm stand roter Schaum vor dem Maul. Aus einer tiefen Wunde an seiner Flanke strömte Blut. Ich sah auch einige in Fell gehüllte Gestalten am Boden liegen. Anscheinend war es Wilhum gelungen, den unglückseligen Wollhändler zumindest teilweise zu rächen, bevor ihn gleich selbst der Tod ereilen würde.

Noch beunruhigender war allerdings die Erkenntnis, dass Karnic weiter auf die Klippe zugaloppierte, ohne Anstalten zu machen, langsamer zu werden. Als wir uns bereits der Kante näherten, sprang vor uns eine Gestalt mit schussbereitem Bogen hinter einem Felsbrocken hervor. Der Mann hatte eigentlich auf Wilhum gezielt, als er aber Karnics Hufe trommeln hörte, hatte er den Pfeil sofort auf uns gerichtet. Seine Flinkheit rettete ihn nicht; Karnic trampelte ihn nieder, ohne innezuhalten. Der Pfeil ging daneben, und die Rufe des Schützen endeten in einem kurzen Aufschrei, begleitet vom Krachen brechender Knochen.

Karnic, dem die Gefahr nun offenbar endlich bewusst wurde, bäumte sich auf. Er schlidderte über den Boden und prallte so heftig gegen einen großen Felsbrocken, dass ich aus dem Sattel geschleudert wurde. Ich landete auf der Seite, zum Glück auf weicher Erde statt auf Felsgestein. Außer dem Messer an meinem Gürtel und den Armbrustbolzen in meinen Stiefeln hatte ich keine Waffen bei mir. Nicht gerade die beste Ausgangslage für einen Kampf. Als ich in der Nähe einen Ruf hörte, widerstand ich dem Drang hochzukommen, sondern blieb liegen und stieß ein schmerzerfülltes Stöhnen aus. Ich täuschte vor, verletzt zu sein, bis ich durch die halb geschlossenen Lider vor mir ein Paar Stiefel sah. Ich zog mein Messer aus dem Gürtel.

Zum Glück bestanden die Stiefel des Kerls vor mir aus weichem Leder. Die Klinge schnitt ohne Weiteres in die Fußgelenke des Besitzers. Der stieß einen Laut aus, der wie eine Mischung aus Kreischen und Brüllen klang. Ich rollte mich herum, und sein Schwert hackte in die Erde statt in meinen Hals. Was ich als Nächstes tat, verdankte ich ebenso langer Übung wie meinem Verbrecherinstinkt. Wilhum war ein Meister des Langschwerts, ich dagegen hatte schon seit meiner Kindheit Leute mit dem Messer getötet.

Ich zog die Beine an den Körper, schnellte hoch und stürzte mich auf den Schwertkämpfer. Ich schlang ihm einen Arm um den Hals und zerrte ihn in einer ungelenken Pirouette herum. Dann täuschte ich einen Stich auf seine Augen an, worauf er abwehrend den Ellbogen hob, und rammte ihm die Klinge stattdessen unter dem Arm tief in einen Spalt zwischen Fellen und Leder. Gleichzeitig riss ich ihn zu Boden. Ich spürte, wie heißes Blut über meine Messerhand strömte. Der Kerl war aber recht zäh, er brüllte und strampelte weiter, obwohl er soeben eine zweifellos tödliche Wunde erlitten hatte, und versuchte, das Schwert in die andere Hand zu wechseln. Ich richtete mich auf und hieb ihm meine Stirn gegen die Nase. Das betäubte ihn nur kurz, es reichte jedoch, um mein Messer herauszuziehen und es ihm in die Kehle zu stechen.

Ich griff nach dem Schwert in seiner schlaffen Hand, ließ es jedoch schnell wieder los, als hinter mir erneut Schritte ertönten. Ein weiterer Schwertkämpfer hatte sich aus dem Gefecht mit Wilhum gelöst, um sich leichtere Beute zu suchen. Dieser hier trug einen massiven Eisenhelm und in der Hand einen Eichenschild. Hinter ihm sah ich Wilhum weiter in den Kampf gegen seine Angreifer verstrickt. Inzwischen waren es bloß noch drei. Anscheinend war der Mord an dem Wollhändler mit einem weiteren Leben gerächt worden. Allerdings sah ich, dass Wilhum langsam müde wurde.

Der Schrei des Schwertkämpfers mit dem Schild riss mich aus meinen Gedanken. Die Miene des Mannes war wütend und herausfordernd, und bevor ich kehrtmachte und in die andere Richtung davonlief, konnte ich noch die verschlungenen blauen Tätowierungen unter seinem Bart erkennen. Ich sehe es als meine Pflicht an, liebe Leserinnen und Leser, euch zu berichten, dass ich, wäre Karnic mir nicht just in diesem Moment in den Weg gestolpert, mit großer Wahrscheinlichkeit in den Wald geflohen wäre. Doch genau das tat er, und so geriet die am Sattelknauf hängende Armbrust von Feldwebel Swain in meine Reichweite.

Ich riss sie ab, duckte mich, rollte mich unter Karnic hindurch und sprintete vorwärts. Hinter mir hörte ich das Wiehern des Pferdes und das Schreien des Kriegers mit dem Schild, der versuchte, sich vor dem Hengst in Sicherheit zu bringen. Ich rannte zum größten Felsbrocken in der Nähe, sprang hinauf und stellte einen Fuß in den Steigbügel der Armbrust. Ich musste mich zwingen, nicht hochzuschauen, während ich die Sehne einrasten ließ, einen Bolzen aus dem Stiefel zog und ihn in die Rille im Griff einlegte. Dann hob ich die Armbrust und schoss, ohne innezuhalten.

Mein Verfolger hatte die unkluge Entscheidung getroffen hochzuspringen, um mir sein Schwert in die Brust zu hacken, und dabei seinen Schild gesenkt. So konnte der Bolzen sich ungehindert in seine Wange bohren, direkt links des Eisenstegs, der seine Nase bedeckte. Die Steigbügelarmbrust besaß zwar nicht dieselbe Durchschlagskraft wie eine mit Kurbel, auf so geringe Distanz durchdrang der Bolzen aber dennoch mühelos Muskeln und Knochen und bohrte sich ins Gehirn des Kriegers. Der Mann mit dem Schild war tot, noch bevor er auf dem Boden aufkam.

Ich verlor keine Zeit und lud die Armbrust nach, legte den zweiten Bolzen ein und richtete sie auf die drei Krieger, die Wilhum angriffen.

Alle Gedanken an Flucht waren verflogen, wie so oft, wenn der Kampf erst begonnen hat, die Vernunft ausgeschaltet ist und man nur noch den Drang verspürt, dem Gegner Schaden zuzufügen.

Mein Instinkt ließ mich auf den Größten der drei zielen – ein Bär von einem Mann mit einer Axt, der zwar einen Helm trug, dessen Beine aber ungeschützt waren. Als sich der Bolzen in die Rückseite eines Oberschenkels bohrte, stolperte er rückwärts. Wilhum machte sich die Ablenkung sogleich zunutze, sprang vor und stach dem Kerl sein Schwert in den Hals. Er ließ das Schwert stecken, packte den noch zuckenden Krieger an der Schulter und drehte ihn herum, um den Angriff eines der anderen Krieger abzuwehren. Er schleuderte den Sterbenden hin und her und benutzte ihn als Schild, um weitere Attacken zu vereiteln.

Ich rannte zu Karnic in der Hoffnung, den Köcher holen zu können, der Hengst war jedoch immer noch in aufsässiger Stimmung. Wilhums Reittier hatte inzwischen den Todeskampf verloren, und Karnics Herdeninstinkt schien ebenso gestorben zu sein. Als ich in seine Nähe kam, drehte er sich herum, sodass ich an den Köcher nicht heranreichte, dafür geriet aber der Griff meines Langschwerts kurz in meine Reichweite. Ich packte den Sattelknauf und zog die Klinge aus der Scheide, bevor Karnic wieder wegtänzelte und mit angstvoll geweiteten Augen davonstürmte.

»Verfluchter Feigling«, murmelte ich, riss das Schwert hoch und rannte zu den drei kämpfenden Männern. Wilhum hielt immer noch den halb toten Gegner als Schild vor sich, und die beiden übrigen Angreifer versuchten ständig, ihn von der Seite zu attackieren. Allerdings sah ich, dass der ehemalige Adlige inzwischen am Ende seiner Kräfte war. Die beiden Krieger schienen das ebenfalls bemerkt zu haben. Sie brachen ihre Angriffe ab und zogen sich ein Stück zurück. Der eine ging im Halbkreis nach links, der andere nach rechts. Sobald Wilhum ihren aufgespießten Gefährten zu Boden fallen ließe, wäre sein Ende schnell besiegelt.

Die geübte Leichtigkeit, mit der beide Männer ihre Schwerter schwangen, ließ mich einsehen, dass es meine noch recht dürftigen Schwertkünste überfordern würde, mich ihnen direkt im Kampf zu stellen. Stattdessen eilte ich zu dem Krieger, den ich erschossen hatte, und hob seinen Schild auf. Es war ein schweres Ding aus Eichenbrettern, die mit einem rot-blauen Muster verziert waren, das sich spiralförmig um den Eisenbuckel in der Mitte wand. Ich war jedoch von der Hitze des Kampfes so angestachelt, dass ich sein Gewicht kaum spürte, als ich mir die Riemen über den Unterarm schob.

Ich wählte den Angreifer rechts von Wilhum, der nur seine schwächer werdende Beute im Blick hatte. Gebückt rannte ich auf den Kerl zu und hielt den Schild dabei so, dass er mich von der Nase bis zur Leiste bedeckte. Den herausfordernden Schrei, der mir über die Lippen kommen wollte, unterdrückte ich. Vielleicht lag es daran oder an schierem Glück, jedenfalls drehte sich der Krieger erst um, als ich ihn schon fast erreicht hatte. Er schlug nach meinem Kopf, aber ich duckte mich rechtzeitig, und die Klinge rasierte nur ein paar Splitter vom Schild ab, bevor der Buckel den Mann in die Brust traf.

Er wurde ein paar Schritt zurückgestoßen und musste das Gewicht verlagern, um nicht zu stürzen, der Aufprall machte ihn jedoch schwerfällig. Zwar gelang es ihm, meinen Schwertstoß auf seinen Bauch zu parieren, aber nicht, den Schwung der Klinge ganz abzufangen, sodass diese an seiner abglitt und tief in seine Hüfte hackte. Mit einem verärgerten Schmerzensschrei ging er zu Boden und knurrte, als ich zu ihm trat, um ihm den Todesstoß zu versetzen. Bevor ich jedoch zustechen konnte, zwang mich sein Gefährte mit über dem Kopf geschwungenen Schwert, mich ein weiteres Mal zu ducken. Ich fing den Hieb mit dem Schild ab und antwortete mit einem Gegenschlag, der aber kaum Wirkung zeigte. Der Kerl wich dem Bogen meiner Klinge geschickt aus und holte seinerseits zum nächsten Hieb aus. In seiner finsteren Miene spiegelte sich Mordlust. Sein Schlag kam allerdings nicht mehr an, denn just in diesem Moment säbelte ihm Wilhums Langschwert die Schädeldecke mit den goldenen Haaren ab.

Ein menschliches Gehirn auf diese Weise freigelegt zu sehen, ist ein merkwürdig faszinierender Anblick. Wie gebannt starrte ich auf das glänzende halb zermatschte rosafarbene Organ, während der Krieger sich aufgrund irgendeines seltsamen Mechanismus seines sterbenden Körpers noch eine Weile an sein Leben klammerte und weiter umherwankte. Er brabbelte ein paar Worte, die aber vermutlich nicht einmal in seiner eigenen Sprache einen Sinn ergaben. Als er schließlich doch zu Boden stürzte, verließ mich abrupt alle Kraft, und eine tiefe, übelkeitserregende Erschöpfung durchströmte mich. Ich stützte mich auf mein Schwert und sog mühsam die Luft ein.

Der Verwundete warf sich auf dem Boden nach vorn und stach mit dem Schwert nach meinen Beinen, es war aber nur noch eine schwache Geste. Offenbar hatte ich mit meinem Hieb eine wichtige Ader getroffen, denn ein dicker Strom roten Blutes floss seine Beine hinab. Seine Augen waren glühende Kohlen des Hasses in seinem rasch bleicher werdenden Gesicht. Er fletschte die weißen Zähne und stieß in einer Sprache, die ich noch nie gehört hatte, etwas aus, das wie ein Fluch klang.

»›Gottloser Hurensohn‹«, übersetzte Wilhum für mich. Er hatte sein Langschwert auf die Schulter gelegt und betrachtete den verletzten Krieger mit grimmigem Stirnrunzeln. Der Rote Falke war noch immer nicht vergeben und vergessen. »Denke ich jedenfalls«, fügte er hinzu. »Mein Ascarlianisch ist etwas eingerostet.«

»Ich kann nicht behaupten, dass er damit falschliegt.« Ich hob mein Gesicht zum Himmel, und der Meereswind küsste kühl mein verschwitztes Gesicht.

»Ich muss zugeben, du hast mich überrascht, Scribe.« Wilhum klang nachdenklich, aber auch dankbar. »Zu meiner Schande muss ich gestehen, dass ich dich schon auf halbem Weg zurück nach Olversahl wähnte.«

Jede spöttische Erwiderung, die ich hätte geben können, war vergessen, als der verwundete Ascarlianer plötzlich zu singen anfing. In meinen Ohren klang es recht schief, jedoch vermutlich nicht für ihn, vielleicht war er aber auch einfach ein schlechter Sänger. Er legte beim

Singen den Kopf in den Nacken und rief die Worte in den Himmel. Anfangs war seine Stimme noch kräftig, sie wurde jedoch bald schwächer und sein Gesicht immer blasser.

»Was war das?«, fragte ich Wilhum, nachdem das Lied verstummt war. Der Ascarlianer sank auf den Rücken, seine Brust hob und senkte sich schnell, während sein Körper das Unvermeidliche noch hinauszuzögern suchte.

»Sein Todesgesang.« Wilhum betrachtete den sterbenden Krieger mit schief gelegtem Kopf. »Er hat Ulthnir, den Vater der Altvar, gebeten, ihn als Krieger in Empfang zu nehmen, der in der Schlacht gefallen ist, und seinem Schatten Einlass in die Hallen von Aevnir zu gewähren, wo Festmahl und Kampf niemals enden.«

Der Ascarlianer tat zitternd seinen letzten Atemzug. Sein Körper zuckte noch eine Weile und lag dann still. »Ich würde das Festmahl dem Kampf vorziehen«, knurrte ich.

»Das ist ein und dasselbe.«

Wilhum reagierte als Erster auf die neue Stimme und wirbelte mit kampfbereit erhobenem Langschwert herum. Ich war immer noch derart erschöpft, dass ich nicht so schnell nachkam. Mit verzerrter Miene hob ich den plötzlich schweren Schild und legte mein Langschwert auf dem Rand ab.

Dass die Ascarlianer ein groß gewachsenes Volk waren, hatte ich bereits bemerkt, der Mann, der jetzt ein Dutzend Schritt von uns entfernt stand, war jedoch noch weit beeindruckender als diejenigen, die wir gerade erst zu ihrer mythischen Halle geschickt hatten. Er maß an die sieben Fuß, hatte breite Schultern und kräftige Gliedmaßen. Dass es einem solch massigen Kerl gelungen war, sich an uns anzuschleichen, war ebenso beachtlich wie beunruhigend. Über den Schultern trug er ein schwarzes Bärenfell, das einen Kontrast zu der ungebändigten Mähne seines stahlgrauen Haars bildete. Ein Blick in das von tiefen Falten zerfurchte, wettergegerbte Gesicht über seinem grauen Bart, das mit verschlungenen blauen Tätowierungen überzogen war, bestätigte mir, dass es sich um keinen jungen Mann mehr handelte.

Die riesige Axt in seinen Händen hob er trotz seines Alters mühelos an. Die Doppelklinge aus Stein statt aus Stahl machte die Waffe umso fremdartiger.

Allein schon die Aussicht auf einen weiteren Kampf ließ meinen Mut sinken, noch dazu gegen ein solches Ungetüm, was eine sichere Niederlage bedeutete. Die etwa einhundert weiteren Ascarlianer, die sich auf dem Hang hinter dem Mann verteilten, machten die Vorstellung kaum verlockender. Die meisten trugen Schwerter und Äxte, es waren aber auch ein paar Bogenschützen mit schussbereiten Langbögen darunter. Am Ende war es jedoch das Auftauchen der beiden Wölfe, das mich jeden Gedanken an einen Kampf aufgeben ließ.

Sie gesellten sich links und rechts zu dem riesigen Ascarlianer, einer schneeweiß, der andere tiefschwarz, und beide recht kräftig. Im Shavine waren Wölfe kein seltener Anblick. Trotz der vielen Schreckgeschichten, die über sie erzählt wurden, stellten sie aber kaum eine Gefahr dar, solange man ihnen mit Vorsicht begegnete. Die Wölfe des Shavine waren für gewöhnlich grau, und obwohl sie meist größer waren als Hunde, hätten sie es mit diesem Paar nicht aufnehmen können, die beide mindestens vier Fuß Schulterhöhe maßen. Die Wölfe ließen sich ruhig neben dem Ascarlianer nieder, der starre Blick ihrer gelben Augen sagte mir jedoch, dass sie im Gegensatz zu ihren Verwandten im Süden keine Angst vor Menschen hatten.

Mit einem resignierten Lachen senkte ich den Schild. Wilhum dagegen straffte sich und hob sein Langschwert auf Augenhöhe, die Spitze direkt auf den grauhaarigen Riesen gerichtet. Er rief etwas auf Ascarlianisch, und obwohl ich nie herausgefunden habe, was er sagte, brachen unsere Gegner daraufhin in lautes Gelächter aus. Die Wölfe duckten sich tiefer und knurrten mit zitternden Lefzen. Sie beruhigten sich jedoch, als der Hüne mit der Axt das Gesicht verzog und sagte: »Du klingst wie eine kotzende Katze.«

Der Ascarlianer sprach Albermainisch mit starkem Akzent, dafür aber fließend und präzise. »Bitte beleidige nicht länger meine Sprache.«

Wilhum sagte nichts, hielt jedoch weiter sein Schwert vor sich, was den Ascarlianer nicht sonderlich zu kümmern schien. Der Blick des Alten veränderte sich, als er zu mir hinsah. Erstaunlich erwartungsvoll schaute er mich an. Ich hätte denken können, dass er mich erkannte, allerdings bestand nicht die geringste Chance, dass wir einander schon einmal irgendwo begegnet waren.

»Das ist dann wohl der Tielwald, von dem du gesprochen hast«, sagte ich zu Wilhum.

Der Riese lachte, bevor Wilhum antworten konnte, und verneigte sich leicht, wenn auch steif, so als sei die Geste ihm nicht allzu vertraut. »Ja, der bin ich. Margnus Gruinskard. Das bedeutet Margnus Steinaxt in eurer Sprache.« Sein Blick glitt kurz über die Leichen hinweg, die um uns verteilt waren, und seine Miene spiegelte nachdenkliche Bewunderung statt Wut. »Und wer seid ihr, meine mutigen und fähigen Freunde?«

»Alwyn Scribe.« Ich erwiderte die Verbeugung. »Das bedeutet … Alwyn der Schreiber.« Ich sah zu Wilhum hin, dessen Züge sich beunruhigend gerötet hatten. »Das ist Wilhum Dornmahl. Was sein Name bedeutet, weiß ich nicht. Verzeiht ihm seine Unhöflichkeit, aber was Ihr dem Wollhändler im Wald angetan habt, ging ihm gegen seine ritterliche Ehre.«

»Ah.« Margnus Gruinskard richtete seinen ruhigen Blick auf Wilhum. »Der Rote Falke ist die gerechte Strafe für jeden, der einen Schwur an die Altvar bricht. Die Bauern dieses Landes haben geschworen, keine Wolle mehr nach Olversahl zu liefern. Der Mann im Wald hat sich als Lügner entpuppt und dafür bezahlt.«

»Hat er den Schwur freiwillig geleistet?«, verlangte Wilhum zu wissen. »Das bezweifle ich. Und werdet Ihr jetzt seine Kinder ernähren, da niemand mehr da ist, der in den Fjorden Fische fängt und das Land bestellt?«

Der Ascarlianer versteifte sich ein wenig, und seine Antwort klang beleidigt. »Im Reich der Schwesterköniginnen muss kein Kind hungern. Unser Volk hat nur wenige Gesetze, aber an dieses halten wir uns.«

»Das Land hier gehört nicht den Schwesterköniginnen«, warf ich in mildem Tonfall ein. »Genau genommen seid Ihr unbefugt in das Gebiet von König Tomas Algathinet eingedrungen, und ich wäre Euch sehr dankbar, wenn Ihr Euch schleunigst wieder daraus entfernt.«

Der Tielwald verzog kurz verwundert das Gesicht, dann lachte er herzlich, und die anderen Krieger stimmten rasch mit ein. Die beiden Wölfe gähnten bloß.

»Du sprichst mit blumiger Stimme«, stellte Margnus Gruinskard fest und nickte zu Wilhum. »Aber die Stimme von dem da ist sauberer. Er ist, wie heißt es doch gleich, von ›edler Herkunft‹? Und du bist ein Gemeiner, ja?«

»In der Kompanie des Bundes spielt die Herkunft keine Rolle«, erwiderte Wilhum. »Wir sind alle ebenbürtig in unserem Glauben an die Seraphilen und die Märtyrer.«

»Kompanie des Bundes.« Der Tielwald wiederholte die Worte mit offensichtlicher Abscheu und schüttelte den Kopf. »Nach all den Jahren lässt sich euer Volk immer noch von Lügen unterjochen. Seid ihr deswegen hier? Ist das ein«, seine Abscheu wurde zu Belustigung, »Kreuzzug gegen die Heiden?«

»Wir sind nur hier, um zu beschützen, was von Rechts wegen uns gehört«, sagte Wilhum. »Und das schon seit Jahrhunderten.«

Der Ascarlianer lachte erneut, aber diesmal war es ein kurzes, verbittertes Grunzen. »Als ich ein kleiner Junge war, hab ich mal meinem Nachbarn ein Ferkel gestohlen. Ich versteckte es im Wald und zog es zu einem stattlichen Eber auf. Den haben wir dann an meinem fünfzehnten Geburtstag zu Ehren der Altvar geschlachtet und über dem Feuer gebraten. Betrunken und mit gelockerter Zunge beichtete ich meinem Vater, was ich Jahre zuvor getan hatte. Er hat mich bis aufs Blut ausgepeitscht und mich dann einen ganzen Winter lang zur Wiedergutmachung auf der Farm meines Nachbarn arbeiten lassen. Diebstahl bleibt Diebstahl, egal, wie viel Zeit vergeht.«

Ohne Vorwarnung hob er seine Axt und kam auf uns zu. Wilhum erstarrte und wappnete sich für einen Angriff, während ich dem Drang widerstand, den Schild zu heben. Es war sinnlos zu kämpfen.

Ich überlegte, was ich noch Geistreiches von mir geben könnte, um den bevorstehenden Tod hinauszuzögern, verharrte jedoch, als der Riese an uns vorbei zu der Leiche des Kerls stapfte, dessen Schild ich an mich genommen hatte. Der Tielwald musterte den Toten mit teilnahmsloser Miene, sein Tonfall war allerdings ernst, als er zu mir zurückblickte und zu dem Schild nickte.

»Den kannst du nicht behalten«, sagte er.

Darauf bedacht, jeglichen Konflikt zu vermeiden, löste ich die schwere Holzscheibe von meinem Arm und setzte sie ab. Margnus Gruinskard nickte nur knapp und betrachtete den gefallenen Krieger.

»Das ist Tahlwild, mein Neffe«, sagte er. »Ein Narr und Aufschneider, muss man sagen. Seine Frau und seine Kinder werden nicht um ihn trauern. Aber man kann ihm nicht vorwerfen, dass er es den Altvar gegenüber an Ehre hätte mangeln lassen oder am Ruder schlapp gemacht hätte oder je einer gezückten Klinge ausgewichen wäre. Jetzt muss ich seinen Schild nach Hause zu seiner Mutter bringen. Die Zunge meiner Schwester ist scharf, erst recht wenn sie von Trauer gewetzt ist.«

Ich überlegte noch, ob eine Entschuldigung angebracht wäre, als es aus Wilhum herausplatzte: »Keiner hat euch hierher eingeladen, Ascarlianer. Sollen deinen Neffen und deine feige Kriegerschar doch die Pocken holen.«

Ich warf ihm einen vorwurfsvollen Blick zu. In seinen Augen standen jedoch nur Wut und Blutdurst. Da wurde mir klar, dass er den Eindringlingen nicht nachgeritten war, um Gerechtigkeit zu üben. Dies sollte sein ruhmreiches Ende werden: der Überläufer, der in einem hoffnungslosen, aber mutigen Gefecht gegen heidnische Nordmänner seine Erlösung findet.

»Von mir aus stirb, wenn du willst«, zischte ich ihm zu. »Aber erwarte nicht, dass ich mit dir in den Tod gehe. Ich hab für heute genug davon, dir deinen adligen Arsch zu retten.«

»Ich hab dich auch nicht darum gebeten, Scribe«, gab er gelassen zurück. »Sie hat dir gesagt, dass du mich laufen lassen sollst, oder?«

Der Fluch, der mir auf der Zunge lag, erstarb auf ein lautes Räuspern von Margnus Gruinskard hin. Als ich mich zu ihm umdrehte, stellte ich fest, dass er uns beträchtlich näher gekommen war. Jetzt befand ich mich in Reichweite seiner Axt, während er selbst immer noch außerhalb der Reichweite meines Schwertes war.

»Fürchtet euch nicht vor mir«, sagte er, und mich traf wieder sein erwartungsvoller Blick. Dass ich nur mit einem Grinsen antwortete, das wohl eher einer furchtsamen Grimasse glich, schien ihn zu verwundern.

»Unser Kampf findet nicht heute statt«, fuhr er fort. Er griff unter seine Felle und zog ein Medaillon hervor. Es hing an einer Lederschnur an seinem Hals – ein kleiner Klumpen Silber, der von fachkundigen Händen so geformt war, dass er ein verknotetes Seil darstellte. Als er mit Daumen und Zeigefinger darüberrieb, spürte ich eine pulsierende Wärme unter meinem Wams. Später verbrachte ich viele Stunden damit, mir einzureden, es wäre nur eine Sinnestäuschung gewesen, eine Ausgeburt meiner Fantasie, aber ich habe es deutlich gespürt. Es war nur eine leichte Wärme wie die einer Wachskerze, die die Haut streift, doch es war da, und es rührte von dem Medaillon her, das Berrine mir gegeben hatte. Ein Medaillon, das identisch war mit dem, das dieser Tielwald, dieser Kriegerpriester, jetzt in der Hand hielt.

»Außerdem«, fügte er hinzu, »habe ich eine Bitte an euch. Ich wäre euch dankbar, wenn ihr eurer Feldherrin eine Botschaft von mir übermittelt.« Er ließ den silbernen Knoten los und deutete mit der Hand über meine Schulter.

Immer noch erschrocken über das erhitzte Medaillon und nicht ganz sicher, dass er mir nicht doch gleich seine Steinaxt zwischen die Schulterblätter hauen würde, drehte ich mich um. Sein Finger zeigte auf die blaue Fläche des Meeres jenseits der Klippe. Die Sonne stand hoch am weitgehend wolkenlosen Himmel, und die Dunstschicht über dem Wasser war recht dünn. Deshalb dauerte es nicht lange, bis ich die dunklen Flecken am Horizont entdeckte. Anfangs zählte ich ein Dutzend, dann noch ein Dutzend mehr, und gleich darauf verwandelten sich die Flecken in breite viereckige Segel. Als sie näher kamen, konnte ich Ruder erkennen, die sich hoben und senkten, während die Schiffe direkt auf diesen Teil der Küste zuhielten, zweifellos gelenkt von dem lodernden Leuchtfeuer auf der Klippe. Ich zählte knapp einhundert, bevor der Tielwald erneut das Wort ergriff.

»Ihr irrt euch, wenn ihr sagt, dass wir ungebeten hierherkommen.« Ich drehte mich um und sah, wie er sich bückte, um den Schild seines Neffen aufzuheben. Als er wieder hochkam, lächelte er grimmig, fast schon entschuldigend, und schlang sich den Schild über die Schulter. »Geht zurück nach Olversahl und berichtet dort, was ihr gesehen habt. Ihr würdet mir einen großen Gefallen tun, wenn ihr es diesem Hund Fohlvast persönlich sagt. Wenn wir die Hafenstadt einnehmen, lasse ich euch lange genug am Leben, damit ihr mir berichten könnt, was für ein Gesicht er gemacht hat.«

Er hob seine Axt und deutete auf den Wald. »Und jetzt, meine Freunde, wird es Zeit für euch zu gehen. Ich habe eine Begräbnisfeier abzuhalten, und wenn ich eure Gesellschaft auch zu schätzen weiß, so muss ich leider sagen, dass den Altvar eure Gegenwart nicht recht wäre.«

ACHTUNDDREISSIGSTES KAPITEL

Das Gesicht, das Ratsherr Fohlvast zog, als er unseren Bericht hörte, war in der Tat bemerkenswert. Er schaffte es weder, die Todesangst in seinem Blick zu verbergen noch die plötzliche Leichenblässe oder den Schweißausbruch. Ich habe schon viele Menschen gesehen, die mit ihren schlimmsten Ängsten konfrontiert wurden, und die Reaktionen sind sich häufig ernüchternd ähnlich. Sicherlich drohte Fohlvast in diesem Moment die Kontrolle über Darm und Blase zu entgleiten, und sein Herz hämmerte ihm heftig in der Brust. Mich hätte es nicht überrascht, auf dem Boden um seine Stiefel eine Urinpfütze zu sehen. Er war jedoch ein guter Schauspieler und mühte sich redlich, die Fassung wiederzugewinnen. Er räusperte sich und versuchte, gleichmütig dreinzuschauen, als Evadine seufzend den Blick auf die Karte richtete, die auf dem großen Tisch in ihrem Quartier ausgebreitet lag.

Wilhum und ich waren vor gerade einer Stunde am Torwall eingetroffen, schmutzig und hohläugig von unserem Gewaltmarsch durch die rauhe Landschaft. Der feige Karnic hatte sich erst wieder blicken lassen, als wir schon in Sichtweite der Hafenstadt waren, und selbst da war er nur vorausgetrabt, ohne uns den Gefallen zu tun, näher zu kommen und uns aufsteigen zu lassen. Zwischen Wilhum und mir hatte die meiste Zeit über eisiges Schweigen geherrscht. Wilhums Miene war finster, aber entschlossen gewesen, und meine Gedanken waren ohnedies abgelenkt. Der Anblick der ascarlianischen Flotte stand mir noch deutlich vor Augen, vor allem aber hatte ich über die plötzliche Wärme des silbernen Medaillons nachgegrübelt. *Nur eine Ausgeburt meiner Furcht*, sagte ich mir. *Oder ein heidnischer Trick, eine Illusion.* Dennoch kam ich nicht darüber hinweg, weil es mich an ähnlich verwirrende Erlebnisse mit der Sackhexe und dem Kettenmann erinnerte.

Die einzigen bedeutsamen Worte tauschten wir während einer kurzen Pause im Wald aus. In unausgesprochener Übereinkunft schlugen wir in der Nacht kein Lager auf und liefen trotz der Dunkelheit weiter. Margnus Gruinskard mochte uns zwar Freunde genannt und uns gehen gelassen haben, er blieb aber ein heidnischer Wilder, der noch eine Rechnung offen hatte. Und wer konnte sagen, ob seine Gnade nicht bloß ein sadistischer Scherz war?

»Du hättest dort trotzdem noch sterben können«, sagte ich gegen einen Baum gelehnt, wobei ich mich zwingen musste, aufrecht zu bleiben. Wenn ich mich jetzt hinsetzte, würde ich auf der Stelle einschlafen, das wusste ich. »Den Tielwald oder seine Kumpane angreifen. Eine letzte Heldentat begehen. Vielleicht hätten sie mich sogar am Leben gelassen, damit ich in Olversahl davon berichten kann. Warum also hast du es nicht getan? Du wolltest doch sterben, oder nicht?«

Wilhum war neben einem Bach in die Hocke gegangen, tauchte seine Hände in die Strömung und wusch sich das getrocknete Blut ab. »Du hast ihre Flotte gesehen«, sagte er. »Evadine wird jedes Schwert brauchen.«

»Hier, hast du gesagt?«, erkundigte Evadine sich jetzt bei Wilhum und deutete auf eine Bucht an der Nordküste der langen Landzunge, die zwischen dem Aerics-Fjord und dem offenen Meer lag.

»Soweit ich sagen kann, ja«, bestätigte Wilhum. »Es ist eine gute Wahl. Hohes Gelände, um die Zugänge zu bewachen, und jede Menge Holz für Lagerfeuer und Reparaturen an ihren Langschiffen.«

»War zweihundert die endgültige Zahl?«, fragte Feldwebel Swain an mich gewandt.

»So viele habe ich gezählt, bevor wir weggeschickt wurden«, sagte ich und schüttelte den Kopf. »Ich schätze mal, dieser Margnus Steinaxt wollte nicht, dass wir die ganze Größe ihrer Flotte sehen.«

Als ich den Namen des Tielwalds aussprach, schaute ich zu Fohlvast hin und sah zu meiner Befriedigung, dass er erneut vor Furcht zusammenzuckte, wie zu Beginn, als ich die beeindruckende Statur des Ascarlianers beschrieben hatte. Der Ratsherr hatte den Namen offensichtlich schon einmal gehört, und die Aussicht, diesem Mann persönlich zu begegnen, behagte ihm wenig.

»Ascarlianische Langschiffe sind sehr unterschiedlich groß«, sagte Wilhum. »Aber selbst das kleinste kann zwanzig Krieger transportieren. Wir sollten mit einer Streitmacht von mindestens fünftausend Mann rechnen.«

»Es werden noch mehr sein«, sagte Fohlvast mit einer Eindringlichkeit, die das Zittern in seiner Stimme nicht ganz überspielen konnte. »Margnus Gruinskard ist kein einfacher Tielwald. Er ist der Erstgeschworene der Schwesterköniginnen, ihr größter lebender Krieger und ranghöchster Priester. Auf seinen Ruf hin stehen sämtliche Krieger Ascarlias bereit. Seine Anwesenheit im Fjordland bedeutet offenen Krieg. Jetzt sind sie also doch noch gekommen, um sich dieses Land zu holen.«

Sich dieses Land zurückzuholen, meinst du wohl. Ich erinnerte mich an die Geschichte von dem gestohlenen Ferkel, die uns der Tielwald erzählt hatte.

»Wie viele Krieger kann er gegen uns ins Feld führen?«, fragte Evadine Fohlvast.

»Die Bevölkerung im Land der Schwesterköniginnen ist nie vollständig gezählt worden.« Der Ratsherr verschränkte die Arme und strich sich übers Kinn, vermutlich um den Eindruck ruhigen Nachdenkens zu erwecken. Wahrscheinlich konnte er die Feldherrin damit ebenso wenig überzeugen wie mich. »Sie sind ein Volk, das nicht viel auf Formalitäten gibt. Aufgeschrieben werden bei ihnen nur ihre ketzerischen Sagen und Kriegsberichte. In der Bibliothek von König Aeric findet sich jedoch eine Aufzeichnung ihrer letzten Invasion im Fjordland vor einhundert Jahren. Damals betrug die Größe ihrer Armee zwanzigtausend Mann. Bedenkt man die Zeit, die seither vergangen ist, könnten wir es jetzt mit einer weit größeren Streitmacht zu tun haben.«

»In historischen Berichten werden Zahlen häufig aufgebauscht«, sagte ich und erntete einen scharfen Blick von Fohlvast. Offenbar war er ein Mann, der von einem einfachen Soldaten erwartete, dass er sich in gehobener Gesellschaft seinem Rang entsprechend zurückhielt. Ich sah ihm direkt in die Augen, um ihm zu zeigen, wie wenig mich das kümmerte. Meine nächsten Worte ließen ihn erneut vor Angst erzittern: »Außerdem glaube ich nicht, dass sich der Tielwald allein auf die Zahl seiner Krieger verlässt. Er sagte, die Ascarlianer seien ins Fjordland eingeladen worden.«

Fohlvasts Gesicht lief rot an, und ich gestattete mir ein kleines Grinsen, als ihm keine schnelle Erwiderung einfiel. Letztlich war es Evadine, die sprach: »Wie meinst du das?«

»Mit Intriganten kenne ich mich aus«, sagte ich. »Und Gruinskard ist ein Intrigant, nicht bloß ein dumpfer Schläger mit einer großen Axt. Er hat einen Plan und, wie ich vermute, Freunde innerhalb dieser Mauern, die ihm bei der Ausführung helfen.«

Das Unbehagen des Ratsherrn steigerte sich zu Wut, als er seinen Blick auf Evadine richtete. »Müsst Ihr diesem Knecht gestatten, meine Leute derart zu verunglimpfen, Feldherrin?«

»Eure Leute«, gab ich mit einem noch breiteren Grinsen zurück, »lieben Euch so sehr, dass Ihr nachts Patrouillen auf die Straßen schicken müsst, damit sie sich nicht heimlich verbünden, um Euch ein Messer in den Rücken zu stechen …«

»Genug, Scribe!«, fauchte Evadine. Sie fixierte mich mit warnendem Blick, bis ich mir an die Stirn tippte und vom Tisch zurücktrat. »Ihr habt beide gute Arbeit geleistet«, sagte sie etwas milder und sah zwischen mir und Wilhum hin und her. »Geht jetzt und ruht euch aus.«

Wir verbeugten uns und gingen, wobei ich es schaffte, noch lange genug in der Tür stehen zu bleiben, um Swains Einschätzung zu hören, bevor diese hinter uns geschlossen wurde. »Selbst mit zwanzigtausend Mann ist es unmöglich, über den Wall zu gelangen. Und für eine Flotte gibt es keinen Ort, um an Land zu gehen, außer im Hafenbecken, das wir leicht abriegeln können …«

◆ ◆ ◆

Ich schlief eine Zeitlang, aber trotz meiner Erschöpfung war der Schlaf kurz und unruhig. Die restliche Kompanie war mit Übungen beschäftigt und Wilhum irgendwohin verschwunden, vermutlich um sich zu betrinken. Die meiste Zeit lag ich wach auf meiner Pritsche, drehte den Silberknoten zwischen Daumen und Zeigefinger und dachte über seine Geheimnisse nach. Das Medaillon war jetzt wieder kalt und trotz seiner Kunstfertigkeit vollkommen gewöhnlich, und doch wusste ich, dass ihm eine Bedeutung innewohnte, die sich mir nicht erschloss.

Schließlich gab ich es auf, wieder einschlafen zu wollen, stand obwohl ich noch müde vom Marsch war – auf und machte mich auf den Weg zu den Statuen am Fuß des Berges. Unter den Stadtbewohnern in den Straßen herrschte eine neue Anspannung, wie ich unterwegs bemerkte. Ihre Blicke wirkten noch wachsamer, und viele Fensterläden waren jetzt selbst bei Tag geschlossen. Mütter scheuchten ihre Kinder nach drinnen, und Geschäfte, die vor wenigen Tagen noch geöffnet hatten, waren nun fest verrammelt. Wenn Wilhum und ich auch äußerstes Stillschweigen bewahrt hatten, kam ich nicht umhin, den Stimmungsumschwung mit unserer Rückkehr in Verbindung zu bringen. Gerüchte verbreiten sich bemerkenswert schnell, besonders in Kleinstädten. Dass zwei Männer, die nur wenige Tage zuvor beritten aufgebrochen waren, zu Fuß zurückkehrten, hatte sich sicherlich herumgesprochen. Vielleicht hatte die angespannte Atmosphäre in den Straßen auch etwas damit zu tun, dass die Zahl der patrouillierenden Soldaten erhöht worden war. Es waren hauptsächlich Fohlvasts Männer, Stadtmiliz statt herzoglicher Soldaten, und ihr Gebaren war alles andere als heiter, ihre Mienen wirkten verschlossen und die Augen unter den Helmen argwöhnisch. Mein allgemeiner Eindruck war, dass Olversahl auf irgendetwas wartete – bloß auf was?

Dank der düsteren Stimmung hielten sich nur wenige Menschen bei den Statuen auf, als ich dort ankam, sodass ich ungestört ihren beeindruckenden Anblick in mich aufnehmen konnte. Sie waren fast fünfzig Fuß hoch und auf eine Weise in den Stein gemeißelt, die an den kantigen, fast schon karikaturenhaften Stil der vielen Holzfiguren erinnerte, die überall in der Stadt in Türen und Pfosten geschnitzt waren. Von der feinen anatomischen Präzision, die ich von den Statuen aus der Zeit vor der ersten großen Plage kannte – wenn auch die, die ich über die Jahre gesehen hatte, meist verwittert und unvollständig gewesen waren –, war hier nichts zu erkennen. Die schiere Größe und Majestät der Steingötter ließen aber keinesfalls den Gedanken aufkommen, sie stammten aus einer primitiven Kultur. Diese Parade göttlicher Wesen war das Ergebnis jahrzehntelanger Arbeit durch fähige Hände – Hände, denen es irgendwie gelungen war, die Illusion zu erzeugen, die Statuen seien aus dem Gestein des Berges selbst hervorgewachsen, statt durch das unermüdliche Schlagen zahlloser Meißel geformt zu sein.

Ich kannte ihre Namen nicht, bis auf den der größten Statue – ein bärtiger Krieger mit ernster Miene, der in einer Hand ein Schwert und in der anderen einen Hammer hielt. Dies, so wusste ich, musste Ulthnir sein, der Vater der Altvar. Die Namen der beiden weiblichen Figuren links und rechts von ihm waren mir dagegen unbekannt, Berrine kannte sie aber natürlich.

»Aerldun und Nerlfeya«, sagte sie, als sie neben mir auftauchte.

»Die Geliebten von Ulthnir, dem Weltenschmied, und Mütter der niederen Götter.«

Ich drehte mich um und sah sie mit einem Lächeln vor mir stehen, das aufrichtig erleichtert wirkte oder es zumindest glaubwürdig vortäuschte. Warf es ein schlechtes Licht auf mich, dass ich einen solchen Verdacht über eine Frau hegte, mit der ich nur wenige Tage zuvor das Bett geteilt hatte? Der Instinkt des Gesetzlosen ließ sich jedoch nicht ignorieren. Und genauso wenig der Silberknoten an meinem Hals.

»Du bist nicht tot.« Sie hob beeindruckt eine Augenbraue. »Gut gemacht.«

»Du klingst weniger überrascht, als ich gedacht hätte«, erwiderte ich leichthin.

»Einer wie du besitzt ein Talent zu überleben.« Sie trat näher, küsste mich rasch auf die Nase und zog sich lachend wieder zurück. »Vielleicht mag ich dich deshalb so gern.«

Wenn meine Rückkehr sie auch zu freuen schien, kam sie mir doch vorsichtiger vor als bei unserer letzten Begegnung. In ihrem wachsamen Blick und ihrer steifen Haltung erkannte ich beherrschte Furcht.

»Ist dir jemand gefolgt?« Ich musterte die weitgehend leeren Straßen im Umkreis. »Ich weiß, euer Ratsherr ist ein misstrauischer Geselle.«

»Niemand ist mir gefolgt. Wenn ich … beunruhigt wirke, dann aus einem anderen Grund.« Sie griff in die Umhängetasche über ihrer Schulter und holte das caerithische Buch heraus, das ich ihr gegeben hatte.

»Du bist schon fertig damit?«, fragte ich überrascht.

»Nein.« Ich sah, dass sie schlucken musste, und ihre Hand zitterte leicht, als sie mir das Buch reichte. »Und das werde ich auch nie sein, Alwyn. Ich will damit nichts mehr zu tun haben.«

»Womit?«

Sie antwortete nicht sofort, sondern hielt mir nur das Buch hin, bis ich es schließlich an mich nahm. »Ich habe die Seite markiert, bis zu der ich gekommen bin, bevor ich … beschlossen habe, die Arbeit abzubrechen.«

Ich blätterte zu der entsprechenden Stelle vor und fand ein kleines Pergament mit gekritzelten Notizen zwischen den Seiten. »Meine Übersetzung«, sagte Berrine. »Lies sie.«

Stirnrunzelnd nahm ich das Pergament, hielt es ins Licht und las laut die unsaubere Schrift. »›Du kannst mich mit Wissen bezahlen. Wenn du willst.‹« Ich seufzte verwirrt und schaute Berrine an. »Was ist das?«

»Lies weiter.« Ihre Miene wirkte jetzt todernst.

Ich zuckte die Achseln und schaute wieder auf die Worte auf dem Pergament. »›In meinen Adern fließt ascarlianisches Blut‹«, las ich, »›so wie bei allen echten Fjordländern, wenn wir uns auch vor südländischen Königen verneigen müssen.‹ …« Ich verstummte, als aus den Tiefen meines Geistes eine Erinnerung aufstieg.

»Das sind wir«, flüsterte Berrine ängstlich. »Du und ich in der Nacht damals im Wald. Es sind fünf Seiten, und darauf ist jedes Wort aufgezeichnet, das wir damals gesprochen haben. Worte, an die ich mich kaum noch erinnern kann.« Sie lachte, und es klang wie ein schrilles Keuchen ohne jede Heiterkeit. »Anfangs dachte ich, du hättest dir einen Scherz mit mir erlaubt, bis mir klar wurde, dass das unmöglich ist. Aber was da in dem Buch geschrieben steht, ist genauso wenig möglich. Dort stehen sie, klar und deutlich, unsere Worte, in caerithischer Schrift, in einem Buch, das Hunderte Jahre alt sein muss.«

Ich klappte das Buch zu, und meine Hand zitterte plötzlich genauso stark wie ihre. Gedanken an die Sackhexe jagten durch meinen Kopf. Ich suchte nach einer Erklärung, fand aber nur weitere Rätsel. *Also bist du doch noch auf einem blutigen Feld zu mir gekommen*, hatte sie gesagt. Unser Zusammentreffen auf dem Feld der Verräter war vorhergesagt worden, erkannte ich jetzt. Hatte sie es womöglich in diesem Buch gelesen? War ihr ganzes Gerede über verlorenes Wissen nur ein Vorwand gewesen, um mir das Buch zu geben? Aber warum?

»Ist das ganze Buch so?«, fragte ich.

»Das weiß ich nicht.« Berrine lächelte gequält. »Die ersten paar Seiten enthalten vor allem Bruchstücke von Gesprächen zwischen einem jungen Gesetzlosen und einem Mann, der anscheinend sein Mentor ist. Als mir klar wurde, dass ich gerade meine eigenen Worte übersetzte, habe ich aufgehört. Ich halte mich selbst durchaus für mutig, aber …« Sie seufzte dünn. »Manches Wissen bleibt besser im Verborgenen, zumindest für mich.«

Sie griff erneut in ihre Tasche und zog ein weiteres Buch hervor. Der saubere Einband deutete darauf hin, dass es neueren Datums war. Als ich es öffnete, fand ich weiße Seiten vor, die mit Berrines kritzeliger, aber leserlicher Schrift gefüllt waren.

»*Eine Anleitung zur Übersetzung aus dem Alt-Caerithischen* von Berrine Jurest«, sagte sie. »Mein erstes eigenes Werk, nur für dich. Damit solltest du in der Lage sein, eine Übersetzung anzufertigen. Obwohl – und es schmerzt mir als Bibliothekarin das Herz, das sagen zu müssen – ich dir raten würde, das Ding am besten ins Feuer zu werfen.«

Dagegen konnte ich schwerlich etwas einwenden; das Buch war unnatürlich, das Ergebnis abscheulicher heidnischer Praktiken. Und dennoch hätte ich es genauso wenig ins Feuer werfen können wie mich selbst.

»Und der Schatz?«, fragte ich, um die Unterhaltung auf ein weniger beunruhigendes Thema zu bringen. »Hast du die Höhle des Meerhunds gefunden?«

Sie richtete sich auf, und ein wenig ihrer früheren Selbstsicherheit kehrte zurück, als sie zu dem Buch in meinen Händen nickte. »Auf der letzten Seite.«

Ich schlug das Buch erneut auf und fand darin eine detaillierte Karte, die wiederum bestätigte, dass Berrine besser zeichnen als schreiben konnte. Es handelte sich um eine genaue Darstellung der kleinen Inselgruppe im Cronsheldter Meer aus der Chronik der Piraterie, in der die Taten des Meerhunds beschrieben wurden. »Das Eisenlabyrinth.« Mein Blick fiel auf einen Kreis, der um eine der kleineren Inseln gezeichnet war. »Hier ist es?«

»Ich habe den Bericht eines Seemanns gefunden, der auf dem Schiff eines Händlers gedient hatte, den der Meerhund gefangen nahm«, sagte Berrine. »Er beschreibt, dass man ihn in eine riesige Höhle brachte, die unter der kleinsten Insel der Kette lag. Der sagenhafte Schatz wurde zwar nicht erwähnt, aber hätte der Hund sich ein besseres Versteck wünschen können?«

Ich blickte auf und sah, dass sie mich jetzt wieder herzlich anlächelte. »Ein wenig wünsche ich mir, ich könnte dich begleiten«, sagte sie bedauernd.

»Dann tu's doch.« Das Angebot war durchaus ernst gemeint. Ihrer Doppelzüngigkeit zum Trotz war sie eine interessante Gefährtin, und die Aussicht auf weitere sinnliche Abenteuer mit ihr verlockte mich nicht wenig.

»Ich kann die Bibliothek nicht verlassen.« Sie zog resigniert seufzend die Schultern hoch. »Bei all dem Ärger, der sich in der nächsten Zeit anbahnt, braucht sie eine echte Wächterin.«

»Ja, es bahnt sich tatsächlich Ärger an«, bestätigte ich. »Genau genommen weiß ich nicht, wie lange es für mich und meine Gefährten in dieser Stadt noch sicher ist. Ich wäre froh über eine Möglichkeit zur baldigen Abreise.«

»Ich kenne da einen Kapitän, der nichts dagegen hätte, einen zusätzlichen Passagier auf seinem Schiff unterzubringen, solange der Preis stimmt.«

»Zwei Passagiere. Ich habe noch eine Partnerin.«

»Wie du willst. Kapitän Din Faud ist der Mann, den du aufsuchen musst, auf der *Morgenstern.* Es ist eine alte Kogge, aber sie ist schnell. Und er ist ein alter Schurke, aber vertrauenswürdig, wenn man mit ihm eine Abmachung hat. Solltest du zu ihm gehen, dann nenn ihm meinen Namen, sonst könnte er ungehalten werden. Zufällig weiß ich, dass die *Morgenstern* in sechs Tagen wieder hier sein soll.«

»Langsam habe ich den Eindruck, in dieser Hafenstadt geschieht wenig, von dem du nichts weißt.« Ich hielt die Bücher noch einmal hoch, bevor ich sie in meine Tunika steckte. »Wir haben noch nicht darüber gesprochen, was ich dir hierfür schuldig bin.«

»Oh«, Berrine wandte sich zum Gehen, »ich glaube, du hast deine Schuld schon voll und ganz beglichen, Alwyn Scribe.«

»Du hast gar nicht nach dem Warum gefragt«, sagte ich, worauf sie innehielt.

Mit hochgezogener Augenbraue drehte sie sich zu mir um. »Nach dem Warum?«

»Warum es für mich hier bald nicht mehr sicher ist. Und du hast dich auch nicht nach meinem jüngsten Abenteuer erkundigt. Interessiert es dich gar nicht, was ich in der Wildnis erlebt habe?«

Sie sagte nichts, sondern musterte mich bloß neugierig, während ich auf die mächtige Statue deutete, die über uns aufragte. »Zufällig«, sagte ich, »habe ich da draußen einen Mann getroffen, der mich stark an Ulthnir hier erinnert hat, außer dass er eine Axt trug. Eine große Steinaxt.«

»Und doch scheinst du unverletzt zu sein.« Berrine legte lächelnd den Kopf schief. »Nicht alle Südländer, die einem Ascarlianer begegnen, haben so viel Glück.«

»Ich hab nicht gesagt, dass er ein Ascarlianer war.«

Ihre Mundwinkel zuckten verlegen, aber sie wirkte weiter unbesorgt.

»Kurz bevor wir ihm begegnet sind, hatte er einen Mann zu Tode gefoltert«, fuhr ich fort, worauf ihre Miene wieder ernster wurde. »Der Rote Falke. Hast du schon mal davon gehört? Es traf einen Mann, der das anscheinend schwerwiegende Verbrechen begangen hatte, Wolle zum Verkauf in diese Stadt zu bringen, um seine Familie ernähren zu können.«

»Eine bedauerliche Tat«, erwiderte Berrine. »Aber im Krieg werden davon viele begangen.«

Ich trat näher und zog ihr Geschenk an der Kette an meinem Hals hervor. »Er hatte auch so ein Medaillon.« Ich ließ den Silberknoten vor ihren Augen hin und her baumeln. »Merkwürdig, findest du nicht?«

Berrine musterte das Medaillon nur kurz, bevor sie zurücktrat und zu Ulthnirs gleichgültigem Steingesicht über uns hochsah. »Im

Altvar-Rendi«, sagte sie, »wird beschrieben, wie Ulthnir, der Oberherr der Fernen Reiche, einen großen Kampf gegen die Heltvar ausficht, die widerwärtigen Geschöpfe aus der Grube der Qualen. Nachdem er sie besiegt hat, will er ihre Kadaver aus seinem Reich fortschaffen und fügt sie zu einer neuen Welt zusammen – der Erde, auf der wir stehen. Als unsere Welt geboren wurde, war also die Erde selbst schon mit dem Samen des Bösen versetzt. Und daraus entstanden alle schlechten Eigenschaften von Mensch und Natur. Ulthnir, der sich für seinen Fehler schämte, schwor, seine Schöpfung und die sterblichen Wesen darauf zu beschützen. Und er verpflichtete auch all seine Kinder und Enkelkinder, dasselbe zu tun. Er machte sich selbst zum Wächter der Hallen von Aevnir, sodass auch jenseits des Schleiers des Todes die Würdigsten ihre gerechte Belohnung erhalten. So sehr liegt Ulthnir seine Schöpfung am Herzen, und so sehr stehen wir Sterblichen in seiner Schuld. Was liegt dir am Herzen, Alwyn?«

Ich bezweifelte, dass sie eine Antwort erwartete, deshalb schwieg ich. Berrines Blick wanderte von Ulthnirs grimmig entschlossener Miene zum Fuß der Statue, einem würfelförmigen Sockel, in den zahlreiche Runen eingeritzt waren. Bis heute weiß ich nicht, ob ihr Blick absichtlich auf einigen bestimmten Schriftzeichen verharrte oder ob es nur ein unbewusster Reflex war, das Ergebnis ihrer jahrelangen Forschungen. Aus Sentimentalität neige ich dazu, Ersteres zu glauben.

»Es war schön, dich wiederzusehen«, sagte sie, bevor sie forschen Schrittes davonging.

Ich wartete, bis sie im Labyrinth der Straßen verschwunden war, und trat dann an den Sockel heran. Die Runen, auf denen ihr Blick geruht hatte, befanden sich ganz am Ende der Inschrift und waren für mich natürlich nicht zu entziffern. Ich zog ein Stück Holzkohle und ein Pergament aus meiner Tasche und zeichnete sie sorgfältig ab. Irgendwo in dieser bald schon unter Belagerung stehenden Hafenstadt musste sich jemand finden lassen können, der ihre Bedeutung entschlüsseln konnte.

Neununddreissigstes Kapitel

Redmaine nannte es den Gaunerschlag.« Wilhum tippte mit dem Knauf seines Langschwerts gegen den unteren Rand meines Visiers. Wir befanden uns, im Nahkampf verschlungen, auf Fohlvasts Stallhof. Wilhum trug wieder seine schöne blaue Rüstung, ich dagegen eine bunt zusammengewürfelte, aber brauchbare Sammlung aus Rüstungsteilen vom Schlachtfeld, die ich den anderen Soldaten abgekauft oder entwendet hatte. Da wir, von langweiligen Truppenübungen oder kurzen Spaziergängen auf dem Wall abgesehen, kaum eine Beschäftigung hatten, holten wir von der Feldherrin die Erlaubnis ein, meinen Unterricht in den ritterlichen Künsten wiederaufzunehmen.

Ich war dankbar dafür, dass der ehemalige Adlige zumeist ein geduldiger Lehrer war. Sein Blick war klar, und sein Atem roch nicht mehr nach Schnaps, er schien also inzwischen vollkommen nüchtern zu sein. Zu den Schwertübungen gab er mir gute Ratschläge, statt mich zu verspotten oder zu bestrafen, wie es sein Lehrer einst mit ihm getan hatte. Nachdem ich mich einige Tage lang mit ihm im Ringkampf geübt hatte, hätte ich auf den Gedanken kommen können, ich reichte langsam an seine Fähigkeiten heran. Hin und wieder legte er jedoch eine plötzliche Wildheit oder hinterhältige Taktik an den Tag, die mir deutlich vor Augen führte, wie weit ich ihm immer noch unterlegen war.

»Alle Ritterhelme besitzen eine Schwachstelle«, fuhr er fort und drückte den Knauf hart gegen mein Visier, worauf mein Hals in einem schmerzhaften Winkel nach hinten gebogen wurde. Er hatte mich in diese Position gebracht, indem er blitzschnell sein Schwert herumgedreht hatte, mit dem er meine eigene Klinge gegen seine gepanzerte Seite drückte. So flink, dass ich nicht hinterherkam, schlang er den linken Arm um meinen rechten und zog mich dicht an sich heran. Zwar hätte ich ihm einen Hieb gegen den Kopf verpassen können, aber der Schwertknauf hätte vorher schon sein Werk getan.

»Schlägt man fest genug dagegen«, fuhr er fort, »dann fällt das Visier ab, und du kannst vielleicht sogar deinem Gegner das Genick brechen.« Er ließ mich los und trat zurück. »Versuch's mal.«

»Diese Tricks kommen mir aber nicht sehr ritterlich vor«, kommentierte ich, während er mir die notwendigen Bewegungen langsam vormachte. Er hatte mir bereits die verschiedenen Lücken in einer Ritterrüstung gezeigt, durch die man einen Dolch stechen konnte, wobei die ungeschützte Stelle in der Kniekehle besonders beliebt war. Ein gezielter Stich dorthin, und der Gegner wäre gelähmt.

»Jeder Krieg beruht auf Tricks«, erwiderte er. »Jedenfalls hat Meister Redmaine das immer gern gesagt. Die Knechte trickst man mit dem Versprechen auf Beute aus, damit sie dem Banner ihres Herrn folgen, oder man droht ihnen mit Prügelstrafen, denen sie eigentlich entgehen könnten, wenn sie sich nur gemeinsam ihrem Herrn widersetzen und ihn fortjagen würden. Die Adligen tricksen sich selbst aus, indem sie sich ausmalen, Ruhm oder die Gunst des Königs gewinnen zu können. Und Ritterlichkeit«, Wilhum lachte verbittert, »ist der übelste

Trick von allen. Sie gaukelt einem vor, der Krieg wäre etwas anderes als bloß ein Chaos aus Blutvergießen und Leid.«

»Ein fröhlicher Mann also.«

»Nein, er war ein mieses sadistisches Schwein. Aber manchmal erstaunlich klug.«

Danach kämpften wir mit Stäben, die Wilhum als Ersatz für das Langschwert benutzte, weil sie in etwa dieselbe Länge und dasselbe Gewicht hatten. Mir wurde schnell klar, dass er es die ersten paar Tage hatte langsam angehen lassen, ein Entgegenkommen, auf das er im Laufe der nächsten Lektionen jedoch zunehmend verzichtete. Da ich im Prügeln nicht gänzlich unerfahren war, konnte ich die ersten paar Schläge meist abwehren, aber über kurz oder lang landete ich unter seinen Attacken stets auf dem Hosenboden. Dennoch merkte ich, dass sich meine Fähigkeiten verbesserten, und das Langschwert kam mir jetzt schon nicht mehr ganz so sperrig vor. Mit genügend Zeit könnte ich es irgendwann vielleicht sogar mit Wilhum aufnehmen oder hätte zumindest eine echte Chance, die Begegnung mit einem Ritter mit ähnlichem Können zu überleben. Aber die Zeit war gegen uns. In drei Tagen wollte ich Berrines Kapitän aufsuchen und mir eine Passage weg von dieser Kompanie und ihrer prekären Situation erkaufen.

Ich überlegte, Wilhum anzubieten, Toria und mich zu begleiten, aber ich wusste, es wäre vergebliche Mühe. Er und Evadine saßen jetzt an den meisten Abenden zusammen und unterhielten sich, oft in Gesellschaft von Feldwebel Swain. Zweifellos planten sie die Verteidigung der Hafenstadt, was hieß, dass Wilhum nun zum Kommandostab der Kompanie gehörte. Zwar war er im Rang nicht aufgestiegen, konnte aber dennoch Evadine und den Betbrüdern und -schwestern seine Meinung sagen, ohne eine Zurechtweisung fürchten zu müssen. Außerdem musste er in ihrer Gegenwart nicht mehr salutieren.

Evadines Haltung mir gegenüber war seit unserer Rückkehr unverändert frostig. In ihrem Blick leuchtete immer noch vorwurfsvolle Anklage. Dennoch hatte sie es seither offenbar nicht für nötig gehalten, mir weitere lebensgefährliche Strafen aufzuerlegen, und das war immerhin etwas. Außerdem hatte sie mir erlaubt, meinen gewöhnlichen Tagesablauf als Soldat zu unterbrechen und mich von Wilhum unterrichten zu lassen, was von einer gewissen Großzügigkeit zeugte, die meinen Kameraden nicht zuteilwurde. Vielleicht war mir verziehen worden, oder ich wurde zumindest für würdig befunden, meine Inanspruchnahme heidnischer Dienste wiedergutmachen zu dürfen. Wenn das jetzt auch kaum noch eine Rolle spielte, oder jedenfalls glaubte ich das bis zu dem Moment, als einer von Fohlvasts Dienern in Panik an uns vorbeigerannt kam.

»Sie sind hier, Herr!«, kreischte er schrill und wedelte auf eine Weise mit den Armen, die ich unter anderen Umständen komisch gefunden hätte. Vor Fohlvasts Fenster kam er stolpernd zum Stehen und rief verzweifelt: »Die Ungeheuer aus dem Norden sind hier!«

◆ ◆ ◆

»Dreihundertachtundvierzig«, meldete ich und konnte die traurige Enttäuschung in meiner Stimme nicht unterdrücken, als ich Evadine das Fernrohr reichte. Die ascarlianische Flotte war etwa drei Meilen vor der Mündung des Hafenbeckens aus dem Dunst aufgetaucht. Das mannigfache Platschen ihrer Anker verkündete ihre Ankunft besser als jeder Trompetenstoß.

»Wie Soldat Dornmahl sagte«, fuhr ich fort, »manche sind größer als andere, aber sie liegen alle tief im Wasser.«

»Voll beladen also«, vermutete Feldwebel Swain und musterte die Flotte mit zusammengekniffenen Augen. »Der Ratsherr hatte recht: Sie haben mindestens zwanzigtausend Schwerter gegen uns in Stellung gebracht. Und wie's aussieht, werden sie uns nicht den Gefallen tun, den Wall anzugreifen.«

»Aber es gibt keine Stelle, an der sie an Land gehen könnten«, grübelte Evadine. Sie schien nicht sonderlich beunruhigt, ihr Stirnrunzeln wirkte eher verwundert. »Die äußeren Dämme sind von einer

Seemauer geschützt und zu steil. Selbst bei Flut könnte ein Schiff dort nicht anlegen. Sie könnten das Hafenbecken direkt angreifen, aber die Mündung ist abgeriegelt. Sie müssten die Mole hochklettern, und die ist genauso leicht zu verteidigen wie der Wall.«

»Kann sein, dass sie gar keinen Grund sehen, uns anzugreifen«, warf Wilhum ein. »Solange sie im Fjord bleiben, kann kein Handelsschiff in diesen Hafen einlaufen oder ihn verlassen. Und auch die Fischerboote können nicht aufs Meer hinausfahren.«

Swain knurrte zustimmend. »Eine Blockade also. Dieser Tielwald will uns aushungern, bis wir uns von selbst ergeben.«

»Womit sich die Frage stellt, wie es mit unseren Vorräten aussieht, edler Fohlvast.« Evadine wandte sich dem Ratsherrn zu.

Fohlvast wirkte heute gefasster. Er stand aufrecht da, und sein attraktives Gesicht spiegelte ruhige Selbstsicherheit. Allerdings kam mir seine Miene etwas blasser vor als gewöhnlich, und den Gesichtsausdruck schien er ausgiebig vor dem Spiegel geübt zu haben.

»Wir haben genug Getreide, Trockenfleisch und andere Lebensmittel, dass es den Sommer über und bis in den Winter hinein reicht«, sagte er, und sein Tonfall wirkte genauso einstudiert wie sein Gesichtsausdruck. »Sogar noch länger, wenn wir die Vorräte rationieren. Sollte das Schoßhündchen der Schwesterköniginnen denken, dass er meine Stadt in den Ruin stürzen kann, dann täuscht er sich.« Er drückte schnaufend den Rücken durch und machte eine geringschätzige Handbewegung in Richtung der ascarlianischen Schiffe. »Wahrscheinlich sind eher sie es, die hungern werden, Feldherrin. Lasst sie ruhig dort in ihrem heidnischen Gestank hocken. Im Winter treiben im Aerics-Fjord viele Eisberge, die von den Gletschern im Osten abbrechen. Nur der dümmste Narr würde dann dort vor Anker bleiben. Sollten ihre knurrenden Mägen sie zu diesem Zeitpunkt noch nicht davon überzeugt haben aufzubrechen, so wird es die Aussicht auf zerschmetterte Schiffsrümpfe gewiss tun.«

»Monatelang untätig herumzusitzen, ist keine gute Idee, Feldherrin«, sagte Swain. »Wir haben jede Menge Boote im Hafen. Lasst mich mit einem Dutzend davon in der Nacht rausfahren und ein paar gegnerische Schiffe in Brand stecken. Die Kompanie würde das sicherlich aufmuntern.«

Evadine dachte kurz darüber nach, dann neigte sie zustimmend den Kopf. »Also gut, Feldwebel. Aber bitte nur Freiwillige.« Jeder Gedanke, dass sie mir verziehen haben könnte, löste sich sofort in Luft auf, als sie mich ansah. »Na, wie wär's, Scribe?« Sie zog die Brauen hoch und lächelte erwartungsvoll. »Lust, es den Heiden noch mal zu zeigen?«

Hält sie mich für einen Verräter? Womöglich hatte meine unversehrte Rückkehr ihren Argwohn geweckt. Aber Wilhum war schließlich ebenfalls unverletzt wiedergekommen, und ihm schien sie keine solche Abneigung entgegenzubringen. *Reine Gehässigkeit also*, entschied ich. Ich biss die Zähne zusammen und salutierte erneut.

»Was immer der Bund wünscht, Feldherrin.«

◆ ◆ ◆

Insgesamt bekam Swain dreißig Freiwillige zusammen. Brauer und Toria ließen es sich nicht nehmen, sich ebenfalls zu melden, nachdem sie erfahren hatten, dass ich bei dem Irrsinn mitmachen würde. Darüber hinaus schloss sich uns Wilhum an, und zu meiner Überraschung durfte auch Ayin dabei sein.

»Sie ist erpicht darauf, ihren Mut und ihre Treue gegenüber dem Bund unter Beweis zu stellen«, sagte die Feldherrin, als ich vehementen Widerspruch dagegen einlegte. »Wer bin ich, ihr das zu verwehren?«

Der Trupp sammelte sich, nur leicht gerüstet, am Kai. Klingen und Gesichter waren mit Ruß geschwärzt, und lediglich abgeblendete Laternen waren erlaubt. Ayin wirkte tatsächlich recht eifrig, als sie flink in eines der drei Langboote sprang, die uns aus dem Hafenbecken bringen sollten. Sie nahm im Bug Platz und winkte Evadine und mir fröhlich zu.

»Sie ist immer noch verrückt«, sagte ich. »Weniger verwirrt als früher, das schon, aber sie bleibt krank im Kopf. Und ich bezweifle, dass ein solcher Kampf zu ihrem Besten ist.«

»Du solltest mehr an deine Kameraden glauben.« Evadine sprach ruhig, aber mit inzwischen vertrauter Härte. »Genau genommen, Scribe, habe ich den Eindruck, dass es dir gleich in mehrerer Hinsicht an Glauben mangelt.«

Der hitzige Ausruf *Scheiß auf den Glauben!* lag mir auf der Zunge, aber ich konnte mich noch gerade so beherrschen. »Ich verstehe, dass Ihr mich bestrafen wollt, Feldherrin«, presste ich hervor. »Aber meine Freunde sollten das nicht ausbaden müssen.«

»Weshalb hältst du das hier für eine Strafe?« Sie schaute mich fragend an. »Was könntest du getan haben, um eine solche Behandlung zu verdienen?«

Noch mehr unkluge Worte brodelten in mir hoch, die ich mir erneut mühsam verkniff. »Ich werde mich nicht dafür rechtfertigen, Brauers Leben gerettet zu haben«, sagte ich. »Wenn es auch durch heidnische Praktiken geschah.«

»Und was ist mit seiner Seele? Denkst du, die Seraphilen lassen ihn durch die Himmlische Pforte, wenn seine Seele dermaßen beschmutzt ist?«

»In den heiligen Schriften steht, das Mitgefühl der Seraphilen sei grenzenlos. Vielleicht seid Ihr ja diejenige, der es an Glauben mangelt, Feldherrin.«

In meiner Wut war ich zu weit gegangen, und ich erwartete eine barsche Zurechtweisung, vielleicht sogar den Befehl an Swain, mich in Ketten zu legen. Stattdessen war Evadines Zorn sofort wieder verflogen. Sie runzelte nur kurz die Stirn, dann senkte sie den Kopf und atmete mit geschlossenen Augen langsam ein.

»Ich weiß, warum du das damals getan hast.« Sie öffnete die Augen wieder. Zu meiner Überraschung wirkte ihr Blick eher furchtsam als wütend. »Und die Seraphilen in ihrer Weisheit haben mir vieles von dem gezeigt, was du noch tun wirst, Alwyn Scribe. Deshalb sollst du wissen, dass das hier«, sie deutete auf die Boote, »keine Strafe ist.«

Sie musterte mich mit prüfendem Blick, was ich noch erschreckender fand als ihre Furcht. Mir fiel – was selten vorkam – absolut nichts ein, was ich darauf hätte erwidern können, deshalb starrte ich sie nur stumm an, als sie näher herantrat und mir mit gerunzelter Stirn in die Augen sah. »Was sie mir zeigen, ist oft … verwirrend, manchmal widersprüchlich. Auf dem Feld der Verräter habe ich sowohl Sieg als auch Niederlage gesehen. Ich habe gesehen, wie der Rat der Eminenzen mich auslachte oder mir seinen Segen gab, als ich darum bat, diese Kompanie aufstellen zu dürfen. Jetzt schicken mir die Seraphilen Visionen von dir … und von mir.« Sie streckte eine Hand nach meinem Gesicht aus. »Manchmal sind wir …«

Ein leises Räuspern von Swain ließ ihre Hand verharren. Blinzelnd zog sie sie zurück. Dann trat sie von mir weg und wandte sich mit forschem Lächeln dem Feldwebel zu. »Bereit abzulegen, Bruder-Feldwebel?«

»Die Boote sind beladen, und alle sind bereit, den Heiden eins auszuwischen, Feldherrin.«

Ich wusste nicht, was mich mehr beunruhigen sollte, Swains argwöhnisch zusammengekniffene Augen oder dass seiner Stimme jegliche Ironie fehlte.

»Sehr gut«, sagte Evadine. »Ich lasse die gesamte Kompanie im Hafen aufmarschieren, sollten die Ascarlianer dumm genug sein, euch zu folgen, nachdem ihr fertig seid.«

Sie warf mir noch einen letzten Blick zu und ging dann mit angespannter Miene davon. Ich schaute ihr nach. Der ängstliche, zweifelnde Ausdruck in ihren Augen beunruhigte mich. Irgendetwas stimmte an diesem Abend nicht, etwas, das weit schlimmer war als die Aussicht, in die Dunkelheit hinauszurudern und sich mit Tausenden Ascarlianern anzulegen.

»Hör auf zu gaffen und geh an Bord, Scribe«, fauchte Swain, nachdem die hochgewachsene Gestalt der Feldherrin in der Dunkelheit jenseits der Laternen verschwunden war.

Es wäre ein Leichtes gewesen, ihm im Vorbeigehen mit dem Langschwert einen Stoß gegen die Brust zu versetzen. Ihn im Hafenwasser strampeln zu sehen, wäre die unvermeidlichen Konsequenzen einer solchen Tat vielleicht sogar wert gewesen. Aber ich tat es nicht. Meine Intuition sagte mir, dass ich in dieser Nacht für die Fähigkeiten des Feldwebels noch dankbar sein würde.

♦ ♦ ♦

Im Aerics-Fjord setzte der Gezeitenwechsel stets kurz nach Mitternacht ein, und man konnte mit einem Boot die Strömung nutzen, um aus dem Hafenbecken hinauszugleiten, ohne rudern zu müssen. Natürlich hatten wir Ruder an Bord. Sie würden auf der Rückfahrt zum Einsatz kommen, die Hinfahrt hingegen fand in angespannter Stille statt. Nur das Plätschern des Wassers gegen die Bootsrümpfe war zu hören. Am Himmel verbarg sich ein schmaler Halbmond hinter dahintreibenden Wolken, sodass die Boote lediglich drei Schatten inmitten des dunklen wogenden Wassers waren.

Wir lagen unter dunklen Umhängen verborgen und hatten die Klingen weggesteckt. Ich und die anderen Insassen des ersten Bootes hatten jeder ein Dutzend Tontöpfe mit Lampenöl erhalten. Sobald der Rumpf des ersten Langschiffs in Reichweite kam, sollten wir die Töpfe gegen das Holz schleudern. Im nächsten Boot wurden dann Fackeln entzündet, und bald schon würde am Außenrand der Flotte ein Inferno ausbrechen. Mit etwas Glück und günstigem Wind könnten die Flammen sogar noch auf andere Schiffe überspringen.

Ich musste zugeben, es war ein kluger Plan. Wie immer die Sache für uns ausgehen mochte, wir würden in dieser Nacht auf jeden Fall einen Sieg erringen. Was mir Sorgen bereitete, war weniger, ob es uns gelingen würde, ein paar Schiffe in Brand zu stecken, sondern eher, ob wir es in den Hafen zurückschaffen würden, wenn die Ascarlianer erst erwacht waren. Swain sah unsere Leben gewiss als entbehrlich an, wenn sich damit das Überleben der Hafenstadt sichern ließe, ich war da naturgemäß anderer Meinung.

Als wir uns dem Außenrand der Flotte näherten, hob ich den Umhang ein Stück an, um besser sehen zu können. Ich hatte die Hoffnung, einen wachsamen Krieger zu erspähen oder von einem erspäht zu werden. Entdeckte ich einen solchen, so wollte ich alles tun, um seine Aufmerksamkeit zu erregen, worauf sich hoffentlich laute Rufe erheben würden, die uns zwangen, unser selbstmörderisches Unterfangen abzubrechen. Bedauerlicherweise ließ sich aber kein aufmerksamer Ascarlianer blicken, und die geschwungene Reling des Langschiffs in unserer Nähe blieb auffallend leer. Die nachlässige Besatzung hatte nicht einmal die simple Vorkehrung getroffen, Vorder- und Achterdeck mit brennenden Fackeln zu bestücken. Genau genommen war – soweit ich feststellen konnte – die gesamte ascarlianische Flotte in Dunkelheit gehüllt. Nicht eine einzige Fackel war zu sehen.

»Bereit machen«, flüsterte Swain und ein Rascheln ertönte, als meine Kameraden nach ihren Töpfen griffen. »Wartet auf meinen Befehl.«

Aus dem Bug des Schiffes ragte die grellbunt bemalte Schnitzfigur eines knurrenden Raubvogels hervor. Als der geöffnete Schnabel sich direkt über uns befand und unser Boot polternd gegen den Rumpf des Langschiffes stieß, brachte das Fehlen jeglicher Warnrufe die Alarmglocken in mir zum Schrillen. Nicht nur gab es keine Wachposten oder Fackeln, es drang – bis auf das Knarren der Holzbalken und das leise Knarzen der Seile – überhaupt kein Geräusch von dem Schiff herüber.

»Halt.« Ich wandte mich Swain zu, als dieser schon den Mund öffnete, um den Befehl zum Werfen zu geben. »Irgendetwas stimmt hier nicht.«

»Hör einfach auf meine Befehle, Scribe«, zischte er zurück. »Die Feldherrin mag dir deine Undiszipliniertheit durchgehen lassen, aber ich nicht …«

Ich stand auf und warf den Umhang ab. »Ist jemand hier?«, rief ich zum Schiff hinüber.

Statt dass bewaffnete Krieger eilig an die Reling gerannt kamen, erblickte ich lediglich ein schmales bleiches Gesicht. Weit aufgerissene

Augen blinzelten mich furchtsam an und verschwanden wieder, gefolgt vom eindringlichen Flüstern zweier Kinderstimmen.

»Die Plage soll dich holen, Scribe!«, rief Swain, als ich vom Boot sprang und mich an der Reling hochzog. Ich ließ mich aufs Deck fallen und griff geduckt nach meinem Langschwert. Ich hatte es schon halb gezogen, als ich ein paar Schritt entfernt zwei Jungen stehen sah.

Sie hatten das für Ascarlianer typische blonde, zu Zöpfen geflochtene Haar, aber nichts von der Wildheit dieses Volkes. Den kleineren schätzte ich auf etwa zehn Jahre, den anderen höchstens auf zwölf. Der ältere reagierte zuerst, nachdem er und sein Kumpan unsichere Blicke ausgetauscht hatten. Der Junge zog ein kleines Messer aus dem Gürtel und stieß ein ganz passabel klingendes Brüllen aus, dann stürzte er sich auf mich und stach mit mehr Eifer als Können nach mir.

»Das reicht.« Ich packte sein Handgelenk und zog ihn daran in die Höhe. Das Messer fiel zu Boden, als ich den Griff verstärkte. Ich schaute mich auf dem ansonsten leeren Deck um. »Wo sind eure Leute?«, fragte ich, doch der Junge spuckte mir nur trotzig in die Augen. Blinzelnd sah ich zu dem Schiff hinüber, das ein Dutzend Meter weiter Backbord vor Anker lag. Auch dort war bis auf drei kleine Gestalten niemand an Deck zu sehen. Ein Blick zu den anderen Schiffen in der Nähe bestätigte, dass es überall dasselbe war.

Mit dem zappelnden Jungen in der Hand drehte ich mich um und rief über die Reling: »Irgendwas ist hier im Busch, Feldwebel! Die Schiffe sind alle leer bis auf ein paar Welpen wie den hier!«

Die zweifellos wütende Antwort des Feldwebels wurde von einem lauten Brüllen vom Achterdeck übertönt, das wie das eines Bären klang. In den Schatten tauchte eine große Gestalt auf. Anfangs glaubte ich, es handele sich wirklich um einen Bären; der zottige Kopf und der fellbedeckte Körper hätten einem Tier gehören können, aber dann sah ich die Streitaxt in der Hand der Gestalt.

Ich schleuderte den Jungen beiseite, trat von der Reling weg und zog mein Langschwert. Mein Angreifer rannte mit erhobener Waffe direkt auf mich zu. Dabei schrie er mit heiserer, aber kräftiger Stimme eine Herausforderung, die in einem überraschten Ausruf endete, als Brauer sich über die Reling schwang und dem Kerl seine Stiefel in den Rücken rammte. Der Mann landete bäuchlings auf dem Deck und verlor dabei seine Axt. Keuchend vor Anstrengung wollte er erneut hochkommen, aber Brauer drückte ihn nieder, indem er ihm ein Knie in den Nacken setzte und ihm einen Dolch an die Schläfe hielt.

»Bring ihn noch nicht um«, sagte ich.

»Was ist hier los?«, verlangte Feldwebel Swain zu wissen, der nun ebenfalls an Bord des Schiffes geklettert war. Angesichts der mysteriösen Ereignisse hatte sein Zorn sich etwas gelegt, aber er starrte mich immer noch so finster an, als wollte er mich jeden Moment bestrafen.

»Kein einziger Krieger an Bord.« Ich stieß mit dem Stiefel den Kopf des am Boden liegenden Kerls an. Jetzt erst bemerkte ich, dass sein Haar grau war und das eine Auge, mit dem er mich böse anfunkelte, von tiefen Falten umgeben. »Abgesehen von dem hier, und der ist mindestens ein Großvater, würde ich schätzen.«

Ich sah, wie die Wut des Feldwebels mit seinem Pflichtgefühl rang. Er musterte das Deck des Schiffes und die umliegende Flotte. Auch Ayin und Toria waren inzwischen an Bord gekommen, Erstere vermutlich aus Neugier, Letztere auf der Suche nach Beute. Wilhum folgte gleich danach. Statt verwundert auszusehen, nahm er die Szenerie mit einem wissenden Stirnrunzeln in sich auf. Er ging in die Hocke, spähte durch einen Spalt zwischen den Deckbalken und knurrte bestätigend.

»Der Rumpf ist mit frisch geschlagenem Holz gefüllt«, sagte er grimmig. »Deswegen lagen die Schiffe so tief im Wasser. Wenn ihre Krieger nicht hier sind, dann sollen sie offenbar einen anderen Zweck erfüllen.«

Der Anblick, wie Ayin zu den beiden ascarlianischen Jungen hinhüpfte, lenkte mich einen Moment lang ab. Die beiden hockten zusammengekauert am Fuß des Hauptmasts, und in ihren Augen leuchtete Furcht.

»Hallo«, begrüßte sie Ayin, die seit jeher eine Schwäche für Welpen hatte. »Wie heißt ihr?« Als ihr nur verwirrter Argwohn entgegenschlug, verzog sie schmollend den Mund. »Seid nicht so unfreundlich.« Sie streckte eine Hand aus und streichelte dem jüngeren den Kopf. »Mein Name ist Ayin …«

Ihre Stimme brach ab, als Toria sich auf sie stürzte, sie an der Taille packte und aufs Deck riss. Gleich darauf pfiff eine Salve Pfeile durch die Luft. Es waren nur ein paar Dutzend, und sie waren nicht besonders gut gezielt, dennoch suchten wir alle schnell Deckung. Ich duckte mich hinter ein Fass und zuckte zusammen, als ein Pfeil funkensprühend von dessen Eisenrand abprallte. Ich hob den Kopf ein wenig und sah einen grauhaarigen Kerl auf dem Nachbarschiff, der einen Langbogen hielt. Hinter ihm standen noch mehr großväterliche Gestalten, die ebenso bewaffnet waren. Zwar waren es nur wenige, und sie waren viel zu alt für eine Schlacht, aber offenbar dennoch entschlossen, sich nicht kampflos zu ergeben.

In diesem Moment hallte ein lautes, mir unvertrautes Geräusch vom Hafen her über den Fjord. Mein Blick ging zur Stadt, und ich sah am Fuß des Halthir eine gewaltige Staubwolke aufsteigen, genau an der Stelle, an der sich die Statuen des ascarlianischen Pantheons befanden. Das Geräusch erinnerte an das Rauschen eines Wasserfalls, klang aber lauter und wurde von einem Poltern begleitet, so als prasselten harte Brocken auf die Kopfsteinpflasterstraßen. Der Staub war dicht und wurde von den Lichtern der Stadt nur ungenügend durchdrungen, dennoch sah ich in den Wolken die Umrisse von etwas Großem, das umstürzte.

»Ulthnirs Statue«, keuchte ich.

»Was im Namen der Märtyrer geht da vor sich?« Feldwebel Swain kam halb hinter der Seilrolle hoch, hinter die er sich gekauert hatte. Seine Züge waren von Fassungslosigkeit und Furcht verzerrt. In mir hingegen reifte, als die Statue mit lautem Knall zu Boden stürzte, dass das ganze Schiff erzitterte, eine Erkenntnis.

Ich griff in meine Tasche und eilte zu Brauer, der den gefangenen Ascarlianer zu Boden drückte. Zum Glück waren die betagten Bogenschützen auf den anderen Schiffen offenbar ebenso erschrocken wie wir, denn sie schossen keine Pfeile auf mich ab, als ich übers Deck lief. »Was steht hier?« Ich hielt dem Ascarlianer das auseinandergefaltete Stück Pergament vor die Augen. Seine Pupillen verengten sich wissend, als er die Runen sah, sein Gesicht war jedoch starr, und seine Lippen blieben fest verschlossen.

»Wilhum!«, rief ich und sah dem Gefangenen in die Augen, während ich auf die beiden am Hauptmast kauernden Jungen deutete. »Sag dem alten Mistkerl, wenn er mir nicht gleich verrät, was hier steht, dann kann er zusehen, wie wir den beiden Hosenscheißern die Kehle durchschneiden.«

Offenbar konnte der Kerl genug Albermainisch, um meine Worte zu verstehen. Er stieß ein wütendes Knurren aus und versuchte vergeblich hochzukommen. »Feiges Südländerpack!«, krächzte er. Speichel sprühte zwischen seinen zusammengebissenen Zähnen hervor. »Gegen Kinder zu kämpfen!«

Ich packte ihn an den Haaren und hielt ihm das Pergament dicht vors Gesicht. »Sag mir, was das hier bedeutet, und ich muss es nicht tun.«

Der alte Krieger blähte die Nasenflügel und holte ein paarmal wütend Luft. Als er schließlich eine Antwort knurrte, hörte ich eine Spur Selbstgefälligkeit darin: »›Ulthnir fällt, damit die Ascar auferstehen.‹ Das steht da, du pockenverseuchter Hurensohn.«

»Die Pocken hab ich nicht«, murmelte ich, ließ ihn los und blickte zur Stadt hinüber. Ein Großteil der Gebäude war jetzt in eine graue Staubwolke gehüllt, aus der zahllose Rufe und Schreie drangen. In den Straßen am Berg loderte orangefarbenes Leuchten auf, vermutlich ein Feuer, das in den Ruinen zerschmetterter Häuser ausbrach. Im Geist sah ich wieder die Zeichnungen und Kritzeleien an der Wand von Berrines Zimmer vor mir. Außerdem musste ich daran denken, wie ihr Blick auf den Worten am Fuß von Ulthnirs Statue geruht hatte. *Ulthnir fällt, damit die Ascar auferstehen.*

»Feldwebel Swain!«

Der vertraute Klang von Betschwester Ofihlas Stimme ließ mich herumfahren, und ich entdeckte etwa zwei Dutzend Langboote, die sich der Flotte aus Richtung des Hafens näherten. Ofihla stand im Bug des Gefährts an der Spitze und hatte die Hände trichterförmig an den Mund gelegt.

»Die Feldherrin schickt Befehle!«, rief sie. »Wir sollen so viele Schiffe wie möglich kapern und in Richtung Heimat segeln!«

»Wo ist sie?«, rief Swain zurück.

»Noch an Land! Sie sagt, sie folgt uns, wenn sie so weit ist, und wir sollen uns beeilen!«

»Du hast sie zurückgelassen?«

Ofihla zuckte hilflos die fleischigen Schultern. »Sie hat es so befohlen!«

»Sie hat mir erzählt, sie hatte eine Vision«, sagte ich, worauf Swain mir in die Augen sah. Das Zucken in seinen starren Zügen deutete darauf hin, dass er sich kaum noch unter Kontrolle hatte.

»Eine Vision wovon?«, fragte er.

Ich schüttelte den Kopf. »In den Details war sie etwas … vage.« Ich wandte den Blick ab und sah erneut zum Hafen. Die aus der Staubwolke dringenden Schreie wurden immer lauter. Hat man einmal das Geschrei gehört, das mit einem Gemetzel einhergeht, dann erkennt man es immer wieder. Ich wusste mit plötzlicher Gewissheit, dass Feuer nicht die einzige Gefahr in dieser Wolke war.

Du sollst wissen, dass das hier keine Strafe ist, hatte Evadine gesagt.

»Ich glaube, sie rechnet damit, hier zu sterben«, sagte ich. »Sie will uns dasselbe Schicksal ersparen.«

Da gewann Swain seine Selbstbeherrschung zurück. Er senkte kurz den Kopf, drückte den Rücken durch, und alle Unsicherheit verschwand aus seiner Haltung. Als er den Kopf hob, hatte sich das Zucken gelegt, und er stieß den einzigen Fluch aus, den ich je von ihm hören sollte: »Tja, das wird verdammt nochmal nicht passieren, was?«

Vierzigstes Kapitel

Wir fanden den Hafen im Chaos vor. Eine panikerfüllte Menge aus Stadtbewohnern drängte sich am Kai, um auf eines der Schiffe oder Fischerboote zu gelangen, die im Hafen vertäut waren. Die ausländischen Kaufleute hatten es eilig, abzulegen und das Weite zu suchen. Ihre Mannschaften hielten die Menge mit Keulen und Bootshaken auf Abstand, und ständig stürzten schreiende Leute ins Wasser. Die Fischer waren dagegen freundlicher. Während wir in die Hafenmündung hineinruderten, kamen uns mehrere schwer beladene Boote mit Stadtbewohnern entgegen, die Bündel mit ihren Habseligkeiten umklammert hielten, die sie noch schnell hatten zusammenraffen können, bevor sie die Flucht aus der zum Untergang verurteilten Hafenstadt angetreten hatten.

»Die Ascarlianer kamen aus dem Berg!«, rief ein Fischer auf Swains geschriene Frage hin. »Tausende von den Mistkerlen! Sie bringen jeden um, den sie finden können!«

Seine Worte ließen unsere Ruder schneller eintauchen, ohne dass Swain den Befehl dazu hätte geben müssen. Er hatte Ofihla angewiesen, mit zwei Dritteln der Kompanie die Schiffe zu besetzen, nachdem die lästigen alten Bogenschützen aus dem Weg geschafft waren. In unseren Reihen gab es einige ehemalige Seeleute, die die Schiffe fahrbereit machen konnten.

»Wenn wir bei Morgengrauen nicht zurück sind …«, setzte Swain an, worauf Ofihla sich versteifte und ihn unterbrach, was sonst gar nicht ihre Art war.

»Dann kommen wir an Land und suchen euch, Bruder-Feldwebel. Ohne die Feldherrin fahren wir nicht los.«

Wir hatten etwa einhundert Soldaten der Kompanie bei uns, die auf fünf Boote verteilt waren – eine dürftige Streitmacht, um es mit Tausenden wilden Nordmännern im Blutrausch aufzunehmen. Dennoch ruderten wir mit unerschrockenem Elan auf den Kai zu. Meine Schuld gegenüber Evadine Courlain hatte ich auf dem Feld der Verräter restlos beglichen, und ich war immer noch verärgert, dass sie mich auf die Erkundungsmission geschickt hatte, die mich beinahe mein Leben gekostet hätte. Und doch legte ich mich ebenso kräftig in die Riemen wie die anderen. Ich hätte es undenkbar gefunden zurückzubleiben.

Toria dagegen hatte sich rasch verzogen, als Swain seine Absicht verkündet hatte. Sie hatte mir noch einen verzweifelten und verächtlichen Blick zugeworfen und dann Ayin zu dem Fässerhaufen auf dem Achterdeck des Schiffs gezerrt, ohne auf ihren Widerspruch zu achten.

»Aber ich will der Feldherrin helfen …«

»Halt die Klappe, du irres Miststück!«

Das Gedränge am Kai war so dicht, dass Swain den Befehl geben musste, uns an Land zu kämpfen. Brauer führte eine Gruppe Soldaten an, die mit den Stangen ihrer Hellebarden so lange auf die Menge einschlugen, bis diese sich lichtete. Trotz ihrer Panik besaßen die Stadtbewohner noch genügend Verstand, um sich danach von uns fernzuhalten.

Swain teilte zwei Dutzend Soldaten dazu ein, auf den Booten Wache zu halten, und musterte kurz die in Rauch gehüllten Straßen rund um den Hafen. »Speerspitze bilden!«, bellte er.

Das war eine neue Formation, die die Kompanie erst auf dem Marsch nach Norden gelernt hatte. Sie bestand aus einem schmalen Dreieck aus Hellebardisten, die vorausgingen, gefolgt von zwei Reihen mit Schwertern und Dolchen bewaffneter Soldaten. Die Formation war darauf ausgelegt, die Linie des Gegners mit einem schnellen, konzentrierten Angriff zu durchbrechen. Schwerter und Dolche vervollständigten die Attacke und verrichteten im nachfolgenden Gedränge ihr tödliches Werk. Brauer nahm an der Spitze des Speers Aufstellung, während Wilhum und ich mit gezogenen Langschwertern Swain flankierten, der dahinter folgte.

»Wie sollen wir sie da drin finden?« Wilhum nickte zu dem wabernden Rauch vor uns. Bis auf einige umherrennende Schatten war nicht viel zu sehen, wenn der andauernde Chor der Schreie auch allzu deutlich machte, was vor sich ging. Hier und da waren Kampfgeräusche zu hören. Irgendjemand leistete noch Widerstand.

»Wir gehen dahin, wo das Kampfgewühl am dichtesten ist.« Swain hob erneut die Stimme, um im Feldwebelton zu befehlen: »Im Laufschritt, vorwärts marsch!«

Der Rauch hüllte uns sofort ein, und wir konnten nur noch ein paar Schritt weit sehen. Dennoch blieb die Formation diszipliniert zusammen, wie es uns eingetrichtert worden war. Unterdessen huschten Stadtbewohner an uns vorbei; manche rannten in ihrer Furcht auch in uns hinein und wurden beiseitegestoßen. Andere flehten uns verzweifelt an, ihnen zu helfen oder sie zu beschützen. Ich sah einen betuchten Kaufmann mit Hermelinumhang und feinen Kleidern, der uns eine Zeitlang verfolgte und uns seine geöffnete Geldbörse hinstreckte. Sein rundes Gesicht war tränenüberströmt, und er versprach uns stotternd alle möglichen Reichtümer, wenn wir ihn nur sicher aus der Stadt brachten. Wir schenkten ihm ebenso wenig Beachtung wie der Frau ohne Schuhe ein paar Straßen weiter, die uns ihren weinenden Säugling hinhielt und uns als Feiglinge verfluchte, als wir ihr Flehen ignorierten.

Das Gefühl, in einen Albtraum geraten zu sein, verstärkte sich noch beim Anblick der Leichen. Als ich bei einem Dutzend angekommen war, hörte ich auf, sie zu zählen. Sie lagen auf dem mit glitschigem Blut überzogenen Kopfsteinpflaster, erschlagen ohne Rücksicht auf Alter oder Geschlecht. Einige hatten klaffende Wunden von Axthieben, bei anderen waren keine Verletzungen zu sehen, dennoch bluteten sie in Strömen. Geschichten davon, wie das Blut durch die Straßen floss, wenn eine Stadt überfallen wurde, hatte ich immer für reißerische Übertreibung gehalten; in jener Nacht erlebte ich es selbst.

Auf die ersten Ascarlianer stießen wir, als Swain Befehl gab, in eine der breiteren Straßen am Rand des Kaufmannsviertels einzubiegen. Er hielt auf das Kampfgetöse zu, was uns – wenig überraschend – immer näher an den Fuß des Halthir heranführte. Wir umrundeten eine Straßenecke und entdeckten ein Dutzend ascarlianischer Krieger, die auf einen Haufen Leiber einhackten – hauptsächlich Zivilisten, aber auch ein paar Stadtsoldaten. Als die Nordmänner uns sahen, ließen sie von ihrem Gemetzel ab und starrten uns verwundert entgegen, während wir in stetem Tempo auf sie zumarschierten. Da sie uns weder angriffen noch die Flucht ergriffen, fragte ich mich, ob sie trunken von Blut waren oder schlicht betrunken. Unser Auftauchen kam für sie eindeutig unerwartet. Erst als wir schon bis auf wenige Schritt heran waren, stießen sie gemeinsam einen Kampfschrei aus und stürmten uns entgegen.

Es war beeindruckend, mit welcher Wildheit sie sich ohne Rücksicht auf ihr eigenes Leben in den Kampf stürzten. Aber jetzt sahen sie sich echten Soldaten gegenüber, nicht Fohlvasts Söldnern oder wehrlosen Zivilisten. Außerdem waren sie in der Unterzahl. Die Hellebardisten töteten sie ohne größere Schwierigkeiten und erlitten dabei nur leichte Verletzungen, wonach unsere Formation weiterzog. Die nächsten Begegnungen mit dem Gegner verliefen weniger glimpflich, denn inzwischen waren mehr Ascarlianer auf die Eindringlinge aufmerksam geworden, die sie bei ihrem fröhlichen Blutbad stören wollten.

Drei mit Äxten bewaffnete Krieger kamen brüllend aus einer Gasse gerannt und hackten zwei Hellebardisten nieder, bevor sie den zustechenden Klingen von deren Kameraden zum Opfer fielen. Klügere Gegner begnügten sich damit, von den Dächern aus Pfeile auf uns abzuschießen, die noch einige weitere Leben forderten, bis wir das Kaufmannsviertel hinter uns gelassen hatten und uns in einer Szenerie der Verwüstung wiederfanden. Die Straßen, die den Statuen am nächsten waren, lagen vollständig in Schutt und Asche. Von den Häusern blieben nur hässliche, mit Leichen übersäte Trümmerhaufen. Überall loderten Flammen. Inmitten der Zerstörung lag der Granitmonolith, der einst Ulthnir dargestellt hatte, in fünf riesige Teile zerbrochen am Boden.

Ein Dutzend Schritt von Ulthnirs Steinkopf entfernt ließ Swain die Truppe anhalten. Die großen Steinaugen musterten uns mit einem Blick, in dem ich spöttische Zufriedenheit wahrzunehmen glaubte. Dahinter hatte sich an der Stelle, an der vor weniger als einer Stunde noch die Statue gestanden hatte, ein großer Spalt im Felsen aufgetan, ein schwarzes gezacktes Dreieck, aus dem zu Dutzenden die Ascarlianer hervorströmten. Die Öffnung war schmal, und der Tunnel im Inneren erstreckte sich vermutlich durch den ganzen Berg hindurch bis zur Nordflanke. Ich hatte fälschlicherweise angenommen, die Ascarlianer hätten bereits mit ihrer gesamten Streitmacht die Stadt gestürmt. Jetzt erkannte ich, dass es nur die Vorhut gewesen war. Der Großteil ihrer Armee stürzte sich jetzt erst in den Kampf.

Vor dem Tunneleingang tobte auf dem größten Schuttberg eine heftige Schlacht. Etwa einhundert oder mehr herzogliche Soldaten leisteten dort Widerstand gegen die Eindringlinge. Mit Feinheiten wie wohlgeordneten Reihen hielten sich die Nordmänner nicht auf, sondern warfen sich in wilder Hemmungslosigkeit gegen die Absperrkette der Soldaten am Abhang des Schuttbergs, in deren Mitte eine groß gewachsene gepanzerte Gestalt mit einem Langschwert aufragte.

»Zur Feldherrin, doppeltes Tempo!«, bellte Swain, worauf die Truppe so schnell loslief, wie es in Formation möglich war. Die Entfernung zu dem Schuttberg, auf dem der Kampf mit jeder Sekunde heftiger tobte, betrug mindestens hundert Schritt. Die aufgetürmten

Trümmer und heranwehenden Rauchwolken erschwerten das Vorankommen und ebenso die wachsende Zahl von Ascarlianern, die uns den Weg versperren wollten.

Die ersten paar Angreifer wurden ohne große Schwierigkeiten beiseitegeschleudert, bald schon wurde der Widerstand aber dichter und nahm so etwas wie eine geordnete Aufstellung an. Teilweise mit Schilden ausgerüstete Krieger verteilten sich lautstark brüllend in zwei Reihen vor uns und zwangen Swain, den Befehl zum Angriff zu geben.

Die Speerspitze verfiel in Laufschritt und traf mitten in die ascarlianische Linie. Durch unseren Schwung und unsere Überzahl gelang es uns, die Reihen zu durchbrechen, aber, wie man es uns während der Ausbildung schon vorhergesagt hatte, entstand danach sofort ein wildes Handgemenge.

»Zur Feldherrin!«, schrie Swain und wich dem Schwertstoß eines Ascarlianers aus, um den Krieger mit einem schnellen Schlag seiner Streitkeule zu Boden zu schicken. Er rannte weiter und zerschmetterte einem weiteren Nordmann, der ihm in den Weg stolperte, den Schädel. »Zur Feldherrin!«

Swains Worte wurden vom Rest der Truppe aufgegriffen und hallten laut in meinen Ohren wider, als ich mit Wilhum dem Feldwebel folgte. Wohl wissend, dass es unklug wäre, sich auf einen längeren Kampf einzulassen, rannte ich weiter und schlug mit meinem Langschwert nach jedem Krieger, der mir zu nahe kam. Durch den dahintreibenden Rauch sah ich inmitten der Kämpfenden Evadines hochgewachsene Gestalt aufragen. Ihr Langschwert schwang unermüdlich herum und mähte die Ascarlianer reihenweise nieder wie eine Sichel den Weizen. Dann entdeckte ich eine noch größere Gestalt, die hinter ihr auf dem Berg auftauchte – ein Riese mit zottigen Haaren und einer Axt, die den Feuerschein nur matt zurückwarf, so als bestünde sie aus Stein.

»Feldherrin!«, rief ich, doch meine Warnung wurde vom Kampfgetöse übertönt. Ich stürmte vorwärts, wich einem Schwerthieb aus und duckte mich unter einer herabsausenden Axt hindurch, bis ein

Ascarlianer mit einem Schild mir in den Weg trat. Um nicht stehen bleiben zu müssen, sprang ich hoch, stieß mich mit einem Fuß vom erhobenen Schild des Kerls ab und sprang über ihn hinweg. Ich spürte einen Luftzug, als er mit dem Schwert nach mir hieb. Ein leichtes Brennen machte sich in meinem Nacken bemerkbar. Ohne darauf zu achten, rannte ich weiter auf Evadine zu und rief erneut eine Warnung. Sowohl Swain als auch Wilhum hatten innehalten und sich gegen Angreifer zur Wehr setzen müssen, wohingegen ich freie Bahn hatte.

Ob Evadine meinen Warnschrei hörte, kann ich nicht sagen, sie drehte sich aber noch rechtzeitig um, sodass sie dem Hieb von Margnus Gruinskards Axt ausweichen konnte. Trümmer wurden zu Staub zerschmettert, als die schwere Steinklinge darauf niederhackte, und der Tielwald holte ein weiteres Mal aus, als wöge die Axt nicht mehr als eine Fliegenklatsche. Es war ein Ding der Unmöglichkeit, wie ein Mann seines Alters und von seiner Statur sich so schnell bewegen konnte, aber Evadine war mindestens genauso flink.

Anstatt einen weiteren Hieb landen zu können, sah sich Margnus gezwungen, den Griff seiner Axt zu heben, um Evadines Schwertstoß auf seine Kehle abzuwehren, und dann gleich noch einmal, als sie herumwirbelte und nach seinem Gesicht schlug. Dem Tielwald gelang es zwar, den Hieb abzuwehren, aber Evadine stellte eine noch größere Schnelligkeit unter Beweis, als sie sich tief duckte und vorwärtssprang, um die Lücke zu ihrem Gegner zu schließen. Im letzten Moment kam sie hoch, um dem Ascarlianer die Spitze ihres Langschwerts von unten ins Kinn zu stechen. Wäre es ihr gelungen, ihn zu treffen, hätte sie ihm gewiss den Kopf aufgespießt und die Nordmänner ihres Generals beraubt. Ob dies Olversahl für den König gerettet hätte, wie es viele Historiker behaupten, ist eine andere Frage. Ich persönlich hatte daran stets meine Zweifel. Selbst wenn der Tielwald getötet worden wäre, waren die Ascarlianer inzwischen zahlreich genug, um die Hafenstadt trotzdem zu erobern, und sie befanden sich im Blutrausch. Olversahl und ein Großteil seiner Bewohner waren in dieser Nacht so oder so dem Untergang geweiht.

In jedem Fall sind derartige Überlegungen rein spekulativ, denn Margnus Gruinskard starb in diesem Moment nicht. Tatsächlich erreichen mich noch heute, viele Jahre später, gelegentlich Berichte, dass der rätselhafte alte Mistkerl immer noch lebt und atmet. Wenn ja, dann atmet er allerdings durch verunstaltete Lippen, und ich hoffe auch, dass ihm sein fehlendes Auge einige Schmerzen bereitet.

Wieder bewegte sich der Tielwald mit einer Schnelligkeit, die man ihm in seinem Alter niemals zutrauen würde. Als die Spitze von Evadines Schwert seine Haut berührte, riss er den Kopf zur Seite, sodass die Klinge über sein Gesicht hinwegglitt, beide Lippen und sein linkes Auge durchschnitt, um im Labyrinth der Falten auf seiner Stirn eine tiefe Furche zu hinterlassen. Eine zwar schwere Verletzung, aber eine, die ihn nicht umbrachte.

Brüllend vor Schmerz und Wut taumelte der Tielwald rückwärts und schwang seine Axt in einem weiten Bogen herum. Evadine duckte sich, um ihr auszuweichen, und hob das Schwert zu einem weiteren Stoß. Womöglich hätte dieser den schwankenden und verletzten Gruinskard endgültig zu Fall gebracht, hätte die Gesegnete die Chance gehabt, ihn auszuführen.

In diesem Moment kamen jedoch die beiden Wölfe über die Hügelkuppe gesprungen, der schwarze hoch, der weiße tief. Evadine wirbelte noch rechtzeitig herum, um dem weißen Wolf ihr Schwert in die Flanke zu hauen, doch zuvor bekam dieser mit den Zähnen ihr Bein zu packen. Der schwarze drehte den riesigen Kopf und verbiss sich in Evadines Brust. Ich war nah genug, um zu sehen, wie sich ihr Brustharnisch unter dem Druck eindellte und Blut hervorspritzte, als die Zähne den Stahl durchdrangen.

Evadine verlor ihr Schwert, und die Wölfe rissen sie in einem wilden Knäuel zu Boden. Ohne mit den Kiefern locker zu lassen, warfen sie kräftig die Köpfe hin und her. Dass an der Flanke des Weißen Blut herabströmte, schien ihn nicht weiter zu stören. Gemeinsam mit seinem Bruder versuchte er, Evadine in Stücke zu reißen. Die Bestien waren so auf ihr Opfer fixiert, dass sie mein Herannahen gar nicht bemerkten. Der Schwarze war mir am nächsten, deshalb stach ich als Erstes nach ihm. Ich legte mein ganzes Gewicht in den Stoß und trieb der Bestie mein Langschwert tief in den Rücken. Eigentlich hatte ich dem Vieh die Wirbelsäule durchtrennen wollen, aber es warf sich im letzten Moment herum, weshalb die Klinge stattdessen seine Rippen durchschnitt.

Der Wolf ließ von Evadines Brust ab, bog sich herum und schnappte nach mir, wobei seine Zähne mein Gesicht nur um Haaresbreite verfehlten. Der heiße Atem der Bestie auf meiner Haut ließ Furcht in mir auflodern, meine Nasenflügel füllten sich mit dem ranzigen Gestank ihres Atems. Im Angesicht ihrer brutalen Wildheit zitterte ich am ganzen Körper. Ich wollte mein Schwert fallen lassen und weglaufen, aber der Instinkt des Raufbolds sagte mir, dies wäre ein Fehler. Ein Blick in die hasserfüllt funkelnden Augen des Wolfs machte mir klar, dass er es jetzt auf mich abgesehen hatte. Obwohl er verletzt war, würde ich kaum ein paar Schritte weit kommen, bevor er mich niederriss.

Deswegen kämpfte ich lieber, hämmerte dem Wolf eine Faust aufs Auge, packte mein Schwert mit beiden Händen, drehte die Klinge herum und trieb sie noch tiefer in seinen Leib, in der Hoffnung, sein Herz zu treffen. Das Glück war mir hold, der Wolf erstarrte abrupt und stieß ein Geräusch aus, das wie eine Mischung aus Knurren und elendem Wimmern klang. Zuckend und Blut speiend brach das schwarze pelzige Ungetüm zusammen.

Ich wollte das Langschwert herausziehen, spürte jedoch plötzlich ein schweres Gewicht auf beiden Schultern, das mich nach hinten zu Boden riss. Geröll knirschte unter meinem Rücken, als die Pfoten des weißen Wolfs mich niederdrückten. Sein weit aufgerissenes Maul erhob sich über mir, um mich mit einem Biss zu töten. Ein lautes, polterndes Knirschen, und alles färbte sich rot. Statt der erwarteten Schmerzexplosion, gefolgt von, wie ich hoffte, rascher Besinnungslosigkeit, spürte ich eine heiße Flüssigkeit im Gesicht.

»Aufstehen, Scribe!«, herrschte Feldwebel Swain mich an. Blinzelnd wischte ich mir warmes Blut aus den Augen. Ich sah, wie Swain keuchend vor Anstrengung den Kadaver des weißen Wolfs beiseitezerrte. Von seiner Streitkeule tropfte Blut, und aus dem zerschmetterten Schädel der Bestie quoll Hirnmasse hervor, als der tote Wolf den Hang des Trümmerbergs hinunterrollte.

»Kümmert euch um die Feldherrin!«, rief Swain einer Gruppe Kompaniesoldaten zu, die gerade vorbeilief. Ich kam taumelnd auf die Beine und sah zu, wie die Soldaten Evadine hochhoben. Mein Blick blieb an ihrem bleichen, schlaffen Gesicht hängen. Ihre Augen waren offen, wirkten jedoch trübe, und ihre Züge verkrampften sich immer wieder vor Schmerz.

Lautes Gebrüll lenkte meinen Blick zu einer Reihe Soldaten, die eine größere Menge Ascarlianer eingekreist hatten. Wilhum befand sich bei ihnen, und sein Langschwert hob und senkte sich mit tödlichem Geschick. Das Gebrüll, das die Schreie und das Kreischen der Kämpfenden übertönte, kam jedoch von irgendwo dahinter. Durch die Staubwolken erkannte ich Margnus Gruinskards massige Gestalt, der von einem Trupp Nordmänner umringt war, die mit ihm rangen. Einen Moment lang nahm ich irrigerweise an, Gruinskard hätte sich gegen seine eigenen Leute gewandt, aber dann wurde mir klar, dass sie ihn aus der Schlacht wegzerren wollten.

»Sichel bilden!«, bellte Swain, und unsere Truppe formierte sich rasch zu einem Halbmond, wie er vorzugsweise für einen geordneten Rückzug verwendet wurde. Ein Dutzend oder mehr der herzoglichen Soldaten schlossen sich uns an, aber ein rasches Durchzählen machte deutlich, dass wir bei dem Versuch, zur Feldherrin vorzudringen, fast die Hälfte unserer Truppenstärke verloren hatten.

Zum Glück war unser ursprünglicher Angriff so wild gewesen, dass die meisten Nordmänner in unserer unmittelbaren Nähe entweder getötet oder verjagt worden waren. Ein paar standhafte oder in Blutrausch verfallene Gegner gab es zwar noch, die uns nicht so schnell wieder gehen lassen wollten und sich gegen unsere sichelförmige Linie warfen. Wilhum erschlug zwei von ihnen kurz nacheinander, und die Hellebardisten erledigten den Rest. Heftigere Angriffe wären sicherlich bald gefolgt, die unseren Rückzug zum Hafen zunichtegemacht und in ein Massaker verwandelt hätten. Aber das Schicksal meinte es erneut gut mit uns, denn in diesem Moment wehte aus der Stadtmitte eine dichte mit Funken durchsetzte Rauchwolke heran, die uns augenblicklich einhüllte, uns in den Augen brannte und husten ließ.

»Fasst euch gegenseitig an den Schultern!«, rief Swain mit heiserer, aber nach wie vor kräftiger Stimme. »Bleibt dicht zusammen!«

Ich streckte die linke Hand aus, fand aber keine Schulter in Reichweite, während die Hand, die sich auf meine Schulter legte, von der mit Blut verschmierten Rüstung abglitt. Geblendet vom Rauch, stolperte und drängelte ich weiter und versuchte, in Formation zu bleiben, bis ich mit den Füßen an einem im Weg liegenden Leichnam hängen blieb.

»Beim Arsch der Märtyrer!«, fluchte ich, als ich hart auf den Pflastersteinen aufschlug. Ich wollte mich wieder aufrappeln, rutschte jedoch auf den vom Blut glitschigen Steinen abermals aus. Das Krachen und Poltern herabstürzenden Holzes war zu hören, begleitet von einem heißen Luftzug. Ich kauerte mich hin und hielt mir schützend den Arm über den Kopf. Als die Hitze nachließ, stellte ich mit tränenden Augen blinzelnd fest, dass sich der Rauch gelichtet hatte und ich mich nun allein auf der von Leichen übersäten Straße befand. Der Weg zum Hafen wurde von den brennenden Überresten eines eingestürzten Hauses versperrt.

Ich kam auf die Beine und rannte los, wobei ich mich auf meine Sinne verließ, um von der Hitze wegzukommen. Der Rauch hatte sämtliche Orientierungspunkte verschluckt und brannte mir in den Augen, wann immer ich es wagte, sie zu öffnen. Außerdem hatte ich bei jedem Atemzug das Gefühl, eine Wolke heißer Nadeln einzuatmen, und ein paarmal musste ich so heftig husten, dass ich auf die Knie fiel. Dann endlich wechselte der Wind die Richtung und brachte etwas Erleichterung, und ich fand mich auf dem vertrauten Kopfsteinpflaster vor der Bibliothek wieder.

In meiner Panik wollte ich mich in das große Steingebäude flüchten. Als ich darauf zustolperte, wurde mir jedoch schnell klar, dass den Ascarlianern im Gegensatz zu den Fjordländern Bücher offenbar nicht als heilig galten.

Die Wände der Bibliothek bestanden zwar aus Stein, das Dach jedoch war aus altem trockenem Holz. Ob die alten Balken einen Funken abbekommen hatten oder der Brand, der jetzt im Herzen des Gebäudes tobte, absichtlich gelegt worden war, darüber wird unter Gelehrten bis heute reichlich spekuliert. Wie immer die Wahrheit lautet, das Resultat war die nahezu vollständige Zerstörung eines Archivs, das tausend Jahre lang Bestand gehabt hatte. Genährt von Unmengen von Papier und Pergament brannten die Flammen, die das Dach und das Gebäudeinnere verzehrten, lichterloh und leckten wie die Zungen eines hungrigen Geists zum Himmel empor. Für einen Schreiber war dies ein grässlicher Anblick, fast so grässlich wie die Leichen auf den Straßen. Und für eine Bibliothekarin war er natürlich noch um einiges schlimmer.

Ich entdeckte ihre schlanke Gestalt, die sich vor den Flammen abzeichnete. Sie stand näher an der Feuersbrunst, als ratsam war, doch die Glutfunken, die sie wie wütende Wespen umschwirrten, schienen sie nicht zu stören. Auch als ich herannahte, blieb Berrine starr wie eine Statue stehen, eine reglose Zeugin der Vernichtung dieses Ortes, der für sie mehr als nur eine Arbeitsstätte oder ein Zuhause gewesen war.

Ich muss gestehen, dass mir in diesem Moment der Gedanke kam, sie zu töten. Die Vorstellung, eine wehrlose Frau zu erschlagen, bevor sie überhaupt Gelegenheit hatte, sich umzudrehen, bereitete mir keine Gewissensbisse. Aber ich tat es nicht. *Alle geborenen Mörder sind Gesetzlose, aber nicht jeder Gesetzlose ist ein geborener Mörder.* Deckins Worte vor langer Zeit. Er mochte ein Narr gewesen sein, verraten und längst tot, aber er hatte mich ziemlich gut gekannt.

Anstatt Berrine also mit meinem Langschwert den Kopf abzuschlagen, hustete ich und sammelte etwas Speichel, um sagen zu können: »Ulthnir fällt, damit die Ascar auferstehen.«

Als sie sich zu mir umdrehte, war ihr Gesicht genauso starr wie ihr

Körper. Tränen hatten bleiche Rinnen im Ruß auf ihren Wangen hinterlassen, schienen inzwischen jedoch versiegt zu sein. Die Augen, die mich ansahen, waren nicht die einer Verrückten – ganz bei Verstand wirkte sie aber auch nicht. Schuldgefühl und Hass hinterlassen einen bestimmten Glanz in den Augen eines Menschen, und in ihren sah ich beides. Ich bezweifelte jedoch, dass ihr Hass mir galt.

»Sie haben ihn gebaut, als die Stadt noch jung war.« Berrines Stimme klang merkwürdig gefasst. Trotz des Rauchs war keine Spur von Heiserkeit darin. »Als sie die Statuen zu Ehren der Altvar errichteten. Hätte es einen besseren Ort für einen Fluchtweg geben können, falls sie je einen brauchten?«

»Ein Fluchtweg?« Ich lachte bitter. Bei dem grausamen Klang zuckte es in ihrem Gesicht, doch das kümmerte mich nicht. Ich würde sie nicht töten – schonen würde ich sie aber auch nicht. »Keiner hat davon gewusst, nicht wahr?«, rief ich laut, um das Tosen der Flammen zu übertönen. »Nur du, mit deiner einzigartigen Kenntnis dieser Bibliothek und ihrer vielen Geheimnisse. Nur du konntest einen derart unvergleichlichen Schatz ausgraben. Wahrscheinlich hast du dich für etwas ganz Besonderes gehalten. Was hat der Tielwald dir dafür versprochen, dass du ihm den Schlüssel zur Hafenstadt ausgehändigt hast?«

Sie starrte mich nur mit glänzenden Augen an, ohne zu blinzeln, aber ich kannte die Antwort. »Sie sollten alle dir gehören, nicht wahr?« Ich deutete mit dem Finger auf die rußschwarze Ruine der Bibliothek. »Sämtliche Bücher. Keine Vorgesetzten mehr, die dir in die Quere kommen. Das sollte dein Reich werden. Jetzt schau es dir an.«

Sie starrte nur weiter vor sich hin. Ich trat auf sie zu, packte sie an den Schultern und zwang sie, sich dem Inferno zuzuwenden. »Schau es dir an!«

»Kannst du …?« Berrines schlanke Gestalt zitterte, ihre Stimme verriet endlich doch eine Gefühlsregung, als sie flehentlich keuchte: »Kannst du … mich bitte töten … Alwyn?«

Da verließ mich alle Wut. Von der Bibliothek war das Rumpeln einstürzender Balken zu hören, und der Wind wechselte erneut die Richtung, was mich daran erinnerte, dass meine Zeit an diesem Ort zu Ende war. Ich ließ sie los und trat zurück, hielt dann aber inne. Ich weiß nicht, warum ich die folgenden Worte sagte – vielleicht steckte die alte Schlange Sentimentalität dahinter oder auch nur ein gewisses Pflichtgefühl, weil wir vor nicht langer Zeit so innig miteinander gewesen waren.

»Wir haben ein paar Schiffe besetzt«, knurrte ich. »Es gibt noch Platz an Bord, wenn du willst.« Ich lachte erneut, diesmal aber eher spöttisch als grausam. »In den Südlanden gibt es jede Menge Bücher.«

Bevor Berrine den Kopf senkte, meinte ich, so etwas wie Dankbarkeit in ihrem Blick zu sehen, aber vielleicht war es auch nur der flackernde Widerschein der Flammen. »Wie kommst du auf die Idee, dass ich darüber entscheiden kann, wohin ich gehe?« Sie griff in ihren Kragen und zog ein kleines Medaillon an einem Lederband hervor. Dass es sich um einen weiteren Silberknoten handelte, wunderte mich nicht, das hellgelbe Leuchten, das von dem Medaillon ausging, war dagegen schon beunruhigender.

»Er ruft nach mir«, sagte sie. »Und nach dir, Alwyn.«

Ein plötzliches Auflodern von Wärme an meinem Brustbein ließ mich nach meinem eigenen Medaillon greifen. Als ich es hervorzog, stellte ich fest, dass es jetzt ebenfalls leuchtete. Sein Schein war nicht ganz so hell wie bei ihrem, und die Farbe ging eher ins Rötliche. Zu einem anderen Zeitpunkt hätte es mich vielleicht fasziniert, und mein stets wissbegieriger Verstand hätte nach Antworten verlangt. In diesem Moment fühlte ich mich von der Unmöglichkeit des Ganzen jedoch einfach nur abgestoßen.

»Er scheint dich zu mögen«, sagte Berrine. »Aber du hast ihn auch wütend gemacht. Was hast du getan?«

Ich habe einen seiner Wölfe getötet. Ich hatte keine Ahnung, woher ich das wusste, doch es war mir sonnenklar. Ich wich zurück, und der Silberknoten leuchtete mit jedem Schritt heller.

»Du wirst dafür bezahlen müssen«, warnte mich Berrine. »Aber du wirst es überleben, und wenn du bleibst, wird er dich reich belohnen. Was wartet in den Südlanden schon auf dich?«

Sie schrie jetzt, und ihre Stimme klang vorwurfsvoll und so verändert, dass ich mich fragte, ob wirklich sie es war, die zu mir sprach. Bei dem Gedanken wuchs meine Furcht noch mehr, und mein Überlebenswille machte sich mit unbändiger Kraft bemerkbar. Ich warf einen letzten Blick auf Berrines ernste, fordernde Miene, dann schleuderte ich ihr den Silberknoten vor die Füße, machte kehrt und rannte davon.

Einundvierzigstes Kapitel

Wird sie sterben?«

Evadines Augen waren geschlossen, und ihre Haut war bleich wie die einer Marmorstatue. Betbruder Delric hatte die Wunden an ihrem Oberkörper verbunden und flößte ihr verschiedene medizinische Tränke ein, die aber bislang kaum Wirkung zeigten. Mehr als ein schwaches Stöhnen war ihr nicht über die Lippen gekommen. Alle paar Stunden wechselte Delric die Verbände, doch das Blut, mit dem diese durchtränkt waren, wurde mit jedem Mal dunkler.

Er antwortete nicht auf meine Frage, sondern warf mir nur einen wütenden Blick zu, ebenso wie Swain und Wilhum. Offensichtlich wollten weder sie noch der Rest der Kompanie wahrhaben, was immer mehr zur schrecklichen Gewissheit wurde – jedenfalls noch nicht.

Evadine war unter dem Sonnendach im Heck unseres gestohlenen ascarlianischen Langschiffs auf ein Bett gelegt worden. Mit Annehmlichkeiten wie Kabinen schienen sich die Schiffbauer der Ascarlianer nicht abzugeben, deshalb hatte aus Umhängen und unbenutzten Segeln ein behelfsmäßiger Unterschlupf an Deck errichtet werden müssen. Dennoch kam mir das Gefährt seetüchtiger vor als der schaukelnde Kahn, der uns nach Norden gebracht hatte.

Ich wandte den Blick von Evadines reglosem Gesicht ab und musterte die zwanzig Schiffe und mehrere Dutzend Fischerboote, die, mit Stadtbewohnern beladen, zusammen unsere neu geschaffene Flotte bildeten. Betschwester Ofihla war wie immer äußerst effizient vorgegangen und hatte ausreichend Schiffe besetzt, um die gesamte Kompanie befördern zu können. Ganz ohne Verluste war die Sache aber nicht vonstattengegangen. Die Jungen und die alten Männer, die die ascarlianischen Schiffe bemannt hatten, wollten sich nicht kampflos ergeben. Zu dem Zeitpunkt, als Swain mit der verwundeten Evadine zurückkehrte, war der Widerstand jedoch größtenteils niedergeschlagen, und die überzähligen Schiffe waren mit Fackeln in Brand gesteckt worden. Die meisten der Alten mussten getötet werden, die Jungen aber hatte man verschont. Ofihla hatte sie auf Ruderboote bringen und auf dem Meer aussetzen lassen. Ein paar ascarlianischen Langbooten war es gelungen, rechtzeitig genügend Ruderer zusammenzukratzen, um sich außer Gefahr zu bringen, es war jedoch klar, dass die Schwesterköniginnen dieser Sieg einiges an Schiffen und Menschenleben gekostet hatte.

Meine eigene Flucht aus Olversahl war nicht ganz leicht gewesen. Immer wieder hatte ich einstürzenden Gebäuden ausweichen und mich durch eine wachsende Menge fliehender Stadtbewohner durchkämpfen müssen. Wenig überraschend hatten meine Kameraden nicht auf mich gewartet, wenn Wilhum mir auch später versicherte, die Entscheidung loszufahren sei ihnen nicht leichtgefallen. Am Kai befanden sich keine Schiffe mehr, und die wenigen verbliebenen Fischerboote hatten ebenfalls abgelegt, deshalb rannte ich zur Mole. Auf der Meerseite entdeckte ich ein Knäuel kleiner Boote, deren Insassen mehr oder minder erfolgreich versuchten davonzurudern. Ich wählte das größte Boot, und anstatt an einer der Eisenleitern hinunterzuklettern, sprang ich einfach direkt in die Mitte der Kaufmannsfamilie, die es irgendwie geschafft hatte, das Boot in ihren Besitz zu bringen. Der Ehemann wollte mich anfangs partout nicht mitfahren lassen, ein gezogener Dolch stimmte ihn aber schließlich um, und bald schon ruderten wir auf die Schiffe zu.

Inzwischen waren wir bereits eine Tagesreise von Olversahl entfernt, und der Rauch der Zerstörung zeichnete sich noch immer am nördlichen Horizont ab. Erst später sollte ich von den vielen Gräueltaten erfahren, die sich beim Sturz der Stadt ereigneten. Das Niederbrennen der Bibliothek gilt vielen Gelehrten in diesem Zusammenhang als das schlimmste Verbrechen. Häufig vergessen werden hingegen das Massaker und die mutwillige Zerstörung, darunter auch die Schändung des Schreins von Märtyrer Athil. In einer etwas reißerischen Geschichte heißt es, der alte Betbruder hätte vor dem Reliquienaltar gekniet und die Märtyrer um Erlösung angefleht – selbst dann noch, als die ascarlianischen Krieger ihm bereits den Kopf abgehackt hatten.

Die Geschichte des edlen Ratsherrn Fohlvast erscheint mir dagegen glaubwürdiger. Er wurde unter einem Misthaufen verborgen in seinen Stallungen entdeckt. Man zerrte ihn heraus und vollzog an ihm – unter dem strengen Blick des einäugigen Margnus Gruinskard – das Ritual des Roten Falken. Wie sich erweisen sollte, hatte der Ratsherr, bevor er Olversahl für die Krone eingenommen hatte, auch mit den Schwesterköniginnen verhandelt und angeboten, die Stadt gegen einen angemessenen Preis in ihre Hände zu geben. Als die Königinnen seinen Forderungen nicht nachkamen, entdeckte er prompt seine Loyalität zu König Tomas wieder. Wenn ich auch vieles von dem bedaure, was sich in der unglückseligen Hafenstadt ereignete, – das Ableben von Maritz Fohlvast gehört eindeutig nicht dazu.

Jetzt betrachtete ich den aufsteigenden Rauch und dachte über Berrines Schicksal nach und über die unglaublichen und furchteinflößenden Dinge, die ich erlebt hatte. Das caerithische Buch hatte ich mir wieder vor den Bauch gebunden, zusammen mit Berrines Anleitung zur Übersetzung des uralten Texts. Sollte ich irgendwann die Zeit finden, mich dieser Aufgabe zu widmen, so zweifelte ich nicht daran, eine ausführliche Beschreibung unseres Abschieds darin zu lesen. Ich kann nicht behaupten, dass ich mich auf diese Entdeckung freute, dennoch wusste ich, dass es so kommen würde. Das Buch war für mich nun noch unwiderstehlicher geworden, das Versprechen seiner Seiten beängstigend und verlockend zugleich. Zusammen mit den Karten hatte ich jetzt gleich zwei Schätze in meinem Besitz: zum einen den lang gesuchten Hort eines vor ewigen Zeiten verstorbenen Gesetzlosen, zum anderen meine eigene Zukunft. Das offensichtliche Dilemma, das Letzteres darstellte, war mir damals allerdings noch nicht in ganzer Tragweite bewusst: *Wenn meine Zukunft bereits niedergeschrieben war, konnte ich dann überhaupt noch etwas daran ändern?*

»Delric spricht es nicht aus, aber ich lese die Antwort in seinen Augen.«

Ich drehte mich um, und Wilhum trat zu mir, der ebenfalls die ferne Rauchsäule betrachtete. »Sie liegt im Sterben.« Ihm stockte die Stimme, und in seinen Augen glänzten Tränen. Ich wandte den Blick ab, um ihm weiteres Unbehagen zu ersparen. Wenn ich Evadines bleiches, hohlwangiges Gesicht ansah, dann ging mir der Anblick mehr zu Herzen, als mir lieb war.

Sie wird die Märtyrerin, die Sihlda nie war. Ich bemühte mich um einen bitteren Zynismus, den ich gar nicht empfand. *Man wird einen Schrein für sie errichten. Ihre Organe und Knochen konservieren und sie auf einen Altar stellen, damit sich verzweifelte Narren noch Jahrhunderte später davor auf die Knie werfen können. Märtyrerin Evadine, die Gesegnete, Kriegerin des Bundes, heidnischem Verrat zum Opfer gefallen. Wie viele Spenden wird sie wohl einbringen?*

Nichts davon sagte ich zu Wilhum, weil er mich sonst wahrscheinlich umgebracht hätte. »Das Meer ist ruhig«, meinte ich mit gezwungener Fröhlichkeit, da mir nichts anderes einfiel. »Wir werden Farinsahl schnell erreichen, und dort gibt es Heiler, die sogar noch fähiger sind als Delric.«

Wilhum wischte sich die Augen ab, seine Trauer wich einem Ausdruck düsterer Vorahnung. »Und einen Agenten der Krone, der keine Zeit verlieren wird, König Tomas unser Versagen zu melden. Wir haben das Juwel des Fjordlands an die Ascarlianer verloren und damit das ganze Herzogtum.«

»Wir haben außerdem einen Großteil ihrer Flotte zerstört und mehrere Schiffe als Beute gewonnen. Und unsere Kompanie ist weitgehend unversehrt entkommen. Das sollte für uns sprechen.«

»Es wird nicht reichen. Du weißt, wie viele Feinde Evadine hat. Ob sie nun schwer verletzt ist oder gar tot, die werden nicht zulassen, dass die Legende der Gesegneten sich verbreitet.« Wilhum packte meinen Unterarm und sah mich eindringlich an. »Sie braucht uns. Um ihr Vermächtnis zu schützen, wenn nicht sogar ihr Leben. Versprich mir, Scribe, dass du sie nicht im Stich lassen wirst.«

Ich fragte mich, warum ihm der Schwur eines einfachen Gesetzlosen so viel bedeutete, aber die Heftigkeit, mit der er redete, zeugte von aufrichtigem Respekt oder zumindest davon, dass er meine Nützlichkeit in schwierigen Situationen erkannt hatte.

»Ich habe oft gestohlen«, sagte ich, »oft gelogen, mitunter betrogen und, wenn es sein musste oder mich die Wut packte, auch gemordet. Aber«, ich entriss ihm meinen Arm, »einen Freund habe ich noch nie im Stich gelassen.« Ich schenkte ihm ein schiefes Lächeln, das meine Blutergüsse schmerzen ließ. »Ich habe so wenige davon, weißt du? Deswegen stellt sich die Frage nur selten.«

♦ ♦ ♦

Unsere Ankunft in Farinsahl wurde passenderweise von trübem Wetter begleitet. Der Hafen, der nie einen besonders pittoresken Anblick bot, duckte sich unter tief hängenden schwarzgrauen Wolken, aus denen sich immer wieder Schauer auf das Labyrinth der engen Straßen ergossen. Dank der ruhigen See und Delrics sorgfältiger Pflege atmete Evadine noch, wenn auch nur flach und begleitet von schmerzerfülltem Stöhnen. Im Laufe der Fahrt hatte sie ein paarmal kurz das

Bewusstsein wiedererlangt. Swain, Wilhum und ich wechselten uns damit ab, bei ihr zu sitzen, wenn Delric schlafen musste, und ich hatte das Pech, ihr erstes Erwachen mitzuerleben.

Ich hätte erwartet, dass sich in ihrem Gesicht, wenn sie aufwachte, vor allem Verwunderung oder Schmerz spiegeln würde, aber stattdessen blickte ich in die finstere Miene einer Zornigen.

»Ich …«, keuchte sie, fletschte die Zähne und ballte die Hände zu Fäusten. »Ich … hatte euch doch gesagt … ihr sollt gehen!«

Wenn sie mich auch schon des Öfteren aus der Fassung gebracht hatte, flößte sie mir in diesem Moment zum ersten Mal ernsthaft Angst ein. Tödlich verwundet, schwach und kaum fähig zu atmen, maß sie mich dennoch mit einem derart vernichtenden Blick, dass ich mich vor ihr ebenso fürchtete wie einst vor Deckin. Ihre Augen waren plötzlich so schwarz, wie es später in den Legenden heißen würde, und sie waren starr und anklagend auf mich gerichtet. Dass sie mich als Verräter sah, obwohl ich ihr nun schon zum zweiten Mal das Leben gerettet hatte, weckte allerdings Zorn in mir und ließ mich meine Angst vergessen.

»Das konnten wir nicht«, sagte ich barscher, als man eigentlich zu einer Sterbenden sprechen sollte. »Eure Visionen scheinen Euch ja vieles zu zeigen. Ich meine, dass sie Euch das auch hätten zeigen müssen.«

Ihr Blick wurde trübe und reumütig, vor allem aber bedauernd. »Sie haben mir gezeigt …«, ihr Kopf rollte auf dem Kissen zur Seite, und sie glitt wieder in die Bewusstlosigkeit, »… was geschehen wird … wenn ihr … mich nicht … sterben lasst.«

Am Ende der langen Mole, die den Hafen von Farinsahl bestimmt, erwartete uns eine kleine Delegation aus einigermaßen verwirrten städtischen Beamten. Die einzig bedeutsame Persönlichkeit darunter war der Handelsherr, der im Grunde den Rang eines Bürgermeisters hatte, weil er von der Krone eingesetzt worden und damit dem König und nicht Herzog Elbyn verpflichtet war. Eigentlich war er nur ein besserer Steuereintreiber, in geschäftigen Hafenstädten können solche Leute es aber weit bringen, wenn sie es mit den Bestechungsgeldern nicht übertreiben und dafür sorgen, dass der König seinen gerechten Anteil erhält.

Swain wies Wilhum an, sich um die notwendigen Formalitäten zu kümmern, vermutlich weil er glaubte, dessen adlige Ausdrucksweise sei der Situation am angemessensten. Der Handelsherr, ein Mann fortgeschrittenen Alters, aber mit ungetrübter Auffassungsgabe, reagierte auf die Neuigkeit von Olversahls Besetzung offen schockiert. Der Zustand unserer verwundeten Feldherrin schien ihn weniger zu kümmern, er ließ aber dennoch sofort nach den fähigsten Heilern der Stadt schicken. Evadine wurde zu seinem Haus getragen, und die Kompanie des Bundes erhielt Erlaubnis, sich in den Lagerhäusern am Kai einzuquartieren, die normalerweise dem Wollhandel vorbehalten waren, nun jedoch leer standen.

»Boten an den König und den Herzog werden unverzüglich ausgesandt«, teilte der Handelsherr Wilhum in unheilvollem Ton mit. »Ich rechne damit, junger Herr, dass so bald wie möglich eine Delegation der Krone hier eintreffen wird. Bis dahin solltet Ihr und Eure Leute darauf vorbereitet sein, einen vollständigen und ungekürzten Bericht der Katastrophe abzuliefern.«

Dass er Evadine dabei ausklammerte, sagte viel darüber aus, wie er ihre Überlebenschancen einschätzte. Wilhum reagierte auf seine Worte jedoch unklugerweise mit Zorn. »Diese Kompanie untersteht allein der Feldherrin«, erwiderte er knapp und präzise, was ein Adliger als Beleidigung auffassen musste. »Und sie wiederum allein den Märtyrern und den Seraphilen.«

Der alte Steuereintreiber versteifte sich, und in seinem Blick lag Erkennen. Er kannte Wilhums Geschichte und würde ihn zweifellos gleich zurechtweisen, was die angespannte Situation noch mehr verschärfen mochte. Deshalb trat ich zwischen die beiden, verbeugte mich tief und sagte unterwürfig: »Wir haben viele Vertriebene mitgebracht, Herr. Arme, aber königstreue Leute, die ihr ehemaliges Zuhause verlassen mussten und nun die Krone um Gnade ersuchen. In ihrem Namen bitte ich um Unterkunft und Verpflegung.«

»Der König ist für seine Barmherzigkeit bekannt«, sagte der Handelsherr, offenbar froh über die Gelegenheit, seine eigene Wichtigkeit und Großzügigkeit unter Beweis stellen zu können, wozu solche Männer neigen. »Bringt sie an Land, damit sie die Güte des Königs erfahren können, und ich sammle Almosen für ihren Unterhalt.«

Er verneigte sich flüchtig und ging davon, um einem Gehilfen, der hinter ihm hereilte, Anweisungen zuzubellen. »Zeichne jeden einzelnen Namen auf und halte alle Wertgegenstände fest, die diese Leute mitgebracht haben …«

»Raffgieriger Mistkerl«, murmelte ich. Die Überlebenden von Olversahl würden jede milde Gabe, die ihnen zuteilwurde, teuer bezahlen müssen, so viel stand fest.

⬩ ⬩ ⬩

Wie es sich für jemanden gehörte, der in einem geschäftigen Hafen Geld für den König eintrieb, ähnelte das Heim des Handelsherrn eher einer Festung als einem Haus. Ursprünglich war es ein Torhaus in der Westmauer der Stadt gewesen, das von früheren Besitzern jedoch nach und nach erweitert wurde, bis es die Ausmaße einer kleinen Burg besaß, komplett mit Wehrgängen und einem Verteidigungsgraben. Ich fand es bemerkenswert, dass der Graben auf der Stadtseite lag und nicht etwa außen vor der Mauer.

Evadine wurde in ein großes Schlafgemach gebracht, das sonst bedeutenden Besuchern vorbehalten war. Anscheinend hatte auch König Tomas' berühmter Vater auf einer Reise durch sein Reich einmal darin übernachtet. Der Handelsherr hatte deswegen Erlaubnis erhalten, eine Wand des Gemachs mit einem großen bunten Wappen der Familie Algathinet zu schmücken. Vermutlich hätte Evadine es vorgezogen, im Schrein von Märtyrer Ihlander untergebracht zu werden, dem größten Gebäude des Bundes in der Stadt, aber der Handelsherr wollte davon nichts hören. Delric stimmte ihm außerdem zu, dass der Schrein viel zu zugig war und der Genesung der Feldherrin nicht zuträglich.

»Genesung?«, fragte ich leise. Ich stand neben Delric in einer Ecke des Gemachs, wo er auf einem kleinen Tisch Arzneien mischte. Im Verlauf des Tages waren die fähigsten Heiler der Stadt erschienen, um Evadine zu untersuchen – eine Parade überwiegend älterer Männer und Frauen, die alle die achtbare Eigenschaft besaßen, keine falschen Hoffnungen zu wecken. Die übereinstimmende Meinung lautete, dass Evadine vielleicht noch eine Woche zu leben hatte, wenngleich eine alte Frau mit krummem Rücken beteuerte, es könnten auch zwei sein.

»Die Märtyrer sind ihr wohlgesonnen«, teilte sie uns mit selbstbewusstem Schnaufen mit. »Das ist klar zu erkennen. Und das sehe nicht bloß ich.«

Damit hatte sie wohl recht. Am Abend nach unserer Ankunft begannen sich immer mehr Leute zu versammeln. Anfangs waren es nur zwei Dutzend der gläubigsten Anhänger des Bundes in der Stadt, die auf der freien Fläche vor dem Graben still Wache hielten. Bei Morgengrauen war die Menge jedoch schon auf einhundert Leute angewachsen, und es wurden stündlich mehr. Ich sah sie durch die halb geöffneten Fensterläden. Manche hatten sich um Laienprediger oder Betbrüder und -schwestern aus dem Schrein versammelt, lauschten mit gesenkten Köpfen ihrem endlosen Vortrag heiliger Schriften und murmelten beifällig. In Berichten hieß es außerdem, es hätten sich noch mehr Menschen aus den umliegenden Dörfern hierher in Bewegung gesetzt. Die Nachricht, die Gesegnete sei zurückgekehrt, verbreitete sich schneller als ein Feuer in einem trockenen Wald im Sommer.

»›Und obwohl seine Wunden tief waren und der Sand dunkel von Blut, hob Athil das Gesicht gen Himmel und lächelte‹«, sagte Delric. Es war das einzige Zitat, das ich je von ihm hörte, und der längste Satz, den er überhaupt während unserer Bekanntschaft von sich gab. Ich kannte die Textstelle so gut wie jeder, der mit den Legenden des Bundes einigermaßen vertraut war.

»›*Warum lächelst du, Lehrer?*, fragten ihn seine Anhänger‹«, führte ich die Passage weiter. »›*Bist du nicht dem Tode nah? Nein, meine Lieben*, sagte er. *Alles Leben ist schön, und für einen Gläubigen ist das Leben niemals zu Ende, ganz gleich, wie viele Wunden er davonträgt.*‹«

Es kam einem Eingeständnis, dass Evadine wirklich sterben würde, ziemlich nahe. Und Delrics zusammengebissene Zähne verrieten mir, wie viel es ihn gekostet hatte.

»Was du nach der Schlacht auf dem Feld der Verräter getan hast«, sagte er. Er schaute mich nicht an, seine kräftigen Hände zerrieben weiter eine Mischung aus Kräutern und geheimnisvollen Pülverchen im Mörser.

»Was ist damit?« Ich schaute vorsichtig zu Ayin hin. Sie war während der gesamten Reise stets an Evadines Seite geblieben und weigerte sich auch jetzt, das Gemach zu verlassen. Wenn sie nicht gerade beim Wechseln der Verbände half oder sich um die körperlichen Bedürfnisse der Feldherrin kümmerte, ging sie unruhig auf und ab oder saß da und starrte in elender Verzweiflung Evadines bleiches Gesicht an. Sie schien zwar tief in Gedanken versunken, aber wer wusste schon, was sie alles mithörte und später munter weitererzählte?

Delrics Hände drehten unermüdlich den Stößel, und seine Adern traten deutlich unter der Haut hervor. Als er weiterredete, sprach er so leise, dass es über dem Knirschen des Mörsers kaum zu hören war. »Kannst du das noch mal machen?«

»Ihr wisst, worum Ihr mich bittet?«, flüsterte ich zurück. Etwaige heidnische Praktiken ließ ich lieber unerwähnt.

Der Stößel verharrte, und Delric schaute mich eindringlich an. »Ja. Feldwebel Swain und der Edle Wilhum auch.«

Dann werden wir alle gemeinsam brennen. Ich konnte ein hohles Lachen nicht unterdrücken. »Er ist kein Adliger mehr«, sagte ich, doch der Humor verging mir schnell, als ich Delrics versteinerte Miene sah. »Ich hab keine Ahnung«, fügte ich hinzu und seufzte aufrichtig verzweifelt. »Dazu müsste ich … sie finden. Wenn sie denn irgendwo zu finden ist.«

»Zwei Wochen sind … optimistisch.« Delrics Blick glitt zu Evadine, die, einst so lebendig und groß, in dem riesigen Bett jetzt viel kleiner wirkte. »Aber nicht unmöglich.«

Wo immer es eine Musterung gibt, ist sie zur Stelle. Das hatte Feldwebel Lebas gesagt, der, soweit ich wusste, inzwischen auf dem Grund des Shalewell lag. Es war ein vager Anhaltspunkt, aber der einzige, den ich hatte. Bis auf die letzten Worte der Sackhexe in jener Nacht, nachdem sie Brauer geheilt hatte, die Grund zu der Annahme gaben, dass eine solche Suche nicht ganz aussichtslos war, wenn ich mich auch nicht gerade darum riss. *Deine nächste Bitte an mich wird dich noch tiefer in meiner Schuld stehen lassen. Überleg dir gut, ob du bereit bist, den Preis zu bezahlen.*

»Ich brauche ein Pferd«, sagte ich. »Und Geld. Viel Geld.«

♦ ♦ ♦

Sie wollten mich alle begleiten – Toria, Swain, Wilhum und Brauer. Vermutlich wäre die ganze Kompanie losmarschiert, um die Sackhexe zu suchen, wenn man sie darum gebeten hätte. Alle bis auf Ayin natürlich, für die es undenkbar gewesen wäre, von Evadines Seite zu weichen. Ich lehnte sämtliche Angebote ab. Etwas warnte mich, dass ich die Caeritherin allein finden musste. Die Abmachung, die ich mit ihr treffen musste, ging nur uns beide etwas an und niemanden sonst.

Wilhum hatte auf Kompaniekosten das schnellste Pferd gekauft, das er finden konnte, eine gescheckte Stute, die zum Glück etwas sanftmütiger war als der feige Karnic. Als ich mich in den Sattel schwang, reichte Swain mir eine Geldbörse, prall gefüllt mit Letinen und einigen Silbermünzen.

»Der gesamte Sold der Kompanie«, sagte er. Dass er nicht zögerte, mir ein solches Vermögen in die Hände zu legen, sagte viel darüber aus, was ihm gegenwärtig wichtig war. »Wenn es sein muss, kannst du auch noch mehr versprechen.«

In Wahrheit war ich mir nicht sicher, ob die Sackhexe an Münzen mehr Interesse hätte als an Wilhums Rüstung. Es konnte jedoch nicht schaden, notfalls etwas Geld zur Verfügung zu haben.

»Wo willst du suchen?«, fragte Wilhum.

»Herzog Elbyns Sheriff soll gerade Kämpfer anheuern, um die Wälder zu durchkämmen«, sagte ich. »In einem Dorf, etwa zehn Meilen nördlich von hier. Es ist die einzige größere Musterung, von der ich gehört habe. Das ist zumindest ein Anfang.«

Wilhum lächelte gezwungen und gab der Schecke einen Klaps aufs Hinterteil. »Reite schnell, Scribe.«

♦ ♦ ♦

Auf den Straßen rund um Farinsahl kannte ich mich recht gut aus. Vor Jahren war ich hier einmal als Dieb unterwegs gewesen. Ich nahm zunächst die Straße nach Osten und wandte mich dann an der Kreuzung zwei Meilen von der Hafenstadt entfernt nach Norden, weil dies der direkteste Weg in die Obermarschen war. Meine Schecke war auf Schnelligkeit gezüchtet und wurde im Trab schnell ungehalten. Auf das leiseste Antippen ihrer Flanken hin ging sie sofort in den Galopp über, den sie beeindruckend lange durchhielt, bis es am Himmel schon zu dunkeln begann.

Und so, liebe Leser und Leserinnen, begann die legendäre und gefahrvolle Suche des Alwyn Scribe nach der Sackhexe. Zahllos waren die Meilen, die er durch dunklen Wald ritt. Unwägbar die Gefahren, die seiner harrten. Mächtig die Feinde, die er erschlug, bis er – vor lauter Erschöpfung schon dem Tode nah – ihr endlich gegenüberstand. Oder jedenfalls geht so die Geschichte, die euch viele Erzähler auftischen werden, wenn ihr ihnen dafür etwas zu essen und einen Platz am Feuer gebt.

In Wahrheit war meine Suche nur wenige Stunden nach meinem Aufbruch von Farinsahl schon zu Ende. Es wäre klüger gewesen, die Stute zu zügeln und bei Einbruch der Dunkelheit ein Lager aufzuschlagen. Ich war jedoch noch immer kein sehr erfahrener Reiter, und weil ich schon Schwierigkeiten hatte, mich überhaupt im Sattel zu halten, bemerkte ich das über die Straße gespannte Seil erst, als die Stute bereits mit den Vorderbeinen dagegen lief.

Ich hörte Knochen knacken, als ich von ihrem Rücken flog, und die Stute stieß ein schmerzerfülltes Wiehern aus. Ohne die gepolsterte Rüstung, die Stürze abdämpfte, landete ich hart auf dem Boden. Bei meinem Aufbruch hatte ich die Rüstung nicht ohne Bedauern zurückgelassen, die bunt zusammengewürfelte Mischung war mir inzwischen seltsam ans Herz gewachsen. Als ich nun benommen am Wegrand lag und versuchte, Luft in meine plötzlich leeren Lungen einzusaugen, wurde aus Bedauern rasch Verzweiflung.

»Sie sagte, du wärst zu schlau, um auf diesen Trick hereinzufallen.« Jemand lachte leise außerhalb meines Blickfeldes. Die Stimme sprach mit starkem Akzent und war mir trotz der seither vergangenen Jahre furchtbar vertraut. »Sie hat sich wohl geirrt.«

Sein Gesicht konnte ich nicht sehen, aber die Gestalt war unverkennbar – die zottige Haarmähne, die den Eindruck noch verstärkte, ein gruseliger Geist sei einem Albtraum entsprungen.

»Selbst der kleinste Hieb kann einen Menschen töten«, sagte der Kettenmann, der einen kleinen funkelnden Gegenstand in der Hand hielt. »Aber sie will dich lebend und unversehrt. Also keine Hiebe für dich. Doch aufgeschoben ist nicht aufgehoben …«

Eisenharte Finger packten mein Gesicht, und ein Knie drückte meine Brust nieder. Ich erhaschte einen Blick auf das funkelnde Ding, als der Kettenmann es anhob und mir den Kiefer auseinanderdrückte. Es war ein kleines Fläschchen, aus dem eine dicke, übel schmeckende Flüssigkeit in meinen Mund tropfte. Zum Glück verlor ich das Bewusstsein, bevor ich den Geschmack ganz kosten konnte. Allein bei der Erinnerung daran überkommt mich schon ein Schaudern. Wenn der Tod einen Geschmack hat, dann schmeckt er genau so.

Zweiundvierzigstes Kapitel

Ich wachte zu dem unmelodischen Gesang auf, den ich noch aus der Zeit kannte, als ich mit dem Karren in die Minen gebracht wurde. Zu meinem Leidwesen hatte sich die Stimme des Kettenmanns über die Jahre nicht verbessert. Als ich wieder etwas sehen konnte, überkam mich beim Anblick der Handschellen an meinen Gelenken erneut ein Gefühl unseliger Vertrautheit. Um meine Brust war eine Kette geschlungen, und die harte Rinde eines Baumstamms drückte gegen meinen Rücken. Das Knistern von brennendem Holz ließ mich zu der massigen Gestalt hinschauen, die an einem Feuer hockte.

Sein Lied verstummte, und er richtete sich auf, drehte sich aber nicht um. Offenbar bereitete es ihm immer noch großes Vergnügen, seinen Gefangenen den Rücken zuzukehren. »Du bist also wach«, sagte er in demselben präzisen Ton mit dem starken Akzent. »Du bist jetzt kräftiger. Der Junge ist zum Mann geworden, wie?« Dies schien ihn zu belustigen; er brach in das schrille, gedämpfte Kichern aus, an das ich mich so gut erinnern konnte.

Ich sagte nichts, sondern schaute zum Himmel. Es war noch dunkel, der verblassende Mond deutete aber darauf hin, dass die Morgendämmerung nicht mehr fern war. Ich musterte meine Umgebung, sah jedoch nur eine nicht weiter bemerkenswerte Lichtung, die sich auch irgendwo im Shavine hätte befinden können. Dennoch konnten seit meiner Gefangennahme erst wenige Stunden vergangen sein, wir waren also höchstens ein paar Meilen von der Straße entfernt.

»Immer noch ein Grübler, wie ich sehe.« Der Kettenmann blickte über die Schulter, und ich sah sein fleckiges Gesicht mit den flammend roten Malen. Sein Auge funkelte. »Damals hat's dir nichts genützt. Und auch jetzt wird es nichts bringen.«

Ich starrte in sein Auge. In den vergangenen Jahren hatte ich reichlich Zeit gehabt, über diesen Mann nachzudenken. Ich wäre ein Narr gewesen, hätte ich ihn nicht gefürchtet. Dennoch verspürte ich in diesem Moment keine Angst, sondern nur hasserfüllte Wut.

»Sie sagte, du seist verflucht«, meinte ich. »Was immer du für eine heidnische Fähigkeit besitzt, sie belügt dich, führt dich auf Wege, die man besser nicht beschreitet …«

Er bewegte sich mit einer Flinkheit, die ich einem derart massigen Kerl gar nicht zugetraut hätte. Blitzschnell war die in Pelze gehüllte Silhouette vom Feuer verschwunden, und seine Hand schloss sich um meine Kehle und erstickte meine Worte. Mir wurde schwarz vor Augen, als er sich zu mir herabbeugte. Trotz des plötzlichen Hämmerns in meinen Ohren hörte ich ihn zischend einatmen.

»Die *Doenlisch*«, krächzte er, und seine Stimme zitterte vor Hunger und kaum unterdrückter Furcht. Ein merkwürdiges Triumphgefühl mischte sich in meine Schmerzen – dasselbe Wort hatte er auch zu Raith gesagt, bevor er ihn ermordet hatte. Zumindest eines schien ich also in Erfahrung gebracht zu haben, wenn mir das auch zu diesem Zeitpunkt wenig nützte.

»Ich rieche sie an dir.« Seine Hand drückte noch fester zu. »Ist sie in der Nähe? Folgt sie dir?«

Noch immer verspürte ich kaum Furcht, und ich schaffte es, ihn spöttisch anzusehen und meine Lippen fest zusammenzupressen. Der Kettenmann drückte abermals zu, dann begann seine Hand an meinem Hals zu zittern, und er ließ mich los.

Er murmelte etwas in seiner Sprache und trat zurück, wobei er mit den Händen über seinen Pelzumhang strich, wie ein Kind, das sich beruhigen will. Sein Blick wanderte über die Schatten der umliegenden Bäume, und seine Augen glänzten misstrauisch und erwartungsvoll.

»*Doenlisch*«, brachte ich nach einem schmerzhaften Hustenanfall heraus. »Dieses Wort kenne ich nicht.« Ich hob den Kopf und zog eine Braue hoch. »Was bedeutet es?«

Er starrte mich an, und die bleichen Stellen in seinem Gesicht traten in der Dunkelheit nahezu weiß hervor. In diesem Moment erschien er mir nicht wie ein Geist aus einem Albtraum, sondern nur wie ein Mann, den lang gehegte Ängste in einen bedauernswerten Zustand versetzt hatten. Aber jeder Moment ist flüchtig, und so war es auch mit dem Kettenmann. Sein Gesicht mit den roten Malen verfinsterte sich vor Wut; er ballte die Fäuste. Wahrscheinlich hätte er mich auf der Stelle zu Tode geprügelt, hätte er sich nicht mäßigen müssen.

»Du hältst sie für eine Hexe?« Seine Stimme klang spöttisch. »Eine Heilerin vielleicht? Ihr *Aeschlin* seid alle gleich. So unwissend. So leicht hinters Licht zu führen. Die *Doenlisch* übersteigt euer Verständnis.« Er trat näher, und zum ersten Mal begriff ich, dass ein Großteil seiner Furcht mir galt. Obwohl ich gefesselt und hilflos war, hielt ihn diese Furcht davon ab, mich noch einmal anzurühren, jedenfalls für den Moment.

»Du denkst, ich sei verflucht, Junge?« Er legte mit starrem Blick den Kopf schief. »Das will ich nicht leugnen. Ich wandle durch eine Welt der Toten, die mir ihre Wahrheiten ins Ohr flüstern. Mein Lied bewahrt mich davor, von dem Flüstern in den Wahnsinn getrieben zu werden, manchmal komme ich aber nicht umhin, ihnen zuzuhören. Die meisten Elenden, die ich in Ketten lege, werden von mindestens einer Seele verfolgt, der sie ein Unrecht angetan haben und die bereitwillig ihre Geheimnisse ausplaudert. Deine ist die des Mannes, den du bei deiner Flucht aus Moosmühle ermordet hast. Er hat mir deine Pläne verraten, als du in meinem Karren warst. Er sagte mir, was du getan hast und noch tun wirst. So ist das mit den Toten. Dieser Ebene hier sind sie so weit entrückt, dass sie nicht bloß die Wege sehen, die sie selbst zu Lebzeiten beschritten haben, sondern auch die derjenigen, die ihnen Leid zugefügt haben. Aber«, in seinem Gesicht zuckte es wütend, und er trat mit geballten Fäusten näher, »sie lügen auch gern. Ihnen gefällt es, mich zu quälen, diesen zerrissenen, verbitterten Seelen. Damals bei der Mine hat er gewartet, bis ich dich verkauft hatte, ehe er mir sagte, dass du eines Tages meinen Tod herbeiführen wirst. Jetzt aber bist du hier, angebunden wie ein Schwein, das auf den Schlachter wartet, während ich«, er lockerte die Faust und klopfte mir mit der flachen Hand auf die Brust, »einen neuen Tag anbrechen sehe, Junge. Und noch tausend weitere. Wenn mir das Glück hold ist, werde ich vielleicht sogar die *Doenlisch* brennen sehen. Wäre das nicht ein herrlicher Anblick?«

Er atmete tief durch, um Kraft zu sammeln. Dann stürzte er sich auf mich, umklammerte mit beiden Händen meinen Kopf und bohrte seine dicken Daumen in meine Augen. »Du dagegen wirst das nicht mehr erleben«, keuchte er, während ich vergeblich versuchte, meinen Schädel aus seinem Griff zu befreien, »ganz egal, was dieser verlogene Tote sagt ...«

»Das reicht!« Eine neue Stimme, scharf und befehlend. Es war die Stimme einer Frau, die mir trotz ihres adligen Tonfalls vertraut war.

Mit zitternden Händen hielt der Kettenmann inne. Vor meinen Augen flackerte es rot und weiß, während seine Daumen noch einen Moment länger zudrückten. Dann ließ er mit einem verärgerten Aufschrei von mir ab. Meine Augen tränten, und ich blinzelte ein paarmal, bis meine Sicht wieder klarer wurde und ich hinter dem Feuer eine schlanke Gestalt ausmachen konnte.

»In Wahrheit bist du der Verfluchte.«

Ich drehte den Kopf. Der Kettenmann war ein paar Schritte zurückgetreten und starrte mich nun wieder mit derselben Mischung aus Furcht und unterdrückter Wut an. Sein Blick hatte aber auch etwas Bösartiges an sich, als er weitersprach. »Der Fluch einer *Doenlisch* ist der schlimmste von allen. Sie hat dir stärkere Fesseln angelegt, als ich es je könnte …«

»Ich sagte, das reicht.« Die schlanke Gestalt kam näher. Ihr Gesicht wurde von einer Kapuze verhüllt, ein paar Haarsträhnen flatterten jedoch in der leichten Brise. Ihre Farbe überraschte mich kaum – im Feuerschein leuchteten sie tiefrot.

»Unsere Abmachung …«, setzte der Kettenmann an und verstummte. Er schien diese Frau beinahe ebenso sehr zu fürchten wie mich. »Mir wurde versprochen …«

»Du hast bekommen, was dir versprochen wurde.« Die Frau kam noch näher, sodass ich den Hals recken musste, um in die dunkle Tiefe ihrer Kapuze zu schauen. »Und«, fügte sie hinzu, »wenn du weiter in diesem Herzogtum deinem Handwerk nachgehen willst, dann hältst du deine heidnische Klappe, bis ich dir erlaube zu sprechen.«

Ein leises Lachen sprudelte aus mir hervor – nach außen hin lieblich, nach innen hin stahlhart, so war sie immer schon gewesen.

»Mein Kompliment zu der Stimme«, sagte ich. »Hat es lange gedauert, sie so hinzubekommen?«

»Ich war mal Schauspielerin«, erinnerte sie mich. »Stimmen gehören zu meinem Werkzeug.«

Sie ging vor mir in die Hocke und schob sich mit langen rot lackierten Fingernägeln die Kapuze zurück. Lorines Lächeln war viel herzlicher, als ich erwartet hätte, was mich aber nicht gerade beruhigte. Der Kettenmann rief nur Hass und Wut in mir hervor, Lorine hingegen schaffte es mühelos, mir Angst einzuflößen.

»Du siehst … gut aus«, sagte ich. »Der Adelsstand steht dir.«

Ihr Lächeln verblasste ein wenig. »Er stand mir schon immer. Du dagegen siehst …«, sie strich mir mit ihren langen Fingernägeln das Haar aus der Stirn, »… verändert aus, Alwyn.« Ihre weichen Fingerkuppen glitten über mein Gesicht, berührten alte und neue Narben und streichelten meine platte, krumme Nase. »Das tut mir leid.«

Wut wallte in mir auf, und ich riss den Kopf weg. »Dein verfluchtes Mitleid brauch ich nicht!«, knurrte ich.

Lorine verzog das Gesicht und ließ seufzend die Hand sinken. »Wie ich sehe, hast du eine Geschichte zu erzählen. Oder ist es eine, die du dir in den vergangenen Jahren selbst erzählt hast? Die Geschichte von Lorine, der großen Verräterin? Der betrügerischen Hure, die Deckin Scarl hintergangen und sich selbst zur Herzogin gemacht hat?«

»Es war nicht bloß Deckin«, erinnerte ich sie.

»Nein.« Wieder verzog sie das Gesicht, und ihr Blick wurde traurig, was aber auch nur ein weiterer Beweis ihrer Schauspielkunst sein mochte. »Wusstest du, dass wir beide die einzigen Überlebenden sind? Nur du und ich. Alle anderen sind tot. Bis vor Kurzem war auch Erchel noch am Leben. Ich habe gehört, was mit ihm in Callintor passiert ist. Es kam mir für deine Verhältnisse etwas überzogen vor, aber die Erzminen können einen Menschen verändern, schätze ich mal.«

»Das und noch mehr.« In meinen Eingeweiden rumorte es, und mein Herz hämmerte; die Furcht drohte meine Wut zu verdrängen. Ich zwang mich, Lorine in die Augen zu schauen, und hoffte dabei, der Hass möge die Furcht in Schach halten. Aber selbst der erwies sich als unbeständig. Ich wollte, dass sie mich verhöhnte. Dass sie die zufriedene Siegerin hervorkehrte, die mich lachend quälte. So hätte es enden sollen. Ich sah jedoch nur eine Frau, die tiefes Bedauern mit sich herumtrug.

Lorine raffte ihren Umhang zusammen und nahm neben mir Platz. Prüfend schaute sie mir in die Augen. »Hast du jemals darüber nachgedacht, was du als Kind für ein erstaunliches Glück hattest?«, fragte sie. »Ohne Essen und Unterkunft im Wald ausgesetzt, um vom König der Gesetzlosen persönlich gerettet zu werden. War das nicht ein zu großer Zufall, Alwyn?«

Ich wich ihrem Blick aus und schwieg. Immer noch versuchte ich vergeblich, Hass zu empfinden.

»Deckin hatte eine Abmachung mit dem Zuhälter«, redete Lorine weiter. »Die brauchbarsten Welpen der Huren sollte er durchfüttern, bis sie alt genug waren, um nützlich zu sein. Dann brachte er sie in den Wald. Und du warst für Deckin ziemlich nützlich, nicht wahr? Die anderen Bälger waren bloß Werkzeuge für ihn, die er benutzte und danach wegwarf, aber nicht du. In dir sah er die Gelegenheit, den Vater zu spielen. Manchmal redete er sich sogar ein, du könntest tatsächlich seinen Lenden entsprungen sein, so viel sah er von sich selbst in dir. Das besagte Hurenhaus besuchte er häufig, möglich ist es also. Ich persönlich bezweifle es aber. Du bist zwar recht groß, aber nicht so groß wie er. Außerdem um einiges schlauer. Und auch nicht verrückt, so wie er am Ende.« Sie beugte sich näher heran und sprach eindringlich weiter. »Und er war komplett verrückt, das weißt du, Alwyn.«

»Ich weiß nur«, ich reckte mich vor, bis mein Gesicht dicht an ihrem war, »dass sein Kopf am Ende auf einem Spieß steckte, und zwar wegen dir. Dass Gerthe einen Armbrustbolzen in die Brust abbekam. Und dass Justan und Yelk und all die anderen getötet wurden, wegen dir. Dass ich Stallknecht die Kehle aufschlitzen musste …« Ich verstummte und wandte den Blick ab. Das Rachespiel spielte ich schon seit Jahren, und nun, da ich der Niederlage ins Auge sah, fand ich die Aussicht ermüdend und, meiner wachsenden Furcht zum Trotz, seltsam befriedigend. Nur einer von uns konnte gewinnen.

»Bringen wir es hinter uns«, ächzte ich. »Es sei denn, du bist hier, um mich zu Tode zu quatschen. Ich muss sagen, ein Messer wäre mir sogar noch lieber als deine Zunge.«

»Früher hast du das anders gesehen.« Ich hörte das Lächeln in ihrer Stimme und blickte hoch. Sie lachte, und in ihren Augen leuchtete wieder dieselbe Herzlichkeit wie zuvor. »Ich hab dich vermisst, Alwyn. Die anderen auch … na ja, die meisten jedenfalls.« Sie legte den Kopf schief, ihre Miene wirkte jetzt vollkommen ernst. »Was hat Erchel dir erzählt, bevor du ihm die Eier abgeschnitten hast?«

Ich zuckte die Achseln, zumindest so weit die enge Kette dies zuließ. »Was spielt es für eine Rolle?«

»Ich bin neugierig, also tu mir den Gefallen. Immerhin bin ich eine Herzogin, die Höflichkeit gebietet es also.«

Wieder überkam mich ein Lachen, kurz und bitter zwar, aber immerhin ein Lachen. »Er hatte seine Eier schon verloren«, sagte ich. »Und in Wahrheit hat sie ihm jemand anderes abgeschnitten, ihm blieb also nicht viel Zeit. Er hat mir von Lachlans Hort erzählt und von den Versprechen, die du ihm und seinen Verwandten gemacht hast. Und dass du sie alle hast ermorden lassen.«

»Lachlans Hort.« Lorines Stimme klang wehmütig. »Deckins liebste Besessenheit. Er glaubte wirklich, er hätte ihn gefunden, weißt du? Er hätte in den vielen Geschichten, die er sammelte, die Wahrheit entdeckt. Unter den Grauklippen an der Küste des Shavine soll es eine große Höhle geben, und darin liegt eine alte verlassene Stadt aus den Tagen vor der ersten großen Plage. Lachlan hatte sie zufällig gefunden – wie genau, weiß keiner – und dort seinen sagenumwobenen Schatz versteckt. Vor ein paar Jahren ließ ich meinen geliebten Gemahl einen Trupp dorthin schicken, um diese Stadt unter der Erde zu finden. Sie kehrten mit leeren Händen zurück. Keine Höhle, keine Stadt, kein Schatz. Es war genauso ein Hirngespinst wie Deckins Träume, sich selbst zum Herzog aufzuschwingen. Was die Morde angeht, ich gebe gern zu, dass ich Erchels widerwärtige Sippe ins Jenseits befördert habe, mit Deckin und den anderen hatte ich aber nichts zu tun. Ich fürchte, Alwyn, du hast die ganze Zeit den falschen Fuchs gejagt.«

Sie streckte erneut die Hand aus, ergriff mein Kinn und drehte mein Gesicht herum, sodass ich ihr in die Augen sah. Ihr Blick war ruhig und ihre Stimme eindringlich. Sie wollte, dass ich ihr zuhörte.

»Die Sache mit der Mühle hatte Todman eingefädelt«, sagte sie. »Ich hatte nicht geglaubt, dass er zu so etwas fähig sei, aber wie sich herausstellte, war er durchtriebener, als sein grobschlächtiges Gesicht vermuten ließ. Als wir zur Leffold-Lichtung unterwegs waren, vermutete ich schon, dass er irgendwas im Schilde führte. Er war zu oft ohne Erklärung weg und steckte seine Nase in Dinge, die ihn nichts angingen. Ich glaubte, er wollte bloß ein bisschen Beute klauen, uns vielleicht an den Sheriff verraten, wenn es auch zu spät gewesen wäre, um noch zu verhindern, dass wir Burg Duhbos erreichten und die Leute des

Herzogs niedermetzelten. Die ausgeklügelte Falle, in die er uns lockte, war jedoch das Werk mehrerer Wochen und zeugte von einem ziemlich raffinierten Geist. Er muss gleich nach der Enthauptung des alten Herzogs zur Kompanie der Krone gegangen sein, seine Abmachung getroffen und sich dann ins Lager zurückgeschlichen haben, ohne dass es jemand bemerkte. Natürlich erzählte er Erchel, es sei meine Idee gewesen, und das hat die kleine Ratte dann seiner Familie berichtet. Die Nacht bei der Mühle …«

Lorines Blick trübte sich, und sie senkte den Kopf. »Todman hat mich in einen Stall gezogen, kurz bevor die Bogenschützen des Königs ihre erste Salve abschossen. ›Jetzt gehörst du mir‹, hat er gesagt. ›Und auch der ganze Wald. Er gehört mir. Der Herzog und der König haben es so bestimmt.‹ Ich wehrte mich, versuchte, mich loszureißen, aber er war ein kräftiger Kerl. ›Er hätte uns alle ins Verderben gerissen, Lorine‹, sagte er, und ich wusste, dass er recht hatte. Viele Male hatte ich versucht, Deckin von seinem verrückten Plan abzubringen, aber er war ganz versessen darauf. Als er diesen dreckigen Adligen verlor, den er seinen Vater nannte, brachte ihn das um den Verstand, und trotzdem folgte ich ihm. Was tut man nicht alles für die Menschen, die man liebt, nicht wahr? Deswegen wusste dieser heidnische Mistkerl hier auch, dass du um diese Stunde ganz allein die Straße entlangreiten würdest. Du willst eine Verrückte retten, die glaubt, die Seraphilen schickten ihr Visionen. Und ich bin einem Verrückten gefolgt, der glaubte, ein Herzog zu sein. Die Liebe hat uns beide zu Narren gemacht.

Ich habe Todman damals umgebracht. Es war nicht weiter schwer. Wenn er auch schlauer war als gedacht, machte die Lust ihn unvorsichtig. Ich musste nur kurz das dankbare Flittchen spielen, und schon lockerte er seinen Griff, und ich konnte ihn von den Eiern bis zum Kinn aufschlitzen. Ein hässlicher Tod, aber ich finde trotzdem, dass er zu schnell gestorben ist. Zu seiner Abmachung gehörte, dass er und ich verschont bleiben sollten. Er hatte denen erzählt, ich hätte bei seinem Plan geholfen, ich musste also bloß mitspielen. Trotzdem wollte Levalle, der Mistkerl, mich zusammen mit den anderen aufknüpfen.

Aber der Kämpe des Königs ließ das nicht zu und auch nicht der neue Herzog, der mich rasch in sein Herz schloss. Er mochte mich noch mehr, als er meine Ratschläge hörte. Aber erst als ich mir einen Plan ausdachte, wie er den Wald von sämtlichen Gesetzlosen säubern konnte, verliebte er sich wirklich in mich. Was ich Erchels Familie angetan habe, war Rache, Alwyn, nicht Verrat. Und ich werde noch auf dem Totenbett darauf beharren, dass die Welt ohne sie besser dran ist.«

Ihre Lippen zuckten, und sie blinzelte ein paar Tränen fort, während sie mir mit der Hand über die Stirn strich. Dann stand sie auf. »Bei dir ist es anders. Dich aus der Welt zu schaffen, ist notwendig, aber kein Vergnügen. Ich sehe, dass du mir immer noch die Schuld gibst, dich an deinen Hass klammerst. Ich kann nicht zulassen, dass du ein Attentat auf mich verübst. Nicht jetzt.« Sie schob ihren Umhang beiseite und enthüllte ihren gerundeten Bauch. Nach meiner Schätzung war sie etwa im vierten oder fünften Monat.

»Du wirst dem Herzog also einen Erben schenken.« Wieder rumorte die verräterische Furcht in meinen Eingeweiden, aber ich schaffte es trotzdem, sie anzugrinsen. »Ist es seins? Oder hast du dich durch seine Soldaten gevögelt, bis du einen gefunden hattest, dessen Same faulig genug war, um sich in deinem verdorbenen Schoß einnisten zu können?«

Ein heftiger Kinnhaken flutete meinen Mund mit dem Eisengeschmack von Blut und ließ mich Sterne sehen. Schmerzhaft, gewiss, aber auch überraschend. Die alte Lorine hätte mich auf der Stelle mit dem Messer erstochen.

»Du hast so viel mitgemacht und bist trotzdem noch bloß ein gehässiges Kind«, keuchte sie, als sie von mir zurücktrat. »Ich hatte geglaubt, dich erreichen zu können, den Hass zu durchdringen, in den du dich gehüllt hast. Ich hätte einen Platz an meiner Seite für dich finden können. Dieses Herzogtum gehört jetzt mehr oder minder mir. Was hätten wir nicht alles zusammen tun können …« Angesichts meiner finsteren Miene verstummte sie und stieß zischend den Atem aus.

»Wie ich sehe, gibt es nur eine Art, wie wir das hier zu Ende bringen können.« Sie schloss die Augen und richtete sich dann entschieden auf. Ohne mich noch einmal anzusehen, drehte sie sich zum Kettenmann um und nickte ihm zu.

Die Furcht gewann schließlich doch die Oberhand über meinen Hass, als ich ihn mit vorfreudig funkelnden Augen näher kommen sah. Viele verzweifelte Hoffnungen huschten durch meinen Geist. Swain und die anderen würden im letzten Moment aus den Schatten treten. Ein Armbrustbolzen würde aus der Dunkelheit heranzischen und das böse caerithische Ungeheuer tot umfallen lassen. Toria würde wie ein räuberischer Fuchs über ihn herfallen. Aber nichts davon geschah.

Der Kettenmann legte mir eine Hand auf den Kopf, und ich spürte, wie mir die Kontrolle über meine Blase entglitt. Ich rang das elende Flehen nieder, das in mir aufsteigen wollte. Dabei wusste ich, wenn er erst angefangen hatte, würde ich um mein Leben betteln. Am Ende war ich auch nicht anders als all die anderen, deren letzte Augenblicke ich miterlebt hatte, die geweint, gefleht und Versprechungen gemacht hatten.

»Was hat die *Doenlisch* dir sonst noch erzählt?«, erkundigte sich der Kettenmann und legte seine Hände um meinen Schädel. »Sag mir die Wahrheit, und ich mache es kurz.«

Ich holte zitternd Luft, um ihm entgegenzuspeien, dass er sich einen großen Ast suchen und es sich damit selbst besorgen sollte. Stattdessen sagte ich: »Sie hatte ein Buch. Ein Buch mit Prophezeiungen.«

Seine Finger hielten inne, und ich schaute hoch. Sein Gesicht mit den flammend roten Malen war zu einem Ausdruck von Verwunderung und Furcht erstarrt. »Ein … Buu…?«, stammelte er mit leiser kindlicher Stimme.

Die Spitze von Lorines Messer brach ein paar Zähne heraus, als sie sich durch seine Lippen bohrte. Dieser Stich war ihre Spezialität – direkt in die Schädelbasis, mit genügend Kraft, dass die Klinge den Knochen durchbohrte. Der Kettenmann erzitterte und hustete mir einen

Zahn ins Gesicht, gefolgt von einem Blutschwall, der erst endete, als Lorine die Klinge herauszog und ihn zu Boden fallen ließ.

Vorwurfsvoll starrte sie mich an, während sie neben dem Leichnam in die Hocke ging und die Klinge an seinen Pelzen abwischte. »Verdorbener Schoß?«

Ich war geistesgegenwärtig genug, um in gleichmütigem Ton zu antworten: »Ich dachte schon, du würdest tatsächlich zulassen, dass er mich umbringt.«

Lorine schnaubte verächtlich und wühlte in den Kleidern des Kettenmanns, bis sie einen Schlüsselring fand. »Ich würde sagen«, sie kauerte sich neben mich, »damit sind wir quitt.«

Gierig betrachtete ich die Schlüssel in ihrer Hand, mein Herz hämmerte noch von der Gefahr, in der ich mich eben noch befunden hatte. Dennoch zögerte ich. Ich hatte meinen Rachedurst so lange genährt, jetzt fiel es mir überraschend schwer, ihn aufzugeben, so als müsste ich mich von einem Teil meiner Seele trennen, wenn er auch krank und fehlgeleitet war. Ich schwieg so lange, dass Lorine mir abermals einen Hieb verpasste, diesmal war es jedoch eine Ohrfeige statt eines Kinnhakens. »Aufwachen, Alwyn! Ich hab dir die Wahrheit gesagt, und ich weiß, du hast mir zugehört.«

Natürlich hatte sie recht. Sie war eine begnadete Schauspielerin, also könnte sie mir auch eine Lüge aufgetischt haben. Aber wozu das Ganze? Wäre mein Verdacht wahr gewesen, dann hätte sie schweigend zugesehen, wie der Kettenmann mich umbringt, oder sie hätte sich gar nicht erst blicken lassen. Warum sollte eine Herzogin sich persönlich damit befassen, einen alten Feind aus dem Weg zu räumen, der besser vergessen ist?

»Hat er es gewusst?«, fragte ich. »Deckin? Ist er in dem Glauben gestorben, du hättest ihn verraten?«

Lorines Miene erstarrte, und sie presste die Lippen aufeinander. Vom Schicksal des Mannes zu erzählen, den sie geliebt hatte, fiel ihr offenbar nicht leicht. Aber ich hatte ihn ebenfalls geliebt, wenn auch auf meine Weise, und ich wollte es wissen.

»Ich hab ihn nur einmal gesehen, bevor er weggebracht wurde«, sagte sie. »Er hörte noch, wie ich Todmans Geschichte bestätigte und sagte, ich hätte mir die Falle ausgedacht. Ich schaute ihm nach, als sie ihn gefesselt und blutend auf den Karren warfen. Er hat mir zugelächelt, Alwyn. Nur ganz kurz, aber er konnte immer schon mit einem Lächeln eine ganze Menge sagen.« Sie drückte mir den Schlüsselring in die Hand. »Er wusste es.«

Einen Moment blieb sie noch stehen, und wieder schlich sich ein Lächeln in ihre starren Züge. Sie gab mir einen Kuss auf die Stirn. »Das verrückte Miststück wird sterben«, murmelte sie. »So oder so. Überlass sie ihrem Schicksal und verschwinde aus diesem Königreich.«

Sie stand auf und ging davon, ein schlanker Umriss im aufsteigenden Morgennebel, der bald von den Schatten des Waldes verschluckt wurde.

Dreiundvierzigstes Kapitel

Den richtigen Schlüssel in die Fesseln zu stecken, war nicht ganz einfach und erforderte mehr Geschick, als ich – verletzt und immer noch von Todesangst erfüllt – aufbringen konnte. Mein erster Versuch scheiterte, und der ganze Schlüsselbund rutschte mir aus der Hand. Der Strom Flüche, der mir über die Lippen kam, hallte laut durch den Wald und ich hegte die Hoffnung, Lorne würde mich hören. Wenn ja, hielt sie es jedoch nicht für nötig, zurückzukehren.

Ich sank in mich zusammen; nach den jüngsten Ereignissen zitterte ich vor Anstrengung und Erschöpfung am ganzen Leib. Zu meinen Füßen lag der Kettenmann. Blut floss aus seinem Mund, und seine blicklosen, glänzenden Augen schauten zu mir hoch. Ob die Geister, die ihn zu Lebzeiten geplagt hatten, wohl noch in der Nähe waren? Oder hatte sein Tod sie erlöst?

»Bist du hier, Stallknecht?«, ächzte ich müde und ließ den Kopf gegen die rauhe Baumrinde sinken. »Wenn ja, dann tut es mir leid. Alles. Nicht bloß, dass ich dich umgebracht habe, sondern auch, dass du so lange die Gesellschaft dieses Mistkerls hier ertragen musstest.« Ich trat kräftig gegen den Leichnam des Kettenmanns, was dazu führte, dass sein Kopf herumrollte und sich das Blut, das sich in seinem Mund gesammelt hatte, in einem dickflüssigen Schwall auf den Boden ergoss.

»Allerdings musst du zugeben«, ein schwaches Lächeln trat auf meine Lippen, »dass es ziemlich ironisch ist. Ich meine, dein ganzes Leben lang bist du vor den Märtyrern und den Seraphilen im Staub gekrochen und hast sicher erwartet, sie lassen dich gleich durch die Himmlische Pforte, wenn deine Zeit gekommen ist. Stattdessen bleibt deine Seele jahrelang an eine bösartige Kröte wie ihn hier gefesselt.«

Bei dem Gedanken musste ich lachen, und das viel länger, als man angesichts meiner Lage hätte erwarten können. Irgendwann blinzelte ich die Lachtränen fort und stellte fest, dass durch das Geflecht der Zweige die ersten Strahlen der Morgensonne durchschimmerten.

»Tut mir leid«, sagte ich noch einmal zu Stallknecht. »Ich konnte es noch nie lassen, dich aufzuziehen, wie?«

»Mit wem sprichst du?«

Sie stand in die dünnen Rauchfahnen des Feuers gehüllt – eine schlanke Gestalt im grünen Umhang, deren Kopf unter dem Sack neugierig schief gelegt war. Ihre Stimme klang ebenso klar wie damals, nachdem sie Brauer geheilt hatte, und sie sprach mit demselben leichten Akzent.

»Einem alten Freund«, sagte ich. »Er ist tot.«

»Ah.« Sie kam näher und blieb nur kurz stehen, um einen Blick auf den Leichnam des Kettenmanns zu werfen. Ich nahm wieder den blumigen Sommerduft wahr, wie bei unserem letzten Treffen. Er überzeugte mich davon, dass sie wirklich da war und nicht bloß eine Einbildung meines verzweifelten, hoffnungsvollen Verstandes.

Die Schlüssel klimperten, und ihre Finger streiften meine Handgelenke, bevor die Ketten zu Boden fielen. Stöhnend vor Erleichterung sank ich nach vorn und holte so tief Luft, dass es mir in der Brust schmerzte. Als ich wieder hochschaute, hatte die Sackhexe sich neben dem erloschenen Feuer niedergelassen. Die kleinen schwarzen Rauten ihrer Augen waren auf den Toten zu meinen Füßen gerichtet, und ihre Stimme, die unter dem Sack hervordrang, klang nachdenklich.

»In den letzten Jahren hat er nach mir gesucht. Wie seltsam. Er hätte nur hier sitzen bleiben und warten müssen.«

»*Doenlisch*«, sagte ich, und sie blickte hoch. »Das ist Euer Name, nicht wahr? Euer wahrer Name.«

Die Frage schien sie nicht weiter zu verwundern, ihr Umhang bewegte sich kaum, als sie mit den Schultern zuckte. »Es ist *ein* Name. Ich habe viele, genau wie du.«

»Es klang eher wie ein Titel«, beharrte ich und rieb mir mit zusammengebissenen Zähnen die aufgeschürften Handgelenke. »Was bedeutet er?«

»Die Bedeutung findest du in dem Buch, das ich dir gegeben habe.« Ihre Stimme klang leicht belustigt, und ich ahnte, dass sie unter dem Sack lächelte. »Bist du nicht auf den Gedanken gekommen reinzuschauen?«

»Ich war beschäftigt«, murrte ich und zog mich ächzend am Baumstamm hoch.

Sie sah zu, wie ich einen Schritt vom Leichnam des Kettenmanns wegtrat. »Sie sind alle fort, die Geister, die ihn zu Lebzeiten plagten«, sagte sie immer noch belustigt.

»Ihr konntet sie ebenfalls sehen?«

»Nein, aber ich wüsste es, wenn sie hier wären.«

Ich nickte und schaute in ihre leeren Augen. »Schön, Euch wiederzusehen.« Ich stellte überrascht fest, dass ich es ernst meinte. »In Wahrheit habe ich ebenfalls nach Euch gesucht.«

Der Sack schlug ein paar Falten, aber sie saß nur schweigend da, während ich stotternd versuchte, meine Bitte in Worte zu fassen. Zum Glück ersparte sie mir die Mühe.

»Du hast etwas für mich«, sagte sie.

Natürlich wusste ich, was sie meinte. Das caerithische Buch drückte unangenehm hart gegen meinen Bauch. Der Kettenmann war so erpicht darauf gewesen, mich umzubringen, dass er es übersehen hatte. Obwohl der Inhalt des Buches mich verwirrte, verspürte ich nun überraschenden Widerwillen bei dem Gedanken, mich davon trennen zu müssen. Mein ganzes Leben lang hatte ich anderen Leuten ihren Besitz abgenommen und hatte doch nie selbst etwas besessen. Die wenigen Andenken, die ich im Laufe der Zeit gesammelt hatte, waren verloren gegangen, was mich aber nicht weiter kümmerte. Sie hatten mir kein Glück gebracht. Mit diesem Buch war es anders, sein Wert war unermesslich.

»Also«, sagte ich. »Das ist der Preis, von dem Ihr gesprochen habt.«

»Nein. Es ist der Lohn für das, was ich bereits für dich getan habe, genau wie abgemacht. Der neue Preis wird ungleich höher sein, der Aufgabe angemessen, die ich für dich erledigen soll.«

»Und was wäre das?«

Die rautenförmigen Augen verengten sich, als sie sich vorbeugte. »Lass die Ablenkungsversuche.« Sie streckte erwartungsvoll die Hand aus. »Gib mir das Buch und die Anleitung zu seiner Entschlüsselung, oder ich gehe, und wir sehen einander nie wieder.«

Ich müsste lügen, wollte ich sagen, dass ich ihr das Buch ohne Zögern überreichte. Dass ich in mein Wams griff, es hervorriss und ihr kniend darbot, mit dem Versprechen, ihr alles zu geben, was sie wollte, wenn sie nur Evadines Leben rettete. Denn das tat ich nicht.

Ich stand nur da und versuchte vergeblich, mir meine Wut nicht anmerken zu lassen. Alle möglichen Rechtfertigungen gingen mir durch den Kopf, mit denen ich mich aus der Affäre ziehen könnte. Ich würde zur nächsten Hafenstadt gehen, ein Schiff besteigen und wegsegeln und mir in irgendeinem weit entfernten Land eine nette, ruhige Ecke suchen, um meine eigene Übersetzung anzufertigen. Hielte ich dann erst die Landkarte in der Hand, auf der mein Lebensweg verzeichnet war – der, in Anbetracht der Textmenge, nicht kurz war –, so malte ich mir in meiner jugendlichen Torheit aus, dass nur noch Jahre des Müßiggangs vor mir lagen. Evadine würde bald sterben, aber wollte sie nicht sogar zur Märtyrerin werden? Hatte mich die Strafmission, auf die sie mich geschickt hatte, nicht bereits mit einem Fuß ins Grab gebracht?

Meine Wut rührte nicht bloß daher, dass ich das Buch verlieren sollte, sondern auch von den Vorwürfen, die ich mir selber machte, weil ich bislang nicht ein einziges Wort davon entschlüsselt hatte. Ich sagte mir, dass mir auf der Reise von Olversahl keine Zeit dazu geblieben und ich seither ebenfalls ziemlich beschäftigt gewesen war. Aber das waren Lügen. Seit ich erfahren hatte, worum es sich bei dem Buch wirklich handelte, hatte ich es kaum angerührt, außer um es mir wieder vor den Bauch zu binden. Wenn ich es auch nicht zugeben wollte, so jagte es mir doch Angst ein, den Inhalt dieser Seiten zu erfahren. Irgendwann hätte ich vielleicht den Mut aufgebracht, es zu öffnen, aber jetzt war die Zeit abgelaufen.

»Habt Ihr es gewusst?«, fragte ich die Sackhexe barsch, während ich das Buch hervorholte. Berrines Übersetzungsanleitung war mit einer Schnur daran festgebunden, und ich sah, wie die Sackhexe mit den Fingern darüberstrich, als ich ihr beides überreichte. Ich wusste nicht, ob es Furcht war oder nervöse Vorfreude. »Was es ist?«, hakte ich nach, als sie die Bücher in ihre Umhängetasche steckte. »Wusstet Ihr es?«

»Ich wusste, dass es für dich und mich von großem Wert ist. So muss es auch sein, wenn das Gleichgewicht von Leben und Tod verschoben werden soll. Dem … was ich tue, liegt eine Struktur zugrunde, ein Netz, könnte man sagen, eines, das von solch banalen Dingen wie materiellem Reichtum nicht beeinflusst wird. Will man es verändern, dann braucht man dafür etwas *Wirkliches*, etwas, das Herz und Seele betrifft.«

»Ihr kommt auch in dem Buch vor, nicht wahr? Und nicht nur heute oder bei unserem letzten Treffen. Deswegen wollt Ihr es. Bei unserem nächsten Wiedersehen werdet Ihr im Vorteil sein.«

»Bei unserem nächsten Wiedersehen …« Sie verstummte und brach dann abrupt in Gelächter aus, so laut und unerwartet, dass ich zusammenzuckte. »Du denkst immer noch wie ein Dieb. Wägst Vor- und Nachteile gegeneinander ab, als wäre das alles ein Spiel.« Sie lachte noch einmal, diesmal leiser und verbitterter. »Wenn es so wäre, dann wären wir zwei ziemlich unbedeutende Spielfiguren.«

Noch mehr Rätsel, über die ich nachdenken konnte, aber ich verspürte kein großes Bedürfnis, ihr weitere Fragen zu stellen. Ich wusste, sie konnte mir keine Antworten geben, jedenfalls noch nicht. Außerdem stellte ich fest, dass ich mich ohne das Buch vor meinem Bauch plötzlich leichter fühlte und mich der Verlust gar nicht mehr so sehr ärgerte. Eine Frage konnte ich mir allerdings nicht verkneifen, denn manche müssen einfach gestellt werden.

»Warum ich?«, fragte ich. »Warum hat ein unbekannter caerithischer Schreiber aus einem vergangenen Zeitalter es für nötig erachtet, eine Prophezeiung über mein Leben zu verfassen? Ich bin bloß der Sohn einer Hure, der zu einem Dieb und Mörder wurde, weil es für mich in diesem Land sonst keinen Platz gab. Ich bin ein Ausgestoßener, den Knechte und Adlige gleichermaßen meiden. Dieses Land und seine Leute haben für mich keine Verwendung, außer um in ihren Kriegen zu kämpfen, wo ich mir einen hässlichen Tod und ein namenloses Grab verdienen kann.«

»Das Leben eines Ausgestoßenen kann ebenso bedeutsam sein wie das eines Königs«, antwortete sie. Ihre Stimme klang jetzt weicher, und in ihren herabhängenden Schultern nahm ich Müdigkeit wahr. »Jedes Leben hat einen Sinn, aber bei manchen … geht er tiefer. Wie sich erwiesen hat, warst du der Schlüssel zu den Geheimnissen dieses Buches, und damit wird mein Volk noch andere Geheimnisse ans Licht bringen. Wir haben so viele Bücher, die seit dem Niedergang ungelesen sind. Jetzt können wir uns das wertvolle Wissen, das sie enthalten, wieder zu eigen machen. Du solltest stolz sein.«

Sie richtete sich auf, und das Sackleinen vor ihrem Mund erzitterte, als sie tief Luft holte. »Dann wollen wir mal.« Sie kam auf die Beine.

Ich machte mir nicht die Mühe, sie zu fragen, woher sie wusste, worum ich sie bitten wollte, oder was genau sie dafür von mir verlangen würde. Wie Raith immer sagte: Manche Pfade müssen beschritten werden.

»Es ist ziemlich weit«, warnte ich. »Ich würde schätzen, wir brauchen einen Tag, um den Hafen zu erreichen. Und wir müssten unterwegs einen Karren stehlen. Etwas, worin wir Euch verstecken können, um Euch ins Haus des Handelsherrn zu schmuggeln. Da sitzt eine riesige Menge gläubiger Narren davor, die für die Genesung der Feldherrin beten. Die sollten Euch besser nicht zu Gesicht …«

Ich verstummte verblüfft, als sie den Rand des Sacks ergriff und ihn langsam hochzog. Ihre Haare flatterten im Wind, nachdem der Sack gelüftet war, und verdeckten einen Moment lang ihr Gesicht, doch dann war es ganz zu sehen.

Ich könnte die nächsten Seiten mit poetischen Beschreibungen der Frau füllen, die ich erblickte, aber ich will mich mit den Worten begnügen, dass sie auf eine Weise schön war, die gefährlich sein kann. Es war die Art von Schönheit, die in Männern und, ich möchte behaupten, auch in vielen Frauen den Wunsch weckt, sie zu besitzen, sie als ein wertvolles Ding zu betrachten, das man mit niemandem teilen will. Ein Blick genügte, um mich zu überzeugen, dass es klug von ihr war, den Sack zu tragen. Im Gegensatz zu Raith und dem Kettenmann war ihr Gesicht nicht von Malen verunziert. Nur in der Mitte ihrer Stirn befand sich ein kleiner roter Fleck, der wie ein Rubin aussah und einen starken Kontrast zu ihrer blassen glatten Haut bildete.

»Als ich dieses Land das erste Mal bereiste«, sie schob ihre zerzausten Haare zurück, »wurde mir schnell klar, dass dein Volk dem Aussehen eines Menschen viel zu viel Bedeutung beimisst. Sollen wir?«

◆ ◆ ◆

Swain trieb das Kleid einer Dienstmagd für sie auf, bevor wir sie ins Haus führten. Ein Korb mit Wäsche rundete die Verkleidung ab. Dass sie bei den Wachen des Handelsherrn und den Stadtwachen am Tor mehr als nur ein paar Blicke auf sich zog, war unvermeidlich, die Männer begnügten sich aber mit lüsternem Starren. Nachdem wir durch den Dienstboteneingang getreten waren, lenkte Brauer die anderen

Hausdiener mit lauten Rufen ab, dass die Gesegnete sauberes Wasser brauche, während wir unsere Besucherin rasch die Wendeltreppe zu dem Schlafgemach hochführten.

Ayin begrüßte uns mit argwöhnisch gerunzelter Stirn. Wenn sie auch sonst eine Schwäche für alles Schöne hatte, schien der Anblick der blonden Fremden ihr nicht zu gefallen.

»Wer ist das?«, verlangte sie zu wissen und stellte sich schützend vor die Feldherrin.

»Eine Freundin, Ayin.« Ich schob sie sanft beiseite. »Sie ist hier, um zu helfen.«

Ayins Gesichtszüge, die auch sonst selten erwachsen wirkten, spiegelten kindliche Verachtung, und sie machte nur widerstrebend Platz. »Sie riecht ... komisch«, flüsterte sie, als ich sie zum Fenster führte.

Delric, der auf einem Stuhl neben dem Bett gedöst hatte, fuhr augenblicklich hoch und trat um einiges bereitwilliger vor der Sackhexe beiseite. Er starrte das Gesicht der Caeritherin lange an, aber ich sah keine Begierde in seinem Blick, nur Furcht.

»Könnt Ihr ...?«, setzte er an und verstummte, als die Sackhexe Evadine eine Hand auf die Stirn legte. Die Feldherrin schlief wieder, ihre Wangen wirkten eingefallener denn je und ihre Haut grau statt weiß.

Die Sackhexe presste die Lippen fest zusammen, und ich sah Zweifel in ihrer Miene, als sie die Hand zurückzog und sich aufrichtete. »Geht raus«, sagte sie und warf Delric und Ayin einen scharfen Blick zu. »Du«, fügte sie an mich gewandt hinzu, als ich die widerspenstige Ayin aus dem Gemach schob, »bleibst hier.«

In dem Gemach zu bleiben, in dem es trotz des munter im Kamin prasselnden Feuers plötzlich um ein oder zwei Grad kälter zu sein schien, war vielleicht das Letzte, was ich in diesem Moment wollte. Ich hatte das Gefühl, am Rand eines tiefen Abgrunds zu stehen. Zugleich wusste ich aber auch, dass wir in den Augen eines Tribunals des Bundes unsere Seelen ohnehin längst so stark beschmutzt hatten, dass sie nicht mehr zu retten wären.

Dennoch schob ich Ayin gehorsam auf den Flur hinaus und schloss die Tür vor ihrer finsteren Miene und Delrics düsterem Stirnrunzeln. Als ich mich umdrehte, streifte die Sackhexe gerade das Dienstmädchenkleid ab. Sie hatte ihre Umhängetasche und ihren Umhang unten bei Brauer gelassen und trug jetzt nur noch ein lockeres Untergewand aus Baumwolle. Der Stoff war so dünn, dass er einiges von ihrem Körper enthüllte – ein Anblick, der erregend hätte sein können, wäre da nicht meine wachsende Furcht gewesen. Sie trug keine Werkzeuge bei sich, keine Medaillons oder Fläschchen mit wundersamen Elixieren. Anscheinend brauchte sie für das, was sie vorhatte, sonst nichts weiter. Dachte ich jedenfalls, bis sie sich umdrehte und mir eine Hand hinhielt.

»Ein Preis, der der Aufgabe angemessen ist«, sagte sie. »Überleg dir gut, ob du bereit bist, ihn zu zahlen.«

Ich starrte ihre ausgestreckte Hand an, und aus meiner Furcht wurde Entsetzen. Das Feuer loderte weiter, aber der Schweiß, der mir ausbrach, ließ mich erschauern. In diesem Moment war ich wieder ein Kind, genauso verloren und verzweifelt wie an jenem Tag, als Deckin mich im Wald fand.

»Was …?«, setzte ich an, musste jedoch husten, bevor ich weitersprechen konnte. »Was habt Ihr vor?«

»Das Netz wiederherstellen, das diese Frau ans Leben bindet. Viele der Fäden sind zerrissen und müssen neu geknüpft werden.« Sie krümmte auffordernd den Zeigefinger. »Aber aus nichts kann ich nichts weben. Um Leben zu geben, muss es genommen werden.«

Ich zitterte, und mein Blick huschte zur Tür, obwohl meine Füße wie mit dem Boden verschmolzen schienen. Hatte sie einen Zauber gewirkt, um mich hierzubehalten? Ich wusste jedoch, diese Unentschlossenheit und Feigheit rührten nur von mir selbst her.

»Bei Brauer war das nicht nötig«, krächzte ich verzweifelt.

»Um sein Netz zu erneuern, musste ich nur das Gift in seinen Adern töten. Das hier ist anders.«

»Wird es … mich umbringen?«

»Nein.«

»Wird es wehtun?«

»Ja.« Wieder krümmte sie den Finger. »Wenn du diesen Preis nicht zahlen willst, wird sie noch vor Sonnenaufgang tot sein.«

Ihre Worte ließen mich zu Evadines eingesunkenem, ausgezehrtem Gesicht hinschauen. Ein weiteres Hinscheiden, dessen Zeuge ich wurde. Eigentlich ein weiterer Mord, denn wenn ich ablehnte, würde ich sie damit umbringen. Wie viele waren es jetzt schon? Ich hatte mich nie dazu durchringen können, sie alle zu zählen, aber vergessen konnte ich sie auch nicht. Der Soldat mit dem Märtyrer-Medaillon, das mir fast zum Verhängnis wurde. Stallknecht, der mich mit seinen Lektionen gerettet hatte, sich selbst aber nicht retten konnte. Der arme Kerl auf dem Feld der Verräter, der meinen Rossschinder ins Gesicht bekommen hatte … So viele andere. Was wäre schon eine Tote mehr?

Lass das fromme adlige Miststück sterben!, zischte eine Stimme in meinem Kopf. *Ohne dich wäre sie schon zweimal gestorben. Diese Hexe redet von ihrem Lohn. Aber was ist mit deinem? Wer wird dir das je vergelten?*

»Ich schätze mal«, sagte ich mit einem schwachen Lächeln, »Ihr werdet mich nicht noch mal einen Blick in das Buch werfen lassen, oder? Da gibt's bestimmt eine Stelle, wo steht, wie ich mich entscheide.«

Auch sie lächelte, traurig und mitleidig. »Du weißt längst, wie du dich entscheiden wirst. Und auch, warum.«

Darauf wusste ich nichts zu erwidern, die Quelle meines Widerstands war versiegt. Ich trat vor und nahm ihre Hand. Ihre Haut fühlte sich an meiner rauhen, schwieligen Handfläche glatt und warm an – kurz war es sogar ein angenehmes Gefühl, bis sie meine Hand plötzlich so fest packte, dass ich aufkeuchte.

Ich habe oft versucht, mich genauer daran zu erinnern, was als Nächstes geschah, mein Geist gibt jedoch nur wenige Bruchstücke preis. Ich weiß noch, wie ein taubes Gefühl meinen ausgestreckten Arm hinaufkroch. Auch hatte ich den Eindruck, nach vorn gezogen zu werden, obwohl ich still dastand. Mir verschwamm alles vor den Augen, als die Taubheit meine Schulter erreichte und sich in meinem Nacken und meiner Brust ausbreitete. Durch den wabernden Dunst sah ich, wie die Sackhexe ihre freie Hand ausstreckte und Evadines bleichen schlaffen Unterarm ergriff. Dann kam der Schmerz.

In den seither vergangenen Jahren habe ich mich häufig gefragt, ob ich auch dann noch einverstanden gewesen wäre, wenn die Sackhexe mir genauer beschrieben hätte, was mich erwartete. Schmerz ist ein zu nichtssagendes Wort, um zu beschreiben, was ich die wenigen Herzschläge lang, bevor ich das Bewusstsein verlor, erdulden musste. Qual und Folter treffen es ebenso wenig. Eigentlich ist es überhaupt müßig, es mit irgendeiner Form von körperlichem Leid zu vergleichen, denn es ging über das Körperliche weit hinaus. Schon in dem Moment, als ich ohnmächtig wurde, wusste ich, dass mir ein Stück meiner selbst entrissen wurde, etwas Lebenswichtiges. *Um Leben zu geben, muss es genommen werden.* Für das, was die Sackhexe tat, hatte sie mir etwas weggenommen, das ich nie zurückerhalten würde. Erst sehr viel später sollte ich vollständig begreifen, was dies bedeutete.

◆ ◆ ◆

»Alwyn Scribe.«

Als ich erwachte, spürte ich körnigen Sand in meinen Augen und getrocknete Tränen auf meinem Gesicht. Für einen Moment war ich lediglich glücklich, keine Schmerzen mehr zu leiden, aber er währte nur kurz, dann meldete sich mein Körper zu Wort. Muskeln und Sehnen schienen überstrapaziert, insbesondere entlang meiner Wirbelsäule plagten mich brennende Krämpfe. Einen Moment lang konnte ich nur unmännlich zittern und wimmern, bis frische Tränen den Sand in meinen Augen fortspülten.

»Bist du verletzt?«

Evadines Stirn, die zwar bleich, aber wieder gesund schien, legte sich in Falten, als sie zu mir hinabschaute. Ich starrte mit offenem Mund zu ihr hoch, abgelenkt von zwei Erkenntnissen: zum einen, dass sie ohne Hilfe aufgestanden war, zum anderen, dass sie – abgesehen von den Verbänden – vollkommen nackt war.

Sie zog vorwurfsvoll eine Braue hoch. »Du hast dich doch letzte Nacht nicht etwa betrunken?«

Blinzelnd schaffte ich es mit zittriger Hand, mir die Tränen abzuwischen. Mein Blick glitt durchs Schlafgemach. »Wo ist sie?«

»Sie?«

»Die …« In dem Moment durchdrang die Vernunft meine Benommenheit, und ich schloss schnell wieder den Mund. Evadines verdutzter Miene nach, hatte sie keine Ahnung, was sich in der letzten Nacht zugetragen hatte, und ich brachte nicht den Mut auf, es ihr zu sagen. *Sollen doch Swain oder Wilhum das tun. Die sind kühner.*

»Ayin«, krächzte ich. »Sie war … vorhin noch hier.«

»Vielleicht hat sie Hilfe geholt, als du zusammengebrochen bist.« Evadine wandte sich ab und ging zum Fenster, um die Läden weit zu öffnen, ohne darauf zu achten, ob von draußen jemand hereinschaute. Weißgoldenes Sonnenlicht umriss ihre Gestalt, als sie sich streckte und ein vergnügtes Seufzen ausstieß. »Was für ein herrlicher Tag.«

Dann erstarrte sie und griff sich mit der Hand an den Verband an ihrer Brust. »Habe ich das nur geträumt, oder wurde ich von einem Wolf gebissen?«

»Von zwei Wölfen.« Stöhnend kam ich auf die Beine. Der Raum schwankte kurz, stand dann aber wieder still. »Einen davon habe ich getötet. Den anderen Feldwebel Swain.«

Sie warf mir einen Blick über die Schulter zu und grinste schelmisch. »Dann stehe ich noch tiefer in deiner Schuld.«

Ja, allerdings. Bei dem Gedanken an das, was ich für sie getan hatte, wäre ich beinahe zusammengezuckt. »Soldaten begleichen ihre Schulden in der Schlacht«, sagte ich. Ich hatte keine Ahnung, woher diese Weisheit stammte. Wahrscheinlich hatte ich sie irgendwo in einer Taverne von einem betrunkenen Soldaten aufgeschnappt, aber Evadine schien damit zufrieden.

»Ganz recht. Wo sind wir hier eigentlich?«

»Farinsahl. Der Handelsherr war so freundlich, ein Zimmer für Euch zur Verfügung zu stellen.«

»Dann ist Olversahl also verloren.« Ihr Lächeln verschwand, und sie senkte den Kopf.

»Ich bezweifle, dass es jemals eine Chance gab, die Stadt zu retten«, sagte ich. »Außerdem habe ich den Verdacht, dass Ihr aus genau diesem Grund dorthin geschickt wurdet.« Ich zwang mich, trotz meiner Schmerzen den Rücken durchzudrücken. »Feldherrin, die Agenten des Königs sind wahrscheinlich schon auf dem Weg hierher. Ihr müsst die Stimmen, die gegen Euch flüstern, doch gewiss vernommen haben …«

»Eine Lüge bleibt eine Lüge, ob man sie nun flüstert oder schreit.« Evadine hob den Kopf, und ihre Stimme klang leise und nachdenklich. »Am Ende macht es keinen Unterschied. Ich werde nicht lügen.«

Von draußen vor dem Fenster war lautes Gemurmel zu hören, und ich ging zu den Läden. »Vielleicht sollten wir die lieber wieder schließen.«

Evadine, die jetzt erst die Menge bemerkte, runzelte die Stirn. »Wer sind diese Leute?«

»Stadtbewohner, Dörfler und andere. Treue Anhänger des Bundes, die die Märtyrer und die Seraphilen um Eure Genesung angefleht haben.«

Ich zog die Läden zu, gerade als die Menge draußen in Aufruhr geriet. Offenbar hatten einige die nackte Frau im Fenster bemerkt.

»Dann verdanke ich das hier ihnen.« Evadine strich mit den Händen über den Verband und begann, ihn abzuwickeln. Ich schaffte es nicht, den Blick abzuwenden, als sie schließlich ganz nackt vor mir stand. Die Haut unter ihren Brüsten war mit violett-roten Flecken übersät gewesen und hatte sich an der Bissstelle schwarz verfärbt. Jetzt war sie so bleich wie eh und je bis auf zwei geschwungene Reihen kleiner erhabener Narben.

»Ich hatte im Schlaf eine Vision, Alwyn«, murmelte sie zittrig und mit geweiteten Augen. »Sie war ganz anders als sonst. Wenn die Seraphilen zu mir kommen, spüre ich für gewöhnlich ihre Gegenwart, aber sie zeigen mir nie ihre Gesichter. Diesmal …« Ein Lächeln huschte über ihre Lippen. »Ich dachte, sie seien über so etwas Banales wie Geschlechter erhaben, weil sie so weit über uns stehen. Sie hätten das Gefängnis, das wir Körper nennen, längst hinter sich gelassen. Aber die Seraphile, die diesmal zu mir kam, war eine Frau. Und sie war wunderschön.« Sie spreizte die Finger und betastete die Narben. »So voller Mitgefühl. Die Gunst der Seraphilen hat mich geheilt.«

Das Staunen in ihrer Miene verwandelte sich abrupt in Entschlossenheit, und ihr Blick verengte sich. »Die Menschen müssen davon erfahren. Ich kann ihnen ein solches Wissen nicht vorenthalten.«

»Die Agenten des Königs …«, begann ich, aber sie fiel mir ins Wort.

»In den Augen der Seraphilen steht der König nicht höher als jeder andere Mensch.«

Die ruhige Art, wie sie diese ketzerischen Worte aussprach, die an Hochverrat grenzten, ließ mich verstummen. Selbst Sihlda hatte in ihren radikalsten Momenten nichts derart Umstürzlerisches von sich gegeben. Ich überlegte, ob ich sie an die Schriften des Rates der Eminenzen erinnern sollte, die den hohen Rang der königlichen Herkunft hervorhoben, die von den Seraphilen besonders begünstigt sei, ihr starrer, entschlossener Blick sagte mir aber, dass es zwecklos wäre.

»Wir sollten die Kompanie versammeln«, sagte ich. Eine praktische Herangehensweise mochte zielführender sein. »Und die Stadt verlassen.«

Endlich blinzelte sie und schaute mich verwundert an. »Wohin sollen wir gehen?«

»Irgendwohin, wo die Agenten der Krone uns nicht erreichen können …«

Sie lachte spöttisch und schüttelte den Kopf. »Ich werde nicht durch dieses Reich fliehen wie Ungeziefer, das gejagt wird.«

»Es gibt noch andere Reiche, in denen der Bund vertreten ist. Andere Könige, die Euch vielleicht mit Freuden willkommen heißen werden, besonders wenn Ihr eine ganze Kompanie erfahrener Soldaten mitbringt.«

»Nein. Meine Mission ist hier. Das sehe ich jetzt.« Ihr Blick wurde sanfter, und ich musste ein unbehagliches Schaudern unterdrücken, als sie zu mir kam und meine Hände ergriff. Wir waren etwa gleich groß und befanden uns auf Augenhöhe, wobei in ihren eine seltsame Mischung aus Freundlichkeit und gebieterischer Intensität lag.

»Ich weiß, du siehst es ebenfalls«, sagte sie. »Die Seraphile, die zu mir kam, hat mir in ihrer Gnade und Weisheit vieles gezeigt. Ich kenne das Innere deines Herzens, Alwyn Scribe, trotz der Lügen, die du als Schild vor dir herträgst. Ich weiß, was du erleiden musstest und was du getan hast, um mir das Leben zu retten.«

Sie beugte sich näher heran und senkte den Kopf, um ihre Stirn an meine zu legen. Die Nähe zu einer derart schönen Frau, die noch dazu nackt war, hätte berauschend sein müssen. Ich hätte sie an mich ziehen, meine Lippen auf ihre pressen sollen. Doch in diesem Moment verspürte ich keine Begierde. Stattdessen stand ich wie erstarrt, während in meinem Inneren ein Chaos aus Verwirrung und Furcht herrschte. Sie war zwar geheilt, zugleich aber auch verändert. Verglichen mit dieser flammenden Inbrunst war ihre bisherige nur ein kleines Licht gewesen, und ich wusste, wenn ich bei ihr bliebe, würde dieses Feuer mich ganz sicher verzehren.

Zwar verspürte ich kein Begehren, doch Evadine schien anders zu empfinden, denn sie kam noch näher. »Es gibt vieles, das ich mir selbst versagt habe.« Ihr Atem hauchte mir heiß ins Gesicht. »Ich glaubte, es müsse so sein. Um dem Bund zu dienen, musste ich den Versuchungen widerstehen, denen so viele andere erliegen. Jetzt frage ich mich …«

Als Nächstes hätte vieles geschehen können, das den Lauf dieser Geschichte zweifellos verändert hätte. Wie es bei bedeutsamen Momenten aber immer so ist, kann die kleinste Sache ihren Ausgang beeinflussen. In diesem Fall war es ein zögerliches Klopfen an der Tür, gefolgt von einem unbehaglichen Husten. Es sagte viel über Swains unverwechselbare Stimme aus, dass ich ihn selbst an einem wortlosen Räuspern sofort erkannte.

Evadine seufzte lachend, drückte meine Hände und trat von mir weg. »Du hast recht« – sie ging zum Bett –, »was das Versammeln der

Kompanie betrifft, wenn wir auch nirgendwohin marschieren werden. Sei so gut und leite den Befehl an den Feldwebel weiter. Und bitte Ayin, mir ein Gewand zu bringen. Und etwas zu essen, wenn's geht. Ich muss sagen, dass ich ziemlich hungrig bin.«

♦ ♦ ♦

Ich fand Toria in einer Taverne am Hafen, wo sie mit ein paar Seeleuten Würfel spielte. Wie üblich war sie gerade am Verlieren – Erfolg bei Glücksspielen gehörte nicht zu ihren vielen Talenten. Und das machte sie für gewöhnlich übellaunig und ihre Kehle trocken. Als ich sie deshalb aus dem Kreis herauszog, war sie leicht angetrunken, ihre Zunge dafür umso schärfer.

»Lass mich los, du verlogener Eselschwanzlutscher«, fauchte sie und entriss mir ihren Arm.

»Bist du nüchtern genug, um mir zuzuhören?«, erkundigte ich mich. »Oder muss ich dich erst in einen Pferdetrog tauchen?«

Sie zog eine finstere Miene; der innere Widerstreit, ob sie mir eine Backpfeife verpassen oder mir noch mehr Schimpfwörter an den Kopf werfen sollte, war ihr deutlich anzusehen. »Wo ist deine Hexe?« Sie schaute sich betont nach links und rechts um. »Hat sich verpisst und dich allein gelassen, wie?«

»Ja.« Eine offene Bestätigung, hinter der sich einiges Bedauern verbarg. Niemand hatte gesehen, wie die Sackhexe das Haus des Handelsherrn verlassen hatte, dennoch war sie eindeutig aus der Hafenstadt verschwunden. Umhang und Tasche, die sie in Brauers Obhut gelassen hatte, waren ebenfalls fort, aber die Wächter am Tor behaupteten, keine ungewöhnlich schöne blonde Frau gesehen zu haben, die die Stadt verließ.

Toria machte sich kaum die Mühe, ein triumphierendes Grinsen zu verbergen. »Und die Feldherrin?«

»Ist vollständig geheilt und entschlossener denn je, zur Märtyrerin zu werden.«

Torias Grinsen verwandelte sich in eine erschöpfte Grimasse. »Was wohl heißt, dass du genauso erpicht darauf bist, mit ihr loszumarschieren und dich umbringen zu lassen?«

Ich trat näher und senkte die Stimme. »Was heißt, dass es für uns, verdammt nochmal, Zeit wird, von hier zu verschwinden. Hast du noch diese Silbermünze?«

Vierundvierzigstes Kapitel

»Berrine Jurest, wie?« Kapitän Brahim Din Faud lächelte breit und entblößte eine beeindruckend weiße Zahnreihe. Wenn seine dunkle Hautfarbe auch von einer fremdländischen Herkunft zeugte, sprach er Albermainisch doch mit den breiten Vokalen der Südküste und verzog dazu vielsagend sein wettergegerbtes bärtiges Gesicht.

»Eine Teufelsbraut.« In seiner Miene mischten sich Anzüglichkeit und liebevolle Erinnerung. »Ein Freigeist und großzügig noch dazu, besonders wenn ich ihr Bücher brachte. Wie geht es ihr?«

»Sie trauert über den Verlust ihrer Bibliothek«, sagte ich. »Jedenfalls, als ich sie das letzte Mal sah.«

»Ach ja.« Din Fauds Mundwinkel sanken kummervoll nach unten. »Von dieser Sache im Norden hab ich gehört. Immer schlecht fürs Geschäft, Krieg und so. Und die Ascarlianer behaupten zwar, die Freiheit zu lieben, aber sie erheben trotzdem höhere Steuern als ihr. So bald werde ich meine Liebste nicht wieder nach Olversahl bringen, das sag ich euch.«

Mit seiner »Liebsten« meinte er wohl sein Schiff. Es trug den Namen *Meerkrähe,* und die Farbe von Holz und Segeln passte dazu. Mit seinem schmalen Rumpf und der umfangreichen Takelage war es eindeutig für Schnelligkeit gebaut. Seine Farbe – laut den Worten des Kapitäns die natürliche Färbung des Eichenholzes, aus dem der Rumpf bestand – wäre außerdem für ein Schmugglerschiff von Vorteil.

»Aber«, fügte Din Faud mit einem übertriebenen Augenzwinkern hinzu, das er vermutlich nie vor dem Spiegel geübt hatte, »da wollt ihr zwei Turteltäubchen ja auch nicht hin, oder?«

»Wir sind keine Scheißturteltäubchen«, teilte Toria ihm mit.

»Hm …« Din Fauds Brauen erinnerten an eine sich windende Schlange, während er so tat, als dächte er nach. »Bruder und Schwester, also?«

»Wer wir sind, spielt keine Rolle«, sagte ich. »Es zählt nur, wo wir hinwollen und ob wir dafür bezahlen können. Oder irre ich mich?«

Din Fauds Stuhl knarrte, als er sich leicht zurücklehnte und uns mit einem Blick maß, der wohl nicht allzu auffällig prüfend wirken sollte. Unser Rundgang durch die verschiedenen Tavernen rings um den Hafen von Farinsahl hatte einige Möglichkeiten zutage gefördert, aber die meisten Kapitäne hatten zu viele Fragen gestellt. Als wir zufällig Din Fauds Namen hörten, führte uns das in diesen schäbigen Rumpalast in einer schmalen Gasse. Die vielen feindseligen Blicke bei unserem Eintreten und zahlreichen Hände, die nach Messern griffen, überzeugten mich, am richtigen Ort zu sein.

»Ihr seid jung«, stellte Din Faud fest, und mir fiel auf, dass sein Akzent jetzt präziser, aber weniger vertraut klang. »Mit Löchern wie diesem hier kennt ihr euch trotzdem aus, wie? Habt eure Waffen immer in Griffweite. Sitzt mit dem Rücken zur Wand. Sie behält den Raum im Auge und du die Tür, und euch ist wahrscheinlich nicht einmal bewusst, dass ihr das tut.«

»Ist das ein Problem?«, fragte ich.

»Alle Probleme sind lösbar, für den richtigen Preis.« Er beugte sich vor und musterte uns mit undurchdringlicher Miene. »Aber du hast recht. Eigentlich müssen wir nur zwei Fragen klären: wohin und wie viel? Ihr werdet verstehen, dass die Antwort auf die zweite Frage stark von der ersten abhängt.«

Ich tauschte einen kurzen Blick mit Toria und erhielt ein kurzes Nicken zur Antwort. Mit Männern wie Din Faud besaßen wir beide reichlich Erfahrung. Natürlich bestand stets die Möglichkeit, dass er uns hinters Licht führte, dennoch gehörte er zu der Sorte, die sich im Allgemeinen an Abmachungen hielt.

»Über das Cronsheldter Meer«, sagte ich. »Zum Eisenlabyrinth.«

In seinem Gesicht zuckte es, vermutlich musste er ein zweifelndes Stirnrunzeln unterdrücken. »Die Gegend ist voller unberechenbarer Strömungen und großer zerklüfteter Felsbrocken«, sagte er. »Ich habe dort schon Schiffe untergehen sehen, und es war kein schöner Anblick. Das Risiko wird sich im Preis widerspiegeln.« Er verstummte. Dass er nicht danach fragte, was wir dort wollten, war natürlich die letzte Prüfung bei diesem Geschäft, und die hatte er bestanden.

Torias Silbermünze verursachte ein hässliches kratzendes Geräusch, als sie sie über die Tischplatte zu Din Fauds Bierkrug schob. »Dafür, dass du uns hinbringst«, sagte sie.

Der Kapitän betrachtete die Münze kurz, bevor er sie in die Hand nahm. Er beleidigte uns nicht damit, sie mit den Zähnen zu prüfen, aber er hielt sie ins Licht, das durchs Fenster hereinfiel. »Aus der Regierungszeit des letzten Arthin.« Er fletschte erneut die Zähne zu einem Grinsen. »Ein hübsches Ding. Doppelt so viel wert wie eine mit König Tomas' Kopf drauf.« Die Münze drehte sich in der Luft, als er sie zu Toria zurückwarf, die sie auffing.

»Nicht genug.« Din Fauds südländischer Akzent und seine Vorliebe für übertriebene Mimik kehrten zurück. Seine Brauen formten einen hohen Bogen. »Und da ihr, wie's aussieht, sonst nichts zu bieten habt«, er kam von seinem Stuhl hoch, »wünsche ich euch jungen Hübschen einen schönen Tag.«

»Wir können noch mehr beschaffen«, sagte ich so eindringlich, dass er innehielt. Ich zügelte mich, bevor ich weitersprach, um nicht von den anderen Gästen belauscht zu werden. »Aber erst wenn wir unser Ziel erreicht haben. Betrachte diese Silbermünze als Vorschuss auf zukünftige Gewinne.«

»Die müssten schon ziemlich beträchtlich sein«, warnte der Kapitän. »Das Eisenlabyrinth wäre für mich ein großer Umweg. Ich will nämlich zu den südlichen Handelsrouten, weil es jetzt im Norden so viel Schwierigkeiten gibt. Und ich hab eine Mannschaft, an die ich denken muss – freie Männer und Frauen, die unter meinem Mast angeheuert haben und dafür ordentlich entlohnt werden wollen. Ich glaube nicht, dass die sich auf ein so waghalsiges Unterfangen einlassen, nur weil zwei Deserteure aus der Kompanie des Bundes es so wollen. Nichts für ungut.«

Toria und ich tauschten einen weiteren Blick aus. Als sie meine Absicht sah, riss sie warnend die Augen auf, aber ich sah keine andere Möglichkeit. »Meinem Wort magst du nicht trauen«, sagte ich. »Aber was ist mit Berrines?«

Din Faud zuckte die Achseln. »Sie ist nicht hier, um für euch zu bürgen, Junge. Nach allem, was ich weiß, seid ihr ihr vielleicht nie begegnet, sondern habt euch bloß aus Gerüchten eine Geschichte zusammengebastelt.«

»Ich bin ihr begegnet. Sie hat mir die Bibliothek gezeigt. Hat sie dich je dort rumgeführt?«

Er legte den Kopf schief, und sein Lächeln wirkte jetzt weniger übertrieben. »Vielleicht. Wieso, was ist damit?«

»Dann weißt du, wie gut sie sich mit den vielen Büchern dort auskannte. Und damit, die Pergamente zu durchwühlen, auf der Suche nach Schätzen.« Das letzte Wort betonte ich nur leicht, aber dem Kapitän fiel es dennoch auf.

Seine Augen verengten sich interessiert, obwohl er ein leises spöttisches Knurren ausstieß. »Seit über vierzig Jahren fahre ich jetzt schon zur See. Geschichten über Schätze hab ich viele gehört, von hier bis zum Elfenbeinhorn und wieder zurück. Ihnen nachzujagen, ist reine Torheit.«

»Nicht wenn man eine Karte besitzt. Eine, die Berrine selbst gezeichnet hat.«

Noch ein Knurren, diesmal eher belustigt als verächtlich. »Willst du mir etwa eine solche Karte verkaufen?«

»Das wäre schwierig. Ich habe sie verbrannt.« Ich unterstrich die Lüge, indem ich mir gegen die Stirn tippte. »Es ist alles hier oben drin.« Ich beugte mich vor und senkte die Stimme zu einem Flüstern. »Lachlans Hort. Es gibt ihn wirklich, und ich weiß, wo er zu finden ist.«

»Und Berrine hat dir diese Karte einfach so gegeben? Das muss ja ein ganz besonderer Bibliotheksbesuch gewesen sein.«

»Ich … hab ihr einen Gefallen getan.« Das Bedauern, das über mein Gesicht glitt, musste Eindruck gemacht haben, denn der Blick des Kapitäns wirkte nun schon weniger skeptisch. Seine eigenen Versuche, Gefühle zu zeigen, mochten linkisch und falsch sein, aber anscheinend besaß er die Gabe, echte Gefühle bei anderen zu erkennen.

Din Faud schüttelte seufzend den Kopf. »Ich bin ein alter Narr, das muss ich sagen. Aber die Geschichte besitzt unbestreitbar ihren Reiz.« Er musterte uns beide abwechselnd und fügte dann mit fester Stimme hinzu: »Sollte sie sich allerdings als falsch erweisen, dann werden zwei weitere Skelette die Felsen des Eisenlabyrinths zieren.«

Er stand auf und nahm einen letzten Schluck aus seinem Krug. »Wir stechen beim nächsten Vollmond in See. Bis dahin muss ich mich noch um ein paar Sachen kümmern. Versteckt euch in sechs Tagen vor der Abendflut an Bord. Sollten eure Kumpane kommen, bevor wir den Anker lichten, und euch aufknüpfen wollen, erwartet nicht, dass meine Leute und ich für euch kämpfen. Diese Silbermünze erkauft euch die Hinfahrt, mehr nicht. Wir reden weiter über Preise, wenn euer …«, er hielt inne und musterte vorsichtig die anderen Gäste um uns herum, »Versprechen sich bewahrheiten sollte.«

Toria sah ihm noch einen Moment nach, bevor sie sich wütend zu mir umdrehte. »Gefangen auf einem Schiff mit einem Haufen Schmuggler, die uns höchstwahrscheinlich die Kehle durchschneiden werden, sobald sie … *es* zu Gesicht bekommen. Was bist du gut im Verhandeln«, zischte sie leise.

»Hast du vielleicht noch ein Schiff in der Hinterhand?«, erkundigte ich mich. »Und könntest du es auch segeln?«

»Ich bin schon öfter gesegelt.« Sie schnaubte und wandte sich ab, mit einem gemurmelten: »Aber nicht im Alleingang.«

»Tja, da liegt der Knackpunkt. Entweder bleiben wir hier und versuchen unser Glück mit der Gesegneten, oder wir verlassen uns auf den guten Kapitän.« Als ich die Unentschlossenheit in ihrer Miene sah, fügte ich hinzu: »Du weißt, bei diesen gläubigen Irren heißt sie jetzt schon die Wiederauferstandene. Die denken wirklich, sie sei gestorben und von den Seraphilen ins Leben zurückgeholt worden. Der Rat der Eminenzen und der König werden mit Sicherheit bald davon erfahren. Nicht nur gibt es seit Jahrhunderten wieder eine neue Märtyrerin, sondern sie ist obendrein noch am Leben. Willst du wirklich hier sein, wenn ihnen die ganze Bedeutung dieser Entwicklung klar wird?«

Sie schaute weiterhin missmutig drein, aber die Unsicherheit in ihren Augen schwand. »Was ist mit Brauer?«, fragte sie.

»Er wird sie niemals verlassen, nicht jetzt.«

Dasselbe galt zweifellos für Ayin und Wilhum, wenn ich es auch ohnehin nicht gewagt hätte, sie zu fragen, ob sie uns bei unserem bevorstehenden Abenteuer begleiten wollten. Der Gedanke, sie zurückzulassen und dem hässlichen Sturm auszusetzen, der zweifellos kommen würde, gefiel mir nicht. Ein gebildeter Geist kann mitunter ein Fluch sein. Allzu deutlich sah ich vor mir, wie sich das Ganze entwickeln würde. Der stets neugierige Gelehrte in mir wünschte sich, Zeuge dieses bedeutsamen Moments in der Geschichte des Reiches zu werden, der Gesetzlose hingegen wollte mit dem darauf folgenden Chaos nichts zu tun haben. Durch ihre Niederlage war Evadine Courlain weit mächtiger geworden, als sie es durch einen Sieg je hätte werden können. Darin besteht das Paradox der Märtyrerschaft, wenn Evadine auch insofern einzigartig war, als sie noch miterleben konnte, wie ihr Opfer Früchte trug. Die miteinander verbundenen Säulen von Krone und Bund konnten den Aufstieg einer derart mächtigen Befürworterin des Wandels nicht hinnehmen. Während Evadine predigte, versammelte sich die Kompanie der Krone, und zugleich bereiteten die hohen Geistlichen des Bundes ihre Ächtung vor.

Die Entfernung zwischen Farinsahl und der Hauptstadt beruhigte mich etwas – gut zwei Wochen Ritt, selbst auf dem schnellsten Pferd. Dennoch würden mir die nächsten sechs Tage sehr lang vorkommen.

♦ ♦ ♦

Am dritten Tag nach Evadines vermeintlicher Wiederauferstehung war die Menge, die vor dem Haus des Handelsherrn campierte, bereits auf mindestens eintausend Menschen angewachsen. Am Tag danach verdreifachte sie sich sogar, nachdem Evadine am Vortag ihre erste Predigt gehalten hatte. Zuvor wurden die Menschen nur von der Aussicht angelockt, einen Blick auf die Gesegnete zu werfen, die jetzt die Wiederauferstandene war. Die Reaktion der Leute auf ihre Predigt ließ jedoch meine düstersten Vorahnungen als noch zu optimistisch erscheinen.

»Warum seid ihr gekommen?«, fragte sie, und ihre Fähigkeit, die Zuhörer zu fesseln, erwies sich als ungebrochen. Wenn überhaupt, war ihre Stimme noch kräftiger geworden; ohne Mühe erreichte sie alle Anwesenden. Zu der Menge der Gläubigen, die sich um das Haus versammelt hatten, kamen noch zahllose Stadtbewohner hinzu, die sich in den umliegenden Straßen drängten oder aus den Fenstern der Häuser beugten, um die Predigt der neuen Märtyrerin nicht zu verpassen. Ich stand mit Toria am Rand des Verteidigungsgrabens und bildete zusammen mit der restlichen Kompanie eine Absperrkette für den Fall, dass es in der Menge zu Unruhen kam. Als ich den Blick über die zahllosen ergriffenen Gesichter schweifen ließ, entdeckte ich einen Betbruder aus dem Schrein, der eifrig Evadines Worte mitschrieb, und ebenso mehrere Schreiber der Stadt. Ich machte mir nicht die Mühe, selbst zu Feder und Papier zu greifen, weil ich diese Rede wohl kaum jemals vergessen würde, was sich auch bewahrheitet hat.

»Sucht ihr nach Rat?«, fuhr Evadine fort. Sie stand auf dem Balkon ihres Schlafgemachs und trug ein einfaches weißes Gewand, das in der Mittagssonne zu schimmern schien. »Glaubt ihr, ich wäre weiser und erfahrener als ihr?« Sie lachte leise, aber es klang eher freundlich als verächtlich. »Ich kann euch versichern, meine Freunde, ich weiß über den Bund kaum mehr als ihr. Euch ist klar, was die Seraphilen von uns verlangen. Und was das Beispiel der Märtyrer bedeutet. Dass uns die Himmlische Pforte verschlossen bleibt und die zweite große Plage über diese Welt kommt, sollten wir in unserer Pflicht versagen. Und doch«, sie hob die Hände und deutete auf die Versammelten, »erwartet ihr, dass ich euch erzähle, was ihr immer schon wusstet. Warum?«

Ich sah, wie die Feder des Betbruders verharrte. Im Vergleich zu den staunenden Gaffern um ihn herum wirkte seine Miene ernst und konzentriert. Als Evadine weitersprach, verfinsterte sich das Gesicht des Geistlichen wenig überraschend.

»Ich habe lange darüber nachgedacht, Freunde.« Evadines Stimme wurde jetzt unglaublicherweise noch lauter. Spannung breitete sich im Publikum aus, als alle erkannten, dass gleich etwas Bedeutungsvolles folgen würde. »Aber wie immer gelang es mir erst mithilfe der Seraphilen, die Antwort zu finden: weil ihr im Stich gelassen wurdet. Weil ihr verraten wurdet. Weil euch die Wahrheit vorenthalten wurde und man euch stattdessen Lügen verkauft hat. Diese … Unsicherheit, dieser Zweifel, der euch zu meiner Tür führt, ist nicht eure Schuld. Er ist meine Schuld. Ihre Schuld.« Ihr Arm schoss vor, und sie deutete auf den Turm des Schreins von Märtyrer Ihlander. »Es ist das Verbrechen von uns allen, die wir uns dem Bund angeschlossen haben. Denn jetzt sehe ich, dass er verdorben ist und nicht länger für die Märtyrer spricht.«

Mit belustigter und zugleich grimmiger Befriedigung sah ich, wie die Feder des Betbruders einen hässlichen Tintenklecks auf dem Papier hinterließ. Ihm stand der Mund ebenso offen wie allen anderen, aber es war das Starren eines schockierten und ängstlichen Mannes. Evadine Courlain, die Wiederauferstandene, hatte soeben vor einem tausendköpfigen Publikum ketzerische Worte verkündet, und sie war noch nicht fertig.

»Wie oft habt ihr gehungert, Freunde?« In ihrer Stimme schwang wachsende Wut mit. »Und wenn ihr hungern musstet und eure Kinder geweint haben, weil ihre Bäuche leer waren, haben dann eure Betbrüder und -schwestern auch gehungert? Wie oft wurden eure Kinder weggeholt, um in Kriegen zu kämpfen, für die sie nichts konnten, und die Betbrüder und -schwestern gaben dem bevorstehenden Gemetzel ihren Segen? Wie oft habt ihr eure Münzen gezählt und Kirchensteuer bezahlt und dafür nur das leere Versprechen auf Glück oder Heilung erhalten?«

Sie verstummte kurz, um die Gefühle der Menge brodeln zu lassen, bevor sie so laut, dass es vermutlich bis zum Hafen zu hören war, rief: »ICH SAGE EUCH, SO SOLL ES NICHT SEIN!«

In der Menge erklang ein Fauchen und Jubeln. Fäuste wurden gereckt, und das Durcheinander der Rufe steigerte sich zu einem Sprechchor. »Die Märtyrerin spricht! Die Märtyrerin spricht!«

Während der Tumult anhielt, verwandelte sich der schockierte Ausdruck des Betbruders zuerst in Wut und dann in Furcht, als den Leuten um ihn herum sein Gewand auffiel. Erst wurden höhnische Rufe laut, und er wurde angespuckt, dann folgte ein Gezerre und Geschiebe, bis der unglückselige Geistliche auf die Knie fiel. Feder und Papier wurden in den Schmutz getrampelt. Wenn die Wut der Menge weiter so anwuchs, erwarteten den Mann mindestens ein paar Tritte, wenn nicht gar Messerstiche. Ich gebe zu, dass ich darüber nachdachte, in die Menge einzutauchen, um ihn zu retten, aber zu dem Schluss kam, dass es unklug wäre, sich ins Herz eines tobenden Mobs zu begeben. Deshalb blieb ich an Ort und Stelle und zuckte nur mitfühlend zusammen, als ein stämmiger Fischer als Erster dem Betbruder mit seinem Stiefel in die Seite trat, was natürlich das Signal für alle anderen wütenden Irren war, es ihm gleichzutun. Die erste öffentliche

Predigt der Wiederauferstandenen hätte zum Tod eines Betbruders führen können, hätte Evadine den Aufruhr nicht bemerkt.

»AUFHÖREN!«

Ihre Stimme schien augenblicklich eine unsichtbare Mauer aus Eis um den blutenden Unglücklichen zu errichten, so schnell ließ die Menge von ihm ab.

Stille senkte sich herab, während der Betbruder vor Schmerzen zitternd am Boden kauerte und elend schluchzte. Ich sah Swain zur Feldherrin hochblicken, die ihm zunickte. Daraufhin schickte er rasch drei Soldaten los, um den gestürzten Geistlichen zu holen.

»Bringt ihn zu Bruder Delric«, fauchte er, als die Soldaten den Mann zum Haus schleppten. Seine Worte wurden von Evadines übertönt, die weitersprach.

»Ich bin hier, um zu kitten, was zerbrochen ist«, sagte sie der Menge – nun wieder eine Gemeinde aus Gläubigen und kein wütender Mob mehr. »Nicht, um zu zerstören. In diesem Land hat es schon genug Kriege gegeben. Urteilt über eure Nachbarn genau wie über euch selbst, dann wisst ihr, dass wir alle schuldig sind. Wir alle teilen diese Sünde, vom höchsten Herrn bis hin zum niedersten Knecht. Zu lange haben wir uns dem Beispiel der Märtyrer verschlossen. Wo sie arbeiteten, waren wir träge. Wo sie opferten, waren wir habgierig. Wo sie schwierige Wahrheiten aussprachen, hüllten wir uns in tröstende Lügen. Schluss damit!«

Wieder ging eine Welle durch die Menge, diesmal weil die Versammelten vor der beherrschten Wut in der Stimme von Märtyrerin Evadine zurückschreckten. Als ich wieder zu ihr hochschaute, sah ich, dass sie die Augen geschlossen hatte. Ihre Züge wirkten wieder ruhig. Sie holte tief Luft, öffnete die Augen und sprach ernst und beschwörend weiter.

»In ein paar Tagen werde ich diese Stadt verlassen, denn mir wurde offenbart, dass ich dieses Wissen weiterverbreiten muss. In jedem Winkel des Reiches und in den entlegensten Gegenden jenseits seiner Grenzen müssen alle Menschen die Wahrheit erfahren. Meine lieben

Freunde, die zweite große Plage rückt mit jedem Tag näher. Während wir uns der Täuschung und dem Irrglauben hingeben, steigen die Maleciten auf. Wir müssen vorbereitet sein. Wir müssen uns bewaffnen mit unserem Schild – der Gunst der Seraphilen – und unserem Schwert – dem Beispiel der Märtyrer.«

Sie hob ein weiteres Mal die Arme, legte den Kopf in den Nacken und rief: »WERDET IHR EUCH BEWAFFNEN? WERDET IHR SCHILD UND SCHWERT ERGREIFEN?«

Die gemeinsamen Entscheidungen einer Menge sind eine seltsame Sache: Sie werden bemerkenswert schnell getroffen und ohne die geringste Diskussion. So ertönte schon nach kurzer Zeit aus der Menge das, was bald als der Schlachtruf von Märtyrerin Evadine bekannt werden sollte.

»SCHILD UND SCHWERT! SCHILD UND SCHWERT! SCHILD UND SCHWERT!«

Beim Anblick der vor Leidenschaft geröteten Gesichter, die mit rhythmischer Präzision diesen Sprechchor riefen, kam mir zum ersten Mal der Gedanke, dass Krone und Bund von dieser Frau mehr zu befürchten hatten als sie von ihnen. Die Erkenntnis hätte erneut die Instinkte des Gelehrten in mir auf den Plan rufen können, wäre da nicht die Menschenmenge gewesen. In Hingabe entbrannt und von beispielloser Redekunst aufgestachelt, bildeten diese Leute einen starken Kontrast zu den Zufluchtsuchenden in Callintor, die gebannt Sihldas Weisheiten gelauscht hatten. Sie ähnelten eher der geifernden Menge, die mich am Pranger gequält hatte: gewöhnliche Leute, die einen hilflosen jungen Mann grausam misshandelten, nur weil es ihnen erlaubt war. Welche Erlaubnis hatte Evadine gerade diesem Haufen hier gegeben? Welche Leidenschaften würde sie in anderen anfachen, wenn sie als Märtyrerin durchs Reich zog? Ein verprügelter Betbruder war nur der Anfang, und an dem, was als Nächstes kam, wollte ich keinen Anteil haben.

Fünfundvierzigstes Kapitel

Im Laufe der nächsten zwei Tage verabschiedete ich mich von meinen Freunden, wenn diese auch nicht wussten, dass wir uns bald trennen würden. In der Nacht nach Evadines Predigt wurde ich gemeinsam mit Brauer zum Wachdienst eingeteilt, und wir verbrachten ein paar Stunden damit, die verzückten Gläubigen in Schach zu halten. Sie versammelten sich immer noch in großer Zahl hinter dem Graben, doch die stürmischsten unter ihnen begnügten sich nicht damit, ihre geliebte Märtyrerin nur aus der Ferne anzuhimmeln.

»Aber ich habe eine wichtige Botschaft für Märtyrerin Evadine!«, kreischte ein Kerl, nachdem Brauer ihn von einem Abflussrohrgitter heruntergezerrt hatte. Der kleingewachsene Mann musste stundenlang durch die Scheiße gekrochen sein, um der Märtyrerin persönlich zu begegnen.

»Bei dem Gestank, den du verbreitest, wird sie wohl eher die Plage auf dich herabwünschen.« Brauer verzog angewidert das Gesicht während er den Kerl zum Graben zerrte.

»Das würde sie niemals tun!«, beharrte der kleingewachsene Eiferer und umklammerte Brauers Handgelenk, wobei er dessen Handschuhe mit Kot beschmierte. »Ihr Herz ist zu freundlich dafür. Bitte, guter Soldat! Sie muss meine Warnung hören!«

Brauer schaute mich mit fragend hochgezogener Braue an, und nachdem ich die Schultern gezuckt hatte, setzte er den kleinen Mann am Rand des Grabens auf dem Boden ab. »Also gut«, sagte er. »Wovor genau willst du sie warnen?«

Der Eindringling runzelte die mit Exkrementen beschmierte Stirn und schaute sich kurz um, bevor er flüsterte: »Ich muss vorsichtig sein, damit *sie* mich nicht hören.«

Brauer schürzte die Lippen und beugte sich näher heran, um ebenfalls zu flüstern: »Und wer sind *sie?*«

»Die Maleciten natürlich.« Noch ein vorsichtiger Blick nach links und rechts, und aus dem Flüstern wurde ein Zischen. »Sie glauben, ich sehe sie nicht, aber das tue ich. Sie haben sich in jedem Winkel dieser Hafenstadt eingenistet, und das schon seit Jahren. Nun, da Märtyrerin Evadine hier ist, fürchte ich mich vor dem, was sie tun werden.«

Brauer nickte ernst. »Aber nur du kannst sie sehen?«

»Ich sehe ihre wahren Gesichter, die sie hinter ihren gestohlenen Masken aus Fleisch und Blut verbergen.« Die Augen des Mannes glitten zu den Fenstern im oberen Stockwerk des Hauses. »Der Handelsherr ist einer von ihnen.«

»Ach, wirklich?« Brauer zog scheinbar schockiert die Brauen hoch. »Und wer noch?«

»Meister Eckuld, der Bäcker an der Kreuzmarkstraße. Seine Frau auch und der fette kleine Scheißer von einem Sohn, den sie gezeugt haben. Außerdem der Kontrolleur an Kai zehn und der diebische Schreiber an der Mittelgasse …«

»Eine ziemlich lange Liste.« Brauer richtete sich auf und drehte den Kerl herum. »Geh lieber nach Hause und schreib sie auf.«

»Ich kann nicht schreiben …«

Die Worte des Mannes endeten in einem empörten Aufschrei, als

Brauer ihn mit einem Tritt ins Hinterteil in den Graben beförderte. »Dann verschwinde und lerne es.«

Eine Weile blieb der kleine Mann noch strampelnd im Graben liegen und ratterte eine Liste herunter, die sämtliche Ladenbesitzer und jeden von Rang und Namen zu umfassen schien, dem er je begegnet war. Erst als einige der Gläubigen hinter dem Graben sein Gegeifer satthatten und ihn mit Abfall zu bewerfen begannen, verstummte er endlich. Er kletterte aus dem Graben und warf Brauer noch einen wütenden Blick zu – zweifellos war dieser soeben auf seiner Liste von Übeltätern mit Masken aus Fleisch und Blut gelandet –, um schließlich in die Dunkelheit davonzustapfen.

»Heute war schon eine Frau hier, die behauptete, die Mutter der Gesegneten zu sein«, sagte Brauer. »Als ich sie darauf hinwies, dass sie beide etwa im selben Alter seien, meinte sie, die Geburt sei nach der Vereinigung mit einem Seraphilen geschehen, der sie seither jung gehalten habe. Für die Mutter einer Märtyrerin hatte sie ein ziemlich unflätiges Mundwerk, schlimmer noch als Torias.«

»Fragst du dich manchmal, was Aszendentin Sihlda von alldem hier gehalten hätte?« Ich nickte zu der Menge hinter dem Graben. Seit der Predigt war sie etwas kleiner geworden, aber Hunderte waren auf dem Platz geblieben und hatten sich um Feuer geschart, um gemeinsam der Wiederauferstandenen zu huldigen. Hin und wieder wurden Sprechchöre laut: »Schild und Schwert!« und »Hört die Wiederauferstandene!«. Ich fand das Ganze ebenso lästig wie beunruhigend.

»Das werden wir nie erfahren«, erwiderte Brauer. Das Unbehagen in seinem Blick teilte mir jedoch mit, dass er sich diese Frage schon öfter gestellt hatte. »Du hast ihr Testament niedergeschrieben«, sagte er. »Weißt du es denn nicht?«

»Sie hat vieles vorhergesehen, aber nicht das hier.« Ich schaute zu Evadines Fenster hoch. Die Läden waren geschlossen, doch drinnen brannte helles Licht. »Nicht sie.«

»Und jetzt ist sie hier, eine echte lebende Märtyrerin, so wirklich wie du und ich.« Sein breites zerfurchtes Gesicht verzog sich zu dem schmalen, aber aufrichtigen Lächeln eines Mannes, der mit seinem Platz im Leben zufrieden war. Ich hatte gewusst, dass es zwecklos wäre, ihn zu fragen, ob er mit Toria und mir davonsegeln wollte. Nun begriff ich, dass es sogar gefährlich wäre.

»Ich glaube, die Aszendentin wäre … zufrieden, dich für deinen Glauben belohnt zu sehen«, sagte ich, worauf er verwirrt die Stirn runzelte. Wir waren zwar auf eine gewisse Art Freunde, sonderlich nett waren wir dennoch nie zueinander gewesen.

»Hast du dich etwa am Grog bedient?«, fragte er, was mir in Erinnerung brachte, dass ich seit der Flucht aus Olversahl keinen Tropfen mehr angerührt hatte, und auch dort nur selten.

»Nein«, sagte ich. »Aber das gilt es, schleunigst zu ändern.«

♦ ♦ ♦

Meine letzte Übungsstunde mit Wilhum fand am nächsten Morgen statt. Er hielt sich stets strikt an den Tagesablauf, den der unfreundliche Meister Redmaine ihm beigebracht hatte, und das hieß früh aufstehen und in einen Trog mit kaltem Wasser eintauchen. Danach führte er mir eine Reihe von Schwertübungen vor, und ich versuchte, sie nachzumachen. Anfangs waren sie mir absurd komplex erschienen, inzwischen hatte ich aber begriffen, dass sie wie ein Tanz waren, den man Kindern beibrachte. Zu meiner Überraschung kam ich damit inzwischen schon ganz gut zurecht, wenn meine Bewegungen auch noch nicht ganz so fließend und schnell waren wie seine. Der langsame, unbeholfene Trottel vom Anfang war ich aber nicht mehr. Meine Fortschritte beim Erlernen der Schwertkünste schienen Wilhum zufriedenzustellen, meine bunt zusammengewürfelte Rüstung dagegen weniger.

»Wertloser Schrott.« Er deutete auf meine Ellbogenkachel, ein verbeultes und verfärbtes Ding, das ich nach der Schlacht auf dem Feld der Verräter einem anderen Soldaten für zwei Sheks abgekauft hatte. Es wollte einfach nicht glänzen, egal, wie ausgiebig ich es polierte. »Ich werde die Feldherrin um etwas Geld bitten, damit wir dir eine Rüstung anfertigen lassen können«, fügte Wilhum hinzu. »Sie scheint ja erpicht darauf, eine ritterliche Eskorte zu haben, wenn sie die Stadt verlässt.«

Mir fiel auf, dass er sie inzwischen nur noch »die Feldherrin« nannte, nicht mehr »Evadine«. Aber auch nicht »Märtyrerin Evadine«. In ihrer Gegenwart wirkte er vorsichtig, und wenn er mit ihr sprach, dann knapp und förmlich. Von der einstigen Vertrautheit der beiden war nichts mehr zu spüren. Zum Teil lag dies sicher an Evadines plötzlicher Auferstehung, vor allem aber schien es mir von Schuldgefühlen herzurühren.

»Du hast ihr nichts erzählt, oder?«, fragte ich. »Von der Sackhexe?«

Er zog den Gurt meiner Schulterkachel fester und schob mit einem unangenehm festen Ruck meinen Brustharnisch nach oben. »Du doch auch nicht. Und Feldwebel Swain und Bruder Delric ebenso wenig. Dabei sollten wir es auch besser belassen, oder was denkst du?«

Ich denke, sie ist der Überzeugung, eine Seraphile sei aus dem Reich der ewigen Gnade herabgestiegen, um sie ins Leben zurückzuholen. Ich denke, sie wird bald zu einer Reise aufbrechen, die dieses Land für immer verändern wird, vielleicht ein gewaltiges Blutbad anrichten, und das alles aufgrund einer Lüge. Ich sprach es nicht aus. Trotz seiner Stärke, seines Muts und seiner Fähigkeiten war Wilhum ein verletzlicher Mensch, und ich wollte ihm bei diesem, unserem letzten Treffen keinen Schmerz zufügen.

»Es gefällt dir nicht, sie anzulügen, oder?«, fragte ich. »Die Täuschung belastet dich. Verstößt sie gegen den ritterlichen Kodex oder so?«

»Der ritterliche Kodex ist bloß eine von Heuchlern ersonnene Sammlung bedeutungsloser Verse. Meister Redmaine wusste das und versuchte, mir die Wahrheit klarzumachen, aber ich war zu jung und selbstverliebt, um es zu begreifen.«

Er ging zu einem Zaunpfosten der Koppel, auf der wir übten, lehnte sein Langschwert dagegen und nahm sich ein Paar Holzschwerter. Er hielt kurz inne, und sein Blick ging in die Ferne. »Sie haben ihn hingerichtet, weißt du. Meister Redmaine. Ihn wegen Verrats aufgeknüpft. Er war erst ein paar Tage zuvor in einer Schlacht verwundet worden, einem der letzten Kämpfe der Herzog-Kriege. Er war ein Mann, der seine Fähigkeiten für Geld anbot, deshalb stellte er sein Schwert in den Dienst des Herzogs mit der dicksten Geldbörse. Leider besaß der aber auch das schlechteste Urteilsvermögen. Redmaines Wunden bluteten noch, da zerrten sie ihn schon aus dem Bett und brachten ihn mit einem Dutzend anderen aufs Schafott. Mein Vater, dem er jahrelang gedient hatte, war derjenige, der ihm die Schlinge um den Hals legte. Vor seinem Tod flehte Redmaine seinen ehemaligen Herrn an, sich um seine Frau und seinen Sohn zu kümmern, die nach der Beschlagnahmung seines Hab und Guts zu Bettlern geworden waren. Mein Vater, stets darauf bedacht, großzügig zu erscheinen, zumindest in der Öffentlichkeit, nahm sie bei sich auf. Er machte die Frau zur Zofe und den Sohn zu meinem Pagen.« Ein hässliches bitteres Lächeln verzerrte Wilhums Mund. »Ein seltener Akt der Freundlichkeit, den er sicher bis zum heutigen Tag bereut.«

Das Lächeln verschwand, als er mir in die Augen sah und mir eines der Holzschwerter zuwarf. »Ich hab dir ja gesagt, dass es die Liebe war, die mir zum Verhängnis wurde, nicht wahr?« Er hob die Eschenholzklinge zum förmlichen Salut und kam dann mit beunruhigend festen Schritten auf mich zu. »Die Liebe zu einem Pagen, der Soldat wurde.«

Er wartete nicht, bis ich den Salut erwidert hatte, sondern griff sofort an, tat so, als wollte er die Klinge über dem Kopf schwingen, um sie mir stattdessen in den Magen zu stoßen. Mir gelang es, den Stoß zu parieren und mich noch rechtzeitig wegzudrehen, um dem nachfolgenden Hieb auf meine Beine auszuweichen.

»Ein Soldat, der alles gelernt hatte, was sein Vater ihm beibringen konnte.« Wilhums Stimme klang rauh und heiser. Er ging erneut zum Angriff über und trieb mich mit beidhändig geführten Schlägen seines Holzschwerts rückwärts. Meine Füße wirbelten Staub auf, während ich nach hinten stolperte.

»Ein Knecht, der es mit jedem Ritter aufnehmen konnte, außer vielleicht mit Sir Ehlbert Bauldry, und auch das vermutlich nur knapp.«

Ich duckte mich unter einem Hieb weg, der auf meinen Kopf gezielt war, und versuchte, ihm mein Schwert in den Bauch zu stoßen, doch er wehrte es mit einer beiläufigen Drehung seines Handgelenks ab.

»Wenn man ihn bei Turnieren sah, glaubte man, einen der legendären Helden aus alten Zeiten vor sich zu haben oder einen Kriegergott der Ascarlianer. Ein Sohn Ulthnirs in Fleisch und Blut.« Er trat dicht an mich heran, zu schnell, als dass ich hätte ausweichen können, und klemmte mit der Faust seines Panzerhandschuhs meinen Schwertarm ein. Er hielt mich fest und spie mir die Worte ins Gesicht. »Welch ein Gefühl, einen Gott zu lieben, Alwyn. Und welch ein Schicksal, wenn diese Liebe erwidert wird.«

Wieder lächelte er verbittert, bevor er herumwirbelte, seine Hüfte beugte und mich zu Boden warf. Der Aufprall war so heftig, dass mir das Holzschwert entglitt, aber ich war klug genug, nicht danach zu angeln. Stattdessen kam ich auf ein Knie hoch und packte noch rechtzeitig seine Unterarme, bevor er mit einer Wucht, die mir den Schädel hätte spalten können, das Holzschwert niedersausen ließ.

»Vater hat es natürlich nicht gefallen.« Keuchend schwang Wilhum sein linkes Bein herum und trat mir mit dem gepanzerten Fuß gegen den Brustharnisch. Der Tritt war so kraftvoll, dass meine Hände abrutschten, und ich rollte mich über den Boden ab, um den Schlägen auszuweichen, die als Nächstes auf mich einprasselten. »›Von mir aus lutsch so viele Schwänze, wie du willst‹, sagte er zu mir. ›Aber musst du mir eine solche Schmach bereiten und dich in einen Knecht verlieben?‹«

Ich unterdrückte den Instinkt, seinen Schlägen weiter auszuweichen, und rollte mich stattdessen auf den Rücken. Ich riss den Kopf zur Seite, um seinem nächsten Hieb zu entgehen. Die hölzerne Klinge zersplitterte, als sie auf dem Boden auftraf, und das Krachen hallte laut in meinem Ohr. Ich verzog das Gesicht und versetzte Wilhum nun meinerseits einen kräftigen Tritt, der seinen Brustharnisch eindellte und ihn ein paar Schritte zurückwarf.

»Also«, fuhr er fort, schleuderte die zerbrochene Waffe beiseite und hob die Fäuste, während ich auf die Beine kam. Meinem ersten Schwinger wich er geschickt zur Seite hin aus. »Als mein junger Gott mir sagte, dass er sein Schwert in den Dienst des Prätendenten stellen wollte, wie hätte ich ihm da nicht folgen können?«

Er schlug nach meiner Nase, und ich hämmerte seine Faust beiseite. Metall klirrte, als unsere Panzerhandschuhe aufeinandertrafen. »Aldric«, sagte ich. »Das war sein Name.«

»Richtig. Wir sind zusammen weit gereist, bis ins Fjordland und zurück.« Wilhum wehrte den rechten Haken ab, den ich auf sein Kinn zielte, und antwortete selbst mit einem. Mir gelang es, ihm weitgehend auszuweichen, aber die Kante seines Panzerhandschuhs hinterließ einen blutigen Kratzer auf meiner Kopfhaut.

»Gut zu wissen, dass du aufmerksam warst. Aber …«, er senkte den Kopf und sprang mich an, umklammerte mit den Armen meine Hüfte und riss mich zu Boden, »… das bist du ja immer, oder? Nichts entgeht dem Blick von Alwyn Scribe.«

Ich hob die Armschienen, um meinen Kopf zu schützen, während er auf mich einschlug. »So ein aufmerksamer Knecht! Und so geschickt mit der Schreibfeder! Wer hätte die Gunst der Gesegneten mehr verdient als er?«

Ich ließ die Schläge über mich ergehen und wartete darauf, dass er müde wurde, was zwangsläufig irgendwann geschehen musste. Es dauerte länger, als mir lieb war, und ich war mir sicher, dass inzwischen meine Arme von Blutergüssen übersät waren. Schließlich wurde er etwas langsamer, sodass es mir gelang, sein Handgelenk zu packen, den Dolch aus meinem Gürtel zu ziehen und nach seinen Augen zu stechen. Wenn sein Angriff und die schmerzenden Blutergüsse mich auch wütend machten, besaß ich doch noch genügend Selbstbeherrschung, rechtzeitig innezuhalten und ihm die Klinge stattdessen an den teilweise entblößten Hals zu drücken.

»Ich hab nie um ihre verdammte Gunst gebeten!«, fauchte ich.

In Wilhums Augen zeigte sich keine Furcht, als die Klinge gegen seine Haut drückte. »Und doch schenkt sie sie dir«, stellte er mit kalter Stimme fest. »Du siehst sie deutlich, aber sie dich nicht. Jedenfalls nicht mehr. Sie sieht nicht den Mann, der bald weglaufen wird.«

Sein Blick glitt nach unten, ich folgte ihm und sah, dass er seinen eigenen Dolch in eine Lücke zwischen zwei Stahlplatten an meinem Bauch geschoben hatte. So lagen wir lange Zeit da – jedenfalls kam es mir so vor –, dann stieß Wilhum schwer den Atem aus, und ich spürte, wie ihn der Kampfgeist verließ.

Ich zog meinen Dolch zurück, und wir rollten voneinander weg, blieben keuchend auf dem Rücken liegen und schauten zum Himmel hoch, während der Schweiß auf unserer Haut abkühlte.

»Was ist mit ihm passiert?«, fragte ich, als mein Herz sich beruhigt hatte. »Aldric.«

Wilhum legte sich einen Arm über die Augen, um sie vor der Sonne abzuschirmen. Es dauerte eine Weile, bis er antwortete. »Er ist gestürzt und hat sich den Hals gebrochen. Wir eskortierten gerade den Wahren König durch das Hügelland von Althiene, um die Clanleute für seine Sache zu gewinnen. Die meisten Clans waren nicht abgeneigt. Viele von ihnen hatten mit der Dynastie der Algathinets noch ein Hühnchen zu rupfen. Aber nicht alle. Die Clans kämpfen lieber untereinander als gegen die Krone, und wenn man sich mit einem verbündet, macht man sich die anderen zum Feind.

Sie haben sich auf uns gestürzt. Hunderte von ihnen strömten die Hänge der Schlucht hinunter und brüllten dabei so laut, dass Aldrics Pferd scheute. Es war ein junger Hengst, der für den Krieg nicht ausgebildet war. Er bäumte sich so plötzlich und wild auf, dass Aldric aus dem Sattel fiel. Ich hörte sein Genick brechen, trotz des Geschreis des Hügelvolks und der Klingen, die klirrend aufeinandertrafen. Ich hörte es und wusste, dass er tot war. Ich saß nur da und starrte seinen zerbrochenen Leib an, während um mich herum der Kampf tobte. Auch mich erwartete der Tod, das war mir klar. Und ich war froh darüber.

Der Wahre König sah das anders. Er kämpfte sich zu mir durch und hackte einem Clankrieger den Kopf ab, der mir gerade seinen Speer ins Gesicht stoßen wollte.

Sich seinem großen Feldzug anzuschließen, war immer Aldrics Wunsch gewesen, nicht meiner. Aber nach diesem Tag hatte ich das Gefühl, dem Wahren König etwas schuldig zu sein, also blieb ich. Außerdem hatte ich vor, mich bei der erstbesten Gelegenheit umbringen zu lassen. Aber nicht mal das war mir vergönnt, dank Evadines Vater. Wäre Aldric auf dem Feld der Verräter gewesen …«

Sein reumütiges Seufzen ging in ein Ächzen über, als er aufstand. »Tja, dann würdest du jetzt sicher mit Obersthofmeister Wilhum Dornmahl sprechen, einem ranghohen Adligen am Hof von König Magnis dem Ersten.«

»Nein.« Ich richtete mich auf. »Dann wäre ich tot. Und genauso alle anderen in dieser Kompanie, sogar *sie*.«

Er widersprach mir nicht, denn es war unleugbar die Wahrheit. »Ich werde nicht mitkommen.« Er kam auf die Beine. »Falls du mich das fragen wolltest.«

»Wollte ich nicht.«

Wilhum beugte sich lachend vor, um mir seine Hand zu reichen. »Du wirst besser.« Er zog mich hoch. »Viel besser sogar. Wohin es dich auch verschlagen mag, du tätest gut daran, dir einen neuen Lehrer zu suchen, am besten einen, der sich mit Pferden auskennt. Beim Reiten siehst du immer noch aus wie eine fettärschige Sau, die auf einem Esel hockt.«

»Wirst du es ihr erzählen?«, fragte ich, als er sich abwandte. »Dass ich weggehe?«

»Das habe ich schon. Sie hat mich ausgelacht. Anscheinend hat ihre Vision ihr etwas anderes gezeigt, also wird es schlicht nicht passieren.« Wilhum Dornmahl verbeugte sich tief vor mir – es war das erste Mal, dass ein Adliger das tat. »Leb wohl, Alwyn Scribe. Wenn du über mich schreibst, und ich bin sicher, das wirst du, dann mach mich …«, er richtete sich auf und runzelte nachdenklich die Stirn, »… gut aussehend. Einen Mann, der der Liebe eines Gottes würdig war. Ich glaube, das würde mir gefallen.«

♦ ♦ ♦

»Sie sagt, du sollst mir Lesen, Schreiben und Rechnen beibringen«, teilte Ayin mir mit, als sie die Treppe zu Evadines Gemach hinuntergehüpft kam und vor mir stehen blieb. »Weil du zu beschäftigt sein wirst, um die Kompaniebücher weiter zu führen, deshalb soll ich das jetzt machen.«

»Beschäftigt, womit?«, erkundigte ich mich und ging an ihr vorbei.

»Ach, mit Kämpfen und so, schätze ich mal. Sie sagt, uns stehen schwere Zeiten bevor und ich soll mich drauf einstellen.« Eine Falte erschien auf ihrer glatten Stirn. »Ich mag's nicht, wenn sie so was sagt.«

»Nein, ich auch nicht, Ayin«, erwiderte ich, während sie weiter die Treppe hinuntersprang. Angesichts ihrer offenen, arglosen Miene fiel mir nichts ein, was ich ihr hätte sagen können, jedenfalls nichts, was sie verstanden hätte. Von den Menschen, die ich vermissen würde, weckte sie die meisten Schuldgefühle in mir. Sie mochte gefährlich sein, zugleich war sie aber auch verletzlich, genau wie die kleinen Geschöpfe, die sie so gernhatte.

»Sie hat recht«, sagte ich schließlich. »Wenn die Kompanie losmarschiert, können an der Straße viele böse Leute lauern. Also halt dein Messer schön scharf und immer in Griffweite, ja?«

Sie zuckte die Achseln. »Tu ich sowieso. Und was ist mit Lesen und Schreiben?«

Ich drehte mich um und stieg weiter die Treppe hoch, damit sie mir nicht ansah, dass ich log. »Morgen früh«, sagte ich barsch, um den Kloß in meiner Kehle zu überspielen, der sich plötzlich gebildet hatte. »Komm nach dem Exerzieren zu mir.«

Nachdem ich angeklopft hatte und hereingebeten wurde, stellte ich fest, dass Evadine bereits Besuch hatte. Der Handelsherr hielt den Kopf beim Sprechen geneigt und hatte die Hände vor dem Bauch gefaltet. Die Art, wie seine Fingerknöchel weiß hervortraten, und sein beherrschter Tonfall – förmlich und höflich, ohne zu unterwürfig zu klingen – bestätigten meine Einschätzung seiner Intelligenz. Dass er eine Märtyrerin bei sich beherbergte, die erst kürzlich vom Balkon seines Hauses eine ketzerische Rede gehalten, vielleicht sogar Hochverrat begangen hatte, brachte ihn in eine unangenehme Situation. Und dessen war er sich auch bewusst. Außerdem wusste er bestimmt, dass es genauso gefährlich war, sie zum Gehen aufzufordern. Immerhin war sie von treuen Soldaten und einer ständig wachsenden Gemeinde aus Gläubigen umgeben.

Als ich eintrat, verstummte er. Sein Blick ging zu mir, aber da er niemand Wichtiges sah, richtete er ihn gleich wieder zu Boden. »Ich glaube, es wäre hilfreich, um die Stimmung in der Stadt zu beruhigen, edle Dame«, sagte er. »Ihr müsstet nur Euren Glauben an die Grundsätze des Bundes bekräftigen.«

»Mag sein, Eure Durchlaucht.« Evadine saß am Fenster und trug die robuste Reisekleidung, die sie sonst immer auf dem Marsch anhatte. Ihr Schwert lehnte in Griffweite neben dem Kamin. Ich fragte mich, ob es etwas zu bedeuten hatte, dass sie den Handelsherrn nicht korrigierte, als er sie »edle Dame« nannte statt »Feldherrin«. »Allerdings«, fuhr sie forsch fort, »würde ich normalerweise erwarten, dass eine Einladung, während der Andacht am Altar zu stehen, noch dazu am Feiertag eines Märtyrers, vom Obersten des Schreins selbst kommen müsste.«

»Der Aszendent möchte den Schrein momentan nur ungern verlassen.« Der Handelsherr verlagerte unbehaglich das Gewicht. »Und angesichts dessen, was einem seiner Betbrüder während Eurer Predigt geschah, ist seine Vorsicht nur zu verständlich. Ich sah mich gezwungen, Wachen um den Schrein zu postieren. In letzter Zeit hat es einigen … fehlgeleiteten Vandalismus gegeben. Würdet Ihr heute Abend die Andacht besuchen, dann würden es viele so verstehen, dass Ihr dem Bund in dieser Stadt Euren Segen gebt. Und sie würden hoffentlich ihre Wut auf andere Ziele richten.«

»Wenn Ihr mit Wut rechtschaffene Empörung und neu erwachte Hingabe meint, dann bin ich ganz Eurer Meinung.« Evadine stand auf und neigte den Kopf. »Bitte richtet dem Aszendenten aus, dass ich gerne teilnehme. Ich möchte Euch außerdem für Eure Gastfreundschaft danken. Meine Kompanie wird sich morgen sammeln und losmarschieren, und ich bin nicht der Meinung, dass um den Anlass besonderes Aufheben gemacht werden muss.«

Der Handelsherr beeindruckte mich damit, dass er sich seine immense Erleichterung nicht anmerken ließ, als er sich verbeugte. »Es war mir ein Vergnügen und eine Ehre, edle Dame.« Er wich zur Tür zurück und schaffte es, das Gemach zu verlassen, ohne den Eindruck zu erwecken, er sei in Eile.

»Ich habe überlegt, ob wir vor unserem Aufbruch noch seine Schatzkammern leeren sollten«, sagte Evadine, nachdem ich die Tür geschlossen hatte. »Alles Geld, das wir diesen Leuten abnehmen, wäre bei uns besser aufgehoben, meinst du nicht?«

»Ich meine, dass Ihr Euch den König nicht dadurch zum Freund macht, dass Ihr ihm seine Steuern wegnehmt.« Ich verneigte mich. »Feldherrin.«

Sie hob eine Braue angesichts meiner offenen Worte, lächelte jedoch. »Warum sollte ich mir den König zum Freund machen wollen?«, fragte sie.

»Ob es Euch gefällt oder nicht, wenn Ihr dieses Reich für Eure Sache gewinnen wollt, braucht Ihr die Zustimmung der Krone. Oder …«, ich blickte zur Tür und senkte die Stimme, »… einen anderen Kopf, der sie trägt.«

Wir sahen einander in die Augen, und mir war bewusst, dass Rangunterschiede zwischen uns jetzt keine Rolle mehr spielten. In diesem Gemach, und wann immer wir in Zukunft beide allein sein würden, wären wir miteinander auf Augenhöhe. In diesem Moment hätte ich mein Vorhaben abblasen können, stattdessen bestärkte mich diese Erkenntnis nur noch in meinem Entschluss. *Wenn ich bei ihr bleibe, werde ich schon bald tot sein.*

»Ich sehe, dass dein Rat unseren Weg bestimmt«, sagte sie und presste die Lippen zusammen. »Ich weiß ihn zu schätzen, Alwyn. Ich hoffe, das ist dir klar.«

»Ja. Genau genommen …«, ich griff in mein Wams und zog ein dickes Pergamentbündel hervor, das mit schwarzer Schnur zusammengebunden war, »… bin ich hier, um Euch noch mehr Rat zu geben, wenn auch nicht meinen eigenen.«

Evadines Blick wurde herzlicher, als sie das Bündel entgegennahm, und sie las leise die Worte vor, die – mit beachtlicher Kunstfertigkeit, möchte ich sagen – auf dem obersten Blatt geschrieben standen: »›Das Testament von Aszendentin Sihlda Doisselle‹.«

»Ich hätte es gern noch richtig eingebunden«, sagte ich. »Vielleicht sogar mit Illustrationen versehen. Aber dafür bleibt keine Zeit. Es ist das vollständige Testament, und es enthält noch einiges mehr von ihrer Weisheit als die Abschrift, die Aszendent Hilbert in Callintor besitzt. Außerdem befinden sich darin … gewisse Informationen, die Euch bei Verhandlungen mit der Krone von Nutzen sein können.«

Die Herzlichkeit in ihrem Blick schwand, und ein berechnender Ausdruck erschien auf ihrer Miene, den ich vor ihrer Heilung bei ihr nur selten gesehen hatte. »Wie das?«

»Das werdet Ihr verstehen, wenn Ihr es lest. Manch einer wird behaupten, das sei alles nichts wert, nur Tinte auf Papier. Ein Schreiber und eine in Ungnade gefallene Geistliche können alle möglichen Lügen verbreiten. Wenn aber eine Märtyrerin die Wahrheit ausspricht, die in diesem Testament enthalten ist, dann lässt sie sich viel schwerer leugnen.«

Ihre Hand strich über die Titelseite, als streichelte sie das juwelenbesetzte Geschenk eines Geliebten. »Dann werde ich es mit Interesse lesen«, versicherte sie mir leise.

Ich verneigte mich und wandte mich zum Gehen, blieb jedoch abrupt stehen, als sie viel lauter hinzufügte: »Dies ist kein Abschiedsgeschenk, Alwyn.«

Ich drehte mich um, und ihre Miene wirkte eher traurig als gebieterisch, fast schon entschuldigend. »Obwohl du das sicher denkst«, fuhr sie fort. »Ich kann dir deine Furcht nicht verübeln. Nur ein Narr würde sich vor der Aufgabe, die uns erwartet, nicht fürchten. Aber es ist nun mal unsere Pflicht, Furcht hin oder her. Sie wurde uns auferlegt, und was immer du insgeheim vorhast, es wird zu nichts führen. Wir sind jetzt aneinander gebunden. Die Seraphilen haben es so bestimmt.«

In diesem Moment hätte ich es ihr beinahe erzählt. Ich öffnete schon den Mund, um ihr die Wahrheit an den Kopf zu werfen. *Eure Vision ist eine Lüge! Die Seraphilen haben gar nichts für Euch und mich bestimmt! Das alles sind nur die Machenschaften einer caerithischen Hexe!*

Trotz der unzähligen Zweifel und Fragen, die mich in den Jahren danach plagten, habe ich mich jedoch nicht ein einziges Mal gefragt, ob alles anders hätte verlaufen können, wenn ich in diesem Moment die Wahrheit gesagt hätte. Wie viele Leben hätte ich damit retten können? Wie viel von diesem und von anderen Reichen vor der Zerstörung bewahren? Es steht außer Frage, dass ich für vieles zu büßen habe. Aber dass ich in diesem Moment nicht das Wort ergriff, kann man mir nicht zum Vorwurf machen, denn ich weiß ohne jeden Zweifel, dass es nichts geändert hätte. Ihr Glaube hatte sich damals schon so sehr verfestigt, er war härter als Stahl.

»Ich …«, stammelte ich und wich hustend zurück, während ihr ruhiger, aber trauriger Blick mir zur Tür folgte. Ob sie wohl nach Swain rufen und mich in Ketten legen würde, damit sie mich bei sich behalten konnte wie einen Hund? Aber sie tat es nicht, denn sie wusste, dass sie keine Ketten brauchte.

»Mit Eurer Erlaubnis, Feldherrin.« Ich salutierte förmlich an der Tür, bevor ich mich umwandte und hastig die Treppe hinunterlief.

Sechsundvierzigstes Kapitel

Die Nachtluft war still, und das Wasser im Hafen lag ruhig unter einem wolkenlosen Himmel. Die helle Scheibe des Vollmonds leuchtete inmitten der zahlreichen vor Anker liegenden Schiffe. Din Faud hatte Toria und mir den Rat gegeben, im Schutz einer Ladung Holz zu warten, die nahe seines Ankerplatzes aufgeschichtet war. Am schlausten wäre es gewesen, sich zwischen den aufgestapelten Balken eine dunkle Ecke zu suchen und dort während der endlosen Stunden bis zum Gezeitenwechsel auszuharren, aber ich konnte nicht anders, ich musste ständig auf und ab gehen. Bei jedem Geräusch fuhr ich zusammen und erwartete, Swain oder Ofihla in der Dunkelheit auftauchen zu sehen, begleitet von einem Dutzend Soldaten der Kompanie und mit Handschellen bewaffnet. Stattdessen erblickte ich nur die sich kringelnden Schwänze umherflitzender Ratten.

»Kannst du dich nicht verdammt nochmal hinsetzen?«, fragte Toria. Sie hatte auf dem höchsten Holzstapel Platz genommen, um den Hafen im Auge zu behalten, und wirkte dabei so fröhlich, wie ich sie noch nie gesehen hatte. Der gekrümmte Rücken, den ich für ihre natürliche Körperhaltung gehalten hatte, war verschwunden und ebenso ihre finstere Miene. Der Grund dafür war nicht schwer zu erraten: Nach Jahren als Gefangene fühlte sie sich nun endlich wieder frei. Ich dagegen hatte mehr denn je das Gefühl, in der Falle zu sitzen.

Mein Blick schweifte von einem schattigen Winkel zum nächsten, und zwischendurch schaute ich immer wieder zum Wasser hin und versuchte vergeblich abzuschätzen, ob die Flut bereits eingesetzt hatte. *Wie lange noch?* Nach der ganzen sorgfältigen Planung konnte ich es immer noch nicht fassen, dass es so einfach sein sollte. Ich stand im Begriff, aus der Kompanie des Bundes unter der Führung von Märtyrerin Evadine Courlain zu desertieren, und niemand schien mich aufhalten zu wollen. Der Gedanke hätte meinen Stolz kränken können, wäre ich nicht so erpicht darauf gewesen, die Stadt zu verlassen.

In dem Moment rutschte Toria auf dem Holzstapel herum und drehte ihre scharf geschnittenen Züge zu den dunklen Umrissen der *Meerkrähe*. Im Heck leuchtete jetzt eine einzelne Lampe, und ich konnte schattenhafte Gestalten ausmachen, die einen Laufsteg hinausschoben.

»Bereit?« Toria sprang neben mir zu Boden. Ich sah Stahl aufblitzen, als sie ihr Messer zog und es herumdrehte, sodass die Klinge von ihrem Unterarm verdeckt wurde. »Man kann nie vorsichtig genug sein«, sagte sie mit einem Schulterzucken. »Der Kapitän macht zwar einen vertrauenswürdigen Eindruck, aber er ist trotzdem ein Gesetzloser.«

»Genau wie wir«, sagte ich und ging los, wobei mein Blick weiter über die Frachtstapel schweifte, die am Kai aufgeschichtet waren.

»Richtig.« Toria lachte leise und folgte mir mit etwas Abstand. Ihr Lachen klang merkwürdig leicht und luftig. »Genau wie wir.«

Sie ist wieder die, die sie sein will. Ich verspürte einen Anflug von Neid, angesichts ihres Mangels an Zweifeln.

Am Fuß des Laufstegs warteten zwei Mitglieder der Mannschaft, die uns mit misstrauischen Blicken empfingen, wie es bei Verbrechern zu erwarten war. Ihre Unfreundlichkeit beruhigte mich etwas – Lächeln und Händeschütteln waren in solchen Momenten Hinweise auf Täuschung und Verrat. Als ich hochschaute, entdeckte ich Din Fauds massige Gestalt an Deck der *Meerkrähe*. Wie ich hielt auch er im Hafen nach Schwierigkeiten Ausschau – ebenfalls ein gutes Zeichen.

»Ihr verschwendet Zeit«, sagte eines der Mannschaftsmitglieder, eine dunkelhäutige Frau mit einem Krummsäbel auf dem Rücken.

Ich nickte und trat auf den Laufsteg, und da traf es mich. Anfangs glaubte ich, wir seien doch verraten worden, so heftig war der Schlag, den ich verspürte. Aber dann wurde mir klar, dass er nicht von außen, sondern von innen stammte. Ich schwankte; eine Faust schien meine Brust zu umklammern. Mein Herz begann, heftig zu hämmern, und mein Blickfeld verschwamm. Kurz befand ich mich wieder in Evadines Schlafgemach und hielt die Hand der Sackhexe. Derselbe unverwechselbare Schmerz brannte jetzt erneut in meinem Inneren. Ich taumelte vom Schiff weg, und mein Blick wurde von einer unsichtbaren Kraft, gegen die ich nicht ankam, zurück zur Stadt gelenkt.

Anfangs sah ich nichts, sondern hörte es nur. Die Geräusche wurden durch die Entfernung und das Labyrinth der Straßen abgedämpft, aber den Aufruhr eines Kampfes kannte ich nur allzu gut. Kurze, laute Rufe, ein paar Schreie, dann das Flackern von Fackeln, wabernde gelbrote Schatten, die sich auf dem Gemäuer des hohen Turms beim Schrein von Märtyrer Ihlander abzeichneten.

Mein Herzschlag beruhigte sich wieder etwas, und der Schmerz ließ nach, aber ein schweres Gefühl der Vorahnung beschlich mich. Der flackernde Fackelschein verlagerte sich, glitt von den Mauern des Schreins über die Dächer nahe gelegener Häuser und dann rasch weiter zur Ostmauer der Hafenstadt.

»Am Schrein gibt es Schwierigkeiten«, sagte Toria, und ihre heisere Stimme klang nicht mehr so leicht wie zuvor. Ich drehte mich um und schaute ihr in die Augen. Sie schien genau zu wissen, was als Nächstes geschehen würde. Ihre Augen glänzten feucht im Mondlicht, und ihre Wangen waren hohl, so fest biss sie die Zähne zusammen. »Du denkst, sie … liebt dich?«, fragte sie gepresst. »Du bist ein furchtbarer Narr, Alwyn.«

Ich wollte sie umarmen, aber ich fürchtete mich vor dem Dolch in ihrer Hand. »Die sollte leicht zu lesen sein.« Ich nahm die zusammengerollte Karte aus meiner Tasche und reichte sie ihr. »Vielleicht bist du ja eines Tages so freundlich, einem alten Narren ein paar Münzen zuzuwerfen.«

Sie riss mir die Karte aus der Hand und ging den Laufsteg hoch, ohne sich noch einmal umzudrehen.

»Wenn ihr irgendwas zustößt«, sagte ich der Frau mit dem Krummsäbel, »werdet ihr euch nirgendwo auf der Welt vor mir verstecken können. Sag das deinem Kapitän.«

Ich wartete nicht die Flüche ab, die mir zweifellos als Antwort blühten, sondern rannte, so schnell ich konnte, zum Schrein.

◆ ◆ ◆

Ich musste mich durch eine dichte Menge aus Gläubigen durchkämpfen, um zur Tür des Schreins zu gelangen, und hegte wenig Optimismus bezüglich dessen, was mich in seinem Inneren erwartete. Dennoch übertraf die Menge an Blut, die den Boden des Mittelgangs bedeckte, noch meine düstersten Vorahnungen. Ein Toter im Gewand eines Betbruders lag dicht neben der Tür. Ich hielt kurz inne, um sein Gesicht zu betrachten, doch der Mann kam mir nicht bekannt vor. Durch einen Riss in seinem Gewand sah ich ein Kettenhemd funkeln.

Als ich vom Altar her wildes Rufen und Flehen hörte, drängte ich mich an zwei Kompaniesoldaten vorbei, die beide aus Wunden im Gesicht und an den Armen bluteten. Der Anblick, der sich mir bot, ließ mich jäh innehalten. Die Geistlichen des Schreins lagen tot auf den Stufen des Altars, unter ihnen auch der Aszendent. Das Rufen und Flehen stammte aus der Kehle des Handelsherrn. Er kauerte auf den Knien; Ofihla hielt ihn mit einer gepanzerten Hand fest und drückte ihm mit der anderen ein Schwert an den Hals.

»Ich wusste es nicht …«, keuchte der Adlige immer wieder. »Bei den Märtyrern, ich wusste es nicht …«

Ein Schluchzen lenkte meinen Blick von dem flehenden Adligen zu Ayins schlanker Gestalt hin, die sich bebend an Brauers breite Brust drückte. Er lag mit schlaffem, reglosem Gesicht am Fuß der Altartreppe. Als ich näher kam, sah ich, dass Ayin drei Armbrustbolzen umklammerte, die Brauers Brustharnisch durchbohrt hatten.

»Steh auf«, sagte sie unter Tränen. »Sie ist weg, und du musst sie zurückholen …«

Ich ging in die Hocke und legte eine Hand auf Brauers Stirn. Seine Haut fühlte sich kühl und weich an und vollkommen leblos. Selbst die Sackhexe hätte ihm jetzt nicht mehr helfen können.

»Sie wollte keine Schwerter im Schrein«, sagte Ofihla, die die Spitze ihres Schwertes weiter an den dürren Hals des Handelsherrn gedrückt hielt. »Hat sich nur von Brauer begleiten lassen. Wir sind reingelaufen, als wir den Lärm hörten.« Ihr schweres Kinn zuckte, als sie einen Fluch unterdrückte. »Da waren ein Dutzend Schwertkämpfer in der Menge verteilt und ein paar andere, die sich als Betbrüder ausgaben. Die haben uns aufgehalten, während die anderen sie zum Hinterausgang brachten.« Sie schaute mir in die Augen, in ihrer Miene stand eine Mischung aus Verwirrung und Zorn. »Sie hat sich nicht mal gewehrt, Scribe.«

»Was ist mit Feldwebel Swain?«, fragte ich. »Und Wilhum?«

»Die sind ihr hinterher. Der Feldwebel hat mir aufgetragen, so viel wie möglich aus dem hier rauszuholen.« Sie grub ihre gepanzerten Finger in die Schulter des Handelsherrn, der schmerzerfüllt aufkeuchte.

»Der Aszendent«, schluchzte er elend. »Er hat darum gebeten, dass sie teilnimmt. Ich weiß nichts!«

»Der ist tot«, wandte Ofihla ein. »Du bist es nicht. Noch nicht.«

Ich stand auf und ging zu einem der getöteten Geistlichen. Wie bei dem Toten neben der Tür schimmerte auch bei ihm durch die Risse seines Gewands ein Kettenhemd durch. Seinem eingedellten, blutigen

Schädel nach zu urteilen, war er durch einen Hieb mit einem Messingkerzenständer gestorben. *Brauers Werk*, schloss ich mit einem Anflug von Trauer. Die Züge des Toten waren mit Blut besudelt, doch als ich genauer hinsah, kamen sie mir vage bekannt vor. Ich beugte mich vor, packte die blutgetränkten Haare des Leichnams und zog seinen tropfenden Kopf von den Bodenfliesen hoch. Das schmale Gesicht war das eines Mannes, den ich vor ein paar Monaten schon einmal gesehen hatte. *Damals war er sauberer*. Ich ließ den Kopf des drahtigen Feldwebels mit einem feuchten Klatschen wieder auf die Fliesen fallen.

Das verrückte Miststück wird sterben. So oder so. Lorines Worte damals im Wald erhielten nun eine ganz neue Bedeutung.

»Das ist einer von Herzog Elbyns Männern.« Ich trat zu Ofihla. »Ich vermute mal, dass sie die Feldherrin auf Burg Ambris bringen. Eine Märtyrerin in einem Schrein zu ermorden, gehört sich nicht. Sie wollen sie zügig verurteilen, aber an einem Ort, der sich leicht verteidigen lässt, und vor den Augen eines großen Publikums.« Ich musterte das zuckende Gesicht des Handelsherrn. »Hab ich richtig geraten, Eure Durchlaucht? Und ich warne Euch, ich hab ein gutes Ohr für Lügen.«

Der Adlige schien fieberhaft nachzudenken, bis ein harter Stoß von Ofihla ihn zur Antwort zwang. »Sie hatten eine Vollmacht der Krone!«, stieß er hervor. »Und einen Brief mit dem Siegel des Herzogs. Was hatte ich für eine Wahl?«

Ich trat zurück und sah, wie Ofihla mit sich rang, ob sie den Adligen töten sollte. Ein Blutrinnsal quoll an der Stelle hervor, an der sich die Spitze ihres Schwertes in seine bleiche Haut bohrte.

»Du treuloser Hurensohn!«, ächzte sie, doch am Ende gewann die Vernunft die Oberhand über ihre Wut, und sie stieß den Adligen beiseite. Einen derart hochrangigen Agenten der Krone zu töten, wäre nicht ratsam, selbst jetzt nicht, da ohnehin schon alles verloren schien. Ayin dagegen hatte mit Vernunft nie viel am Hut gehabt.

Als Seine Durchlaucht erleichtert in sich zusammensank, stürzte sie sich mit einem wilden Schrei auf ihn und hieb blitzschnell mit dem

Messer zu. Blut spritzte auf, sie riss den Handelsherrn zu Boden und stach auf sein Gesicht, den Hals und die Augen ein. Innerhalb kürzester Zeit war er kaum noch zu erkennen. Ich verspürte nicht den Wunsch dazwischenzugehen, und Ofihla bewies ein weiteres Mal Vernunft, indem sie keinen Versuch unternahm, Ayin fortzuzerren, ehe diese fertig war.

»Böse Leute …«, keuchte das Mädchen, als sie vom verstümmelten Leichnam des Adligen aufstand und sich schniefend das Blut abwischte, das von ihrer Nase tropfte. »Böse Leute überall.« Sie wandte sich mir zu, fletschte ihre blutroten Zähne und wedelte erschöpft mit dem Messer. »Hab's in Griffweite behalten.«

Ich lächelte ebenfalls, drehte mich dann um und ging zur Tür.

»Wo willst du hin, Scribe?«, rief Ofihla mir nach.

»Burg Ambris«, erwiderte ich. »Wohin sonst? Kommt Ihr mit?«

♦ ♦ ♦

Der Feldwebel, der am Osttor Wache hielt, wollte sein Pferd zuerst nicht hergeben, gab sich aber rasch geschlagen, als er sich mit gebrochener Nase auf dem Hosenboden wiederfand. Mein gestohlenes Reittier war eine kräftige Stute mit zottigen Beinen, die eher im Hinblick auf Stärke als auf Schnelligkeit gezüchtet worden war, aber ich schaffte es dennoch, einen recht flinken Galopp aus ihr herauszuholen.

Bei meinem Aufbruch verspürte ich noch den fiebrigen Wunsch, so schnell wie möglich zu Burg Ambris zu gelangen, im Laufe der Reise kühlte mein Gemüt jedoch immer mehr ab. Die Stute ging erst zum Trab und dann zum Schritttempo über. Die gemächlichere Geschwindigkeit gab mir Zeit, darüber nachzudenken, was genau ich eigentlich vorhatte, wenn ich mein Ziel erreichte. Ich wusste, der Herzog und alle Agenten der Krone, die sonst noch an diesem Unterfangen beteiligt sein mochten, würden die Sache sicher schnell erledigen wollen. Je eher Evadine als Ketzerin verurteilt und alle Hinweise auf ihre Rolle als Märtyrerin getilgt waren, desto besser für Krone und

Bund. Wahrscheinlich würde ich gerade noch rechtzeitig eintreffen, um Zeuge von Evadines Hinrichtung zu werden, verhindern könnte ich sie nicht.

Der Anblick einiger Leichen, die vor mir am Wegrand lagen, riss mich aus meinen Grübeleien. Ich zügelte mein Reittier, legte eine Hand an mein Schwert und suchte mit den Augen die Bäume zu beiden Seiten der Straße ab. Bei genauerer Betrachtung erwiesen sich die Toten als drei Soldaten des Herzogs der Shavine-Marschen. Ihre Verletzungen zeugten von einem heftigen Kampf, der vor Kurzem erst stattgefunden hatte. Einer von ihnen war ungepanzert und trug die leichte Kleidung eines Boten.

»Er hatte eine Nachricht für den König bei sich.«

Der Klang von Swains Stimme ließ mich zusammenfahren. Er stand mit einer blutigen Streitkeule in der Hand am Waldrand. Seine Miene wirkte finster und argwöhnisch. An seinem Gürtel hing eine Lederröhre, die vermutlich dem unglückseligen Boten gehört hatte. »Wo warst du, Scribe?« Sein Tonfall deutete darauf hin, dass er mich schon früher erwartet hatte.

»Ich habe Großmütter gekannt, die schneller liefen als dieser Klepper hier.« Ich stieg ab und führte das Pferd von der Straße hinunter. Dann nickte ich zu der Röhre des Boten. »Vermutlich braucht Ihr Hilfe, um das zu entziffern?«

Swain wirkte beleidigt, warf mir aber dennoch die Röhre zu. Er konnte ein wenig lesen und schreiben, jedoch nicht sonderlich gut. »Komm mit.« Er drehte sich um. »Unser Lager ist hier in der Nähe.«

◆ ◆ ◆

»Es ist ein Bericht über ihre Verurteilung«, sagte ich wenig später zu Swain und Wilhum, bevor ich den Inhalt des Pergaments laut vorlas. Es war das einzige Schriftstück in der Obhut des Boten gewesen, und die krakelige, unleserliche Schrift deutete auf einen ungelernten Schreiber hin, der in Eile gewesen war.

»Seine Gnädige Majestät wird hiermit darüber in Kenntnis gesetzt, dass Evadine Courlain, ehemals bekannt als Herrin von Leshalle und Aspirantin des Bundes der Märtyrer, heute vor einem Gericht aus Edelleuten und Geistlichen des schlimmsten Hochverrats und der Ketzerei für schuldig befunden wurde. Als da wären: Konspiration mit Agenten der Schwesterköniginnen von Ascarlia, um die Hafenstadt Olversahl in ihre Hände fallen zu lassen, sowie die ketzerische und nachweislich falsche Behauptung, zur Märtyrerin aufgestiegen und von den Seraphilen ins Leben zurückgeholt worden zu sein. Nach den Gesetzen von Krone und Bund wurde ein Todesurteil verhängt, das innerhalb von zwei Tagen vollstreckt wird. Sollten Eure Majestät die niederträchtige Verräterin begnadigen wollen, so wird Euren Wünschen selbstverständlich Folge geleistet werden.«

»Verlogenes Pack!« Wilhums verletzter Arm steckte in einer Schlinge, und er ging unruhig auf und ab, obwohl er sich angesichts seiner Blässe und der Flecken auf seinem Verband wohl besser ausruhen sollte. Er und Swain waren in gestrecktem Galopp auf Burg Ambris zugeritten und über den Boten mit seinem Gefolge gestolpert, ohne dass ihnen Zeit geblieben wäre, die Männer in einen Hinterhalt zu locken. Vor lauter Eile und Wut hatte Wilhum sich ungeschickt angestellt, wie es sonst gar nicht seine Art war, und hatte einen Hieb eines Soldaten abbekommen, nachdem er die beiden anderen rasch ausgeschaltet hatte. Zum Glück hatte Swain den letzten Gegner mit seiner Streitkeule erledigt, bevor dieser Wilhum den Garaus machen konnte. Der Bote hatte die bewundernswerte, wenn auch unkluge Entscheidung getroffen, einen Fluchtversuch zu unternehmen – der Lohn war eine geworfene Streitkeule, die ihm den Schädel eindellte.

»Unterzeichnet von Herzog Elbyn«, ich senkte die Nachricht, »und einer langen Liste von Geistlichen und Adligen, von denen nur einer von Bedeutung ist.« Ich reichte das Pergament Wilhum und deutete auf die entsprechende Unterschrift.

»Sir Althus Levalle.« Sein Gesicht nahm vor Wut wieder etwas Farbe an. »Also hat die Krone die Hand im Spiel.«

»Jedenfalls die Kompanie der Krone«, sagte Swain. »Was den König betrifft: Die Tatsache, dass er nicht hier ist, könnte etwas bedeuten. Und wozu die Verzögerung von zwei Tagen? Das Urteil wird vollstreckt sein, bevor die Nachricht überhaupt in der Hauptstadt eintrifft.«

»Zur Wahrung des Scheins.« Wilhum verzog das Gesicht und zupfte seine Armschlinge zurecht. In seiner Miene kämpften Wut und Schmerz miteinander. »Sollte das Volk aufgebracht sein, kann er behaupten, nicht rechtzeitig davon erfahren zu haben, um noch eingreifen zu können, und bleibt damit unschuldig. Ich könnte wetten, der Aufschub von zwei Tagen ist dazu da, das Schafott zu errichten und Schaulustige anzulocken. Sie einfach in der Burg hinzurichten, ohne dass jemand Zeuge wird, wäre Mord. Dieser lächerliche Prozess würde daran nichts ändern. Sie haben Angst. Das ist immerhin etwas.«

»Angst hin oder her«, Swain fuhr sich mit der Hand übers Kinn, »sie haben die Kompanie der Krone und die Soldaten des Herzogs. Selbst wenn wir unsere gesamte Kompanie hier hätten, wäre es so gut wie unmöglich, uns zu ihr durchzukämpfen.«

»Zwei Tage von Farinsahl sind ein langer Marsch«, sagte ich. »Aber für entschlossene Soldaten durchaus machbar. Ich wäre überrascht, wenn Schwester Ofihla nicht schon längst die Kompanie in Marsch gesetzt hätte.«

Swain ächzte und schüttelte hilflos den Kopf. »Es würde trotzdem nicht reichen. Die sind in der Überzahl. Hingabe allein kann einen Kampf nicht entscheiden, wenn die Chancen derart schlecht stehen.«

»Hingabe …«, wiederholte ich leise; seine Worte hatten mich auf eine Idee gebracht.

»Scribe?« Swains Miene drückte widerwilliges Drängen aus. Er hegte immer noch Zweifel, was mich betraf, wusste meine Schlauheit aber inzwischen anscheinend zu schätzen.

»Ihr solltet mit Wilhum zurückreiten«, sagte ich. »Sucht die Kompanie und macht ihnen Beine. Was die Zahl der Gegner betrifft, so bezweifle ich, dass sie ein Problem darstellen werden.«

»Es wird knapp«, warnte Wilhum. »Hinrichtungen werden meistens frühmorgens vollstreckt.«

»Dann müssen wir eine weitere Verzögerung erwirken. Wenn die den Anschein wahren wollen, dass es sich um eine rechtmäßige Verurteilung handelt, dann müssen sie sich an die offiziellen Regeln halten. Und damit bietet sich uns eine Chance.«

»Wofür?«

Dass sich mir angesichts dessen, was ich vorschlagen wollte, nicht vor Nervosität der Magen umdrehte, war ziemlich erstaunlich. *Der Fluch einer* Doenlisch *ist der schlimmste von allen,* hatte der Kettenmann gesagt. *Sie hat dir stärkere Fesseln angelegt, als ich es je könnte …*

»Ihr habt vermutlich nicht meine Rüstung mitgebracht, oder?«, fragte ich.

Siebenundvierzigstes Kapitel

»Schaut euch die Verräterin an!«

Die offizielle Anklage hatte bereits begonnen, als ich mich durch die Menge schob – eine unsichtbare Stimme sprach vom Schafott aus in gebieterischem Ton zu den Leuten. Die Menge war weitaus größer als die paar hundert, die damals gekommen waren, um sich die Hinrichtung von Herzog Rouphon anzuschauen, und so dicht, dass mir die Sicht versperrt war, dennoch erriet ich unschwer, wer dort oben auf dem Schafott stand. Die Stimme des Sprechers konnte ich allerdings nicht einordnen.

»Diese verdorbene Frevlerin, die die Wahrheit des Bundes leugnet! Seht ihre Schande und ihre Schuld!«

Obwohl gerade erst die Morgendämmerung hereinbrach, waren viele der Schaulustigen bereits betrunken und ließen sich nur mit Mühe beiseitestoßen. Mein Vordrängeln sorgte für einigen Unmut; das drohende Knurren verstummte jedoch, sobald die Leute mich richtig in Augenschein nahmen. Meine Rüstung befand sich noch in Farinsahl, aber Wilhum hatte seine getragen, als er Evadine zum Schrein von Märtyrer Ihlander begleitet hatte. Sie passte mir recht gut, und mit einem Tuch und etwas Spucke war es mir gelungen, den blau lackierten Stahl auf Hochglanz zu polieren. Die Nüchternen, die rasch Platz machten, und die vor Angst zitternden Betrunkenen hielten mich für einen Ritter. Nicht wenige verneigten sich sogar oder tippten sich an die Stirn, während sie beiseitetraten.

»Lasst euch von ihrem Gesicht nicht täuschen, ihr braven Leute! Es ist nur eine Maske! Eine Visage, hinter der sich unfassbare Maliziösität verbirgt!«

»Was soll 'n das heißen?«, hörte ich einen Knecht einem anderen zumurmeln, worauf er eine ebenso verwirrte Antwort erhielt.

»Keine Ahnung. Was ist eine ›Visage‹?«

Inzwischen war ich nah genug, um einen Teil der Würdenträger auf dem Schafott erkennen zu können, wobei es mich wenig überraschte, Herzog Elbyn dort zu sehen. Auf dem Feld der Verräter hatte ich nur einen kurzen Blick auf ihn erhascht, fand jedoch, dass er ein wenig eindrucksvoller Mann war, der sich nur durch den Ausdruck säuerlicher Ungeduld von den Umstehenden abhob. Er wurde von einigen Gefolgsleuten flankiert. Lorine befand sich jedoch nicht an seiner Seite. Ich bezweifelte stark, dass er eine Ahnung hatte, wo seine Gemahlin in der vergangenen Woche gewesen war, oder überhaupt, wo sie ihre Nächte verbrachte.

»Diese bösartige Betrügerin hat ein geliebtes Juwel unseres Reiches an die verhassten Heiden des Nordens verkauft, doch damit nicht genug! Sie wagte es außerdem, sich selbst als Märtyrerin zu bezeichnen! Kennt ihre Verdorbenheit gar keine Grenzen?«

Der Sprecher besaß eine kräftige Stimme, die Eindruck gemacht hätte, wäre da nicht seine Wortwahl gewesen. Evadine war es stets gelungen, sich bei ihrem Publikum Gehör zu verschaffen und darüber hinaus die Leute in ihren Bann zu ziehen – mit Worten, die sie verstanden. Dies war die Stimme eines Mannes, der sich selbst gern reden hörte und den, wie ich vermutete, die Meinung des Publikums nicht einen Viertelshek interessierte. Als ich mich bis kurz vor das Schafott durchgedrängt hatte, wurde ich langsamer. Endlich konnte ich auch den Sprecher sehen und stellte fest, dass ich ihn doch kannte.

»Und nun, ihr braven Leute«, verkündete Aspirant Arnabus, »schaut euch die Verräterin ein letztes Mal an.« Sein Arm kam hoch, und er deutete mit dem Finger ruhig auf die Frau im weißen Gewand, die wenige Schritt von ihm entfernt stand. Arnabus' schmales Gesicht, das im Lager des Königs ungewöhnlich bleich gewirkt hatte, war jetzt gerötet und mit Schweiß bedeckt. Ob aus Furcht oder vor Vergnügen konnte ich nicht feststellen.

Evadines Züge hingegen spiegelten Gelassenheit, fast schon Gleichgültigkeit. Ihre stets blasse Haut erschien nun genauso weiß wie ihr Gewand, und ihre Reglosigkeit verlieh ihr das Aussehen einer Statue. Ihre Handgelenke waren mit einem Strick zusammengebunden, doch in ihrem Gesicht zeichnete sich keinerlei Schmerz ab. Stattdessen lag ein Ausdruck geduldiger Erwartung darauf – es war die Miene einer Frau, die ein langweiliges Gespräch über sich ergehen ließ, aber zu höflich war, um es zu beenden. Von Furcht entdeckte ich keine Spur.

Links und rechts von ihr standen zwei Soldaten der Krone und am Rand des Schafotts ein großgewachsener Ritter in voller Rüstung, auf dessen Brustharnisch ein Messingadler prangte. Darauf zu spekulieren, dass der Kämpe des Königs nicht anwesend war, hatte ein Wagnis dargestellt. Allerdings gab es gute Gründe für diese Annahme. Dem Vernehmen nach hatte Sir Ehlbort Bauldry unter dem alten Herzog die Rolle des Scharfrichters nur äußerst widerwillig übernommen. Zu meiner Erleichterung hatte er sich offenbar geweigert, mit der Teilnahme an dieser verlogenen Farce seine ritterliche Ehre zu beschmutzen. Sir Althus Levalle dagegen kannte keine solchen Skrupel.

»Werdet jetzt Zeugen ihrer gerechten Hinrichtung und verschließt eure Herzen gegen jedes Mitgefühl.« Mein Blick ging wieder zu Aspirant Arnabus, dessen Stimme lauter wurde. »Als treue Untertanen des Königs merkt euch wohl, was ihr an diesem Tage seht. Nachdem ihr die Anklage gegen diese Frau vernommen habt, frage ich euch nun: Will jemand vortreten und diese Verräterin mit Waffen verteidigen?«

»DAS WILL ICH!«

Ich ließ keine Pause zwischen Frage und Antwort und brüllte die Worte, so laut ich konnte, während ich mich gleichzeitig an den letzten Knechten vorbei nach vorn drängelte. Direkt vor dem Schafott stand eine Reihe herzoglicher Soldaten, die auf mein Auftauchen wie zu erwarten mit Beunruhigung reagierten. Die in meiner Nähe hoben ihre Hellebarden und bildeten einen Halbkreis um mich.

»Ich erhebe meine Waffe, um eine Frau zu verteidigen, die zu Unrecht angeklagt wurde!« Ich hob mein Langschwert über den Kopf und zog es aus der Scheide. Der Himmel war an diesem Morgen teilweise bedeckt, dennoch fing die Klinge etwas Licht ein und glänzte leicht. »Wie es mein Recht ist! Das Recht aller Bürger Albermaines nach den Gesetzen der ersten drei Könige!«

Während ich sprach, drehte ich mich mit erhobenem Schwert um und richtete meine Worte an die Menge. »Jeder Untertan, gleich welchen Standes, kann diese Herausforderung aussprechen, egal ob Knecht, Ritter oder Bettler! Werdet Ihr dem Gesetz folgen oder diese Verurteilung als die Scharade entlarven, die sie ist?!«

Mein Blick glitt wieder zur Plattform zurück, wo mir eine Reihe schockierter Gesichter entgegensah, mit drei bemerkenswerten Ausnahmen. Der Herzog und seine Gefolgsleute flüsterten aufgeregt miteinander, Aspirant Arnabus hingegen musterte mich nur mit hochgezogenen Brauen, ohne jede Beunruhigung oder Verärgerung. Ich glaubte sogar, dass seine Mundwinkel sich leicht nach oben zogen, jedenfalls wirkte er wie ein Kind, das ein neues, reizvolles Geschenk erhalten hat.

Evadine lächelte ebenfalls, strahlend und einladend, schien im Gegensatz zu dem Geistlichen jedoch nicht im Mindesten überrascht. Als sich kurz unsere Blicke trafen, wurde mir klar, dass sie mit meinem Auftauchen gerechnet hatte.

Sir Althus Levalles Ausdruck konnte man nicht ganz als Lächeln bezeichnen. Eher schon war es ein zufriedenes Grinsen, das sich auf seinem breiten Gesicht abzeichnete. Hatte er mich womöglich ebenfalls erwartet?

»Wer ist dieser Mann?«

Herzog Elbyn trat an den Rand der Plattform und musterte mich mit der Aufregung und Wut, die Aspirant Arnabus fehlten. Damals, vor dem Massaker auf dem Feld der Verräter, hatte der Herzog sich zumindest Mühe gegeben, eine adlige Haltung zu wahren. Jetzt klang seine Stimme so mürrisch und kindisch, dass ich mich fragte, wie Lorine seine Gesellschaft überhaupt ertrug, geschweige denn es geschafft hatte, einen Erben mit ihm zu zeugen. Er richtete seine Frage an Arnabus und wedelte bekräftigend mit der Hand. »Wer ist er, dass er es wagt, dieses … wichtige Ereignis zu unterbrechen?«

»Offenbar jemand, der das Gesetz kennt«, erwiderte Arnabus milde und wandte sich dann lauter an mich. »Und als solcher weiß er sicher auch, dass er seinen Namen nennen muss, wenn er den Schuldspruch dieses Gerichts anfechten will.«

»Mein Name ist Alwyn Scribe«, rief ich zurück und drehte mich dabei halb zu der fasziniert lauschenden Menge um. »Soldat der Kompanie des Bundes und Diener der Wiederauferstandenen Evadine Courlain, gesegnet sei sie von den Seraphilen!«

»Lügen!« Der Herzog wedelte mit der Hand in meine Richtung. »Lügen und Ketzerei! Ihr da!« Er deutete auf die Absperrkette aus herzoglichen Soldaten. »Bindet diesen Mann! Er soll ebenfalls vor Gericht gestellt werden …«

»HALT!«

Sir Althus' Stimme hatte im Laufe der Jahre nichts von ihrem gebieterischen Klang eingebüßt. Obwohl die Soldaten des Herzogs gar nicht unter seiner Flagge dienten, blieben sie sofort stehen. Der Großoffizier ging gemessenen Schrittes zu den Stufen des Schafotts, den Helm unter den Arm geklemmt und eine Hand an den Knauf seines Schwertes gelegt. Er ließ mich dabei nicht aus den Augen und blieb auch nicht stehen, als Herzog Elbyn nach seinem Arm griff und ihm wütend etwas zuflüsterte, das ich nicht verstehen konnte. Sir Althus' Antwort hörte ich dagegen schon: »Halt die Klappe, du nichtsnutziger Hund.«

Ebenso gemächlich kam er die Stufen hinunter und bellte eine Reihe von Befehlen, worauf einige Soldaten des Königs loseilten, um die Menge zurückzudrängen. Nachdem sie für ausreichenden Abstand gesorgt hatten, bildeten sie mit erhobenen Streitäxten um uns herum eine Kette, um die inzwischen äußerst neugierige Menge in Schach zu halten.

»Hübsche Rüstung«, stellte Sir Althus fest und blieb ein Dutzend Schritt von mir entfernt stehen. »Wo hast du die denn gestohlen?«

Er lächelte freudlos, was ich ebenso erwiderte. »Sie wurde mir geschenkt.«

»Dann tut es mir leid, sie zu beschmutzen.« Er setzte den Helm auf und zog die Schnallen fest. »Du willst also Rache?«, fragte er. »Für den Pranger und die Minen, nehme ich an.«

»Ich bin nicht wegen Euch hier.« Ich setzte ebenfalls meinen Helm auf – den einzigen Teil der Rüstung, der nicht von Wilhum stammte. Sein Helm war mir zu klein gewesen, deshalb hatte ich mich mit einem weniger hochwertigen Ersatz begnügen müssen, den Swain auf dem Feld der Verräter gefunden hatte. Er war zwar robust, besaß aber kein richtiges Visier, sondern nur ein Gitter aus vier Eisenstäben.

»Wegen ihr also?« Sir Althus nickte zu Evadine, schnallte dabei sein Schwert ab und zog die Klinge aus der Scheide. »Du glaubst, sie ist wirklich, was sie zu sein behauptet?«

»Ich glaube, dass sie es verdient hat, gerettet zu werden.« Ich hob mein Schwert, machte mir aber nicht erst die Mühe zu salutieren, wie es eigentlich Brauch war. Ich wusste, dass die Geste nicht erwidert werden würde. Außerdem hatte ich nicht vor, diesem Mann irgendeine Ehre zu erweisen. »So, wie ich weiß, dass Ihr es verdient habt zu sterben.«

Leichte Belustigung glitt über seine Züge, aber sein Blick wurde unnachgiebig. »Diesmal werde ich dich nicht davonkommen lassen, Junge. Meine Pflicht Deckin gegenüber ist beglichen, und dir schulde ich nichts.«

»Ganz im Gegenteil, Eure Durchlaucht.« Ich packte mein Schwert mit beiden Händen und nahm die geduckte Kampfhaltung ein, die Wilhum mir gezeigt hatte. »Ihr tragt eine Blutschuld, und zwar nicht nur mir gegenüber.«

»Also gut.« Sir Althus warf seufzend die leere Schwertscheide beiseite und klappte sein Visier nach unten. »Damit ist alles gesagt.«

Er griff ohne Vorwarnung an und ohne mich vorsichtig zu umkreisen, um nach einer Schwachstelle zu suchen. Stattdessen hob er einfach sein Schwert auf Schulterhöhe und stürzte sich auf mich. Dank Wilhums Lektionen wusste ich, dass diese Taktik häufig gegen Debütanten auf dem Turnierfeld eingesetzt wurde. Dem natürlichen Instinkt folgend, versuchte man, den Schwertstoß zu parieren, doch damit gab man seine Deckung auf, und der Gegner konnte einem das Knie in die Weichteile rammen oder einem kräftig gegen das Schienbein treten. Wilhum hatte mich ein paarmal mit diesem Trick zu Fall gebracht, bevor ich die Lektion gelernt hatte. Statt also das Schwert des Großoffiziers beiseitezuschlagen, machte ich jetzt einen Schritt nach links und stach mit meinem eigenen nach seinem Visier.

Er duckte sich, bevor die Spitze durch den Schlitz gleiten konnte, und der Stahl hinterließ einen Kratzer auf seiner Rüstung. Ich hob mein Schwert und ließ es schnell auf seine Schulter niedersausen, aber er neigte sich nach hinten und hielt mich mit einem geschwungenen Hieb in Richtung meiner Beine auf Abstand.

»Du hattest wohl ein bisschen Unterricht, wie?«, spottete er; seine Stimme hallte dröhnend durchs Visier. »In einem Dutzend Jahren oder so könntest du einen ganz passablen Ritter abgeben, Junge. Noch bist du allerdings höchstens ein Kind in der Rüstung eines Erwachsenen.«

Er griff erneut an und führte beidhändig eine Reihe von Schlägen gegen meinen Kopf. Mir gelang es, sie alle abzuwehren, dabei wurde ich jedoch nach hinten gedrängt, und meine Füße bewegten sich nicht ganz so flink wie Wilhums. Nach ein paar Schritten stolperte ich – ein leichtes Schwanken nur, aber es reichte, dass Sir Althus an meiner Deckung vorbeikam. Ich drehte den Kopf weg, als seine Klinge mich traf, dennoch durchschlug sie funkensprühend einen Eisenstab des Helmgitters.

Als ich den feuchten Kuss des Blutes auf der Haut spürte, gab ich vor, benommen zurückzutaumeln, und ließ das Schwert sinken. Die Überheblichkeit des Großoffiziers würde ihn hoffentlich unvorsichtig machen, und so war es auch. Zu schnell und zu hastig stürzte er sich auf mich, um seine Schwertspitze in mein halb entblößtes Gesicht zu stoßen, und brachte sich damit selbst aus dem Gleichgewicht. Ich senkte den Kopf, sodass seine Klinge über meinen Helm hinwegglitt, und rammte ihm dann kräftig eine Schulter gegen die Brust. Der Stahl wurde eingedellt, und er stolperte rückwärts. Er erholte sich schnell wieder und hob sein Schwert, aber nicht schnell genug, um den Streich abzuwehren, den ich auf sein rechtes Bein zielte.

Ich hatte gehofft, es brechen zu können, Sir Althus gelang es jedoch, den Hieb noch etwas abzufangen, um das zu verhindern. In zweierlei Hinsicht war ich dennoch erfolgreich. Zum einen war der Streich kräftig genug, um die Beinschiene von seinem Oberschenkel abzuschlagen und einen dunkelvioletten und zweifellos schmerzhaften Bluterguss zu hinterlassen. Zum anderen hatte ich ihn wütend gemacht.

»Du verfluchter ungehobelter Hurensohn!«, drang seine blecherne Stimme zornig durchs Visier.

Wut macht einen Mann unvorsichtig, aber auch schnell. Wilhum hätte es vielleicht geschafft, seinem nächsten Schlag auszuweichen, der auf meinen Kopf gezielt war, ich jedoch nicht. Ein Lichtblitz blendete mich, die Erde kippte unter meinen Füßen weg, und vor meinen Augen verschwamm alles in unzähligen Farben. Eine merkwürdige Erschöpfung erfasste mich, während ich fiel. Der weiche, von Tau benetzte Boden fühlte sich wie die Decken eines warmen Bettes an.

Am Ende war es der heftige Aufprall meines Helms auf die Erde, der mich rettete. Schmerz blitzte auf, und die Schnallen, die in meine Haut schnitten und mir die Kehle zuschnürten, vertrieben die Müdigkeit sofort. Ich griff danach und riss mir den Helm ab. Nach Luft keuchend, versuchte ich aufzustehen.

»Nein.« Sir Althus setzte mir einen gepanzerten Fuß auf die Brust und drückte mich wieder nach unten. »Ich glaube, du bleibst besser liegen.«

Ich schlug mit dem Schwert nach ihm, das ich irgendwie noch in der Hand hielt, er hob jedoch lediglich einen Arm, ließ den schwachen Hieb daran abprallen und klemmte dann die Klinge ein. »Das scheint mir ein passendes Ende für dich«, keuchte Sir Althus, hob den Fuß und zielte mit der Stiefelspitze auf mein Gesicht. »Im Dreck zertreten.«

Mir wurde bewusst, dass ich noch meinen Helm in der Hand hatte. Ich hob ihn blitzschnell hoch, um den Tritt abzuwehren. Die Stiefelspitze stach durchs Metall, bohrte sich aber nicht in meine Haut. Knurrend rollte ich mich herum, ließ mein Schwert los und zog den Dolch aus dem Gürtel. Als Sir Althus die Gefahr erkannte, wollte er den Fuß zurückziehen, aber ich drückte den Helm zusammen und hielt ihn damit fest, sodass ich den Dolch in die ungepanzerte Lücke an seiner Kniekehle stoßen konnte. Zwar richtete der Stich nicht so viel Schaden an, wie ich mir erhoffte, da Sir Althus unter der Rüstung dicke wattierte Hosen trug, zu meiner Befriedigung spürte ich aber heißes Blut hervorschießen.

Brüllend hieb er mir seine gepanzerte Faust auf den Kopf. Wieder ein Lichtblitz hinter den Augen, wieder wirbelnde Farben, aber diesmal keine Müdigkeit. Ich stürzte mich voll und ganz in diese Rauferei – denn das war es jetzt: eine Rauferei. Jeder ritterliche Anstrich war vergessen. Wir waren zwei Gesetzlose, die um Leben und Tod kämpften, und so etwas tat ich nicht zum ersten Mal.

Ich packte den Dolch und drehte ihn tiefer hinein, um ihm noch mehr Schmerzen zuzufügen, sodass er danach greifen und mein Schwert freigeben musste. Durch schieres Glück fiel es mir direkt in die Hand, und ich verlor keine Zeit, sondern schwang es mit aller Kraft, die ich aufbringen konnte. Die Klinge traf seinen Helm am schwächsten Punkt des Visiers, das inmitten einer Wolke aus Blut und Speichel wegflog.

Ich trat dem Großoffizier kräftig in die Weichteile, sodass er rückwärtstaumelte und ich wieder auf die Beine kommen konnte. Am liebsten wäre ich sofort losgestürmt, um ihn zu erledigen, aber nun, da keine unmittelbare Bedrohung mehr bestand, zwang mein Körper mich zu einer Pause. Schwer atmend stützte ich mich auf mein Schwert, während Sir Althus ein paar Schritte entfernt Luft holte. Als er diesmal sein Schwert hob, begann er, mich zu umkreisen, wenn auch mit merklichem Humpeln. Sein Gesicht mit den zusammengekniffenen Augen war das eines Fachmanns, der sich einer schwierigen Aufgabe annahm.

»Wohl doch kein Kind, wie?«, fragte ich.

»Ich habe auch nichts dagegen, einen Mann zu töten«, fauchte er zurück und zwang mich mit einem Stich in Richtung meines Bauchs, mein Schwert zu heben. Einer der Stahlringe an meinem Bauch hatte sich beim Kampf gelöst und bot eine einladende Öffnung. Stahl klirrte, als ich den Stoß parierte und mit einem seitlichen Schlag gegen sein verletztes Bein antwortete, dem er mühelos auswich.

»Und wie steht es mit einer Frau?«, erkundigte ich mich, während wir einander weiter umkreisten.

»Sie ist komplett verrückt, Junge.« Blut quoll aus Althus' aufgeplatzten Lippen, als er spöttisch grinste. »Und dieses Reich braucht nicht noch eine Märtyrerin.«

»Ich meine nicht sie.« Ich blieb stehen und sah ihm in die Augen. »Sondern Sihlda.«

Der Name traf ihn wie ein Schlag. Das spöttische Grinsen verschwand, und der Großoffizier blinzelte erschrocken.

»Wahrscheinlich wart Ihr der Meinung, sie sei schon vor Jahren in den Erzminen gestorben.« Ich hielt seinen Blick fest. »War sie aber nicht. Sie blieb noch lange genug am Leben, um mir das Schreiben beizubringen, damit ich ihr Testament verfassen konnte. Sie hat mir alles erzählt, Eure Durchlaucht. Meint Ihr, die Leute hier würden die Geschichte gern hören?«

»Halt den Mund.« Ein heiseres Flüstern. Althus' Gesicht war jetzt bleich und zitterte. Ich hätte gedacht, eine schwarze Seele wie seine müsste gegen jedes Schuldgefühl gefeit sein, aber anscheinend irrte ich mich.

»Sie hat mir von den beiden jungen Rittern erzählt«, ich trat ein kleines Stück näher, »die eine schwangere Edelfrau zu ihrem Schrein brachten. Einer war ein Knecht, der zum Ritter gemacht wurde, der andere sollte zum größten Ritter seiner Zeit werden.«

»Still!« Althus machte einen schnellen Ausfallschritt, doch seine Wut ließ ihn ungeschickt werden. Die zustechende Klinge war leicht abzuwehren. Ich schlug nicht zurück, sondern sprach einfach nur weiter, während ich ihn umkreiste.

»Sie berichtete mir, wie zwischen ihr und dem Ritter, der einst ein Knecht war, Vertrauen und Freundschaft wuchsen. Stundenlang unterhielten sie sich miteinander. Und mit der Zeit wurde aus Vertrauen und Freundschaft Liebe. Aber als das Kind der Edelfrau – ein Junge – zur Welt kam, erfüllte der Ritter seine Pflicht und verließ den Schrein mit der Adligen und seinem Kameraden, der, wie sich herausstellte, der Vater des Kindes war. Und die Mutter des Jungen war eine Königin.«

Althus schwang sein Schwert über dem Kopf. Unartikuliertes Wutgebrüll brach aus seiner Kehle hervor, als er es herabsausen ließ. Anstatt beiseitezuspringen, duckte ich mich und warf mich dann nach vorn. Als unsere in Stahl gehüllten Körper aufeinanderprallten, versuchte ich, meine Schwertspitze in die Lücke zwischen seiner Halsberge und dem Brustharnisch zu zwängen. Ich schätzte jedoch den Winkel falsch ein, die Klinge glitt nach oben ab und fuhr stattdessen einmal quer über seine Wange und sein Ohr. Zum Glück hatte ich ihn mit so viel Wucht angesprungen, dass er zu Boden fiel. Die Luft entwich zischend aus seiner Lunge, als ich auf seiner Brust landete. Er versuchte, mich mit einem Schwinger von sich hinunterzuschleudern, ich aber hämmerte ihm meine Stirn ins Gesicht, bevor der Hieb mich treffen konnte. Benommen lag er unter mir.

»Sie hat Euch geliebt.« Blutiger Speichel sprühte, als ich ihm die Worte ins Gesicht spie. »Sie hat Euch vertraut. Als Ihr Jahre später in den Schrein zurückgekehrt seid, glaubte sie, es sei wegen ihr. Aber stattdessen habt Ihr einen Betbruder ermordet und ihr die Schuld in die Schuhe geschoben, um sie in dieses Scheißloch zu stecken!«

Ich richtete mich auf und drehte mein Schwert herum, sodass die Spitze auf seinen Mund zeigte. »Tomas Algathinet ist ein Bastard, der nicht mehr Anrecht auf den Thron hat als ich!«, schrie ich, in der Hoffnung, dass alle Anwesenden es hören konnten, aber das Schicksal ist stets launisch.

Genau in diesem Moment kam Bewegung in die Menge, und ein Stimmengewirr erhob sich, das so laut war, dass es meine Worte übertönte. Zögernd drehte ich mich um und sah, wie die Menge hinter der Absperrkette zu wogen begann und gegen die Soldaten prallte, als weiter hinten Leute in Panik gerieten und vorwärtsstürmten. Die Soldaten versuchten, sie zurückzuhalten, anfangs durch Schubsen und Drohungen, dann mit ihren Klingen. Die Menge war jedoch zu zahlreich, um sie in Schach zu halten, trotz des aufspritzenden Blutes, als die Hellebarden auf und nieder sausten.

Mein Blick ging zum Schafott, wo ebenfalls ein Tumult ausgebrochen war, bevor ich aber erkennen konnte, was genau dort geschah, hatte Sir Althus – ein Mann, der eine Gelegenheit beim Schopfe zu packen wusste – genügend Kraft zurückgewonnen, um mir seinen Schwertknauf gegen die Schläfe zu hämmern.

Wieder begrüßte mich die Erde mit einer willkommenen Umarmung, wenn sie mir dieses Mal auch viel kälter vorkam. Ich sah nur noch einen wirbelnden roten Dunst vor mir, und die Welt versank in blutroten Schatten. Vergeblich mühte ich mich, meine plötzlich schwach gewordenen Gliedmaßen zu bewegen. Ich nahm wahr, wie ich auf den Rücken geworfen wurde und wie eine große Gestalt über mir aufragte, und in diesem verwirrten Zustand wäre ich wohl auch gestorben, hätte Sir Althus mir nicht noch ein paar Abschiedsworte mitgeben wollen.

»Hör zu, Junge!« Die kräftige Ohrfeige einer gepanzerten Hand ließ Schmerz auflodern, der Klarheit brachte, aber leider keine Kraft. Blinzelnd schaute ich in das blutverschmierte Gesicht des Großoffiziers hoch, der sich über mich beugte. In seinen Augen loderte ein zorniger Hass, den ich nur allzu gut kannte. Hass auf jemanden, der einem seelische Schmerzen statt körperliche zugefügt und einen damit mehr verletzt hatte, als eine Klinge es je könnte. Beim Blick in seine geweiteten wahnsinnigen Augen wusste ich, dass ich den Panzer durchdrungen hatte, den er all die Jahre um sein Herz gelegt hatte. Wie auch immer er es vor sich selbst gerechtfertigt hatte, die Frau, die er einst liebte, dem schlimmsten aller Gefängnisse zu überantworten, nun wurde klar, dass er sich belogen hatte. Die Wahrheit über sich selbst zu hören, ist niemals leicht, und Sir Althus fand es offenbar so schmerzhaft, dass er Zuflucht zu weiteren Lügen nahm.

»Ich habe es aus Pflichtgefühl getan«, presste er hervor. »Das ist es, was dieses Reich zusammenhält, Scribe. Das Pflichtgefühl von Männern wie mir. Es beschützt uns, es bietet dem Chaos Einhalt, es vereitelt die Pläne und Intrigen von Abschaum wie dir.«

Zu meinem Bedauern muss ich sagen, dass dies einer der wenigen Momente in meinem Leben war, in denen mir die Worte fehlten. Natürlich hätte ich mir im Nachhinein eine geistreiche und schlagfertige Erwiderung ausdenken können, in Wahrheit fiel mir damals jedoch lediglich ein, Sir Althus Levalle – Großoffizier der Kompanie der Krone und der widerwärtigste Mensch, dem ich je begegnet bin – einen dicken Klumpen Blut ins Gesicht zu spucken.

Er richtete sich knurrend auf und hob den Arm, um mir den Todesstoß zu versetzen, und ich konnte nur schwach gegen seinen Brustharnisch schlagen. Als er sein Schwert herabsausen ließ, blitzte am Rand meines Blickfelds jedoch plötzlich eine zweite Klinge auf – gekonnt so gezielt, dass sie sein Schwert ablenkte und sich dann tief in Althus' ungeschützten Schädel bohrte. Die Augen des Großoffiziers rollten nach hinten, und seine Stirn legte sich merkwürdig in Falten, so als hätte ihm jemand eine besonders unangenehme Frage gestellt. Es war aber eine, die er nie mehr beantworten würde.

Seine Stirn blieb auch dann noch gerunzelt, als sein Kopf nur einen Zoll von meinem entfernt auf der Erde aufkam. Einen Moment lang war ich von seinem Anblick fasziniert, bis die aus seinem Schädel gezogene Schwertklinge mich wieder zur Vernunft brachte.

»Kannst du laufen, Alwyn Scribe?«

Evadines Handgelenke waren noch gefesselt, sie hielt ihr Schwert zwischen beide Hände geklemmt. An den Stellen, an denen ihr Gewand von Blut feucht war, klebte es an ihrem Körper, und es war sehr feucht. Mit offenem Mund starrte ich zu ihr hoch, bis der vertraute Schrei eines angreifenden Soldaten ertönte und ich den Blick von ihr losriss. Einer der Soldaten des Königs kam auf uns zugestürmt und hatte die Hellebarde auf mich gerichtet. Wäre er klüger gewesen, dann hätte er gewiss auf Evadine gezielt. Ein Wirbeln von Weiß und Rot, das Knirschen von Stahl auf Stahl, dann lag der angreifende Soldat tot neben seinem Großoffizier.

»Alwyn!« Evadines Stimme klang scharf und ungeduldig. Sie drehte das Schwert herum und stach es in die Erde, um mit der Klinge den Strick an ihren Handgelenken durchzuschneiden. Hinter ihr sah ich ein Gewühl kämpfender Gestalten auf dem Schafott. Die herzoglichen Soldaten mühten sich vergeblich, die herandrängende Menge abzuwehren. Vermutlich waren viele Gläubige darunter, die sich in Farinsahl vor dem Haus des Handelsherrn versammelt hatten. Der lange Marsch von der Hafenstadt schien sie kaum erschöpft zu haben; mit animalischer Wildheit warfen sie sich ins Getümmel. Einige hatten Stäbe oder Äxte bei sich, aber die meisten besaßen gar keine Waffen, sondern stürzten sich mit bloßen Händen auf die rasch kleiner werdende Reihe der Soldaten.

Als ich mich umschaute, erblickte ich überall das gleiche Gemetzel. Vereinzelt gab es noch Soldaten des Königs, die mit ihren Hellebarden um sich schlugen, nur um kurze Zeit später überwältigt und zu Boden geprügelt zu werden. Nicht alle Angreifer waren Gläubige, bei manchen handelte es sich wohl auch um Bewohner von Ambriside oder Bauern von den umliegenden Feldern. Obwohl sie die Wiederauferstandene an diesem Morgen zum ersten Mal gesehen hatten, kämpften sie für sie.

Ein paar Dutzend Soldaten des Königs hatten einen Kreis gebildet und hielten den Angreifern dadurch eine Zeitlang stand. Ihr Versuch, sich durch die Menge durchzukämpfen, endete jedoch, als sie auf die Kompanie des Bundes trafen. Seltsam stolz beobachtete ich, wie sie die Veteranen des Königs einkreisten. Ihr rascher Sieg war zu einem großen Teil ihrer Überzahl geschuldet, er war dennoch ein Triumph.

»Hoch mit dir!« Evadine hakte einen Arm unter meinen und versuchte, mich hochzuziehen. Nachdem sie sich ein paar Sekunden lang abgemüht hatte, gelang es mir ächzend, auf die Beine zu kommen, wenn Himmel und Erde auch immer noch so stark schwankten, dass ich mich auf sie stützen musste.

»Feldherrin!«

Swains unverkennbares Krächzen durchschnitt den allgemeinen Tumult, und ich sah, wie er einen Trupp Soldaten der Kompanie auf uns zuführte. »Der Herzog hat sich in die Burg geflüchtet und sammelt dort die komplette Garnison«, meldete er. »Die Leute hier sagen, in der Burg seien noch zwei weitere Kompanien stationiert.«

»Dann nehmen wir sie ein«, meinte Wilhum, der neben mir auftauchte. Er musterte mich von Kopf bis Fuß, verzog das Gesicht und legte sich dann meinen Arm über die Schultern. »Dieser Haufen hier sieht aus, als könnte er die ganze Welt einnehmen.«

Ich richtete meinen trüben Blick auf Evadine, die die Umgebung musterte. Die Soldaten des Königs waren entweder tot oder geflohen, dem Herzog hingegen war es gelungen, mit einer größeren Anzahl Gefolgsleute und Soldaten zu entkommen. Eine wilde Menge aus Gläubigen und Stadtbewohnern stürmte auf die Burg zu, ich bezweifelte aber, dass sie gegen ein verriegeltes Tor und standhaft verteidigte

Mauern viel ausrichten konnten. Evadine war offenbar derselben Meinung.

»Nein«, sagte sie. »Heute wurde schon genug Blut vergossen. Feldwebel, verbreite so gut wie möglich die Nachricht. Sag diesen Leuten, Märtyrerin Evadine dankt ihnen für ihren Mut und ihre Hingabe und bittet sie, in ihre Häuser zurückzukehren.«

»Und wo sollen wir hin?«, fragte Wilhum. »Zurück nach Farinsahl?«

Evadine schüttelte den Kopf. »Ich will nicht, dass Unschuldige wegen mir einer Belagerung ausgesetzt werden.«

»Wohin dann?«

»In den Wald«, murmelte ich in dem Wunsch zu helfen. Mit hängendem Kopf wandte ich mich an Evadine. »Im Wald gibt es viele Verstecke …«

»Alwyn?«

Wilhums Stimme wurde zu einem unverständlichen fernen Murmeln, als wieder zahllose Farben vor meinen Augen zu wirbeln begannen. Eine Weile lang war das bunte Wirbeln alles, was ich sah, und als es verblasste, stellte ich fest, dass ich zu dahinziehenden Wolken hochschaute. Mein Herz schlug langsamer, als es sollte, und wurde immer langsamer, und ich besaß noch genügend Verstand, um zu begreifen, was das bedeutete. Mir war vage bewusst, dass ich getragen wurde und dass Stimmen immer wieder meinen Namen sagten, es war jedoch alles zu weit entfernt. Bald wurden die Wolken von einem Geflecht aus dunklen Ästen durchzogen, und die Luft nahm eine vertraute Kühle an.

»Bäume …«, murmelte ich und spürte, wie ein Lächeln auf meine Lippen trat. »Es … beruhigt mich immer … die Bäume anzuschauen …«

Und so trug man mich in den Wald, und ich wurde wieder ein Gesetzloser.

Dramatis Personae

Alwyn Scribe – Gesetzloser, Schreiber und später Soldat in der Kompanie des Bundes

Evadine Courlain – Adlige Feldherrin der Kompanie des Bundes, Kommunikantin und später Aspirantin des Bundes der Märtyrer

Deckin Scarl – Anführer einer Bande von Gesetzlosen, unehelicher Sohn von Herzog Rouphon Ambris von den Shavine-Marschen

Elbyn Blousset – Nach der Verurteilung Herzog Rouphons von König Tomas als neuer Herzog der Shavine-Marschen eingesetzt

Lorine D'Ambrille – Rechte Hand und Geliebte Deckins

Raith – Gesetzloser und caerithischer Magier

Gerthe – Gesetzlose, Hure und Sprachkundige, Mitglied von Deckins Bande

Erchel – Gesetzloser mit abstoßenden Neigungen

Shilva Sahken – Anführerin einer Bande von Gesetzlosen und Bekannte von Deckin

Todman – Gesetzloser, Mitglied von Deckins Bande

Stallknecht – Gesetzloser von frommer Gesinnung, Mitglied von Deckins Bande

König Tomas Algathinet – Erster seines Namens, Herrscher von Albermaine

Ehlbert Bauldry – Für seine Kampfkünste berühmter Ritter, Kämpe von König Tomas

Prinzessin Leannor Algathinet – Schwester von König Tomas

Der Kettenmann – Caerither, der gefangene Gesetzlose abtransportiert

Toria – Gesetzlose, Insassin der Erzminen, Freundin von Alwyn

Sihlda Doisselle – Einstmals ranghohe Geistliche des Bundes, nun Insassin der Erzminen, Alwyns Lehrerin

Brauer – Insasse der Erzminen, Mitglied von Sihldas Gemeinde

Hedgeman – Insasse der Erzminen, Mitglied von Sihldas Gemeinde

Magnis Lochlain – Der Prätendent, angeblich rechtmäßiger Thronfolger von Albermaine, auch als der »Wahre König« bekannt

Althus Levalle – Großoffizier der Kompanie der Krone

Eldurm Gulatte – Oberaufseher der königlichen Erzminen

Aszendent Hilbert – Oberster Geistlicher des Schreins von Märtyrer Callin im Sanktuarium Callintor

Arnild – Meisterilluminator des Skriptoriums im Schrein von Märtyrer Callin in Callintor

Albyrn Swain – Betbruder und Feldwebel der Kompanie des Bundes

Ofihla Barrow – Betschwester und Soldatin der Kompanie des Bundes

Delric Cleymount – Betbruder und Heiler der Kompanie des Bundes

Die Sackhexe – Caeritherin, Zauberin und Heilerin, soll unter der Maske aus Sackleinen, die sie trägt, scheußlich aussehen

Wilhum Dornmahl – Überläufer, Ritter, der einst im Heer des Prätendenten kämpfte und deswegen in Ungnade fiel, Soldat der Kompanie des Bundes und Kindheitsfreund von Evadine

Berrine Jurest – Fjordländerin, Dienerin der Bibliothek von König Aeric in Olversahl

Maritz Fohlvast – Fjordländer, Oberster Ratsherr von Olversahl, Kaufmann und Intrigant

Margnus Gruinskard – Anführer eines ascarlianischen Kriegertrupps und Tielwald im Dienst der Schwesterköniginnen